Balduino Simone

La patente europea A e B

Corso completo con tutti i quiz

DEMETRA

Testi: Balduino Simone
Revisione testi: Valerio Boni
Grafica e impaginazione: Laura Venturi

Immagini delle pp. 10-12: gentile concessione di Valerio Boni.

www.giunti.it

Via Bolognese 165 - 50139 Firenze
Piazza Virgilio 4 - 20123 Milano
Prima edizione: giugno 2018

MISTO
Carta da fonti gestite in maniera responsabile
FSC® C021883
FSC www.fsc.org

Stampato presso Grafica Veneta S.p.A., stabilimento di Trebaseleghe

Sommario

Parte seconda
I QUIZ UFFICIALI

Premessa

La sicurezza stradale è un settore al quale l'Unione Europea dedica costante attenzione, elaborando Direttive mirate a ridurre gli incidenti stradali. In questo quadro, acquistano importanza primaria le misure indirizzate alla formazione dei conducenti, sia per quanto concerne la conoscenza ragionata delle regole stradali, che i comportamenti di guida, la cultura della sicurezza e dei valori etici che la supportano.
I giovani e tutti quelli che si apprestano a entrare nel mondo dei patentati possono far tesoro di queste nuove visioni e formarsi adeguatamente a vivere la strada con una cultura che metta al primo posto la tutela della sicurezza e dell'ambiente.
La cultura della sicurezza si alimenta non con furbizie, ma con il rispetto degli altri, dell'ambiente e di tutti i valori etici sui quali si regge la civile convivenza e che trovano sulla strada particolare significato.
La strada deve essere rispettata per la funzione fondamentale che esercita ai fini della vivibilità e della crescita economica e culturale di ogni territorio. Per questa sua funzione, ogni utente che la percorre deve rispettarne le regole imposte, condividendone ragioni e finalità, ispirate tutte ad alti valori etici.
Il presente volume è stato realizzato seguendo questa visione, che è espressa perfettamente dalle nuove procedure, introdotte nel mese di marzo del 2017 con le Circolari del Ministero delle Infrastrutture e dei Trasporti, riportate nel testo integralmente come riferimenti certi delle modalità della verifica delle conoscenze e delle prove di guida.

Parte Prima

LE CONOSCENZE NECESSARIE

La nuova patente europea

La nuova patente è prevista da Direttive adottate dall'Unione Europea nell'intento di uniformare le legislazioni di tutti i Paesi che ne fanno parte. In Italia è stata recepita con un decreto legislativo che è entrato in vigore il 19 gennaio 2013. La nuova normativa ha apportato modifiche importanti a tutte le patenti, ispirate a una maggiore professionalità dei conducenti, come condizione essenziale per migliorare la sicurezza stradale.
A seguito di queste innovazioni, il Ministero delle Infrastrutture e dei Trasporti, con più Circolari del marzo 2017, ha ridisegnato le procedure per il conseguimento delle Patenti A e B. Le Direttive dell'Unione Europea hanno modificato profondamente la disciplina di tutte le patenti di guida, intervenendo sulle categorie delle stesse, sulla validità, sulle età minime e massime e sulla stessa classificazione dei veicoli stradali.

LA NUOVA CLASSIFICAZIONE DEI VEICOLI

Chi si avvia a entrare a pieno titolo nel mondo dei patentati deve fare uno sforzo e conoscere le denominazioni ufficiali dei veicoli che circolano, contenute nell'Art.47 comma 2 del Codice della Strada.

Queste definizioni sono europee, valide per tutti i Paesi dell'Unione, e sono utilizzate in tutte le comunicazioni ufficiali relative ai provvedimenti di patenti e di veicoli. È perciò utile comprendere il significato delle nuove sigle.

CATEGORIE DI VEICOLI	
L	veicoli a due e tre ruote
M	autoveicoli per trasporto persone
N	autoveicoli per trasporto merci
O	rimorchi e semirimorchi compresi i quadricicli

CARATTERISTICHE DEI VEICOLI noti come ciclomotori e motocicli	
Categoria	**Caratteristiche**
L1e	Ciclomotori a 2 ruote
L2e	Ciclomotori a 3 ruote
L3e	Motocicli senza carrozzetta
L4e	Motocicli con carrozzetta
L5e	Tricicli
L6e	Quadricicli leggeri
L7e	Quadricicli non leggeri

CARATTERISTICHE DEI VEICOLI noti come autovetture, autobus, autocarri e rimorchi	
Categoria	**Caratteristiche**
M1	Autovetture (fino a 8 posti oltre il conducente)
M2	Autobus fino a 5 t
M3	Autobus superiori a 5 t
N1	Autocarri fino a 3,5 t
N2	Autocarri fino a 12 t
N3	Autocarri superiori a 12 t
O1	Rimorchi e semirimorchi fino a 0,75 t
O2	Rimorchi e semirimorchi fino a 3,5 t
O3	Rimorchi e semirimorchi fino a 10 t
O4	Rimorchi e semirimorchi superiori a 10 t

Nelle categorie N e O sono compresi gli autoveicoli per trasporto specifico e per uso speciale.
Queste classificazioni dei veicoli sostituiscono quelle precedenti che erano note a tutti come ciclomotori, motocicli, autovetture, autocarri ecc. Le vecchie definizioni rimarranno ancora per molto nell'uso comune, ma le comunicazioni ufficiali riporteranno quelle europee.

LA VALIDITÀ DELLA NUOVA PATENTE

La legge assegna a ogni patente una specifica validità, riferita ai veicoli che la stessa consente di guidare.
Di seguito trovate una spiegazione dettagliata del significato delle sigle che definiscono i veicoli.

La patente AM abilita alla guida di:

1) ciclomotori a due ruote (categoria L1e) con velocità massima di costruzione non superiore a 45 km/h, la cui cilindrata è inferiore o uguale a 50 cm³ se a combustione interna (motore a scoppio), oppure la cui potenza nominale continua massima è inferiore o uguale a 4 kW per i motori elettrici.

2) Veicoli a tre ruote (categoria L2e) aventi una velocità massima per costruzione non superiore a 45 km/h e caratterizzati da un motore, la cui cilindrata è inferiore o uguale a 50 cm³ se ad accensione comandata (motore a scoppio a due o a quattro tempi), oppure la cui potenza massima netta è inferiore o uguale a 4 kW per gli altri motori a combustione interna (motore diesel), oppure la cui potenza nominale continua massima è inferiore o uguale a 4 kW per i motori elettrici.

3) quadricicli leggeri la cui massa a vuoto è inferiore o pari a 350 kg (categoria L6e), esclusa la massa delle batterie per i veicoli elettrici, la cui velocità massima per costruzione è inferiore o uguale a 45 km/h e la cui cilindrata del motore è inferiore o pari a 50 cm³ per i motori ad accensione comandata; o la cui potenza massima netta è inferiore o uguale a 4 kW per gli altri motori, a combustione interna; o la cui potenza nominale continua massima è inferiore o uguale a 4 kW per i motori elettrici.

La patente A1 abilita alla guida di:

1) motocicli di cilindrata massima di 125 cm³, di potenza massima di 11 kW e con un rapporto potenza/peso non superiore a 0,1 kW/kg.

2) tricicli di potenza non superiore a 15 kW.

La patente A2 abilita alla guida di:

1) motocicli di potenza non superiore a 35 kW con un rapporto potenza/peso non superiore a 0,2 kW/kg e che non siano derivati da una versione che sviluppa oltre il doppio della potenza massima (quest'ultima indicazione riguarda i limiti per ottenere una variante depotenziata da una moto già in produzione).

La patente A abilita alla guida di:

1) motocicli, ossia veicoli a due ruote, senza carrozzetta (categoria L3e) o con carrozzetta (categoria L4e), muniti di un motore con cilindrata superiore a 50 cm^3 se a combustione interna e/o aventi una velocità massima per costruzione superiore a 45 km/h.

2) tricicli di potenza superiore a 15 kW, fermo restando quanto previsto dall'Articolo 115, comma 1, lettera e), numero 1).

La patente B1 abilita alla guida di:

1) quadricicli diversi da quelli di cui alla lettera a), numero 3), la cui massa a vuoto è inferiore o pari a 400 kg (categoria L7e) (550 kg per i veicoli destinati al trasporto di merci), esclusa la massa delle batterie per i veicoli elettrici, e la cui potenza massima netta del motore è inferiore o uguale a 15 kW.

Tali veicoli sono considerati come tricicli e sono conformi alle prescrizioni tecniche applicabili ai tricicli della categoria L5e salvo altrimenti disposto da specifiche disposizioni comunitarie.

La patente B abilita alla guida di:

1) autoveicoli la cui massa massima autorizzata non supera 3500 kg e progettati e costruiti per il trasporto di non più di otto persone oltre al conducente; ai veicoli di questa categoria può essere agganciato un rimorchio avente una massa massima autorizzata non superiore a 750 kg. Agli autoveicoli di questa categoria può essere agganciato un rimorchio la cui massa massima autorizzata superi 750 kg, purché la massa massima autorizzata di tale combinazione non superi 4250 kg. Qualora tale combinazione superi 3500 chilogrammi, è richiesto il superamento di una prova di capacità e comportamento su veicolo specifico. In caso di esito positivo, è rilasciata una patente di guida che, con un apposito codice comunitario, indica che il titolare può condurre tali complessi di veicoli.

La patente BE abilita alla guida di:

1) complessi di veicoli composti di una motrice della categoria B e di un rimorchio o semirimorchio: questi ultimi devono avere massa massima autorizzata non superiore a 3500 kg.

La patente C1 abilita alla guida di:

1) autoveicoli diversi da quelli delle categorie D1 o D la cui massa massima autorizzata è superiore a 3500 kg, ma non superiore a 7500 kg, progettati e costruiti per il trasporto di non più di otto passeggeri, oltre al conducente; agli autoveicoli di questa categoria può essere agganciato un rimorchio la cui massa massima autorizzata non sia superiore a 750 kg.

La patente C1E abilita alla guida di:

1) complessi di veicoli composti di una motrice rientrante nella categoria C1 e di un rimorchio o di un semirimorchio la cui massa massima autorizzata è superiore a 750 kg, sempre che la massa autorizzata del complesso non superi 12.000 kg;

2) complessi di veicoli composti di una motrice rientrante nella categoria B e di un rimorchio o di un semirimorchio la

cui massa autorizzata è superiore a 3500 kg, sempre che la massa autorizzata del complesso non superi 12.000 kg.

La patente C abilita alla guida di:

1) autoveicoli diversi da quelli delle categorie D1 o D la cui massa massima autorizzata è superiore a 3500 kg e progettati e costruiti per il trasporto di non più di otto passeggeri, oltre al conducente; agli autoveicoli di questa categoria può essere agganciato un rimorchio la cui massa massima autorizzata non superi 750 kg.

La patente CE abilita alla guida di:

1) complessi di veicoli composti di una motrice rientrante nella categoria C e di un rimorchio o di un semirimorchio la cui massa massima autorizzata superi 750 kg.

La patente D1 abilita alla guida di:

1) autoveicoli progettati e costruiti per il trasporto di non più di 16 persone, oltre al conducente, e aventi una lunghezza massima di 8 metri; agli autoveicoli di questa categoria può essere agganciato un rimorchio la cui massa massima autorizzata non superi 750 kg.

La patente D1E abilita alla guida di:

1) complessi di veicoli composti da una motrice rientrante nella categoria D1 e da un rimorchio la cui massa massima autorizzata è superiore a 750 kg.

La patente D abilita alla guida di:

1) autoveicoli progettati e costruiti per il trasporto di più di otto persone oltre al conducente; a tali autoveicoli può essere agganciato un rimorchio la cui massa massima autorizzata non superi 750 kg.

La patente DE abilita alla guida di:

1) complessi di veicoli composti da una motrice rientrante nella categoria D e da un rimorchio la cui massa massima autorizzata supera 750 kg.

COME SI CONSEGUE LA PATENTE

Per conseguire la patente di guida sono richiesti:
- il possesso dei requisiti psicofisici e dell'età;
- la capacità tecnica di guida;
- la mancanza di impedimenti di ordine morale.

I requisiti psicofisici e le età

Per poter guidare veicoli a motore è necessario essere idonei dal punto di vista psicofisico ed aver l'età di:

a) quattordici anni per guidare:
   1) veicoli a trazione animale (o per condurre animali da tiro, da soma o da sella, ovvero armenti, greggi o altri raggruppamenti di animali);
   2) sul territorio nazionale, veicoli cui abilita la patente di guida della categoria AM, purché non trasportino altre persone oltre al conducente;
b) sedici anni per guidare:
   1) veicoli cui abilita la patente di guida della categoria A1, purché non trasportino altre persone oltre al conducente;
   2) veicoli cui abilita la patente di guida della categoria B1, purché non trasportino altre persone oltre al conducente;
c) diciotto anni per guidare:
   1) veicoli cui abilita la patente di guida delle categorie AM, A1 e B1, che trasportano altre persone oltre al conducente;
   2) veicoli cui abilita la patente di guida della categoria A2;
   3) veicoli cui abilita la patente di guida delle categorie B e BE;
   4) veicoli cui abilita la patente di guida delle categorie C1 e C1E;
d) vent'anni per guidare:
   1) veicoli cui abilita la patente di guida della categoria A, a condizione che il conducente sia titolare della patente di guida della categoria A2 da almeno due anni;
e) ventun anni per guidare:
   1) tricicli cui abilita la patente di guida della categoria A;
   2) veicoli cui abilita la patente di guida delle categorie C e CE;
   3) veicoli cui abilita la patente di guida delle categorie D1 e D1E;
   4) veicoli per i quali è richiesto un certificato di abilitazione professionale di tipo KB nonché i veicoli che circolano in servizio di emergenza, di cui all'Art. 177;
f) ventiquattro anni per guidare:
   1) veicoli cui abilita la patente di guida della categoria A;
   2) veicoli cui abilita la patente di guida delle categorie D e DE.

Nota. *Ai minori che hanno compiuto diciassette anni e che sono titolari di patente di guida è consentita, a fini di esercitazione, la guida di autoveicoli di massa complessiva a pieno carico non superiore a 3,5 t, con esclusione del traino di qualunque tipo di rimorchio, e comunque nel rispetto dei limiti di potenza specifica riferita alla tara di cui all'Art. 117, comma 2 bis, purché accompagnati da un conducente titolare di patente di guida di categoria B o superiore da almeno dieci anni, previo rilascio di un'apposita autorizzazione da parte del competente ufficio del Dipartimento per i trasporti.*

Età massime

Accanto alle età minime sono previste quelle massime. Chi guida veicoli a motore non può aver superato:

a) **sessantacinque anni** per guidare autotreni ed autoarticolati la cui massa complessiva a pieno carico sia superiore a 20 t. Tale limite può essere elevato, anno per anno, fino a sessantotto anni qualora il conducente consegua uno specifico attestato sui requisiti fisici e psichici a seguito di visita medica specialistica annuale, con oneri a carico del richiedente, secondo le modalità stabilite nel regolamento;
b) **sessant'anni** per guidare autobus, autocarri, autotreni, autoarticolati, autosnodati, adibiti al trasporto di persone. Tale limite può essere elevato, anno per anno, fino a sessantotto anni qualora il conducente consegua uno specifico attestato sui requisiti fisici e psichici a seguito di visita medica specialistica annuale, con oneri a carico del richiedente, secondo le modalità stabilite nel regolamento.

I requisiti psicofisici

Per conseguire la patente di guida, dopo aver raggiunto l'età minima prevista, bisogna possedere i requisiti psicofisici richiesti, che significa essere esente dalle malattie incompatibili con la guida, relative a:

- vista;
- affezioni cardiovascolari;
- diabete mellito;
- epilessia;
- dipendenza da alcol o guida dipendente da alcol;
- uso di sostanze stupefacenti o psicotrope e abuso e consumo abituale di medicinali;
- turbe psichiche.
- malattie neurologiche.

Per le valutazioni delle malattie e degli stessi requisiti psicofisici, i titolari di patenti vengono divisi in due gruppi:

- **Gruppo 1: conducenti di veicoli delle categorie AM, A, A1, A2, B1, B, e BE.**
- **Gruppo 2: conducenti di veicoli delle categorie C, CE, C1, C1E, D, DE, D1 e D1E nonché i titolari di certificato di abilitazione professionale di tipo KA e KB;**

Questa suddivisione riflette il diverso modo di essere conducente. Al primo appartengono tutti i conducenti che guidano il proprio veicolo per fini privati e, quindi, non lavorano guidando.

Al secondo gruppo appartengono i conducenti professionali, cioè tutti coloro che lavorano guidando. È evidente che a costoro sono richiesti maggiori requisiti e professionalità.

Il possesso dei requisiti psicofisici si dimostra con:

a) certificazione del medico di fiducia (solo per il conseguimento e non per la conferma di validità);
b) visita presso un medico competente (i medici competenti sono quelli della Asl e i medici delle forze armate e delle forze di polizia);
c) visita presso la commissione medica locale, per chi è affetto da qualche patologia, o era stato segnalato per uso di sostanze stupefacenti.

La normativa

Secondo l'Art. 119 comma 1 del Codice della Strada:

Non può ottenere la patente di guida o l'autorizzazione ad esercitarsi alla guida di cui all'Art. 122, comma 2, chi sia affetto da malattia fisica o psichica, deficienza organica o minorazione psichica, anatomica o funzionale tale da impedire di condurre con sicurezza veicoli a motore.

Pertanto, la certificazione di idoneità psicofisica è il primo "ostacolo" da superare per chi è interessato al conseguimento della patente.

- L'accertamento dei requisiti fisici e psichici:

  ... tranne per i casi stabiliti nel comma 4 dell'Art. 119, è effettuato ***dall'ufficio della unità sanitaria locale*** *territorialmente competente, cui sono attribuite funzioni in materia medico-legale. L'accertamento suindicato* ***può essere effettuato altresì da un medico responsabile dei servizi*** *di base del distretto sanitario ovvero da un medico appartenente al ruolo dei medici del Ministero della salute, o da un ispettore medico delle Ferrovie dello Stato o da un medico militare in servizio permanente effettivo o in quiescenza o da un medico del ruolo professionale dei sanitari della Polizia di Stato o da un medico del ruolo sanitario del Corpo nazionale dei vigili del fuoco o da un ispettore medico del Ministero del lavoro e delle politiche sociali. L'accertamento può essere effettuato dai medici di cui al periodo precedente, anche dopo aver cessato di appartenere alle amministrazioni e ai corpi*

ivi indicati, purché abbiano svolto l'attività di accertamento negli ultimi dieci anni o abbiano fatto parte delle commissioni di cui al comma 4 per almeno cinque anni. In tutti i casi tale accertamento deve essere effettuato nei gabinetti medici.

Prima dell'accertamento dei requisiti prescritti per la guida, va superato lo scoglio dei precedenti morbosi, che si consegue con:

A) La certificazione di non abuso di alcolici e non uso di sostanze stupefacenti, così disciplinata:
Ai fini dell'accertamento dei requisiti psichici e fisici ***per il primo rilascio della patente di guida*** *di qualunque categoria, ovvero di certificato di abilitazione professionale di tipo KA o KB, l'interessato deve esibire apposita certificazione da cui risulti il* ***non abuso di sostanze alcoliche e il non uso di sostanze stupefacenti o psicotrope, rilasciata sulla base di accertamenti clinico-tossicologici.***

La certificazione deve essere esibita:
1) dai soggetti di cui all'Art. 186 bis, comma 1, lettere:
   b) taxi, noleggi, autobus;
   c) autocarri;
   d) autoveicoli di peso superiore a 3,5 t;
2) dai titolari del Certificato di Formazione Professionale o Patentino filoviario, in occasione della revisione o della conferma di validità delle patenti possedute;
3) da coloro che siano titolari di certificato professionale di tipo KA o KB, quando il rinnovo di tale certificato non coincida con quello della patente.

B) Certificato Anamnestico, richiesto:
- per il primo conseguimento di tutte le patenti;
- per la conferma delle patenti dei soggetti indicati ai punti 1 e 2; deve risultare di data non anteriore a tre mesi dalla presentazione della domanda per sostenere l'esame di guida. La certificazione deve tener conto dei precedenti problemi di salute del richiedente dichiarati da un certificato rilasciato da un medico di fiducia.

La procedura ordinaria presso il medico competente

La procedura ordinaria, praticabile da chi non è affetto da alcuna patologia che prevede il passaggio in commissione medica, si realizza con una visita medica, dedicata al solo accertamento dei requisiti visivi, uditivi e dei tempi di reazione. In quella sede è necessario, però, usare la massima correttezza e dire al medico le proprie condizioni reali, non nascondendo nulla, né i farmaci assunti, né altre possibili condizioni psicofisiche.

La procedura presso la CML

Quando si rilevano dubbi sull'esistenza di patologie incompatibili con la guida o che richiedano valutazioni particolari, l'interessato è inviato alla commissione medica locale (CML).
L'invio alla Commissione è rimesso alla valutazione del medico competente solo per coloro nei confronti dei quali l'esito degli accertamenti clinici, strumentali e di laboratorio faccia sorgere al medico dubbi circa l'idoneità e la sicurezza della guida.

Pertanto, l'idoneità psicofisica è strutturata su due livelli:
a) malattie incompatibili con la guida;
b) requisiti specifici per la guida.

Le patologie incompatibili con la guida sono stabilite dall'Unione Europea e valide per tutti i Paesi membri. L'attuale disciplina è contenuta nell'Allegato III al D.Lgs 59/2011, modificato da ultimo dal Decreto Dirigenziale - 03/02/2016 - Accertamento idoneità di guida per soggetti affetti da apnee ostruttive notturne.

I requisiti specifici per la guida sono previsti dal Regolamento di esecuzione del Codice della Strada e sono relativi a:
- efficienza degli arti. Art. 321
- requisiti visivi. Art. 322
- requisiti uditivi. Art. 323
- valutazione diagnostica e test psicoattitudinali. Art. 324
- anomalie somatiche. Art. 328

I Codici unionali

Sono Codici predisposti dall'Unione Europea nell'intento di uniformare le legislazioni dei Paesi membri che indicano limitazioni di validità della patente o prescrizione di accorgimenti tecnici sul veicolo o obbligo di far uso di apparecchi necessari a correggere menomazioni anatomiche o funzionali. Hanno particolare importanza per la sicurezza stradale. Essi sono riportati sulla patente e vanno osservati puntualmente.
Ecco un elenco che indica quali sono e cosa significano, da 01 a 99, i codici armonizzati dell'Unione Europea.

CONDUCENTE (motivi medici)
- *01. Correzione della vista e/o protezione degli occhi*
- *01.01. Occhiali*
- *01.02. Lenti a contatto*
- *01.05. Occlusore oculare*
- *01.06. Occhiali o lenti a contatto*
- *01.07. Aiuto ottico specifico*

- *02. Apparecchi acustici/aiuto alla comunicazione*
- *03. Protesi/ortosi per gli arti*
- *03.01. Protesi/ortosi per gli arti superiori*
- *03.02. Protesi/ortosi per gli arti inferiori*

MODIFICHE DEL VEICOLO
- *10. Cambio di velocità modificato*
- *10.02. Selezione automatica del rapporto di trasmissione*
- *10.04. Dispositivo di controllo della trasmissione adattato*
- *15. Frizione modificata*
- *15.01. Pedale della frizione adattato*
- *15.02. Frizione manuale*
- *15.03. Frizione automatica*
- *15.04. Misura per impedire il blocco o l'azionamento del pedale della frizione*
- *20. Dispositivi di frenatura modificati*
- *20.01. Pedale del freno adattato*
- *20.03. Pedale del freno adattato per essere usato col piede sinistro*
- *20.04. Pedale del freno a scorrimento*
- *20.05. Pedale del freno basculante*
- *20.06. Freno manuale*
- *20.07. Azionamento del freno con una forza massima di... N (*) [ad. esempio: "20.07 (300N)"]*
- *20.09. Freno di stazionamento adattato*
- *20.12. Misura per impedire il blocco o l'azionamento del pedale del freno*
- *20.13. Freno a ginocchio*
- *20.14. Azionamento del dispositivo di frenatura assistito da una forza esterna*
- *25. Dispositivo di accelerazione modificato*
- *25.01. Pedale dell'acceleratore adattato*
- *25.03. Pedale dell'acceleratore basculante*
- *25.04. Acceleratore manuale*
- *25.05. Acceleratore a ginocchio*
- *25.06. Azionamento dell'acceleratore assistito da una forza esterna*
- *25.08. Pedale dell'acceleratore sul lato sinistro*
- *25.09. Misura per impedire il blocco o l'azionamento del pedale dell'acceleratore*
- *31. Adattamenti e protezioni dei pedali*
- *31.01. Set supplementare di pedali paralleli*
- *31.02. Pedali sullo stesso livello (o quasi)*
- *31.03. Misura per impedire il blocco o l'azionamento dei pedali dell'acceleratore e del freno quando i pedali non sono azionati dai piedi*
- *31.04. Fondo rialzato*
- *32. Sistemi combinati di freno di servizio e di acceleratore*
- *32.01. Sistema combinato di acceleratore e freno di servizio controllato tramite una mano*
- *32.02. Sistema combinato di acceleratore e freno di servizio controllato da una forza esterna*
- *33. Sistemi combinati di freno di servizio, acceleratore e sterzo*
- *33.01. Sistema combinato di acceleratore, freno di servizio e sterzo controllato da una forza esterna tramite una mano*
- *33.02. Sistema combinato di acceleratore, freno di servizio e sterzo controllato da una forza esterna tramite due mani*
- *35. Disposizione dei comandi modificata (interruttori dei fari, tergicristalli, segnalatore acustico, indicatori di direzione ecc.)*
- *35.02. Comandi azionabili senza togliere le mani dal dispositivo di sterzo*
- *35.03. Comandi azionabili senza togliere la mano sinistra dal dispositivo di sterzo*
- *35.04. Comandi azionabili senza togliere la mano destra dal dispositivo di sterzo*
- *35.05. Comandi azionabili senza togliere le mani dal dispositivo di sterzo e senza rilasciare i meccanismi dell'acceleratore e dei freno*
- *40. Sterzo modificato*
- *40.01. Sterzo con forza massima di azionamento di... N (*) [ad esempio "40.01 (140N)"]*
- *40.05. Volante adattato (a sezione allargata e/o rinforzata, di diametro ridotto ecc.)*
- *40.06. Posizione adattata del volante*
- *40.09. Sterzo controllato tramite piede*
- *40.11. Dispositivo di assistenza al volante*
- *40.14. Servosterzo alternativo adattato controllato tramite una mano o un braccio Servosterzo alternativo adattato controllato tramite due mani o due braccia*
- *42. Dispositivi di visione laterale/posteriore modificati*
- *42.02. Dispositivo retrovisore adattato*
- *42.03. Dispositivo interno aggiuntivo che permette una visione laterale*
- *42.05. Dispositivo di visione degli angoli ciechi*
- *43. Posizione del sedile del conducente*
- *43.01. Altezza del sedile conducente che consente una visione normale e a distanza normale dal volante e dai pedali*
- *43.02. Sedile conducente adattato alla forma del corpo*
- *43.03. Sedile conducente con supporto laterale per una buona stabilità*
- *43.04. Sedile conducente dotato di braccioli*
- *43.06. Adattamento della cintura di sicurezza*
- *43.07. Tipo di cinture di sicurezza con supporto per una buona stabilità*
- *44. Modifiche ai motocicli (il codice deve essere indicato in dettaglio)*
- *44.01. Impianto frenante su una sola leva*
- *44.02. Freno della ruota anteriore adattato*

- *44.03. Freno della ruota posteriore adattato*
- *44.04. Acceleratore adattato*
- *44.08. Altezza del sedile tale da permettere al conducente, da seduto, di raggiungere il suolo con ambedue i piedi contemporaneamente e di tenere in equilibrio il motociclo in posizione di arresto e di stazionamento*
- *44.09. Forza massima di stazionamento del freno della ruota anteriore... N (*) [ad esempio "44.09 (140N)"]*
- *44.10. Forza massima di azionamento del freno della ruota posteriore... N (*) [ad esempio 44.10 (240N)"]*
- *44.11. Poggiapiedi adattato*
- *44.12. Manubrio adattato*
- *45. Solo per motocicli con sidecar*
- *46. Solo per tricicli*
- *47. Limitata a veicoli di più di due ruote in cui non è necessario l'equilibrio del conducente per l'avviamento, l'arresto e lo stazionamento*
- *50. Limitata ad uno specifico veicolo/numero di telaio (codice identificativo del veicolo)*

Lettere utilizzate in combinazione con i codici da 01 a 44 per ulteriori specifiche:

a: a sinistra
b: a destra
c: mano
d: piede
e: nel mezzo
f: braccio
g: pollice

CODICI RELATIVI A LIMITAZIONI DELL'USO

- *61. Guida in orario diurno (ad esempio: da un'ora dopo l'alba ad un'ora prima del tramonto)*
- *62. Guida entro un raggio di... km dal luogo di residenza del titolare o solo nell'ambito della città/regione*
- *63. Guida senza passeggeri*
- *64. Velocità di guida limitata a... km/h*
- *65. Guida autorizzata solo se accompagnato da titolare di una patente di categoria almeno equivalente*
- *66. Guida senza rimorchio*
- *67. Guida non autorizzata in autostrada*
- *68. Niente alcol*
- *69. Limitata alla guida di veicoli dotati di un dispositivo di tipo alcolock conformemente alla norma EN*
- *50436. L'indicazione di una data di scadenza è facoltativa (ad esempio, "69" o "69" (1.1.2016)*

QUESTIONI AMMINISTRATIVE

- *70. Sostituzione della patente n. ... rilasciata da... (sigla UE/sigla ONU se si tratta di un paese terzo; ad esempio "70.0123456789.NL")*
- *71. Duplicato della patente n. ... (sigla UE/sigla ONU se si tratta di un paese terzo; ad esempio "71.987654321. HR")*
- *73. Limitata ai veicoli della categoria B del tipo veicoli a motore a quattro ruote (B1)*
- *78. Limitata a veicoli con cambio automatico*
- *79. [...] Limitata a veicoli conformi a quanto specificato fra parentesi, in applicazione dell'Articolo 13 della presente direttiva*
- *79.01. Limitata a veicoli a due ruote con o senza side-car*
- *79.02. Limitata a veicoli di categoria AM del tipo a tre ruote o quadriciclo leggero*
- *79.03. Limitata a tricicli*
- *79.04. Limitata a tricicli ai quali è agganciato un rimorchio la cui massa limite non supera 750 kg*
- *79.05. Motociclo di categoria A1 con un rapporto potenza/peso superiore a 0,1 kW/kg*
- *79.06. Veicolo di categoria BE nel quale la massa limite del rimorchio supera 3.500 kg*
- *80. Limitata a titolari di patente di guida per veicoli di categoria A del tipo triciclo a motore di età inferiore a 24 anni*
- *81. Limitata a titolari di patente di guida per veicoli di categoria A del tipo motociclo a due ruote di età inferiore a 21 anni*
- *95. Conducente titolare di CQC (carta di qualificazione del conducente) in regola con l'obbligo di idoneità professionale di cui alla direttiva 2003/59/CE fino a [ad esempio: "95 (1.1.12)"*
- *96. Veicoli di categoria B a cui è agganciato un rimorchio con una massa limite superiore a 750 kg quando la massa limite complessiva supera 3500 kg ma non sup. a 4.250 kg*
- *97. Non autorizzata per la guida di un veicolo di categoria C1 che rientra nel campo di applicazione del regolamento (CEE) n. 3821/85 (**)*

Codici 100 e superiori: codici nazionali, validi unicamente per la circolazione sul territorio dello Stato membro che ha rilasciato la patente.

Se un codice si applica a tutte le categorie per le quali è rilasciata la patente, può essere stampato nello spazio sotto le voci 9, 10 e 11.

Le inosservanze delle prescrizioni espresse dai Codici unionali sono punite severamente ai sensi dell'art 125 del Codice della Strada:

... chiunque, munito di patente di guida recante un codice unionale o nazionale relativo a "MODIFICHE DEL VEICOLO", conduce un veicolo o circola in condizioni diverse da quelle indicate dai predetti codici, è soggetto alla sanzione amministrativa del pagamento di una somma da € 155 a € 625.

... chiunque, munito di patente di guida recante un codice unionale o nazionale relativo a "CONDUCENTE (motivi medici)" conduce un veicolo o circola in condizioni diverse da quelle indicate dai predetti codici, è soggetto alla sanzione di cui all'Articolo 173, comma 3 (sanzione amministrativa del pagamento di una somma da € 81 a € 326.)
Per entrambe le violazioni è prevista, oltre alla sanzione pecuniaria, o "multa", la sospensione della patente da uno a sei mesi.

LE PROCEDURE DI ESAME

Per garantire trasparenza e uniformità di valutazione, il Ministero delle Infrastrutture e dei Trasporti ha disciplinato in maniera dettagliata tutte le procedure amministrative per il conseguimento della patente. Con atti separati ha previsto le conoscenze teoriche, le prove di esame e i parametri di valutazione.
In questo volume sono riportati integralmente i contenuti relativi alle conoscenze richieste per il superamento della prova teorica e le procedure dell'esame di guida. Questa scelta è motivata dalle ragioni che hanno portato a disciplinare in maniera puntuale tutte le procedure e che tutelano valori importanti, come:
- l'uniformità di giudizio;
- la trasparenza;
- le certezze delle cose da conoscere e delle prove da superare.

Tutti coloro che si apprestano a conseguire la patente di guida troveranno di sicura utilità la lettura attenta delle parti riportate perché conosceranno esattamente lo sviluppo dell'esame, gli errori da evitare, i parametri di valutazione dell'esaminatore.

La prova teorica per la Patente A1, A2 e A

Le procedure di esame sono previste dalla Circolare n. 7262 del 27 marzo 2017 del Ministero dei Trasporti.
La prova di verifica delle nozioni per il conseguimento della patente di guida delle categorie A1, A2 e A verte sui seguenti argomenti, così indicati dal testo ufficiale:

a) segnaletica stradale verticale ed orizzontale, segnalazioni, precedenze e limiti di velocità;
b) importanza di un atteggiamento vigile e di un corretto comportamento nei confronti degli altri utenti della strada;
c) osservazione, valutazione e decisione, in particolare tempi di reazione, nonché cambiamenti nel comportamento al volante indotti da alcol, droghe, medicinali, stati d'animo e affaticamento;
d) principi fondamentali relativi all'osservanza della distanza di sicurezza fra i veicoli, allo spazio di frenata ed alla tenuta di strada nelle diverse condizioni sia atmosferiche sia della strada;
e) fattori di rischio legati alle diverse condizioni della strada; in particolare il loro cambiamento in base alle condizioni atmosferiche e al passaggio dal giorno alla notte;
f) caratteristiche dei diversi tipi di strada e relative norme di comportamento;
g) guida sicura nelle gallerie stradali;
h) fattori di rischio specificamente legati all'inesperienza degli altri utenti della strada e categorie di utenti particolarmente esposte quali bambini, pedoni, ciclisti e persone con mobilità ridotta;
i) rischi legati alla manovra e alla guida di diversi tipi di veicolo e relativo campo visivo del conducente;
l) formalità amministrative e documenti necessari per la circolazione dei veicoli;
m) regole generali di comportamento in caso di incidente (collocazione dei segnali di pericolo e segnalazione dell'incidente) ed eventuali misure di assistenza agli infortunati;
n) fattori di sicurezza legati al veicolo, al carico e alle persone trasportate;
o) precauzioni da adottare nello scendere dal veicolo;
p) elementi di meccanica legati alla sicurezza stradale; i candidati devono essere in grado di riconoscere i difetti più ricorrenti, con particolare riguardo a sterzo, sospensioni, freni, pneumatici, luci e indicatori di direzione, catadiottri, specchietti retrovisori, parabrezza e tergicristalli, sistema di scarico, cinture di sicurezza e dispositivi di segnalazione acustica;
q) sistemi di sicurezza dei veicoli, in particolare: impiego delle cinture di sicurezza, poggiatesta e dotazioni per la sicurezza dei bambini;
r) regole di utilizzo dei veicoli legate all'ambiente (corretto impiego dei dispositivi di segnalazione acustica, consumo ridotto di carburante, limitazione delle emissioni inquinanti ecc.);
s) impiego del casco e di ulteriore abbigliamento protettivo di altro tipo, ove prescritto;
t) percezione del motociclista da parte degli altri utenti della strada;
u) fattori di rischio legati ai vari tipi di strada precedentemente indicati, con particolare attenzione agli elementi potenzialmente scivolosi quali tombini, segnaletica orizzontale (ad esempio strisce e frecce) e binari;
v) elementi di meccanica legati alla sicurezza stradale precedentemente indicati, con particolare attenzione all'in-

terruttore di emergenza, ai livelli dell'olio e alla catena

z) *norme sulla circolazione in autostrada e strade extraurbane principali; trasporto di persone; carico dei veicoli; pannelli sui veicoli; traino dei veicoli e dei veicoli in avaria;*

aa) *responsabilità civile, penale, amministrativa; forme assicurative legate al veicolo diverse dalla RCA;*

bb) *elementi costitutivi del veicolo importanti per la sicurezza; manutenzione ed uso; stabilità e tenuta di strada del veicolo;*

cc) *sistema sanzionatorio;*

dd) *limiti di traino; organi di traino e sistemi di frenatura del rimorchio; conoscenza del comportamento del rimorchio durante la circolazione; limiti di velocità del complesso.*

I Contenuti della prova

I quiz ufficiali sono ripresi da due banche dati, rispettivamente per la patente AM e per le patenti A1, A2, A, B1 e B.

Per la patente A1, A2, A

Le procedure sono previste dalla Circolare 7262 del 27 marzo 2017 del Ministero dei Trasporti, che riportiamo integralmente per la sua chiarezza e per la sua valenza, ispirata a garantire uniformità e trasparenza.

Per la Patente B

Le procedure sono previste dalla Circolare 6935 del 22 marzo 2017 del Ministero dei Trasporti, che riportiamo integralmente per la sua chiarezza e per la sua valenza, ispirata a garantire uniformità e trasparenza.

Per la Patente B1

Le procedure sono previste dalla Circolare 6933 del 22 marzo 2017 del MIT.

I contenuti della prova teorica per il conseguimento della patente B1 includono anche i contenuti dedicati alla prova teorica per le categorie A1, A2, A, B, BE.

Nei programmi citati sono previsti anche argomenti relativi al traino di un rimorchio di massa massima autorizzata superiore a 750 Kg, legati al conseguimento della patente di categoria BE: sarebbe infatti in contrasto con un principio di economicità dei procedimenti amministrativi e dell'azione amministrativa prevedere una specifica prova teorica su questi pochi argomenti, che riguardano una parte esigua dei candidati.

Da quanto detto, deriva che il titolare di patente di guida di una delle seguenti categorie: A1, A2, A, B1, B o BE non dovrà ripetere l'esame di teoria per conseguire qualunque altra patente delle predette categorie.

La segnaletica stradale

CENNI STORICI

La segnaletica ha una funzione essenziale per la sicurezza della circolazione. Come oggi è impensabile qualsiasi attività umana senza l'uso della strada, intesa come mezzo indispensabile per la circolazione, così è impossibile una strada senza segnaletica.
All'inizio del secolo scorso, al primo apparire del veicolo a motore e cogliendone le potenzialità di diffusione, gli organismi internazionali avvertirono la necessità di uniformare la segnaletica stradale, come condizione indispensabile per consentire l'uso del veicolo stradale anche oltre i confini dello Stato di origine.

Nell'antichità, i Greci per primi usavano segnali stradali di indicazione. I Romani inventarono poi le pietre miliari, che avevano la funzione degli attuali cartelli di progressione chilometrica.
Con decreto dell'imperatore Augusto fu fissato l'*aurum miliarium*, costituito da un cippo dorato, posto al centro di Roma, dal quale tutte le strade "principiavano e conducevano".
In tempi più vicini a noi, troviamo segnali di indicazione alla fine dell'Ottocento.
Nel 1895, il Touring Club Italiano curò l'affissione di cartelli indicatori sulla Strada Statale Adriatica, nei pressi di Senigallia.
Nel 1900, a Parigi, si teneva il primo convegno internazionale sulla segnaletica. In tale convegno veniva adottato il criterio di sostituire le scritte con simboli.
L'Italia, nel 1904, si uniformava a tale principio, iniziando l'affissione di cartelli stradali.
Nel 1909, a Parigi, veniva firmata la prima Convenzione internazionale sulla segnaletica tra i rappresentanti di 15 Paesi europei.
Nel 1921 la Società delle Nazioni si interessava della segnaletica quale strumento indispensabile per la sicurezza del traffico e creava una apposita commissione di studio.
Nel 1927 si teneva, a Vienna, un convegno internazionale in cui si configuravano le forme e i colori dei segnali stradali:

- segnali di pericolo: forma triangolare e colore rosso;
- segnali di divieto: forma circolare e colore rosso;
- segnali d'obbligo: a fondo blu con simboli bianchi.

Successivamente, altre convenzioni provvedevano a unificare forme, colori, simboli e modalità di apposizione.

Con il Decreto Ministeriale del 26/4/1990 è stata adottata la nuova segnaletica stradale, che è stata poi trasferita nel Codice della Strada.
La segnaletica stradale installata sulle strade del nostro Paese è stata adottata nella Convenzione internazionale di Vienna 1968-1974.
Essa è conforme alle prescrizioni internazionali e, quindi, comprensibile a tutti gli utenti della strada.
Il linguaggio espresso dalla segnaletica stradale è il terzo al mondo in ordine al numero di persone che ne conoscano il significato. Il primo linguaggio è costituito dai numeri e il secondo dalle note musicali.
La comprensibilità costituisce il fattore primario della funzione assegnata alla segnaletica. Essa, imponendo obblighi, divieti e prescrizioni presuppone chiarezza sia per chi deve osservarli, sia per chi fa affidamento sul rispetto degli stessi.
Nella sua complessa articolazione, la segnaletica stradale comprende:

- segnali verticali;
- segnali orizzontali;
- segnali luminosi;
- segnali complementari;
- segnaletica manuale.

Ognuno di questi segnali è disciplinato nella forma, nella simbologia, nei colori e nelle modalità di apposizione. Ancora più analitica risulta la disciplina dei contenuti, cioè dei precetti che ad alcuni di essi sono riferiti e dei conseguenti obblighi comportamentali.

PER IL SIGNIFICATO DEI SINGOLI SEGNALI SI RIMANDA AI QUIZ, RIPORTATI IN APPENDICE.

LA SEGNALETICA VERTICALE

La segnaletica verticale è costituita dai cartelli stradali e comprende:

Segnali di pericolo: hanno la funzione di preavvertire gli utenti dei pericoli per la loro circolazione, evidenziandone la natura e l'ubicazione. Questi segnali, oltre a dare l'informazione, impongono ai guidatori di adottare comportamenti idonei a superare con sicurezza il pericolo.

Segnali di prescrizione: hanno la funzione di imporre determinati comportamenti in quanto rendono noti agli utenti obblighi, divieti e limitazioni imposti nell'organizzazione della circolazione stradale. Sono compresi in questa categoria i segnali:
- di precedenza;
- di divieto;
- di obbligo.

Segnali di indicazione: forniscono agli utenti informazioni utili per la guida, per la scelta degli itinerari e le informazioni sulle località e sui servizi offerti. Comprendono i segnali:
- di preavviso;
- di direzione;
- di conferma;
- di identificazione di strade;
- di itinerari;
- di località e centro abitato;
- di denominazione stradale, turistici e di territorio;
- di informazione per la guida;
- di ubicazione di servizi.

Le dimensioni, i colori, la simbologia, le modalità di impiego e di apposizione della segnaletica verticale sono disciplinati dalle norme regolamentari.

Quando è necessario o opportuno, i segnali sono muniti di pannelli integrativi:
- per definirne la validità nello spazio (inizio, fine ecc.);
- per precisarne il significato;
- per limitarne l'efficacia ad alcune categorie di utenti;
- per limitarne l'efficacia a determinati periodi di tempo.

La segnaletica è apposta:
- su tutte le strade pubbliche;
- sulle strade private a uso pubblico.

Nelle aree private non aperte al pubblico non è obbligatorio apporre la segnaletica stradale, ma se questa è usata deve essere quella regolamentare.

Sui segnali stradali e sul retro degli stessi è vietato apporre tutto ciò che non sia previsto dal regolamento.

La segnaletica deve essere mantenuta in perfetta efficienza dagli enti proprietari.

Agli enti proprietari che non ottemperano agli obblighi di apposizione e di manutenzione della segnaletica o che ne facciano un uso improprio, il Ministero delle Infrastrutture e dei Trasporti intima di adempiere a quanto dovuto. Nel caso di inottemperanza all'intimazione, il Ministero esercita poteri sostitutivi di intervento con l'addebito delle spese e degli oneri all'ente proprietario.

La segnaletica di indicazione è costituita dai segnali che forniscono agli utenti della strada informazioni necessarie per la corretta e sicura circolazione, nonché per l'individuazione di itinerari, località, servizi e impianti stradali.

LA SEGNALETICA ORIZZONTALE

È costituita da segnali tracciati sulla strada e ha la funzione di guidare gli utenti al corretto uso della sede stradale, sul come e dove vanno osservate certe prescrizioni imposte dalla segnaletica verticale, o fornisce utili indicazioni sulle caratteristiche dell'arteria percorsa e sui comportamenti da tenere.

Secondo l'Art. 40, i segnali orizzontali si dividono in:
- strisce longitudinali;
- strisce trasversali;
- attraversamenti pedonali o ciclabili;
- frecce direzionali;
- iscrizioni e simboli;
- strisce di delimitazione degli stalli di sosta o per la sosta riservata;
- isole di traffico o di presegnalamento di ostacoli entro la carreggiata;
- strisce di delimitazione della fermata dei veicoli in servizio di trasporto pubblico di linea;
- altri segnali stabiliti dal regolamento.

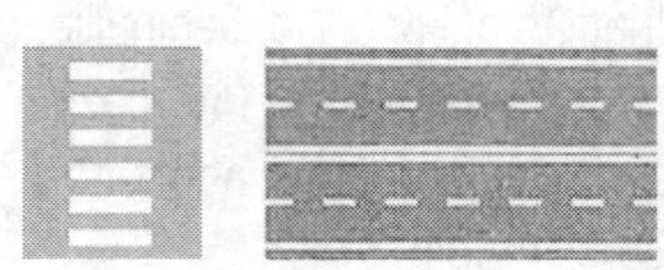

Significato della segnaletica orizzontale

Il significato della segnaletica orizzontale e le prescrizioni a essa legate sono contenuti nell'Art. 40 del Codice.

Le strisce longitudinali possono essere **continue** o **discontinue**.

Le continue, a eccezione di quelle che delimitano le corsie di emergenza, indicano il limite di una corsia di marcia o della carreggiata.

Una striscia longitudinale continua può affiancarne un'altra discontinua (cioè tratteggiata); in tal caso esse indicano ai conducenti che viaggiano a destra di quella discontinua la possibilità di oltrepassarle.
Una striscia trasversale continua indica il limite prima del quale il conducente ha l'obbligo:
- di arrestare il veicolo per rispettare le prescrizioni del semaforo;
- di "fermarsi e dare la precedenza".

o annuncia:
- il segnale di passaggio a livello;
- un segnale manuale del personale che espleta servizio di polizia stradale.

Una striscia trasversale tratteggiata indica il limite prima del quale si deve arrestare il veicolo, se necessario, per rispettare il segnale "dare la precedenza".
La striscia longitudinale continua non si deve mai oltrepassare; la discontinua può essere oltrepassata, sempre che siano rispettate tutte le altre norme di circolazione. È vietato attraversare la striscia continua; si può farlo solo quando è affiancata da una striscia tratteggiata, ma solo dalla parte di questa.
Le strisce marginali (cioè laterali) continue possono essere oltrepassate solo dai veicoli in attività di servizio di pubblico interesse e da quelli che devono effettuare una sosta di emergenza.

Alla segnaletica orizzontale sono connesse alcune regole che acquistano valenza autonoma, come:
- il divieto di sosta quando i margini della carreggiata sono evidenziati da striscia continua;
- il divieto di circolazione sulle strisce longitudinali, salvo che per il cambio di corsia;
- il divieto di circolazione per i veicoli non autorizzati sulle corsie riservate e segnalate.

Di seguito riportiamo il testo della normativa ufficiale, da leggere per maggiore completezza.

I segnali orizzontali – Art. 40

1. *I segnali orizzontali, tracciati sulla strada, servono per regolare la circolazione, per guidare gli utenti e per fornire prescrizioni o utili indicazioni per particolari comportamenti da seguire.*
2. *(...)*
3. *Le strisce longitudinali possono essere continue o discontinue. Le continue, a eccezione di quelle che delimitano le corsie di emergenza, indicano il limite invalicabile di una corsia di marcia o della carreggiata; le discontinue delimitano le corsie di marcia o la carreggiata.*
4. *Una striscia longitudinale continua può affiancarne un'altra discontinua; in tal caso esse indicano ai conducenti, marcianti alla destra di quella discontinua, la possibilità di oltrepassarle.*
5. *Una striscia trasversale continua indica il limite prima del quale il conducente ha l'obbligo di arrestare il veicolo per rispettare le prescrizioni semaforiche o il segnale di "fermarsi e dare precedenza" o il segnale di "passaggio a livello" ovvero un segnale manuale del personale che espleta servizio di polizia stradale.*
6. *Una striscia trasversale discontinua indica il limite prima del quale il conducente ha l'obbligo di arrestare il veicolo, se necessario, per rispettare il segnale "dare precedenza".*
7. *Nel regolamento sono stabilite norme per le forme, le dimensioni, i colori, i simboli e le caratteristiche dei segnali stradali orizzontali, nonché le loro modalità di applicazione.*
8. *Le strisce longitudinali continue non devono essere oltrepassate; le discontinue possono essere oltrepassate sempre che siano rispettate tutte le altre norme di circolazione. È vietato valicare le strisce longitudinali continue, tranne che dalla parte dove è eventualmente affiancata una discontinua.*
9. *Le strisce di margine continue possono essere oltrepassate solo dai veicoli in attività di servizio di pubblico interesse e dai veicoli che debbono effettuare una sosta di emergenza.*
10. *È vietata:*
    a) la sosta sulle carreggiate i cui margini sono evidenziati da una striscia continua;
    b) la circolazione sopra le strisce longitudinali, salvo che per il cambio di corsia;
    c) la circolazione dei veicoli non autorizzati sulle corsie riservate.
11. *In corrispondenza degli attraversamenti pedonali i conducenti dei veicoli devono dare la precedenza ai pedoni che hanno iniziato l'attraversamento; analogo comportamento devono tenere i conducenti dei veicoli nei confronti dei ciclisti in corrispondenza degli attraversamenti ciclabili. Gli attraversamenti pedonali devono essere sempre accessibili anche alle persone non deambulanti su sedie a ruote; a tutela dei non vedenti possono essere collocati segnali a pavimento o altri segnali di pericolo in prossimità degli attraversamenti stessi.*

Le Strisce longitudinali – Art. 138

1. *Le strisce longitudinali servono per separare i sensi di marcia o le corsie di marcia, per delimitare la carreggiata ovvero per incanalare i veicoli verso determinate direzioni; la larghezza minima delle strisce longitudi-*

nali, escluse quelle di margine, è di 15 cm per le autostrade e per le strade extraurbane principali, di 12 cm per le strade extraurbane secondarie, urbane di scorrimento e urbane di quartiere e 10 cm per le strade locali.

2. *Le strisce longitudinali si suddividono in:*
   a) strisce di separazione dei sensi di marcia;
   b) strisce di corsia;
   c) strisce di margine della carreggiata;
   d) strisce di raccordo;
   e) strisce di guida sulle intersezioni.
3. *Le strisce longitudinali possono essere continue o discontinue.*

Le strisce di separazione dei sensi di marcia – Art. 139

1 *La separazione dei sensi di marcia si realizza mediante una o due strisce longitudinali affiancate di colore bianco e di uguale larghezza; la distanza tra le due strisce affiancate deve essere non inferiore alla larghezza di una di esse.*

2. *La striscia di separazione dei sensi di marcia deve essere continua:*
   a) sulle carreggiate con una corsia per senso di marcia, allorché non si voglia consentire l'occupazione, neppure momentanea, della corsia adiacente per il sorpasso;
   b) in prossimità delle intersezioni a raso;
   c) nelle zone di attestamento;
   d) in prossimità degli attraversamenti pedonali e di quelli ciclabili;
   e) in prossimità di tratti stradali in cui la visibilità è ridotta, come nelle curve e sui dossi;
   f) in prossimità dei passaggi ferroviari a livello;
   g) in prossimità delle strettoie.
3. *Lungo le curve, sui dossi e nelle strettoie, non disciplinate con senso unico alternato, la striscia continua di separazione dei sensi di marcia deve avere lunghezza tale da impedire l'occupazione della corsia adiacente, per tutto il tratto in cui la visibilità non è sufficiente.*
4. *Due strisce affiancate, di cui una continua e una discontinua, devono essere impiegate allorché uno dei due sensi di marcia dispone di una distanza di visibilità ridotta, ovvero per consentire la possibilità di sorpasso ai veicoli in uscita dalle aree di intersezione; la lunghezza di tali strisce affiancate non deve essere inferiore a 30 m.*
5. *Nel caso di due strisce affiancate, di cui una continua e una discontinua, la striscia continua non impedisce al conducente, che ha effettuato un sorpasso consentito, di riprendere la sua posizione normale sulla carreggiata.*
6. *Due strisce affiancate continue devono essere tracciate per separare i sensi di marcia nei seguenti casi:*
   a) nelle strade a carreggiata unica a due o più corsie per senso di marcia;
   b) quando due o più corsie nello stesso senso di marcia sono delimitate da strisce continue;
   c) quando la separazione dei sensi di marcia non coincide con l'asse della carreggiata;
   d) quando si predispone uno spartitraffico, anche senza apposito manufatto, per conferire maggiore sicurezza alla circolazione distanziando i due sensi di marcia; in questo caso, se lo spazio tra le due strisce è superiore a 50 cm, esso dovrà essere evidenziato con le zebrature di cui all'Articolo 150, comma 2.
7. *In presenza di sistemi di regolazione del traffico con corsie reversibili, le strisce di separazione delle corsie sono discontinue, del tipo "h" di cui alla tabella dell'Articolo 138, comma 3, e i conducenti possono effettuare il cambio di corsia solo se autorizzati dalla apposita segnaletica semaforica.*
8. *In tutti gli altri casi non previsti dal presente Articolo le strisce di separazione dei sensi di marcia devono essere discontinue.*
9. *Le strisce continue possono essere interrotte in corrispondenza di strade o accessi laterali, sempre che sia garantita una sufficiente visibilità per le manovre di attraversamento o di svolta.*
10. *Le strisce longitudinali continue, connesse a strisce trasversali, che servono a delimitare gli stalli di sosta, possono essere sorpassate per la effettuazione delle manovre connesse con la sosta.*
11. *Per preavvisare i conducenti dell'approssimarsi di una striscia longitudinale continua di separazione dei sensi di marcia, si possono adottare strisce longitudinali discontinue del tipo "d", di cui alla tabella dell'Articolo 138, comma 3.*

Le Strisce di corsia – Art. 140

1. *Il modulo di corsia, inteso come distanza tra gli assi delle strisce che delimitano la corsia, è funzione della sua destinazione, del tipo di strada, del tipo di veicoli in transito e della sua regolazione.*

(...)

6. *Le corsie riservate, qualora non protette da elementi in elevazione sulla pavimentazione, sono separate dalle altre corsie di marcia mediante due strisce continue affiancate, una bianca di 12 cm di larghezza e una gialla di 30 cm, distanziate tra loro di 12 cm; la striscia gialla deve essere posta sul lato della corsia riservata.*
7. *Le piste ciclabili, qualora non protette da elementi in elevazione sulla pavimentazione, sono separate dalle corsie di marcia mediante due strisce continue affiancate, una bianca di 12 cm di larghezza e una gialla di 30 cm distanziate tra loro di 12 cm; la striscia gialla deve essere posta sul lato della pista ciclabile.*

Strisce di margine della carreggiata – Art. 141

1. *I margini della carreggiata sono segnalati con strisce di colore bianco.*
2. *Le strisce di margine sono continue in corrispondenza delle corsie di emergenza e delle banchine; esse possono essere realizzate nei tratti di strada in cui vige il divieto di sosta.*
3. *Le strisce di margine sono discontinue in corrispondenza di una strada con obbligo di dare precedenza, di diramazioni, di corsie di accelerazione e decelerazione, di piazzole o zone di sosta e di passi carrabili.*

Le strisce di raccordo – Art. 142

1. *Le strisce di raccordo sono strisce continue oblique di colore bianco e vanno usate in dipendenza di variazioni della larghezza della carreggiata utilizzabile dal traffico, o delle corsie.*

Le Strisce di guida sulle intersezioni – Art. 143

1. *Le strisce di guida sulle intersezioni sono del tipo "g", di cui alla tabella dell'Articolo 138, comma 3, sono curve, discontinue, di colore bianco e possono essere tracciate nelle aree di intersezione per guidare i veicoli in manovra secondo una corretta traiettoria.*

Le Strisce trasversali – Art. 144

1. *Le strisce trasversali, o linee di arresto, sono continue o discontinue e di colore bianco; quelle continue hanno larghezza minima di 50 cm e vanno usate in corrispondenza delle intersezioni semaforizzate, degli attraversamenti pedonali semaforizzati e in presenza del segnale FERMARSI E DARE PRECEDENZA; quelle discontinue vanno usate in presenza del segnale DARE PRECEDENZA.*
4. *La linea di arresto, in presenza del segnale DARE PRECEDENZA, è costituita da una serie di triangoli bianchi tracciati con la punta rivolta verso il conducente obbligato a dare la precedenza; tali triangoli hanno una base compresa tra 40 e 60 cm e un'altezza compresa tra 60 e 70 cm. In particolare: base 60 e altezza 70 cm su strade di tipo C e D; base 50 e altezza 60 cm su strade di tipo E; base 40 e altezza 50 su strade di tipo F. La distanza tra due triangoli è pari a circa la metà della base.*
5. *Sulle intersezioni regolate mediante segnali semaforici, la linea di arresto deve essere tracciata prima dell'attraversamento pedonale a una distanza di 1 m dal limite di questo.*

Gli attraversamenti pedonali – Art. 145

1. *Gli attraversamenti pedonali sono evidenziati sulla carreggiata mediante zebrature con strisce bianche parallele alla direzione di marcia dei veicoli, di lunghezza non inferiore a 2,50 m, sulle strade locali e su quelle urbane di quartiere, e a 4 m, sulle altre strade; la larghezza delle strisce e degli intervalli è di 50 cm.*
2. *La larghezza degli attraversamenti pedonali deve essere comunque commisurata al flusso del traffico pedonale.*
3. *In presenza del segnale FERMARSI E DARE PRECEDENZA l'attraversamento pedonale, se esiste, deve essere tracciato a monte della linea di arresto, lasciando uno spazio libero di almeno 5 m; in tal caso i pedoni devono essere incanalati verso l'attraversamento pedonale mediante opportuni sistemi di protezione.*
4. *Sulle strade ove è consentita la sosta, per migliorare la visibilità, da parte dei conducenti, nei confronti dei pedoni che si accingono ad impegnare la carreggiata, gli attraversamenti pedonali possono essere preceduti, nel verso di marcia dei veicoli, da una striscia gialla a zig zag, del tipo di quella di cui all'Articolo 151, comma 3, di lunghezza commisurata alla distanza di visibilità. Su tale striscia è vietata la sosta.*

Gli attraversamenti ciclabili – Art. 146

1. *Gli attraversamenti ciclabili devono essere previsti solo per garantire la continuità delle piste ciclabili nelle aree di intersezione.*
2. *Gli attraversamenti ciclabili sono evidenziati sulla carreggiata mediante due strisce bianche discontinue, di larghezza di 50 cm; con segmenti ed intervalli lunghi 50 cm; la distanza minima tra i bordi interni delle due strisce trasversali è di 1 m per gli attraversamenti a senso unico e di 2 m per gli attraversamenti a doppio senso. In caso di attraversamento ciclabile contiguo a quello pedonale è sufficiente evidenziare con la striscia discontinua solo la parte non adiacente l'attraversamento pedonale.*
3. *Analogamente a quanto previsto dall'Articolo 145, comma 4, sulle strade ove è consentita la sosta, per migliorare la visibilità, da parte dei conducenti, nei confronti dei velocipedi che si accingono ad impegnare la carreggiata, gli attraversamenti ciclabili possono essere preceduti, nel verso di marcia dei veicoli, da una striscia gialla a zig zag, del tipo di quella di cui all'Articolo 151, comma 3, di lunghezza commisurata alla distanza di visibilità. Su tale striscia è vietata la sosta.*

Le Strisce di delimitazione della fermata dei veicoli in servizio di trasporto pubblico collettivo di linea – Art. 151

1. *Le strisce di delimitazione della fermata dei veicoli in servizio di trasporto pubblico collettivo di linea sono costituite da una striscia longitudinale gialla discontinua, posta a una distanza minima di 2,70 m dal marciapiede o dalla striscia di margine continua, e da*

due strisce trasversali gialle continue che si raccordano perpendicolarmente alle precedenti; nel caso di golfi di fermata le strisce trasversali possono non essere tracciate. La larghezza delle strisce è di 12 cm.

LA SEGNALETICA LUMINOSA

Il Codice della Strada, all'Art. 41, indica i segnali luminosi, che comprendono:
a) segnali luminosi di pericolo e di prescrizione;
b) segnali luminosi di indicazione;
c) lanterne semaforiche veicolari normali;
d) lanterne semaforiche veicolari di corsia;
e) lanterne semaforiche per i veicoli di trasporto pubblico;
f) lanterne semaforiche pedonali;
g) lanterne semaforiche per velocipedi;
h) lanterne semaforiche veicolari per corsie reversibili;
i) lanterna semaforica gialla lampeggiante;
l) lanterne semaforiche speciali;
m) segnali luminosi particolari.

Le forme, le caratteristiche, le dimensioni, i colori e i simboli dei segnali luminosi, le modalità del loro impiego e i comportamenti dovuti degli utenti sono disciplinati dalle norme. Tutti i segnali e i dispositivi luminosi devono essere omologati dal Ministro delle Infrastrutture e dei Trasporti. L'omologazione serve a garantire la corrispondenza delle caratteristiche geometriche fotocromatiche del segnale a quanto è previsto dal regolamento.
È vietato l'uso di segnaletica semaforica non omologata o impropria. Gli enti proprietari delle strade hanno l'obbligo di curare la manutenzione della segnaletica semaforica esistente, ma non esistono parametri di flusso di veicoli o di caratteristiche di intersezione in presenza dei quali gli enti proprietari delle strade sono tenuti a installare un semaforo. L'installazione o meno rientra nella valutazione discrezionale tesa a garantire sicurezza alla circolazione. Non sempre l'apposizione della segnaletica semaforica genera fluidità al traffico, che è una condizione essenziale di sicurezza.

Significato della segnaletica luminosa

Anche nella complessità della tipologia dei segnali luminosi, il loro significato è riconducibile a schemi semplici.

Segnali semaforici veicolari

- colore rosso: vieta il passaggio;
- colore giallo: preavvisa l'obbligo di arresto, che sarà imposto dal successivo colore rosso e vieta il passaggio, a meno che l'utente, al momento dell'accensione del segnale, non sia così vicino al punto di arresto da non potersi fermare in condizioni di sicurezza. Quest'ultima condizione si riferisce alla linea di arresto; al momento dell'accensione se il veicolo è molto vicino alla stessa diventa legittimo il passaggio, che altrimenti sarebbe vietato e, perciò, punito esattamente come quello effettuato con il rosso;
- colore verde: consente il passaggio.

I segnali semaforici per veicoli di trasporto pubblico

Le luci dei semafori per i veicoli di trasporto pubblico sono a forma di barra o triangolo su fondo nero. Nello specifico si possono trovare:
- una barra bianca orizzontale, impone l'obbligo di arresto;
- una barra verticale o inclinata a destra o sinistra ha il significato di via libera nelle direzioni indicate, rispettivamente, diritto, a destra o a sinistra;
- un triangolo giallo su fondo nero, con significato di arresto.

I segnali semaforici pedonali

Gli attraversamenti pedonali con semaforo possono essere dotati di segnalazioni acustiche per non vedenti. Le luci delle lanterne semaforiche pedonali sono a forma di pedone colorato su fondo nero. I colori sono:
- rosso, significa arresto: non consente ai pedoni di effettuare l'attraversamento, o di scendere sulla carreggiata;
- giallo, con significato di sgombero: consente ai pedoni che si trovano all'interno dell'attraversamento di liberarlo il più rapidamente possibile, e vieta a quelli che si trovano sul marciapiede di fermarsi sulla carreggiata;
- verde, indica via libera: consente ai pedoni di attraversare la carreggiata solo nella direzione indicata dalla luce.

I segnali semaforici per velocipedi

Sono a forma di bicicletta colorata con fondo nero. I colori previsti sono il rosso, il verde e il giallo, che hanno gli stessi significati di quelli per i veicoli, ma si riferiscono solo alle biciclette provenienti da una pista ciclabile.

I segnali semaforici per corsie reversibili

Le luci dei semafori per corsie reversibili sono di colore:
- rosso a forma di X, che indica il divieto di percorrere la corsia o di attraversare il varco sotto la luce;
- verde, a forma di freccia, che indica il permesso di percorrere la corsia o transitare nel varco sotto la luce. Durante il periodo di accensione delle luci delle lanterne semaforiche per corsie reversibili, i conducenti non possono percorrere la corsia o impegnare il varco sotto la luce rossa a forma di X; possono invece percorrere la corsia o attraversare il varco sotto la luce verde a forma di freccia rivolta verso il basso. È tuttavia sempre vietato l'arresto davanti alle luci dei segnali semaforici per corsie reversibili, anche quando è presente l'indicazione della X rossa.

Di seguito trovate il testo del Codice sui segnali luminosi – Art. 141.

(...).

2. *Le luci delle lanterne semaforiche veicolari normali sono di forma circolare e di colore:*
   - rosso, con significato di arresto;
   - giallo, con significato di preavviso di arresto;
   - verde, con significato di via libera.
3. *Le luci delle lanterne semaforiche di corsia sono a forma di freccia colorata su fondo nero; i colori sono rosso, giallo e verde; il significato è identico a quello delle luci di cui al comma 2, ma limitatamente ai veicoli che devono proseguire nella direzione indicata dalla freccia.*
4. *Le luci delle lanterne semaforiche per i veicoli di trasporto pubblico sono a forma di barra bianca su fondo nero, orizzontale con significato di arresto, verticale o inclinata a destra o sinistra con significato di via libera, rispettivamente diritto, a destra o sinistra, e di un triangolo giallo su fondo nero, con significato di preavviso di arresto.*
5. *Gli attraversamenti pedonali semaforizzati possono essere dotati di segnalazioni acustiche per non vedenti. Le luci delle lanterne semaforiche pedonali sono a forma di pedone colorato su fondo nero. I colori sono:*
   a) rosso, con significato di arresto e non consente ai pedoni di effettuare l'attraversamento, né di impegnare la carreggiata;
   b) giallo, con significato di sgombero dell'attraversamento pedonale e consente ai pedoni che si trovano all'interno dello attraversamento di sgombrarlo il più rapidamente possibile e vieta a quelli che si trovano sul marciapiede di impegnare la carreggiata;
   c) verde, con significato di via libera e consente ai pedoni l'attraversamento della carreggiata nella sola direzione consentita dalla luce verde.
6. *Le luci delle lanterne semaforiche per velocipedi sono a forma di bicicletta colorata su fondo nero; i colori sono rosso, giallo e verde; il significato è identico a quello delle luci di cui al comma 2, ma limitatamente ai velocipedi provenienti da una pista ciclabile.*
7. *Le luci delle lanterne semaforiche per corsie reversibili sono rossa a forma di X, con significato di divieto di percorrere la corsia o di impegnare il varco sottostante la luce, e verde a forma di freccia, con significato di consenso a percorrere la corsia o a impegnare il varco sottostante la luce.*
8. *Tutti i segnali e dispositivi luminosi previsti dal presente Articolo sono soggetti a omologazione da parte del Ministero delle Infrastrutture e dei Trasporti, previo accertamento del grado di protezione e delle caratteristiche geometriche, fotometriche, cromatiche e di idoneità indicati dal regolamento e da specifiche normative.*
9. *Durante il periodo di accensione della luce verde, i veicoli possono procedere verso tutte le direzioni consentite dalla segnaletica verticale e orizzontale; in ogni caso i veicoli non possono impegnare l'area di intersezione se i conducenti non hanno la certezza di poterla sgombrare prima dell'accensione della luce rossa; i conducenti devono dare sempre la precedenza ai pedoni e ai ciclisti ai quali sia data contemporaneamente via libera; i conducenti in svolta devono, altresì, dare la precedenza ai veicoli provenienti da destra e ai veicoli della corrente di traffico nella quale vanno a immettersi.*
10. *Durante il periodo di accensione della luce gialla, i veicoli non possono oltrepassare gli stessi punti stabiliti per l'arresto, di cui al comma 11, a meno che vi si trovino così prossimi, al momento dell'accensione della luce gialla, che non possano più arrestarsi in condizioni di sufficiente sicurezza; in tal caso essi devono sgombrare sollecitamente l'area di intersezione con opportuna prudenza.*
11. *Durante il periodo di accensione della luce rossa, i veicoli non devono superare la striscia di arresto; in mancanza di tale striscia i veicoli non devono impegnare l'area di intersezione, né l'attraversamento pedonale, né oltrepassare il segnale, in modo da poterne osservare le indicazioni.*
12. *Le luci delle lanterne semaforiche veicolari di corsia o quelle per i veicoli di trasporto pubblico hanno lo stesso significato delle corrispondenti luci delle lanterne semaforiche normali, ma limitatamente ai soli veicoli che devono proseguire nella direzione indicata dalle frecce o dalle barre; di conseguenza, i conducenti di detti veicoli devono attenersi alle stesse disposizioni di cui ai commi 9, 10 e 11.*
13. *Nel caso in cui la lanterna semaforica pedonale o quella per i velocipedi risulti spenta o presenti indicazioni anomale, il pedone o il ciclista ha l'obbligo di usare particolare prudenza anche in relazione alla possibilità che verso altre direzioni siano accese luci che consentano il passaggio ai veicoli che interferiscono con la sua traiettoria di attraversamento.*
14. *Durante il periodo di accensione delle luci verde, gialla o rossa a forma di bicicletta, i ciclisti devono tenere lo stesso comportamento dei veicoli nel caso di lanterne semaforiche veicolari normali di cui rispettivamente ai commi 9, 10 e 11.*
15. *In assenza di lanterne semaforiche per i velocipedi, i ciclisti sulle intersezioni semaforizzate devono assumere il comportamento dei pedoni.*
16. *Durante il periodo di accensione delle luci delle lanterne semaforiche per corsie reversibili, i conducenti non possono percorrere la corsia o impegnare il varco sottostante alla luce rossa a forma di X; possono percor-*

rere la corsia o impegnare il varco sottostante la luce verde a forma di freccia rivolta verso il basso. È vietato ai veicoli di arrestarsi comunque dinanzi alle luci delle lanterne semaforiche per corsie reversibili anche quando venga data l'indicazione della X rossa.

17. *In presenza di una luce gialla lampeggiante, di cui al comma 1, lettera i), i veicoli possono procedere purché a moderata velocità e con particolare prudenza, rispettando le norme di precedenza.*
18. *Qualora per avaria o per altre cause una lanterna semaforica veicolare di qualsiasi tipo sia spenta o presenti indicazioni anomale, il conducente ha l'obbligo di procedere a minima velocità e di usare particolare prudenza anche in relazione alla possibilità che verso altre direzioni siano accese luci che consentono il passaggio. Se, peraltro, le indicazioni a lui dirette sono ripetute da altre lanterne semaforiche efficienti egli deve tener conto di esse.*
19. *Il regolamento stabilisce forme, caratteristiche, dimensioni, colori e simboli dei segnali luminosi, nonché le modalità di impiego e il comportamento che l'utente della strada deve tenere in rapporto alle varie situazioni segnalate.*

LA SEGNALETICA COMPLEMENTARE

Questa definizione comprende tutti i segnali e i mezzi segnaletici non compresi in una delle definizioni già illustrate. Secondo quanto indicato dall'Art. 42 del Codice della Strada, comma 1, sono segnali complementari i dispositivi e i mezzi segnaletici che forniscono ai conducenti le informazioni utili alla determinazione della traiettoria di marcia nelle varie situazioni stradali e alla percezione di ostacoli posti in prossimità o all'interno della carreggiata, nonché quelli che rafforzano l'efficacia dei normali segni sulla carreggiata.
Si dividono in:
- delineatori normali di margine;
- delineatori speciali;
- mezzi e dispositivi per segnalare gli ostacoli;
- isole di traffico.

Le norme (Artt. 172-180) disciplinano nel dettaglio questa tipologia di segnali, prevedendo modalità di installazione e ipotesi di utilizzazione di queste categorie, alle quali si aggiungono i salvagente pedonali e delineatori di corsia, i rallentatori di velocità e i dissuasori di sosta.
Questo tipo di segnaletica svolge una funzione essenziale per la sicurezza in quanto fornisce informazioni agli utenti riducendo al minimo l'imprevedibilità delle situazioni di rischio dovute all'andamento della strada, o a eventuali ostacoli. Altre volte contribuisce a consolidare le regole imposte, come nel caso dei rallentatori di velocità e dei dissuasori di sosta.

I SEGNALI MANUALI DEGLI AGENTI

I segnali manuali degli agenti addetti alla vigilanza e al controllo della circolazione sono realizzati con sistemi e modalità uniformi, con l'obiettivo di rendere universale e immediatamente comprensibile il loro significato.
Secondo l'Art. 43 del Codice le prescrizioni fornite con segnalazioni degli agenti annullano ogni altra prescrizione della segnaletica stradale o delle norme di comportamento.
Le segnalazioni degli agenti hanno i seguenti significati:

a) braccio alzato verticalmente: "attenzione arresto" per tutti gli utenti, a eccezione dei conducenti che non siano più in grado di fermarsi in sufficienti condizioni di sicurezza; se il segnale è fatto in incrocio non impone l'arresto ai veicoli che hanno già iniziato l'attraversamento;
b) braccio o braccia tese orizzontalmente: "arresto", qualunque sia il senso di marcia, per tutti i veicoli provenienti da direzioni che incrociano quella indicata dal braccio; per contro, "via libera" per chi arriva dalla direzione indicata dal braccio o dalle braccia.

Dopo le segnalazioni indicate al punto b), l'agente potrà abbassare il braccio o le braccia; la nuova posizione significa "arresto", per tutti gli utenti che si trovano di fronte all'agente o dietro di lui e "via libera", per coloro che si trovano di fianco.
Gli agenti, per favorire la fluidità o la sicurezza della circolazione, possono anche imporre l'accelerazione o il rallentamento dei veicoli, fermare o dirottare correnti veicolari, flussi o singoli veicoli, ma anche impartire altri ordini utili per risolvere situazioni complesse, anche se sono in contrasto con la segnaletica esistente e con le norme di circolazione.
Inoltre, per consentire il deflusso del traffico impegnato in una svolta a sinistra, che richiede l'arresto dei veicoli provenienti in senso contrario, gli agenti devono "effettuare il segnale manuale con le braccia distese orizzontalmente e perpendicolarmente tra loro, dirette rispettivamente verso la direzione di provenienza e di destinazione della o delle correnti di svolta".

È prevista poi la possibilità di utilizzare la luce rossa, il segnale distintivo (vale a dire la paletta) o il fischietto con i seguenti significati:
- oscillazione di una luce rossa: prescrive l'arresto per chi proviene nella direzione della luce;
- esibizione del segnale distintivo (paletta): l'esposizione in modo chiaramente visibile a un utente impone l'obbligo di arresto del veicolo. L'inosservanza di questa segnalazione è punita con le sanzioni previste dall'Art. 192 del Codice e l'impossibilità di pagare la multa fino a quando l'ammontare sia determinato dal Perfetto;

- fischietto: l'emissione di un suono prolungato da parte degli agenti addetti al traffico prescrive l'arresto di tutti gli utenti. Il fischietto è di norma impiegato per consentire il passaggio di veicoli dei corpi di polizia, antincendio o di autoambulanze. Lo stesso suono prolungato può essere utilizzato anche per intimare l'alt a un utente che ha violato una norma del Codice.

Gli agenti addetti al controllo e alla vigilanza del traffico usano dei segnali convenzionali, aventi il significato sotto indicato:

Braccia distese orizzontalmente lungo la direzione di marcia
Consente il passaggio (corrisponde al verde del semaforo)

Braccia distese orizzontalmente in direzione normale a quella di marcia
Vieta il passaggio (corrisponde al rosso del semaforo)

Braccio alzato verticalmente
Vieta il passaggio, a meno che il veicolo si trovi così vicino alla linea di arresto che non possa fermarsi in condizioni di sicurezza (corrisponde al giallo del semaforo)

Braccia distese orizzontalmente e perpendicolarmente tra loro
Consente il deflusso della corrente di traffico di svolta a sinistra. Consente perciò di proseguire a chi è interessato a tale svolta.

Intimazione di alt

È sufficiente mostrare la paletta a chi guida per intimare l'obbligo di fermare il veicolo.
Di norma l'agente dispone orizzontalmente il braccio che impugna il distintivo (paletta), mentre l'altro braccio è tenuto in posizione obliqua, per indicare il punto in cui parcheggiare il veicolo.
Tuttavia anche senza paletta è obbligatorio fermarsi in tutti i casi in cui un agente in divisa esprima in modo inequivocabile questa richiesta, utilizzando il fischietto o con una segnalazione manuale.
Il mancato arresto all'alt è un'infrazione al Codice della Strada e, come abbiamo anticipato, non è previsto il pagamento della sanzione prima che l'importo sia stabilito da un prefetto. In questo modo, anche l'infrazione minima diventa più complicata.

Altri segnali degli agenti

Come per le indicazioni che sostituiscono le luci dei semafori, sono codificate altre azioni per indicare ai conducenti l'obbligo di rallentare, accelerare o deviare verso una certa direzione. Il movimento di braccia e mani segnala senza possibilità di fraintendimento la manora da compiere.

LA SEGNALETICA AI PASSAGGI A LIVELLO

Gli attraversamenti di linee ferroviarie sono segnalati dalla segnaletica posizionata lungo la strada che porta al passaggio a livello. La posizione e il tipo di cartello indicano anche le caratteristiche dell'attraversamento.

Le norme del Codice – Art. 44

1. *In corrispondenza dei passaggi a livello con barriere può essere collocato, a destra della strada, un dispositivo a una luce rossa fissa, posto a cura e spese dell'esercente la ferrovia, il quale avverta in tempo utile della chiusura delle barriere, integrato da altro dispositivo di segnalazione acustica. I dispositivi, luminoso e acustico, sono obbligatori qualora trattasi di barriere manovrate a distanza o non visibili direttamente dal posto di manovra. Sono considerate barriere le sbarre, i cancelli e gli altri dispositivi di chiusura equivalenti.*
2. *In corrispondenza dei passaggi a livello con semibarriere deve essere collocato, sulla destra della strada, a cura e spese dell'esercente la ferrovia, un dispositivo luminoso, a due luci rosse lampeggianti alternativamente, che entra in funzione per avvertire in tempo utile della chiusura delle semibarriere, integrato da un dispositivo di segnalazione acustica. Le semibarriere possono essere installate solo nel caso che la carreggiata sia divisa nei due sensi di marcia da spartitraffico invalicabile di adeguata lunghezza. I passaggi a livello su strada a senso unico, muniti di barriere che sbarrano l'intera carreggiata solo in entrata, sono considerati passaggi a livello con semibarriere.*
3. *Nel regolamento sono stabiliti i segnali verticali e orizzontali obbligatori di presegnalazione e di segnalazione dei passaggi a livello, le caratteristiche dei segnali verticali, luminosi e acustici, nonché la superficie minima rifrangente delle barriere, delle semibarriere e dei cavalletti da collocare in caso di avaria.*

4. *Le opere necessarie per l'adeguamento dei passaggi a livello e quelle per assicurare la visibilità delle strade ferrate hanno carattere di pubblica utilità, nonché di indifferibilità e urgenza ai fini dell'applicazione delle leggi sulle espropriazioni per causa di pubblica utilità.*

Le modalità di attraversamento dei passaggi a livello sono disciplinate dall'Art. 147 del Codice, che le ha inserite tra le norme di comportamento.
Le prescrizioni imposte sono:
- obbligo di procedere con la massima prudenza;
- obbligo di osservare la segnaletica specifica;
- obbligo di verificare che non ci siano treni in avvicinamento, se il passaggio è privo di barriere;
- divieto di attraversare se le barriere sono chiuse o stanno per chiudersi;
- divieto di attraversare quando sono in movimento le semibarriere;
- divieto di attraversare quando sono in funzione i dispositivi luminosi o acustici.

L'attraversamento, quando consentito, deve essere effettuato velocemente, per liberare il passaggio a livello. In caso di arresto del veicolo durante l'attraversamento, il conducente deve attivarsi per liberare i binari e segnalare in ogni modo la situazione di pericolo.
Il mancato rispetto delle norme è punito con una sanzione pecuniaria, alla quale si può sommare come pena accessoria la sospensione della patente per un periodo da uno a tre mesi. La sanzione accessoria si applica quando il guidatore commette la seconda violazione in un biennio.
La normativa comprende le disposizioni regolamentari relative alle segnalazioni dei passaggi a livello, alle caratteristiche delle strisce bianche e rosse delle barriere, ai dispositivi di segnalazione ottica e acustica di barriere o semibarriere, ai dispositivi dei passaggi a livello senza barriere, ai cavalletti da impiegare in corrispondenza dei passaggi a livello e alla visibilità dei passaggi a livello senza barriere.

LA GERARCHIA DELLA SEGNALETICA

Tutti gli utenti della strada devono sempre rispettare le prescrizioni, gli obblighi e i divieti imposti dalla segnaletica stradale.
Poiché sulla strada sono previste segnaletiche diverse, con l'obiettivo comune di garantire fluidità e sicurezza al traffico, è possibile che in qualche situazione siano presenti contemporaneamente più segnali non coincidenti negli obblighi imposti o nelle facoltà concesse. In questi casi vale la seguente gerarchia:
- le segnalazioni manuali degli agenti prevalgono su ogni altra segnalazione contraria;
- il segnale del semaforo prevale sui segnali verticali;
- la segnaletica verticale prevale su quella orizzontale.

LE VIOLAZIONI DELLA SEGNALETICA

Ai sensi dell'Art. 146 del Codice:
1. *L'utente della strada è tenuto ad osservare i comportamenti imposti dalla segnaletica stradale e dagli agenti del traffico a norma degli articoli da 38 a 43 e delle relative norme del regolamento.*
2. *Chiunque non osserva i comportamenti indicati dalla segnaletica stradale o nelle relative norme di regolamento, ovvero dagli agenti del traffico, è soggetto alla sanzione amministrativa del pagamento di una somma da € 41 a € 169. Sono fatte salve le particolari sanzioni previste dagli articoli 6 e 7 nonché dall'Articolo 191, comma 4.*
3. *Il conducente del veicolo che prosegue la marcia, nonostante che le segnalazioni del semaforo o dell'agente del traffico vietino la marcia stessa, è soggetto alla sanzione amministrativa del pagamento di una somma da € 163 a € 652.*

3bis. *Quando lo stesso soggetto sia incorso, in un periodo di due anni, in una delle violazioni di cui al comma 3 per almeno due volte, all'ultima infrazione consegue la sanzione amministrativa accessoria della sospensione della patente di guida.*

Le particolari sanzioni previste dagli articoli 6 e 7 del Codice (che rispettivamente si occupano di Regolamentazione della circolazione in generale e Regolamentazione della circolazione fuori dei centri abitati) si riferiscono alla violazione delle prescrizioni imposte dalla segnaletica nelle varie situazioni;
- l'Art. 191, comma 4, punisce l'inosservanza degli obblighi di precedenza ai pedoni che attraversano sui passaggi pedonali;
- le violazioni agli obblighi della precedenza sono punite ai sensi dei commi 4 e 5 dell'Art. 145;
- le violazioni relative al superamento dei limiti di velocità sono classificate dall'Art. 142;
- le violazioni al divieto di sorpasso tra autocarri e autobus di massa superiore a 3,5 tonnellate, sono punite dal comma 16 dell'Art. 148;
- le inosservanze degli obblighi imposti dalla segnaletica manuale e semaforica sono punite dall'Art. 146, rispettivamente con le sanzioni più gravi del comma 3, quando il

conducente del veicolo prosegue la marcia (nonostante le segnalazioni del semaforo o dell'agente del traffico vietino la marcia stessa) e del comma 2 per tutte le altre ipotesi di violazione degli obblighi.

GLI OBBLIGHI E LE MODALITÀ DI APPOSIZIONE DELLA SEGNALETICA

Gli obblighi di posizionamento e di manutenzione della segnaletica spettano:
- agli enti proprietari delle strade, fuori dei centri abitati;
- al Comune, nel centro abitato, compresi i segnali di inizio e fine del centro abitato, anche se collocati su strade non comunali;
- al Comune, sulle strade private aperte all'uso pubblico e sulle strade locali;
- agli enti proprietari nei tratti di strade non di proprietà del Comune all'interno dei centri abitati con popolazione inferiore ai diecimila abitanti, limitatamente ai segnali che riguardano le caratteristiche strutturali o geometriche della strada. La rimanente segnaletica è di competenza del Comune.

Gli enti competenti autorizzano la disposizione di segnali che indicano punti di servizi stradali, esclusi i cartelli che guidano verso posti di pronto soccorso in carico agli enti sanitari, che devono occuparsi anche del collocamento e della relativa manutenzione.
L'uso della segnaletica presuppone l'adozione di un provvedimento amministrativo da parte dell'ente competente, che prevede l'emissione di un'ordinanza in cui sono indicate le motivazioni, il dispositivo e l'installazione. Contro i provvedimenti che dispongono o autorizzano l'installazione della segnaletica è consentito effettuare un ricorso entro sessanta giorni al Ministro delle Infrastrutture e dei Trasporti. Il ricorso può essere presentato da chi abbia interesse all'opposizione in relazione alla natura del segnale.
Il ricorso deve contenere l'indicazione del fatto e delle motivazioni dell'opposizione. Questo atto sospende l'esecuzione del provvedimento impugnato, a meno che l'ente competente, per ragioni di emergenza, non proceda con una deliberazione analoga a quella impugnata per l'installazione per ottenere l'esecuzione del provvedimento.
Nonostante il posizionamento della segnaletica sia conseguente alla discrezione dell'ente proprietario, la mancata installazione di un segnale di pericolo in presenza di una situazione concreta che può essere indicata con un cartello specifico, anche con eventuali integrazioni, può comportare la responsabilità per colpa esclusiva o concorrente dell'ente inadempiente qualora si verifichi un sinistro.
Più complessa è la problematica legata alla presenza di segnalazioni integrative e relative a fatti o situazioni particolari. In altri termini, se è ravvisabile la colpa della Pubblica Amministrazione per avere omesso l'apposizione della segnaletica imposta dalle disposizioni legislative e regolamentari e dalle comuni regole di prudenza, non può essere riconosciuto l'obbligo di collocare segnali stradali per integrare la segnaletica ordinaria in occasione di fenomeni atmosferici (per esempio la nebbia) che potrebbero rendere difficilmente percepibili i segnali principali.

LA LEGITTIMITÀ DELLA SEGNALETICA

La segnaletica stradale, per essere regolare, deve essere costruita nel rispetto delle norme dell'Art. 193 del Regolamento che prescrive l'obbligo di autorizzazione alle imprese, deve essere omologata ed essere conforme alle indicazioni generali su colori, dimensioni e installazione.
La legittimità è basata sull'adozione dei provvedimenti amministrativi che ne dispongono l'installazione. Il segnale stradale rappresenta il modo per comunicare le prescrizioni di un atto amministrativo, di conseguenza secondo i principi della presunzione di legittimità e dell'esecutività dell'atto amministrativo, anche quando un cartello stradale può sembrare illegittimo, l'utente della strada è sempre tenuto a osservarne i divieti o le limitazioni.
La disposizione dell'Art. 77, comma 7, del DPR 16 novembre 1992, n. 495 (contenente il regolamento di esecuzione e di attuazione del Codice della Strada), prevede che sul retro dei segnali stradali debbano essere indicati l'ente o l'amministrazione proprietari della strada, il marchio della ditta che ha fabbricato il segnale e l'anno di realizzazione nonché il numero dell'autorizzazione concessa dal Ministero all'azienda. Queste informazioni hanno il solo obiettivo di consentire il controllo della provenienza del segnale e della legittimità della sua apposizione, per impedire il collocamento di segnali non conformi al tipo regolamentare o da parte di soggetti non autorizzati. Di conseguenza, l'eventuale omissione di tali indicazioni non costituisce causa di illegittimità del segnale stesso, che deve essere osservato.

I veicoli a motore: nozioni elementari sul funzionamento

LE CARATTERISTICHE COSTRUTTIVE E FUNZIONALI

Secondo l'Art. 46 del Codice, sono classificati come veicoli tutte le macchine, di qualsiasi specie, che circolano sulle strade, guidate dall'uomo. Non rientrano nella definizione di veicolo:

a) le macchine per uso di bambini, le cui caratteristiche non superano i limiti stabiliti dal regolamento;
b) le macchine per uso di invalidi, che rientrano tra gli ausili medici secondo le disposizioni comunitarie, anche se dotate di motore.

L'Art. 47 disciplina la tipologia dei veicoli, distinguendoli in:

a) veicoli a braccia;
b) veicoli a trazione animale;
c) velocipedi;
d) slitte;
e) ciclomotori;
f) motoveicoli;
g) autoveicoli;
h) filoveicoli;
i) rimorchi;
l) macchine agricole;
m) macchine operatrici;
n) veicoli con caratteristiche atipiche

Accanto a questa classificazione storica, che fa riferimento a caratteristiche costruttive e funzionali, il Codice recepisce poi una classificazione europea, che prevale sulla prima, chiaramente esposta nel primo capitolo di questo volume.

GLI ELEMENTI ESSENZIALI DEL VEICOLO A MOTORE

I veicoli a motore rappresentano la stragrande maggioranza di quelli che circolano sulle strade. La prima classificazione si riferisce al funzionamento del motore: a benzina o a gasolio. Nel primo tipo la miscela di aria e di carburante (oltre alla benzina, anche nelle varianti a GPL o "gas liquido" e a metano o "gas naturale"), è sempre incendiata nella camera di scoppio del motore, grazie a una scintilla che scocca tra gli elettrodi di una candela. Non importa se la miscela è formata da un carburatore (ormai non più impiegato per i motori delle ultime generazioni) o da un impianto di iniezione, la scintilla è sempre indispensabile. Le quattro fasi, che si compiono in due giri dell'albero motore, sono:

- aspirazione
- compressione
- scoppio
- scarico

Il termine motore a scoppio è tradizionale, ma non esatto. In realtà non si verifica alcuna esplosione come il termine lascerebbe intendere. Si tratta di una combustione rapidissima, ma non di una detonazione, che è evitata dalla disponibilità di benzine ad alto numero di ottano. Nel motore alimentato a gasolio, invece, il combustibile finemente polverizzato si accende senza l'ausilio di alcuna scintilla comandata, ma perché entra in contatto con l'aria che ha raggiunto un'elevata temperatura per l'alta compressione alla quale è stata sottoposta dal pistone. Le eventuali candelette presenti nei motori diesel più leggeri, sono semplici resistenze elettriche che servono a preriscaldare la camera di combustione per favorire l'avviamento a freddo. Per questo il motore a gasolio è definito ad accensione spontanea, con le quattro fasi che coincidono con quelle del motore a benzina. La fase di scoppio è sostituita da quella di combustione ed espansione.

Alimentazione

Il carburante contenuto nel serbatoio viene portato al motore da un'apposita pompa meccanica o elettrica, oppure più raramente senza pompa, per gravità. Il serbatoio, per la benzina come per il gasolio, è in comunicazione con l'atmosfera esterna mediante uno sfiato. In caso di ostruzione del foro

o tubo di sfiato, nel serbatoio si crea una depressione che causa l'arresto del motore in quanto impedisce alla pompa di prelevare il carburante. Soprattutto nel caso del gasolio, è necessario che il carburante passi attraverso uno o più filtri, per trattenere le impurità o eventuali parti di acqua presenti. Anche l'ostruzione dei filtri può essere causa di arresto del motore, che è di norma preceduto da un rendimento irregolare. Per questo motivo è necessario attenersi alle norme di manutenzione relative al singolo tipo di motore, provvedendo allo spurgo e alla sostituzione del filtro agli intervalli prestabiliti dal costruttore.
Non bisogna poi dimenticare di prestare attenzione ai rifornimenti: alle pompe self-service può infatti capitare di mettere benzina nel serbatoio di veicoli diesel, mentre il caso contrario è pressoché impossibile poiché i bocchettoni dei veicoli a benzina hanno un foro più piccolo, che impedisce il passaggio delle "pistole" del gasolio. Una distrazione che può comportare qualche ora di lavoro per lo svuotamento del serbatoio, ma anche danni gravi nel caso che ci si renda conto dell'errore solo quando il motore smette di funzionare.

Pompa d'iniezione

Nel caso in cui si debba far ripartire il motore diesel dopo essere rimasti a secco, è generalmente necessario riempire nuovamente l'impianto di alimentazione utilizzando soluzioni che possono variare in funzione dell'età del motore. Ci possono essere pompe manuali di tipo lineare, con tanti elementi pompanti per quanti sono i cilindri (soprattutto per autocarri e alcune vetture), oppure di tipo rotativo, più usato nei diesel piccoli e veloci. Si tratta in entrambi i casi di dispositivi di grande precisione, che il conducente non dovrà mai manomettere.
Se ci si rende conto che dallo scarico esce molto fumo, si dovrà verificare che il filtro dell'aria sia stato sostituito entro gli intervalli stabiliti. In caso contrario la causa può derivare da un iniettore che gocciola e quindi impedisce la polverizzazione e la corretta combustione del gasolio, o da un'altra causa più grave (motore che perde la compressione all'interno dei cilindri).

Raffreddamento

L'energia fornita dalla combustione dei vari carburanti è solo in minima parte trasformata in energia meccanica: il resto sviluppa calore, che risulta non solo inutile, ma dannoso perché può pregiudicare la resistenza del pistone, dei cilindri e di tutti gli organi collegati. La temperatura deve essere mantenuta a un valore prestabilito sottraendo calore con l'olio contenuto nel motore, ma anche e soprattutto con l'aiuto del circuito di raffreddamento all'interno del quale il fluido è indirettamente esposto alla ventilazione dell'aria esterna. Il liquido normalmente usato per il circuito che scorre tra le intercapedini dei cilindri e arriva al radiatore, è acqua additivata con prodotti antigelo, che allo stesso tempo hanno proprietà che permettono di alzare la temperatura di ebollizione. La funzione antigelo è fondamentale quando le temperature scendono sotto lo zero, poiché il rischio di formazione di ghiaccio (che genera un aumento di volume) può provocare incrinature irreparabili nel monoblocco dei cilindri.
Gli additivi hanno anche la funzione di anticorrosivi per la buona conservazione dei vari metalli o delle gomme usate per i manicotti del circuito di raffreddamento. In caso di necessità, si può temporaneamente versare nell'impianto dell'acqua semplice, ma sarà necessario provvedere al più presto a ripristinare i livelli con i fluidi specifici, per evitare congelamenti o ebollizioni.
Occorre prestare attenzione al livello del liquido e al buono stato del termostato. Questo dispositivo ha la funzione di bloccare la circolazione del fluido che, a motore freddo, risulterebbe inutile se non dannosa. Sul tappo del radiatore è montata una valvola per isolare o sigillare il circuito rispetto all'esterno, salvo metterlo in comunicazione qualora si creino nel radiatore eccessive depressioni o sovrappressioni, per mancanza di liquido o a causa di altri problemi (lo scarico del vapore avviene solo a 110 °C circa, anziché alla normale temperatura di ebollizione dell'acqua).
Se gli strumenti indicano un eccessivo riscaldamento, si deve far controllare da un meccanico che non siano presenti incrostazioni calcaree nelle intercapedini del motore e nel radiatore. Ma possono essere possibili anche altre cause non direttamente legate al sistema di raffreddamento, come per esempio la presenza di incrostazioni nella camera di scoppio.

Lubrificazione

Alcuni organi del motore devono scorrere l'uno contro l'altro ad alta velocità con movimento rettilineo, come nel caso pistone/cilindro oppure rotatorio (testa della biella, perno della manovella dell'albero motore, albero di comando delle valvole e altri). Tutti questi attriti assorbono energia, che è perduta inutilmente ed è dannosa perché produce il riscaldamento delle parti in contatto fino a farle dilatare e, nei casi più gravi, provocarne l'incollamento o il bloccaggio.
Per prevenire questo genere di problemi, una sottile pellicola di olio (un tempo minerale, oggi sintetico) va a inserirsi tra fra le superfici che generano attrito, impedendone il con-

tatto diretto. Il sistema di lubrificazione si compone di una coppa, che contiene il liquido lubrificante, e una pompa a ingranaggi, che lo preleva, inviandolo a pressione sufficiente nelle varie parti del motore. Tutti i veicoli a motore moderni hanno uno strumento di controllo che segnala, attraverso un manometro o una spia sul cruscotto, se l'olio lubrificante circola regolarmente.
Un allarme segnalato da questi strumenti può dipendere dal filtro dell'olio completamente intasato, dalla pompa rotta, o più semplicemente da un livello di olio insufficiente. Per controllare la quantità dell'olio nella coppa, in genere si misura il livello utilizzando l'apposita asticina graduata.
Quanto alla qualità dell'olio lubrificante, deve essere quella fissata dal costruttore, generalmente da 10 a 40 nella gradazione Sae (oggi sono prevalentemente multigradi, con due valori indicati) che è scritta sui recipienti del lubrificante e indica la viscosità. Valori di viscosità più alti, da 60 a 90 Sae, distinguono oli speciali molto viscosi, usati per cambio o differenziale, mai per il motore.
Il lubrificante deve circolare senza alcuna impurità e, per questo, è costretto a passare attraverso un apposito filtro, che deve essere periodicamente sostituito.

Trasmissione

Il movimento generato nel motore va trasmesso alle ruote motrici che possono essere due o più, mediante organi detti di trasmissione (frizione, cambio, albero, semiassi, differenziale).
Il differenziale presenta delle particolarità nei veicoli pesanti o sulle auto specifiche per l'uso in fuoristrada, dove può essere doppio (con una riduzione ottenuta mediante due coppie d'ingranaggi) e bloccabile, può cioè essere eliminato nella sua funzione, allorché una ruota motrice slitta partendo per esempio nel fango.
La frizione serve a staccare il motore dal cambio, e quindi dalle ruote, o viceversa, a trasmettere il movimento, in modo graduale, sfruttando l'attrito degli anelli applicati sull'apposito disco d'acciaio.
Se la frizione slitta, o al contrario strappa, pur usando in modo corretto il pedale, l'auto deve essere portata in officina per farne verificare il funzionamento. La frizione è comandata dal pedale di sinistra, generalmente con l'interposizione di un pistoncino idraulico per ridurre lo sforzo: pertanto si ha un altro circuito che impone il controllo del livello del liquido.
Le auto oggi più diffuse hanno motore e trasmissioni anteriori, una soluzione che evita l'utilizzo di un albero di trasmissione, poiché il movimento è trasmesso direttamente da due semiassi.
Tutti gli alberi della trasmissione sono soggetti a un'usura molto modesta e se usati nel modo corretto non creano problemi. Al contrario la frizione, i giunti e i semiassi possono deteriorarsi ed essere soggetti a malfunzionamenti in caso di una guida con brusche accelerazioni.

Pneumatici

Se in passato all'interno degli pneumatici erano presenti camere d'aria per mantenere la pressione, oggi la quasi totalità di auto e moto utilizza coperture tubeless, che si montano direttamente sui cerchioni, assicurando la tenuta dell'aria con un preciso accoppiamento. Il vantaggio di questa soluzione deriva dal fatto che, contrariamente alla camera d'aria che scarica immediatamente la pressione da un eventuale foro, la perdita di pressione avviene molto più lentamente, evitando quindi l'improvvisa perdita di controllo del veicolo.
La pressione di gonfiaggio è molto importante e va sempre misurata a freddo, rispettando i valori suggeriti dal costruttore dell'auto. Pressioni alterate possono rivelarsi pericolose per sé e per gli altri, nel caso i valori risultino troppo alti o al contrario più bassi.
La marcia con errata pressione ha effetti immediati sul consumo del battistrada che risulta anomalo e irregolare (al centro se la pressione è eccessiva, ai lati nelle condizioni contrarie). Una bassa pressione si traduce inoltre in un incremento dei consumi di carburante.

Autotelai - Sospensioni

Le auto e la maggior parte degli autobus moderni hanno una carrozzeria portante, con una scocca globale che contiene il carico e assorbe anche tutte le sollecitazioni provenienti dalla strada. Per questa ragione non sono dotate di un autotelaio separato.
In ogni caso la presenza di sospensioni è indispensabile per ottenere la necessaria elasticità rispetto all'asfalto: se in veicolo fosse rigido, non poggerebbe mai su tutte le ruote. Invece gli pneumatici, insieme alle molle e agli ammortizzatori delle sospensioni, assicurano il contatto con il terreno e lo smorzamento di buona parte dei colpi provocati dalle asperità.

Sterzo

Ha lo scopo di orientare le ruote anteriori, ottenendo così la direzionalità che chi guida imposta agendo sul volante.
La sua funzione è importantissima e il conducente deve essere in grado di rendersi conto immediatamente di eventuali difetti; quello più tipico è la tendenza a "tirare" da un lato in rettilineo.

Un'eccessiva rigidità dello sterzo può essere invece la conseguenza di un'errata convergenza o dell'equilibratura delle ruote, determinata anche da una buca affrontata ad alta velocità, oppure da gomme anteriori non sufficientemente gonfie o mancanza di lubrificante nella scatola dello sterzo. Tutti i veicoli moderni hanno il servosterzo che ha come obiettivo principale la riduzione dello sforzo nell'uso del volante, soprattutto in fase di manovra.

I freni delle autovetture e il sistema ABS

Ogni veicolo a motore deve avere freni:
- di servizio;
- di soccorso e di stazionamento.

Il freno di servizio è idraulico, ciò significa che gli elementi frenanti sulle ruote (con dischi o, oggi sempre più raramente, con tamburi), sono comandati da un circuito contenente l'olio idraulico.
La forza che chi guida deve applicare sul pedale centrale in fase di frenata è resa meno intensa dalla presenza di un servofreno a depressione, che sfrutta la depressione che si crea nel collettore di aspirazione, quando il motore è in movimento. Nel caso di spegnimento del motore, ovviamente si perde l'ausilio di questo servofreno e di conseguenza è richiesta una spinta notevole e imprevista sul pedale, una situazione potenzialmente pericolosa.
Tutti i veicoli moderni sono dotati di sistema ABS, un dispositivo che limita automaticamente e in modo intelligente la pressione di frenata su una parte del circuito, impedendo il bloccaggio di una o più ruote. La miglior frenata si ha quando le ruote continuano a girare appena sotto il limite del bloccaggio. Se si evita lo strisciamento del battistrada sul terreno, si ottengono i migliori spazi di arresto e allo stesso tempo il veicolo rimane controllabile, consentendo di modificare la traiettoria per evitare un ostacolo. Il dispositivo ABS è attivato da una serie di sensori, gestiti da una centralina elettronica, che riesce a gestire separatamente la pressione su ogni singola ruota, quindi anche in condizioni di aderenza non uniformi, assicurando la miglior frenata possibile.

Freno motore

Quando si procede in discesa con una marcia "bassa", il motore assorbe energia per la resistenza che i pistoni incontrano in ciascuna fase di compressione. Questa caratteristica deve essere sfruttata per evitare il surriscaldamento dell'impianto frenante soprattutto sulle strade di montagna.

Rallentatori e retarder

I rallentatori, presenti su veicoli industriali e bus, generano una decelerazione senza l'uso dei freni, che restano pienamente disponibili ed esenti da fenomeni di surriscaldamento. Sono chiamati retarder quando sfruttano una resistenza idraulica, generata proiettando tra due ruote palettate, montate una di fronte all'altra, olio idraulico. Il comando di questo dispositivo è solitamente posizionato sotto il volante.

Particolarità tecniche delle moto

Se alcune caratteristiche sono comuni a quelle delle auto, le moto si distinguono per soluzioni tecniche esclusive, che interessano soprattutto motore e telaio. Per quanto riguarda il motore, può variare il tipo di raffreddamento; oltre a quello a liquido, si possono ancora trovare modelli con cilindri raffreddati ad aria. La temperatura non è quindi regolata attraverso un circuito che passa attraverso un radiatore, ma direttamente dall'aria raccolta con il movimento, che passa attraverso apposite lamelle che favoriscono lo smaltimento del calore.
Per gli scooter può essere invece prevista un'ulteriore variante, quella del raffreddamento a ventilazione forzata. Ci sono sempre le lamelle, ma poiché il motore è nascosto sotto una carenatura l'aria è convogliata su testata e cilindro con una ventola.
Di norma le moto hanno cambi con comando a pedale, posizionati sul lato sinistro del motore, con la prima marcia che si inserisce spingendo con il piede la leva verso l'alto e tutte le altre premendo verso il basso. In passato era diffuso, soprattutto sugli scooter il cambio al manubrio, attuato da una manopola da ruotare insieme alla leva della frizione. L'avvento delle trasmissioni automatiche, inizialmente con il variatore continuo degli scooter di ogni cilindrata, si sta estendendo anche alle moto di grossa cilindrata. Oggi sono disponibili vari modelli equipaggiati con cambi automatici a doppia frizione, una tecnologia derivata dal mondo dell'auto, utilizzabili in due modalità: totalmente autonoma, oppure sequenziale, utilizzando due pulsanti sul manubrio.
Diverse sono anche le tecnologie utilizzate per le strutture portanti. Il telaio più classico è realizzato con tubi in acciaio e, a seconda del disegno, assume denominazioni differenti: le più comuni sono quelle a culla (aperta o chiusa) e a traliccio.
Dalla fine degli anni Ottanta si è sviluppato l'utilizzo della lega di alluminio per i telai perimetrali, con travi che avvolgono lateralmente i telai.
Per quanto riguarda gli scooter, in passato era più diffusa la soluzione della scocca portante in lamiera (l'esempio più classico è quello della Vespa), mentre oggi la maggior parte dei modelli utilizza tralicci in tubi di acciaio sui quali sono assemblate le carrozzerie in materiale plastico.

Consigli di buon utilizzo

Qualsiasi motore fornisce il miglior funzionamento solo se tutti gli organi che lo compongono hanno raggiunto la corretta temperatura di esercizio. È pericoloso accelerare a motore freddo in quanto i pistoni, non dilatati termicamente, lasciano troppo margine rispetto alle pareti dei cilindri; di conseguenza il lubrificante viene diluito da una parte del carburante che riesce a filtrare, con inconvenienti che possono risultare molto gravi.

Equipaggiamento elettrico

L'impianto elettrico degli autoveicoli comprende un generatore di corrente (un tempo era una dinamo mentre oggi si usano efficaci alternatori) il cui compito è quello di mantenere la carica alla batteria. Questa a sua volta alimenta gli altri organi dell'impianto elettrico come:

- il motorino d'avviamento per l'accensione dei motori a benzina, e le candelette di preriscaldamento di alcuni motori diesel;
- i dispositivi di illuminazione, di segnalazione visiva e acustica;
- il climatizzatore, i tergi/lavavetri, gli alzacristalli, e ogni altro dispositivo studiato per favorire il comfort all'interno dell'auto.

L'uso sempre più massiccio dell'elettronica ha portato a equipaggiamenti sofisticatissimi per assistere il conducente e rendere la guida sempre più sicura, sistemi in continua evoluzione che si avvicinano sempre più al futuro concetto di guida autonoma, senza intervento umano. Le soluzioni sono pronte e in fase di collaudo, ma restano ancora da definire problematiche di vario genere, non tanto tecniche, quanto burocratiche e legali.

In attesa di questo nuovo mondo di robot che si guidano da soli, è bene continuare ad avvicinarsi alla guida con la cultura di chi si sente l'attore primario della scena e quindi, obbligato a conoscere tutto del veicolo e della strada.

Le caratteristiche tecniche e funzionali dei veicoli variano a seconda della marca e del tipo. Generalmente vanno osservate le seguenti regole:

- l'accensione dei più moderni motori a benzina non si ha più come un tempo, con lo spinterogeno (dispositivo che trasforma la corrente da bassa ad alta tensione, distribuendola poi alle varie candele), ma con un dispositivo elettronico, sul cui impianto è sconsigliabile ogni intervento da parte di chi non dispone di conoscenze e attrezzature specifiche;
- l'efficienza della batteria, e l'opportuna protezione dei morsetti attaccabili dalla corrosione, vanno verificate periodicamente. La batteria (se non è del tipo esente da manutenzione) richiede anche un controllo saltuario del livello del liquido contenuto negli elementi, che deve essere eventualmente ripristinato con acqua distillata. Nel caso la batteria non disponga dello spunto necessario per azionare correttamente il motorino d'avviamento, si può momentaneamente risolvere il problema utilizzando gli appositi cavi dotati di pinze "a coccodrillo" da collegare a un'altra auto. Per questa operazione va tenuto presente che è indispensabile collegare i morsetti contrassegnati dallo stesso simbolo "+" o "–".

I DISPOSITIVI DI EQUIPAGGIAMENTO

I dispositivi di equipaggiamento sono quelli destinati a integrare la sicurezza nella circolazione e comprendono:

- luci;
- indicatori di direzione;
- catadiottri;
- specchietti retrovisori;
- parabrezza;
- tergicristalli;
- sistema di scarico;
- cinture di sicurezza;
- dispositivi di segnalazione acustica.

Gli pneumatici e la sicurezza

Gli pneumatici occupano una posizione fondamentale ai fini della sicurezza. Per questo motivo in molte zone è stato introdotto l'obbligo di montare pneumatici invernali in alternativa a quello di tenere a bordo le catene da neve.

È necessario e utile che il conducente di un veicolo a motore conosca le caratteristiche degli pneumatici, formati da varie parti.

Il battistrada

Il battistrada assicura il contatto con il terreno, l'aderenza con il terreno e la capacità di non galleggiare sulle pozzanghere, evitando il fenomeno dell'aquaplaning quando si viaggia sotto la pioggia a velocità sostenute.

La profondità minima del disegno del battistrada delle automobili è fissata per legge in 1,6 millimetri, un valore che è anche evidenziato da una serie di indicatori presenti sulle gomme. Si tratta di piccoli cordoli in gomma posizionati alla base dei canali ricavati tra i tasselli del battistrada, che di norma restano invisibili. Ma quando l'usura porta il disegno del battistrada allo stesso livello di questi rigonfiamenti, è il momento di provvedere alla sostituzione delle coperture.

Il profilo

Il profilo dello pneumatico è studiato a seconda delle esigenze alle quali deve rispondere e al veicolo sul quale deve essere montato. Può essere di due tipi:
- normale/turistico, studiato in modo da offrire il miglior comfort;
- sportivo, studiato in modo da offrire la migliore tenuta ad alta velocità.

La mescola più morbida utilizzata per realizzare i modelli sportivi favorisce un più rapido raggiungimento della temperatura ottimale, quindi una migliore aderenza in curva come in frenata.

Il disegno del battistrada

Il disegno del battistrada è importante e varia profondamente a seconda della destinazione. Tra le numerose classificazioni si distinguono queste:
- simmetrico. Il disegno del battistrada è speculare tra la metà interna e la metà esterna;
- asimmetrico. Il disegno degli intagli nella parte interna è diverso da quello della parte esterna, per consentire di rispondere al meglio in situazioni opposte. Il lato esterno, per esempio, ha blocchi più grossi, che favoriscono la trazione sull'asciutto e la tenuta in curva, mentre quello interno, con tasselli più piccoli è più efficace sul bagnato;
- direzionale. Gli pneumatici direzionali hanno una freccia sul fianco, che indica il senso di rotazione. Sono progettati prevalentemente per lavorare al meglio sotto la pioggia o in caso di neve e nella maggior parte dei casi hanno un disegno del battistrada "a freccia";
- tassellati. Sono le coperture specifiche per la guida in fuoristrada, con intagli profondi per rendere possibile l'avanzamento su terreni difficili come sabbia o fango.

Caratteristiche degli pneumatici

Gli pneumatici hanno caratteristiche influenzate da determinati valori rilevabili con i codici di riconoscimento, molto importanti per definire il loro comportamento, come:
- larghezza del battistrada. La larghezza del battistrada influisce in vari modi a seconda della tipologia. Una maggiore larghezza assicura aderenza e tenuta ad alte velocità, ma per contro rende meno agile il veicolo nei cambi di direzione e può compromettere la tenuta in presenza di pozzanghere, perché favorisce il fenomeno di aquaplaning, con le ruote che galleggiano sull'acqua perdendo la direzionalità;
- altezza della spalla. È la distanza tra il cerchio e il battistrada; questa caratteristica permette la deformazione del profilo, migliorando l'assorbimento degli urti, causati, per esempio, dal fondo stradale irregolare. Se è più alta migliora il comfort, se è ridotta favorisce la precisione di guida in curva;
- pressione di gonfiaggio. La maggiore pressione corrisponde a una minore deformabilità. Il valore deve essere regolato in base alla massa del veicolo, al tipo di strada da percorrere e al tipo di pneumatico in uso. Questo parametro va regolato anche a seconda del tipo d'impiego cui viene sottoposto e soprattutto delle condizioni di carico, secondo quanto consigliato da chi costruisce il veicolo;
- circonferenza della ruota. Un valore maggiore corrisponde a un minore effetto delle irregolarità del terreno, determinato da un passaggio più morbido da un livello d'altezza a un altro;
- direzione di rotolamento. Gli pneumatici possono essere disegnati in modo da dover essere utilizzati in un unico verso di rotazione, oppure avere un disegno che permetta un montaggio indifferenziato;
- temperatura d'esercizio. Gli pneumatici, a seconda della loro struttura e della tipologia d'impiego a cui sono destinati, hanno diverse temperature di funzionamento; generalmente queste si aggirano tra i 50 e gli 80 °C, mentre in ambito sportivo possono salire anche oltre la soglia dei 130 °C. La temperatura di funzionamento influisce anche sulla pressione di gonfiaggio e sulle prestazioni. Gli pneumatici che non lavorano alla prevista temperatura d'esercizio offrono prestazioni non ideali.

I codici di riconoscimento dello pneumatico

Le caratteristiche di uno pneumatico sono riportate con marcature di codici impressi a caldo nella parte laterale dello stesso, relativi a:
- dimensioni;
- caratteristiche prestazionali;
- caratteristiche costruttive.

Queste caratteristiche vengono riportate nello pneumatico nel seguente ordine: T l / hl St d cM vM. Di seguito il loro significato.
- T: tipologia dello pneumatico (P = passenger, cioè per autovetture), non obbligatorio in Europa;
- l: larghezza massima in mm in condizioni di pressione e carico definite dalle norme;
- hl: rapporto di forma, espresso in percentuale, tra altezza e larghezza della sezione. Più il numero è basso, più la tenuta è migliore, ma il comfort ne risente. Lo pneumatico si definisce ribassato quando tale rapporto è inferiore a 80, super ribassato quando è inferiore a 45, se omesso è da considerarsi 80. Se una copertura ha dimensioni 205/55, significa che la larghezza del battistrada è di 205 millimetri, mentre l'altezza è di 112 mm, cioè il 55% della larghezza;
- St: struttura. Riguarda la disposizione delle tele ed è indicata con una lettera; può essere radiale "R" ("ZR" nel caso lo pneumatico possa superare i 240 km/h) o diagonale "B" (anche detto bias belted o convenzionale o a tele incrociate);

- d: diametro del cerchio (in pollici);
- cM: indice di carico massimo ammissibile sulla ruota; è un codice e non corrisponde a un peso espresso in kg e la legge prevede che possano essere montati pneumatici con valori pari o superiori ai valori riportati sulla carta di circolazione;
- vM: velocità massima ammissibile espressa tramite una lettera (da L fino a 120 km/h a Y per oltre 300 km/h); come per l'indice di carico, anche quello di velocità deve essere uguale o superiore a quello riportato sulla carta di circolazione. L'unica eccezione è prevista per le gomme invernali, che possono avere codici più bassi, solo nel periodo in cui è previsto l'uso di questi pneumatici, purché non sia inferiore a Q, (160 km/h).

Tutti gli pneumatici che superano i 240 km/h devono avere la lettera Z riportata all'interno dell'indicazione della designazione dimensionale, per esempio: 110/70 ZR 17 58W.
Altri simboli utilizzati, sono:
- Sca: attitudine all'uso senza camera d'aria, con la dicitura "TL" o "Tubeless";
- D: espresso come xxyy, dove xx è la settimana e yy l'anno di costruzione;
- N: nome dello pneumatico, nella forma di un marchio depositato;
- M+S: pneumatici comunemente definiti invernali (Mud and Snow, vale a dire fango e neve);
- XL: carico maggiorato (di solito ottenuto con spalla più rigida).

Esempio di iscrizione: P195/R16 85H
- P: indica che si tratta di uno pneumatico per autovettura ("P" di passenger);
- 195: larghezza di 195 mm;
- 55: rapporto di forma. A una larghezza di 195 mm corrisponde l'altezza di 195x0,55 = 107,25 mm;
- R: pneumatico radiale;
- 16: cerchio da 16 pollici;
- 85: peso massimo ammesso (515 kg);
- H: velocità massima di 210 km/h.

Pneumatici invernali
Da qualche anno è stata introdotta la possibilità di richiedere su particolari tratti l'obbligo di montare pneumatici invernali o di avere catene a bordo, come condizione necessaria per la sicurezza stradale. L'obbligo è reso noto da ordinanze dell'Ente proprietario o Concessionario della strada e reso noto con apposito cartello stradale. Le date per l'applicazione delle ordinanze sono state uniformate a livello nazionale e sono comprese tra il 15 ottobre e il 15 aprile. Le gomme invernali sono riconoscibili dalla marcatura M+S (o "MS", "M/S", "M-S", "M&S") che significa "Mud and Snow", cioè fango e neve, alla quale si aggiunge il simbolo stilizzato di una montagna con un fiocco di neve.

I dispositivi di equipaggiamento facoltativi

In aggiunta ai dispositivi di equipaggiamento obbligatori sono previsti numerosi altri dispositivi a carattere facoltativo, secondo Direttive comunitarie e Regolamenti internazionali, che ne disciplinano caratteristiche tecniche e modalità di installazione, come le luci supplementari da usare in caso di nebbia.

L'USO DEI VEICOLI STRADALI

L'Art. 82 del Codice della Strada (Destinazione e uso dei veicoli) stabilisce:
1. Per destinazione del veicolo si intende il suo impiego in base alle caratteristiche tecniche.
2. Per uso del veicolo s'intende la sua utilizzazione economica.
3. I veicoli possono essere adibiti a uso proprio o di terzi.
4. Si ha l'uso di terzi quando un veicolo è utilizzato, in cambio di un corrispettivo, nell'interesse di persone diverse dall'intestatario della carta di circolazione. Negli altri casi il veicolo si intende adibito a uso proprio.

Il comma 5 dello stesso Articolo elenca i diversi modi d'uso dei veicoli; gli articoli successivi ne individuano le condizioni:
a) locazione senza conducente (Art. 84);
b) servizio di noleggio con conducente e servizio di piazza (taxi) per trasporto di persone (Artt. 85 e 86);
c) servizio di linea per trasporto di persone (Art. 87);
d) servizio di trasporto di cose per conto terzi (Art. 88);
e) servizio di linea per trasporto di cose (Art. 89);
f) servizio di piazza per trasporto di cose per conto terzi (Art. 90).

Gli stessi articoli stabiliscono le sanzioni, amministrative pecuniarie e accessorie, applicabili in caso di violazione delle disposizioni che contengono.

LE TARGHE DEI VEICOLI E L'IMMATRICOLAZIONE

L'immatricolazione rappresenta la nascita giuridica di un veicolo. Prima di essere immatricolato, il veicolo ufficialmente non esiste per la circolazione. Con l'immatricolazione si immette nel mondo della circolazione attraverso:

- il riconoscimento di idoneità tecnica a circolare (comunemente detta carta di circolazione);
- Il rilascio di una targa che lo identifica, disciplinata dall'Art. 93 del Codice, che indica le "formalità necessarie per la circolazione degli autoveicoli, motoveicoli e rimorchi".

Per i ciclomotori (Art. 97) e per determinate macchine agricole (Art. 110) è rilasciato, al posto della carta di circolazione, un certificato di circolazione. Il Regolamento di esecuzione del Codice della Strada definisce:

- i tipi di targhe;
- i criteri per la formazione dei dati che le targhe devono contenere;
- la collocazione delle targhe;
- le modalità di installazione;
- le caratteristiche costruttive, dimensionali, fotometriche, cromatiche e di leggibilità delle targhe;
- i modelli di targhe;
- il marchio ufficiale che deve garantire l'autenticità della targa.

La classificazione dei diversi tipi di targhe previsti, comprese quelle per i ciclomotori, è contenuta negli allegati al regolamento.

I DOCUMENTI RICHIESTI PER LA CIRCOLAZIONE

L'Art. 180 del Codice impone, per la regolarità della circolazione, che chi guida debba sempre avere con sé i seguenti documenti:

a) la carta di circolazione o il certificato di idoneità tecnica alla circolazione del veicolo;
b) la patente di guida valida per la categoria del veicolo che si guida;
c) l'autorizzazione per l'esercitazione alla guida per la corrispondente categoria del veicolo al posto della patente di guida di cui alla lettera b), nonché un documento personale di riconoscimento per chi dovrà sostenere gli esami;
d) il certificato di assicurazione obbligatoria.

Le norme di comportamento sulla strada

CENNI STORICI

Da quando esistono le strade, sono state dettate le regole per utilizzarle. Sicuramente nell'antichità non erano previste norme numerose e complesse come quelle attuali, né esisteva la patente di guida per i veicoli, ma erano gli usi a stabilire come ci si doveva comportare sulla strada per evitare collisioni e consentire a tutti di percorrerla nel minor tempo possibile.

La prima legge scritta sulla circolazione stradale che la storia ci ha tramandato è la Lex Iulia Municipalis, emanata da Giulio Cesare nel 45 a.C. Vietava l'accesso nelle ore diurne all'interno della città di Roma ai carri, eccetto quelli destinati a determinati trasporti, come materiali per la costruzione di edifici dedicati al culto o comunque a uso pubblico.

Gli imperatori succeduti a Cesare estesero l'applicazione di questa legge anche ad altre città fino a consentire l'accesso all'interno delle mura urbane solo a piedi. Con la caduta dell'Impero Romano, che aveva fatto della strada un mezzo di conquista e di diffusione della propria civiltà, anche i traffici calarono e i viaggi divennero più avventurosi per lo stato di abbandono delle vie consolari e per la presenza di predoni che assalivano i viaggiatori.

In tempi relativamente recenti, quando si sono progressivamente intensificati i trasporti stradali e la stessa mobilità delle persone, finalizzata a motivi di lavoro, di commercio, culturali e sociali, le strade sono state sempre più condivise da veicoli, pedoni e animali. E questa eterogeneità di utenti ha fatto crescere la necessità di disciplinarne l'uso.

In Italia, la prima disciplina della materia è stata la legge del 20 marzo 1865, n. 2248, allegato F. Questa legge, che disciplinava le opere pubbliche, prevedeva anche l'emanazione di un regolamento per garantire la libertà di circolazione e la sicurezza del traffico.

Una successiva legge del 1868 introduceva il primo regolamento di polizia stradale e dettava norme in materia di circolazione dei veicoli a trazione animale, introducendo tra l'altro i primi limiti di velocità, e i comportamenti da tenere nel caso di attraversamento di pedoni.

In quegli anni nasceva un nuovo tipo di veicolo, il velocipede (cioè la bicicletta), la cui diffusione faceva nascere nuovi problemi. Per disciplinarne la circolazione fu emanata una apposita legge (RD 16/12/1897).

La rivoluzione più grande per la circolazione stradale è legata però alla comparsa del veicolo a motore. Il suo continuo sviluppo, già agli inizi del Novecento, richiese costanti adeguamenti normativi.

Con la crescente diffusione di questi mezzi crescevano le esigenze di:
- costruire nuove strade;
- emanare norme per disciplinarne l'uso;
- creare operatori in grado di vigilarle per garantirne legalità e sicurezza.

Queste tre esigenze sono strettamente correlate e da allora si sono sviluppate di pari passo fino a oggi. Così, accanto a un patrimonio stradale e autostradale di grande rilevanza quantitativa e qualitativa, troviamo normative sempre più complesse e in continua evoluzione.

Il Codice della Strada attualmente in vigore è composto da 240 articoli e rappresenta una raccolta organica delle regole stradali. Le norme di comportamento costituiscono il Titolo V e iniziano con il principio fondamentale per garantire fluidità e sicurezza alla circolazione stradale.

«Gli utenti della strada devono comportarsi in modo da non costituire pericolo o intralcio per la circolazione e in modo che sia in ogni caso salvaguardata la sicurezza stradale. I singoli comportamenti, oltre quanto già previsto nei precedenti titoli, sono fissati dalle norme che seguono». Art. 140

Le regole di circolazione sono di due ordini:
- quelle ricordate dalla segnaletica stradale;
- quelle definite "norme di comportamento", che ogni conducente deve conoscere e osservare senza che nessun segnale gliele indichi.

Le norme di comportamento costituiscono la disciplina primaria del Codice della Strada e regolano tutte le manovre che di solito la circolazione comporta. Di queste manovre, quelle più strettamente legate alla sicurezza della circolazione sono: la velocità, la mano da tenere, la precedenza, il sorpasso, le distanze di sicurezza, il cambiamento di direzione e di corsia, la fermata e la sosta, l'uso dei dispositivi di illuminazione e di quelli acustici.

L' incidente stradale è sempre il risultato di una o più violazioni delle norme di comportamento, in particolare di quelle appena citate, che rappresentano le espressioni più concrete del principio generale sancito dall'Art. 140.

Il rispetto delle norme di comportamento non è solo la condizione primaria per la sicurezza stradale, ma è anche la dimostrazione concreta dell'educazione stradale di ogni conducente.

Le norme di comportamento esprimono regole di condotta che ogni conducente deve osservare senza che ci sia un segnale stradale a ricordarle. Esse iniziano con un principio comune, che impone a tutti gli utenti della strada, dai conducenti di veicoli a motore, ai ciclisti o pedoni, di comportarsi in modo da non costituire intralcio o pericolo per gli altri.

L'intralcio si realizza quando si ostacola il normale fluisso dei veicoli in movimento, che richiede l'armonico movimento di tutti gli utenti, e prevede che ognuno segua la propria direttrice senza variazioni improvvise di direzione o di velocità che, ripercuotendosi sugli altri utenti, possano modificare la velocità media dell'intera corrente di traffico.

Le variazioni repentine della direzione di marcia e i bruschi cambiamenti di velocità sono le cause principali della turbativa alla fluidità, perché costringono tutti gli altri utenti, presenti nell'area interessata, a modificare la propria guida con una serie di correzioni di traiettorie o di velocità, che a loro volta ne generano altre, fino a interessare una pluralità di utenti, generando possibili situazioni di pericolo.

A volte, infatti, una manovra genera scenari imprevisti e imprevedibili agli altri utenti che non si trovano nelle condizioni ideali per superarli in condizioni di sicurezza, con la conseguenza che l'incidente stradale diventa il naturale epilogo delle condizioni che si sono create.

Questa norma costituisce il punto di riferimento dell'intero Codice della Strada. L'aggiunta «e in modo che sia in ogni caso salvaguardata la sicurezza stradale» appare un ampliamento dell'obbligo di non costituire pericolo e intralcio, in quanto la sicurezza si concretizza proprio nella mancanza di tali situazioni e il secondo comma ne chiarisce in maniera esplicita la natura.

«I singoli comportamenti, oltre quanto già previsto nei titoli precedenti, sono fissati nelle norme che seguono».

Tutte le norme del Codice, e non solo quelle di comportamento, rappresentano chiarimenti puntuali del principio esposto con il primo comma. Nel designare poi le condotte di guida, il Codice della Strada ripete più volte l'obbligo di non creare intralcio e pericolo.

In particolare:

- per la velocità «è obbligo del conducente regolare la velocità del veicolo in modo che sia evitato ogni pericolo per la sicurezza delle persone e delle cose e ogni altra causa di disordine per la circolazione»;
- per la precedenza «i conducenti, approssimandosi a una intersezione, devono usare la massima prudenza al fine di evitare incidenti»;
- per sorpassare «il conducente che intende sorpassare deve preventivamente accertarsi che la visibilità sia tale da consentire la manovra e che la stessa possa compiersi senza costituire pericolo o intralcio»;
- per le distanze di sicurezza «durante la marcia i veicoli devono tenere, rispetto al veicolo che precede, una distanza di sicurezza tale che sia garantito in ogni caso l'arresto tempestivo e siano evitate collisioni con i veicoli che precedono»;
- per le svolte «i conducenti che intendono eseguire una manovra per immettersi nel flusso della circolazione, per cambiare direzione o corsia, per invertire il senso di marcia, per fare retromarcia, per voltare a destra o a sinistra, per impegnare un'altra strada o per immettersi in un luogo non soggetto a pubblico passaggio, ovvero per fermarsi, devono assicurarsi di poter effettuare la manovra senza creare pericolo o intralcio agli altri utenti della strada, tenendo conto della posizione, distanza, direzione di essi».

Anche altre norme contengono riferimenti espliciti all'obbligo di non costituire mai intralcio o pericolo per la circolazione, come condizione primaria perché sia salvaguardata in ogni caso la sicurezza stradale. Di queste regole, le più importanti ai fini della sicurezza stradale sono quelle dedicate alla velocità, alla posizione dei veicoli sulla carreggiata, alla precedenza, al sorpasso, alle distanze di sicurezza, al cambiamento di direzione e di corsia, agli obblighi dei pedoni e dei ciclisti, al rispetto della segnaletica.

LA VELOCITÀ ADEGUATA

L'Art. 141 del Codice della Strada prescrive che:

1. *È obbligo del conducente regolare la velocità del veicolo in modo che, avuto riguardo alle caratteristiche, allo stato ed al carico del veicolo stesso, alle caratteristiche e alle condizioni della strada e del traffico e ad ogni altra circostanza di qualsiasi natura, sia evitato ogni pericolo per la sicurezza delle persone e delle cose ed ogni altra causa di disordine per la circolazione.*
2. *Il conducente deve sempre conservare il controllo del pro-*

prio veicolo ed essere in grado di compiere tutte le manovre necessarie in condizione di sicurezza, specialmente l'arresto tempestivo del veicolo entro i limiti del suo campo di visibilità e dinanzi a qualsiasi ostacolo prevedibile.

3. *In particolare, il conducente deve regolare la velocità:*
   - *nei tratti di strada a visibilità limitata;*
   - *nelle curve;*
   - *in prossimità delle intersezioni e delle scuole o di altri luoghi frequentati da fanciulli indicati dagli appositi segnali;*
   - *nelle forti discese:*
   - *nei passaggi stretti o ingombrati;*
   - *nelle ore notturne;*
   - *nei casi di insufficiente visibilità per condizioni atmosferiche o per altre cause;*
   - *nell'attraversamento degli abitati o comunque nei tratti di strada fiancheggiati da edifici.*
4. *Il conducente deve, altresì, ridurre la velocità e occorrendo anche fermarsi:*
   - *quando riesce malagevole l'incrocio con altri veicoli:*
   - *in prossimità degli attraversamenti pedonali e, in ogni caso, quando i pedoni che si trovino sul percorso tardino a scansarsi o diano segni di incertezza;*
   - *quando, al suo avvicinarsi, gli animali che si trovino sulla strada diano segni di spavento.*
5. *Il conducente non deve gareggiare in velocità.*
6. *Il conducente non deve circolare a velocità talmente ridotta da costituire intralcio o pericolo per il normale flusso della circolazione*

La norma, più che occuparsi della velocità come limite massimo o minimo, definisce una regola di condotta, che fa della velocità il riferimento principale, essendo questa il fattore che condiziona la possibilità di fermarsi entro gli spazi sicuri.
La velocità adeguata, quella che consente di fermarsi sempre e comunque senza pericolo, richiede di aver sempre chiari gli spazi entro cui potersi fermare in condizioni di sicurezza e adeguarvi la condotta di guida.
Lo spazio sicuro, di cui ogni conducente deve disporre, è quello che consente di arrestarsi senza manovre di emergenza e in perfetta sicurezza. Esso, perciò, è correlato:
- alla velocità di marcia;
- alle condizioni della strada;
- a quelle del traffico;
- a quelle psicofisiche del conducente e alla sua capacità di guida;
- a tutti gli eventi negativi, che appaiono ragionevolmente prevedibili.

Il continuo mutare dell'ambiente in cui si circola, determinato dalle caratteristiche e condizioni della strada e del traffico, richiede una costante azione di vigilanza sulla velocità di marcia e sulle manovre da adottare perché essa resti tale. Più difficile è estendere questa vigilanza su se stessi, sulle proprie condizioni psicofisiche ed emotive, perché questi fattori, purtroppo, anche quando degradano, difficilmente si avvertono.
Per quanto concerne i fattori esterni, la velocità di marcia, perché «sia evitato ogni pericolo per la sicurezza delle persone e delle cose e ogni altra causa di disordine o d'intralcio per la circolazione», deve essere regolata tenendo presenti tutte le condizioni elencate.

Esistono poi delle condizioni per le quali la velocità deve essere particolarmente moderata. Si tratta di situazioni in cui sono molto probabili eventi improvvisi e pericolosi, che richiedono l'arresto del veicolo entro spazi brevi. Queste situazioni sono tante e non riconducibili a indici analitici e rigidi. Vi rientrano sicuramente:
- tratti di strada a visuale non libera;
- curve;
- prossimità di scuole;
- crocevia e biforcazioni;
- forti discese;
- ore notturne;
- scarsa visibilità per nebbia, foschia o altra causa;
- passaggi stretti;
- strade fiancheggiate da case;
- attraversamento di centri abitati;
- presenza di pedoni sulla strada o di animali che danno segno di spavento.

La velocità, anche quando non è causa primaria dell'incidente, è quella che ne determina la gravità delle conseguenze alle persone e alle cose. Nella collisione tra due veicoli si genera una forza d'urto che è proporzionale al quadrato della velocità che gli stessi avevano al momento del sinistro.
Le conseguenze, più o meno gravi, sono determinate, quindi, proprio dalla forza di impatto prodotta dalla collisione, che viene smaltita anche dal corpo dei trasportati sotto forma di traumi e lesioni.

I LIMITI DI VELOCITÀ

L'Art. 142 del Codice della Strada è dedicato alla disciplina dei limiti massimi generali di velocità per tutte le categorie di veicoli e alla disciplina delle sanzioni per chi viola ogni precetto, sia di carattere generale che imposto dalla segnaletica stradale o dalla categoria del veicolo. I limiti massimi generali non sono segnalati dalla cartellonistica stradale e valgono in assenza di diversa e più restrittiva indicazione.

Se su una strada è posto il limite di velocità con cartello stradale, è questo limite che va rispettato, mentre i veicoli appartenenti a categorie per le quali sono prescritti limiti massimi inferiori sono tenuti a osservare questi ultimi.
Va ricordato che questi limiti sono ipotizzati per situazioni di traffico ottimali. Se ricorrono condizioni particolari della strada, del traffico, atmosferiche o di altra natura, come indicate dall'Art. 141, dedicato alla condotta di guida, la velocità deve essere adeguata a queste situazioni per far sì che non sia pericolosa.
In caso di violazioni, le sanzioni previste sono:

(...)

7. *Chiunque non osserva i limiti minimi di velocità, ovvero supera i limiti massimi di velocità di non oltre 10 km/h, è soggetto alla sanzione amministrativa del pagamento di una somma da euro 41 a euro 169.*
8. *Chiunque supera di oltre 10 km/h e di non oltre 40 km/h i limiti massimi di velocità è soggetto alla sanzione amministrativa del pagamento di una somma da euro 169 a euro 680.*
9. *Chiunque supera di oltre 40 km/h ma di non oltre 60 km/h i limiti massimi di velocità è soggetto alla sanzione amministrativa del pagamento di una somma da euro 532 a euro 2127. Dalla violazione consegue la sanzione amministrativa accessoria della sospensione della patente di guida da uno a tre mesi con il provvedimento di inibizione alla guida del veicolo nella fascia oraria che va dalle ore 22 alle ore 7 del mattino per i tre mesi successivi alla restituzione della patente di guida. Il provvedimento di inibizione alla guida è annotato nell'anagrafe nazionale degli abilitati alla guida di cui agli articoli 225 e 226 del presente Codice.*

9-bis. Chiunque supera di oltre 60 km/h i limiti massimi di velocità è soggetto alla sanzione amministrativa del pagamento di una somma da euro 829 a euro 3316. Dalla violazione consegue la sanzione amministrativa accessoria della sospensione della patente di guida da sei a dodici mesi, ai sensi delle norme di cui al capo I, sezione II, del titolo VI.

(...)

12. *Quando il titolare di una patente di guida sia incorso, in un periodo di due anni, in una ulteriore violazione del comma 9, la sanzione amministrativa accessoria è della sospensione della patente da otto a diciotto mesi, ai sensi delle norme di cui al capo I, sezione II, del titolo VI. Quando il titolare di una patente di guida sia incorso, in un periodo di due anni, in una ulteriore violazione del comma 9-bis, la sanzione amministrativa accessoria è la revoca della patente, ai sensi delle norme di cui al capo I, sezione II, del titolo VI. Per la determinazione dell'osservanza dei limiti di velocità sono considerate fonti di prova le risultanze di apparecchiature debitamente omologate, anche per il calcolo della velocità media di percorrenza su tratti determinati, nonché le registrazioni del cronotachigrafo e i documenti relativi ai percorsi autostradali come precisato dal regolamento.*
13. *Le postazioni di controllo sulla rete stradale per il rilevamento della velocità devono essere preventivamente segnalate e ben visibili, ricorrendo all'impiego di cartelli o di dispositivi di segnalazione luminosi, conformemente alle norme stabilite nel regolamento di esecuzione del presente codice. Le modalità di impiego sono stabilite con decreto del Ministro dei trasporti, di concerto con il Ministro dell'interno.*

I limiti massimi generali di velocità sono:
- 130 km/h per le autostrade (su alcuni tratti autostradali aventi particolari caratteristiche è possibile elevare il limite massimo a 150 km/h. Tale limite dovrà essere segnalato);
- 110 km/h per le strade extraurbane principali;
- 90 km/h per le strade extraurbane secondarie e per le strade locali;
- sino a 70 km/h per le strade urbane di scorrimento;
- 50 km/h per le strade nei centri abitati.

Le seguenti categorie di veicoli hanno limiti massimi predeterminati, che non possono mai superare:

a) Ciclomotori: 45 km/h.
b) Autoveicoli o motoveicoli utilizzati per il trasporto di merci pericolose, quando viaggiano carichi:
   - 50 km/h fuori dei centri abitati;
   - 30 km/h nei centri abitati (tale prescrizione si applica solo ai veicoli che trasportano esplosivi).
c) Macchine agricole, macchine operatrici e carrelli:
   - 40 km/h se montati su pneumatici o su altri sistemi equipollenti;
   - 15 km/h in tutti gli altri casi.
d) Quadricicli: 80 km/h fuori dei centri abitati.
e) Treni costituiti da un autoveicolo e da un rimorchio di cui alle lettere h), i), e l) dell'Art. 54 del Codice, autotreni (motrice e rimorchio), autoarticolati (trattore e semirimorchio), autosnodati (autobus costituito da due tronconi collegati da sezione snodata):
   - 70 km/h fuori dei centri abitati;
   - 80 km/h sulle autostrade.
f) Autobus e filobus di massa complessiva a pieno carico superiore a 8 t:
   - 80 km/h fuori dei centri abitati;
   - 100 km/h sulle autostrade.
g) Autoveicoli destinati al trasporto di cose o ad altri usi, di massa complessiva a pieno carico superiore a 3,5 t e fino a 12 t:

- 80 km/h fuori dei centri abitati;
- 100 km/h sulle autostrade.

h) Autoveicoli destinati al trasporto di cose o ad altri usi, di massa complessiva a pieno carico superiore a 12 t:
- 70 km/h fuori dei centri abitati;
- 80 km/h sulle autostrade.

i) Autocarri di massa complessiva a pieno carico superiore a 5 t se adoperati per il trasporto di persone ai sensi dell'Art. 82, comma 6:
- 70 km/h fuori dei centri abitati;
- 80 km/h sulle autostrade.

l) Mezzi d'opera quando viaggiano a pieno carico:
- 40 km/h nei centri abitati;
- 60 km/h fuori dei centri abitati.

LA POSIZIONE DEI VEICOLI SULLA CARREGGIATA E LA CIRCOLAZIONE PER FILE PARALLELE - ARTT. 143 E 144

1. *I veicoli devono circolare sulla parte destra della carreggiata e in prossimità del margine destro della medesima, anche quando la strada è libera.*
2. *I veicoli sprovvisti di motore e gli animali devono essere tenuti il più vicino possibile al margine destro della carreggiata.*
3. *La disposizione del comma 2 si applica anche agli altri veicoli quando si incrociano ovvero percorrono una curva o un raccordo convesso, a meno che circolino su strade a due carreggiate separate o su una carreggiata ad almeno due corsie per ogni senso di marcia o su carreggiata a senso unico di circolazione.*
4. *Quando una strada è divisa in due carreggiate separate, si deve percorrere quella di destra; quando è divisa in tre carreggiate separate, si può percorrere quella di destra o quella centrale, salvo diversa segnalazione.*
5. *Salvo diversa segnalazione, quando una carreggiata è a due o più corsie per senso di marcia, si deve percorrere la corsia più libera a destra; la corsia o le corsie di sinistra sono riservate al sorpasso.*
6. *All'interno dei centri abitati, salvo diversa segnalazione, quando una carreggiata è a due o più corsie per senso di marcia, si deve percorrere la corsia libera più a destra; la corsia o le corsie di sinistra sono riservate al sorpasso. Tuttavia i conducenti, qualunque sia l'intensità del traffico, possono impegnare la corsia più opportuna in relazione alla direzione che essi intendono prendere alla successiva intersezione; i conducenti stessi non possono peraltro cambiare corsia se non per predisporsi a svoltare a destra o a sinistra, o per fermarsi, in conformità delle norme che regolano queste manovre, ovvero per effettuare la manovra di sorpasso che in tale ipotesi è consentita anche a destra.*
7. *Nelle strade con binari tranviari a raso, i veicoli possono procedere sui binari stessi purché, compatibilmente con le esigenze della circolazione, non ostacolino o rallentino la marcia dei tram, salva diversa segnalazione.*

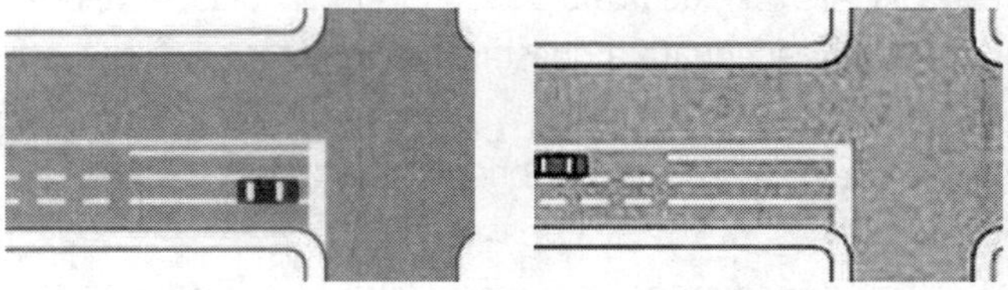

Nella figura schematica di sinistra l'autovettura non può cambiare corsia (in quanto si trova in presenza di linee continue) e dovrà proseguire diritto; nella figura di destra (trovandosi in presenza di linee discontinue) potrà cambiare corsia per proseguire diritto o svoltare a destra, oppure rimanere nella corsia di sinistra per svoltare a sinistra

In Italia la "mano da tenere" è la destra; unica eccezione è costituita dalla circolazione dei pedoni, che possono marciare a sinistra, e sono tenuti e viaggiare su questo lato qualora la strada sia sprovvista di marciapiedi. In alcuni Paesi, come l'Inghilterra per rimanere in ambito europeo, si viaggia invece sul lato opposto a quello che si tiene nel resto del contienente. Questa diversità ebbe origine all'inizio del secolo scorso, quando cominciarono a diffondersi i primi veicoli a motore e si rese necessario disciplinarne le modalità di circolazione. Sembra un paradosso, ma chi circola a sinistra lo deve al fatto che le prime autovetture avevano tutte il volante a destra e questa condizione comportava grandi difficoltà nelle manovre di sorpasso, che iniziavano "al buio", nel senso che i conducenti non potevano vedere la strada se non dopo essere usciti dalla sagoma del veicolo che li precedeva. Si decise che per eliminare il problema fosse opportuno posizionare il volante sul lato opposto a quello della mano da tenere. Di fronte a questa necessità, ci fu chi pensò di spostare il volante e marciare a destra e chi di conservarlo a destra, marciando a sinistra.

Per osservare la regola della destra non è sufficiente circolare sulla parte destra della strada, ma è necessario farlo in prossimità del margine della carreggiata. Il concetto non va inteso in senso estremo, perché circolare rasentando il margine della strada può costituire pericolo per il conducente e per gli eventuali ciclisti o pedoni che occupano questo spazio. Per i veicoli sprovvisti di motore, come le biciclette, infatti, questo obbligo è più rigoroso e devono circolare il più vicino possibile al margine. Il motivo è semplice, questo veicolo è più lento di quelli motorizzati, quindi deve tenersi il più possibile all'esterno.

Va osservato poi che la propulsione stessa della bicicletta, fornita dai muscoli del conducente, rende più difficile seguire una linea perfettamente retta durante la marcia, e i con-

ducenti dei veicoli a motore devono tener conto di questa condizione e percorrere traiettorie che assicurino spazi di sicurezza laterali verso i ciclisti.
Anche il motociclista deve circolare a destra ma, essendo motorizzato, non ha il vincolo di tenersi "il più possibile vicino al margine destro".
I conducenti di autovetture devono tener conto, soprattutto nel traffico urbano, della presenza di veicoli a due ruote, che per la loro maneggevolezza si spostano repentinamente e non sempre in maniera ortodossa. È necessaria perciò una particolare prudenza per effettuare manovre a velocità sostenute nel traffico, quando la strada è condivisa con pedoni, ciclisti o motociclisti.
I cambiamenti di direzione o di corsia devono essere segnalati tempestivamente, per consentire agli altri utenti di rendersi conto della manovra che si vuole attuare. La svolta a sinistra va effettuata dando la precedenza ai veicoli che provengono dal senso di marcia opposto e dopo essersi assicurati che non ci siano veicoli alle spalle in fase di sorpasso.
La circolazione per file parallele si realizza quando i veicoli marciano affiancati, spesso a causa dell'alta densità di traffico. In queste condizioni sono frequenti incolonnamenti e comportamenti scorretti con continui cambiamenti di corsia che vanno decisamente contrastati.
L'Art. 144 così dispone:

1. *La circolazione per file parallele è ammessa, nelle carreggiate ad almeno due corsie per ogni senso di marcia, quando la densità del traffico sia tale che i veicoli occupino tutta la parte della carreggiata riservata al loro senso di marcia e si muovano a una velocità condizionata da quella dei veicoli che precedono, ovvero in tutti i casi in cui gli agenti del traffico la autorizzano. È ammessa, altresì, lungo il tronco stradale adducente a una intersezione controllata da segnali luminosi o manuali: in tal caso, al segnale di via libera, essa deve continuare anche nell'area di manovra dell'intersezione stessa.*
2. *Nella circolazione per file parallele è consentito ai conducenti di veicoli, esclusi i veicoli non a motore e i ciclomotori, di non mantenersi presso il margine della carreggiata, pur rimanendo in ogni caso nella corsia prescelta.*
3. *Il passaggio da una corsia all'altra è consentito, previa la necessaria segnalazione, soltanto quando si debba raggiungere la prima corsia di destra per svoltare a destra, o l'ultima corsia di sinistra per svoltare a sinistra ovvero per effettuare una riduzione di velocità o una volontaria sospensione della marcia al margine della carreggiata, quando ciò non sia vietato. I conducenti che si trovano nella prima corsia di destra possono inoltre spostarsi da detta corsia quando devono superare un veicolo senza motore o comunque assai lento, sempre previa segnalazione.*

LA PRECEDENZA - ART. 145

1. *I conducenti, approssimandosi a una intersezione, devono usare la massima prudenza al fine di evitare incidenti.*
2. *Quando due veicoli stanno per impegnare una intersezione, ovvero laddove le loro traiettorie stiano comunque per intersecarsi, si ha l'obbligo di dare la precedenza a chi proviene da destra, salvo diversa segnalazione.*
3. *Negli attraversamenti di linee ferroviarie e tranviarie i conducenti hanno l'obbligo di dare la precedenza ai veicoli circolanti su rotaie, salvo diversa segnalazione.*
4. *I conducenti devono dare la precedenza agli altri veicoli nelle intersezioni nelle quali sia così stabilito dall'autorità competente ai sensi dell'Articolo 37 e la prescrizione sia resa nota con apposito segnale.*
5. *I conducenti sono tenuti a fermarsi in corrispondenza della striscia di arresto, prima di immettersi nella intersezione, quando sia così stabilito dall'autorità competente ai sensi dell'Articolo 37 e la prescrizione sia resa nota con apposito segnale.*
6. *Negli sbocchi su strada da luoghi non soggetti a pubblico passaggio i conducenti hanno l'obbligo di arrestarsi e dare la precedenza a chi circola sulla strada.*
7. *È vietato impegnare una intersezione o un attraversamento di linee ferroviarie o tranviarie quando il conducente non ha la possibilità di proseguire e sgombrare in breve tempo l'area di manovra in modo da consentire il transito dei veicoli provenienti da altre direzioni.*
8. *Negli sbocchi su strada di sentieri, tratture, mulattiere e piste ciclabili è fatto obbligo al conducente di arrestarsi e dare la precedenza a chi circola sulla strada. L'obbligo sussiste anche se le caratteristiche di dette vie variano nell'immediata prossimità dello sbocco sulla strada. I conducenti di veicoli su rotaia devono rispettare i segnali negativi della precedenza.*

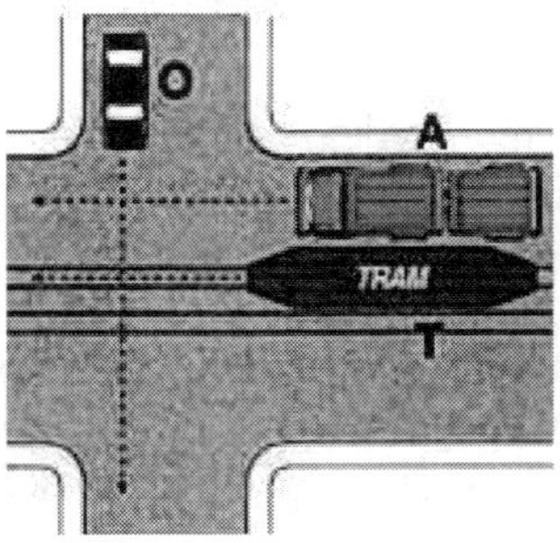

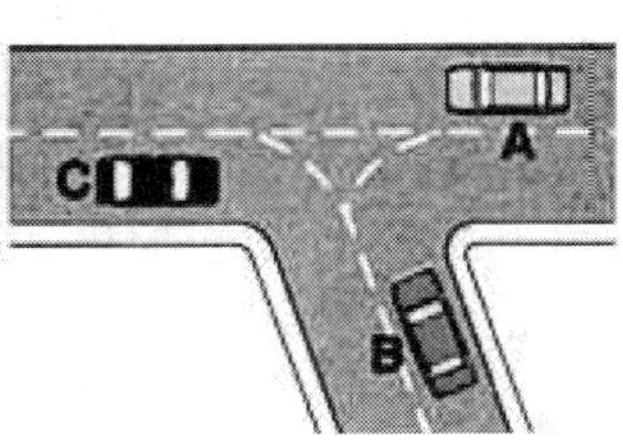

Nella figura di sinistra, il tram T ha la precedenza (in quanto veicolo su rotaia), poi l'autovettura O e, da ultimo, l'autotreno A.

Nella figura di destra, le autovetture A, B e C passano contemporaneamente in quanto le rispettive traiettorie non interferiscono e, quindi, non sussiste alcun obbligo di precedenza.

La precedenza, o priorità di passaggio, è una regola indispensabile per consentire a più veicoli e agli stessi pedoni di superare, senza collisioni, punti critici, ove le traiettorie degli stessi sarebbero destinate inevitabilmente a collidere.
Per evitare questa situazione, non c'è altro rimedio che stabilire un ordine di priorità o di intervenire sulla strada, costruendo infrastrutture che separano le correnti di traffico, come sovrappassi, sottopassi o rotatorie, anche se queste ultime non realizzano una separazione fisica, ma favoriscono l'avvistamento e agevolano la confluenza delle correnti. Dare la precedenza significa, quindi, consentire ad altri di impegnare e percorrere per primi lo spazio stradale dove le traiettorie si incrociano. A questo proposito bisogna evidenziare che, pur vigendo la regola che la precedenza spetta a chi proviene dalla destra, è richiesto a tutti i conducenti (anche a coloro che provengono dalla destra), di usare la massima prudenza avvicinandosi a un incrocio. Ciò significa che non esiste il diritto di pretendere la precedenza, ma solo l'obbligo di cederla. Approssimandosi al crocevia, non è sufficiente essere prudenti, ma è richiesta la massima prudenza, al fine di evitare incidenti. L'inosservanza delle regole sulla precedenza è tra le principali cause di incidenti stradali. Nei centri abitati si calcola che più del 60% degli incidenti si verifichino per il non rispetto di queste norme.
Queste regole, a volte, sono ricordate al conducente da tre segnali stradali, che sono:
- STOP: obbliga il conducente ad arrestarsi comunque al crocevia e cedere la precedenza a chi circola sull'altra strada.
- DARE PRECEDENZA: obbliga i conducenti a cedere la precedenza a coloro che circolano sull'altra strada. A differenza del segnale di STOP, non richiede che il conducente arresti obbligatoriamente il veicolo.
- STRADA CON DIRITTO DI PRECEDENZA: informa coloro che percorrono una strada principale della presenza di un crocevia lungo il percorso. I veicoli che percorrono le strade confluenti sulla principale devono dare la precedenza a chi circola su quest'ultima. Ciò nonostante, coloro che percorrono la strada principale, approssimandosi all'incrocio, devono usare la massima prudenza.

Anche in assenza di segnali che ne ricordino l'obbligo, nelle seguenti situazioni occorre dare la precedenza:
- a coloro che provengono da destra, quando nel crocevia non esistono segnali che regolano la precedenza o ci siano segnali uguali;
- quando, uscendo da un passo carraio, ci si immette nel traffico;
- prima di immettersi nelle correnti di traffico, partendo da una posizione di sosta;
- ai veicoli circolanti su rotaie (tram);
- quando si effettua l'inversione di marcia o la retromarcia;
- ai veicoli in servizio di emergenza o di polizia con il dispositivo acustico (sirena) in funzione (ambulanze, vigili del fuoco, polizia ecc.);
- quando si effettua la svolta a sinistra;
- ai pedoni che attraversano la strada servendosi degli appositi passaggi pedonali;
- a gruppi di persone che occupano la strada per cortei, manifestazioni, processioni ecc.;
- ai pedoni che tardano a liberare la strada;
- ai non vedenti muniti di bastone bianco e ad altri invalidi.

Oltre a tali obblighi, previsti dalla legge, è consigliabile cedere la precedenza agli utenti pericolosi che la "pretendono". Questi rappresentano una categoria di utenti purtroppo numerosa e di facile identificazione. I conducenti che ne fanno parte sono riconoscibili da questi comportamenti:
- non procedono ordinatamente in colonna come gli altri;
- se i veicoli sono incolonnati, si inseriscono tra gli stessi, creando un'altra fila;
- si inseriscono negli incroci costringendo coloro che circolano sulla strada con diritto di precedenza a brusche frenate;
- quando seguono un veicolo, gli si avvicinano senza tener conto delle distanze di sicurezza, per poi superarlo in un punto pericoloso;
- anche quando marciano in un traffico scorrevole, non procedono mai a velocità regolare e costante, ma con continue accelerazioni e frenate.

In presenza di questi conducenti pericolosi per la propria e l'altrui sicurezza, non vanno instaurate gare di "bravura". È preferibile ignorarli, acquisendo la saggezza di tollerarne la presenza, senza alcun contatto, neanche verbale. Instaurare liti con conducenti dalle condotte di guida aggressive è molto pericoloso. Le cronache, purtroppo, sono piene di episodi di violenza con esiti tragici. I giovani conducenti devono imparare dalla strada e sulla strada che la saggezza del tollerare è sempre preferibile a liti che possono portare ad aggressioni.

COMPORTAMENTI AI PASSAGGI A LIVELLO - ART. 147

1. *Gli utenti della strada, approssimandosi a un passaggio a livello, devono usare la massima prudenza al fine di evitare incidenti e devono seguire attentamente le segnalazioni indicate nell'art. 44.*
2. *Prima di impegnare un passaggio a livello senza barriere o semibarriere, gli utenti della strada devono assicurarsi, in prossimità delle segnalazioni previste nel regolamento di cui all'art. 44, comma 3, che nessun treno sia in vista e in caso affermativo attraversare rapidamente i binari; in caso contrario devono fermarsi senza impegnarli.*

Gli utenti della strada non devono attraversare un passaggio a livello quando:
a) siano chiuse o stiano per chiudersi le barriere o le semibarriere;
b) siano in movimento di apertura le semibarriere;
c) siano in funzione i dispositivi di segnalazione luminosa o acustica previsti dall'Articolo 44, comma 2 e dal Regolamento di cui al comma 3 dello stesso Articolo;
d) siano in funzione i mezzi sostitutivi delle barriere o semibarriere, previsti dal medesimo Articolo.

L'attraversamento di una linea ferroviaria è condizione di oggettivo pericolo per la possibile presenza di un treno o di un tram, che non possono sterzare per evitare un ostacolo e hanno bisogno di molto spazio per fermarsi. Inoltre va ricordato che la sede stradale nella quale sono inseriti i binari può compromettere la stabilità di un'auto. Per queste ragioni, la manovra va realizzata con la massima prudenza e a velocità adeguata. Già nella fase di avvicinamento, il conducente ha l'obbligo di osservare attentamente la segnaletica e le caratteristiche dell'attraversamento, che può essere dotato di barriere, di semibarriere o libero. Per ognuna di queste condizioni è prescritta una diversa condotta di guida, tenendo presente che, tra una vettura e un veicolo su rotaie, spetta a chi è al volante della prima dare la precedenza a ogni incrocio, oltre all'obbligo di compiere ogni possibile manovra per evitare collisioni. Un obbligo che deriva dalle diverse caratteristiche costruttive e funzionali, che consentono all'auto di sterzare e fermarsi in spazi inferiori.
Secondo la normativa, in corrispondenza dei passaggi a livello con barriere può essere collocato, a destra della strada, un dispositivo a luce rossa fissa, che avverte in tempo utile della chiusura delle barriere, integrato da un dispositivo acustico. In corrispondenza dei passaggi a livello con semibarriere, invece, sul lato destro della strada è posizionato un dispositivo luminoso a due luci rosse, lampeggianti alternativamente, il cui compito è avvertire in tempo utile della chiusura, con il supporto di un dispositivo acustico. L'attraversamento, nei casi consentiti, deve essere rapido; in caso di arresto forzato del veicolo il conducente deve attivarsi per spostarlo dai binari e, se è impossibilitato a farlo, deve segnalare prontamente la presenza dell'ostacolo ai conducenti dei veicoli su rotaie.

IL SORPASSO - ART. 148

(...)
2. Il conducente che intende sorpassare deve preventivamente accertarsi:
a) che la visibilità sia tale da consentire la manovra e che la stessa possa compiersi senza costituire pericolo o intralcio;
b) che il conducente che lo precede nella stessa corsia non abbia segnalato di voler compiere analoga manovra;
c) che nessun conducente che segue sulla stessa carreggiata o semicarreggiata, ovvero sulla corsia immediatamente alla propria sinistra, qualora la carreggiata o semicarreggiata siano suddivise in corsie, abbia iniziato il sorpasso;
d) che la strada sia libera per uno spazio tale da consentire la completa esecuzione del sorpasso, tenuto anche conto della differenza tra la propria velocità e quella dell'utente da sorpassare nonché della presenza di utenti che sopraggiungono dalla direzione contraria o che precedono l'utente da sorpassare.
3. Il conducente che sorpassa un veicolo o altro utente della strada che lo precede sulla stessa corsia, dopo aver fatto l'apposita segnalazione, deve portarsi sulla sinistra dello stesso, superarlo rapidamente tenendosi da questo a una adeguata distanza laterale e riportarsi a destra appena possibile, senza creare pericolo o intralcio. Se la carreggiata o semicarreggiata sono suddivise in più corsie, il sorpasso deve essere effettuato sulla corsia immediatamente alla sinistra del veicolo che si intende superare. L'utente che viene sorpassato deve agevolare la manovra e non accelerare. Nelle strade a una corsia per senso di marcia, lo stesso utente deve tenersi il più vicino possibile al margine destro della carreggiata.
(...)
7. Il sorpasso deve essere effettuato a destra quando il conducente che si vuole sorpassare abbia segnalato che intende svoltare a sinistra ovvero, in una carreggiata a senso unico, che intende arrestarsi a sinistra, e abbia iniziato detta manovra.

Il sorpasso è una manovra pericolosa. Essa si realizza mediante un'accelerazione e un cambiamento di direzione o di corsia. Oggettivamente la pericolosità deriva proprio dai cambiamenti di direzione o di velocità, che possono essere cause di una collisione. Se tutti gli utenti della strada potessero mantenere costantemente velocità di marcia e direzione senza modificarle, gli incidenti stradali si ridurrebbero drasticamente. Purtroppo questo non è possibile. Ogni trasferimento comporta manovre di sorpasso, effettuate o subite, e non si può ignorare che il sorpasso mantiene un certo fascino. Per alcuni conducenti sorpassare significa "prevalere" in un'ideale competizione e fa vivere l'emozione del primeggiare, che per alcuni è tanto più forte quanto più è rischiosa la manovra. Queste sensazioni sono pericolosissime e molte volte sono la causa di incidenti gravissimi, che avvengono a velocità elevate e con urti frontali coi veicoli che sopraggiungono.

Per sorpassare in condizioni di sicurezza, è necessario che il conducente si assicuri della contemporanea esistenza di quattro condizioni:

a) che la visibilità sia tale da consentirgli di iniziare, eseguire e ultimare la manovra, senza pericoli;
b) che il conducente che lo precede nella stessa corsia non abbia segnalato di voler compiere un'analoga manovra;
c) che lo spazio a sua disposizione sia sufficiente per tutte le fasi della manovra;
d) che nessun altro conducente, proveniente alle spalle, abbia iniziato la stessa manovra nei suoi confronti.

I conducenti di biciclette, ciclomotori e motocicli devono essere sorpassati con attenzione, la natura del veicolo può portare a eseguire repentini cambiamenti di direzione.
Oltre che in presenza dei relativi segnali stradali, il sorpasso è sempre vietato:

- in prossimità o in corrispondenza delle curve, dei dossi e in ogni situazione di scarsa visibilità;
- del veicolo che ne stia sorpassando un altro;
- di veicoli fermi ai passaggi a livello, ai semafori o per interruzione del traffico, qualora sia necessario portarsi sulla parte sinistra della carreggiata;
- in prossimità o in corrispondenza dei crocevia o dei passaggi a livello senza barriere;
- dei veicoli fermi per consentire ai pedoni di attraversare la carreggiata.

Le violazioni di questi obblighi sono punite in maniera diversa a seconda della gravità. Vi sono precetti che, se violati, comportano, oltre alla sanzione pecuniaria, la sospensione e il ritiro immediato della patente, come per esempio, nel caso di sorpasso a destra o in prossimità di incroci. In altre situazioni la patente di guida è sospesa se il conducente commette due infrazioni dello stesso tipo in un biennio, per esempio nei casi di sorpasso non segnalato. Per altre violazioni più lievi è invece prevista la sola sanzione amministrativa.

LE DISTANZE DI SICUREZZA – ART. 149

1. *Durante la marcia i veicoli devono tenere, rispetto al veicolo che precede, una distanza di sicurezza tale che sia garantito in ogni caso l'arresto tempestivo e siano evitate collisioni con i veicoli che precedono.*
2. *Fuori dei centri abitati, quando sia stabilito un divieto di sorpasso solo per alcune categorie di veicoli, tra tali veicoli deve essere mantenuta una distanza non inferiore a 100 m. Questa disposizione non si osserva nei tratti di strada con due o più corsie per senso di marcia.*
3. *Quando siano in azione macchine sgombraneve o spargitrici, i veicoli devono procedere con la massima cautela. La distanza di sicurezza rispetto a tali macchine non deve essere comunque inferiore a 20 m. I veicoli che procedono in senso opposto sono tenuti, se necessario, ad arrestarsi al fine di non intralciarne il lavoro.*

Saper mantenere un'adeguata distanza dai veicoli che precedono e, a volte, anche da quelli che seguono, è una condizione importante per guidare in sicurezza. Secondo la norma, durante la marcia ogni veicolo deve tenersi a una distanza di sicurezza dal veicolo che lo precede. Questa distanza non è stimabile in metri, ma va calcolata tenendo presente vari elementi:

- velocità di marcia del veicolo;
- prontezza di riflessi del conducente;
- condizioni del traffico e della strada;
- condizioni atmosferiche;
- efficienza del sistema frenante del veicolo;
- condizioni di carico del veicolo.

Lo spazio necessario per arrestare un veicolo dipende in primo luogo dalla velocità. Più è elevata, maggiore è lo spazio necessario di frenata. Lo spazio richiesto aumenta in ragione del quadrato della velocità. Quando si procede a velocità elevata, seguendo altri veicoli, è necessario tenere una distanza superiore allo spazio che si percorre in quello che tecnicamente è definito intervallo psicotecnico. Con questo termine si definiscono lo spazio e il tempo, simultaneamente necessari affinché un conducente percepisca una situazione da affrontare, in questo caso specifico la frenata dell'auto che ci precede.
La distanza di sicurezza ideale è quella che impedisce di tamponare il veicolo che precede, nel caso di una frenata improvvisa. La manovra, infatti, è solitamente percepita dal conducente che segue solo dopo l'inizio della decelerazione e non nello stesso momento, con una conseguente riduzione delle distanze utili. L'intervallo tra i due veicoli deve essere tale da permettere un arresto in completa sicurezza, senza cioè ricorrere a manovre di emergenza, come frenate brusche o sterzate. Soprattutto quando si procede in colonna, come avviene quotidianamente nel traffico autostradale e nei centri urbani, le distanze di sicurezza devono essere regolate e mantenute, non modificate con continue accelerazioni e frenate. Ogni variazione di velocità allunga infatti i tempi di percorrenza, perché determina un andamento a fisarmonica, con continui blocchi di traffico e ripartenze. Tutto ciò può causare tamponamenti, che a volte interessano molti veicoli. Il conducente saggio si muove in armonia con gli altri e regola la sua velocità su quella del flusso in cui si trova, preoccupandosi anche dei veicoli che procedono alle

sue spalle. Essere tamponati e avere ragione non è consolante. È sempre meglio evitare di essere tamponati.
Non bisogna dimenticare che le violazioni che determinano incidenti con gravi danni ai veicoli, sono punite dal Codice e nel caso di una seconda infrazione nel biennio è applicata la sospensione della patente. Se l'incidente causato è particolarmente grave, con lesioni o con esiti mortali, le sanzioni sono importanti, con provvedimenti punitivi sulla patente, come la sospensione, la revoca o l'obbligo di dover sostenere di nuovo gli esami per una revisione.

L'INCROCIO TRA VEICOLI NEI PASSAGGI INGOMBRATI O SU STRADE DI MONTAGNA – ART. 150

1. *Quando la carreggiata stradale presenta ostacoli o restringimenti, dovuti anche a veicoli fermi, e la manovra di incrocio tra due veicoli in movimento che percorrono la strada con direzioni opposte non sia possibile, il conducente sul cui senso di marcia è presente l'ostacolo deve arrestarsi e lasciare il passo al veicolo proveniente in senso inverso.*
2. *Sulle strade di montagna o in forte pendenza, quando l'incrocio tra veicoli è impossibile o malagevole, il conducente che procede in discesa deve arrestarsi e accostarsi quanto più possibile al margine destro della carreggiata. Tuttavia, se il conducente che procede in salita dispone di una piazzola, deve arrestarsi su di essa, se la strada è tanto stretta da rendere altrimenti necessaria la manovra di retromarcia.*
3. *Quando la manovra di retromarcia si rende necessaria, i complessi di veicoli hanno la precedenza rispetto agli altri veicoli; i veicoli di massa complessiva superiore a 3,5 t rispetto a quelli di massa complessiva a pieno carico fino a 3,5 t; gli autobus rispetto agli autocarri. Se si tratta di veicoli appartenenti entrambi alla medesima categoria tra quelle suddette la retromarcia deve essere eseguita dal conducente che procede in discesa, a meno che non sia manifestamente più agevole per il conducente che procede in salita, in particolare se quest'ultimo si trova in prossimità di una piazzola. Nel caso in cui le violazioni di tali prescrizioni causino un sinistro stradale con danni rilevanti ai veicoli, il conducente responsabile risponderà di una sanzione pecuniaria più grave e della sospensione della patente di guida alla seconda specifica infrazione in un biennio.*
4. *Quando la strada presenta degli ostacoli che rendono malagevole l'incrocio tra i veicoli, i conducenti devono ridurre la velocità e, se necessario fermarsi. Il conducente sul cui senso di marcia è presente l'ostacolo, ha l'obbligo di cedere la precedenza al veicolo proveniente dall'opposto senso di marcia. Sulle strade di montagna o in forte pendenza, le regole sono analiticamente espresse dai commi 2 e 3.*

I DISPOSITIVI VISIVI E DI ILLUMINAZIONE

Quando utilizzarli – Art. 152

1. *I veicoli a motore durante la marcia fuori dei centri abitati e i ciclomotori, motocicli, tricicli e quadricicli, quali definiti rispettivamente dall'Articolo 1, paragrafo 2, lettere a), b) e c), e paragrafo 3, lettera b), della direttiva 2002/24/CE del Parlamento europeo e del Consiglio, del 18 marzo 2002, anche durante la marcia nei centri abitati, hanno l'obbligo di usare le luci di posizione, i proiettori anabbaglianti e, se prescritte, le luci della targa e le luci d'ingombro. Fanno eccezione all'obbligo di uso dei predetti dispositivi i veicoli di interesse storico e collezionistico.*
2. *Chiunque viola le disposizioni del presente Articolo è soggetto alla sanzione amministrativa del pagamento di una somma da euro 41 a euro 169.*

Quali dispositivi usare – Art. 153

1. *Da mezz'ora dopo il tramonto del sole a mezz'ora prima del suo sorgere e anche di giorno nelle gallerie, in caso di nebbia, di caduta di neve, di forte pioggia, e in ogni altro caso di scarsa visibilità, durante la marcia dei veicoli a motore e dei veicoli trainati, si devono tenere accese le luci di posizione, le luci della targa e, se prescritte, le luci di ingombro. In aggiunta a tali luci, sui veicoli a motore si devono tenere accesi anche i proiettori anabbaglianti. Salvo quanto previsto dal comma 3 i proiettori di profondità possono essere utilizzati fuori dei centri abitati quando l'illuminazione esterna manchi o sia insufficiente. Peraltro, durante le brevi interruzioni della marcia connesse con le esigenze della circolazione, devono essere usati i proiettori anabbaglianti.*
2. *I proiettori di profondità non devono essere usati fuori dai casi rispettivamente previsti nel comma 1. Di giorno, in caso di nebbia, fumo, foschia, nevicate in atto, pioggia intensa, i proiettori anabbaglianti e quelli di profondità possono essere sostituiti da proiettori fendinebbia anteriori. Inoltre sui veicoli che trasportano feriti o ammalati gravi si devono tenere accesi i proiettori anabbaglianti di giorno in ogni caso e nelle ore e nei casi indicati dal comma 1, nei centri abitati anche se l'illuminazione pubblica sia sufficiente.*

3. *I conducenti devono spegnere i proiettori di profondità passando a quelli anabbaglianti nei seguenti casi:*
a) quando stanno per incrociare altri veicoli, effettuando la commutazione delle luci alla distanza necessaria affinché i conducenti dei veicoli incrociati possano continuare la loro marcia agevolmente e senza pericolo;
b) quando seguono altro veicolo a breve distanza, salvo che l'uso di proiettori di profondità avvenga brevemente in modo intermittente per segnalare al veicolo che precede l'intenzione di sorpassare;
c) in qualsiasi altra circostanza se vi sia pericolo di abbagliare gli altri utenti della strada, ovvero i conducenti dei veicoli circolanti su binari, su corsi d'acqua o su altre strade contigue.
4. *È consentito l'uso intermittente dei proiettori di profondità per dare avvertimenti utili al fine di evitare incidenti e per segnalare al veicolo l'intenzione di sorpassare. Tale uso è consentito durante la circolazione diurna e notturna, e, in deroga al comma 1, anche all'interno dei centri abitati.*
5. *Nei casi indicati dal comma 1 a eccezione dei velocipedi e dei ciclomotori a due ruote e dei motocicli, l'uso dei dispositivi di segnalazione visiva è obbligatorio anche durante la fermata o la sosta a meno che il veicolo sia reso pienamente visibile dall'illuminazione pubblica o venga collocato fuori dalla carreggiata. Tale obbligo sussiste anche se il veicolo si trova sulle corsie di emergenza.*
6. *Nei centri abitati e nelle ore e nei casi indicati nel comma 1, durante la sosta al margine della carreggiata, veicoli a motore e i loro rimorchi se agganciati, aventi lunghezza non superiore a 6 metri e larghezza non superiore a 2 metri, possono essere segnalati utilizzando in luogo delle luci di posizione le luci di sosta poste dalla parte del traffico.*

I simboli delle "spie" poste sul cruscotto che indicano al conducente l'accensione dei proiettori a luce abbagliante (a sinistra, accesa con luce blu) e dei proiettori a luce anabbagliante (a destra, accesa a luce verde).

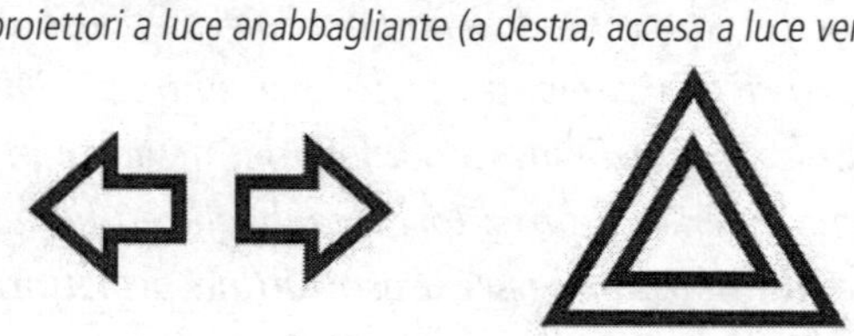

I simboli delle "spie" poste sul cruscotto che indicano al conducente l'accensione, a destra o a sinistra, degli indicatori di direzione (a sinistra, accese con luce verde) e l'accensione contemporanea di tutti gli indicatori di direzione (a destra, segnalazione di allarme o di emergenza, accesa a luce rossa).

7. *Conducenti dei veicoli a motore devono azionare la segnalazione luminosa di pericolo:*
a) in caso di ingombro della carreggiata;
b) durante il tempo necessario a collocare e riprendere il segnale mobile di pericolo ove questo sia necessario;
c) quando per avaria il veicolo è costretto a procedere a velocità particolarmente ridotta;
d) quando si verifichino improvvisi rallentamenti o incolonnamenti;
e) in tutti i casi in cui la fermata di emergenza costituisce pericolo, anche momentaneo, per gli altri utenti della strada.
8. *In caso di nebbia con visibilità inferiore a 50 metri, di pioggia intensa o di fitta nevicata in atto deve essere usata la luce posteriore per nebbia, qualora il veicolo ne sia dotato.*
9. *È vietato l'uso di dispositivi o di altre fonti luminose diversi da quelli indicati nell'art. 151.*

L'uso corretto dei dispositivi visivi e di illuminazione è una condizione di sicurezza importantissima, specialmente durante la circolazione nelle ore notturne e quando la visibilità sia ridotta a causa di condizioni atmosferiche negative, come nebbia, neve o pioggia, e ancora quando si attraversano le gallerie. I dispositivi visivi hanno l'obiettivo di rendere visibile il veicolo da parte degli altri utenti. Quelli di illuminazione servono invece al conducente per vedere chiaramente la strada, l'ambiente e gli altri utenti. Nelle vecchie edizioni il Codice prescriveva l'obbligo di utilizzo di questi dispositivi da mezz'ora dopo il tramonto a mezz'ora prima del sorgere del sole, ma in seguito è stato introdotto l'obbligo, per tutti i veicoli a motore, di far uso dei proiettori anabbaglianti, delle luci di posizione e, se prescritte, anche delle luci della targa e di quelle d'ingombro, in ogni tempo e in ogni condizione di marcia, quando circolano fuori dei centri abitati. Per i motocicli e i ciclomotori tale obbligo si estende anche alla circolazione nei centri abitati.
Le ragioni di queste modifiche vanno ricercate nelle esperienze maturate in alcuni Paesi dell'Europa del Nord, prima tra tutte la Svezia, che ne hanno evidenziato gli effetti positivi per la sicurezza stradale. In particolare, i dispositivi in funzione migliorano le condizioni di avvistamento da parte dei conducenti dei veicoli che si incrociano, anche in condizioni di ridotta attenzione.
Le norme si occupano di stabilire anche quali dispositivi utilizzare nelle diverse condizioni di marcia e di manovra. I principi fondamentali della disciplina sono:
- i proiettori di profondità possono essere utilizzati solo fuori dei centri abitati, sempre che non ricorrano le condizioni e le situazioni di cui alle lettere a), b) e c) del comma 3 dell'Art. 153;

- l'uso intermittente dei proiettori di profondità è consentito, anche nei centri abitati, per avvertimenti utili al fine di evitare incidenti e per segnalare, al veicolo che precede, l'intenzione di sorpassare, anche nei centri abitati;
- a eccezione dei velocipedi e dei ciclomotori e motocicli a due ruote, l'obbligo dell'uso delle luci di posizione ricorre anche durante la fermata e la sosta, salvo che il veicolo sia reso chiaramente visibile dall'illuminazione pubblica o sia posto al di fuori della carreggiata;
- la segnalazione di pericolo va attivata quando ricorrono le condizioni e le situazioni elencate al comma 7.

In caso di violazione, l'infrazione è punita con sanzioni pecuniarie.

I CAMBIAMENTI DI DIREZIONE O DI CORSIA - ART. 154

1. *I conducenti che intendono eseguire una manovra per immettersi nel flusso della circolazione, per cambiare direzione o corsia, per invertire il senso di marcia, per fare retromarcia, per voltare a destra o a sinistra, per impegnare un'altra strada, o per immettersi in un luogo non soggetto a pubblico passaggio, ovvero per fermarsi, devono:*
   a) assicurarsi di poter effettuare la manovra senza creare pericolo o intralcio agli altri utenti della strada, tenendo conto della posizione, distanza, direzione di essi;
   b) segnalare con sufficiente anticipo la loro intenzione.
2. *Le segnalazioni delle manovre devono essere effettuate servendosi degli appositi indicatori luminosi di direzione. Tali segnalazioni devono continuare per tutta la durata della manovra e devono cessare allorché essa è stata completata. Con gli stessi dispositivi deve essere segnalata anche l'intenzione di rallentare per fermarsi. Quando i detti dispositivi manchino, il conducente deve effettuare le segnalazioni a mano, alzando verticalmente il braccio qualora intenda fermarsi e sporgendo, lateralmente, il braccio destro o quello sinistro, qualora intenda voltare.*
3. *I conducenti devono altresì:*
   a) per voltare a destra, tenersi il più vicino possibile sul margine destro della carreggiata;
   b) per voltare a sinistra, anche per immettersi in luogo non soggetto a pubblico passaggio, accostarsi il più possibile all'asse della carreggiata e, qualora si tratti di intersezione, eseguire la svolta in prossimità del centro della intersezione e a sinistra di questo, salvo diversa segnalazione, ovvero quando si trovino su una carreggiata a senso unico di circolazione, tenersi il più possibile sul margine sinistro della carreggiata. In entrambi i casi i conducenti non devono imboccare l'altra strada contromano e devono usare la massima prudenza;
   c) nelle manovre di retromarcia e di immissione nel flusso della circolazione, dare la precedenza ai veicoli in marcia normale.
4. *È vietato usare impropriamente le segnalazioni di cambiamento di direzione.*
5. *Nell'esecuzione delle manovre i conducenti non devono eseguire brusche frenate o rallentare improvvisamente.*
6. *L'inversione del senso di marcia è vietata in prossimità o in corrispondenza delle intersezioni, delle curve e dei dossi.*

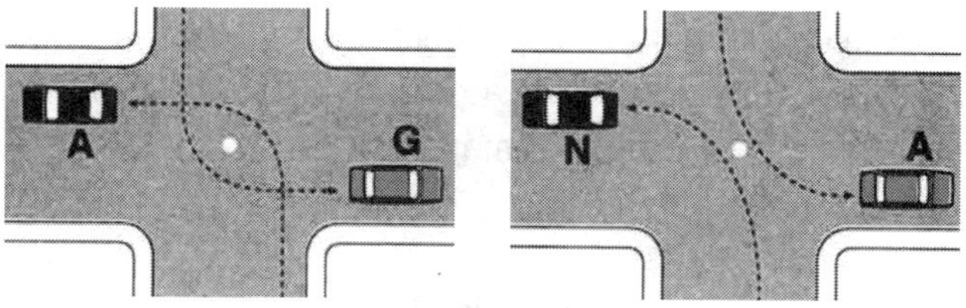

Nella figura a destra, i veicoli A e N svoltano correttamente; nella figura a sinistra, i veicoli A e G non rispettano la regola

Cambiare direzione o corsia significa andare a occupare spazi che potrebbero essere interessati nello stesso momento dalle traiettorie di altri veicoli. In questo caso, la collisione sarebbe inevitabile. Per evitare questo evento pericoloso è necessario:
- segnalare tempestivamente l'intenzione di effettuare la manovra;
- dare la precedenza a chi già occupa gli spazi che si vogliono andare a occupare.

Queste sono le due regole base per effettuare le manovre in sicurezza, tenendo presente che i cambiamenti di direzione o di corsia sono le manovre che generano il maggior numero di incidenti. Non a caso, è previsto l'obbligo di "segnalare tempestivamente l'intenzione" di effettuare il cambiamento. Questo obbligo deve diventare un automatismo, per fare in modo che il passaggio sia sempre preceduto da una segnalazione tempestiva, che permetta agli altri conducenti di rendersene conto e di adeguare la guida per evitare collisioni. Alcuni cambiamenti di direzione, come la svolta a sinistra, richiedono agli altri conducenti di modificare le loro traiettorie di marcia, e di effettuare il sorpasso sulla destra, che in questo caso è consentito.

I cambiamenti di corsia e la precedenza

I cambiamenti di direzione e di corsia, poiché portano il veicolo a occupare spazi diversi da quelli ipotizzabili dall'ideale prolungamento dell'originaria traiettoria di marcia, comportano l'obbligo di cedere il passo a quei veicoli che già occupano quello spazio. Di conseguenza, ogni volta che si cambia corsia, è necessario, dopo aver segnalato tempestivamente l'intenzione di effettuare tale manovra con gli indicatori di direzione, dare la precedenza a coloro che già impegnano la corsia interessata.

I cambiamenti di direzione e la precedenza

La manovra del cambiamento di direzione, oltre alla preventiva segnalazione, richiede modalità diverse a seconda della natura della strada. La svolta a sinistra per imboccare una strada, va effettuata portandosi al centro della carreggiata e dando la precedenza ai veicoli provenienti dalla opposta direzione di marcia; chi intende svoltare a destra deve tenersi il più possibile vicino al margine destro, senza allargare la traiettoria per effettuare la manovra più agevolmente.
Con l'entrata in vigore del nuovo Codice della Strada, la svolta a sinistra per imboccare un passo privato è possibile con le stesse modalità della svolta alle intersezioni. Con il precedente Codice le procedure erano diverse e ispirate a criteri di maggiore sicurezza poiché, in prossimità o in corrispondenza dei passi privati e delle aree non aperte alla circolazione (distributori di carburanti, aree di sosta ecc.) il sorpasso non era vietato.
Nelle intersezioni tra strade pubbliche vige, invece, il divieto di sorpasso e la manovra di svolta a sinistra è eseguibile dando la precedenza solo ai veicoli provenienti da destra, anche se è buona regola di prudenza, prima di svoltare, controllare sempre la presenza di eventuali veicoli che, nonostante il divieto, stiano sorpassando. Tale precauzione è ancor più importante nelle manovre di svolta a sinistra per imboccare un passo privato, proprio per la possibile contemporanea manovra di sorpasso attuata da altri veicoli.
La cautela nelle svolte e nei cambiamenti di direzione e in quelli di corsia deve essere acquisita come automatismo, il solo che permette sempre una guida sicura, anche quando si è distratti. Nei centri abitati, dove il traffico può essere intenso, i cambiamenti di direzione e di corsia generano molti incidenti e liti. E non bisogna dimenticare che il continuo cambiamento di corsia, quando il traffico procede a rilento, non aiuta a guadagnare tempo, né posizioni. È preferibile mettersi il cuore in pace e procedere in coda ordinatamente e serenamente. L'ingorgo si risolverà prima e non si litigherà con gli altri conducenti.

L'USO DEI DISPOSITIVI ACUSTICI E LIMITAZIONE DEI RUMORI – ARTT. 155 E 156

Durante la circolazione si devono evitare rumori molesti, causati sia dallo stile di guida dei veicoli, sia dal modo in cui è sistemato il carico. Quello che è tecnicamente chiamato dispositivo silenziatore, ma è più noto con i nomi di terminale di scarico o di marmitta, deve essere tenuto in buone condizioni di efficienza e non può essere modificato o sostituito con altri non omologati.
Quando si usano impianti stereo a bordo dei veicoli non si devono superare i limiti sonori stabiliti dal regolamento, che peraltro fissa anche un tetto all'intensità sonora dei dispositivi antifurto.
Fuori dai centri abitati, l'uso del dispositivo di segnalazione acustica, il clacson, è consentito se le condizioni ambientali o del traffico lo richiedano per evitare incidenti. Il segnale acustico può essere sostituito da segnali luminosi a breve intermittenza usando i proiettori di profondità, nelle situazioni in cui ciò non sia vietato. Nei centri abitati le segnalazioni acustiche sono sempre vietate, con la sola esclusione dei casi di effettivo e immediato pericolo. Nelle ore notturne, al posto delle segnalazioni acustiche, è consentito l'uso dei proiettori di profondità a breve intermittenza.
Nonostante le norme siano chiare, è piuttosto frequente incontrare conducenti che fanno un uso incontrollato del clacson. Chi abusa di questo dispositivo, comunica aggressività, pretende spazi e precedenza, ma avrebbe bisogno di frequentare corsi di educazione civica, prima che di educazione stradale. Accanto al divieto di utilizzare il clacson, se non per motivi eccezionali, si sono aggiunte con il tempo le norme contro l'inquinamento acustico, conseguenza diretta dell'incremento di veicoli in circolazione sulle strade.
La fluidità e la sicurezza del traffico, specialmente nei grandi centri urbani, dipendono in primo luogo dagli stili di guida, dalla prudenza, senza dimenticare il contenimento dei rumori molesti. La moderazione nell'uso dei dispositivi acustici e il contenimento della rumorosità dei veicoli fanno parte delle norme base della guida ecocompatibile a misura di città.
Tuttavia è fondamentale moderare anche l'uso dell'acceleratore, dato che una guida orientata alla sobrietà produce non solo sicurezza ma anche una tutela ambientale che ha effetti diretti sui costi di gestione dell'auto. Perché sono sufficienti pochi accorgimenti per ottenere risparmi importanti, nell'ordine del 20%, sui consumi di carburante e di conseguenza sulle emissioni di gas nocivi. Con uno stile di guida attento si possono raggiungere, senza sforzo, risultati eccellenti, senza dimenticare che al contrario è sufficiente viaggiare con le gomme non gonfiate correttamente per vanificare ogni risultato positivo.

L'ARRESTO, LA FERMATA E LA SOSTA – ART. 157

*a) per **arresto**, si intende l'interruzione della marcia del veicolo dovuta a esigenze della circolazione;*

b) per ***fermata****, si intende la temporanea sospensione della marcia anche se in area ove non sia ammessa la sosta, per consentire la salita o la discesa delle persone, o per altre esigenze di brevissima durata. Durante la fermata, che non deve comunque arrecare intralcio alla circolazione, il conducente deve essere presente e pronto a riprendere la marcia;*

c) per ***sosta****, si intende la sospensione della marcia del veicolo protratta nel tempo, con possibilità di allontanamento da parte del conducente;*

d) per ***sosta di emergenza****, si intende l'interruzione della marcia nel caso in cui il veicolo sia inutilizzabile per avaria o debba arrestarsi per malessere fisico del conducente o di un passeggero.*

2. Salvo diversa segnalazione, in caso di fermata o di sosta il veicolo deve essere collocato il più vicino possibile al margine destro della carreggiata, parallelamente a esso e secondo il senso di marcia. Qualora non esista marciapiede rialzato deve essere lasciato uno spazio sufficiente per il transito dei pedoni comunque non inferiore a un metro. Durante la sosta il veicolo deve avere il motore spento.

3. Fuori dei centri abitati, i veicoli in sosta o in fermata devono essere collocati fuori della carreggiata, ma non sulle piste per velocipedi né, salvo che non sia appositamente segnalato, sulle banchine. In caso di impossibilità, la fermata e la sosta devono essere effettuate il più vicino possibile al margine destro della carreggiata, parallelamente a esso e secondo il senso di marcia. Sulle carreggiate delle strade con precedenza la sosta è vietata.

4. Nelle strade urbane a senso unico di marcia la sosta è consentita anche lungo il margine sinistro della carreggiata, purché rimanga spazio sufficiente al transito almeno di una fila di veicoli e comunque non inferiore a tre metri di larghezza.

5. Nelle zone di sosta all'uopo predisposte i veicoli devono essere collocati nel modo prescritto dalla segnaletica.

La circolazione stradale comprende il movimento, ma anche le fermate e le soste, oltre alle interruzioni della marcia determinate dal rispetto delle regole. Queste manovre sono analiticamente disciplinate sia nella possibilità di realizzarle, sia nelle modalità.

L'interruzione momentanea della marcia è sempre consentita, purché sia effettuata lungo il margine destro della strada e non costituisca pericolo o intralcio. La fermata è un'interruzione temporanea della marcia, che di norma è finalizzata alla salita o discesa dei passeggeri o per altre esigenze di breve durata. Con le dovute cautele, è consentita anche dove la sosta è vietata. Anche le interruzioni momentanee della marcia devono essere effettuate nei punti in cui la fermata non rappresenta un intralcio alla circolazione, nel rispetto della sicurezza stradale. Durante la fermata il conducente deve conservare il controllo del veicolo, pronto a riprendere la marcia qualora sia necessario.

A volte la causa primaria di un incidente, con conseguenze gravi alle persone, è l'apertura della portiera verso la parte centrale della strada, senza avere prima controllato che non sopraggiungano altri veicoli. In proposito una norma del Codice della Strada (Art. 157, comma 7) recita: "È fatto divieto a chiunque di aprire le porte di un veicolo, di discendere dallo stesso, nonché di lasciare aperte le porte, senza essersi assicurato che ciò non costituisca pericolo o intralcio per gli altri utenti della strada".

Nei grandi centri abitati popolati da veicoli a due ruote con e senza motore, l'apertura delle portiere verso sinistra costituisce un pericolo costante per gli utenti meno protetti che circolano sulle strade. Serve quindi un'attenzione educativa, per acquisire quegli automatismi idonei a prevenire situazioni di rischio gravi, guardando attentamente che la strada sia libera quando si apre la porta.

Quando si viaggia in autostrada bisogna tenere presente che la corsia di emergenza può essere utilizzata solo in situazioni eccezionali e le fermate devono essere effettuate solo nelle apposite piazzole. Occupare la corsia di emergenza è sempre pericoloso perché si corre il rischio di essere investiti da veicoli in movimento. Nell'ipotesi di doversi fermare per un'emergenza, la sosta deve essere effettuata nel rispetto delle condizioni di sicurezza che consentano di prevenire gli effetti di eventuali errori di chi guida altri veicoli, e solo per il tempo strettamente necessario.

A differenza della fermata, la sosta è l'interruzione della marcia protratta nel tempo, con possibilità del conducente di allontanarsi dal veicolo. Quella di emergenza è l'interruzione della marcia che deriva da guasto del veicolo o da una malore del conducente o delle persone trasportate. Proprio perché il conducente si allontana dal veicolo, durante la sosta è obbligatorio adottare tutte le misure che possano impedire situazioni di pericolo. Fuori dai centri abitati il veicolo deve essere parcheggiato fuori della carreggiata; nei centri abitati deve essere collocato lungo il margine destro, in senso parallelo. Sulle carreggiate delle strade con precedenza la sosta è sempre vietata. Sulle strade urbane a senso unico di marcia, in assenza di segnaletica di divieto, la sosta è consentita anche sul lato sinistro, purché resti uno spazio libero per il transito dei veicoli, comunque non inferiore ai tre metri. Queste regole generali valgono in mancanza di segnaletica specifica, che disciplini la sosta e le sue modalità. La sosta nei grandi centri abitati è regolata in ogni spazio e costituisce un motivo di dibattito continuo, per gli oneri sempre crescenti che gravano sugli automobilisti e per i "rimedi" che si vogliono introdurre, al fine di recuperare viabilità e vivibilità

delle aree, sempre più minacciate dalla presenza di veicoli. Su questi temi si può fare molto con progetti di educazione alla civile convivenza, al rispetto di regole comuni, senza un intervento esterno sotto forma si sanzioni. Tra queste regole comuni sicuramente troviamo quelle del rispetto della destinazione degli spazi, quindi anche l'obbligo di portare i veicoli non più idonei all'uso ai centri di raccolta, migliorando il decoro dei luoghi pubblici e tutelando l'ambiente. La carenza di spazi e la cattiva educazione sono un'accoppiata pericolosa, che può spingere a utilizzare i marciapiedi per la sosta, rendendo difficile il passaggio dei pedoni e delle persone disabili, violando ogni regola di comportamento, oltre a quelle indicate dalla segnaletica verticale e orizzontale.
Una particolare attenzione deve essere dedicata al rispetto degli spazi riservati alle persone affette da handicap, che si muovono con difficoltà e necessitano di quegli spazi. Occuparli abusivamente è un segno di inciviltà che il Codice punisce con una sanzione amministrativa e con la decurtazione di punti sulla patente. Troppo poco per la gravità del gesto.

I DIVIETI DI FERMATA E SOSTA - ART. 158

Le disposizioni dell'Articolo completano la disciplina della fermata e della sosta contenuta nell'Art. 157.

1. La fermata e la sosta sono vietate:
   a) in corrispondenza o in prossimità dei passaggi a livello e sui binari di linee ferroviarie o tranviarie o così vicino a essi da intralciare la marcia;
   b) nelle gallerie, nei sottovia, sotto i sovrapassaggi, sotto i fornici e i portici, salvo diversa segnalazione;
   c) sui dossi e nelle curve e, fuori dei centri abitati e sulle strade urbane di scorrimento, anche in loro prossimità;
   d) in prossimità e in corrispondenza di segnali stradali verticali e semaforici in modo da occultarne la vista, nonché in corrispondenza dei segnali orizzontali di preselezione e lungo le corsie di canalizzazione;
   e) fuori dei centri abitati, sulla corrispondenza e in prossimità delle aree di intersezione;
   f) nei centri abitati, sulla corrispondenza delle aree di intersezione e in prossimità delle stesse a meno di 5 metri dal prolungamento del bordo più vicino della carreggiata trasversale, salvo diversa segnalazione;
   g) sui passaggi e attraversamenti pedonali e sui passaggi per ciclisti, nonché sulle piste ciclabili e agli sbocchi delle medesime;
   h) sui marciapiedi, salvo diversa segnalazione.
2. *La sosta di un veicolo è inoltre vietata:*
   a) allo sbocco dei passi carrabili;
   b) dovunque venga impedito di accedere a un altro veicolo regolarmente in sosta, oppure lo spostamento di veicoli in sosta;
   c) in seconda fila, salvo che si tratti di veicoli a due ruote;
   d) negli spazi riservati allo stazionamento e alla fermata degli autobus, dei filobus e dei veicoli circolanti su rotaia e, ove questi non siano delimitati, a una distanza dal segnale di fermata inferiore a 15 m, nonché negli spazi riservati allo stazionamento dei veicoli in servizio di piazza;
   e) sulle aree destinate al mercato e ai veicoli per il carico e lo scarico di cose, nelle ore stabilite;
   f) sulle banchine, salvo diversa segnalazione;
   g) negli spazi riservati alla fermata o alla sosta dei veicoli per persone invalide di cui all'art. 188 e in corrispondenza degli scivoli o dei raccordi tra i marciapiedi, rampe o corridoi di transito e la carreggiata utilizzati dagli stessi veicoli;
   h) nelle corsie o carreggiate riservate ai mezzi pubblici;
   i) nelle aree pedonali urbane;
   l) nelle zone a traffico limitato per i veicoli non autorizzati;
   m) negli spazi asserviti a impianti o attrezzature destinate a servizi di emergenza o di igiene pubblica indicati dalla apposita segnaletica;
   n) davanti ai cassonetti dei rifiuti urbani o contenitori analoghi;
   o) limitatamente alle ore di esercizio, in corrispondenza dei distributori di carburante ubicati sulla sede stradale e in loro prossimità sino a 5 m prima e dopo le installazioni destinate all'erogazione.
3. *Nei centri abitati è vietata la sosta dei rimorchi quando siano staccati dal veicolo trainante, salvo diversa segnalazione.*
4. *Durante la sosta e la fermata il conducente deve adottare le opportune cautele atte a evitare incidenti ed impedire l'uso del veicolo senza il suo consenso.*
7. *Le sanzioni di cui al presente Articolo si applicano per ciascun giorno di calendario per il quale si protrae la violazione.*

Durante la sosta e la fermata il conducente deve adottare le cautele atte a:
- evitare incidenti;
- evitare che qualcuno possa usare il veicolo arbitrariamente.

Questi due obblighi si intendono assolti quando il veicolo in sosta o in fermata è lasciato con il freno di stazionamento inserito e funzionante (senza dimenticare che questa pratica può rivelarsi pericolosa in caso l'auto sia parcheggiata la notte con temperature rigide, poiché il sistema può bloccarsi per effetto del gelo). Se si allontana dall'auto, una norma prevede che il conducente sia tenuto a spegnere il motore, disinserire il sistema di avviamento e chiudere le portiere: l'uso arbitrario, infatti, può essere impedito solo con la chiusura del veico-

lo e con l'asportazione dallo stesso della chiave o di ogni altro sistema che renda possibile l'avviamento del motore.
Il sistema sanzionatorio è completato da una norma (Art. 159) che prevede la rimozione o il blocco dell'auto, come misure accessorie che accompagnano le sanzioni pecuniarie. Questa norma è dedicata alla rimozione e al blocco dei veicoli in sosta irregolare. Il provvedimento di rimozione coatta si realizza con il recupero del veicolo da parte di un soggetto autorizzato, e invitato sul luogo dagli operatori di polizia che abbiano accertato l'infrazione e verbalizzato l'applicazione della sanzione. Il titolare del veicolo potrà ritornarne in possesso solo dopo il pagamento delle spese di rimozione. Anche il blocco del veicolo con dispositivi omologati (i ceppi) è una sanzione accessoria che segue quella pecuniaria della sosta irregolare. La rimozione del dispositivo di blocco è disposta dal comando di polizia che lo ha effettuato, dopo il pagamento delle spese.

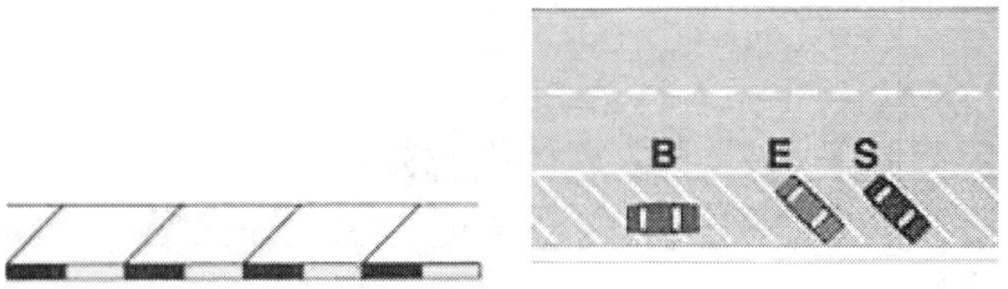

La segnaletica orizzontale adottata per indicare o integrare la disciplina della sosta o del parcheggio: sosta vietata (a sinistra); delimitazione degli stalli di sosta (a destra). L'autovettura B è in sosta irregolare in quanto, pur trovandosi nell'area destinata al parcheggio, occupa irregolarmente gli stalli disegnati a tale scopo.

L'INGOMBRO DELLA CARREGGIATA E L'OBBLIGO DI SEGNALAZIONE - ARTT. 161 E 162

Nel caso di ingombro della carreggiata, per avaria del veicolo, caduta del carico, incidente o per qualsiasi altra causa, è necessario e urgente provvedere a:
- rimuovere gli ostacoli;
- rendere libero e sicuro il transito dei veicoli.

Anche in caso di incidente con soli danni a cose, contrariamente alle pratiche comuni, i veicoli devono essere rimossi dai rispettivi conducenti, per evitare ogni intralcio o pericolo alla circolazione. Solo nel caso in cui i veicoli non possano essere rimossi perché non marcianti, i conducenti devono segnalare la situazione con il dispositivo che deve essere presente in ogni veicolo (il triangolo) e attivare le richieste di soccorso. L'obbligo di rimuovere i veicoli è previsto espressamente dall'Art. 189 del Codice della Strada.
L'installazione del segnale del pericolo deve essere effettuata ad almeno 50 metri dal punto dell'incidente ed essere pienamente visibile ad almeno 100 metri dai veicoli che sopraggiungono. Le operazioni di presegnalazione devono essere effettuate indossando il gilet obbligatorio di equipaggiamento retroriflettente. Queste cautele sono necessarie per prevenire il rischio di essere investiti, eventualità che richiede ogni forma di precauzione se ci si ferma sulle corsie di scorrimento, soprattutto in autostrada, sulle strade extra urbane, nelle ore notturne, in condizioni di ridotta visibilità, nelle gallerie, sui ponti e in ogni altra circostanza a rischio.
La presenza di persone ferme sulle corsie non rappresenta un evento prevedibile, pertanto quando si verifica, genera situazioni di alto rischio.

L'INTERRUZIONE DI CONVOGLI E CORTEI - ART. 163

Durante la circolazione è possibile incontrare cortei composti da più veicoli che marciano incolonnati. In tali occasioni, che si tratti di convogli militari, delle forze di polizia, di soccorso, oppure di cortei di altra natura, bisogna evitare di inserirsi tra i veicoli che ne fanno parte. Questo divieto è imposto da una norma che trova giustificazione nella necessità di prevenire situazioni di pericolo che si determinano a ogni inserimento nella colonna. Una condizione che, determinando necessariamente variazioni di velocità, può portare a tamponamenti a catena.

LA SISTEMAZIONE DEL CARICO E DEI TRASPORTATI - ARTT. 164 E 169

Anche sulle autovetture – veicoli destinati al trasporto di persone – possono essere trasportate delle cose, limitatamente alle esigenze delle persone che viaggiano. Il trasporto professionale di cose è invece riservato agli autocarri. Su questi ultimi, il carico di cose trasportato deve essere sistemato in modo da:
- garantire la libertà di movimenti al conducente;
- non ridurre la visibilità;
- non compromettere la stabilità;
- non occultare i dispositivi di illuminazione e visivi, né le targhe.

Inoltre devono essere rispettati i limiti dimensionali e quelli relativi alle sporgenze consentite rispetto alla sagoma del veicolo. Le sporgenze longitudinali anteriori non sono possibili, mentre quelle posteriori devono essere contenute entro il limite dei tre decimi rispetto alla lunghezza del veicolo. Nel caso di sporgenze, devono essere attuate tutte le cautele necessarie a evitare cadute del carico e rispettate tutte le segnalazioni con i pannelli prescritti.
Sulle autovetture il numero dei passeggeri non deve superare quello indicato sulla carta di circolazione. Le persone devono essere sistemate in modo da evitare di condiziona-

re negativamente la libertà di movimento del conducente. Inoltre, se sono trasportati animali da compagnia, devono essere rispettate le seguenti prescrizioni:
- gli animali devono essere custoditi in apposite gabbie oppure sistemati nel vano posteriore al posto di guida;
- il conducente non può essere condizionato negativamente nelle manovre necessarie alla guida.

LA GUIDA DEI VEICOLI A MOTORE A DUE RUOTE - ART. 170

La guida dei veicoli a motore a due ruote, motocicli o ciclomotori, rispetto a quella degli autoveicoli a quattro ruote, ha delle particolarità dovute alle diverse caratteristiche costruttive e funzionali.
I veicoli a due ruote sono estremamente maneggevoli, hanno dimensioni ridotte e si prestano a manovre impossibili per le autovetture. Questa particolarità è però accompagnata dalla mancanza di equilibrio statico.
I veicoli a due ruote mantengono l'equilibrio quando sono in movimento, poiché è un equilibrio dinamico, soggetto a cadute, nel caso di errori del conducente, collisioni anche non gravi, e irregolarità dell'asfalto, che possono determinare perdite di aderenza o di stabilità. Il Codice dedica una norma (Art. 170) alle prescrizioni da osservare.
Secondo queste prescrizioni, i conducenti di motocicli o di ciclomotori devono:
- avere libero l'uso delle braccia e delle gambe;
- stare seduti in posizione corretta;
- reggere il manubrio con le due mani;
- non procedere mai con la ruota anteriore sollevata.

Sui veicoli a due ruote il trasporto di persone è subordinato alle caratteristiche che sono riportate sulla carta di circolazione. Anche i passeggeri devono essere sistemati in maniera corretta, secondo le caratteristiche strutturali. Non è possibile trasportare passeggeri di età inferiore a 5 anni. Gli eventuali oggetti trasportati devono essere ancorati stabilmente al veicolo e non sporgere, longitudinalmente o lateralmente, rispetto all'asse del veicolo, di oltre 50 centimetri. È assolutamente vietato trainare e farsi trainare. In caso di violazione, oltre alle sanzioni pecuniarie, per le infrazioni più gravi è previsto il fermo amministrativo del veicolo.

L'USO DEL CASCO - ART. 171

Il conducente e i trasportati sui veicoli a due ruote hanno l'obbligo di indossare il casco protettivo, omologato e perfettamente allacciato. Questa prescrizione deve essere osservata con scrupolosa attenzione, perché finalizzata a tutelare l'integrità fisica delle persone. Nel caso di collisione con un altro veicolo o di perdita di equilibrio, il conducente e il trasportato di un motociclo o di un ciclomotore sono esposti a subire traumi, più o meno gravi, a seconda delle velocità e di altri fattori. In questi casi la testa è una tra le parti più delicate da tutelare. Eventuali lesioni spesso portano a conseguenze irrimediabili, per questo motivo l'obbligo di indossare il casco non ha eccezioni. È stato scelto come strumento di protezione e prevenzione dopo un'attenta analisi degli esiti dei sinistri, che aveva evidenziato alti livelli di gravità anche a seguito di urti di piccola entità e a bassa velocità. La prescrizione deve essere perciò rispettata non per evitare una sanzione amministrativa, che nel caso sarebbe accompagnata anche dal fermo amministrativo del veicolo, ma perché costituisce una misura indispensabile alla salvaguardia dell'incolumità del conducente e dell'eventuale passeggero.

L'USO DELLE CINTURE DI SICUREZZA E DEI SISTEMI DI RITENUTA - ART. 172

L'uso delle cinture di sicurezza è stato inserito tra gli obblighi del conducente e dei trasportati delle autovetture e, recentemente anche degli autobus, come misura necessaria a evitare lesioni gravi a seguito di una collisione. In caso di sinistro, infatti, le persone a bordo di una autovettura sono proiettate contro le pareti e si trovano in una condizione simile a quella di vasi di coccio, sbattuti contro pareti di metallo. Esperimenti realizzati con simulatori hanno mostrato che l'unica difesa possibile è quella di restare ancorati al sedile, in una posizione corretta. Per fare in modo che la prevenzione sia efficace, è necessario utilizzare le cinture anche quando si effettuano brevi spostamenti ed è in particolare fondamentale assicurare i bambini a seggiolini omologati in base al loro peso. Alla luce di tali necessità, la norma prevede che il conducente e i passeggeri dei veicoli delle categorie Le6, dotati di carrozzeria chiusa (minicar), M1 (veicoli destinati al trasporto di persone, che prevedono fino a otto posti a sedere oltre al sedile del conducente), N1 (veicoli destinati al trasporto di merci, con massa massima non superiore a 3,5 t), N2 (veicoli destinati al trasporto di merci, con massa massima superiore a 3,5 t e fino a 12 t) e N3 (veicoli destinati al trasporto di merci e una massa massima superiore a 12 t), muniti di cinture di sicurezza, abbiano l'obbligo di utilizzarle in qualsiasi situazione di marcia.
I bambini di statura inferiore a 1,50 m devono essere assicurati al sedile con un apposito sistema di ritenuta, adeguato al loro peso, di tipo omologato secondo le normative stabilite dal Ministero delle Infrastrutture e dei Trasporti, conforme

ai regolamenti della Commissione economica per l'Europa delle Nazioni Unite o alle equivalenti direttive comunitarie. Il conducente del veicolo è tenuto ad assicurarsi della efficienza dei dispositivi di protezione e di ritenuta. Sui veicoli delle categorie M1, N1, N2 e N3, sprovvisti di sistemi di ritenuta:

- i bambini di età fino a tre anni non possono viaggiare;
- i bambini di età superiore ai tre anni possono occupare un sedile anteriore solo se la loro statura supera 1,50 m;
- i bambini di statura inferiore a m 1,50, quando viaggiano sugli autoveicoli adibiti al trasporto di persone in servizio pubblico di piazza (taxi) o sugli autoveicoli adibiti al noleggio con conducente, possono non essere assicurati al sedile con un sistema di ritenuta, a condizione che non occupino un sedile anteriore e siano accompagnati da almeno un passeggero di età non inferiore a 16 anni;
- i bambini non possono essere trasportati utilizzando un seggiolino di sicurezza rivolto all'indietro su un sedile passeggeri protetto da airbag frontale, a meno che l'airbag non sia disattivato, anche in modalità automatica.

Tutti gli occupanti dei veicoli delle categorie M2 e M3 (autobus) di età inferiore a tre anni, quando sono seduti devono far uso dei sistemi di sicurezza di cui i veicoli sono provvisti.

I passeggeri dei veicoli delle categorie M2 e M3 (autobus) devono essere informati dell'obbligo di utilizzare le cinture di sicurezza, quando sono seduti e il veicolo è in movimento, mediante cartelli o pittogrammi, conformi al modello riportato nell'allegato alla direttiva 2003/20/CE, che devono essere posizionati in modo ben visibile su ogni sedile. Inoltre, l'informazione può essere fornita dal conducente, dal bigliettaio, dalla persona designata come capogruppo o mediante sistemi audiovisivi.

Sono esentati dall'obbligo di uso delle cinture di sicurezza e dei sistemi di ritenuta per bambini:

a) gli appartenenti alle forze di polizia e ai corpi di polizia municipale e provinciale nell'espletamento di un servizio di emergenza;
b) i conducenti e gli addetti dei veicoli del servizio antincendio e sanitario in caso di intervento di emergenza;
c) gli appartenenti ai servizi di vigilanza privati regolarmente riconosciuti che effettuano scorte;
d) gli istruttori di guida quando esplicano le funzioni previste dall'Art. 122, comma 2;
e) le persone che risultino, sulla base di certificazione rilasciata dalla unità sanitaria locale o dalle competenti autorità di altro Stato membro della Comunità europea, affette da patologie particolari o che presentino condizioni fisiche che costituiscono controindicazione specifica all'uso dei dispositivi di ritenuta. Tale certificazione deve indicare la durata di validità, deve recare il simbolo previsto nell'Art. 5 della direttiva 91/671/CEE e deve essere esibita su richiesta degli organi di polizia stradale;
f) le donne in stato di gravidanza, munite di certificazione rilasciata dal ginecologo curante, che comprovi condizioni di rischio particolare, conseguente all'uso delle cinture di sicurezza;
g) i passeggeri dei veicoli M2 e M3 (autobus) autorizzati al trasporto di passeggeri in piedi, adibiti al trasporto locale e che circolano in zona urbana;
h) gli appartenenti alle Forze Armate nell'espletamento di attività istituzionali nelle situazioni di emergenza.

In caso di violazione, alla seconda infrazione nel biennio è prevista la sospensione della patente di guida.

L'USO DI LENTI O DI DETERMINATI APPARECCHI DURANTE LA GUIDA – ART. 173

1. *Il titolare di patente di guida e del certificato di idoneità tecnica per debitore, al quale in sede di rilascio o rinnovo della patente stessa sia stato prescritto di integrare le proprie deficienze organiche e minorazioni anatomiche o funzionali per mezzo di lenti o di determinati apparecchi, ha l'obbligo di usarli durante la guida.*
2. *È vietato al conducente di far uso durante la marcia di apparecchi radiotelefonici ovvero di usare cuffie sonore, fatta eccezione per i conducenti dei veicoli delle Forze Armate e dei Corpi di cui all'art. 138, comma 11 e di polizia nonché per i conducenti dei veicoli adibiti ai servizi delle strade, delle autostrade e al trasporto di persone in conto terzi.*

È consentito l'uso di apparecchi a viva voce o dotati di auricolari purché il conducente abbia adeguate capacità uditive a entrambe le orecchie, che non richiedono per il loro funzionamento l'uso delle mani.

All'atto del conseguimento della patente, o della convalida, è possibile che al titolare sia prescritto di integrare eventuali menomazioni della vista con lenti, o di altri organi con specifici apparecchi, e di farne uso durante la guida. Tali integrazioni svolgono un ruolo importante ai fini della sicurezza stradale e il mancato utilizzo, in caso di incidente, determina la mancata copertura assicurativa per aver guidato con fattori di rischio maggiori di quelli concordati in sede di stipula del contratto assicurativo.

La disciplina originaria è stata rivista con l'introduzione dei Codici unionali, che sono riportati sulla patente e che indicano gli adattamenti del veicolo e/o gli apparecchi che il conducente deve usare nella guida, per correggere o integrare menomazioni anatomiche o funzionali. Nel caso di violazioni le sanzioni sono indicate dall'Art. 125 del Codice.

Oltre all'obbligo di utilizzare apparecchi integratori, prescritti al momento del rilascio della patente, è previsto il divieto di fare uso durante la marcia di cuffie sonore e di apparecchi radiotelefonici, con l'esclusione dei conducenti dei veicoli delle Forze Armate, delle forze di polizia e dei veicoli adibiti a trasporto di persone in conto terzi (taxi, noleggio, servizi linea – Art. 82). In caso di violazione, oltre alla sanzione pecuniaria, alla seconda infrazione nel biennio è prevista la sospensione della patente.

CONDIZIONI E LIMITAZIONI DELLA CIRCOLAZIONE SULLE AUTOSTRADE E SULLE STRADE EXTRAURBANE PRINCIPALI - ART. 175

Le autostrade e le strade extraurbane principali costituiscono le strutture fondamentali per la mobilità sul nostro territorio. Qui i volumi di traffico sono enormi e si raggiungono velocità medie di molto superiori a quelle di altre strade. Per queste caratteristiche costruttive e funzionali sono state aggiunte norme integrative speciali, che ogni conducente deve osservare.

(...)

2. *Sulle autostrade e sulle strade extraurbane principali aventi caratteristiche autostradali, debitamente classificate e segnalate, è vietata la circolazione di:*
   a) velocipedi, ciclomotori, motocicli di cilindrata inferiore a 150 centimetri cubici se a motore termico e motocarrozzette di cilindrata inferiore a 250 centimetri cubici se a motore termico;
   b) altri veicoli di massa a vuoto fino a 400 kg o di massa complessiva fino a 1330 kg;
   c) veicoli non muniti di pneumatici;
   d) macchine agricole, macchine operatrici o carrelli (le macchine operatrici gru possono circolare sulle strade extraurbane principali);
   e) veicoli con carico disordinato e non solidamente assicurato o sporgente oltre i limiti consentiti;
   f) veicoli a tenuta non stagna e con carico scoperto, se trasportano materie suscettibili di dispersione;
   g) veicoli il cui carico o dimensioni superino i limiti previsti dagli articoli 61 e 62, a eccezione dei casi previsti dall'Articolo 10;
   h) veicoli le cui condizioni di uso, equipaggiamento e gommatura possono costituire pericolo per la circolazione;
   i) veicoli con carico non opportunamente sistemato e fissato;
   l) sulle stesse arterie sono vietate le seguenti manovre e attività:
   - trainare veicoli che non siano rimorchi;
   - richiedere o concedere passaggi;
   - svolgere attività commerciali o di propaganda sotto qualsiasi forma; esse sono consentite nelle aree di servizio o di parcheggio se autorizzate dall'ente proprietario;
   - campeggiare, salvo che nelle aree all'uopo destinate e per il periodo stabilito dall'ente proprietario o concessionario.

(...)

6. *È vietata la circolazione di pedoni e animali, eccezione fatta per le aree di servizio e le aree di sosta. In tali aree gli animali possono circolare solo se debitamente custoditi. Lungo le corsie di emergenza è consentito il transito dei pedoni solo per raggiungere i punti per le richieste di soccorso.*

(...)

9. *Nelle aree di servizio e di parcheggio nonché in ogni altra pertinenza autostradale è vietato lasciare in sosta il veicolo per un tempo superiore alle ventiquattro ore, a eccezione che nei parcheggi riservati agli alberghi esistenti nell'ambito autostradale o in altre aree analogamente attrezzate.*

La normativa è completata dall'Art. 176, dedicato alla disciplina delle manovre, che ordinariamente la circolazione su queste arterie comporta:

1. *Sulle carreggiate, sulle rampe e sugli svincoli delle autostrade e delle strade extraurbane principali debitamente classificate e segnalate è vietato:*
   a) invertire il senso di marcia e attraversare lo spartitraffico, anche all'altezza dei varchi, nonché percorrere la carreggiata o parte di essa nel senso di marcia opposto a quello consentito;
   b) effettuare la retromarcia, anche sulle corsie per la sosta di emergenza, fatta eccezione per le manovre necessarie nelle aree di servizio o di parcheggio;
   c) circolare sulle corsie per la sosta di emergenza se non per arrestarsi o riprendere la marcia;
   d) circolare sulle corsie di variazione di velocità se non per entrare o uscire dalla carreggiata.
2. *Sulle stesse arterie è fatto obbligo:*
   a) di impegnare la corsia di accelerazione per immettersi sulla corsia di marcia, nonché di dare la precedenza ai veicoli in circolazione su quest'ultima corsia;
   b) di impegnare tempestivamente, per uscire dalla carreggiata, la corsia di destra, immettendosi quindi nell'apposita corsia di decelerazione sin dal suo inizio;
   c) di segnalare tempestivamente nei modi indicati nell'Articolo 154 il cambiamento di corsia.
3. *In caso di arresto della circolazione per ingorghi o per altra causa i conducenti che occupano la prima corsia*

di destra, qualora quella di emergenza manchi o non sia sufficiente per la circolazione dei mezzi di soccorso, devono disporsi il più vicino possibile alla striscia di sinistra che delimita la corsia.

Quest'ultima previsione, spesso non rispettata perché non conosciuta dalla maggior parte degli automobilisti, è finalizzata ad agevolare i mezzi di soccorso, che procedono sempre nel senso di marcia della carreggiata. Per le stesse ragioni, non deve mai essere occupata la corsia di emergenza, che deve rimanere sempre libera, per consentire il transito dei veicoli autorizzati. Ancora più grave è il comportamento di chi, in caso di blocco del traffico, supera la fila portandosi nella corsia di emergenza. Questa manovra evidenzia mancanza di educazione e di senso civico. La fermata e la sosta su queste porzioni di carreggiata, fuori dalle apposite aree, sono consentite solo in situazioni di emergenza e con l'obbligo di portare il veicolo al più presto fuori dagli spazi riservati allo scorrimento. In caso di sosta o di fermata, che non devono mai superare le tre ore, pena la rimozione coatta, deve essere assicurata la segnalazione del veicolo fermo mediante azionamento dei dispositivi di segnalazione. Se il veicolo è fermo sulle corsie deve essere segnalato posizionando ad almeno 100 metri il segnale mobile triangolare di pericolo. Lo stesso obbligo ricorre quando il veicolo è fermo sulle banchine di emergenza di notte o in condizioni di ridotta visibilità, quando le luci di posizione risultano insufficienti. Sulle autostrade a tre o più corsie, salvo diversa specifica segnalazione, i veicoli di massa complessiva superiore a 5 t o di lunghezza totale superiore a 7 m possono impegnare solo le prime due corsie di destra.

I veicoli in servizio di polizia stradale o di soccorso possono effettuare le manovre di inversione del senso di marcia, traino di veicoli e retromarcia purché siano usate le dovute cautele e siano in funzione i dispositivi lampeggianti di cui sono dotati.

Per quanto riguarda le sanzioni, è da evidenziare la sanzione accessoria del fermo amministrativo prevista per la circolazione di veicoli che non hanno rispettato la scadenza della revisione periodica (comma 18) e le rilevanti sanzioni accessorie della sospensione della patente per l'inosservanza dei divieti di circolazione sulle corsie di emergenza e su quelle di variazione di velocità, oltre alla revoca per le ipotesi di attraversamento dello spartitraffico e dell'inversione di marcia.

La circolazione sulle autostrade e sulle strade extraurbane principali richiede una particolare attenzione al rispetto delle regole, specialmente per quanto riguarda le manovre di:

- immissione sulle corsie di scorrimento;
- cambiamento di corsia;
- sorpasso;
- fermata e sosta;
- scelta della corsia libera da percorrere;
- impegno della corsia di decelerazione e di uscita.

Una attenzione particolare, al fine di evitare incidenti, è richiesta dalle caratteristiche di queste arterie, sulle quali le velocità medie sono elevate e i volumi di traffico sempre intensi. Queste due condizioni richiedono una guida professionale, con un totale rispetto degli spazi dedicati e con il rispetto delle regole contenute nelle due normative dedicate. In particolare:

- l'immissione sulle corsie di scorrimento deve avvenire nel punto finale della corsia di accelerazione, dopo aver ceduto la precedenza ai veicoli che sopraggiungono. Non può essere anticipata, né protratta, percorrendo per un tratto la corsia di emergenza, che è la naturale continuazione di quella di accelerazione;
- i cambiamenti di corsia devono essere effettuati con la massima prudenza, dopo essersi accertati che non siano in arrivo altri veicoli su quella che si vuole impegnare. Inoltre, la prima regola di sicurezza è quella di cambiare corsia il meno possibile, e solo per ragioni valide. Non è consentito, ed è estremamente pericoloso, marciare a cavallo delle strisce che dividono le corsie;
- il sorpasso è una manovra che va fatta sempre a sinistra, dopo avere azionato gli indicatori di direzione prima di cambiare corsia. Il sorpasso a destra, anche se la corsia è libera, è vietato e pericoloso. Se la manovra coincide con il cambio di corsia del veicolo che precede, la collisione può diventare inevitabile;
- le fermate e le soste possono essere effettuate solo negli spazi dedicati, come le piazzole, le aree di parcheggio e quelle di sosta. Sulle corsie di emergenza la fermata è consentita solo per emergenze e solo per il tempo necessario per porvi rimedio. Fermarsi sulla corsia di emergenza è pericoloso, soprattutto in condizioni di scarsa visibilità.

Chi percorre le strade extraurbane e le autostrade ha l'obbligo di impegnare la corsia libera più a destra. Questo principio, importantissimo per la sicurezza, purtroppo non è sempre osservato e molti conducenti procedono sulle corsie centrale o di sorpasso, nonostante quelle a destra siano libere.

Queste cattive abitudini possono indurre chi sopraggiunge e trova la corsia bloccata a effettuare il sorpasso a destra, creando situazioni di pericolo.

Occupare la corsia libera più a destra significa rispettare la legge e guidare in modo saggio.

Le nuove regole imposte dalla normativa europea prevedono l'obbligo di esercitarsi alla guida in autostrada come condizione preliminare per conseguire la patente. Questa pratica è giustificata dal fatto che la guida su queste arterie non può essere improvvisata da un neopatentato, e un periodo di prova con un istruttore a fianco risulta molto utile.

DISPOSITIVI E PRESCRIZIONI PER VEICOLI COMMERCIALI. TEMPI DI GUIDA E LIMITATORE DI VELOCITÀ – ARTT. 174, 178 E 179

I veicoli commerciali, adibiti al trasporto di merci o di viaggiatori, quando superano il peso complessivo di 3,5 t devono essere dotati di un apparecchio, denominato cronotachigrafo, che consente di verificare i tempi di guida e di riposo e le velocità di marcia. A questa disciplina il Codice della Strada dedica tre articoli:
- Art. 179: cronotachigrafo e limitatore di velocità;
- Art. 174: tempi di guida e di riposo per veicoli dotati di cronotachigrafo;
- Art. 178: tempi di guida e di riposo per veicoli non dotati di cronotachigrafo.

Cronotachigrafo – Art. 179

L'apparecchio cronotachigrafo è disciplinato dal Regolamento 165 del 2014 e successive modificazioni. Questo apparecchio ha la funzione di rendere possibile il controllo sulla osservanza delle prescrizioni in tema di normativa sociale nel settore dei trasporti, già oggetto del regolamento 561 del 2006.
Il regolamento si applica ai trasporti stradali effettuati con veicoli di massa massima ammissibile, compresi eventuali rimorchi o semirimorchi, superiore a 3,5 t, adibiti al trasporto di merci e agli autobus, veicoli adibiti al trasporto di passeggeri con più di nove posti, compreso il conducente. Sono esclusi dall'obbligo dell'installazione del cronotachigrafo, analogico o digitale, i seguenti veicoli:
a) veicoli adibiti al trasporto di passeggeri in servizio di linea;
b) veicoli la cui velocità massima autorizzata non supera i 40 km/h;
c) veicoli di proprietà delle Forze Armate, della Protezione Civile, dei vigili del fuoco e delle Forze responsabili dell'ordine pubblico o da questi noleggiati senza conducenti, nel caso in cui il trasporto sia effettuato nell'ambito delle funzioni proprie di questi servizi e sotto la loro responsabilità;
d) veicoli, compresi quelli usati per operazioni di trasporto non commerciale di aiuto umanitario, utilizzati in situazioni di emergenza o in operazioni di salvataggio;
e) veicoli speciali adibiti a usi medici;
f) carri attrezzi specializzati che operano entro un raggio di 100 chilometri dalla propria base operativa;
g) veicoli sottoposti a prove su strada ai fini di miglioramento tecnico, riparazione o manutenzione e veicoli nuovi o trasformati non ancora messi in circolazione;
h) veicoli o combinazioni di veicoli di massa massima ammissibile non superiore a 7,5 t adibiti al trasporto non commerciale di merci;
i) veicoli commerciali che rientrano nella categoria dei veicoli storici a norma della legislazione dello Stato membro dell'Unione Europea, nel quale circolano e sono utilizzati per il trasporto non commerciale di passeggeri e di merci.

Inoltre possono essere esonerati dall'obbligo i veicoli elencati all'Art. 13 del Reg. 561 dopo specifica delega dello Stato di immatricolazione. Tra questi sono compresi: autobus adibiti a scuola guida, veicoli adibiti a servizi di linea nazionali e a servizi regolari internazionali.
Anche i veicoli dei circhi e dei parchi di divertimento, quelli destinati alla raccolta del latte e al trasporto di valori dal 1° gennaio 2008 hanno l'obbligo di installare un cronotachigrafo.
I veicoli immatricolati a partire dal 5 maggio 2006 sono dotati di un apparecchio digitale, previsto dal Regolamento 561 dell'Unione Europea. Questo apparecchio necessita, per il controllo, di una carta tachigrafica che è rilasciata dalla Camera di Commercio. Durante i controlli possono essere verificati:
a) periodi di guida giornalieri, interruzioni di lavoro e periodi di riposo giornalieri, fogli di registrazione dei 28 giorni precedenti, che devono trovarsi a bordo del veicolo, e i dati memorizzati per lo stesso periodo nella carta del conducente e/o nella memoria dell'apparecchio di controllo, per quelli dotati di cronotachigrafo digitale;
b) corretto funzionamento dell'apparecchio di controllo (verifica di eventuali manipolazioni dell'apparecchio e/o della carta del conducente e/o dei fogli di registrazione);
c) eventuale superamento delle velocità consentite.

Questi veicoli commerciali sono oggetto di controllo anche presso le imprese, dove sono verificati:
a) periodo di riposo settimanale e periodi di guida;
b) limitazione bisettimanale del periodo di guida;
c) compensazione per la riduzione dei periodi di riposo giornalieri e settimanali;
d) uso e conservazione dei fogli di registrazione;
e) per i tachigrafi digitali la conservazione dei tabulati prescritti che consentono di verificare i vari punti.

La mancanza del cronotachigrafo, l'inefficienza e l'alterazione sono punite con sanzioni elevate e, nei casi più gravi, anche con la sospensione della patente per il conducente e della carta di circolazione del veicolo.

Limitatore di velocità – Art. 179

Per garantire i necessari livelli di sicurezza stradale, ai veicoli di peso complessivo superiore a 3,5 t è imposta la dotazione di un'apparecchiatura che non consente di superare le velocità massime, previste dall'Art. 142 del Codice della Strada. Nel caso di mancanza del dispositivo, di inefficienza o di alterazione sono previste sanzioni rilevanti, la sospensione della patente per il conducente e della carta di circolazione del veicolo.

Tempi di guida e di riposo per conducenti di autocarri di massa superiore a 3,5 t e di autobus – Art. 174

L'Art. 174 sanziona le violazioni alle prescrizioni della normativa europea dedicata ai tempi di guida e di riposo dei conducenti professionali. Secondo questa normativa europea:

- dopo un periodo di guida di 4 ore e mezza il conducente deve osservare un'interruzione di almeno 45 minuti consecutivi, a meno che non inizi un periodo di riposo. Questa interruzione può essere sostituita da un'interruzione di almeno 15 minuti, seguita da un'interruzione di almeno 30 minuti; le due interruzioni sono intercalate nel periodo di guida in modo da assicurare l'osservanza delle disposizioni di cui al punto uno dell'Articolo;
- il periodo di guida giornaliero non deve superare 9 ore; può essere esteso fino a 10 ore non più di due volte nell'arco della settimana. Il periodo di guida settimanale non deve superare 56 ore. Il periodo di guida complessivamente accumulato in un periodo di due settimane consecutive non deve superare 90 ore;
- periodi di riposo. I conducenti devono rispettare i periodi di riposo giornalieri e settimanali. I conducenti devono avere effettuato un nuovo periodo di riposo giornaliero nell'arco di 24 ore dal termine del precedente periodo di riposo giornaliero o settimanale. Il periodo di riposo giornaliero regolare deve avere una durata ininterrotta di almeno 11 ore ovvero deve essere composto di due periodi, il primo dei quali di almeno 3 ore ininterrotte e il secondo di almeno 9 ore ininterrotte. Per periodo di riposo settimanale si intende ogni pausa di almeno 45 ore;
- la guida oltre i tempi consentiti, il non rispetto dei periodi di interruzione o di riposo previsti, sono puniti con sanzioni proporzionali all'entità dell'infrazione accertata.

Veicoli privi di cronotachigrafo – Art. 178

I veicoli commerciali privi di cronotachigrafo, soggetti alle verifiche dei tempi di guida e di riposo, sono gli autobus che effettuano servizi regolari di linea. I conducenti hanno le stesse prescrizioni, che sono verificate attraverso la lettura di documenti di viaggio. In caso di inosservanza, sono applicate le stesse sanzioni previste per i veicoli dotati di cronotachigrafo.

LA CIRCOLAZIONE DI VEICOLI CON DISPOSITIVI DI ALLARME IN FUNZIONE – ART. 177

I veicoli adibiti a servizi di polizia, antincendio e di soccorso sono dotati di dispositivi luminosi e acustici di allarme. Il dispositivo luminoso (lampeggiante blu) segnala a tutti la presenza di un veicolo di servizio, mentre quello acustico (sirena) quando è in funzione impone a tutti gli altri conducenti di cedere il passo e di favorirne il passaggio. La normativa dell'Art. 177 così recita:

1. *L'uso del dispositivo acustico supplementare di allarme e, qualora i veicoli ne siano muniti, anche del dispositivo supplementare di segnalazione visiva a luce lampeggiante blu è consentito ai conducenti degli autoveicoli e motoveicoli adibiti a servizi di polizia o antincendio e di protezione civile, come individuati dal Ministero delle Infrastrutture e dei Trasporti [...] e a quelli delle autoambulanze e veicoli assimilati adibiti al trasporto di plasma e organi, solo per l'espletamento di servizi urgenti di istituto. I veicoli assimilati devono avere ottenuto il riconoscimento di idoneità al servizio da parte del Dipartimento per i trasporti terrestri.*
   L'uso dei predetti dispositivi è altresì consentito ai conducenti delle autoambulanze, dei mezzi di soccorso anche per il recupero degli animali o di vigilanza zoofila, nell'espletamento dei servizi urgenti di istituto, individuati con decreto del Ministro delle infrastrutture e dei trasporti. Con il medesimo decreto sono disciplinate le condizioni alle quali il trasporto di un animale in gravi condizioni di salute può essere considerato in stato di necessità, anche se effettuato da privati, nonché la documentazione che deve essere esibita, eventualmente successivamente all'atto di controllo da parte delle autorità di polizia stradale. Agli incroci regolati, gli agenti del traffico provvederanno a concedere immediatamente la via libera ai veicoli suddetti.
2. *I conducenti dei veicoli di cui al comma 1, nell'espletamento di servizi urgenti di istituto, qualora usino congiuntamente il dispositivo acustico supplementare di allarme e quello di segnalazione visiva a luce lampeggiante blu, non sono tenuti a osservare gli obblighi, i divieti e le limitazioni relativi alla circolazione, le prescrizioni della segnaletica stradale e le norme di comportamento in genere, a eccezione delle segnalazioni degli agenti del traffico e nel rispetto comunque delle regole di comune prudenza e diligenza.*
3. *Chiunque si trovi sulla strada percorsa dai veicoli di cui al comma 1, o sulle strade adiacenti in prossimità degli sbocchi sulla prima, appena udito il segnale acustico supplementare di allarme, ha l'obbligo di lasciare libero il passo e, se necessario, di fermarsi. È vietato seguire da presso tali veicoli avvantaggiandosi nella progressione di marcia.*

Questa normativa trova ampia giustificazione nella necessità di assicurare il massimo della celerità ai veicoli in servizio di polizia o di soccorso. Tutti i conducenti devono favorire il transito dei veicoli di servizio che circolano con il dispositivo di allarme in funzione. Ai conducenti dei veicoli di servizio è imposto di ricorrere all'uso dei dispositivi di allarme solo per urgenti necessità di servizio e di guidare rispettando sempre le regole di prudenza e di diligenza. Con il crescente aumento dell'inquinamento acustico, è possibile che il dispositivo di allarme non sia sempre avvertito, una condizione che può generare situazioni di pericolo, superabili solo con una guida attenta e professionale da parte di chi è al volante dei veicoli di servizio. È inoltre prescritto di non seguire la scia dei veicoli con dispositivo di allarme in funzione per avvantaggiarsi nella marcia. Una pratica pericolosa, ma spesso utilizzata dagli automobilisti più "furbi" per avvantaggiarsi nel traffico.

LA CIRCOLAZIONE DEI VELOCIPEDI – ART. 182

La circolazione dei velocipedi ha subito una trasformazione radicale. Per effetto di un traffico sempre più caotico in molte città le biciclette sono state riscoperte come mezzo di trasporto alternativo, anche se spesso le metropoli non dispongono di infrastrutture adeguate per garantire una libera circolazione in sicurezza. La convivenza tra veicoli a motore e ciclisti non sempre è agevole, ma gli obblighi interessano solo chi è al volante di un'auto. Le regole destinate ai ciclisti si possono così riassumere:

- obbligo di procedere su una sola fila e mai comunque affiancati in numero superiore a due;
- avere libero l'uso delle braccia e delle mani, per poter condurre il veicolo con sicurezza;
- divieto di trainare e farsi trainare;
- obbligo di condurre a mano i veicoli quando sono di intralcio o di pericolo per i pedoni. In questa ultima ipotesi i ciclisti sono assimilati ai pedoni;
- divieto di portare altre persone con la sola esclusione dei ciclisti maggiorenni, che possono trasportare un bambino fino a dieci anni, assicurato con le attrezzature regolamentari;
- quando il conducente di velocipede circola fuori dai centri abitati, da mezz'ora dopo il tramonto del sole a mezz'ora prima del suo sorgere, e attraversa gallerie, ha l'obbligo di indossare il giubbotto o le bretelle retroriflettenti ad alta visibilità.

LA CIRCOLAZIONE DEI VEICOLI A TRAZIONE ANIMALE – ARTT. 183 E 184

I veicoli a trazione animale, nel solco di una tradizione nata con i primi Codici della Strada, che videro la luce agli inizi del secolo scorso, trovano una disciplina analitica per quanto riguarda le dotazioni, ma anche per la conduzione. Il Codice attuale dedica loro gli Artt. dal 64 al 70, l'Art. 160 si occupa della sosta degli animali, e l'Art. 166 regolamenta il trasporto di cose sui veicoli a trazione animale.
Altre norme dedicate alla circolazione di animali sono gli Artt. 6 e 7, che disciplinano la circolazione di armenti e greggi, rispettivamente fuori e all'interno dei centri abitati, e l'Art. 9, dedicato alle competizioni su strada con animali. Altre normative dedicate sono gli Artt. 183 e 184.

L'Art. 183 è destinato interamente alla disciplina delle modalità di circolazione dei veicoli a trazione animale.

1. *Ogni veicolo a trazione animale deve essere guidato da un conducente che non deve mai abbandonare la guida durante la marcia e deve avere costantemente il controllo degli animali.*
2. *Un veicolo adibito al trasporto di persone o di cose non può essere trainato da più di due animali se a due ruote o da più di quattro se a quattro ruote. Fanno eccezione i trasporti funebri.*
3. *I veicoli adibiti al trasporto di cose, quando devono superare forti pendenze o per altre comprovate necessità, possono essere trainati da un numero di animali superiore a quello indicato nel comma 2 previa autorizzazione dell'ente proprietario della strada. Nei centri abitati l'autorizzazione è rilasciata in ogni caso dal sindaco.*
4. *I veicoli trainati da più di tre animali devono avere due conducenti.*

L'Art. 184 è destinato alla disciplina della circolazione degli animali, degli armenti e delle greggi. Anche la circolazione di animali è oggetto di una disciplina, che ripete precetti formulati nei primi Codici stradali, quando era normale incontrare animali sulle strade.
Oggi questa realtà è completamente cambiata, e solo in alcune zone di montagna è possibile incontrare sulle strade greggi e armenti. Resta comunque la disciplina, che è finalizzata a rendere visibili gli animali e farli convivere con i veicoli a motore.

1. *Per ogni due animali da tiro, quando non siano attaccati a un veicolo, da soma o da sella, e per ogni animale indomito o pericoloso occorre almeno un conducente, il quale deve avere costantemente il controllo dei medesimi e condurli in modo da evitare intralcio e pericolo per la circolazione.*
2. *La disposizione del comma 1 si applica anche agli altri animali isolati o in piccoli gruppi, a meno che la strada attraversi una zona destinata al pascolo, segnalata con gli appositi segnali di pericolo.*

3. *Nelle ore e nei casi previsti dall'Art. 152 (da mezz'ora dopo il tramonto a mezz'ora prima del suo sorgere), a eccezione per le strade sufficientemente illuminate o interne ai centri abitati, i conducenti devono tenere acceso un dispositivo di segnalazione che proietti in orizzontale luce arancione in tutte le direzioni, esposto in modo che risulti visibile sia dalla parte anteriore che dalla parte posteriore.*
4. *A tergo dei veicoli a trazione animale possono essere legati non più di due animali senza obbligo di conducente e delle luci di cui al comma 3. Tuttavia nei casi previsti dall'Art. 152 tali animali non dovranno ostacolare la visibilità delle luci previste per il veicolo a cui sono legati.*
5. *Gli armenti, le greggi e qualsiasi altre moltitudini di animali quando circolano su strada devono essere condotti da un guardiano fino al numero di cinquanta e da non meno di due per un numero superiore.*
6. *I guardiani devono regolare il transito degli animali in modo che resti libera sulla sinistra almeno la metà della carreggiata. Sono, altresì, tenuti a frazionare e separare i gruppi di animali (superiori al numero di cinquanta) a opportuni intervalli al fine di assicurare la regolarità della circolazione.*
7. *Le moltitudini di animali di cui al comma 5 non possono sostare sulle strade e, di notte, devono essere precedute da un guardiano e seguite da un altro; ambedue devono tenere acceso un dispositivo di segnalazione che proietti in orizzontale luce arancione in tutte le direzioni, esposto in modo che risulti visibile sia dalla parte anteriore che da quella posteriore.*

LA CIRCOLAZIONE E LA SOSTA DELLE AUTOCARAVAN - ART. 185

La circolazione e la sosta delle autocaravan (camper e motorhome) sono oggetto di disciplina, per gli effetti che hanno sulla sicurezza stradale e in tema di tutela dell'ambiente. La prima è interessata dalle caratteristiche costruttive e funzionali di questi veicoli, che impongono una guida attenta quando trasportano più persone. Le autocaravan sono vissute come "case mobili" e, come tali, durante la marcia spesso le persone occupano gli spazi abitativi.
Per quanto riguarda l'aspetto tecnico della guida, le ultime categorie di autocaravan hanno quasi eliminato le differenze rispetto ai veicoli di pari categoria, sui quali è installata la struttura abitativa. La specificità della guida resta ancorata alle dimensioni, alle caratteristiche tecniche e, soprattutto, al numero delle persone trasportate e al loro alloggiamento a bordo.

Restano invece inalterate le attenzioni per la tutela ambientale, che non deve essere minacciata da eventuali tentativi di smaltire rifiuti in aree non dedicate e l'obbligo di rispettare la segnaletica specifica, che disciplina le possibilità di fermata e di sosta prolungata. Mentre la fermata, esclusi i divieti imposti dalla segnaletica, è sempre consentita, la sosta può essere vietata da provvedimento del sindaco, reso noto dallo specifico segnale integrativo, oppure soggetta al pagamento di tariffe differenziate.

1. *I veicoli di cui all'Art. 54, comma 1, lettera m) (autocaravan), ai fini della circolazione stradale in genere e agli effetti dei divieti e limitazioni previsti negli Artt. 6 e 7, sono soggetti alla stessa disciplina prevista per gli altri veicoli.*
2. *La sosta delle autocaravan, dove consentita, sulla sede stradale non costituisce campeggio, attendamento e simili se l'autoveicolo non poggia sul suolo salvo che con le ruote, non emette deflussi propri, salvo quelli del propulsore meccanico, e non occupa comunque la sede stradale in misura eccedente l'ingombro proprio dell'autoveicolo medesimo.*
3. *Nel caso di sosta o parcheggio a pagamento, alle autocaravan si applicano tariffe maggiorate del 50% rispetto a quelle praticate per le autovetture in analoghi parcheggi della zona.*
4. *È vietato lo scarico dei residui organici e delle acque chiare e luride su strade e aree pubbliche al di fuori di appositi impianti di smaltimento igienico-sanitari.*
5. *Il divieto di cui al comma 4 è esteso anche agli altri autoveicoli dotati di appositi impianti interni di raccolta.*

LA GUIDA IN STATO DI EBBREZZA ALCOLICA - ART. 186 E 186 BIS

L'alcol e la guida sono incompatibili. Questa incompatibilità è prevista in tutte le legislazioni dei Paesi europei ed extraeuropei, seppure con limiti diversi. In Italia il limite massimo di alcol tollerato è pari a 0,5 g/l. Il limite è invece azzerato (0,00 g/l) per alcuni conducenti, come i neopatentati, chi non ha ancora compiuto 21 anni di età e per quelli che guidano veicoli destinati:

- al trasporti di persone in servizio di piazza, di noleggio o di linea;
- al trasporto di merci per conto di terzi;
- al trasporto di merci con massa complessiva superiore a 3,5 t.

Questi conducenti, pertanto, non possono assumere alcolici, neanche in quantitativi limitati, così come disposto dall'Art. 186 bis.

Per tutti gli altri conducenti, per i quali il limite massimo consentito è di 0,5 g/l, la disciplina è contenuta nell'Art. 186, i cui punti cardine sono i seguenti.

Le sanzioni – Art. 186

Chiunque guida in stato di ebbrezza è punito, ove il fatto non costituisca più grave reato:

a) con la sanzione amministrativa del pagamento di una somma da euro 532,00 a euro 2.127,00, qualora sia stato accertato un valore corrispondente a un tasso alcolemico superiore a 0,5 e non superiore a 0,8 g/l. All'accertamento della violazione consegue la sanzione amministrativa accessoria della sospensione della patente di guida da tre a sei mesi;

b) con l'ammenda da euro 800,00 a euro 3.200,00 e l'arresto fino a sei mesi, qualora sia stato accertato un valore corrispondente a un tasso alcolemico superiore a 0,8 e non superiore a 1,5 g/l. All'accertamento del reato consegue in ogni caso la sanzione amministrativa accessoria della sospensione della patente di guida da sei mesi a un anno;

c) con l'ammenda da euro 1.500,00 a euro 6.000,00, l'arresto da sei mesi a un anno, qualora sia stato accertato un valore corrispondente a un tasso alcolemico superiore a 1,5 g/l. All'accertamento del reato consegue in ogni caso la sanzione amministrativa accessoria della sospensione della patente di guida da uno a due anni. Se il veicolo appartiene a persona estranea al reato, la durata della sospensione della patente di guida è raddoppiata. La patente di guida è sempre revocata, ai sensi del capo II, sezione II, del titolo VI, in caso di recidiva nel biennio. Con la sentenza di condanna ovvero di applicazione della pena su richiesta delle parti, anche se è stata applicata la sospensione condizionale della pena, è sempre disposta la confisca del veicolo con il quale è stato commesso il reato, salvo che il veicolo stesso appartenga a persona estranea al reato.

d) altre sanzioni previste dall'Articolo 186:

2 bis. Se il conducente in stato di ebbrezza provoca un incidente stradale, le sanzioni di cui al comma 2 del presente Articolo e al comma 3 dell'Articolo 186-bis sono raddoppiate ed è disposto il fermo amministrativo del veicolo per centottanta giorni, salvo che il veicolo appartenga a persona estranea all'illecito. Qualora per il conducente che provochi un incidente stradale sia stato accertato un valore corrispondente a un tasso alcolemico superiore a 1,5 grammi per litro (g/l), fatto salvo quanto previsto dal quinto e sesto periodo della lettera c) del comma 2 del presente Articolo, la patente di guida è sempre revocata. L'ammenda prevista dal comma 2 è aumentata da un terzo alla metà quando il reato è commesso dopo le ore 22 e prima delle ore 7.

TABELLA DESCRITTIVA DEI PRINCIPALI SINTOMI CORRELATI AI DIVERSI LIVELLI DI CONCENTRAZIONE ALCOLEMICA

(Art. 6 del decreto-legge 3 agosto 2007 n. 117 convertito in legge, con modificazioni, dall'art. 1, della legge 2 ottobre 2007, n. 160)

LIMITE LEGALE DEL TASSO ALCOLEMICO PER LA GUIDA: 0,5 GRAMMI per LITRO

Concentrazione di alcol nel sangue (g/L)	Sensazioni più frequenti (*)	Effetti progressivi e abilità compromesse (*)
0	Nessuna	Nessuna
0.1-0.2	Iniziale sensazione di ebbrezza. Iniziale riduzione delle inibizioni e del controllo.	Affievolimento della vigilanza, attenzione e controllo. Iniziale riduzione del coordinamento motorio. Iniziale riduzione della visione laterale. Nausea.
0.3-0.4	Sensazione di ebbrezza. Riduzione delle inibizioni, del controllo e della percezione del rischio.	Riduzione delle capacità di vigilanza, attenzione e controllo. Riduzione del coordinamento motorio e dei riflessi. Riduzione della visione laterale. Vomito.
0.5 g/L : LIMITE LEGALE DEL TASSO ALCOLEMICO PER LA GUIDA		
0.5-0.8	Cambiamenti dell'umore. Nausea, sonnolenza. Stato di eccitazione emotiva.	Riduzione della capacità di giudizio. Riduzione della capacità di individuare oggetti in movimento e della visione laterale. Riflessi alterati. Alterazione delle capacità di reazione agli stimoli sonori e luminosi

Modalità di accertamento – Art. 186

3. Al fine di acquisire elementi utili per motivare l'obbligo di sottoposizione agli accertamenti di cui al comma 4, gli organi di polizia stradale di cui all'Articolo 12, commi 1 e 2, secondo le direttive fornite dal Ministero dell'interno, nel rispetto della riservatezza personale e senza pregiudizio per l'integrità fisica, possono sottoporre i conducenti ad accertamenti qualitativi non invasivi o a prove, anche attraverso apparecchi portatili.

4. Quando gli accertamenti qualitativi di cui al comma 3 hanno dato esito positivo, in ogni caso d'incidente ovvero quando si abbia altrimenti motivo di ritenere che il conducente del veicolo si trovi in stato di alterazione psicofisica derivante dall'influenza dell'alcol, gli organi di polizia stradale di cui all'Articolo 12, commi 1 e 2, anche accompagnandolo presso il più vicino ufficio o comando, hanno la facoltà di effettuare l'accertamento con strumenti e procedure determinati dal regolamento.

5. Per i conducenti coinvolti in incidenti stradali e sottoposti alle cure mediche, l'accertamento del tasso alcolemico viene effettuato, su richiesta degli organi di polizia stradale di cui all'Articolo 12, commi 1 e 2, da parte delle strutture sanitarie di base o di quelle accreditate o comunque a tali fini equiparate. Le strutture sanitarie rilasciano agli organi di polizia stradale la

TABELLA PER LA STIMA DELLE QUANTITÀ DI BEVANDE ALCOLICHE CHE DETERMINANO IL SUPERAMENTO DEL TASSO ALCOLEMICO LEGALE PER LA GUIDA IN STATO DI EBBREZZA, PARI A 0,5 GRAMMI PER LITRO

(Art.6 del decreto legge 3 agosto 2007 n. 117 convertito in legge, con modificazioni, dall'art. 1 della legge 2 ottobre 2007 n. 160)

La Tabella contiene I LIVELLI TEORICI DI ALCOLEMIA RAGGIUNGIBILI DOPO L'ASSUNZIONE DI UNA UNITÀ ALCOLICA

UNITÀ ALCOLICA DI RIFERIMENTO (in cc) (Bicchiere, lattina o bottiglia serviti usualmente nei locali)			
Birra	330 cc	Superalcolici	40 cc
Vino	125 cc	Champagne/spumante	100 cc
Vini liquorosi-aperitivi	80 cc	Ready to drink	150 cc
Digestivi	40 cc	MIX	sommare i componenti

I valori di ALCOLEMIA, calcolati in base al sesso, al peso corporeo e all'essere a stomaco vuoto o pieno, sono solo indicativi e si riferiscono ad una assunzione entro i 60-100 minuti precedenti

Se si assumono più unità alcoliche, per conoscere il valore di alcolemia raggiunto è necessario sommare i valori indicati per ciascuna unità alcolica consumata **

DONNE

STOMACO VUOTO

BEVANDA	Gradazione alcolica (Vol. %)	Peso corporeo (Kg) 45	55	60	65	75	80
		Livelli teorici di alcolemia					
birra analcolica	0,5	0,06	0,05	0,04	0,04	0,03	0,03
birra leggera	3,5	0,39	0,32	0,29	0,27	0,24	0,22
birra normale	5	0,56	0,46	0,42	0,39	0,34	0,32
birra speciale	8	0,90	0,73	0,67	0,62	0,54	0,50
birra doppio malto	10	1,12	0,92	0,84	0,78	0,67	0,63
vino	12	0,51	0,42	0,38	0,35	0,31	0,29
vini liquorosi-aperitivi	18	0,49	0,40	0,37	0,34	0,29	0,28
digestivi	25	0,32	0,26	0,24	0,22	0,19	0,18
digestivi	30	0,39	0,32	0,29	0,27	0,23	0,22
superalcolici	35	0,45	0,37	0,34	0,31	0,27	0,25
superalcolici	45	0,58	0,47	0,43	0,40	0,35	0,33
superalcolici	60	0,77	0,63	0,58	0,53	0,46	0,43
champagne/spumante	11	0,37	0,31	0,28	0,26	0,22	0,21
ready to drink	2,8	0,12	0,10	0,09	0,08	0,07	0,07
ready to drink	5	0,24	0,20	0,18	0,17	0,17	0,14

STOMACO PIENO

BEVANDA	Gradazione alcolica (Vol. %)	Peso corporeo (Kg) 45	55	60	65	75	80
		Livelli teorici di alcolemia					
birra analcolica	0,5	0,03	0,03	0,02	0,02	0,02	0,02
birra leggera	3,5	0,23	0,19	0,17	0,16	0,14	0,13
birra normale	5	0,32	0,26	0,24	0,22	0,19	0,18
birra speciale	8	0,52	0,42	0,39	0,36	0,31	0,29
birra doppio malto	10	0,65	0,53	0,48	0,45	0,39	0,36
vino	12	0,29	0,24	0,22	0,20	0,18	0,17
vini liquorosi-aperitivi	18	0,28	0,23	0,21	0,20	0,17	0,16
digestivi	25	0,20	0,16	0,15	0,14	0,12	0,11
digestivi	30	0,24	0,19	0,18	0,16	0,14	0,13
superalcolici	35	0,27	0,22	0,21	0,19	0,16	0,15
superalcolici	45	0,35	0,29	0,26	0,24	0,21	0,20
superalcolici	60	0,47	0,38	0,35	0,33	0,28	0,26
champagne/spumante	11	0,22	0,18	0,16	0,15	0,13	0,12
ready to drink	2,8	0,07	0,06	0,06	0,05	0,04	0,04
ready to drink	5	0,15	0,12	0,11	0,10	0,09	0,08

**** Esempi: donna, peso 45 Kg, ha assunto a stomaco vuoto 1 birra leggera ed 1 aperitivo alcolico. Alcolemia attesa: 0,39+0,49 = 0,88 grammi/litro; donna, peso 60 Kg, ha assunto a stomaco pieno 2 superalcolici (60°). Alcolemia attesa: 0,35+0,35 = 0,70.**

UOMINI

STOMACO VUOTO

BEVANDA	Gradazione alcolica (Vol. %)	Peso corporeo (Kg) 55	65	70	75	80	90
		Livelli teorici di alcolemia					
birra analcolica	0,5	0,04	0,03	0,03	0,01	0,01	0,01
birra leggera	3,5	0,25	0,21	0,19	0,18	0,17	0,15
birra normale	5	0,35	0,30	0,28	0,26	0,24	0,22
birra speciale	8	0,56	0,48	0,44	0,41	0,39	0,35
birra doppio malto	10	0,71	0,6	0,55	0,52	0,49	0,43
vino	12	0,32	0,27	0,25	0,24	0,22	0,20
vini liquorosi-aperitivi	18	0,31	0,26	0,24	0,23	0,21	0,19
digestivi	25	0,20	0,17	0,16	0,15	0,15	0,12
digestivi	30	0,24	0,21	0,19	0,18	0,18	0,15
superalcolici	35	0,28	0,24	0,22	0,21	0,19	0,17
superalcolici	45	0,36	0,31	0,29	0,27	0,25	0,22
superalcolici	60	0,48	0,41	0,38	0,36	0,33	0,30
champagne/spumante	11	0,24	0,19	0,18	0,17	0,16	0,14
ready to drink	2,8	0,08	0,06	0,06	0,06	0,05	0,05
ready to drink	5	0,15	0,13	0,12	0,11	0,10	0,09

STOMACO PIENO

BEVANDA	Gradazione alcolica (Vol. %)	Peso corporeo (Kg) 55	65	70	75	80	90
		Livelli teorici di alcolemia					
birra analcolica	0,5	0,02	0,02	0,02	0,01	0,01	0,01
birra leggera	3,5	0,14	0,12	0,11	0,10	0,10	0,09
birra normale	5	0,20	0,17	0,16	0,15	0,14	0,12
birra speciale	8	0,33	0,28	0,26	0,24	0,22	0,20
birra doppio malto	10	0,41	0,34	0,32	0,30	0,28	0,25
vino	12	0,18	0,16	0,15	0,14	0,13	0,11
vini liquorosi-aperitivi	18	0,18	0,15	0,14	0,13	0,12	0,11
digestivi	25	0,12	0,10	0,10	0,09	0,08	0,08
digestivi	30	0,15	0,13	0,12	0,11	0,10	0,09
superalcolici	35	0,17	0,15	0,14	0,13	0,12	0,11
superalcolici	45	0,22	0,19	0,17	0,16	0,15	0,14
superalcolici	60	0,30	0,25	0,23	0,22	0,20	0,18
champagne/spumante	11	0,14	0,11	0,11	0,10	0,09	0,08
ready to drink	2,8	0,05	0,04	0,04	0,03	0,03	0,03
ready to drink	5	0,09	0,08	0,07	0,07	0,06	0,06

**** Esempi: uomo, peso corporeo 75 Kg, ha assunto a stomaco vuoto 2 birre speciali. Alcolemia attesa: 0,41+ 0,41 = 0,82 grammi/litro; uomo, peso corporeo 55 Kg, ha assunto a stomaco vuoto 1 birra doppio malto ed 1 superalcolico di media gradazione (45°). Alcolemia attesa: 0,71+0,36 = 1,07 grammi/litro.**

AVVERTENZE PER UNA CORRETTA LETTURA DELLA TABELLA

La tabella fornisce informazioni volte a favorire una autovalutazione dei livelli di alcolemia (concentrazione di alcol nel sangue) conseguenti all'assunzione delle più comuni bevande alcoliche; lo scopo principale è quello di contribuire ad identificare o calcolare le quantità di alcol che determinano il superamento del limite legale fissato per la guida e di promuovere una guida sicura e responsabile.

A tal fine è importante sapere che:

- esiste un legame diretto tra livelli crescenti di alcolemia (concentrazione di alcol nel sangue) e rischio relativo di causare o essere coinvolti in un incidente grave o mortale;
- le alterazioni delle capacità alla guida sono direttamente influenzate dalla quantità di alcol consumata e si manifestano con l'assunzione di tutti i tipi di bevande alcoliche, senza distinzione;
- tutte le quantità di alcol, anche quelle minime o moderate, pongono l'individuo in una condizione di potenziale rischio;
- a parità di quantità di alcol consumate, individui differenti possono registrare variazioni anche notevoli nei livelli di alcolemia, in funzione: del genere (con differenze tra maschi e femmine), dell'età, della massa corporea (magrezza o obesità), della assunzione o meno di cibo (se a stomaco pieno o a digiuno), della consuetudine con cui si assume alcol, della presenza di malattie o condizioni psico-fisiche individuali o genetiche, della assunzione di farmaci anche di uso comune (es. aspirina, antistaminici, anticoncezionali, antinfiammatori, antipertensivi, anticoagulanti, antibiotici, farmaci per il sistema nervoso).

Di conseguenza, a fronte delle molteplici variabili che possono influenzare il livello individuale di alcolemia, è nella pratica impossibile calcolare con precisione la quantità esatta di alcol da assumere senza superare il limite legale di alcolemia dello 0,5 grammi/litro.

Non esistono livelli di consumo alcolico sicuri alla guida.
Il comportamento più sicuro per prevenire un incidente alcolcorrelato è di evitare di consumare bevande alcoliche se ci si deve porre alla guida di un qualunque tipo di veicolo.

NOTA BENE: i valori di alcolemia riportati in tabella non hanno una validità legale, rappresentano solo una stima della concentrazione di alcol nel sangue conseguente all'assunzione di un'unità di bevanda alcolica e forniscono un valore puramente indicativo che non può essere in alcun modo acquisito come garanzia di sicurezza e/o di idoneità psico-fisica alla guida.

relativa certificazione, estesa alla prognosi delle lesioni accertate, assicurando il rispetto della riservatezza dei dati in base alle vigenti disposizioni di legge. Copia della certificazione di cui al periodo precedente deve essere tempestivamente trasmessa, a cura dell'organo di polizia che ha proceduto agli accertamenti, al prefetto del luogo della commessa violazione per gli eventuali provvedimenti di competenza.

6. *Qualora dall'accertamento di cui ai commi 4 o 5 risulti un valore corrispondente a un tasso alcolemico superiore a 0,5 grammi per litro (g/l), l'interessato è considerato in stato di ebbrezza ai fini dell'applicazione delle sanzioni.*

Rifiuto di sottoporsi all'accertamento – Art. 186

Salvo che il fatto costituisca più grave reato, in caso di rifiuto dell'accertamento di cui ai commi 3, 4 o 5, il conducente è punito con le pene di cui al comma 2, lettera c). La condanna per il reato di cui al periodo che precede comporta la sanzione amministrativa accessoria della sospensione della patente di guida per un periodo da sei mesi a due anni e della confisca del veicolo con le stesse modalità e procedure previste dal comma 2, lettera c), salvo che il veicolo appartenga a persona estranea alla violazione. Con l'ordinanza con la quale è disposta la sospensione della patente, il prefetto ordina che il conducente si sottoponga a visita medica secondo le disposizioni del comma 8. Se il fatto è commesso da soggetto già condannato nei due anni precedenti per il medesimo reato, è sempre disposta la sanzione amministrativa accessoria della revoca della patente di guida.

La normativa dedicata alla guida in stato di ebbrezza, della quale riportiamo le linee essenziali e le sanzioni previste, è il frutto di una lunga evoluzione e di continue rivisitazioni, per ottenere una misura di prevenzione efficace per arginare l'alto numero di incidenti gravi causati da conducenti, spesso giovanissimi, alla guida dopo aver consumato bevande alcoliche. Chi si appresta a conseguire la patente di guida deve essere educato a condividere i valori espressi dalla normativa, che disciplinano anche le modalità di accertamento.

Conducenti di età inferiore a ventuno anni, neopatentati e chi esercita professionalmente l'attività di trasporto di persone o di merci – Art. 186 bis

I neopatentati, i minori di 21 anni e i conducenti professionali sono inquadrati in una disciplina dedicata, che impedisce loro di assumere alcolici prima di guidare. Questo divieto assoluto è il risultato di una attenta analisi della realtà, che vede coinvolti in incidenti stradali gravi proprio gli automobilisti più giovani. I conducenti professionali sono stati inclusi nel divieto per la delicatezza del lavoro che svolgono, alla guida di veicoli pesanti (legge 125/2001). I punti cardine della disciplina dedicata sono:

Divieto di assunzione di alcol

1. *È vietato guidare dopo aver assunto bevande alcoliche e sotto l'influenza di queste per:*
   a) i conducenti di età inferiore a ventuno anni e i conducenti nei primi tre anni dal conseguimento della patente di guida di categoria B;
   b) i conducenti che esercitano l'attività di trasporto di persone, di cui agli articoli 85, 86 e 87 (trattasi di conducenti di taxi, di auto da noleggio e di pullman);
   c) i conducenti che esercitano l'attività di trasporto di cose, di cui agli articoli 88, 89 e 90 (trattasi di conducenti di autocarri, di autotreni e di autoarticolati, dedicati al trasporto professionale di merci);
   d) i conducenti di autoveicoli di massa complessiva a pieno carico superiore a 3,5 t, di autoveicoli trainanti un rimorchio che comporti una massa complessiva totale a pieno carico dei due veicoli superiore a 3,5 t, di autobus e di altri autoveicoli destinati al trasporto di persone, il cui numero di posti a sedere, escluso quello del conducente, è superiore a otto, nonché di autoarticolati e di autosnodati.
2. *I conducenti di cui al comma 1 che guidino dopo aver assunto bevande alcoliche e sotto l'influenza di queste sono puniti con la sanzione amministrativa del pagamento di una somma da euro 164,00 a euro 663,00, qualora sia stato accertato un valore corrispondente a un tasso alcolemico superiore a 0 e non superiore a 0,5 g/l. Nel caso in cui il conducente, nelle condizioni di cui al periodo precedente, provochi un incidente, le sanzioni di cui al medesimo periodo sono raddoppiate.*
3. *Per i conducenti di cui al comma 1 del presente Articolo, ove incorrano negli illeciti di cui all'Articolo 186, comma 2, lettera a), le sanzioni ivi previste sono aumentate di un terzo; ove incorrano negli illeciti di cui all'Articolo 186, comma 2, lettere b) e c), le sanzioni ivi previste sono aumentate da un terzo alla metà.*
4. *Le circostanze attenuanti concorrenti con le aggravanti di cui al comma 3 non possono essere ritenute equivalenti o prevalenti rispetto a queste. Le diminuzioni di pena si operano sulla quantità della stessa risultante dall'aumento conseguente alla predetta aggravante.*

(...)

7. *Il conducente di età inferiore a diciotto anni, per il quale sia stato accertato un valore corrispondente a un tasso alcolemico superiore a 0 e non superiore a 0,5 grammi per litro (g/l), non può conseguire la patente di*

guida di categoria B prima del compimento del diciannovesimo anno di età. Il conducente di età inferiore a diciotto anni, per il quale sia stato accertato un valore corrispondente a un tasso alcolemico superiore a 0,5 grammi per litro (g/l), non può conseguire la patente di guida di categoria B prima del compimento del ventunesimo anno di età.

GUIDA IN STATO DI ALTERAZIONE PSICOFISICA PER USO DI SOSTANZE STUPEFACENTI - ART. 187

Chi fa uso di sostanze stupefacenti non può conseguire la patente e, a maggior ragione, non può guidare. Le ultime novità legislative, dedicate alla sicurezza stradale, hanno reintrodotto l'obbligo di apposita certificazione di non uso di sostanze stupefacenti per tutti coloro che si apprestano a conseguire la patente. Per i conducenti professionali questa certificazione deve essere ripetuta anche all'atto del rinnovo della patente scaduta.

Le sanzioni per chi guida in condizioni di alterazione psicofisica, derivante dall'uso di sostanze stupefacenti, sono gravissime e pienamente giustificate. È punita non solo la guida dopo aver assunto sostanze, ma anche la condizione psicofisica di chi fa uso di sostanze, che è chiaramente alterata e determina fattori di rischio elevatissimi. Chi fa uso di sostanze stupefacenti, infatti, vive costantemente una condizione in cui le capacità richieste per la guida, come l'attenzione costante, la capacità di osservare, la reazione immediata e razionale ai pericoli improvvisi risultano molto al di sotto del necessario. La normativa dedicata è estremamente chiara e così espressa.

Divieto di guidare in condizioni di alterazione psicofisica

1. *Chiunque guida in stato di alterazione psicofisica dopo aver assunto sostanze stupefacenti o psicotrope è punito con l'ammenda da euro 1500 a euro 6000 e l'arresto da sei mesi a un anno. All'accertamento del reato consegue in ogni caso la sanzione amministrativa accessoria della sospensione della patente di guida da uno a due anni. Se il veicolo appartiene a persona estranea al reato, la durata della sospensione della patente è raddoppiata. Per i conducenti di cui al comma 1 dell'Articolo 186 bis (neopatentati, minori di anni ventuno e conducenti professionali) le sanzioni di cui al primo e al secondo periodo del presente comma sono aumentate da un terzo alla metà. Si applicano le disposizioni del comma 4 dell'Articolo 186 bis. La patente di guida è sempre revocata, ai sensi del capo II, sezione II, del titolo VI, quando il reato è commesso da uno dei conducenti di cui alla lettera d) del citato comma 1 dell'Articolo 186 bis, ovvero in caso di recidiva nel triennio. Con la sentenza di condanna ovvero di applicazione della pena a richiesta delle parti, anche se è stata applicata la sospensione condizionale della pena, è sempre disposta la confisca del veicolo con il quale è stato commesso il reato, salvo che il veicolo stesso appartenga a persona estranea al reato.*

1 bis. Se il conducente in stato di alterazione psicofisica dopo aver assunto sostanze stupefacenti o psicotrope provoca un incidente stradale, le pene di cui al comma 1 sono raddoppiate e, fatto salvo quanto previsto dal settimo e dall'ottavo periodo del comma 1, la patente di guida è sempre revocata.

(...)

1-quater. L'ammenda prevista dal comma 1 è aumentata da un terzo alla metà quando il reato è commesso dopo le ore 22 e prima delle ore 7. Si applicano le disposizioni di cui all'Articolo 186, commi 2-septies e 2-octies.

Accertamenti

2. *Al fine di acquisire elementi utili per motivare l'obbligo di sottoposizione agli accertamenti di cui al comma 3, gli organi di polizia stradale di cui all'Articolo 12, commi 1 e 2, secondo le direttive fornite dal Ministero dell'interno, nel rispetto della riservatezza personale e senza pregiudizio per l'integrità fisica, possono sottoporre i conducenti ad accertamenti qualitativi non invasivi o a prove, anche attraverso apparecchi portatili.*

2 bis. Quando gli accertamenti di cui al comma 2 forniscono esito positivo ovvero quando si ha altrimenti ragionevole motivo di ritenere che il conducente del veicolo si trovi sotto l'effetto conseguente all'uso di sostanze stupefacenti o psicotrope, i conducenti, nel rispetto della riservatezza personale e senza pregiudizio per l'integrità fisica, possono essere sottoposti ad accertamenti clinico-tossicologici e strumentali ovvero analitici su campioni di mucosa del cavo orale prelevati a cura di personale sanitario ausiliario delle forze di polizia [...].

3. *Nei casi previsti dal comma 2 bis, qualora non sia possibile effettuare il prelievo a cura del personale sanitario ausiliario delle forze di polizia ovvero qualora il conducente rifiuti di sottoporsi a tale prelievo, gli agenti di polizia stradale di cui all'articolo 12, commi 1 e 2, fatti salvi gli ulteriori obblighi previsti dalla legge, accompagnano il conducente presso strutture sanitarie fisse o mobili afferenti ai suddetti organi di polizia stradale ovvero presso le strutture sanitarie pubbliche o presso quelle accreditate o comunque a tali fini equiparate,*

per il prelievo di campioni di liquidi biologici ai fini dell'effettuazione degli esami necessari ad accertare la presenza di sostanze stupefacenti o psicotrope. Le medesime disposizioni si applicano in caso di incidenti, compatibilmente con le attività di rilevamento e di soccorso.

4. *Le strutture sanitarie di cui al comma 3, su richiesta degli organi di polizia stradale di cui all'Articolo 12, commi 1 e 2, effettuano altresì gli accertamenti sui conducenti coinvolti in incidenti stradali e sottoposti alle cure mediche, ai fini indicati dal comma 3; essi possono contestualmente riguardare anche il tasso alcolemico previsto nell'Articolo 186.*

(...)

8. *Salvo che il fatto costituisca reato, in caso di rifiuto dell'accertamento di cui ai commi 2, 2 bis, 3 o 4, il conducente è soggetto alle sanzioni di cui all'Articolo 186, comma 7. Con l'ordinanza con la quale è disposta la sospensione della patente, il prefetto ordina che il conducente si sottoponga a visita medica ai sensi dell'Articolo 119.*

Accertamenti preliminari

I conducenti dei veicoli possono essere invitati dagli agenti in servizio a sottoporsi agli accertamenti preliminari che hanno lo scopo di verificare l'eventuale uso di sostanze stupefacenti. Si tratta di test non invasivi, finalizzati ad accertare la presenza di eventuali tracce di sostanze stupefacenti, "anche in assenza di sintomi caratteristici". Questi esami servono per acquisire elementi utili per motivare l'ordine al conducente di sottoporsi ad accertamenti più accurati, presso le strutture ospedaliere, o altre mobili equiparate. In caso di rifiuto, il conducente incorre nelle gravi sanzioni, previste dall'Art. 186, comma 2, lett. c), finalizzati alla verifica dell'eventuale stato di ebbrezza.

Caratteristiche degli strumenti utilizzabili

I dispositivi utilizzati per gli accertamenti preliminari non invasivi devono risultare conformi al DL 8/9/2000, n. 332, che recepisce la direttiva 98/78/CE e devono riportare le indicazioni prescritte e rilasciate dal Ministro della salute.

LA GUIDA DI VEICOLI AL SERVIZIO DI PERSONE INVALIDE – ART. 188

La mobilità, garantita dalla possibilità di utilizzare veicoli a motore, influisce positivamente sulla qualità della vita (Art. 1 del Codice della Strada), per questo motivo le persone diversamente abili possono contare su una tutela particolare, che si traduce in facilitazioni nella ricerca dei parcheggi e nell'opportunità di percorrere le corsie preferenziali, riservate ai mezzi pubblici.

Queste facilitazioni non sono riservate ai conducenti, ma concesse al veicolo al servizio della persona invalida, anche quando questo sia guidato da altro conducente, che ha a bordo la persona diversamente abile.

Le facilitazioni concesse sono giustificate e devono essere rispettate da tutti gli altri conducenti. Allo stesso modo devono essere evitati abusi e astuzie, che sono a loro volta puniti con sanzioni pecuniarie rilevanti.

GLI OBBLIGHI IN CASO DI INCIDENTE – ART. 189

1. *L'utente della strada, in caso di incidente comunque ricollegabile al suo comportamento, ha l'obbligo di fermarsi e di prestare l'assistenza occorrente a coloro che, eventualmente, abbiano subito danno alla persona.*
2. *Le persone coinvolte in un incidente devono porre in atto ogni misura idonea a salvaguardare la sicurezza della circolazione e, compatibilmente con tale esigenza, adoperarsi affinché non venga modificato lo stato dei luoghi e disperse le tracce utili per l'accertamento delle responsabilità.*
3. *Ove dall'incidente siano derivati danni alle sole cose, i conducenti e ogni altro utente della strada coinvolto devono inoltre, ove possibile, evitare intralcio alla circolazione, secondo le disposizioni dell'Articolo 161. Gli agenti in servizio di polizia stradale, in tali casi, dispongono l'immediata rimozione di ogni intralcio alla circolazione, salva soltanto l'esecuzione, con assoluta urgenza, degli eventuali rilievi necessari per appurare le modalità dell'incidente.*
4. *In ogni caso i conducenti devono altresì fornire le proprie generalità, nonché le altre informazioni utili anche ai fini risarcitori, alle persone danneggiate o, se queste non sono presenti, comunicare loro nei modi possibili gli elementi sopraindicati.*
5. *Chiunque, nelle condizioni di cui al comma 1, non ottempera all'obbligo di fermarsi in caso di incidente, con danno alle sole cose, è soggetto alla sanzione amministrativa del pagamento di una somma da euro 279 a euro 1114. In tale caso, se dal fatto deriva un grave danno ai veicoli coinvolti tale da determinare l'applicazione della revisione di cui all'Articolo 80, comma 7, si applica la sanzione amministrativa accessoria della sospensione della patente di guida da 15 giorni a due mesi [...].*
6. *Chiunque, nelle condizioni di cui comma 1, in caso di incidente con danni alle persone, non ottempera all'obbligo di fermarsi è punito con la reclusione da sei mesi a tre anni. Si applica la sanzione amministrativa*

accessoria della sospensione della patente di guida da uno a tre anni [...].

7. *Chiunque, nelle condizioni di cui al comma 1, non ottempera all'obbligo di prestare l'assistenza occorrente alle persone ferite è punito con la reclusione da un anno a tre anni. Si applica la sanzione amministrativa accessoria della sospensione della patente di guida per un periodo non inferiore a un anno e sei mesi e non superiore a 5 anni [...].*
8. *Il conducente che si fermi e, occorrendo, presti assistenza a coloro che hanno subito danni alla persona, mettendosi immediatamente a disposizione degli organi di polizia giudiziaria, quando dall'incidente derivi il delitto di lesioni personali colpose lievi, non è soggetto all'arresto stabilito per il caso di flagranza di reato.*

8 bis. *Nei confronti del conducente che, entro le 24 ore successive al fatto di cui al comma 6, si mette a disposizione degli organi di polizia giudiziaria, non si applicano le disposizioni di cui al terzo periodo del comma 6.*

9. *Chiunque non ottempera alle disposizioni di cui ai commi 2, 3 e 4 del presente Articolo è soggetto alla sanzione amministrativa del pagamento di una somma da euro 85 a euro 338.*

9 bis. *L'utente della strada, in caso di incidente comunque ricollegabile al suo comportamento, da cui derivi danno a uno o più animali d'affezione, da reddito o protetti, ha l'obbligo di fermarsi e di porre in atto ogni misura idonea ad assicurare un tempestivo intervento di soccorso agli animali che abbiano subito il danno. Chiunque non ottempera agli obblighi di cui al periodo precedente è punito con la sanzione amministrativa del pagamento di una somma da euro 413 a euro 1658. Le persone coinvolte in un incidente con danno a uno o più animali d'affezione, da reddito o protetti devono porre in atto ogni misura idonea ad assicurare un tempestivo intervento di soccorso. Chiunque non ottempera all'obbligo di cui al periodo precedente è soggetto alla sanzione amministrativa del pagamento di una somma da euro 80 a euro 318.*

In caso di incidente ricollegabile al suo comportamento, il conducente di un veicolo ha l'obbligo, etico e giuridico, di fermarsi e di prestare soccorso alle persone che presentano segni di lesioni, di sofferenza o che in ogni caso necessitano di aiuto. Tutti questi obblighi rispondono a finalità eticamente condivise dalle persone civili, che non possono non sentire la necessità soccorrere chi si trova in difficoltà.

Nonostante un lunga serie di rivisitazioni delle regole e l'inasprimento delle sanzioni, i casi di pirateria della strada sono in crescita e determinano conseguenze gravi per le persone ferite, che a volte perdono la vita. Bisogna tuttavia sottolineare che la quasi totalità dei pirati della strada è rapidamente individuata grazie a numerosi elementi (innanzitutto le telecamere di sorveglianza) e sottoposta a sanzioni adeguate.

Chi si appresta a conseguire la patente deve imparare a osservare, sempre e comunque, in caso di incidente, queste regole:

- predisporre misure che possano salvaguardare la sicurezza della circolazione e assicurarsi che non sia modificato lo stato dei luoghi dopo una collisione;
- se dal sinistro sono derivati solo danni alle cose, se possibile, evitare ogni intralcio alla circolazione, rimuovendo i veicoli e liberando il passaggio alle altre auto;
- fornire le proprie generalità e le altre notizie utili alle eventuali azioni di risarcimento;
- se i veicoli non possono essere rimossi dalla strada, è necessario predisporre le segnalazioni di pericolo per avvertire gli altri conducenti che sopraggiungono della presenza degli ostacoli sulla carreggiata;
- se ci sono persone ferite devono essere immediatamente chiamati i soccorsi e avvertiti gli organi di polizia.

Chi, a seguito di incidente, non si ferma, commette:

- una violazione amministrativa, punita con la sanzione pecuniaria, se dal sinistro sono derivati solo danni ai veicoli. Se i danni ai veicoli sono di gravità tale da determinare l'obbligo di sottoporli a revisione prima di poterli riutilizzare, è prevista anche la sospensione della patente;
- un reato, se dal sinistro sono derivate lesioni alle persone, punito con la reclusione fino a tre anni e con la sospensione della patente fino a cinque anni.

Chi, nel caso sia coinvolto in un incidente con lesioni alle persone, si sottrae all'obbligo di prestare aiuto, commette il reato gravissimo di omissione di soccorso. Anche i trasportati del veicolo coinvolto in un incidente che non prestano assistenza alle persone ferite sono responsabili di questo tipo di reato.

Al di là delle sanzioni salate, la fuga e l'abbandono delle persone ferite senza prestare soccorso è un'azione vile, che l'opinione pubblica condanna moralmente. La legge, proprio per evitare questo modo di agire, ha da un lato stabilito di punire pesantemente i pirati della strada e, dall'altro, previsto il divieto di arresto per chi, pur avendo causato sinistri con esiti di lesioni lievi, si fermi sul posto, soccorra i feriti e resti in attesa della polizia. La normativa deve essere ora rivista dopo l'introduzione dei i reati di omicidio stradale e di lesioni stradali gravi o gravissime, riportate nel capitolo "LA SICUREZZA STRADALE: RISCHI E RESPONSABILITÀ".

IL COMPORTAMENTO DEI PEDONI - ART. 190

La circolazione dei pedoni è disciplinata per garantirne la tutela dai veicoli a motore e favorirne la mobilità. Essere pedone, però, non significa poter circolare senza obblighi, invadendo ogni spazio e senza rispettare le regole, che sono le seguenti:

- obbligo di impegnare gli spazi riservati (marciapiedi, banchine, viali);
- possibilità di marciare sulla carreggiata quando questi spazi riservati manchino, siano insufficienti o non percorribili;
- fuori dei centri abitati vige l'obbligo di marciare in senso contrario a quello dei veicoli sulle strade a unica carreggiata e doppio senso di circolazione; sulle carreggiate a senso unico i pedoni devono marciare a destra;
- durante la circolazione fuori dei centri abitati sulle strade prive di illuminazione pubblica i pedoni hanno l'obbligo di procedere su un'unica fila;
- obbligo di servirsi dei passaggi pedonali o dei sottopassi per l'attraversamento della carreggiata. Quando questi manchino o siano a distanze superiori a 100 metri, possibilità di attraversare la carreggiata in senso perpendicolare e dando la precedenza ai veicoli;
- divieto di attraversare piazze e larghi al di fuori dei passaggi pedonali qualora esistano anche a distanze superiori ai 100 metri.

Sono poi previste prescrizioni particolari per la circolazione mediante tavole (skateboard), pattini o acceleratori di andatura (monopattini e overboard) che sono assimilati, per quanto possibile, alle biciclette. Le violazioni agli obblighi sono punite con sanzioni pecuniarie, esattamente come le infrazioni commesse dai conducenti, anche se di entità inferiore.

IL COMPORTAMENTO DEI CONDUCENTI NEI CONFRONTI DEI PEDONI - ART. 191

Far convivere sulla strada, in condizioni di sicurezza, i veicoli e i pedoni non è un'impresa semplice; richiede interventi infrastrutturali ed educativi. Questi ultimi sono più importanti dei primi. Quando si è pedoni i veicoli infastidiscono: sono invadenti, rumorosi, inquinanti e pericolosi.

Allo stesso modo, quando si è alla guida di un veicolo a motore sono i pedoni a risultare molesti. Sono indisciplinati, passano con il semaforo rosso, sono lenti e fanno perdere tempo. Il Codice ha cercato di mediare tra questi due reciproci "fastidi" e stabilito che:

1. *Quando il traffico non è regolato da agenti o da semafori, i conducenti devono fermarsi quando i pedoni transitano sugli attraversamenti pedonali. Devono altresì dare la precedenza, rallentando e all'occorrenza fermandosi, ai pedoni che si accingono ad attraversare sui medesimi attraversamenti pedonali. Lo stesso obbligo sussiste per i conducenti che svoltano per inoltrarsi in un'altra strada al cui ingresso si trova un attraversamento pedonale, quando ai pedoni non sia vietato il passaggio. Resta fermo il divieto per i pedoni di cui all'Articolo 190, comma 4 (di sostare sulla carreggiata).*
2. *Sulle strade sprovviste di attraversamenti pedonali i conducenti devono consentire al pedone, che abbia già iniziato l'attraversamento impegnando la carreggiata, di raggiungere il lato opposto in condizioni di sicurezza.*
3. *I conducenti devono fermarsi quando una persona invalida con ridotte capacità motorie o su carrozzella, o munita di bastone bianco, o accompagnata da cane guida, o munita di bastone bianco-rosso in caso di persona sordo-cieca, o comunque altrimenti riconoscibile, attraversa la carreggiata o si accinge ad attraversarla e devono comunque prevenire situazioni di pericolo che possano derivare da comportamenti scorretti o maldestri di bambini o di anziani, quando sia ragionevole prevederli in relazione alla situazione di fatto.*

Gli obblighi dei conducenti verso i pedoni

I conducenti devono cedere la precedenza ai pedoni che attraversino la carreggiata utilizzando i passaggi pedonali. Lo stesso obbligo è previsto nel caso di svolta su strada al cui ingresso sia posizionato un passaggio pedonale. Ma prima di tutto il conducente ha un obbligo generale di attenzione, rivolto all'avvistamento del pedone, che in sostanza si può riassumere in tre obblighi di comportamento:

- quello di ispezionare la strada sulla quale si procede o che si sta per impegnare;
- quello di mantenere un costante controllo del veicolo in rapporto alle condizioni della strada e del traffico;
- quello, infine, di prevedere tutte quelle situazioni che la comune esperienza comprende, in modo da non costituire intralcio o pericolo per gli altri utenti della strada, soprattutto dei pedoni.

Sulle strade prive di attraversamento pedonale, chi è alla guida di un veicolo a motore deve consentire al pedone di ultimare l'attraversamento già iniziato. Questa prescrizione è legata a quella contenuta nell'Art. 141 comma, che impone ai conducenti l'obbligo di agevolare la manovra di attraversamento rallentando e, all'occorrenza, fermandosi.

Di particolare rilevanza è l'indicazione, contenuta nel comma 3, che prescrive l'obbligo per i conducenti di «prevenire situazioni di pericolo che possano derivare da comportamenti scorretti o maldestri di bambini o di anziani, quando sia ragionevole prevederli in relazione alla situazione di fatto». In questo modo si è voluto rafforzare il principio della guida prudente, prescrivendo l'obbligo di tener conto degli errori altrui, ragionevolmente prevedibili, già contenuto nell'Art. 141, comma 2.

La normativa, soprattutto quando si analizza un incidente stradale, deve essere vista congiuntamente a quella relativa agli obblighi del pedone. Quest'ultimo, infatti, non può ritenersi un soggetto privilegiato, tantomeno il titolare di soli diritti. Il pedone, come soggetto attivo della circolazione stradale, ha a sua volta precisi obblighi comportamentali che deve rispettare con la stessa diligenza richiesta ai conducenti dei veicoli. Deve utilizzare gli spazi riservati alla sua circolazione e attraversare la strada servendosi delle specifiche strutture. Ai conducenti è fatto obbligo non solo di cedere la precedenza quando i pedoni transitano sugli attraversamenti, ma anche di consentire a questi ultimi di completare in sicurezza l'eventuale attraversamento già iniziato anche in modo irregolare. Stabilire fino a che punto il conducente sia obbligato a consentire al pedone di terminare un'azione iniziata in modo irregolare e dove prevalgano gli obblighi per chi si muove a piedi di cedere la precedenza negli attraversamenti non è un compito semplice. Ai fini della responsabilità, eventuali sinistri che si verificano mentre il pedone attraversa regolarmente sugli spazi dedicati rientra in normative che non lasciano alcun dubbio nell'interpretazione. L'uso di questi spazi rende immediatamente identificabili le prescrizioni per il conducente e le facoltà riservate al pedone, ma anche le corrette modalità di esercizio.
Quando l'attraversamento avviene al di fuori degli spazi prescritti, quindi anche in «maniera irregolare», si evidenzia un conflitto normativo tra l'obbligo del pedone di cedere la precedenza ai veicoli e quello del conducente, che deve comunque consentire al pedone di raggiungere il lato opposto della strada, in condizioni di sicurezza.

Le altre manovre del pedone

Al di fuori dell'attraversamento, che rappresenta la manovra più pericolosa per il pedone e la più complessa ai fini della individuazione dei profili di colpa, gli obblighi per chi si muove a piedi e per gli automobilisti non lasciano dubbi nell'interpretazione. Se si confronta il contenuto degli Artt. 190 e 191 risultano infatti chiaramente indicati gli spazi da impegnare e le cautele da osservare.
In caso di sinistro, non causato da una manovra di attraversamento di un pedone, è facile identificare quelle che sono le prescrizioni dell'Art. 141 per i conducenti o dell'Art. 191 comma 4, quando si tratta di una violazione agli obblighi di precedenza ai pedoni nelle fasi di svolta, e dell'Art. 190 per i pedoni.

OBBLIGHI VERSO FUNZIONARI, UFFICIALI E AGENTI - ART. 192

La circolazione dei veicoli sulle strade è controllata dalle forze di polizia, incaricate di garantire i servizi di polizia stradale, che sono:
- la prevenzione e l'accertamento delle violazioni;
- la rilevazione degli incidenti;
- i servizi diretti a regolare il traffico;
- i servizi di scorta per la sicurezza della circolazione stradale;
- il soccorso automobilistico e stradale.

Per garantire questi servizi, gli ufficiali e gli agenti possono intimare le operazioni indicate dal Codice, e nello specifico:

1. *Coloro che circolano sulle strade sono tenuti a fermarsi all'invito dei funzionari, ufficiali e agenti ai quali spetta l'espletamento dei servizi di polizia stradale, quando siano in uniforme o muniti dell'apposito segnale distintivo.*
2. *I conducenti dei veicoli sono tenuti a esibire, a richiesta dei funzionari, ufficiali e agenti indicati nel comma 1, il documento di circolazione e la patente di guida, se prescritti, e ogni altro documento che, ai sensi delle norme in materia di circolazione stradale, devono avere con sé.*
3. *I funzionari, ufficiali e agenti, di cui ai precedenti commi, possono:*
   - procedere a ispezioni del veicolo al fine di verificare l'osservanza delle norme relative alle caratteristiche e all'equipaggiamento del veicolo medesimo;
   - ordinare di non proseguire la marcia al conducente di un veicolo, qualora i dispositivi di segnalazione visiva e di illuminazione o i pneumatici presentino difetti o irregolarità tali da determinare grave pericolo per la propria e altrui sicurezza, tenuto anche conto delle condizioni atmosferiche o della strada;
   - ordinare ai conducenti dei veicoli sprovvisti di mezzi antisdrucciolevoli, quando questi siano prescritti, di fermarsi o di proseguire la marcia con l'osservanza di specifiche cautele.
4. *Gli organi di polizia giudiziaria e di pubblica sicurezza possono, per controlli necessari ai fini dell'espletamento del loro servizio, formare posti di blocco e, in tal caso, usare mezzi atti ad assicurare, senza pericolo di incidenti, il graduale arresto dei veicoli che non si fermino nonostante l'ordine intimato con idonei segnali.*

Le caratteristiche di detti mezzi, nonché le condizioni e le modalità del loro impiego, sono stabilite con decreto del Ministro dell'interno, di concerto con i Ministri delle infrastrutture e dei trasporti e della giustizia.

5. *I conducenti devono ottemperare alle segnalazioni che il personale militare, anche non coadiuvato dal personale di polizia stradale di cui all'art. 12, comma 1, impartisce per consentire la progressione del convoglio militare.*

GLI OBBLIGHI ASSICURATIVI – ART. 193

L'obbligo della copertura assicurativa per tutti i veicoli a motore soddisfa due esigenze sociali molto importanti:
- la garanzia del risarcimento dei danni causati;
- la salvaguardia del patrimonio del responsabile.

Questa imposizione deve essere rispettata con grande attenzione, verificando periodicamente le scadenze dei contratti di assicurazione. Una recente modifica al Codice della Strada ha introdotto il principio dell'accertamento della copertura assicurativa dei veicoli, rilevata automaticamente dalle apparecchiature di controllo della velocità, da quelle destinate al controllo agli ingressi nelle zone a traffico limitato delle città e da ogni altro dispositivo di controllo del traffico regolarmente installato e omologato. Queste apparecchiature, una volta rilevata la targa del veicolo, interrogano la banca dati dei contratti di assicurazione e, nel caso di riscontro negativo, consentono agli organi di polizia di intimare al proprietario di esibire la documentazione. In caso contrario sono applicate le sanzioni. La circolazione di un veicolo non coperto da assicurazione è sanzionata in modo rilevante e ne prevede il sequestro immediato, che sarà revocato solo dopo aver ripristinato la copertura e provveduto al pagamento della sanzione.

1. *I veicoli a motore senza guida di rotaie, compreso i filoveicoli e i rimorchi, non possono essere posti in circolazione sulla strada senza la copertura assicurativa a norma delle vigenti disposizioni di legge sulla responsabilità civile verso terzi.*
2. *Chiunque circola senza la copertura dell'assicurazione è soggetto alla sanzione amministrativa del pagamento di una somma da euro 849 a euro 3396.*
3. *La sanzione amministrativa di cui al comma 2 è ridotta a un quarto quando l'assicurazione del veicolo per la responsabilità verso i terzi sia comunque resa operante nei quindici giorni successivi al termine di cui all'art. 1901, secondo comma, del Codice Civile. La sanzione amministrativa di cui al comma 2 è altresì ridotta a un quarto quando l'interessato entro trenta giorni dalla contestazione della violazione, previa autorizzazione dell'organo accertatore, esprime la volontà e provvede alla demolizione e alle formalità di radiazione del veicolo. In tale caso l'interessato ha la disponibilità del veicolo e dei documenti relativi esclusivamente per le operazioni di demolizione e di radiazione del veicolo previo versamento presso l'organo accertatore di una cauzione pari all'importo della sanzione minima edittale previsto dal comma 2. Ad avvenuta demolizione certificata a norma di legge, l'organo accertatore restituisce la cauzione, decurtata dell'importo previsto a titolo di sanzione amministrativa pecuniaria.*

Per l'accertamento non è necessaria la presenza dell'operatore di polizia stradale. Inoltre per ogni veicolo che si trovi su un'area pubblica è possibile l'accertamento automatico della copertura assicurativa da parte degli organi di polizia stradale.

Gli incidenti stradali e le responsabilità

La circolazione stradale è un fenomeno complesso, all'interno del quale le posizioni degli attori coinvolti cambiano continuamente.
Per queste ragioni è disciplinata da precetti elastici e di conseguenza ai conducenti è riconosciuta una sfera di discrezionalità nella scelta dei comportamenti che possano garantire la propria e l'altrui sicurezza.
La discrezionalità riconosciuta agli utenti, sempre entro i limiti fissati dalla legittimità della manovra e della sua capacità di superare la situazione di pericolo reale o potenziale, riconduce tutte le manovre della circolazione a una normativa. Questa elasticità delle norme è ampia e comprende tutte le azioni, che non possono mai essere valutate separatamente, e senza un collegamento diretto con la realtà all'interno della quale si realizzano e con le situazioni che hanno preceduto e seguito una manovra. Mentre circola, infatti, l'utente esegue manovre di adeguamento della velocità, di posizione sulla carreggiata, di cambiamento di corsia, di arresto, ma anche accelerazioni, sorpassi, adeguamenti delle distanze di sicurezza e molte altre. Ogni manovra interessa sempre una molteplicità di precetti che devono essere necessariamente coordinati per evitare di creare situazioni di "intralcio o pericolo".
Appare evidente allora come la valutazione della legalità di una manovra sia diversa, a seconda che questa sia riferita astrattamente alle norme del Codice, quindi analizzata con criteri di pericolosità generica, oppure sia vista alla luce di valutazioni concrete, a seguito di un incidente stradale.
A questo proposito, il comportamento degli automobilisti e le manovre che questi compiono negli istanti che precedono la collisione, sono esaminati analizzando la pericolosità concreta, che ha portato all'incidente. In questa valutazione si tiene peraltro conto anche di istituti giuridici che sono estranei al Codice della Strada, come la prudenza, la prevedibilità dell'evento, l'inosservanza di leggi, regolamenti, ordini o discipline. A queste si aggiungono anche altre normative complementari o integrative, che concorrono poi a definire la colpa.

LE RESPONSABILITÀ PENALI

Le responsabilità penali sono conseguenti agli incidenti stradali con esiti mortali o con lesioni. In queste ipotesi, disciplinate dalla recente legge del 2016, chi ha provocato l'evento è soggetto a un procedimento penale. Quando l'incidente determina lesioni lievi, guaribili in non più di 40 giorni, il procedimento penale scatterà solo se ci sarà la presentazione di querela da parte dell'infortunato.

Gli incidenti con esiti mortali

La legge 24 marzo 2016, n. 41, ha introdotto nell'ordinamento i reati di omicidio stradale (Art. 589 bis) e di lesioni gravi o gravissime personali stradali (Art. 590 bis). Secondo queste norme:
«Chiunque cagioni per colpa la morte di una persona con violazione delle norme sulla disciplina della circolazione stradale è punito con la reclusione da due a sette anni».

Le ipotesi più gravi

La reclusione va da otto a dodici anni nel caso in cui si provochi la morte di una persona mentre si guida in stato di ebbrezza alcolica con tasso superiore a 1,5 g/l, ovvero in stato di alterazione psicofisica conseguente all'assunzione di sostanze stupefacenti o psicotrope (comma 2 dell'Articolo).
La stessa pena si applica al conducente di veicoli a motore destinati ad attività di trasporto di persone o di cose di massa superiore a 3,5 t, di autoveicoli trainanti un rimorchio, di autobus e di altri autoveicoli destinati al trasporto di persone il cui numero di posti superiore a otto, nonché di conducenti di autoarticolati e di autosnodati che guidano in stato di ebbrezza alcolica con tasso alcolemico superiore a 0,8 e non superiore a 1,5 grammi per litro (g/l), che causino per colpa la morte di una persona.
La pena è della reclusione da cinque a dieci anni, nelle ipotesi di incidente che cagioni la morte di una persona quando il conducente:

- guida un veicolo a motore in stato di ebbrezza alcolica con caso tasso alcolemico superiore a 0,8 e non superiore a 1,5 grammi per litro (g/l);
- procede ad una velocità non inferiore a 70 km/h, quando essa risulti pari o superiore al doppio di quella consentita nei centri urbani ovvero su strade extraurbane ad una velocità superiore di almeno 50 km/h rispetto a quella massima consentita;
- attraversa un'intersezione con il semaforo rosso ovvero circola contromano;
- effettua la manovra di inversione del senso di marcia in prossimità o in corrispondenza di intersezioni, curve o dossi o a seguito di sorpasso di un altro mezzo in corrispondenza di un attraversamento pedonale o di linea continua.

In tutte le ipotesi precedenti:

- la pena è aumentata se il fatto è commesso da persona non munita di patente di guida o con patente sospesa o revocata, ovvero nel caso in cui il veicolo a motore sia di proprietà dell'autore del fatto e tale veicolo sia sprovvisto di assicurazione obbligatoria;
- la pena è diminuita fino alla metà, qualora l'evento non sia esclusiva conseguenza dell'azione o dell'omissione del colpevole.

La legge ha previsto, inoltre:

a) **maggiorazioni di pene per:**
   - fuga del conducente in caso di omicidio stradale. Nel caso di incidente con esito mortale, di cui all'Art. 589 bis, se il conducente si dà alla fuga, la pena è aumentata da un terzo a due terzi e comunque non può essere inferiore a cinque anni;
   - fuga del conducente in caso di lesioni personali stradali. Nel caso di cui all'Art. 590 bis, se il conducente si dà alla fuga, la pena è aumentata da un terzo a due terzi e comunque non può essere inferiore a tre anni;

b) **arresto obbligatorio in flagranza di reato**, quando è cagionato con le violazioni di cui ai commi 2 e 3 dell'Art 589 bis del Codice Penale;

Le ipotesi dell'Art. 589 bis, commi 2 e 3, espressamente richiamate, sono:

- *Chiunque, ponendosi alla guida di un veicolo a motore in stato di ebbrezza alcolica (superiore a 1,5 g/l) o di alterazione psico-fisica conseguente all'assunzione di sostanze stupefacenti o psicotrope cagioni per colpa la morte di una persona, è punito con la reclusione da otto a dodici anni.*
- *La stessa pena si applica al conducente di un veicolo a motore di cui all'Articolo 186 bis, comma 1, lettere b), c) e d), del Codice della Strada, cagioni per colpa la morte di una persona.*

La prima ipotesi si riferisce a tutti i conducenti che abbiano cagionato un incidente con esito mortale mentre erano in condizioni di ebbrezza alcolica superiore a 1,5 g/l, ovvero in condizioni di alterazione psicofisica conseguente all'assunzione di sostanze stupefacenti.

La seconda ipotesi si riferisce ai conducenti professionali che guidano in condizione di ebbrezza alcolica superiore a 0.8 g/l, che guidano:

b) veicoli adibiti a servizi di taxi, noleggio o autobus di linea;

c) veicoli commerciali adibiti ali trasporto di cose;

d) autoveicoli di peso complessiva, a pieno carico, superiore a 3,5 t, ovvero di autoveicoli trainanti un rimorchio che comporti una massa complessiva totale a pieno carico dei due veicoli superiore a 3,5 t, di autobus e di altri autoveicoli destinati al trasporto di persone il cui numero di posti a sedere, escluso quello del conducente, è superiore a otto, nonché di autoarticolati e di autosnodati.

Gli incidenti con lesioni gravi o gravissime

Ai sensi dell'Art. 583 del Codice Penale:

- la lesione personale è grave:
  a) se dal fatto derivano malattia che mette in pericolo la vita della persona offesa, ovvero una malattia per un tempo superiore ai 40 giorni;
  b) se il fatto produce l'indebolimento permanente di un senso o di un organo.
- la lesione personale è gravissima se dal fatto deriva:
  a) una malattia certamente o probabilmente insanabile;
  b) la perdita di un senso;
  c) la perdita di un arto;
  d) una mutilazione che renda l'arto inservibile;
  e) la perdita dell'uso di un organo;
  f) la perdita della capacità di procreare;
  g) una permanente e grave difficoltà della favella;
  h) la deformazione, ovvero lo sfregio permanente del viso.

La nuova normativa

Chiunque cagioni per colpa ad altri una lesione personale con violazione delle norme sulla disciplina della circolazione stradale è punito con la reclusione da tre mesi a un anno per le lesioni gravi e da uno a tre anni per le lesioni gravissime (Art. 590 bis)

Le ipotesi più gravi

- *La pena prevista dalla legge è della reclusione da tre a cinque anni per le lesioni gravi e da quattro a sette anni per le lesioni gravissime, quando il conducente guida un veicolo a motore in stato di ebbrezza alcolica, con tasso*

superiore a 1,5 g/l o in stato di alterazione psico-fisica conseguente all'assunzione di sostanze stupefacenti o psicotrope (comma 2 dell'Articolo);
- *Le stesse pene si applicano: al conducente di un veicolo a motore destinati ad attività di trasporto di persone o di cose di massa superiore a 3,5 t, di autoveicoli trainanti un rimorchio, di autobus e di altri autoveicoli destinati al trasporto di persone il cui numero di posti superiore a otto, nonché di autoarticolati e di autosnodati che guidi in stato di ebbrezza alcolica con tasso alcolemico superiore a 0,8 e non superiore a 1,5 grammi per litro (g/l);*
- *Per le lesioni gravi e da due a quattro anni per le lesioni gravissime, la pena prevista è la reclusione da un anno e sei mesi a tre anni quando il conducente :*
  - *guida un veicolo a motore in stato di ebbrezza alcolica con caso tasso alcolemico superiore a 0,8 e non superiore a 1,5 grammi per litro (g/l);*
  - *procede ad una velocità non inferiore a 70 km/h, quando essa risulti peri o superiore al doppio di quella consentita nei centri urbani ovvero su strade extraurbane ad una velocità superiore di almeno 50 km/h rispetto a quella massima consentita;*
  - *attraversa un'intersezione con il semaforo rosso ovvero circola contromano;*
  - *effettua la manovra di inversione del senso di marcia in prossimità o in corrispondenza di intersezioni, curve o dossi o a seguito di sorpasso di un altro mezzo in corrispondenza di un attraversamento pedonale o di linea continua (comma 5).*

In tutte le ipotesi precedenti:
a) la pena è aumentata se il fatto è commesso da persona non munita di patente di guida o con patente sospesa o revocata, ovvero nel caso in cui il veicolo a motore sia di proprietà dell'autore del fatto e tale veicolo sia sprovvisto di assicurazione obbligatoria;
b) la pena è diminuita fino alla metà, qualora l'evento non sia esclusiva conseguenza dell'azione o dell'omissione del colpevole.

L'arresto facoltativo

Per gli incidenti con lesioni gravi o gravissime, quando sono causati con violazioni all'Art. 590 bis, secondo, terzo, quarto e quinto comma del Codice Penale, è possibile l'arresto del responsabile. Le ipotesi si riferiscono a incidenti cagionati da conducenti in stato di ebbrezza alcolica, con tasso superiore a 1,5 g/l o superiore a 0,8 g/l,per i conducenti professionali, o quando il responsabile:
- guida un veicolo a motore in stato di ebbrezza alcolica con caso tasso alcolemico superiore a 0,8 e non superiore a 1,5 grammi per litro (g/l);
- procede a una velocità non inferiore a 70 km/h, quando risulti pari o superiore al doppio di quella consentita nei centri urbani o, su strade extraurbane, a una velocità superiore di almeno 50 km/h rispetto a quella massima consentita;
- attraversa un'intersezione con il semaforo rosso oppure circola contromano;
- effettua la manovra di inversione del senso di marcia in prossimità o in corrispondenza di intersezioni, curve o dossi o a seguito di sorpasso di un altro veicolo in corrispondenza di un attraversamento pedonale o di linea continua.

Va ricordato però che, ai sensi dell'Art. 189, comma 8 del Codice, Il conducente che si fermi e, occorrendo, presti assistenza alle persone ferite, mettendosi immediatamente a disposizione degli organi di polizia giudiziaria, quando dall'incidente derivi il delitto di lesioni personali colpose lievi, non è soggetto all'arresto stabilito per il caso di flagranza di reato. Pertanto, il conducente che si fermi e presti soccorso alle persone ferite, non solo adempie a un dovere morale e giuridico, ma non può essere arrestato nella flagranza del reato, anche se ha causato l'incidente con lesioni lievi

LE RESPONSABILITÀ CIVILI

L'incidente stradale comporta l'obbligo di risarcire i danni causati ai veicoli, alle persone e alla strada. Ai fini della determinazione delle responsabilità civili, secondo l'Art. 2054 del Codice Civile, *Il conducente di un veicolo senza guida di rotaie è obbligato a risarcire il danno prodotto a persone o a cose dalla circolazione del veicolo, se non prova di aver fatto tutto il possibile per evitare il danno.*

Nel caso di scontro tra veicoli si presume, fino a prova contraria, che ogni conducente abbia concorso in pari misura a produrre il danno subito dai singoli veicoli. Il proprietario del veicolo o, in sua vece, l'usufruttuario o l'acquirente con patto di riservato dominio, è responsabile in solido con il conducente, se non prova che la circolazione del veicolo è avvenuta contro la sua volontà. In ogni caso le persone indicate dai commi precedenti sono responsabili dei danni derivati da vizi di costruzione o da difetto di manutenzione del veicolo.
La norma prevede la presunzione di responsabilità in parti uguali tra i conducenti coinvolti nel sinistro. Questo determina l'inversione dell'onere della prova, nel senso che ogni conducente deve provare di aver fatto tutto ciò che era possibile al fine di evitare l'evento, per poter essere riconosciuto non colpevole. Una condizione non facile, che porta alla

necessità di dimostrare di aver rispettato tutte le norme e di aver tenuto presente anche tutti gli eventi negativi, compresi gli errori degli altri automobilisti coinvolti, ragionevolmente prevedibili.

IL RISARCIMENTO DIRETTO

Le responsabilità civili sono "sbrigate" dalla compagnia che ha assicurato il veicolo. Per quanto riguarda il risarcimento dei danni, la nuova normativa in tema di assicurazione obbligatoria per i veicoli a motore e natanti, introdotta con D.Lgs. 7 settembre 2005, n. 209, all'Art. 122 ribadisce l'obbligo di assicurazione per la responsabilità civile verso i terzi, ma ha introdotto novità di rilievo.
La novità maggiore è costituita dal sistema del risarcimento diretto. Punti cardine di questo nuovo sistema di risarcimento sono:

- definizione del concetto di danno biologico per lesioni di lieve entità (Art. 139) intendendo una «*lesione temporanea o permanente all'integrità psicofisica della persona, suscettibile di accertamento medico-legale, che implica un'incidenza negativa sulle attività quotidiane e sugli aspetti dinamico-relazionali della vita del danneggiato, indipendentemente da eventuali ripercussioni sulla sua capacità di produrre redditi*».
  Secondo il primo comma dell'Art. 139, il danno biologico permanente di lieve entità è liquidato per postumi fino al 9%, mentre quello temporaneo comporta una liquidazione di euro 39,37 per ogni giorno di inabilità assoluta.
- per danno biologico da lesioni di non lieve entità si intendono «*le menomazioni all'integrità psico-fisica comprese tra dieci e cento punti*» costituite da «*lesioni temporanee o permanenti all'integrità psico-fisica della persona, suscettibili di accertamento medico legale, che esplicano un'incidenza negativa sulle attività quotidiane e sugli aspetti dinamico-relazionali della vita del danneggiato, indipendentemente da eventuali ripercussioni sulla sua capacità di produrre reddito. Il valore pecuniario è da attribuire ad ogni singolo punto di invalidità comprensiva dei coefficienti di variazione corrispondenti all'età del soggetto leso*».

La denuncia di danno – Art. 143

1. Nel caso di sinistro avvenuto tra veicoli a motore per i quali vi sia obbligo di assicurazione, i conducenti dei veicoli coinvolti o, se persone diverse, i rispettivi proprietari sono tenuti a denunciare il sinistro alla propria impresa di assicurazione, avvalendosi del modulo fornito dalla medesima, il cui modello è approvato dall'IVASS. In caso di mancata presentazione della denuncia di sinistro si applica l'Articolo 1915 del codice civile per l'omesso avviso di sinistro.
2. Quando il modulo sia firmato congiuntamente da entrambi i conducenti coinvolti nel sinistro si presume, salvo prova contraria da parte dell'impresa di assicurazione, che il sinistro si sia verificato nelle circostanze, con le modalità e con le conseguenze risultanti dal modulo stesso.

IL CID

Il CID, il modulo noto anche come CAI (constatazione amichevole di incidente) non è vincolante per l'assicurazione. La Corte di Cassazione, con la sentenza 12370 del 15.06.2016 ha confermato quanto affermato con la sentenza 25 giugno 2013, n. 15881, in virtù della quale «*in materia di responsabilità da sinistro stradale, ogni valutazione sulla portata confessoria del modulo di constatazione amichevole di incidente (cosiddetto CID) deve ritenersi preclusa dall'esistenza di un'accertata incompatibilità oggettiva tra il fatto come descritto in tale documento e le conseguenze del sinistro come accertate in giudizio*».

Con questa sentenza è stato affrontato il tema della natura confessoria del verbale CID. Il documento trova riferimenti normativi nell'Art. 143 del D.Lgs. 7 settembre 2005 n. 209 (Codice delle Assicurazioni) sotto il titolo "denuncia di sinistro". La norma prevede che:

- il sinistro deve essere denunciato alla propria compagnia assicuratrice servendosi dell'apposito modulo;
- il secondo comma dell'Articolo prevede che, in caso di sottoscrizione congiunta del modulo, si presume che l'incidente si sia verificato con le modalità descritte, fatta salva la prova contraria avanzata dall'assicurazione.

Le dichiarazioni contenute nel verbale hanno portata di confessione stragiudiziale (Art. 2735 c.c.). La confessione, secondo la definizione di cui all'Art. 2730 del Codice Civile, è la dichiarazione che una parte fa della verità di fatti a essa sfavorevoli e favorevoli all'altra parte.

DISCIPLINA DEL RISARCIMENTO DIRETTO – ART. 150 E DPR 254/2006

Le previsioni dell'Art. 150 sono state realizzate con il regolamento, adottato con DPR 18 luglio 2006, n. 254, in vigore dal 1° febbraio 2007. La procedura del risarcimento diretto, che non è facoltativa, si applica in tutte le ipotesi di danni ai veicoli e di lesioni di lieve entità al conducente, anche quando nel sinistro sono coinvolti terzi trasportati (Art. 3). Nel

caso in cui i terzi trasportati subiscano lesioni, la richiesta del risarcimento del danno è quella prevista dall'Art. 141 che trasferisce all'impresa assicuratrice del veicolo che lo trasportava l'obbligo del risarcimento (Art. 3).
Per questa ragione, il danneggiato dovrà presentare richiesta di risarcimento alla compagnia assicuratrice del veicolo sul quale viaggiava, secondo la procedura dell'Art. 148.

MODALITÀ DELLA RICHIESTA DI RISARCIMENTO - ART. 5 DPR 254/2006

1. Il danneggiato che si ritiene non responsabile, in tutto o in parte, del sinistro invia la richiesta di risarcimento alla compagnia che ha stipulato la polizza relativa al veicolo utilizzato.
2. La richiesta è presentata mediante lettera raccomandata con ricevuta di ritorno, con consegna a mano, a mezzo telegramma, telefax o in via telematica, salvo che nel contratto sia esplicitamente esclusa l'ultima forma di presentazione della richiesta di risarcimento.
3. L'impresa che ha ricevuto la richiesta ne dà immediata comunicazione all'impresa dell'assicurato ritenuto in tutto o in parte responsabile del sinistro, fornendo le sole informazioni necessarie per la verifica della copertura assicurativa e per l'accertamento delle modalità che hanno determinato il sinistro.

CONTENUTO DELLA RICHIESTA DI RISARCIMENTO - ART. 6, DPR 254/2006

1. Nell'ipotesi di danni al veicolo e alle cose, la richiesta di risarcimento contiene i seguenti elementi:
   a) i nomi degli assicurati;
   b) le targhe dei due veicoli coinvolti;
   c) la denominazione delle rispettive imprese;
   d) la descrizione delle circostanze e delle modalità del sinistro;
   e) le generalità di eventuali testimoni;
   g) il luogo, i giorni e le ore in cui le cose danneggiate sono disponibili per la perizia diretta ad accertare l'entità del danno.
2. Nell'ipotesi di lesioni subite dai conducenti, la richiesta indica, inoltre:
   a) l'età, l'attività e il reddito del danneggiato;
   b) l'entità delle lesioni subite;
   c) la dichiarazione di cui all'Art. 142 del Codice circa la spettanza o meno di prestazioni da parte di istituti che gestiscono assicurazioni sociali obbligatorie;
   d) l'attestazione medica comprovante l'avvenuta guarigione, con o senza postumi permanenti;
   e) l'eventuale consulenza medico-legale di parte, corredata dall'indicazione del compenso spettante al professionista.

CRITERI DI DETERMINAZIONE DEL GRADO DI RESPONSABILITÀ - ALLEGATO AL DPR 254/2006

Principi generali

Ai fini dell'accertamento della responsabilità per quanto riguarda i sinistri disciplinati dall'Art. 149 del Codice delle assicurazioni private, si applicano i seguenti principi:
Se i due veicoli circolano nella stessa direzione e sulla medesima fila, il veicolo che urta quello antistante è responsabile al 100% del sinistro.

La responsabilità è del veicolo Y che urta posteriormente

Se i due veicoli circolano su due file differenti, il veicolo che cambia fila è responsabile al 100% del sinistro. Se il contatto tra i due veicoli avviene senza cambiamento di fila, si presume una responsabilità concorsuale al 50%.

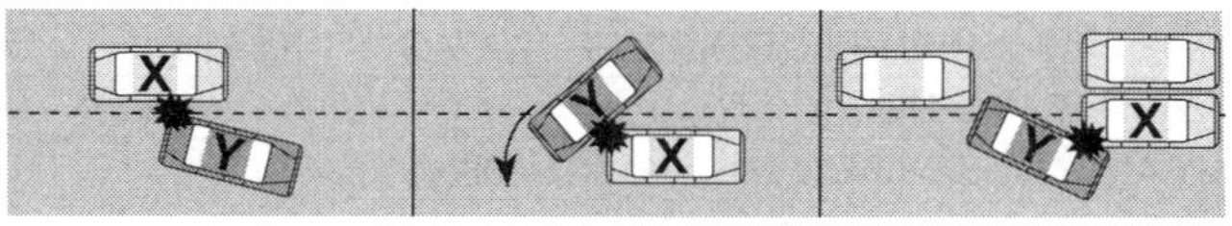

La responsabilità è del veicolo Y che cambia fila

La responsabilità è al 50% se non c'è cambiamento di fila.

Se uno dei due veicoli si rimette nel flusso della circolazione da una posizione di sosta o uscendo da un'area privata e urta un veicolo in circolazione è responsabile al 100% del sinistro.

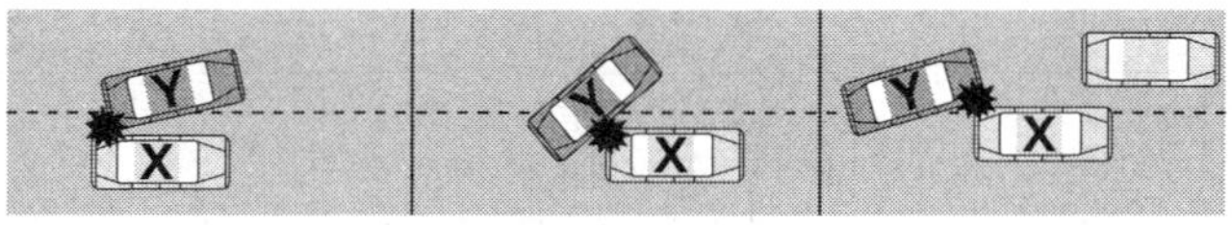

La responsabilità è di Y che si rimette in circolazione dopo una sosta.

Se i due veicoli circolano in senso inverso, impegnando o sorpassando l'asse mediano della carreggiata, e si scontrano frontalmente, si presume una responsabilità concorsuale al 50%. Se invece è solo uno dei due veicoli a sorpassare l'asse mediano della carreggiata la responsabilità è integralmente a carico di quest'ultimo.

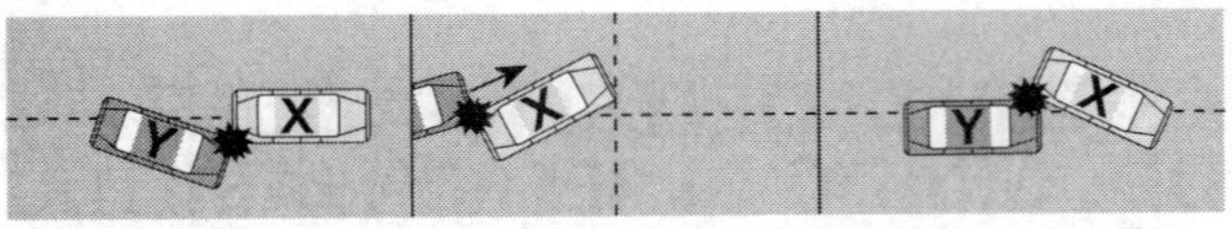

La responsabilità è al 50% visto che entrambi i veicoli superano l'asse mediano della carreggiata.

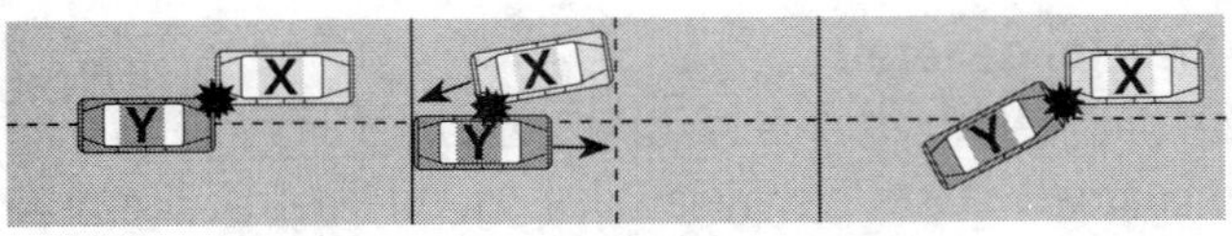

La responsabilità è di Y che sorpassa l'asse mediano della carreggiata.

Se i due veicoli provengono da due strade differenti, le cui direzioni si intersecano o si congiungono, la responsabilità è interamente a carico di quello che proviene da sinistra a meno che le precedenze non siano indicate in maniera differente dai segnali stradali o semaforici.

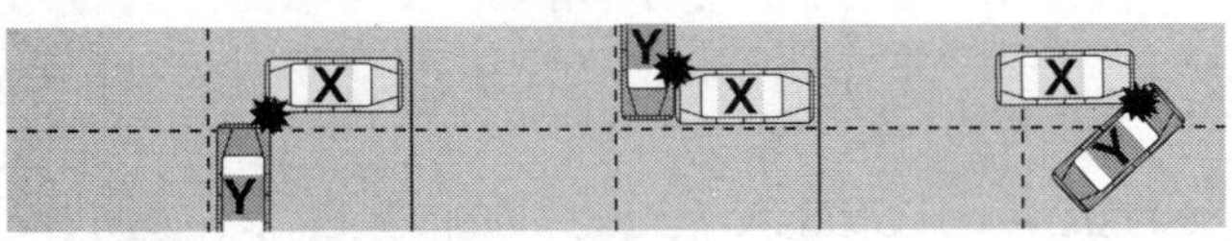

La responsabilità è di Y che proviene da sinistra

Se un veicolo in circolazione urta un veicolo in sosta è interamente responsabile del sinistro.
Se uno dei veicoli circola in retromarcia è responsabile del sinistro.

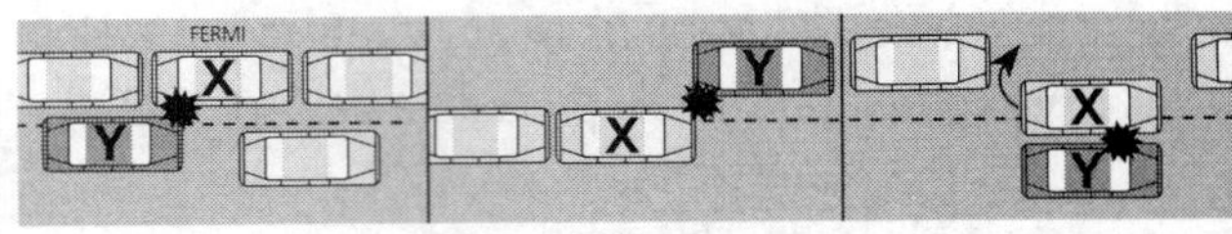

La responsabilità è di Y che essendo in circolazione urta un veicolo in sosta.

La ripartizione delle responsabilità

Nella suddivisione delle responsabilità per sinistri nei quali siano coinvolti due veicoli si applicano, se corrispondenti al caso di specie, i criteri evidenziati nella tabella sottostante (casistica riportata sul modulo di constatazione amichevole), recante lo schema di ripartizione delle responsabilità sulla base della casistica ricorrente. Nel prospetto è riportata la situazione relativa alla responsabilità del veicolo A.
Le percentuali di responsabilità indicate nello schema possono variare in funzione:

- della corresponsabilità dovuta al mancato rispetto dei limiti di velocità, quantificabile in una misura che può variare dal 30 al 70%;
- del mancato rispetto delle modalità previste dal Codice della Strada per le svolte a destra e sinistra, quantificabile in una misura che varia dal 30 al 70%.

Circostanze del sinistro	Veicolo A																			
NON AVEVA OSSERVATO IL SEGNALE DI PRECEDENZA O SEMAFORO ROSSO	17	T	T	C	T	C	T	T	T	C	T	T	C	T	T	C	C	T	C	
PROVENIVA DA DESTRA	16	R	T	R	NC	R	R	R	R	R	NC	R	R	R	R	R	R	C	R	
INVADEVA LA SEDE STRADALE RISERVATA ALLA CIRCOLAZIONE IN SENSO	15	T	T	T	T	T	T	T	T	NC	T	T	T	T	T	C	C	T	C	
RETROCEDEVA	14	T	T	T	T	C	T	T	T	T	T	C	T	T	T	C	C	T	C	
GIRAVA A SINISTRA	13	NC	T	R	R	R	NC	NC	T	R	T	R	C	NC	C	R	R	T	R	
GIRAVA A DESTRA	12	NC	T	R	R	R	R	T	T	R	T	R	R	C	NC	R	R	T	R	
SORPASSAVA	11	T	T	R	NC	R	NC	NC	T	R	T	R	C	T	C	R	R	T	C	
CAMBIAVA DI FILA	10	T	T	R	NC	R	NC	T	T	C	T	C	T	T	T	C	R	T	R	
PROCEDEVA NELLO STESSO SENSO MA IN UNA FILA DIVERSA	9	NC	T	R	NC	R	R	NC	C	NC	C	R	R	R	NC	R	R	NC	R	
TAMPONAVA PROCEDENDO NELLO STESSO SENSO O NELLA STESSA FILA	8	T	T	C	T	C	T	T	T	NC	NC	C	T	T	T	R	NC	T	C	
CIRCOLAVA SU UNA PIAZZA A SENSO ROTATORIO	7	NC	T	T	R	R	R	R	C	R	C	R	R	R	R	R	R	T	R	
SI IMMETTEVA IN UNA PIAZZA A SENSO ROTATORIO	6	T	T	T	R	R	R	C	T	R	NC	R	NC	R	NC	R	R	T	R	
ENTRAVA IN UN PARCHEGGIO, IN UN LUOGO PRIVATO, IN UNA STRADA VICINALE	5	T	T	C	C	C	C	T	T	R	T	NC	NC	T	NC	R	R	T	R	
USCIVA DA UN PARCHEGGIO, DA UN LUOGO PRIVATO, DA UNA STRADA VICINALE	4	T	T	C	C	C	C	T	T	C	T	T	T	T	T	C	R	T	C	
STAVA PARCHEGGIANDO	3	T	T	C	C	C	C	T	T	R	NC	NC	NC	T	T	R	R	NC	R	
RIPARTIVA DOPO UNA SOSTA/APRIVA UNA PORTIERA	2	T	T	C	C	C	C	R	R	C	T	T	T	T	T	R	R	R	C	
VEICOLO IN SOSTA O IN FERMATA	1	R	NC	R	R	R	R	R	R	R	R	R	R	R	R	R	R	R	R	
	0	NC	T	R	R	R	R	R	NC	R	NC	R	R	NC	NC	R	R	T	R	
		0	1	2	3	4	5	6	7	8	9	10	11	12	13	14	15	16	17	VEICOLO B

Legenda
T = Torto. Indica la responsabilità totale a carico del veicolo A
C = Concorso. Indica una corresponsabilità paritetica (50%) dei due conducenti
R = Ragione. Indica l'assenza di responsabilità a carico del veicolo A
NC = Tipologia di sinistro non verificabile

Indipendentemente dalle indicazioni riportate sulla tabella, ogni sinistro dovrà essere valutato nel caso concreto, tenendo conto anche di ulteriori circostanze che possono avere influito sulla dinamica dell'evento.

LA NEGOZIAZIONE ASSISTITA

L'obbligo della negoziazione assistita in materia di risarcimento del danno da circolazione stradale, è valido per somme non eccedenti 50.000 euro (Art. 3 comma 1 del D.L. 132/2014. Con la legge di stabilità 2015, questo obbligo è stato esteso anche ai contratti di trasporto o di sub-trasporto (Art. 249 L. 190/2014).

Il procedimento inizia con l'invito alla controparte a stipulare una convenzione di negoziazione assistita. L'invito, redatto per iscritto a pena di nullità, deve contenere l'oggetto della controversia e l'avvertimento che la mancata risposta, entro trenta giorni dalla ricezione, o il suo rifiuto, può essere valutato dal giudice ai fini delle spese del giudizio, della responsabilità aggravata (Art. 96 cpc) e dell'esecuzione provvisoria (Amrt. 642 cpc). Nel campo dell'infortunistica stradale, la negoziazione assistita dovrebbe essere facilitata dalla disponibilità di una legislazione chiara sulla ripartizione delle responsabilità, introdotta con il DPR 254/2006, Regolamento recante disciplina del risarcimento diretto dei danni derivanti dalla circolazione stradale, a norma dell'Articolo 150 del decreto legislativo 7 settembre 2005, n. 209 – Codice delle Assicurazioni private.

Ai sensi dell'Art. 3 di questa norma:

1. La disciplina del risarcimento diretto si applica in tutte le ipotesi di danni al veicolo e di lesioni di lieve entità al conducente, anche quando nel sinistro siano coinvolti terzi trasportati.
2. Qualora i terzi trasportati subiscano lesioni, la relativa richiesta del risarcimento del danno resta soggetta alla specifica procedura prevista dall'Art. 141 del codice.

L'allegato A del DPR 254 del 2006 rappresenta un riferimento certo dei parametri di attribuzione delle responsabilità alle parti e la buona fede e la lealtà richieste dalla legge per la negoziazione assistita dovrebbero essere sufficienti a risolvere amichevolmente la controversia. Una volta chiarite la provenienza e la destinazione dei veicoli coinvolti, la ripartizione delle responsabilità non dovrebbe essere oggetto di ulteriori discussioni, resta da concordare solo l'entità dei danni, tema nel quale la lealtà e la buona fede sono fondamentali ma non sempre presenti. Mentre la tabella delle menomazioni all'integrità psicofisica, comprese tra 1 e 9 punti di validità, è un'ulteriore certezza per definire la controversia.

Le esercitazioni e la prova di guida

LE ESERCITAZIONI PER LA PATENTE A1, A2 E A

Superato l'esame di teoria, il candidato può richiedere l'autorizzazione (comunemente definito foglio rosa) per svolgere esercitazioni sui veicoli delle categorie per le quali è stata richiesta o l'estensione di validità della patente. Quando effettuata con un veicolo a due ruote, l'esercitazione è realizzata in piena libertà dal conducente che, pur circolando in luoghi poco frequentati, potrà apprendere i comportamenti di guida corretti se avrà l'accortezza di osservare le regole appena apprese, anche quando possono sembrare inutili o eccessive. Per queste ragioni, le esercitazioni svolgono un ruolo fondamentale proprio per acquisire lo stile di guida che accompagnerà il futuro neopatentato per tutta la vita.
Per potersi esercitare alla guida di un motoveicolo, in particolare per quello a due ruote, per il quale non è prevista la presenza di un istruttore a fianco, è necessario:
- aver superato la prova delle conoscenze teoriche;
- aver richiesto e ottenuto l'autorizzazione.

L'interessato, una volta autorizzato, può esercitarsi osservando le prescrizioni del decreto del Ministro delle Infrastrutture e dei Trasporti.

Le prescrizioni da osservare

Se le esercitazioni sono effettuate su veicoli a tre ruote o su quadricicli non leggeri, omologati per il trasporto di un passeggero, deve essere osservata la prescrizione dell'Art. 122 comma 2: l'autorizzazione permette di esercitarsi su veicoli delle categorie per le quali si vuole ottenere la patente o la sua estensione di validità, purché al fianco del candidato si trovi, come istruttore, una persona di meno di 65 anni, che abbia da almeno dieci anni una patente valida per la stessa categoria o valida per la categoria superiore; la persona che fa da istruttore ha il compito di vigilare sulla marcia del veicolo, intervenendo in caso di problemi e necessità.

Non è previsto l'obbligo dell'istruttore quando le esercitazioni si effettuano con veicoli a due ruote e in ogni caso in cui il veicolo non sia omologato per il trasporto di un passeggero a fianco del conducente. Quando le esercitazioni si realizzano con un autoveicolo o con un motoveicolo a tre ruote omologato per il trasporto di un passeggero devono essere rispettati:
- l'obbligo della preventiva autorizzazione;
- l'obbligo di avere a fianco istruttore idoneo;
- l'obbligo di esporre il contrassegno con la lettera P.

La prova pratica di guida non può essere sostenuta prima che sia trascorso un mese dalla data del rilascio dell'autorizzazione; tra una prova d'esame sostenuta con esito sfavorevole e una successiva deve trascorrere almeno un mese. Nel limite di validità dell'autorizzazione è consentito ripetere una volta soltanto la prova pratica di guida. L'autorizzazione è valida per sei mesi.

LE ESERCITAZIONI PER LA PATENTE B

Le esercitazioni sono disciplinate dall'Art.122 del Codice.

(...)

2- *L'autorizzazione consente all'aspirante di esercitarsi su veicoli delle categorie per le quali è stata richiesta la patente o l'estensione di validità della medesima, purché al suo fianco si trovi, in funzione di istruttore, persona di età non superiore a sessantacinque anni, munita di patente valida per la stessa categoria, conseguita da almeno dieci anni, ovvero valida per la categoria superiore; l'istruttore deve, a tutti gli effetti, vigilare sulla marcia del veicolo, intervenendo tempestivamente ed efficacemente in caso di necessità.*

3. *Agli aspiranti autorizzati ad esercitarsi per conseguire la patente di categoria A non si applicano le norme di cui al comma 2 ma quelle di cui al comma 5.*

4. *Gli autoveicoli per le esercitazioni e gli esami di guida devono essere muniti di appositi contrassegni recanti la lettera alfabetica "P". Tale contrassegno è sostituito per i veicoli delle autoscuole con la scritta "scuola guida". Le caratteristiche di tali contrassegni e le modalità di applicazione saranno determinate nel regolamento.*
5. *Le esercitazioni su veicoli nei quali non possa prendere posto, oltre al conducente, altra persona in funzione di istruttore sono consentite in luoghi poco frequentati.*

5 bis. *L'aspirante al conseguimento della patente di guida di categoria B deve effettuare esercitazioni in autostrada o su strade extraurbane e in condizione di visione notturna presso un'autoscuola con istruttore abilitato e autorizzato. Con decreto del Ministro delle infrastrutture e dei trasporti sono stabilite la disciplina e le modalità di svolgimento delle esercitazioni di cui al presente comma.*

6. *L'autorizzazione è valida per sei mesi.*

PER LA PATENTE B1

Valgono le stesse prescrizioni. Se sono effettuate con un veicolo che non consente altro passeggero devono essere osservate le prescrizioni per i veicoli a due ruote. Se il veicolo permette il trasporto del passeggero è previsto l'obbligo di avere a bordo un istruttore e di esporre il contrassegno "P".

Modalità e prescrizioni di sicurezza

Le esercitazioni di guida sono importanti per apprendere comportamenti di guida saggi e sicuri. Per queste ragioni il Codice della Strada le ha disciplinate in maniera analitica, dedicando all'argomento un decreto ministeriale che è riportato nelle parti più significative, dedicate alle esercitazioni in autostrada e durante le ore notturne.

Obbligatorietà e modalità delle esercitazioni di guida

(*) le modalità per le esercitazioni di guida in autostrada e in notturna sono stabilite dal decreto del MIT del 20.04.2012 – Art. 1 - Esercitazioni di guida obbligatorie per il conseguimento della patente di categoria B.

1. Ai sensi dell'Art. 122, comma 5 bis, del Codice della Strada, l'aspirante al conseguimento della patente di guida di categoria B deve effettuare almeno sei ore di esercitazioni obbligatorie di guida presso un'autoscuola, con istruttore abilitato ed autorizzato, in conformità a quanto previsto dall'allegato 1 del presente decreto.

2. Le lezioni sono individuali. Ciascuna lezione non può avere durata superiore a due ore giornaliere.

***Art. 2** - Prescrizioni comportamentali durante le esercitazioni di guida in autostrade, su strade extraurbane ed in condizioni di visione notturna*

1. *Fermo restando quanto prescritto dall'Art. 122 del Codice della Strada, al titolare di autorizzazione ad esercitarsi alla guida che circola in autostrade con carreggiate a tre o più corsie, è fatto divieto di impegnare altre corsie all'infuori delle due più vicine al bordo destro della carreggiata. È fatto, altresì, obbligo di rispettare i limiti di velocità di cui all'Art. 117, comma 2, del Codice della Strada. Si applica la sanzione dell'Art. 176, comma 21, del Codice della Strada.*
2. *Fermo restando quanto prescritto dal decreto ministeriale 11 novembre 2011, n. 213, le disposizioni di cui al comma 1 si applicano anche nelle ipotesi di guida accompagnata di cui allo stesso decreto.*
3. *Fermo restando quanto previsto dall'Art. 122 del Codice della Strada, nel caso di esercitazioni in autostrada o su strade extraurbane principali, ovvero in condizioni di visione notturna, effettuate con veicolo diverso da quello di un'autoscuola, da un titolare di autorizzazione ad esercitarsi alla guida, sul veicolo non può prendere posto, oltre al conducente, altra persona che non sia l'accompagnatore in funzione di istruttore. Si applica la sanzione di cui all'Art. 122, comma 9, del Codice della Strada.*

LA PROVA DI GUIDA PER LA PATENTE A1, A2, A

Con la prova di guida si completa l'esame. Una volta superato, la patente è rilasciata direttamente al candidato. Lo svolgimento della prova è disciplinato dettagliatamente dalle circolari ed è articolata su sei fasi, che riguardano:

- verifica della capacità del conducente di prepararsi a una guida sicura;
- manovre preliminari; passaggio in corridoio stretto (a una velocità di almeno 30 km/h);
- superamento ostacolo (a una velocità di almeno 50 km/h);
- superamento ostacolo (a una velocità di almeno 50 km/h)1
- due prove di frenata;
- comportamento nel traffico.

La lettura attenta delle prove da superare e di come affrontarle ha una forte valenza formativa. La previsione dettagliata delle prove d'esame ha anche la funzione di educare a stili di guida adeguati e sicuri. Questa visione trova riscontro nelle indicazioni dei parametri di valutazione (punto 15) dove si rileva che:

Nel corso della prova, gli esaminatori devono prestare particolare attenzione al fatto che il candidato dimostri o meno nella guida un atteggiamento prudente e senso civico. La valutazione deve tenere conto dell'immagine complessiva presentata dal candidato in merito fra l'altro dei seguenti elementi: stile di guida confacente e sicuro, che tenga conto delle condizioni meteorologiche e di quelle della strada, delle condizioni di traffico, degli interessi degli altri utenti della strada (in particolare i più esposti), anticipandone le mosse.

Allo stesso modo devono essere comprese le manovre che determinano l'immediata bocciatura, poiché sono quelle più pericolose ai fini della sicurezza stradale. La lettura attenta degli errori da evitare, non solo è funzionale al superamento della prova, ma è un momento formativo fondamentale per acquisire coscienza dei comportamenti pericolosi come il superamento dei limiti di velocità di oltre 40 km/h, i sorpassi vietati, la circolazione contromano, l'uso del telefonino durante la guida, le omissioni in tema di precedenza e altro.

Prova pratica di guida - stralcio della circolare 7262 del 27 marzo 2017

La prova pratica di guida si articola in sei fasi:

I FASE: VERIFICA DELLA CAPACITÀ DEL CONDUCENTE DI PREPARARSI AD UNA GUIDA SICURA

Il candidato deve essere in grado di prepararsi ad una guida sicura, effettuando le seguenti operazioni:

a) indossare correttamente il casco ed ulteriore abbigliamento protettivo di altro tipo, ove prescritto;

b) effettuare, a caso, un controllo della condizione di pneumatici, freni, sterzo, interruttore di emergenza (se presente), catena, livelli dell'olio, luci, catadiottri, indicatori di direzione e dispositivi di segnalazione acustica.

Si sottolinea che detta fase non rappresenta né un'integrazione, né un'estensione dell'esame di teoria.
Di conseguenza, l'esaminatore dovrà verificare:

CAPACITÀ DI INDOSSARE CORRETTAMENTE CASCO E ABBIGLIAMENTO

CASCO PROTETTIVO verificare che il candidato:
- *sappia indossare correttamente il casco;*
- *controlli correttamente l'integrità (cinghiette, visiera, calotta);*
- *sappia individuare la presenza della targhetta di omologazione.*

ABBIGLIAMENTO verificare che il candidato sappia:
- *indossare correttamente i guanti;*
- *indossare correttamente una giacca con protezione dei gomiti e delle spalle;*
- *indossare scarpe chiuse;*
- *indossare pantaloni lunghi che non possano impigliarsi nel motociclo;*
- *indossare protezioni delle ginocchia.*

CONTROLLO DEI DISPOSITIVI

PNEUMATICI verificare che il candidato:
- *sappia controllare lo spessore del battistrada;*
- *sappia controllare "a vista" la pressione di gonfiaggio degli pneumatici;*
- *sappia controllare la corrispondenza della misura degli pneumatici con quella riportata sulla carta di circolazione;*
- *sappia individuare la pressione di gonfiaggio consigliata.*

FRENI verificare che il candidato:
- *sappia individuare i comandi dei freni;*
- *sappia controllare l'assenza di perdite dell'impianto frenante (se possibile);*
- *sappia controllare a vista le condizioni dei cavi e delle relative guaine;*
- *sappia individuare quale comando attiva il freno anteriore e quale il freno posteriore;*
- *sappia verificare eventuale "corsa a vuoto" dei comandi dei freni.*

STERZO verificare che il candidato:
- *sappia controllare se lo sterzo abbia movimenti anomali;*
- *sappia individuare la disposizione dei comandi sul manubrio.*

INTERRUTTORE DI EMERGENZA verificare che il candidato:
- *sappia individuare l'interruttore di emergenza, ove presente.*

CATENA verificare che il candidato:
- *sappia effettuare il controllo della tensione della catena (se presente).*

LIVELLI DELL'OLIO verificare che il candidato:
- *sappia controllare il livello dell'olio dell'impianto frenante;*
- *sappia controllare il livello dell'olio motore.*

DISPOSITIVI DI SEGNALAZIONE VISIVA E DI ILLUMINAZIONE verificare che il candidato:
- *sappia controllare lo stato generale di fari e catadiottri;*
- *sappia attivare i proiettori anabbaglianti;*

- *sappia attivare i proiettori abbaglianti;*
- *sappia individuare le spie delle luci e dei proiettori abbaglianti;*
- *sappia attivare gli indicatori di direzione;*
- *sappia attivare la segnalazione luminosa di pericolo, ove presente.*

DISPOSITIVI DI SEGNALAZIONE ACUSTICA verificare che il candidato:
- *sappia individuare e attivare l'avvisatore acustico.*

II FASE: MANOVRE PRELIMINARI

In tale fase il candidato sostiene le manovre:

a) mettere il motociclo sul cavalletto e toglierlo dal cavalletto senza l'aiuto del motore, camminando a fianco del veicolo;
b) parcheggiare il motociclo sul cavalletto;
c) prova di equilibrio a velocità ridotta.

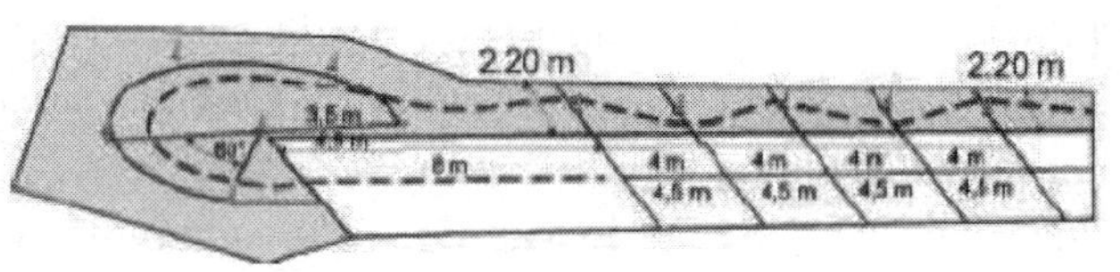

Preparazione della prova

All'interno del corridoio in figura, disporre 5 coni in gomma o in materiale plastico, in linea retta, alla distanza di:
- *4 metri l'uno dall'altro, per la prova di verifica delle capacità e dei comportamenti per il conseguimento delle patenti di guida di categoria A1;*
- *4,5 metri l'uno dall'altro, per la prova di verifica delle capacità e dei comportamenti per il conseguimento delle patenti di guida di categoria A2 e A;*
- *delimitare la zona dello slalom con corridoio orizzontale pari a 2,20 metri.*

Disporre, alla distanza di 8 metri dall'ultimo cono e sull'asse del corridoio, un ulteriore cono, ed intorno a questo altri 5 coni, alla distanza di:
- *3,5 metri, per la prova di verifica delle capacità e dei comportamenti per il conseguimento delle patenti di guida di categoria A1;*
- *4,5 metri, per la prova di verifica delle capacità e dei comportamenti per il conseguimento delle patenti di guida di categoria A2 e A; in modo che le congiungenti con il cono centrale formino fra loro, e con la congiungente i 2 coni, angoli di 60 gradi. Nessun cono deve essere sistemato sulla congiungente i 2 coni.*

Svolgimento della prova

Il candidato dovrà effettuare un percorso, a velocità ridotta, lasciando alternativamente, da una parte e dall'altra ciascuno dei 5 coni, scostandosi da essi il meno possibile, ovvero rimanendo all'interno del corridoio; quindi dovrà descrivere, a velocità ridotta e nel modo più regolare possibile, un percorso avvolgente il cono posto inizialmente e collocato all'interno della zona delimitata dai 5 coni aggiunti.

Determina l'esito negativo della prova:

a) abbattere uno o più coni;
b) saltare un cono, omettendo di svolgere il percorso che parzialmente deve avvolgerlo;
c) allontanarsi eccessivamente dai coni o oltrepassare la segnaletica orizzontale;
d) effettuare la curva in modo irregolare nel tracciato;
e) mettere un piede a terra;
f) impiegare un tempo eccessivo;
g) coordinare in modo irregolare la guida dimostrando scarsa abilità.

III FASE: PASSAGGIO IN CORRIDOIO STRETTO (ad una velocità di almeno 30 km/h)

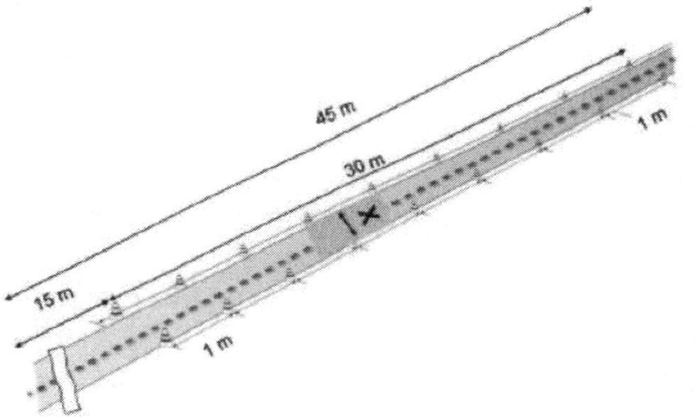

LEGENDA
X= 1,10 metri per A1
X= 1,30 metri per A2 e A

Preparazione della prova

Delimitare un corridoio lungo 45 metri e largo 1,10 metri per A1 e largo 1,30 metri per A2-A. I primi 15 metri, necessari per portare il veicolo in velocità, sono dotati di sola segnaletica orizzontale e gli ultimi 30 metri anche con coni in gomma o in materiale plastico, posti a distanza di 1 metro l'uno dall'altro e lungo due linee rette e parallele.

Svolgimento della prova

Il candidato deve percorrere il corridoio delimitato dai coni (30 metri) ad una velocità di almeno 30 km/h.

Determina l'esito negativo della prova:

a) abbattere uno o più coni;
b) mettere un piede a terra;
c) oltrepassare la segnaletica orizzontale;
d) non raggiungere la velocità stabilita

IV FASE: SUPERAMENTO OSTACOLO (ad una velocità di almeno 50 km/h)

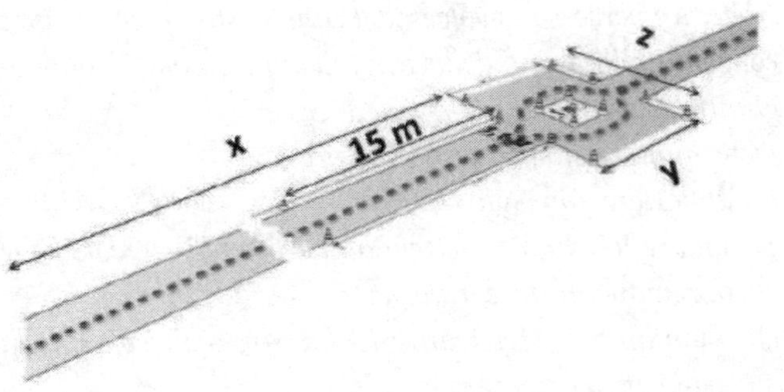

LEGENDA
X= 60 m per A1
X= 44 m per A2 e A
Y= 6 m per A1
Y= 7 m per A2 e A
Z= 4,5 m per A1, A2 e A

Preparazione della prova

Disporre un corridoio pari a 60 metri per A1 e 44 metri per A2-A con segnaletica orizzontale posta a una distanza di 1,10 metri.
Disporre a 15 metri dall'arrivo 2 coni di segnalazione esterni a detto corridoio. Al termine del corridoio disporre numero 8 coni formanti un rettangolo di dimensioni 6 metri x 4,5 metri per A1 e 7 metri x 4,5 metri per A2-A.
Al centro del rettangolo devono essere posizionati 4 coni a distanza di 1 metro uno dall'altro, in modo da formare un quadrato concentrico con il rettangolo ed i cui lati sono paralleli con esso.
Predisporre un corridoio di uscita pari almeno a 5 metri delimitato con segnaletica orizzontale.

Svolgimento della prova

Il candidato percorre il corridoio marciando a velocità non inferiore a 50 km/h e in corrispondenza dei 2 coni posti a 15 metri dal rettangolo, adegua la velocità, affronta l'ostacolo rappresentato dal quadrato, superandolo indifferentemente a destra o a sinistra, senza uscire dai limiti del rettangolo e rimettendosi nel corridoio di uscita.

Determina l'esito negativo della prova:
- *a) toccare e/o abbattere i coni o uscire dal loro allineamento;*
- *b) rallentare prima di superare i coni posti a 15 metri dal rettangolo;*
- *c) coordinare in modo irregolare la guida dimostrando scarsa abilità;*
- *d) non riuscire a riprendere la traiettoria in uscita dal rettangolo oltrepassando la segnaletica orizzontale.*

V FASE

Il candidato sostiene due volte la prova di frenata, la seconda volta ad una velocità di almeno 50 km/h.

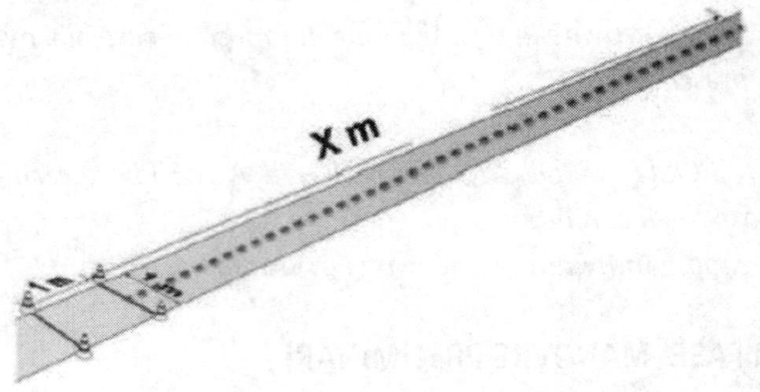

LEGENDA
X= 60 m per A1
X= 44 m per A2 e A

Preparazione della prova

Disporre al termine del corridoio di figura, ed alla distanza di 1 metro, 2 coni in modo che il relativo allineamento risulti perpendicolare con il percorso, e tale che l'asse di questo coincida con l'asse del segmento delimitato dai 2 coni.
Altri 2 coni, parimenti ad 1 metro fra loro, dovranno essere disposti in modo che l'allineamento prodotto risulti parallelo al primo e distante 1 metro da questo.

Svolgimento della prova (da ripetersi due volte)

Il candidato, partendo dall'inizio della base di 60 metri per A1 e 44 m per A-A2, deve arrestare il veicolo in modo che la ruota anteriore superi il primo allineamento, ma non il secondo. La prova è ripetuta per due volte.
La seconda prova è effettuata ad una velocità di almeno 50 km/h utilizzando sia il freno anteriore che posteriore.

Determina l'esito negativo della prova:
- *a) arrestare il motoveicolo con la ruota anteriore che non ha superato il primo allineamento;*
- *b) arrestare il motoveicolo con la ruota anteriore che ha superato il secondo allineamento;*
- *c) coordinare in modo irregolare la guida dimostrando scarsa abilità.*

VI FASE: COMPORTAMENTO NEL TRAFFICO

Il candidato deve eseguire, in condizioni normali di traffico, in tutta sicurezza ed adottando le opportune precauzioni, le seguenti operazioni:
- *a) partenza da fermo: da un parcheggio, dopo un arresto nel traffico, uscendo da una strada secondaria;*
- *b) guida su strada rettilinea: comportamento nei confronti dei veicoli che provengono dalla direzione opposta, anche in caso di spazio limitato;*

c) guida in curva;
d) incroci: affrontare e superare incroci e raccordi;
e) cambiamento di direzione: svolta a destra ed a sinistra; cambiamento di corsia;
f) ingresso/uscita dall'autostrada (o eventuali strade ad essa assimilabili): ingresso mediante corsia di accelerazione; uscita mediante corsia di decelerazione;
g) sorpasso/superamento: sorpasso di altri veicoli (se possibile); superamento di ostacoli (ad esempio vetture posteggiate); essere oggetto di sorpasso da parte di altri veicoli (se del caso);
h) elementi e caratteristiche stradali speciali (se del caso): rotonde; passaggi a livello; fermate di autobus/tram; attraversamenti pedonali; guida su lunghe salite/discese; gallerie;
i) rispetto delle necessarie precauzioni nello scendere dal veicolo.

In tale VI fase, si utilizza un sistema di comunicazione audio con il candidato, verificando che tale sistema sia dotato di vivavoce attivo, sia in chiamata che in ricezione, in modo permanente.

Durante gli esami per il conseguimento della categoria A2 o A si applica la disposizione prevista all'Art. 2, comma 1, del decreto del Ministro delle infrastrutture e dei trasporti 20 aprile 2012, ai sensi del quale i titolari di autorizzazione ad esercitarsi alla guida possono percorrere le autostrade esclusivamente sulle due corsie più vicine al bordo destro della carreggiata ed è fatto, altresì, obbligo di rispettare i limiti di velocità di cui all'Art. 117, comma 2, del Codice della Strada.

Il candidato è ammesso a sostenere le prove della II, III, IV, V e VI fase, solo se ha superato rispettivamente quelle della I, II, III, IV e V fase.

Le prove delle fasi da I a V si svolgono in aree chiuse, specificamente attrezzate.

La durata della prova di guida nel traffico è di 25 minuti.

LUOGO E DURATA DELLA PROVA PRATICA

La durata della prova e la distanza percorsa devono essere sufficienti per consentire la valutazione della capacità e dei comportamenti di cui è richiesta la verifica.

La durata della prova su strada non deve in ogni caso essere inferiore a 25 minuti: tale periodo non comprende il tempo necessario per accogliere il candidato, per predisporre il veicolo, per il controllo tecnico dello stesso ai fini della sicurezza stradale, per le manovre di cui alle fasi da I a V e per comunicare il risultato della prova pratica.

La VI fase della prova pratica va condotta, se possibile, su strade al di fuori del centro abitato, su superstrade ed autostrade (o simili), nonché sui diversi tipi di strada urbana (zone residenziali, zone con limiti di velocità fissati a 30 e 50 km/h, strade urbane a grande scorrimento), rappresentativi delle diverse difficoltà che il futuro conducente dovrà affrontare.

È consigliabile che la stessa sia effettuata in diverse condizioni di traffico.

DISPOSIZIONI ATTE A GARANTIRE CONDIZIONI OTTIMALI DI SICUREZZA NELL'ESPLETAMENTO DELLE MANOVRE PARTICOLARI E DELLE PROVE DI FRENATURA

Al fine di non pregiudicare la sicurezza dei candidati in caso di cadute o perdita di controllo del veicolo, l'area destinata all'effettuazione dei percorsi di prova, è conforme ai requisiti minimi previsti dal decreto del Capo del Dipartimento per i trasporti, la navigazione e i sistemi informativi e statistici 20 maggio 2013; essa comprende l'area dei singoli circuiti ed, ove prevista, quella delle relative vie di fuga, nonché l'area della fascia perimetrale di rispetto.

Ferma restando la necessità di garantire la sequenza delle prove, le aree dei singoli circuiti, comprese le eventuali vie di fuga, sono realizzate e combinate, in relazione agli spazi disponibili, secondo diverse configurazioni, in modo da avere una geometria dell'area destinata ai percorsi di prova non necessariamente rettangolare. È fatto divieto di sovrapporre le aree di uno o più circuiti tuttavia, previa adeguata valutazione di opportunità e sicurezza, la via di fuga di un circuito può sovrapporsi con parti di altri circuiti.

Nella tabella degli allegati, sono riportate, a titolo esemplificativo e non esaustivo, possibili soluzioni di allestimento dell'area destinata all'effettuazione dei percorsi di prova.

Intorno all'area dove insistono i circuiti ed, ove previste, le relative via di fuga, è garantita una fascia perimetrale di rispetto, libera da ogni tipo di ostacolo, avente larghezza almeno pari a 3 metri, nelle zone non interessate dalla parte finale di ciascun circuito di prova, ed almeno pari a 5 metri in tali parti finali. La larghezza di 5 metri può essere ridotta a 3 metri solo a condizione di proteggere i più ristretti margini con adeguate protezioni degli ostacoli presenti.

L'area destinata all'effettuazione dei percorsi di prova, di cui al comma 1, è agevolmente accessibile con i veicoli di prova ed è dotata di pavimentazione in buono stato e priva di ammaloramenti: la fascia di rispetto perimetrale può essere pavimentata, nella parte esterna a partire da 1,5 metri dal lato confinante con i circuiti, ed eventualmente con le relative vie di fuga, con materiale di tipo diverso da quello utilizzato per l'area degli stessi, purché la pavimentazione risulti regolare, non sconnessa e comunque carrabile con i veicoli utilizzati per le prove.

DISPOSIZIONI IN MATERIA DI ALLESTIMENTO DELLE AREE DESTINATE ALL'EFFETTUAZIONE DEI PERCORSI DI PROVA

Il percorso dei singoli circuiti di prova è delimitato da strisce orizzontali, di larghezza compresa tra i 10 ed i 15 centimetri. In luogo delle strisce, possono essere usati appositi coni. Nelle aree destinate all'effettuazione dei percorsi di prova devono essere presenti rilevatori di velocità, conformi alle prescrizioni tecniche individuate dalla Direzione Generale per la Motorizzazione.

Fino alla completa verifica della idoneità delle aree già adibite all'espletamento delle prove pratiche di guida delle patenti delle categorie A1 ed A, ai nuovi contenuti delle corrispondenti prove delle patenti di categoria A1, A2 ed A, nonché fino all'eventuale adeguamento delle stesse in condizioni di sicurezza, le manovre di cui alla IV e V fase, per le quali è prescritta una velocità di 50 Km/h, sono svolte ad una velocità di almeno 30 Km/h. Conseguentemente, la lunghezza dei corridoi di accelerazione delle relative prove può essere corrispondentemente ridotta fino ad una misura minima di 44 metri per qualunque categoria di patente.

ABBIGLIAMENTO TECNICO DEI CANDIDATI

Al fine di tutelare l'incolumità dei candidati, gli stessi, durante l'esecuzione dell'intera prova pratica di guida, indossano:

- *casco integrale;*
- *guanti;*
- *giacca con protezione dei gomiti e delle spalle;*
- *scarpe chiuse;*
- *pantaloni lunghi e protezioni delle ginocchia.*

CRITERI DI VALUTAZIONE NELLA CIRCOLAZIONE NELLE ROTATORIE

Da diverse aree del territorio nazionale pervengono comunicazioni su differenti modi di valutare i comportamenti tenuti dal candidato nel corso della fase nel traffico delle prove di valutazione delle capacità e dei comportamenti per il conseguimento delle patenti di guida.

Le maggiori criticità concernono, in particolare il transito nelle rotatorie a più corsie.

Al fine di fornire ai funzionari esaminatori criteri di valutazione su detta manovra, si forniscono le seguenti disposizioni, cui attenersi rigidamente, al fine di pervenire a valutazioni uniformi sul territorio nazionale.

Dette disposizioni sono state elaborate con il contributo di esperti del settore, contattati da questa Direzione, a seguito di approfondito esame, per pervenire al più alto livello di oggettività e razionalità.

La scrivente Direzione, in ogni caso, si riserva la facoltà di apportare ogni modifica, ove si ritenga necessario.

Prima di indicare i comportamenti richiesti nelle rotatorie, in sede d'esame, occorre premettere che:

a) la rotatoria è comunque un'intersezione;

b) le uscite dal carosello posso essere considerate analogamente a delle svolte;

c) in mancanza di specifico segnale di "DARE PRECEDENZA", solitamente apposto in corrispondenza delle immissioni nella rotatoria, vige il principio dell'Art. 145, comma 2, del codice della strada (Quando due veicoli stanno per impegnare una intersezione, ovvero laddove le loro traiettorie stiano comunque per intersecarsi, si ha l'obbligo di dare la precedenza a chi proviene da destra, salvo diversa segnalazione) e quindi, in tal caso ha la precedenza chi si immette nella rotatoria. Approssimandosi alla rotatoria, il candidato deve moderare la velocità e controllare il comportamento degli altri conducenti, predisponendosi a dare la precedenza ad altri veicoli ove necessario.

d. 1) nel caso di rotatoria ad una sola corsia e strada d'accesso ad una sola corsia per senso di marcia, il candidato:

- deve immettersi nella rotatoria restando in prossimità del margine destro;

- nella manovra di immissione nella rotatoria non è necessario che azioni l'indicatore di direzione sinistro, ma dovrà azionare l'indicatore di direzione destro nel caso intenda imboccare la prima uscita sulla destra;

- se non deve uscire al primo braccio, accede all'anello senza attivare l'indicatore di direzione, ma deve azionare quello di destra con idoneo anticipo rispetto al momento in cui imboccherà il braccio di uscita prescelto, in pratica, ciò deve avvenire subito dopo aver superato il braccio d'uscita precedente a quello che dovrà imboccare.

d. 2) nel caso di rotatoria a due o più corsie e strada d'accesso con due o più corsie per senso di marcia e il candidato che deve uscire sul lato destro dell'anello (rispetto all'asse di simmetria della rotatoria), il candidato stesso:

- si avvicina alla rotatoria mantenendosi in prossimità del margine destro della carreggiata di accesso;

- nell'anello circola sulla corsia di destra;

- se deve uscire al primo braccio aziona fin da quando è in prossimità dell'anello, l'indicatore di direzione destro;

- se, invece, intende uscire a una delle uscite di destra successive alla prima, aziona l'indicatore di direzione destro successivamente all'ingresso nell'anello, con anticipo rispetto al momento in cui imboccherà il braccio di uscita prescelto (in pratica, subito dopo aver superato il braccio d'uscita precedente a quello che dovrà imboccare).

d. 3) nel caso di rotatoria a due o più corsie e strada d'accesso con due o più corsie per senso di marcia e il candidato che deve proseguire diritto (rispetto all'asse di simmetria della rotatoria), il candidato stesso:

- in assenza di traffico, mantiene la corsia di destra (sia nel ramo di ingresso che all'interno dell'anello) e non utilizza gli indicatori di direzione, salvo quelli di destra in prossimità dell'uscita prescelta (cioè subito dopo aver superato il braccio precedente a quello che dovrà imboccare);

- in caso di traffico intenso, invece, può scegliere una qualsiasi corsia libera per immettersi nella rotatoria, continuando a mantenere la stessa posizione all'interno dell'anello (comportamento assimilabile alla marcia per file parallele);

- prima di uscire dalla rotatoria deve, con conveniente anticipo, spostarsi sulla corsia di destra, azionando preventivamente l'indicatore di direzione destro e verificando di non tagliare la strada ad altri veicoli sull'anello.

- in caso di traffico intenso all'interno dell'anello, con altri conducenti che effettuano le medesime scelte di percorso, deve mantenere la stessa corsia sia in ingresso che nella percorrenza della rotatoria, azionando l'indicatore di direzione destro con idoneo anticipo rispetto all'uscita (in pratica, subito dopo aver superato il braccio d'uscita precedente a quello che dovrà imboccare).

d. 4) nel caso di rotatoria a due o più corsie e strada d'accesso con due o più corsie per senso di marcia e il candidato che deve uscire sul lato sinistro dell'anello (rispetto all'asse di simmetria della rotatoria), il candidato stesso:

- si avvicina alla rotatoria come se si trattasse di una svolta a sinistra, cioè portandosi nella corsia di sinistra della strada di accesso;

- immettendosi nella rotatoria attiva l'indicatore di direzione sinistro;

- nell'anello circolare nella corsia di sinistra, mantenendo in funzione l'indicatore di direzione sinistro;

- prima di imboccare il braccio d'uscita deve, con conveniente anticipo, attivare l'indicatore di direzione destro e spostarsi sulla corsia di destra, verificando di non tagliare la strada ad altri veicoli;

- qualora sul ramo di accesso e nell'anello vi sia intenso traffico e non sia possibile occupare la corsia di sinistra, il candidato (anche se deve svoltare in un ramo di sinistra) resta sulla corsia di destra.

VALUTAZIONE DEL CANDIDATO

La valutazione del candidato deve riflettere la padronanza dimostrata dal candidato nel controllare il veicolo e nell'affrontare in piena sicurezza il traffico.

Nel corso della prova gli esaminatori devono prestare particolare attenzione se il candidato dimostri o no nella guida un atteggiamento prudente e senso civico. La valutazione deve tenere conto dell'immagine complessiva presentata dal candidato in merito, fra l'altro, ai seguenti elementi: stile di guida confacente e sicuro, che tenga conto delle condizioni meteorologiche e di quelle della strada, delle condizioni di traffico, degli interessi degli altri utenti della strada (in particolare i più esposti), anticipandone le mosse.

L'esaminatore valuta inoltre le capacità del candidato in merito agli aspetti seguenti:

- *controllo del veicolo, in base agli elementi seguenti: corretto impiego di cinture di sicurezza, specchietti retrovisori, poggiatesta, sedili, fari e dispositivi assimilabili, frizione, cambio, acceleratore, freno, sterzo;*
- *controllo del veicolo in situazioni diverse ed a diverse velocità; tenuta di strada; massa, dimensioni e caratteristiche del veicolo;*
- *osservazione: osservazione a 360 gradi; corretto impiego degli specchietti; visuale a lunga e media distanza, nonché a distanza ravvicinata;*
- *precedenze: precedenze agli incroci ed ai raccordi; precedenze in situazioni diverse (ad esempio in caso di inversione, di cambiamento di corsia, di manovre speciali);*
- *corretto posizionamento sulla strada: nella giusta corsia, sulle rotonde, in curva, a seconda del tipo di veicolo e delle sue caratteristiche; preposizionamento;*
- *distanze di sicurezza: mantenimento delle dovute distanze di sicurezza dal veicolo che precede e da quelli a fianco; mantenimento delle dovute distanze dagli altri utenti della strada;*
- *velocità: rispetto del limite massimo, adattamento della velocità alle condizioni di traffico/climatiche, eventuale rispetto dei limiti fissati a livello nazionale; guida ad una velocità che permetta l'arresto nel tratto di strada visibile e privo di ostacoli; adattamento della velocità a quella di altri veicoli simili;*
- *semafori, segnaletica stradale e segnalazione di condizioni particolari: corretto comportamento ai semafori; rispetto dei comandi impartiti dagli agenti del traffico; rispetto della segnaletica stradale (divieto e obbligo); rispetto della segnaletica orizzontale;*
- *segnalazione: effettuare le necessarie segnalazioni, nei tempi e nei modi opportuni; corretto impiego degli indicatori di direzione; comportamento corretto in risposta alle segnalazioni effettuate dagli altri utenti della strada;*
- *frenata ed arresto: tempestiva riduzione della velocità, frenate ed arresti adeguati alle circostanze; anticipo.*

Chiunque si trovi alla guida di un veicolo a motore deve in ogni momento possedere conoscenze, capacità e comportamenti in modo da poter:

- *riconoscere i pericoli del traffico e valutarne la gravità;*
- *essere in controllo del proprio veicolo, in modo da non originare situazioni pericolose e da poter reagire prontamente trovandovisi invece coinvolto;*

- *rispettare il codice della strada ed in particolare le disposizioni volte a prevenire gli incidenti ed a mantenere il traffico scorrevole;*
- *individuare i principali guasti tecnici nel proprio veicolo, in particolare quelli che potrebbero avere ripercussioni sulla sicurezza, e porvi adeguato rimedio;*
- *tenere conto di tutti i fattori che possono influenzare il comportamento di guida (alcol, stanchezza, disturbi della vista, ecc.), rimanendo così nel pieno possesso di tutte le facoltà necessarie per garantire la sicurezza della guida;*
- *contribuire alla sicurezza di tutti gli utenti della strada, soprattutto dei più esposti ed indifesi, dimostrando il dovuto rispetto per il prossimo.*

Per quel che concerne la valutazione del candidato, alcuni elementi sono offerti dal punto 9 dell'allegato II al decreto legislativo 18 aprile 2011, n. 59, che stabilisce: "... la valutazione deve riflettere la padronanza dimostrata dal candidato nel controllare il veicolo e nell'affrontare in piena sicurezza il traffico. L'esaminatore deve sentirsi sicuro, durante tutto lo svolgimento della prova. Errori di guida o comportamenti pericolosi che mettessero a repentaglio l'incolumità del veicolo, dei passeggeri o degli altri utenti della strada, indipendentemente dal fatto che l'esaminatore o l'accompagnatore abbia dovuto intervenire, determinano l'insuccesso della prova. (...)».

Tanto premesso, si evidenzia che il giudizio sulle prove dei candidati si forma, da una parte, sulla base di fatti oggettivi, non contestabili, quali il rispetto della segnaletica stradale e delle norme di comportamento previste dal codice della strada, dall'altra dall'insieme di comportamenti che sono improntati a valutazione discrezionale da parte dell'esaminatore.

Inoltre, nella fase valutativa, l'esaminatore, pur nel rispetto delle norme che regolano, in generale, i comportamenti dei dipendenti delle pubbliche amministrazioni, deve tener conto anche del particolare stato emotivo dei candidati che, comunque, si trovano ad effettuare un test delicato ed impegnativo. Fermi restando, dunque, il principio di non discriminazione e la prevalenza dell'interesse pubblico della sicurezza della circolazione stradale rispetto agli interessi, seppure apprezzabili dal singolo, possono individuarsi alcuni elementi sulla base dei quali formulare il giudizio finale di idoneità o non idoneità.

Certamente comporta l'immediato giudizio di non idoneità l'intervento dell'accompagnatore sui doppi comandi o sugli altri dispositivi del veicolo per scongiurare situazioni di pericolo.

Parimenti comporta l'immediato giudizio di non idoneità la violazione, da parte del candidato, di una norma che comporta (anche in caso di recidiva), la sospensione della patente di guida. Si elencano le principali fattispecie:
- *superare di oltre 40 Km/h il limite massimo di velocità;*
- *circolare contromano in corrispondenza delle curve, dei raccordi convessi o in altri casi di limitata visibilità;*
- *percorrere la carreggiata contromano in una strada divisa in più carreggiate separate;*
- *sorpasso in corrispondenza di curve o dossi e in ogni altro caso di scarsa visibilità;*
- *sorpasso di veicolo che ne stia superando un altro;*
- *sorpasso di veicoli fermi o in lento movimento ai passaggi a livello, ai semafori o per altre cause di congestione della circolazione, quando a tal fine sia necessario spostarsi nella parte della carreggiata destinata al senso opposto di marcia;*
- *sorpasso in prossimità o corrispondenza delle intersezioni;*
- *invertire il senso di marcia nonché percorrere la carreggiata contromano in ambito autostradale;*
- *circolare, al di fuori dei casi previsti, sulla corsia riservata alla sosta di emergenza o sulla corsia di variazione di velocità in ambito autostradale;*
- *omettere la precedenza dovuta nelle intersezioni stradali;*
- *immettersi sulla strada principale da una secondaria senza dare la precedenza ai veicoli che percorrono la strada principale;*
- *proseguire la marcia quando le segnalazioni del semaforo o dell'agente del traffico vietino la marcia stessa;*
- *non usare la massima prudenza nell'approssimarsi ad un passaggio a livello;*
- *effettuare il sorpasso senza superare rapidamente il conducente che lo precede sulla stessa corsia, senza mantenere un'adeguata distanza laterale, senza riportarsi a destra appena possibile, evitando di creare intralcio o pericolo;*
- *mancata distanza di sicurezza con collisione e grave danno ai veicoli;*
- *mancato arresto del veicolo in caso di incrocio ingombrato o su strade di montagna;*
- *mancato uso delle cinture di sicurezza o dei sistemi di ritenuta;*
- *uso del cellulare durante la guida.*

Nel caso in cui il candidato effettui, nel corso della prova, una manovra (intesa sia come comportamento di guida sia come infrazione ad una norma che non comporta la sospensione della patente di guida) errata, l'esaminatore può anche consentire la ripetizione della manovra stessa. Un ulteriore errore della stessa manovra comporterà l'esito di non idoneità.

Il giudizio finale di idoneità o di non idoneità è rimesso alla prudente valutazione dell'esaminatore, che terrà conto del numero e della gravità degli errori commessi dal candidato, nonché dal generale "senso di sicurezza" che l'esaminatore stesso percepisce durante l'intera prova d'esame (secondo il dettato della normativa comunitaria).

Resta fermo che l'esito dell'esame, costituendo un provvedimento amministrativo, deve essere adeguatamente motivato ai sensi dell'Art. 3 della legge 7 agosto 1990, n. 241, soprattutto in caso di non idoneità.

RICORSO

Avverso l'eventuale esito negativo sia della prova teorica che pratica è possibile proporre, alternativamente, uno dei seguenti ricorsi:

a) *ricorso gerarchico: alla Direzione Generale territoriale nel cui ambito opera l'Ufficio Motorizzazione Civile il cui esaminatore ha espresso il giudizio di non idoneità alla guida. Non occorre l'ausilio di un legale ed il ricorso può essere presentato, in bollo da euro 16,00 direttamente alla Direzione Generale territoriale oppure tramite raccomandata con ricevuta di ritorno entro trenta giorni dalla prova contestata. Il ricorso deve essere proposto e firmato direttamente dal candidato (pena inammissibilità dello stesso) e deve contenere le motivazioni, in diritto ed in fatto, della contestazione;*
b) *ricorso giurisdizionale: al tribunale amministrativo regionale nel cui ambito di competenza opera l'Ufficio Motorizzazione Civile il cui esaminatore ha espresso il giudizio di non idoneità alla guida entro sessanta giorni dalla prova contestata. Occorre l'ausilio di un legale.*
c) *ricorso straordinario al Capo dello Stato: deve essere presentato entro centoventi giorni dalla prova contestata. Non è necessario l'ausilio di un avvocato, potendo il ricorso essere presentato direttamente dal candidato. La proposizione del ricorso è subordinata al pagamento del contributo unificato di euro 650,00.*

LA PROVA DI GUIDA PER LA PATENTE B1

Come scritto nella circolare prot. 6933 del 22 marzo 2017, le procedure previste per la patente B1 non differiscono da quelle per la patente A1, A2, A e B, se non nel punto relativo alla fase delle manovre da superare:

LE MANOVRE

Il candidato deve effettuare almeno due manovre tra quelle indicate di seguito, di cui almeno una a marcia indietro:

1. Manovre di base:

a) *accensione del motore;*
b) *innesto della marcia (se presente);*
c) *partenza;*
d) *accelerazione/decelerazione del veicolo.*

2. Impostazione e controllo della curva

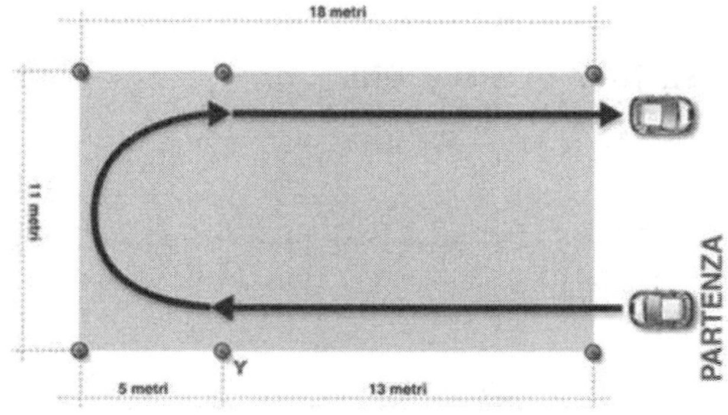

Svolgimento della prova

Il candidato, partito all'altezza del primo cono, inizia a curvare a destra all'altezza del secondo cono; passa in prossimità della linea che delimita la fine dell'area di manovra; conclude la curva in corrispondenza del terzo cono e prosegue la marcia a velocità costante fino all'ultimo cono.

Penalizzazione:

a) *allontanarsi eccessivamente dai coni o oltrepassare la segnaletica orizzontale;*
b) *effettuare la curva in modo irregolare nel tracciato;*
c) *coordinare in modo irregolare la guida dimostrando scarsa abilità.*

2. PARCHEGGIO E MARCIA INDIETRO

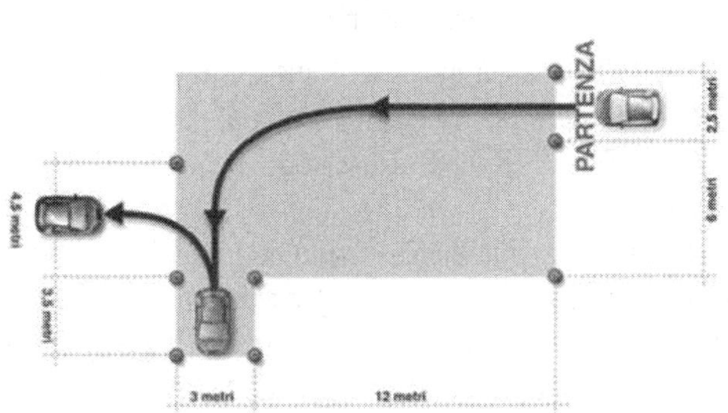

Svolgimento della prova

Il candidato, partito all'altezza del primo cono, dopo aver percorso in linea retta circa 10 metri, svolta a sinistra ed arresta il veicolo all'interno dell'area di sosta delimitata da quattro coni; inserisce successivamente la retro marcia e svolta a destra lasciando alla propria sinistra l'ultimo cono delimitatore.

Penalizzazione:

a) abbattere uno o più coni;
b) allontanarsi eccessivamente dai coni o oltrepassare la segnaletica orizzontale;
c) effettuare la curva in modo irregolare nel tracciato;
d) coordinare in modo irregolare la guida dimostrando scarsa abilità.

3. FRENATA DI PRECISIONE

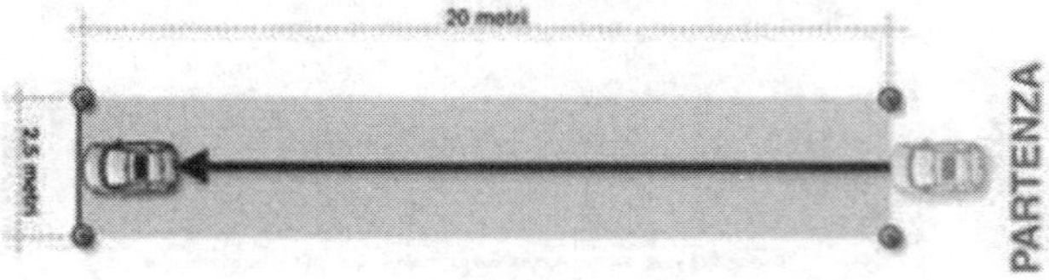

Svolgimento della prova

Il candidato parte all'altezza dei due coni delimitatori e, dopo una prima fase di accelerazione, inizia a frenare in modo tale da arrestare il veicolo in prossimità dei due coni posti al termine del rettilineo.

Penalizzazione:

Arrestare il veicolo con la ruota anteriore che ha superato la linea di arresto delimitata dai coni posti al termine del rettilineo.

LA PROVA DI GUIDA PER LA PATENTE B

La prova pratica di guida per il conseguimento della patente B è articolata su tre fasi, dedicate a:

- VERIFICA DELLA CAPACITÀ DEL CONDUCENTE DI PREPARARSI AD UNA GUIDA SICURA;
- MANOVRE (marcia indietro in linea retta o con svolta a destra o a sinistra; inversione di marcia, parcheggio);
- COMPORTAMENTO NEL TRAFFICO.

Anche per la patente B vale quanto detto per la patente A1, A2 e A, circa la necessità e la utilità di una lettura attenta delle prove da superare. Il percorso proposto è chiaramente educativo e mira a formare i futuri conducenti a quei valori etici che sono alla base della sicurezza stradale. Per queste ragioni, *Nel corso della prova gli esaminatori devono prestare particolare attenzione se il candidato dimostri o no nella guida un atteggiamento prudente e senso civico. La valutazione deve tenere conto dell'immagine complessiva presentata dal candidato in merito, fra l'altro, ai seguenti elementi: stile di guida confacente e sicuro, che tenga conto delle condizioni meteorologiche e di quelle della strada, delle condizioni di traffico, degli interessi degli altri utenti della strada (in particolare i più esposti), anticipandone le mosse.*

Allo stesso modo devono essere memorizzate le manovre che comportano l'immediata bocciatura, che tra l'altro sono quelle più pericolose ai fini della sicurezza stradale (Punto 7.6 della circolare). La lettura attenta degli errori da evitare, non solo è funzionale al superamento della prova, ma diventa un momento formativo di importanza fondamentale per acquisire coscienza dei comportamenti pericolosi e direttamente correlati all'incidentalità, come il superamento dei limiti di velocità di oltre 40 km/h, i sorpassi vietati, la circolazione contromano, la violazione delle prescrizioni per la circolazione autostradale, l'uso del telefonino durante la guida, le omissioni in tema di precedenza e altro.

Stralcio della circolare 6935 del 22 marzo 2017

Veicoli utili per la prova d'esame

La prova pratica per il conseguimento delle patenti di categoria B, anche speciale, si svolge su un veicolo a quattro ruote di categoria B, capace di sviluppare una velocità di almeno 100 km/h. Il predetto veicolo deve essere dotato di doppi comandi almeno per la frizione ed il freno e, al fianco del candidato, deve essere presente una persona munita di abilitazione di istruttore di guida in corso di validità. Durante la prova nel traffico l'esaminatore, salvo specifica esenzione ai sensi dell'Art. 172, comma 8, del Codice della Strada, deve indossare la cintura di sicurezza.

I veicoli di categoria B non devono essere necessariamente dotati di cambio di velocità manuale, fatta salva l'apposizione del codice 78 sulla patente conseguita con veicolo con cambio diverso da quello manuale. Qualora la prova venga sostenuta su veicolo con cambio diverso da quello manuale sulla patente di guida, in corrispondenza della categoria conseguita sarà annotato il codice UE armonizzato "78": pertanto al titolare della patente così conseguita sarà preclusa la guida di veicoli di categoria B con cambio manuale. È considerato dotato di cambio manuale il veicolo nel quale è presente la leva (o il pedale) della frizione per l'avvio, la fermata o il cambio di marcia del veicolo.

Qualora la patente di categoria B sia richiesta da mutilati e minorati fisici, la prova pratica di guida si svolge su veicolo di corrispondente categoria, dotato degli adattamenti prescritti dalla commissione medica locale.

I candidati allievi di un'autoscuola devono sostenere la prova pratica su veicolo intestato al titolare dell'autoscuola stessa. I centri di istruzione automobilistica possono preparare e presentare agli esami solo allievi che devono conseguire la categoria B speciale.

I candidati privatisti possono sostenere la prova di verifica delle capacità e dei comportamenti su veicoli delle autoscuole o locati da società di noleggio senza conducente.

I candidati al conseguimento della patente B speciale possono sostenere la prova di verifica delle capacità e dei comportamenti su veicoli adattati di loro proprietà o di terzi che ne autorizzano l'uso, senza obbligo di doppi comandi.

Operazioni preliminari dell'esaminatore

L'esaminatore, prima dell'inizio dell'esame, è tenuto a verificare:

CON RIFERIMENTO AL CANDIDATO:

- *autorizzazione ad esercitarsi alla guida (in assenza del "foglio rosa", per qualsiasi motivo, il candidato non è ammesso a sostenere l'esame);*
- *documento di identità del candidato ed eventualmente i documenti di soggiorno;*
- *attestato delle guide certificate di cui all'Art. 122, comma 5 bis del Codice della Strada. Non occorre presentare anche tutte le attestazioni delle singole esercitazioni (detto documento non è necessario per i candidati al conseguimento della patente di categoria B speciale;*
- *che il candidato stesso utilizzi occhiali o lenti a contatto, se prescritto dall'autorità medica. Se al candidato non è prescritto l'obbligo di lenti, egli può, comunque, ugualmente indossare occhiali, lenti a contatto o occhiali da sole per sostenere la prova di valutazione delle capacità e dei comportamenti;*
- *nel caso di B speciale, la presenza di protesi o ortesi, se prescritte da certificato medico rilasciato dalla commissione medica locale.*

Nel caso in cui il candidato sia già titolare di altra patente di guida, l'esaminatore dovrà controllarla e procedere al successivo ritiro nel caso di esito positivo dell'esame. Qualora il candidato, prima della prova di valutazione delle capacità e dei comportamenti abbia smarrito la patente di guida, dovrà, al momento dell'identificazione, consegnare all'esaminatore una copia della denuncia di smarrimento.

CON RIFERIMENTO AL VEICOLO D'ESAME:

- *carta di circolazione;*
- *certificato di assicurazione obbligatoria;*
- *nel caso di B speciale, la corrispondenza degli adattamenti del veicolo alle prescrizioni risultanti dal certificato medico della commissione medica locale.*

Nel caso in cui il candidato privatista si avvalga di veicolo locato da impresa di noleggio senza conducente, l'esaminatore, prima dell'inizio della prova pratica, deve acquisire agli atti una copia del contratto di noleggio del veicolo su cui annoterà il nome dell'accompagnatore che deve essere munito di abilitazione di istruttore di guida. Deve, inoltre, essere verificata l'abilitazione tecnica dell'istruttore e, nel caso l'esame si svolga su un veicolo di un'autoscuola, il provvedimento che autorizza l'istruttore ad operare presso l'autoscuola stessa.

I candidati che hanno presentato le pratiche per il conseguimento della patente di guida come privatisti ma che, per la prenotazione dell'esame pratico, si affidano ad un'autoscuola, ovvero svolgono l'esame su un veicolo messo a disposizione dalla stessa, hanno l'obbligo di richiedere al competente Ufficio Motorizzazione Civile la procedura di cambio codice iscrivendo sull'istanza di conseguimento della patente di guida il codice meccanografico dell'autoscuola.

La richiesta di "cambio codice", redatta in carta semplice, deve essere corredata dall'attestazione di versamento del pagamento dell'importo di cui al punto 2 della tariffa della tabella 3 della legge 1 dicembre 1986, n. 870 su conto corrente n. 9001.

Prove

La prova pratica di guida si svolge presso le sedi degli Uffici Motorizzazione civile ovvero, nel solo caso di candidati di autoscuole, presso le sedi di autoscuole o centri di istruzione automobilistica, previamente ritenute idonee per gli esami fuori sede.
La prova pratica di guida si articola in tre fasi:

I FASE: VERIFICA DELLA CAPACITÀ DEL CONDUCENTE DI PREPARARSI A UNA GUIDA SICURA

Il candidato deve essere in grado di prepararsi ad una guida sicura. In particolare, l'esaminatore dovrà verificare che il candidato: a) regoli il sedile nella corretta posizione di guida; b) regoli specchietti retrovisori, cinture di sicurezza, poggiatesta; c) controlli la chiusura delle porte; d) sappia controllare o correttamente utilizzare almeno due dispositivi, scelti a caso tra pneumatici, sterzo, freni, dispositivi di segnalazione acustica e luminosa, e sappia controllare i livelli dell'olio.
Si sottolinea che detta fase non rappresenta né un'integrazione, né un'estensione dell'esame di teoria.

REGOLAZIONE DEL SEDILE NELLA CORRETTA POSIZIONE DI GUIDA verificare che il candidato sappia:
- *posizionarsi alla giusta distanza dai pedali;*
- *posizionarsi alla giusta distanza dal volante;*
- *regolare l'altezza del sedile;*
- *regolare la corretta inclinazione del sedile.*

REGOLAZIONE SPECCHIETTI RETROVISORI, CINTURE DI SICUREZZA E POGGIATESTA

SPECCHI verificare che il candidato sappia:
- *regolare correttamente lo specchio retrovisore interno;*
- *regolare correttamente lo specchio retrovisore sinistro;*
- *regolare correttamente lo specchio retrovisore destro (se presente).*

CINTURE DI SICUREZZA verificare che il candidato sappia:
- *indossare correttamente la cintura di sicurezza;*
- *regolare correttamente l'altezza della cintura di sicurezza (se possibile).*

POGGIATESTA verificare che il candidato sappia:
- *regolare il poggiatesta.*

CHIUSURA DELLE PORTE verificare che il candidato sappia:
- *azionare il dispositivo di salvaguardia dei minori di blocco delle porte (se presente);*
- *verificare la corretta chiusura delle porte;*
- *verificare la corretta chiusura del portabagagli (se presente);*
- *individuare la spia di segnalazione delle porte aperte (se presente);*
- *aprire il cofano motore.*

CONTROLLO DEI DISPOSITIVI

PNEUMATICI verificare che il candidato:
- *sappia controllare "a vista" lo spessore del battistrada;*
- *sappia controllare "a vista" la pressione di gonfiaggio degli pneumatici;*
- *sappia controllare la corrispondenza della misura degli pneumatici con quella riportata sulla carta di circolazione;*
- *sappia individuare la pressione di gonfiaggio consigliata;*
- *sappia verificare che gli pneumatici non presentino sui fianchi lesioni o rigonfiamenti;*
- *sappia verificare se il veicolo è accessoriato con normale ruota di scorta o con "ruotino", ovvero con il kit "gonfia e ripara".*

STERZO verificare che il candidato:
- *sappia individuare la disposizione dei comandi posti sul volante;*
- *sappia controllare se lo sterzo abbia movimenti anomali.*

FRENI verificare che il candidato:
- *sappia verificare eventuale "corsa a vuoto" del pedale del freno;*
- *sappia individuare ed azionare il freno di stazionamento;*
- *sappia individuare le spie dell'impianto frenante.*

LIVELLI verificare che il candidato:
- *sappia controllare il livello dell'olio dell'impianto frenante;*
- *sappia controllare il livello dell'olio motore;*
- *sappia controllare il livello del liquido di raffreddamento;*
- *sappia indicare dove si rabbocca il liquido lavavetri;*
- *sappia indicare dove si rabbocca l'olio del motore.*

DISPOSITIVI DI SEGNALAZIONE VISIVA E DI ILLUMINAZIONE verificare che il candidato:
- *sappia controllare lo stato generale di fari e catadiottri;*
- *sappia attivare i proiettori anabbaglianti;*
- *sappia attivare i proiettori abbaglianti;*
- *sappia individuare le spie delle luci e dei proiettori abbaglianti;*
- *sappia attivare gli indicatori di direzione;*
- *sappia attivare la segnalazione luminosa di pericolo, ove presente;*
- *sappia utilizzare correttamente il dispositivo di regolazione dei fari in base al carico del veicolo;*
- *sappia attivare i proiettori fendinebbia (se presenti);*
- *sappia attivare la luce posteriore per nebbia (se presente).*

DISPOSITIVI DI SEGNALAZIONE ACUSTICA verificare che il candidato:
- *sappia attivare l'avvisatore acustico.*

II FASE: MANOVRE

Il candidato deve effettuare almeno due manovre tra quelle indicate di seguito, di cui almeno una a marcia indietro:

a) ***marcia indietro** in linea retta o con svolta a destra o a sinistra, mantenendosi nella corretta corsia;*
b) ***inversione del veicolo**, ricorrendo sia alla marcia avanti che alla marcia indietro;*
c) ***parcheggio** del veicolo ed uscita dallo spazio di parcheggio (allineato, a pettine dritto o obliquo; marcia avanti o indietro; in piano o in pendenza);*
d) ***frenata di precisione** rispetto a un punto di arresto predeterminato; l'esecuzione di una frenata di emergenza è facoltativa.*

III FASE: COMPORTAMENTO NEL TRAFFICO

Il candidato deve eseguire, in condizioni normali di traffico, in tutta sicurezza ed adottando le opportune precauzioni, le seguenti manovre:

a) ***partenza da fermo**: da un parcheggio, dopo un arresto nel traffico, uscendo da una strada secondaria;*
b) ***guida su strada rettilinea**: comportamento nei confronti dei veicoli che provengono dalla direzione opposta, anche in caso di spazio limitato;*
c) ***guida in curva**;*
d) ***incroci**: affrontare e superare incroci e raccordi;*
e) ***cambiamento di direzione**: svolta a destra ed a sinistra; cambiamento di corsia;*
f) *ingresso/uscita dall'autostrada (o eventuali strade ad essa assimilabili): ingresso mediante corsia di accelerazione; uscita mediante corsia di decelerazione;*
g) *sorpasso/superamento: sorpasso di altri veicoli (se possibile); superamento di ostacoli (ad esempio vetture posteggiate); essere oggetto di sorpasso da parte di altri veicoli (se del caso);*
h) *elementi e caratteristiche stradali speciali (se del caso): rotonde; passaggi a livello; fermate di autobus/tram; attraversamenti pedonali; guida su lunghe salite/discese; gallerie;*
i) *rispetto delle necessarie precauzioni nello scendere dal veicolo.*

Nello svolgimento delle prove della II e III fase, sul veicolo è presente una persona munita di abilitazione di istruttore di guida in corso di validità, nonché l'esaminatore.

Durante gli esami si applica la disposizione prevista all'Art. 2, comma 1, del decreto del Ministro delle infrastrutture e dei trasporti 20 aprile 2012, ai sensi del quale i titolari di autorizzazione ad esercitarsi alla guida possono percorrere le autostrade esclusivamente sulle due più vicine al bordo destro della carreggiata ed è fatto, altresì, obbligo di rispettare i limiti di velocità di cui all'Art. 117, comma 2, del Codice della Strada.

Il candidato è ammesso a sostenere le prove della II fase e della III fase solo se ha superato rispettivamente quelle della I fase e della II fase.

La durata della prova di guida nel traffico è di 25 minuti.

VALUTAZIONE DI MANOVRE PARTICOLARI

Da diverse aree del territorio nazionale pervengono comunicazioni su differenti modi di valutare i comportamenti tenuti dal candidati nel corso della fase nel traffico delle prove di valutazione delle capacità e dei comportamenti per il conseguimento delle patenti di guida.

Le maggiori criticità concernono, in particolare:

a) *le manovre di retromarcia;*
b) *l'inversione di marcia;*
c) *le manovre di parcheggio;*
d) *il transito nelle rotatorie a più corsie.*

Al fine di fornire ai funzionari esaminatori criteri di valutazione sulle sopra elencate manovre, sono state predisposte delle linee guida – di seguito riportate – cui attenersi rigidamente, al fine di pervenire a valutazioni uniformi sul territorio nazionale.

Dette linee guida sono state elaborate con il contributo di esperti del settore (...) per pervenire al più alto livello di oggettività e razionalità.

a) Marcia indietro in linea retta o con svolta a destra o a sinistra, mantenendosi nella corretta corsia

Quando si considera la modalità di esecuzione di tale manovra, va in primo luogo sottolineata l'importanza e le differenze tra "visione diretta" e "visione indiretta".

Utilizzando esclusivamente gli specchi retrovisori (visione indiretta) è difficile individuare eventuali persone di bassa statura, animali, ovvero ostacoli di piccole dimensioni sul fondo stradale (bordi del marciapiede, piante, ecc.) presenti dietro al veicolo in manovra.

Per effettuare la manovra di retromarcia in linea retta, il candidato deve, preventivamente, svolgere le seguenti operazioni:

- *controllare la strada retrostante tramite lo specchietto retrovisore interno;*
- *controllare la strada retrostante tramite lo specchietto retrovisore destro;*
- *accertarsi che la manovra di retromarcia non crei intralcio o pericolo per la circolazione e azionare l'indicatore di direzione destro;*
- *ruotare il busto e la testa verso destra per coprire, con la visione diretta, l'angolo morto dello specchietto di destra. Per effettuare più efficacemente tale verifica, il candidato deve, ove possibile, mettere il braccio destro dietro il sedile del passeggero, applicare una leggera torsione del busto (ed eventualmente dell'anca) in modo da garantirsi la massima visibilità posteriore. Con tale posizione, ovviamente, il candidato deve staccare una mano dal volante (l'unica mano rimasta su di esso deve stringerne la parte più alta), ma occorre considerare che la manovra deve essere effettuata a bassissima velocità e che, se tenesse entrambe le mani sul volante durante la manovra, il solo movimento del capo non garantirebbe una sufficiente rotazione dello sguardo.*

Eseguite queste operazioni, il candidato può svolgere la retromarcia, attivando l'indicatore di direzione destro e procedendo all'indietro a velocità ridotta. Il veicolo deve muoversi parallelamente al margine della carreggiata, senza eccessive oscillazioni e scostamenti (il candidato deve controllare eventuali leggeri scostamenti con piccoli movimenti del volante). Durante la manovra di retromarcia, il candidato può, per brevi istanti, avvalersi degli specchi retrovisori per controllare la corretta esecuzione della manovra.

La distanza percorsa durante la manovra non deve essere eccessiva, ma comunque sufficiente a valutare la capacità dell'allievo di effettuare la retromarcia.

Nel caso il veicolo non abbia visibilità posteriore (pick-up, traino di un rimorchio, ecc.) il candidato deve necessariamente utilizzare solo gli specchi retrovisori laterali e, in questo caso, deve tenere entrambe le mani sul volante.

Se invece la retromarcia non è in marcia rettilinea, ma prevede una svolta (o comunque di seguire una strada non rettilinea), è necessario che il controllo del volante sia maggiore e, per tale motivo, il candidato deve tenere il volante con entrambe le mani, fatte salve le altre indicazioni indicate nel paragrafo precedente. È ovvio che, in tale situazione, il candidato può ruotare il capo di un angolo minore e deve, quindi, affidarsi maggiormente alla visione tramite gli specchi retrovisori.

b) Inversione di marcia (ricorrendo sia alla marcia avanti che alla marcia indietro)

La direttiva impone di verificare, in sede di esame, che il candidato sappia effettuare la manovra di inversione ricorrendo sia alla marcia in avanti che alla retromarcia, quindi non con una sola manovra, anche se vi sia spazio sufficiente. Di conseguenza, prima di iniziare la manovra, l'esaminatore indica al candidato che l'inversione di marcia va effettuata in più fasi, anche se la larghezza della carreggiata potrebbe consentire di eseguirla direttamente.

In sede d'esame è consigliabile svolgere la prova su carreggiate non troppo larghe.

Premesso che la manovra va effettuata in condizioni tali da non creare intralcio alla circolazione, il candidato parte (da fermo) dal margine destro della carreggiata, per poi svolgere in sequenza le seguenti operazioni:

- *inserisce la prima marcia;*
- *ispeziona la strada davanti, dietro e ai lati; per fare ciò utilizza, sia lo specchietto retrovisore interno, sia quello sinistro;*
- *ruota il capo verso sinistra per osservare, con la visione diretta, l'angolo morto non coperto dallo specchietto retrovisore di sinistra;*
- *accertatosi che non sopraggiungano altri veicoli frontalmente, inserisce l'indicatore di direzione sinistro e inizia la manovra controllando ulteriormente lo specchietto retrovisore sinistro;*
- *fa avanzare lentamente il veicolo (a passo d'uomo), sterzando le ruote rapidamente verso sinistra;*
- *si ferma davanti al margine sinistro della carreggiata senza che la parte frontale del suo veicolo scavalchi il marciapiede o, in sua mancanza, a circa un metro dal muro o dalle auto parcheggiate su quel lato. Poco prima di raggiungere il punto di arresto, deve rapidamente sterzare le ruote verso destra (controsterzo); - inserisce l'indicatore di direzione destro e la retromarcia; - tenendo la sola mano sinistra sulla parte alta del volante ed il braccio destro sullo schienale, ove possibile, del sedile lato passeggero, guarda la strada all'indietro attraverso il lunotto e i vetri posteriori, per poi girarsi rapidamente e dare un sguardo anteriormente, alla sua destra e alla sua sinistra. La retromarcia va effettuata a velocità moderata e percorrendo un tratto di strada che sia sufficiente ad effettuare l'ultima fase di ripartenza. Prima di raggiungere la parte finale di questa fase della manovra, il candidato deve sterzare, velocemente, verso sinistra;*
- *inserisce la prima marcia e l'indicatore di direzione sinistro;*
- *guarda rapidamente la strada a destra e sinistra per verificare che non sopraggiungano veicoli (a cui è eventualmente tenuto a dare la precedenza) e parte in avanti impegnando rapidamente la corsia di destra della carreggiata.*

c) Parcheggio del veicolo (allineato, a pettine diritto od obliquo, in marcia avanti o in marcia indietro, in piano o in pendenza), uscita dallo spazio di parcheggio

Il candidato deve dimostrare di sapere effettuare la manovra di parcheggio, secondo la modalità indicata dall'esaminatore. In particolare andrà valutata la capacità di impostare la manovra in sicurezza, controllando gli spazi retrostanti e laterali.

Non è importante a quanti centimetri si posizioni rispetto al marciapiede o al limite della strada, bensì che nel compiere la manovra non collida con altri veicoli e non crei situazioni di pericolo invadendo lo spazio degli altri utenti. In ogni caso il veicolo deve essere parallelo al margine destro della carreggiata, non deve creare intralcio per la circolazione e, sia correttamente posizionato negli stalli di sosta, se presenti.

Nelle manovre di uscita dal parcheggio, bisogna verificare con particolare attenzione che il candidato:

- *inserisca correttamente l'indicatore di direzione, sia nel caso che esca in marcia avanti che in retromarcia;*
- *ispezioni la strada davanti, dietro e ai lati; per fare ciò utilizza, sia lo specchietto retrovisore interno, sia quello sinistro (o destro, se del caso);*
- *ruoti il capo verso sinistra o destra per osservare, con la visione diretta, l'angolo morto non coperto dallo specchietto retrovisore;*

- *effettui la manovra con la dovuta cautela ma sollecitamente, senza creare intralcio, ed impegni rapidamente la corsia di destra della carreggiata.*

d) Comportamento da tenere quando si deve affrontare una intersezione con circolazione rotatoria (più comunemente chiamata "rotatoria")

Prima di indicare i comportamenti richiesti nelle rotatorie, in sede d'esame, occorre premettere che: a) la rotatoria è comunque un'intersezione; b) le uscite dal carosello posso essere considerate analogamente a delle svolte; c) in mancanza di specifico segnale di "DARE PRECEDENZA", solitamente apposto in corrispondenza delle immissioni nella rotatoria, vige il principio dell'Art. 145, comma 2, del Codice della Strada (quando due veicoli stanno per impegnare una intersezione, ovvero laddove le loro traiettorie stiano comunque per intersecarsi, si ha l'obbligo di dare la precedenza a chi proviene da destra, salvo diversa segnalazione) e quindi, in tal caso ha la precedenza chi si immette nella rotatoria.

Approssimandosi alla rotatoria, il candidato deve moderare la velocità e controllare il comportamento degli altri conducenti, predisponendosi a dare la precedenza ad altri veicoli ove necessario.

d. 1) nel caso di rotatoria ad una sola corsia e strada d'accesso ad una sola corsia per senso di marcia, il candidato:

- deve immettersi nella rotatoria restando in prossimità del margine destro;
- nella manovra di immissione nella rotatoria non è necessario che egli azioni l'indicatore di direzione sinistro, ma dovrà azionare l'indicatore di direzione destro nel caso intenda imboccare la prima uscita sulla destra;
- se non deve uscire al primo braccio, accede all'anello senza attivare l'indicatore di direzione, ma deve azionare quelli di destra con idoneo anticipo rispetto al momento in cui imboccherà il braccio di uscita prescelto, in pratica, ciò deve avvenire subito dopo aver superato il braccio d'uscita precedente a quello che dovrà imboccare.

d. 2) nel caso di rotatoria a due o più corsie e strada d'accesso con due o più corsie per senso di marcia e il candidato che deve uscire sul lato destro dell'anello (rispetto all'asse di simmetria della rotatoria), il candidato stesso:

- si avvicina alla rotatoria mantenendosi in prossimità del margine destro della carreggiata di accesso;
- nell'anello circola sulla corsia di destra;
- se deve uscire al primo braccio aziona, fin da quando è in prossimità dell'anello, l'indicatore di direzione destro;
- se, invece, intende uscire a una delle uscite di destra successive alla prima, aziona l'indicatore di direzione destro successivamente all'ingresso nell'anello, con anticipo rispetto al momento in cui imboccherà il braccio di uscita prescelto (in pratica, subito dopo aver superato il braccio d'uscita precedente a quello che dovrà imboccare).

***d. 3) nel caso di rotatoria a due o più corsie e strada d'accesso con due o più corsie per senso di marcia e il candidato che deve proseguire diritto (rispetto all'asse di simmetria della rotatoria), il candidato stesso*:**

- in assenza di traffico, mantiene la corsia di destra (sia nel ramo di ingresso che all'interno dell'anello) e non utilizza gli indicatori di direzione, salvo quelli di destra in prossimità dell'uscita prescelta (cioè subito dopo aver superato il braccio precedente a quello che dovrà imboccare);
- in caso di traffico intenso, invece, può scegliere una qualsiasi corsia libera per immettersi nella rotatoria, continuando a mantenere la stessa posizione all'interno dell'anello (comportamento assimilabile alla marcia per file parallele);
- prima di uscire dalla rotatoria deve, con conveniente anticipo, spostarsi sulla corsia di destra, azionando preventivamente l'indicatore di direzione destro e verificando di non tagliare la strada ad altri veicoli sull'anello;
- in caso di traffico intenso all'interno dell'anello, con altri conducenti che effettuano le medesime scelte di percorso, deve mantenere la stessa corsia sia in ingresso che nella percorrenza della rotatoria, azionando l'indicatore di direzione destro con idoneo anticipo rispetto all'uscita (in pratica, subito dopo aver superato il braccio d'uscita precedente a quello che dovrà imboccare).

d. 4) nel caso di rotatoria a due o più corsie e strada d'accesso con due o più corsie per senso di marcia e il candidato che deve uscire sul lato sinistro dell'anello (rispetto all'asse di simmetria della rotatoria), il candidato stesso:

- si avvicina alla rotatoria come se si trattasse di una svolta a sinistra, cioè portandosi nella corsia di sinistra della strada di accesso;
- immettendosi nella rotatoria attiva l'indicatore di direzione sinistro;
- nell'anello circolare nella corsia di sinistra, mantenendo in funzione l'indicatore di direzione sinistro;
- prima di imboccare il braccio d'uscita deve, con conveniente anticipo, attivare l'indicatore di direzione destro e spostarsi sulla corsia di destra, verificando di non tagliare la strada ad altri veicoli;
- qualora sul ramo di accesso e nell'anello vi sia intenso traffico e non sia possibile occupare la corsia di sinistra, il candidato (anche se deve svoltare in un ramo di sinistra) resta sulla corsia di destra.

LUOGO E DURATA DELLA PROVA PRATICA

La durata della prova e la distanza percorsa devono essere sufficienti per consentire la valutazione della capacità e dei comportamenti di cui è richiesta la verifica. La durata della prova su strada non deve in ogni caso essere inferiore a 25 minuti: tale periodo non comprende il tempo necessario per accogliere il candidato, per predisporre il veicolo, per il controllo tecnico dello stesso ai fini della sicurezza stradale, per le manovre di cui alle fasi I e II e per comunicare il risultato della prova pratica.

La III fase della prova pratica va condotta, se possibile, su strade al di fuori del centro abitato, su superstrade ed autostrade (o simili), nonché sui diversi tipi di strada urbana (zone residenziali, zone con limiti di velocità fissati a 30 e 50 km/h, strade urbane a grande scorrimento), rappresentativi delle diverse difficoltà che il futuro conducente dovrà affrontare. È consigliabile che la stessa sia effettuata in diverse condizioni di traffico.

Nel corso della prova nel traffico, l'esaminatore, salvo specifica esenzione per motivi sanitari, deve indossare la cintura di sicurezza.

VALUTAZIONE DEL CANDIDATO

La valutazione del candidato deve riflettere la padronanza dimostrata dal candidato nel controllare il veicolo e nell'affrontare in piena sicurezza il traffico.

Nel corso della prova gli esaminatori devono prestare particolare attenzione se il candidato dimostri o no nella guida un atteggiamento prudente e senso civico. La valutazione deve tenere conto dell'immagine complessiva presentata dal candidato in merito, fra l'altro, ai seguenti elementi: stile di guida confacente e sicuro, che tenga conto delle condizioni meteorologiche e di quelle della strada, delle condizioni di traffico, degli interessi degli altri utenti della strada (in particolare i più esposti), anticipandone le mosse.

L'esaminatore valuta inoltre le capacità del candidato in merito agli aspetti seguenti:

- *controllo del veicolo, in base agli elementi seguenti: corretto impiego di cinture di sicurezza, specchietti retrovisori, poggiatesta, sedili, fari e dispositivi assimilabili, frizione, cambio, acceleratore, freno (sistema terziario compreso, se disponibile), sterzo;*
- *controllo del veicolo in situazioni diverse ed a diverse velocità; tenuta di strada; massa, dimensioni e caratteristiche del veicolo;*
- *osservazione: osservazione a 360 gradi; corretto impiego degli specchietti; visuale a lunga e media distanza, nonché a distanza ravvicinata;*
- *precedenze: precedenze agli incroci ed ai raccordi; precedenze in situazioni diverse (ad esempio in caso di inversione, di cambiamento di corsia, di manovre speciali);*
- *corretto posizionamento sulla strada: nella giusta corsia, sulle rotonde, in curva, a seconda del tipo di veicolo e delle sue caratteristiche; preposizionamento;*
- *distanze di sicurezza: mantenimento delle dovute distanze di sicurezza dal veicolo che precede e da quelli a fianco; mantenimento delle dovute distanze dagli altri utenti della strada;*
- *velocità: rispetto del limite massimo, adattamento della velocità alle condizioni di traffico/climatiche, eventuale rispetto dei limiti fissati a livello nazionale; guida ad una velocità che permetta l'arresto nel tratto di strada visibile e privo di ostacoli; adattamento della velocità a quella di altri veicoli simili;*
- *semafori, segnaletica stradale e segnalazione di condizioni particolari: corretto comportamento ai semafori; rispetto dei comandi impartiti dagli agenti del traffico; rispetto della segnaletica stradale (divieto e obbligo); rispetto della segnaletica orizzontale;*
- *segnalazione: effettuare le necessarie segnalazioni, nei tempi e nei modi opportuni; corretto impiego degli indicatori di direzione; comportamento corretto in risposta alle segnalazioni effettuate dagli altri utenti della strada;*
- *frenata ed arresto: tempestiva riduzione della velocità, frenate ed arresti adeguati alle circostanze; anticipo.*

Chiunque si trovi alla guida di un veicolo a motore deve in ogni momento possedere conoscenze, capacità e comportamenti in modo da poter:

- *riconoscere i pericoli del traffico e valutarne la gravità;*
- *essere in controllo del proprio veicolo, in modo da non originare situazioni pericolose e da poter reagire prontamente trovandovisi invece coinvolto;*
- *rispettare il codice della strada ed in particolare le disposizioni volte a prevenire gli incidenti ed a mantenere il traffico scorrevole;*
- *individuare i principali guasti tecnici nel proprio veicolo, in particolare quelli che potrebbero avere ripercussioni sulla sicurezza, e porvi adeguato rimedio;*
- *tenere conto di tutti i fattori che possono influenzare il comportamento di guida (alcol, stanchezza, disturbi della vista, ecc.), rimanendo così nel pieno possesso di tutte le facoltà necessarie per garantire la sicurezza della guida;*
- *contribuire alla sicurezza di tutti gli utenti della strada, soprattutto dei più esposti ed indifesi, dimostrando il dovuto rispetto per il prossimo.*

Per quel che concerne la valutazione del candidato, alcuni elementi sono offerti dal punto 9 dell'allegato II al decreto legislativo 18 aprile 2011, n. 59, che stabilisce: "... la valutazione deve riflettere la padronanza dimostrata dal candidato nel controllare il veicolo e nell'affrontare in pie-

na sicurezza il traffico. L'esaminatore deve sentirsi sicuro, durante tutto lo svolgimento della prova. Errori di guida o comportamenti pericolosi che mettessero a repentaglio l'incolumità del veicolo, dei passeggeri o degli altri utenti della strada, indipendentemente dal fatto che l'esaminatore o l'accompagnatore abbia dovuto intervenire, determinano l'insuccesso della prova (...)".

Tanto premesso, si evidenzia che il giudizio sulle prove dei candidati si forma, da una parte, sulla base di fatti oggettivi, non contestabili, quali il rispetto della segnaletica stradale e delle norme di comportamento previste dal codice della strada, dall'altra dall'insieme di comportamenti che sono improntati a valutazione discrezionale da parte dell'esaminatore.
Inoltre, nella fase valutativa, l'esaminatore, pur nel rispetto delle norme che regolano, in generale, i comportamenti dei dipendenti delle pubbliche amministrazioni, deve tener conto anche del particolare stato emotivo dei candidati che, comunque, si trovano ad effettuare un test delicato ed impegnativo. Fermi restando, dunque, il principio di non discriminazione e la prevalenza dell'interesse pubblico della sicurezza della circolazione stradale rispetto agli interessi, seppure apprezzabili dal singolo, possono individuarsi alcuni elementi sulla base dei quali formulare il giudizio finale di idoneità o non idoneità.
Certamente comporta l'immediato giudizio di non idoneità l'intervento dell'accompagnatore sui doppi comandi o sugli altri dispositivi del veicolo per scongiurare situazioni di pericolo.
Parimenti comporta l'immediato giudizio di non idoneità la violazione, da parte del candidato, di una norma che comporta (anche in caso di recidiva), la sospensione della patente di guida. Si elencano le principali fattispecie:
- *superare di oltre 40 Km/h il limite massimo di velocità;*
- *circolare contromano in corrispondenza delle curve, dei raccordi convessi o in altri casi di limitata visibilità;*
- *percorrere la carreggiata contromano in una strada divisa in più carreggiate separate;*
- *sorpasso in corrispondenza di curve o dossi e in ogni altro caso di scarsa visibilità;*
- *sorpasso di veicolo che ne stia superando un altro;*
- *sorpasso di veicoli fermi o in lento movimento ai passaggi a livello, ai semafori o per altre cause di congestione della circolazione, quando a tal fine sia necessario spostarsi nella parte della carreggiata destinata al senso opposto di marcia;*
- *sorpasso in prossimità o corrispondenza delle intersezioni;*
- *invertire il senso di marcia nonché percorrere la carreggiata contromano in ambito autostradale;*
- *circolare, al di fuori dei casi previsti, sulla corsia riservata alla sosta di emergenza o sulla corsia di variazione di velocità in ambito autostradale;*
- *omettere la precedenza dovuta nelle intersezioni stradali;*
- *immettersi sulla strada principale da una secondaria senza dare la precedenza ai veicoli che percorrono la strada principale;*
- *proseguire la marcia quando le segnalazioni del semaforo o dell'agente del traffico vietino la marcia stessa;*
- *non usare la massima prudenza nell'approssimarsi ad un passaggio a livello;*
- *effettuare il sorpasso senza superare rapidamente il conducente che lo precede sulla stessa corsia, senza mantenere un'adeguata distanza laterale, senza riportarsi a destra appena possibile, evitando di creare intralcio o pericolo;*
- *mancata distanza di sicurezza con collisione e grave danno ai veicoli;*
- *mancato arresto del veicolo in caso di incrocio ingombrato o su strade di montagna;*
- *mancato uso delle cinture di sicurezza o dei sistemi di ritenuta;*
- *uso del cellulare durante la guida.*

Nel caso in cui il candidato effettui, nel corso della prova, una manovra (intesa sia come comportamento di guida sia come infrazione ad una norma che non comporta la sospensione della patente di guida) errata, l'esaminatore può anche consentire la ripetizione della manovra stessa. Un ulteriore errore della stessa manovra comporterà l'esito di non idoneità.
Il giudizio finale di idoneità o di non idoneità è rimesso alla prudente valutazione dell'esaminatore, che terrà conto del numero e della gravità degli errori commessi dal candidato, nonché dal generale "senso di sicurezza" che l'esaminatore stesso percepisce durante l'intera prova d'esame (secondo il dettato della normativa comunitaria).
Resta fermo che l'esito dell'esame, costituendo un provvedimento amministrativo, deve essere adeguatamente motivato ai sensi dell'Art. 3 della legge 7 agosto 1990, n. 241, soprattutto in caso di non idoneità.

L'ULTIMO REQUISITO: LA MANCANZA DI IMPEDIMENTI DI ORDINE MORALE

Una volta superata la prova pratica di guida, l'interessato consegue la patente. Essa può essere immediatamente revocata o può esserne addirittura impedito il conseguimento quando ricorrono i motivi indicati all'Art. 120 del Codice della Strada.

Secondo questa legge, non possono conseguire la patente di guida:

- i delinquenti abituali, professionali o per tendenza e coloro che sono o sono stati sottoposti a misure di sicurezza personali o alle misure di prevenzione;
- le persone condannate per i reati di produzione, detenzione e spaccio di sostanze stupefacenti e di associazione finalizzata al traffico illecito di sostanze stupefacenti;
- le persone destinatarie di provvedimenti applicativi di sanzioni amministrative o di misure di sicurezza pubblica, correlati a violazioni in tema di sostanze stupefacenti.

Inoltre, non possono conseguire una nuova patente di guida le persone alle quali sia stata applicata due volte la revoca della patente a seguito di un incidente stradale che abbia provocato esito mortale o procurato lesioni gravi e gravissime.

Se tali condizioni intervengono in data successiva al rilascio, il prefetto provvede alla revoca della patente di guida.

Questo requisito di ordine morale è stato reintrodotto da una legge del 2009 ed assume anche il valore di condizione indispensabile per conservare la patente conseguita.

L'impossibilità di conseguire la patente dura fino a quando non siano intervenuti provvedimenti riabilitativi.

Infine, non possono conseguire la patente le persone destinatarie dei provvedimenti amministrativi del prefetto, conseguenti all'accertamento di possesso di sostanze stupefacenti per uso personale.

Questa previsione normativa costituisce novità di rilievo ed estende i propri effetti sino a prevedere la revoca della patente già conseguita.

La revoca non può essere disposta se sono trascorsi più di tre anni dalla data di applicazione delle misure di prevenzione o di quella del passaggio in giudicato della sentenza di condanna per i reati di produzione, detenzione illecita e spaccio di sostanze stupefacenti.

La persona destinataria del provvedimento di revoca della patente non può conseguire una nuova patente di guida prima che siano trascorsi almeno tre anni.

La sicurezza stradale: rischi e responsabilità

La sicurezza stradale è l'obiettivo verso il quale sono indirizzati tutti gli interventi legislativi, nazionali ed europei. La grande quantità di incidenti che purtroppo colpisce, seppure in misura diversa, tutti i Paesi industrializzati, caratterizzati da una grande mobilità e, quindi, dalla larghissima diffusione di autoveicoli privati, pone al centro dell'attenzione la necessità di predisporre misure atte a prevenire quei comportamenti pericolosi che sono la causa di molti incidenti più o meno gravi.
Migliorare la sicurezza delle strade, secondo la definizione dell'Articolo 1 del Codice della Strada, significa anche migliorare la qualità della vita delle persone che le percorrono ogni giorno.
Questa solenne affermazione trova riscontro nella realtà quotidiana, che vede le strade sempre più trafficate e i tempi di percorrenza sempre più lunghi, anche per cattive abitudini di guida, oltre che a causa di infrastrutture spesso inadeguate.
La stessa tutela dell'ambiente trova nel modo di guidare corretto una potenziale fonte di recupero di risorse energetiche e di minore inquinamento.
Per tutte queste ragioni, la sicurezza stradale è un obiettivo da perseguire con convinzione, attraverso una cultura nuova, basata su una scala di valori che comprenda:
- la tutela della propria e dell'altrui incolumità;
- il rispetto delle regole di circolazione;
- la tutela dell'ambiente.

I FATTORI DELLA SICUREZZA STRADALE

La guida orientata verso questi valori è caratterizzata dalla conoscenza
- di se stessi;
- del veicolo condotto;
- della strada che si percorre e dell'ambiente;
- delle regole da osservare.

Le condizioni psicofisiche del conducente

Gli incidenti stradali sono nella quasi totalità il frutto di un errore umano, spesso dovuto alle condizioni psicofisiche alterate del conducente. Le condizioni psicofisiche che possono causare problemi quando si guida sono di due tipi:
- patologiche;
- occasionali.
Le condizioni patologiche, che determinano l'inidoneità psicofisica, sono le malattie del corpo e della mente.
Nel primo gruppo sono comprese tutte le malattie che influiscono negativamente sulle capacità psicomotorie e percettive, la cui esistenza è accertata nell'esame medico preventivo per il conseguimento della patente di guida.
Tra le malattie della mente sono da includere tutte le alterazioni patologiche che determinano squilibri comportamentali. Esistono poi situazioni di impedimenti occasionali, determinati da eventi particolari, che influiscono negativamente sulle possibilità di guida.
Rientrano in questa casistica tutte le malattie o impedimenti fisici che indeboliscono le capacità psicomotorie e percettive, come un arto ingessato, un occhio temporaneamente bendato, un orecchio occluso e così via. In queste condizioni, determinate a volte anche da scelte del conducente, che magari ascolta la musica con le cuffie o parla al telefono e non è in grado di percepire segnalazioni acustiche esterne, la guida è pericolosa perché, di fronte a situazioni improvvise, le reazioni del conducente saranno tardive o inadeguate.
Oltre alle condizioni oggettive di difficoltà, sono rilevanti la consapevolezza e la saggezza di non andare oltre certi limiti di prudenza. Nella guida di un veicolo non è semplice ammettere di avere limitazioni tecniche o di prestazioni psicofisiche.
Molti conducenti sono convinti di essere in grado di fare tutto, anche certe manovre che si vedono solo nei film. Questa illusione di onnipotenza è alla base di molte tragedie così come, al contrario, l'umiltà è una condizione che tutela da

errori e da incidenti. Nella guida, le condizioni di sicurezza non sono esclusivamente legate al conducente. La sicurezza, infatti, è il risultato di tanti comportamenti e della capacità di effettuare manovre da manuale, ma anche se il conducente la possiede, in determinate circostanze potrebbe non avere la possibilità di esprimere la sua efficacia. La perizia di guida, intesa come capacità di guidare un veicolo e di realizzare tutte le manovre richieste, è senza dubbio un fattore di sicurezza, a condizione che non annulli la saggezza che induce alla prudenza, specialmente come timore degli errori altrui.
Saper effettuare manovre ardite, infatti, non mette al riparo dagli errori degli altri, specialmente se si tratta di quelli prevedibili e che per espressa previsione normativa (Art. 141, comma 2) ogni conducente deve tenere in considerazione nel determinare la propria condotta di guida.
Conoscere se stessi significa anche adeguare la guida alle condizioni reali in cui si svolge. Molto spesso si guida sotto l'effetto di farmaci, assunti per vincere condizioni di lieve malessere o di patologie croniche. L'effetto di alcuni farmaci può determinare l'allungamento dei tempi di reazione o di osservazione, irascibilità e altri effetti indesiderati.
Queste condizioni devono indurre condotte adeguate, sia in termini di velocità di marcia sia di rapporti con l'esterno.

Gli stati emotivi

La prima condizione per guidare in sicurezza un veicolo è la serenità. Il conducente che si trova in una condizione di alterazione psicologica, determinata da preoccupazioni, ansia o fretta, può commettere errori gravi e procurare incidenti.
Questi stati emotivi alterano la percezione e la valutazione dell'ambiente e delle situazioni osservate, oltre a indurre ad azioni pericolose, talvolta sconsiderate. Per verificare la corrispondenza di questi concetti, basta pensare a quando si circola nel traffico urbano con l'ansia di arrivare a un appuntamento. Tutti i veicoli che precedono sembrano essere esasperatamente lenti; tutte le condizioni negative sembrano essersi concentrate lungo il percorso, e questa convinzione aumenta lo stato di inquietudine del conducente, che si agita per trovare soluzioni alternative.
Nella ricerca spasmodica di una soluzione che non c'è, si finisce con il litigare con gli altri automobilisti, che ovviamente non conoscono le ragioni di tanta fretta, né hanno colpe per l'ingorgo.
Eppure, la situazione è normalissima; nessuna eccezionalità si è inserita lungo l'itinerario per allungarne i tempi di percorrenza. Ciò che fa apparire eccezionale un evento ordinario è lo stato di alterazione psichica del conducente. Sono alterati i suoi meccanismi di percezione ed elaborazione, non la realtà che resta quella quotidiana. Queste tristi situazioni, che a volte sfociano in "sfide" con gravi conseguenze, possono essere risolte solo con la consapevolezza che i pericoli sono determinati dagli stati emotivi del conducente, che deve trovare la forza e la capacità di rendersene conto e riprendere il controllo. Una volta ritrovata la serenità, tutto tornerà nella normalità, e anche l'eventuale ritardo sarà accettato senza traumi.

Alcol e sostanze stupefacenti

Tra le patologie che possono compromettere una guida sicura e impediscono di conseguire o rinnovare la patente sono comprese l'alcolismo e la dipendenza dalle sostanze stupefacenti o psicotrope.
Oltre ai casi di malattie reali, che si configurano quando la persona si trova in uno stato avanzato di dipendenza, si possono ipotizzare situazioni pericolose di guida, dovute a ebbrezza causata dal consumo occasionale di alcol o di droghe.
L'ebbrezza alcolica è una condizione di particolare euforia, che porta l'automobilista a sopravvalutare le proprie capacità di guida e fargli ritenere tutto possibile. Questa situazione è molto pericolosa, e per contrastarla il Codice della Strada ha introdotto sanzioni particolarmente severe.
L'accertamento sullo stato di ebbrezza, che la legge fissa quando il tasso alcolemico del guidatore supera 0,5 g/l, è effettuato con strumenti e procedure stabiliti dai Ministri competenti. In tutti gli esercizi pubblici che ospitano spettacoli o altre forme di intrattenimento e si somministrano bevande, devono essere esposte tabelle che descrivono in modo accurato gli effetti prodotti dall'alcol.

Anche per le sostanze stupefacenti vale quanto detto per l'ebbrezza alcolica. È noto, infatti, che le droghe, anche ingerite solo occasionalmente, determinano un'alterazione psicofisica. Chi è sorpreso a guidare in queste condizioni di sicuro pericolo, per sé e per gli altri, va incontro a sanzioni penali e all'obbligo di rifare gli esami per la patente di guida. Per poter sostenere di nuovo gli esami dovrà provare, con una specifica certificazione medica, di non essere in condizioni di dipendenza dalle sostanze stupefacenti. In caso contrario la patente di guida sarà negata a vita.

Gli effetti prodotti dalle sostanze stupefacenti o psicotrope sono diversi, tutti potenzialmente pericolosi, e possono essere così riassunti:

Derivati della canapa indiana (marijuana, hashish, olio di hashish)
Sono fumati in pipe o come una sigaretta; normalmente l'assunzione produce i seguenti sintomi:

- stato sognante con alterazione della coscienza;
- alterazione delle percezioni;
- stati di benessere puerili associati a risate incontrollate e immotivate;
- allucinazioni e psicosi (solo per assunzioni massicce).

Cocaina e suoi derivati

Producono alterazioni psicofisiche profonde con facile assuefazione; sono assunte per "sniffata", aspirando direttamente la polvere con le narici; normalmente l'assunzione produce i seguenti sintomi:
- eccitazione mentale e particolare lucidità;
- sensazione di eccessiva sicurezza con movimenti frenetici;
- loquacità e accresciuta comunicabilità sociale.

Una volta esaurito l'effetto la persona cade in uno stato di profonda depressione con pessimismo e irritabilità.

Eroina e altri derivati dell'oppio

Producono alterazioni psicofisiche profonde con facile assuefazione; sono assunte per endovena; normalmente producono i seguenti sintomi:
- potente stato di euforia con forte esaltazione dell'immaginazione (flash che dura solo pochi minuti);
- stato di depressione con torpore e sonnolenza (successivamente).

Anfetamine e derivati sintetici – ecstasy

Producono gravi alterazioni psicofisiche con sicura assuefazione; si presentano in pillole o compresse e sono assunte per via orale; normalmente producono i seguenti effetti:
- stimolazione dei sensi con eccitazione accompagnata da tremori agli arti;
- eccessiva loquacità e senso di sicurezza.

Allucinogeni (LSD)

Producono gravi alterazioni psicofisiche con sicura assuefazione e con effetti che spesso si manifestano anche in assenza di assunzione; si presentano in pillole o compresse e possono essere assunti per via orale; normalmente producono i seguenti effetti:
- forte distorsione della realtà con veri e propri stati di allucinazione;
- delirio e modificazione delle percezioni e delle emozioni;
- visioni (in dosi massicce).

I farmaci pericolosi

Quando si assume un farmaco è necessario controllare accuratamente le avvertenze indicate nel foglio di accompagnamento, perché potrebbe avere effetti negativi per la guida. Alcuni farmaci comportano l'espresso divieto di mettersi al volante dopo l'assunzione perché allungano i tempi di percezione e di reazione, o inducono sonnolenza.

L'affaticamento psicofisico

Guidare con sicurezza significa conoscere e rispettare tutte le norme previste e mettere in atto risposte adeguate alle varie condizioni del traffico e dell'ambiente.

Per avere la possibilità di osservare con precisione l'ambiente esterno, e attuare le manovre opportune, il conducente deve trovarsi in condizioni di pieno possesso delle sue capacità psicomotorie. Per questi motivi non è possibile guidare ininterrottamente per diverse ore. Dopo un certo tempo, che è legato alle singole capacità di resistenza, alle condizioni atmosferiche, al traffico e alle motivazioni per le quali si viaggia, è necessario fermarsi e interrompere, anche per breve tempo, il viaggio.

Le situazioni di affaticamento psicofisico sono pericolosissime perché portano a una percezione parziale e distorta dell'ambiente, e allungano enormemente i tempi di risposta "psicotecnica", quelli necessari per effettuare manovre di emergenza in caso di necessità.

Il pericolo dell'affaticamento psicofisico è concentrato nelle difficoltà del conducente di riconoscerlo prima che sia troppo tardi. Infatti, finché la marcia si svolge in condizioni normali, l'automobilista non si rende conto della stanchezza ma, appena si verifica un evento eccezionale che richieda una pronta percezione di valutazione e di risposta, i suoi tempi di reazione possono rivelarsi enormemente lunghi.

Per non incorrere in questo genere di situazioni, ogni conducente deve conoscere la propria soglia di resistenza e fermarsi prima di raggiungerla, per ritemprarsi. Al fine di individuare il punto critico della propria resistenza, è utile conoscere i sintomi che anticipano l'avvicinarsi della soglia critica:
- stanchezza agli occhi, accompagnata da bisogno di chiuderli con forza;
- irrigidimento dei muscoli delle braccia;
- calo di attenzione nell'osservazione;
- necessità di procedere, a intervalli sempre più ravvicinati, a correzioni di traiettorie per tenere l'auto nella giusta posizione e direzione.

Questi sintomi sono il segno evidente dell'affaticamento e sono indicati in ordine di importanza. Quando si arriva al punto di dover correggere sensibilmente la traiettoria del veicolo, perché non è stata adeguata in modo progressivo e constante, non è più possibile andare oltre.

Continuare a guidare in queste condizioni sarebbe pericoloso, e la successiva correzione di traiettoria potrebbe non essere sufficiente.

Gli altri fattori di potenziali criticità

Per guidare in sicurezza, inoltre, è necessario non essere affetti da alcuna indisposizione, anche lieve, che consenta comunque di muoversi. Rientrano in questa definizione quegli stati che permettono di svolgere, seppure a ritmi ridotti, tutte le attività ordinarie, come raffreddori, influenze, dolori di testa, allergie, reumatismi, piccoli impedimenti fisici agli arti, e via dicendo. Quando si è affetti da questi malanni, di norma si assume un farmaco e si esce di casa. Senza considerare che le condizioni psicofisiche non sono ottimali. I tempi di percezione di eventuali pericoli e delle conseguenti decisioni risulteranno decisamente più lunghi.

La velocità e lo spazio per arrestarsi

La velocità è il fattore di rischio maggiore, perché spesso è la causa primaria dell'incidente. Altre volte, poi, è l'elemento che determina le conseguenze più o meno gravi di un sinistro. Ma la velocità che cos'è di preciso? Perché ha così tanto fascino e qualcuno ne diventa vittima?
"La velocità per esempio de' cavalli o veduta o sperimentata, cioè quando essi vi trasportano è piacevolissima per sé sola, cioè per la vivacità, l'energia, la forza, la vita di tal sensazione. Essa desta realmente una quasi idea dell'infinito. Sublima l'anima, la fortifica."
Le parole di Giacomo Leopardi esprimono in modo insuperabile il fascino della velocità, le emozioni che essa genera e le ragioni del desiderio dell'uomo di essere sempre più veloce, di accorciare sempre più il tempo necessario a percorrere grandi spazi, come una vera e propria corsa verso "una quasi idea dell'infinito".
Una volta comprese le ragioni che rendono piacevolissima la velocità diventa indispensabile, specialmente per i giovani che iniziano ad assaporarne il fascino, fare in modo che non si superino mai i limiti del buon senso (che non sempre coincidono con quelli riportati dalla segnaletica stradale) per evitare che l'attrazione si trasformi in tragedia. Per evitare questo pericolo, e godere della velocità per tutta la vita, è importante "dominarla", per far in modo che resti sempre entro i limiti che consentano a chi guida di controllarla, di goderne, senza "ubriacarsi" e restarne vittima.
Per realizzare queste condizioni, bisognerà conoscere i fattori che la determinano, qual è la giusta misura, come controllarla e ridimensionarla in termini ragionevoli.
La velocità è il rapporto che passa tra lo spazio percorso e il tempo necessario a percorrerlo.

La relazione che intercorre tra la velocità e lo spazio necessario per arrestarsi è da sola sufficiente a rendere evidente il nesso che lega velocità pericolosa e incidenti stradali. Fermare un veicolo significa azzerarne l'energia cinetica posseduta, di conseguenza lo spazio di arresto di un veicolo equivale alla distanza percorsa dal momento in cui il conducente avverte la necessità di fermarsi fino al completo azzeramento della velocità.
Sotto l'azione frenante, il movimento del veicolo diventa uniformemente ritardato, per cui lo spazio necessario è proporzionale al quadrato della velocità, che è determinante ai fini dell'energia cinetica da dissipare.
Lo spazio percorso dal veicolo sotto l'azione frenante è definito spazio di frenata. La sua lunghezza è sempre minore dello spazio di arresto, perché quest'ultimo comprende anche gli spazi coperti dal veicolo dal momento in cui il conducente avverte la necessità di azionare il pedale, iniziando realmente l'azione dell'impianto. Questo arco di tempo si chiama tempo di reazione.
Lo spazio corrispondente si chiama spazio psicotecnico, perché la sua ampiezza dipende dalle capacità psicomotorie del conducente e dall'attenzione di guida.
È ovvio, infatti, che una guida distratta porta a rendersi conto dei pericoli con un ritardo che può rivelarsi fatale. Al contrario, guidare con attenzione significa accorgersi in tempo di eventuali pericoli e reagire prontamente.

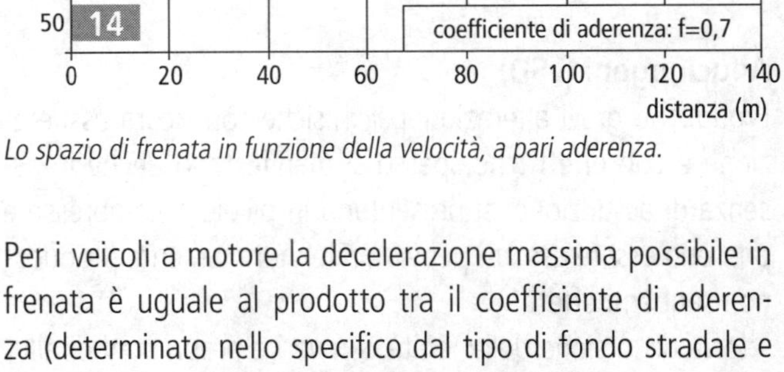

Lo spazio di frenata in funzione della velocità, a pari aderenza.

Per i veicoli a motore la decelerazione massima possibile in frenata è uguale al prodotto tra il coefficiente di aderenza (determinato nello specifico dal tipo di fondo stradale e dalle caratteristiche degli pneumatici), che in questo caso rappresenta il massimo della forza frenante che le ruote possono trasmettere al veicolo, e l'accelerazione di gravità (9,81 m/s). Se la forza frenante trasmessa alle ruote è superiore o uguale al coefficiente di aderenza provocherà il bloccaggio delle ruote, con conseguente sostituzione del coefficiente di attrito (attrito radente) al coefficiente di aderenza (attrito volvente).
Frenare significa dissipare energia, e la decelerazione rappresenta proprio la quantità di energia dissipata. La realtà

dimostra che, nel caso si possa disporre di un'efficienza tra coefficiente di aderenza e accelerazione di gravità pari a circa il 60-70%, si può ottenere una decelerazione equivalente a 6 o 7 m/s.

Queste decelerazioni sono quasi ottimali e coincidono (per un'auto media) con il limite oltre il quale si ha come risultato il bloccaggio delle ruote. Decelerazioni maggiori, infatti, comporteranno sicuramente il bloccaggio delle ruote, con aumento degli spazi necessari e possibile perdita di controllo del veicolo in assenza di un dispositivo ABS.

Il fattore di maggiore rilevanza è il grado di efficienza dei freni. Bisogna sottolineare che, di norma, non supera mai il 70-80% del suo massimo rendimento teorico. Un sistema efficiente deve portare a una frenata graduale, senza determinare il bloccaggio delle ruote. Se le ruote si bloccano, il grado di efficienza dei freni diventa irrilevante, perché l'attrito radente, che si genera tra pneumatici e fondo stradale è uguale.

Lo spazio percorso dal momento in cui il conducente avverte la necessità di dover arrestare il veicolo, fino all'attivazione del sistema e all'effettivo inizio della frenata, si chiama spazio psicotecnico.

Cronologicamente, questo spazio viene prima di quello relativo alla frenata e con questo completa lo spazio di arresto.

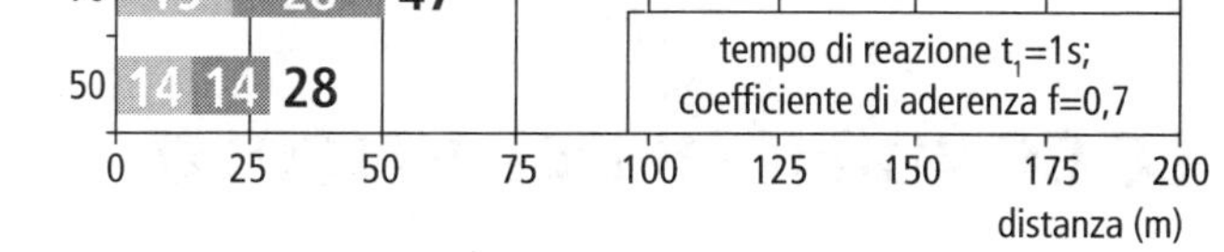

Lo spazio di arresto, somma dello spazio percorso nel tempo di reazione e di quello percorso in frenata.

Lo spazio psicotecnico

È quello percorso dal veicolo dal momento in cui il conducente percepisce la situazione di pericolo, fino all'effettiva attivazione dei freni. L'intervallo è diviso in due tempi, uno psichico e uno tecnico. Il primo comprende la percezione del pericolo e la conseguente reazione, che può essere razionale e cosciente, oppure istintiva. Il secondo integra il tempo della reazione muscolare (capacità psicomotoria) e l'azionamento del meccanismo, fino al raggiungimento di un livello ottimale di efficienza dell'impianto. Nel momento psichico si ha la percezione della situazione pericolosa e la reazione a questo evento. La reazione matura dopo aver vinto l'inerzia mentale, che può essere più o meno lunga, a seconda delle capacità psichiche dell'interessato e del suo stato psicofisico. Una condotta di guida particolarmente rilassata o distratta, e situazioni di particolare stanchezza fisica, influiscono su questo tempo psichico, allungandolo e, di conseguenza, aumentando lo spazio che il veicolo percorre mentre il conducente decide come agire.

La possibilità di applicare risposte razionali, non istintive, anch'esse non sempre efficaci, è tutta nelle capacità e nelle attitudini del conducente. Un automobilista non particolarmente attento ha tempi di reazione psichica intorno a un secondo, e un veicolo che viaggia a 50 km/h in questo tempo percorre circa 15 metri. Se il conducente è distratto, lo spazio già rilevante aumenta ancora. Allo stesso modo acquista importanza la capacità di applicare risposte razionali che permettano di superare, nei limiti del possibile, la situazione di pericolo, o almeno ridurne al minimo le conseguenze. Il tempo di reazione e il conseguente spazio psicotecnico dipendono anche, e soprattutto, dalle diverse condizioni di traffico che possono presentarsi. L'esempio tipico è quello di una frenata mentre si procede in colonna.

Una particolare attenzione deve essere dedicata quando ci si avvicina agli incroci caratterizzati da fattori ambientali negativi per quanto riguarda l'avvistamento di eventuali situazioni di pericolo.

Tempo di reazione complessivo per l'attraversamento in corrispondenza di una intersezione stradale	
Azione da eseguire	**Tempo di reazione (s)**
Girare gli occhi a sinistra	0,15-0,35
Valutare il traffico a sinistra	0,10-0,30
Girare gli occhi a destra	0,15-0,35
Valutare il traffico a destra	0,10-0,30
Tempo complessivo	0,50-1,30

Per lo stesso conducente, il tempo di reazione può aumentare da 0,25 a 0,5 secondi per la risposta a situazioni semplici, fino a 3-4 secondi per reagire a situazioni complesse, come la decisione di effettuare un sorpasso su una strada a due corsie a doppio senso di marcia.

Quando la risposta è stata elaborata dal cervello e trasmessa ai muscoli che dovranno azionare il dispositivo, si rientra nel campo dell'intervallo tecnico. L'estensione dello spazio percorso, necessario per consentire al dispositivo di raggiungere un livello di efficienza ottimale e arrivare ad arrestare il veicolo in un certo spazio, rientra nel campo della responsabilità, perché il tutto fa capo a norme specifiche, che impongono determinati comportamenti.

L'entità dell'intervallo psicotecnico e del relativo spazio percorso dal veicolo dipende, quindi, da diversi fattori e, in particolare:

- **Capacità psicofisiche del conducente**. Percepire situazioni di pericolo e attuare una risposta razionale entro un certo tempo è un fattore che varia da persona a persona.
- **Conoscenza di una situazione di pericolo** o, almeno, della probabilità che essa si verifichi. Quando il conducente è a conoscenza che su un tratto di strada incontrerà una situazione di pericolo, o che la stessa molto probabilmente si verificherà, condurrà il veicolo con maggiore attenzione e prudenza. Al contrario, le situazioni che maturano inaspettatamente sono quelle che influiscono negativamente sul tempo di percezione.
- **Attenzione con la quale il conducente guida**. L'attenzione è la capacità di concentrare l'interesse della mente su un argomento o su un oggetto. Quella relativa alla conduzione di veicoli deve essere "diffusa", nel senso che non deve soffermarsi su un solo oggetto, ma estendersi all'intera situazione ambientale e di traffico a cui è interessato il veicolo. Una condotta di guida attenta fa in modo che l'eventuale situazione di pericolo venga immediatamente percepita, mentre la disattenzione allunga il tempo di reazione.
- **Condizioni atmosferiche**. Le condizioni negative, come nebbia, ore notturne e la scarsa visibilità in genere, comportano una difficoltà fisica di percezione.
- **Grado di acutezza visiva e uditiva del conducente**. La vista e l'udito sono direttamente interessati alla percezione del pericolo. Dal loro grado di acutezza dipenderà molto del tempo impiegato nella percezione, intesa come osservazione e trasmissione del dato al cervello, che elaborerà la reazione adeguata.
- **Intervallo tra la percezione del pericolo e l'attuazione della manovra di frenata**. Ipotizzato di un secondo, è realisticamente riferibile a una guida attenta e senza impedimenti, altrimenti è destinato ad allungarsi.

Lo spazio di frenata

Una volta azionato il freno, il veicolo non si fermerà istantaneamente, ma percorrerà uno spazio ulteriore, condizionato dalla velocità, dallo stato dell'asfalto e dalla funzionalità ed efficienza del sistema frenante, oltre che dal peso (dell'auto e del carico).

Il fattore maggiormente rilevante è la velocità, al cui aumento, lo spazio si dilata al quadrato. Il grafico che segue indica orientativamente gli spazi percorsi sotto l'azione frenante su una strada asciutta. Sul bagnato e sul ghiaccio gli spazi aumentano ancora.

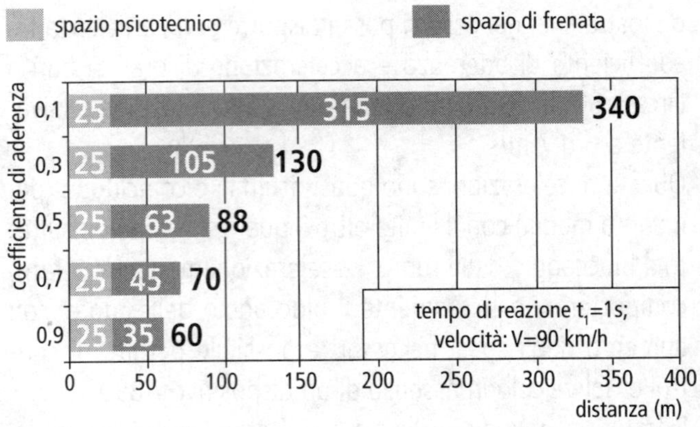

Distanza di arresto per differenti valori dell'aderenza. A pari velocità e tempo di reazione, al diminuire dell'aderenza, la distanza di arresto può aumentare fino a 6 volte

Sull'entità degli spazi necessari per fermarsi incidono anche altre condizioni, come:

- **Capacità di guida**. Va intesa soprattutto come capacità del conducente di pensare ed eseguire manovre di emergenza, tecnicamente possibili, come frenare ed evitare contemporaneamente un ostacolo.
- **Attitudine del conducente** a saper valutare, più o meno rapidamente, la situazione improvvisamente maturata e il suo grado di pericolosità.
- **Condizioni psicofisiche**. Una situazione di stanchezza fisica o mentale influisce negativamente sia sulla valutazione della situazione, sia sulla razionalità della risposta a una emergenza.
- **Eventuali impedimenti fisici o psichici**. Le anomalie fisiche, come le malattie degli arti, o psichiche, come l'ubriachezza o l'assunzione di sostanze stupefacenti, sono fattori che allungano il tempo di reazione, le prime, e la razionalità delle risposte, le altre.

LE CONDIZIONI DEL VEICOLO

Le condizioni del veicolo sono di importanza fondamentale ai fini della sicurezza stradale. Le Case costruttrici, anche per ragioni commerciali, offrono all'utente veicoli sempre più sofisticati e prestazionali, dotandoli anche di ottimi dispositivi di sicurezza.

Il nuovo Codice della Strada si occupa dell'equipaggiamento dei veicoli, e del suo stato, che deve essere oggetto di controlli periodici ordinari e straordinari.

I controlli periodici ordinari sono assicurati sottoponendo il veicolo alla revisione dopo un tempo previsto (quattro anni dalla prima immatricolazione e successivamente ogni due anni), quelli straordinari sono necessari dopo che la vettura è stata coinvolta in un incidente che ha provocato gravi conseguenze.

L'uso dei dispositivi di equipaggiamento

Quasi tutte le direttive dell'Unione Europea dedicate ai veicoli a motore sono finalizzate a prevenire il verificarsi di incidenti stradali e a limitarne gli effetti, nel caso si verifichino.

L'elaborazione di queste norme è la diretta conseguenza dell'entità degli incidenti che interessano tutti i Paesi in cui la circolazione stradale ha assunto dimensioni rilevanti.
L'Unione Europea, nell'intento di avvicinare le legislazioni dei singoli Stati membri, ha emanato molte direttive riguardanti i dispositivi di sicurezza, che sono divisi in due categorie:
- dispositivi di sicurezza attiva;
- dispositivi di sicurezza passiva.

Nel primo gruppo sono compresi tutti gli strumenti tecnici necessari per consentire ai veicoli di utilizzare le proprie potenzialità entro limiti di sicurezza. Sono inseriti i dispositivi di frenatura, di illuminazione e visivi, sospensioni, retrovisori, sporgenze esterne e altri, che sono finalizzati a prevenire gli incidenti.
Il secondo raggruppa invece quelli finalizzati a limitare i danni alle persone in caso di sinistro. Questi dispositivi tecnici rappresentano il risultato di studi nel campo dell'infortunistica stradale rispetto alle conseguenze sulle persone.
Ne fanno parte:
- Cinture di sicurezza e sistemi di ritenuta. Secondo gli studi, in caso di collisione l'occupante di un autoveicolo si trova nelle stesse condizioni di un vaso di cristallo sbattuto contro le pareti di un contenitore metallico. Le forze che si scaricano su un veicolo si ripercuotono sul corpo degli occupanti, con gravissime conseguenze. L'adozione delle cinture di sicurezza, che fissano al sedile il corpo del conducente, consentendogli tutti i movimenti per la guida, fa sì che, in caso d'urto, non sia proiettato contro parti metalliche o cristalli, limitando le conseguenze dell'incidente. Nel nostro Paese, la normativa è stata introdotta dalla legge 111/88, le cui disposizioni sono state integralmente trasferite nell'Art. 172 del Codice della Strada. L'obbligo di utilizzare le cinture è esteso ai passeggeri dei veicoli dotati di questi sistemi o che siano tenuti al montaggio perché muniti di specifici punti di attacco. Le sole categorie di persone esentate dall'uso di cinture e dispositivi di ritenuta per bambini sono a loro volta specificate dallo stesso Art. 172 del Codice della Strada (vedere a pag. 54).
- Dispositivi di protezione posteriore. Sono obbligatori per tutti gli autocarri. Hanno la funzione di evitare che, in caso di tamponamento, un'autovettura possa infilarsi e rimanere incastrata sotto la parte posteriore del veicolo industriale, con una carrozzeria alta da terra o di dimensioni tali da rendere possibile questa eventualità, che provocherebbe conseguenze gravi per gli occupanti dell'auto. La mancanza di questo dispositivo è punita ai sensi dell'Art. 71; l'inefficienza ai sensi dell'Art. 79.
- Dispositivo poggiatesta. L'adozione di questo dispositivo è finalizzata a evitare le conseguenze dovute al cosiddetto "colpo di frusta" al rachide cervicale di chi è a bordo di un'auto che subisce un tamponamento. Questa lesione, riscontrabile in ogni tamponamento, può procurare conseguenze gravi, in alcuni casi mortali. Per scongiurare il rischio, tutti gli autoveicoli sono dotati di poggiatesta che devono essere regolati all'altezza corretta, che possa sopportare eventuali violente proiezioni all'indietro del capo.
- Caratteristiche tecniche dei vetri parabrezza. Una Direttiva CEE prescrive particolari tecniche costruttive per i vetri dei parabrezza, per garantire una frantumazione che non generi schegge che possano procurare lesioni gravi agli occupanti dell'auto in caso di collisione.
- Organi sterzanti. In caso di urto frontale, quando il veicolo subisce elevate deformazioni, il volante è proiettato verso il corpo del conducente. Per evitare gli esiti negativi di questa reazione, è stato imposto alle Case automobilistiche di costruire gli organi in maniera tale che le forze applicate ai piantoni siano distribuite su direttrici prestabilite, diverse da quelle naturali.

Queste prescrizioni sono imposte ai costruttori già in sede di omologazione del prototipo.

L'uso del casco

L'uso del casco è obbligatorio per i conducenti di motocicli, di ciclomotori, di quadricicli aperti (quad) e di motocarrozzette, ed eventuali passeggeri trasportati. Il casco deve essere regolarmente allacciato; sono esclusi dall'obbligo i conducenti di ciclomotori e di motocicli anche a tre ruote dotati di cellula di sicurezza omologata, e di cinture a tre punti (l'unico veicolo che aveva risposto a queste caratteristiche era il C1 di BMW, prodotto tra il 1999 e il 2003).
Le ragioni di tale obbligo sono da ricercare nella necessità di predisporre strumenti idonei a rendere minime le conseguenze in caso di sinistro, che vedrebbe la testa come parte del corpo da tutelare con priorità, perché le lesioni sarebbero sempre gravi, anche nel caso di incidenti ad andature contenute. Solo il casco, "avvolgendo" la testa con materiali a densità differenziata, riesce a distribuire l'urto su tutta la struttura e in misura attenuata sulla parte da proteggere.
È evidente che il casco non è in grado di garantire l'incolumità in ogni condizione d'urto, ma anche in situazioni estreme riesce comunque a contenere l'entità delle lesioni. Usare il casco in modo corretto non è solo obbligatorio, è l'unico sistema utile per tutelare l'incolumità della testa per chi viaggia in moto.

Gli altri dispositivi di sicurezza

Altri strumenti utili alla sicurezza riguardano le finiture interne dell'auto, dallo specchietto retrovisore interno, alle portiere e altri dispositivi. sistemi di sicurezza dimostrano l'impegno normativo e tecnico di tutti i Paesi, finalizzato a ridurre i danni in caso di sinistro.
Anche se le statistiche continentali evidenziano una tendenza in calo degli incidenti stradali grazie anche a interventi legislativi mirati, è impossibile oggi ipotizzare un completo azzeramento dei sinistri. Anche risolvendo tutti i problemi riferiti alla strada e al veicolo, è difficile pensare che tutti gli utenti delle strade possano circolare rispettando ogni norma imposta e le regole di prudenza, con un'educazione civica e stradale perfetta. Perché la libertà si manifesta anche con la violazione di leggi, regolamenti e norme morali.

La revisione del veicolo

Se l'immatricolazione è la nascita giuridica del veicolo e ha la finalità di decretarne l'idoneità alla circolazione, durante la sua vita sono prescritte visite periodiche, denominate revisioni, che hanno il compito di controllarne l'efficienza.
Ai sensi dell'Art. 80, per le autovetture e per gli autoveicoli adibiti al trasporto di cose o a uso speciale di massa complessiva a pieno carico non superiore a 3,5 t, la revisione deve essere effettuata entro il mese di scadenza del quarto anno dalla data di prima immatricolazione e, successivamente, ogni due anni, nel rispetto delle specifiche decorrenze previste dalle direttive comunitarie vigenti in materia. Per i veicoli destinati al trasporto di persone, con numero di posti superiore a 9 compreso quello del conducente, per gli autoveicoli destinati ai trasporti di cose o a uso speciale di massa complessiva a pieno carico superiore a 3,5 t, per i rimorchi di massa complessiva a pieno carico superiore a 3,5 t, per i taxi, per le autoambulanze, per i veicoli adibiti a noleggio con conducente e per i veicoli atipici, la revisione deve essere effettuata annualmente. Gli uffici della Motorizzazione Civile, anche su segnalazione degli organi di polizia stradale, nel caso sorgano dubbi relativi ai requisiti di sicurezza, rumorosità e inquinamento prescritti, possono ordinare in qualsiasi momento la revisione di singoli veicoli.
In caso di incidente stradale nel quale i veicoli a motore o rimorchi abbiano subito gravi danni, in conseguenza dei quali possono sorgere dubbi sulle condizioni di sicurezza per la circolazione, gli organi di polizia stradale, intervenuti per i rilievi, sono tenuti a darne notizia al competente ufficio del Dipartimento dei trasporti terrestri, per l'adozione del provvedimento di revisione singola.
Con DM 16/1/2000, è stata disposta, a partire dal 2001, la revisione anche per motocicli e per ciclomotori. Il calendario e la determinazione precisa dell'obbligo per tutti i veicoli circolanti è stabilita dal DM 7/12/2000, che segue la stessa periodicità degli autoveicoli. La prima revisione dopo quattro anni dalla prima immatricolazione e, successivamente, ogni due anni.
La circolazione di un veicolo non sottoposto a revisione comporta le sanzioni previste dall'Art. 80 con immediato ritiro della carta di circolazione.

LE CONDIZIONI DELLA STRADA

La strada è il luogo sul quale si svolge la circolazione, pertanto rappresenta un elemento essenziale della sicurezza. La sua conformazione è varia e dipende da molteplici fattori, come lo stato dei luoghi su cui è tracciata, la tecnica usata per la costruzione, il tipo di traffico che deve sopportare.
I mezzi tecnici a disposizione hanno permesso di superare ostacoli naturali utilizzando infrastrutture come ponti o gallerie. Le stesse tecniche permettono oggi di costruire strade con composti chimici in grado di assicurare buona aderenza, rendere più dolci le pendenze, anche notevoli, del terreno o la tortuosità degli itinerari. Accanto alle tecniche di costruzione sono stati aggiunti strumenti normativi e tecnici idonei a determinare o consigliare il modo migliore di "usare" la strada. Si tratta di tutte le norme che disciplinano la circolazione stradale, determinando concretamente condotte di guida, comportamenti in genere e le relative sanzioni in caso di violazioni, ma anche la segnaletica stradale, che impone o consiglia l'utente sul modo in cui è opportuno regolare la guida.
La strada, anche quando presenta anomalie di costruzione, dovute all'età o a eventi particolari, può essere chiamata in causa come fattore preponderante del verificarsi del sinistro solo se l'utente non poteva conoscere il suo stato. Il cartello indicatore, che avvisa il conducente della pericolosità della strada, dovrebbe eliminare il pericolo, in quanto chi guida dovrebbe adeguare la guida al pericolo segnalato. Purtroppo non sempre tutto questo avviene.
Ma, oltre alle anomalie segnalate o segnalabili, ogni strada ha delle caratteristiche proprie, che richiedono condotte di guida adeguate. Tra le caratteristiche più immediatamente connesse alla sicurezza sono da segnalare la qualità dell'asfalto e l'aderenza che può offrire alle ruote del veicolo, anche in relazione alle condizioni atmosferiche.

L'aderenza

Rappresenta la massima forza di propulsione o di frenata

che le ruote possono trasmettere al veicolo. L'aderenza è una condizione indispensabile per il regolare procedere dei veicoli. Questi ultimi necessitano infatti di punti di contatto tra le ruote e una superficie idonea a trasformare l'energia generata dal motore in avanzamento.

Per ottenere l'avanzamento è necessario che la forza di propulsione trasmessa sia superiore alle resistenze che si oppongono al movimento. Se l'aderenza scende al di sotto di certi limiti, oppure la superficie di contatto non è in grado di trasformare l'energia a essa trasmessa in forza di trazione, le ruote non avanzeranno, ma gireranno intorno al loro asse, slittando. Questa situazione si verifica quando il fondo stradale ha una superficie di contatto che non offre aderenza (ghiaccio, olio ecc.), oppure nelle partenze in cui il conducente (alla guida di veicoli non equipaggiati con dispositivi di controllo della trazione) fa pattinare le ruote, cioè fa in modo che a esse venga trasmessa un'energia generata dal motore superiore a quella che possono trasformare in avanzamento.

Quando si parla di aderenza, in genere ci si riferisce a quella longitudinale, che permette l'avanzamento del veicolo secondo la direzione di moto.

Il coefficiente di aderenza, che indica il grado di aderenza tra la strada e le ruote, vale a dire la reciproca compenetrazione dei due fattori, assume una particolare importanza come possibile causa di incidenti. I valori di questo coefficiente sono determinati sperimentalmente in laboratorio.

Sull'entità del coefficiente influiscono i seguenti fattori:

- **Tipo di pavimentazione**. Più che le caratteristiche costruttive della strada, influisce sull'aderenza il rivestimento del piano viabile. Più è ruvido, maggiore sarà l'aderenza che offre alle ruote del veicolo. Per assicurare una buona aderenza in ogni condizione, si utilizzano asfalti drenanti, mentre sulle strade di montagna si è arrivati a scolpire sulla pavimentazione piccole incisioni, trasversali o longitudinali rispetto all'asse stradale, i cui margini si offrono come artigli agli pneumatici, migliorando l'aderenza in caso di ghiaccio.
- **Le condizioni della strada**. Tuttavia, per assicurare un elevato coefficiente di aderenza non è sufficiente costruire la strada con materiali in grado di offrire una ruvidità ottimale. Le condizioni atmosferiche, ma anche altri elementi, possono influire negativamente sull'aderenza. L'umidità è il primo di questi fattori. Più della pioggia violenta, la pioggia lieve o la nebbia aumentano il grado di umidità della superficie di contatto, specie in presenza di piccolissimi residui polverosi, e formano uno strato scivoloso, che abbassa repentinamente il coefficiente di aderenza.
  La presenza sulla strada di fanghiglia o residui di origine vegetale rappresenta un altro fattore negativo, così come oli o altro materiale viscido.
  Per ridurre al minimo l'influenza di questi fattori negativi, la strada richiederebbe un'opera di pulizia e manutenzione continue, che non sempre possono essere assicurate.
- **Lo stato degli pneumatici**. Poiché l'aderenza non è altro che la reciproca compenetrazione tra ruota e asfalto, lo pneumatico costituisce l'altro fattore che concorre concretamente a determinarla. La parte a contatto con la strada è un battistrada, scolpito con disegni specifici. La funzione del battistrada è di penetrare nella superficie che si interpone tra pneumatico e piano viabile, per aderire al terreno. Le condizioni del battistrada, perciò, sono quelle più direttamente interessate all'aderenza. Quando esso è ridotto per l'usura, non ha la capacità di penetrare nel fango o nell'acqua che ricoprono la strada. In questo caso, l'aderenza è compromessa, e il veicolo è soggetto a reazioni anomale. Il Codice della Strada, agli Artt. 71 e 79, si occupa degli pneumatici e delle condizioni minime del battistrada, mentre alcune direttive della CEE si occupano dei requisiti costruttivi, delle condizioni d'impiego e dei limiti minimi del battistrada.

Coefficiente di aderenza longitudinale				
Tipo di pavimentazione	**Valori del coefficiente per superfici**			
	asciutte		**bagnate**	
	min.	**max**	**min.**	**max**
Bitumata	0,60	0,85	0,50	0,70
Conglomerato cementizio ruvido	0,80	0,90	0,40	0,50
Incatramata	0,60	0,80	0,40	0,60
Lastricato ruvido	0,80	0,90	0,50	0,60
In acciottolato	0,55	0,80	0,30	0,50
In macadam	0,50	0,70	0,30	0,50
Con asfalto a freddo	0,60	0,75	0,35	0,60
Con asfalto colato	0,45	0,55	0,30	0,50
Con asfalto compresso	0,40	0,50	0,15	0,25

Mediamente, i valori del coefficiente di aderenza che si ricavano sperimentalmente in laboratorio sono quelli riportati nella tabella a fianco, suddivisi a seconda delle caratteristiche e condizioni della strada. Sono riportati i valori minimi e massimi del coefficiente di aderenza longitudinale, a seconda del tipo di pavimentazione della strada e del grado di umidità del manto stradale.

L'attrito

Durante il rotolamento le ruote di un veicolo subiscono deformazioni nelle zone di contatto al suolo. Queste deformazioni assorbono energia meccanica, che non restituiscono completamente, perché la struttura di uno pneumatico non è perfettamente elastica. La quantità di energia assorbita dalla deformazione, con conseguente attrito molecolare, costituisce una delle principali resistenze passive al rotolamento del veicolo. In generale l'attrito può essere definito la resistenza che due corpi a contatto generano tra loro. Quando i due corpi offrono al contatto due superfici piane, l'attrito si chiama radente. Nel caso della ruota, che offre al contatto una superficie che varia continuamente per effetto del rotolamento su una superficie, l'attrito si chiama volvente. Nell'area di contatto tra pneumatico e piano si verifica una rilevante deformazione del primo, mentre quella del secondo è trascurabile. Lo pneumatico, nella sua deformazione, genera degli scorrimenti localizzati tra la zona esterna, interessata al contatto, e la superficie d'appoggio della strada. Questi scorrimenti generano l'attrito, e il veicolo in movimento può essere interessato da due tipi di attrito: longitudinale o trasversale. Il primo è quello che si genera nel normale avanzamento secondo la direzione di moto del veicolo; il secondo si genera nelle curve, nei cambi di direzione o a seguito di scorrimento trasversale. Nel percorrere i tratti di curva, la forza centrifuga comporta una differente distribuzione dei pesi del veicolo, che carica soprattutto gli pneumatici sul lato esterno. Questo spostamento laterale della massa comporta un conseguente attrito molecolare tra il battistrada e l'area di appoggio. Come il coefficiente di aderenza, quello di attrito è determinato sperimentalmente in laboratorio ed è influenzato dagli stessi fattori. Aumenta con la ruvidità del fondo stradale e diminuisce in presenza di umidità dello stesso o in presenza di fanghiglia, di breccino sparso, e altri materiali che possano alterare la tenuta.

L'usura dei battistrada e l'aumento della velocità agiscono in maniera negativa, esattamente come per l'aderenza. I valori medi del coefficiente di attrito, che sintetizzano l'entità delle resistenze passive che si generano al contatto tra ruota e strada, sono contenuti nella tabella alla pagina precedente, suddivisi a seconda delle caratteristiche e condizioni della strada. Sono riportati i valori minimi e massimi del coefficiente di attrito, per strade asfaltate di media rugosità, distinti a seconda dello stato di pavimentazione e del senso di scorrimento del veicolo, rispetto alla direttrice del suo movimento.

La pioggia e l'aquaplaning

Tra i fattori che possono alterare l'aderenza del veicolo durante la marcia sono da considerare l'aquaplaning e il vento. Il primo è un fenomeno pericolosissimo, che comporta la totale perdita di contatto del battistrada con la strada. Si verifica quando un veicolo percorre, a velocità superiore ai 90 km/h, un tratto di strada coperto da uno strato d'acqua, di spessore tale da non essere completamente smaltita dal battistrada. Già in posizione statica, l'aderenza tra ruota e superficie stradale, quando questa è bagnata, è inferiore a quella su fondo asciutto, a causa dell'azione lubrificante esercitata dall'acqua. Se il veicolo si muove su una superficie bagnata, le ruote devono penetrare in velocità lo strato d'acqua per venire a contatto con l'asfalto. Quando la velocità aumenta, diventa più impegnativo il lavoro del battistrada per la notevole quantità di acqua che deve smaltire attraverso i canali. L'acqua non si comprime e di conseguenza il drenaggio cala drasticamente, con il risultato che la ruota galleggia letteralmente sulla superficie della pozzanghera, un fenomeno generato prevalentemente da pneumatici con sezione più larga. Questo effetto è definito aquaplaning, e determina non solo la perdita di aderenza delle ruote, ma anche l'impossibilità di gestire la direzionalità in curva. Considerati i fattori che lo determinano, alla formazione dell'aquaplaning concorrono:

- le condizioni del piano stradale allagato;
- gli pneumatici;
- la velocità.

Quanto più è alto lo spessore di acqua sull'asfalto, tanto maggiore è il rischio del fenomeno; più alta è la velocità e più drenaggio di acqua deve assicurare il battistrada dello pneumatico. Quanto più usurato sarà quest'ultimo, tanta meno acqua riuscirà a defluire attraverso i canali scolpiti; i pericoli di perdita di aderenza e di stabilità del veicolo, in tali condizioni, saliranno vertiginosamente.

Il vento

Oltre certi limiti, il vento cessa di essere una situazione trascurabile, per divenire un fattore di attenta valutazione di guida. A questo proposito bisogna valutarne direzione ed intensità. Se la direzione del vento è contraria al movimento, è ovvio che aumenta la resistenza che il veicolo deve vincere; al contrario, se è nel senso di marcia diventa un fattore positivo per l'avanzamento. Nel campo della sicurezza stradale assume una particolare importanza il vento laterale, che determina una spinta laterale che tende a spostare il veicolo dalla sua traiettoria. A questa spinta, si oppone l'aderenza degli pneumatici, che hanno il compito mantenere la traiettoria di marcia. Sull'intensità della spinta laterale, e del possibile sbandamento, possono influire le caratteristiche tecniche del veicolo, la sua forma, la velocità e la forza del vento. Il conducente non ha nessun potere di controllo su quest'ultimo fattore, mentre può influire in maniera determinante sugli altri due, vale a dire la velocità e la forma del veicolo. Per il primo è da tener presente che più forte è il vento, più la velocità deve essere ridotta per consentire agli pneumatici di vincere

la spinta laterale. L'aderenza è essenziale per la stabilità della marcia e tende a diminuire con l'aumento della velocità.
Per quanto riguarda la forma, è necessario non alterare la sagoma del veicolo su cui il vento esercita la spinta. Ciò significa che è importante evitare di trasportare pacchi o bagagli sul tetto. Questi oggetti aumentano infatti la sezione, laterale e longitudinale, del veicolo che si oppone al vento e ne alzano il baricentro, accentuando l'instabilità sotto l'azione della spinta laterale. Il vento è particolarmente pericoloso quando si attraversano gole di montagna, sui ponti sospesi e soprattutto all'uscita delle gallerie. Il conducente che percorre una galleria perde la sensazione del vento e all'uscita si troverà ad affrontarlo in maniera improvvisa senza conoscerne direzione e intensità, con sbandamenti e possibile perdita di controllo.

La nebbia

È una condizione negativa di visibilità, che genera situazioni di estremo pericolo. La ridotta visibilità è accompagnata dalla difficoltà di valutare le distanze e dall'impossibilità di distinguere un corpo fermo da uno in movimento. Per questa ragione, l'incidente stradale più frequente, in presenza di nebbia, è il tamponamento a catena.
Non è sufficiente mettersi nella scia di un altro veicolo per sentirsi sicuri. In caso di tamponamento, si rischia comunque di restarne coinvolti. Per migliorare i margini di sicurezza è necessario aumentare la distanza con i veicoli che precedono e preoccuparsi anche di quelli che seguono. È preferibile, inoltre, tenere un'andatura regolare, senza brusche accelerazioni e frenate.

Il ghiaccio

Quando il manto stradale è coperto di ghiaccio, l'aderenza degli pneumatici scende al di sotto dei livelli minimi di sicurezza. La condizione peggiore non è quella della strada ricoperta da uno spesso strato di ghiaccio, perché in tale situazione si viaggia a velocità ridottissime, ma quella costituita da uno strato leggerissimo di ghiaccio, che si forma solo in alcuni punti della strada, perché non esposti al sole o perché interessati dallo scolo delle acque. Punti molto insidiosi sono anche ponti e cavalcavia, perché l'aria gelida che vi passa sotto contribuisce a far gelare più velocemente l'asfalto.
Diventa perciò necessario prevenire ogni pericolo adottando una condotta di guida più prudente, che tenga conto degli eventi più prevedibili. Quando si percorrono strade di montagna, nella stagione invernale, si deve ritenere molto probabile l'incontro con strati improvvisi e limitati di ghiaccio sull'asfalto. Un sintomo evidente della formazione di ghiaccio sull'asfalto è offerto dal riflesso generato, soprattutto di notte, dai cristalli quando sono colpiti dal fascio di luce dei fari dell'auto o della moto.
Una volta rilevata la presenza di questi cristalli, è evidente che il manto stradale offre un'aderenza limitata, che richiede un'immediata riduzione della velocità e una maggiore attenzione nella guida.

Le curve

Per le difficoltà che comporta, la curva è spesso scelta come prova da superare in occasione di gare di velocità tra amici o per misurare le proprie capacità di guida. Ma anche al di fuori di competizioni clandestine, molti sinistri si verificano in curva a causa di perdite di controllo con conseguente collisione con alberi, edifici o altri veicoli. Tutto ciò è causato dalla mancata conoscenza delle dinamiche che un'auto deve affrontare percorrendo una traiettoria in curva e dei limiti fisici che impediscono di mantenere la traiettoria oltre una certa velocità, che dipende dal tipo di strada, dal veicolo e dalle capacità di chi è al volante.
Un veicolo, muovendosi con una traiettoria curvilinea, è sottoposto a due forze, centripeta e centrifuga. La prima, diretta verso il centro della curva, lo porta a percorrere la traiettoria curvilinea, la seconda tende invece a spingerlo verso l'esterno.
Quest'ultima forza è proporzionale alla velocità del veicolo e alla sua massa, e inversamente proporzionale al raggio della curva. La percorribilità della curva, seguendo il suo normale andamento e senza invadere corsie di pertinenza di altri veicoli, è possibile fino a quando la forza di aderenza, che tiene il veicolo "attaccato" alla strada, è superiore o pari alla forza centrifuga. Quando quest'ultima è superiore alla prima, il veicolo subisce uno sbandamento.
La velocità non adeguata alle condizioni della strada e del traffico, né idonea a superare in sicurezza prevedibili eventi negativi, costituisce la causa primaria di molti sinistri stradali, che si verificano proprio nelle curve.

La tutela della strada

La sicurezza è fortemente influenzata dalle condizioni della strada e, in particolare, dalle caratteristiche costruttive e funzionali, dallo stato d'uso e dalla legalità di tutte le attività che si svolgono anche nelle immediate vicinanze.
Questi fattori costituiscono le ragioni di numerosi interventi legislativi, il cui obiettivo è quello di garantire la pulizia delle

strade, di evitare che siano offerti beni o servizi irregolari, di far sì che si tengano solo comportamenti adeguati a livello di educazione civica, finalità avvertite già nel primo Codice della Strada, adottato in Italia nel 1933. Oggi quelle stesse norme, riviste alla luce delle mutate realtà territoriali, sono presenti nel Codice e costituiscono precise regole da osservare, non solo per la tutela della sicurezza stradale, ma anche per la tutela dell'ambiente e della sicurezza pubblica.
L'ambiente trova nella strada il primo luogo da tutelare; per queste ragioni sono disciplinate non solo le modalità di guida, ma anche la realizzazione di attività che si sviluppano nelle sue vicinanze o che trovano in essa il punto di interesse primario.
Le modalità di guida influiscono sull'inquinamento dell'aria e sull'inquinamento acustico. Le attività condizionano la tutela del suolo, del decoro pubblico e la legalità generale del territorio.
Chi si appresta a conseguire la patente di guida e diventare conducente di veicoli a motore deve perciò conoscere tutte le regole imposte per tutelare i valori fondamentali che finiscono con il condizionare la sicurezza e la vivibilità del territorio e condividere la necessità di rispettarle.

Gli atti vietati – Art. 15

1. *Su tutte le strade e loro pertinenze è vietato:*
   a) danneggiare in qualsiasi modo le opere, le piantagioni e gli impianti che a esse appartengono, alterarne la forma e invadere o occupare la piattaforma e le pertinenze o creare comunque stati di pericolo per la circolazione;
   b) danneggiare, spostare, rimuovere o imbrattare la segnaletica stradale e ogni altro manufatto a essa attinente;
   c) impedire il libero deflusso delle acque nei fossi laterali e nelle relative opere di raccolta e di scarico;
   d) impedire il libero deflusso delle acque che si scaricano sui terreni sottostanti;
   e) far circolare bestiame, fatta eccezione per quelle locali con l'osservanza delle norme previste sulla conduzione degli animali;
   f) depositare rifiuti o materie di qualsiasi specie, insudiciare e imbrattare comunque la strada e le sue pertinenze;
   f bis) insozzare la strada o le sue pertinenze gettando rifiuti o oggetti dai veicoli in sosta o in movimento;
   g) apportare o spargere fango o detriti anche a mezzo delle ruote dei veicoli provenienti da accessi e diramazioni;
   h) scaricare, senza regolare concessione, nei fossi e nelle cunette materiali o cose di qualsiasi genere o incanalare in essi acque di qualunque natura;
   i) gettare dai veicoli in movimento qualsiasi cosa.
2. *Chiunque viola uno dei divieti di cui al comma 1, lettere a), b) e g), è soggetto alla sanzione amministrativa del pagamento di una somma da euro 41 a euro 1695.*
3. *Chiunque viola uno dei divieti di cui al comma 1, lettere c), d), e), f), h) e i), è soggetto alla sanzione amministrativa del pagamento di una somma da euro 25 a euro 100.*

3 bis. Chiunque viola il divieto di cui al comma 1, lettera f bis), è punito con la sanzione amministrativa pecuniaria da euro 106 a euro 425.

4. *Dalle violazioni di cui ai commi 2 e 3 e 3 bis consegue la sanzione amministrativa accessoria dell'obbligo per l'autore della violazione stessa del ripristino dei luoghi a proprie spese.*

Questa normativa rappresenta una sintesi significativa dei precetti imposti e delle finalità che il loro rispetto garantisce. Per queste ragioni, in caso di inosservanza, accanto alle sanzioni pecuniarie ricorre l'obbligo di ripristinare lo stato dei luoghi alterati e sopportare le spese necessarie a realizzarlo.

LE TECNOLOGIE AVANZATE E LA GUIDA SICURA

L'uso, sempre più diffuso, delle tecnologie sta cambiando radicalmente il veicolo stradale. Queste tecnologie si propongono di informare il conducente sui pericoli che la strada o il traffico possono presentare, altre volte lo sostituiscono per certe manovre, come il parcheggio o il mantenimento della distanza di sicurezza, o ancora la frenata d'emergenza per evitare l'investimento di un pedone. Sono utilissime, ma il conducente deve comunque restare sempre vigile, perché chi guida ha sempre l'opportunità di intervenire personalmente, superando quelle che sono le reazioni dell'elettronica.

La guida assistita

I costruttori oggi sono impegnati nello sviluppo di tecnologie in grado di assistere i conducenti, informandoli di tutti i pericoli correlati alla strada e all'ambiente, e di altre con capacità ancora superiori, che porteranno, in un futuro non lontano, alla guida autonoma, che non richiede la presenza del conducente.
Tutte queste tecnologie di guida sono costituite da dispositivi che per funzionare adeguatamente devono interagire con le strade, dotate di soluzioni da smart road. La guida assistita, già attuale oggi su molte auto di ultima

generazione, è indubbiamente uno strumento di sicurezza stradale, perché le informazioni aggiuntive a quelle rilevate dall'osservazione di chi guida contribuiscono a rendere più corrette le scelte da effettuare nelle situazioni più critiche.
Pericoli sulle strade continueranno a esistere, anche perché l'ingresso di auto a guida assistita avviene per gradi, e dovrà convivere ancora a lungo con il panorama stradale attuale, costituito da auto convenzionali, pedoni, ciclisti e motociclisti che continueranno a utilizzare la strada con le stesse abitudini di guida, frutto di decisioni che non sempre rispondono a criteri di razionalità.
La responsabilità della circolazione di un veicolo, anche se dotato di tecnologie di guida assistita (in attesa di quella autonoma), continuerà a essere di chi ha in mano il volante, e nessuna tecnologia potrà sollevarlo da tale onere. Pertanto, è bene approcciarsi a queste realtà tenendo presenti gli obblighi di responsabilità, giuridica e morale, verso se stessi e verso gli altri.

Le smart road sono le strade dotate di impiantistica in grado di interagire coi conducenti, per informarli di tutte le condizioni negative che possono presentare e "guidarli" a comportamenti virtuosi, per la tutela della sicurezza e dell'ambiente. Sono già programmati interventi su alcune autostrade e il tema è oggetto di una disciplina del Ministero delle Infrastrutture e dei Trasporti, che le ha definite come un insieme di infrastrutture stradali che puntano ai due obiettivi fondamentali di sostenibilità e miglioramento della qualità della vita, utilizzando, in aggiunta agli strumenti tradizionali, l'innovazione e l'inclusione.

Guidare su una smart road richiede la conoscenza delle informazioni che saranno proposte e i significati delle stesse in termini di manovre da compiere. La disponibilità delle informazioni ulteriori non solleva il conducente dall'onere di osservare attentamente la realtà in cui si realizza la circolazione e dalla responsabilità della circolazione del veicolo, che resta comunque ancorata alle regole del Codice della Strada.

I veicoli sperimentali a guida automatica saranno riconoscibili dal contrassegno che segue, stabilito dal d.m. 28 febbraio 2018.n.70:

L'uso del telefono durante la guida

Uno dei pericoli maggiori per la sicurezza stradale è costituito dall'uso del telefonino cellulare durante la guida. Questa cattiva abitudine ormai è così diffusa da costituire il primo dei fattori di criticità per la sicurezza stradale.
Ma, oltre all'uso tipico del telefono, possibile se l'apparecchio è dotato di strumentazioni che ne consentano l'uso lasciando libere le mani (dispositivi vivavoce), è sempre più diffusa la pratica di ricevere e inviare messaggi, ma anche scattare selfie o registrare video mentre si guida. Queste attività sono di una pericolosità estrema perché distraggono completamente dalla guida e durante il tempo necessario per svolgere queste azioni il veicolo è totalmente privo di controllo, con il conducente che non è fisicamente in grado di attuare le manovre corrette per garantire la propria e l'altrui sicurezza.
Una proposta di legge, in discussione al Parlamento, prevede la sospensione della patente di guida già alla prima violazione e si spera che con questo inasprimento di sanzione il fenomeno si ridimensioni. La sanzione attuale è comunque non trascurabile perché, oltre al pagamento di una somma di denaro, prevede la sospensione della patente di guida alla seconda violazione nel biennio, oltre alla perdita di ben 5 punti sulla patente.

Come tutelare la patente di guida

Una volta conseguita, la patente deve essere tutelata dai provvedimenti punitivi che possono portare alla sua sospensione o alla sua revoca.
Quest'ultima è il provvedimento più grave, che comporta la "morte" della patente e l'impossibilità di conseguirne un'altra, per un tempo più o meno lungo, a seconda della gravità del fatto che l'ha determinata.
Per tutelare la patente è necessario:
- rispettarne le condizioni di validità;
- ricordarsi di confermarla alla scadenza;
- non commettere violazioni gravi che comportano la perdita di punti, la sospensione o la revoca;
- non provocare incidenti stradali.

LA VALIDITÀ DELLA PATENTE – ART. 125

La validità della patente di guida è fissata come segue:
a) la patente rilasciata per le categorie C1E, CE, D1E, o DE è valida per i complessi di veicoli della categoria BE;
b) la patente rilasciata per la categoria CE è valida per la categoria DE, purché il relativo titolare sia già in possesso di patente per la categoria D;
c) la patente rilasciata per le categorie CE e DE è valida per i complessi di veicoli, rispettivamente, delle categoria C1E e D1E;
d) la patente rilasciata per una qualsiasi categoria è valida per i veicoli della categoria AM;
e) la patente rilasciata per la categoria A2 è valida anche per la categoria A1;
f) la patente rilasciata per le categorie A, B, C o D è valida, rispettivamente, per le categorie A1 e A2, B1, C1 o D1;
g) la patente speciale di guida delle categorie AM, A1, A2, A, B1, B, C1, C, D1 e D rilasciata a mutilati o minorati fisici è valida soltanto per la guida dei veicoli aventi le caratteristiche indicate nella patente stessa;
h) la patente di guida della categoria B è valida, sul territorio nazionale, per condurre i tricicli di potenza superiore a 15 kW, purché il titolare abbia almeno 21 anni, nonché i veicoli della categoria A1.

La guida di veicoli che non rientrano nella validità della patente può comportare due tipi di violazioni:

a) guida con patente diversa
- Il titolare di patente di guida di categoria A1 che guida veicoli per i quali è richiesta la patente di categoria A2;
- il titolare di patente di guida di categoria A1 o A2 che guida veicoli per i quali è richiesta la patente di categoria A;
- il titolare di patente di guida di categoria B1, C1 o D1 che guida veicoli per i quali è richiesta rispettivamente la patente di categoria B, C o D;
- sono soggetti alla sanzione amministrativa del pagamento di una somma da 1001 a 4004 euro. Si applica la sanzione accessoria della sospensione della patente di guida posseduta da quattro a otto mesi (Art. 116 comma 15 bis).

b) guida senza patente
Si configura quando il conducente guida un veicolo per il quale è richiesta una patente diversa e il fatto non è riconducibile ad una delle ipotesi di cui al punto a). Il conducente è soggetto alla sanzione amministrativa del pagamento di una somma da 5000 a 30.000 euro e fermo amministrativo del veicolo per tre mesi.
Nell'ipotesi di recidiva nel biennio si applica altresì la pena dell'arresto fino ad un anno e la confisca del veicolo.

LA CONFERMA DI VALIDITÀ DELLA PATENTE – ART. 126

(...)
2. Le patenti di guida delle categorie AM, A1, A2, A, B1, B e BE sono ***valide per dieci anni****; qualora siano rilasciate*

o confermate a chi ha superato il cinquantesimo anno di età sono valide ***per cinque anni*** *ed a chi ha superato il settantesimo anno di età sono* ***valide per tre anni****.*

3. *Le patenti di guida delle categorie C1, C1E, C e CE, sono valide per cinque anni fino al compimento del sessantacinquesimo anno di età e, oltre tale limite di età, per due anni, previo accertamento dei requisiti fisici e psichici in commissione medica locale. Fatto salvo quanto previsto dall'Articolo 115, comma 2, lettera a), al compimento del sessantacinquesimo anno di età, le patenti di categoria C e CE abilitano alla guida di autotreni ed autoarticolati di massa complessiva a pieno carico non superiore a 20 t.*
4. *Le patenti di guida delle categorie D1, D1E, D e DE sono valide per cinque anni e per tre anni a partire dal settantesimo anno di età. Fatto salvo quanto previsto dall'Articolo 115, comma 2, lettera b), al compimento del sessantesimo anno di età, le patenti di guida di categoria D1 o D, ovvero di categoria D1E o DE abilitano alla guida solo di veicoli per i quali è richiesto rispettivamente il possesso delle patenti di categoria B o BE. È fatta salva la possibilità per il titolare di richiedere la riclassificazione della patente D1 o D, ovvero, D1E o DE rispettivamente in patente di categoria B o BE.*
5. *Le patenti di guida speciali, rilasciate a mutilati e minorati fisici, delle categorie AM, A1, A2, A, B1 e B sono valide per cinque anni; qualora siano rilasciate o confermate a chi ha superato il settantesimo anno di età sono valide per tre anni. Alle patenti di guida speciali delle categorie C1, C, D1 e D si applicano le disposizioni dei commi 3 e 4.*
6. *I titolari delle patenti di guida di cui ai commi 2, 3, 4 e 5, al compimento dell'ottantesimo anno di età, rinnovano la validità della patente posseduta ogni due anni.*
7. *L'accertamento dei requisiti fisici e psichici per il rinnovo di validità dei certificati di abilitazione professionale di tipo KA e KB è effettuato ogni cinque anni e comunque in occasione del rinnovo di validità della patente di guida.*
8. *La validità della patente è confermata dal competente ufficio centrale del Dipartimento per i trasporti, la navigazione ed i sistemi informativi e statistici, che trasmette per posta al titolare della patente di guida un duplicato della patente medesima, con l'indicazione del nuovo termine di validità. A tal fine i sanitari indicati nell'Articolo 119, comma 2, sono tenuti a trasmettere al suddetto ufficio del Dipartimento per i trasporti, la navigazione ed i sistemi informativi e statistici, nel termine di cinque giorni decorrente dalla data di effettuazione della visita medica, i dati e ogni altro documento utile ai fini dell'emissione del duplicato della patente di cui al primo periodo. Analogamente procedono le commissioni di cui all'Articolo 119, comma 4. Non possono essere sottoposti alla visita medica i conducenti che non dimostrano, previa esibizione delle ricevute, di avere effettuato i versamenti in conto corrente postale degli importi dovuti per la conferma di validità della patente di guida. Il personale sanitario che effettua la visita è responsabile in solido dell'omesso pagamento. Il titolare della patente, dopo aver ricevuto il duplicato, deve provvedere alla distruzione della patente scaduta di validità.*
9. *Per i titolari di patente italiana, residenti o dimoranti in un altro Stato per un periodo di almeno sei mesi, la validità della patente è altresì confermata, tranne per i casi previsti nell'Articolo 119, commi 2 bis e 4, dalle autorità diplomatico-consolari italiane presenti negli Stati medesimi, che rilasciano, previo accertamento dei requisiti fisici e psichici da parte di medici fiduciari delle ambasciate o dei consolati italiani, una specifica attestazione che per il periodo di permanenza all'estero fa fede dell'avvenuta verifica del permanere dei requisiti di idoneità psichica e fisica. Riacquisita la residenza o la dimora in Italia, il cittadino, che ha provveduto secondo quanto previsto nel periodo precedente, dovrà confermare la patente ai sensi del comma 8.*
10. *L'autorità sanitaria, nel caso che dagli accertamenti di cui al comma 8 rilevi che siano venute a mancare le condizioni per la conferma della validità della patente, comunica al competente ufficio della Direzione generale per la motorizzazione del Dipartimento per i trasporti, la navigazione ed i sistemi informativi e statistici l'esito dell'accertamento stesso per i provvedimenti di cui agli articoli 129, comma 2, e 130.*
11. *Chiunque guida con patente o con altra abilitazione professionale di cui all'Articolo 116, commi 8, 10, 11 e 12, scaduti di validità è soggetto alla sanzione amministrativa del pagamento di una somma da € 155 a € 625. Alla violazione consegue la sanzione amministrativa accessoria del ritiro della patente, del certificato di abilitazione professionale di tipo KA o KB o della carta di qualificazione del conducente rilasciata ad un conducente titolare di patente di guida emessa da altro Stato, secondo le norme del capo I, sezione II, del titolo VI.*

I PROVVEDIMENTI PUNITIVI CONSEGUENTI A VIOLAZIONI

I provvedimenti sanzionatori sulla patente hanno grande valenza ai fini della effettività della legislazione e della sua deterrenza. Essi sono così strutturati:

IL RITIRO

Il provvedimento è strumentale e si accompagna, materialmente, alla sospensione in quanto, per attuare quest'ultima sanzione, si procede al ritiro del documento. Come provvedimento sanzionatorio autonomo è previsto nell'ipotesi di guida con patente scaduta di validità, Art. 126. Anche il ritiro materiale acquista rilevanza giuridica perché, nel caso di guida con documento ritirato, in applicazione di una sanzione accessoria di sospensione, il conducente viola l'Art. 216 e non il 218. Ricorrerà quest'ultima violazione solo se intervenuto il provvedimento di irrogazione della sanzione della sospensione (in termini meno tecnici, significa che la sanzione da applicare ad automobilisti sorpresi a guidare durante il periodo in cui la patente è stata ritirata sarà applicata quando saranno stabiliti gli importi).

LA REVISIONE

Nel caso sorgano dubbi sul mantenimento dei requisiti fisici, psichici o tecnici prescritti, per ogni titolare di patente può essere disposta la revisione (Art. 128). Quest'ultimo è un provvedimento di autotutela della Pubblica Amministrazione che, rilasciando il titolo, si riserva il potere-dovere di verificarne la persistenza dei requisiti che ne hanno consentito il rilascio. La revisione è disposta con provvedimento dell'Ufficio Provinciale del Dipartimento per i Trasporti Terrestri, nel caso di riferimento alla carenza di requisiti fisici, psichici o tecnici. Spetta invece al prefetto, nel caso degli Artt. 186 e 187 (guida in stato di ebbrezza alcolica o sotto l'effetto di sostanze stupefacenti). Qualora l'interessato dal provvedimento non rispetti l'obbligo di sottoporsi a revisione, oltre alla sanzione pecuniaria è previsto ritiro del titolo, di conseguenza sarà impossibilitato a guidare.

LA SOSPENSIONE

La patente di guida può venire sospesa per ragioni diverse e con procedimenti differenziati.

La sospensione a seguito di violazione stradale

È applicata come sanzione accessoria, quando il titolare sia incorso nella violazione di norme che la prevedono. I provvedimenti di sospensione sono di competenza del Prefetto. Per le patenti estere la competenza è del Prefetto del luogo ove è stato commesso il fatto che ha dato origine al provvedimento. Le procedure sono indicate dall'Art 218: *Nell'ipotesi in cui il presente codice prevede la sanzione amministrativa accessoria della sospensione della patente di guida per un periodo determinato, la patente è ritirata dall'agente od organo di polizia che accerta la violazione; del ritiro è fatta menzione nel verbale di contestazione della violazione. L'agente accertatore rilascia permesso provvisorio di guida limitatamente al periodo necessario a condurre il veicolo nel luogo di custodia indicato dall'interessato, con annotazione sul verbale di contestazione.*
L'organo che ha ritirato la patente di guida la invia, unitamente a copia del verbale, entro cinque giorni dal ritiro, alla prefettura del luogo della commessa violazione. Entro il termine di cui al primo periodo, il conducente a cui è stata sospesa la patente, solo nel caso in cui dalla commessa violazione non sia derivato un incidente, può presentare istanza al prefetto intesa ad ottenere un permesso di guida, per determinate fasce orarie, e comunque di non oltre tre ore al giorno, adeguatamente motivato e documentato per ragioni di lavoro, qualora risulti impossibile o estremamente gravoso raggiungere il posto di lavoro con mezzi pubblici o comunque non propri, ovvero per il ricorrere di una situazione che avrebbe dato diritto alle agevolazioni di cui all'Articolo 33 della legge 5 febbraio 1992, n. 104. Il prefetto, nei quindici giorni successivi, emana l'ordinanza di sospensione, indicando il periodo al quale si estende la sospensione stessa. Tale periodo, nei limiti minimo e massimo fissati da ogni singola norma, è determinato in relazione all'entità del danno apportato, alla gravità della violazione commessa, nonché al pericolo che l'ulteriore circolazione potrebbe cagionare. Tali due ultimi elementi, unitamente alle motivazioni dell'istanza di cui al secondo periodo ed alla relativa documentazione, sono altresì valutati dal prefetto per decidere della predetta istanza. Qualora questa sia accolta, il periodo di sospensione è aumentato di un numero di giorni pari al doppio delle complessive ore per le quali è stata autorizzata la guida, arrotondato per eccesso. L'ordinanza, che eventualmente reca l'autorizzazione alla guida, determinando espressamente fasce orarie e numero di giorni, è notificata immediatamente all'interessato, che deve esibirla ai fini della guida nelle situazioni autorizzate. L'ordinanza è altresì comunicata, per i fini di cui all'Articolo 226, comma 11, all'anagrafe degli abilitati alla guida. Il periodo di durata fissato decorre dal giorno del ritiro. Qualora l'ordinanza di sospensione non sia emanata nel termine di quindici giorni, il titolare della patente può ottenerne la restituzione da parte della prefettura. Il permesso di guida in costanza di sospensione della patente può essere concesso una sola volta.

Le violazioni per le quali è prevista la sospensione della patente sono quelle più gravi ai fini della sicurezza stradale, come:
- guidare sotto l'effetto di sostanze stupefacenti;

- guidare in condizione di ebbrezza alcolica, con tasso di alcolemia superiore a 0,5 g/l;
- superare di oltre 40 km/h i limiti massimi di velocità;
- circolare contromano in corrispondenza delle curve, dei raccordi convessi o in ogni altro caso di limitata visibilità, ovvero percorre la carreggiata contromano, quando la strada sia divisa in più carreggiate separate;
- sorpassare violando le prescrizioni di sicurezza previste:
  - è vietato il sorpasso a destra del tram e del filobus fermi in mezzo alla carreggiata per la salita e la discesa dei viaggiatori, nel caso non esista un salvagente;
  - è vietato il sorpasso in prossimità o in corrispondenza delle curve o dei dossi e in ogni altro caso di scarsa visibilità; in tali casi il sorpasso è consentito solo quando la strada è a due carreggiate separate o a carreggiata a senso unico o con almeno due corsie con lo stesso senso di marcia e vi sia tracciata apposita segnaletica orizzontale;
  - è vietato il sorpasso di un veicolo che ne stia sorpassando un altro, nonché il superamento di veicoli fermi o in lento movimento ai passaggi a livello, ai semafori o per altre cause di congestione della circolazione, quando a tal fine sia necessario spostarsi nella parte della carreggiata destinata al senso opposto di marcia;
  - è vietato il sorpasso in prossimità o in corrispondenza delle intersezioni. Esso è, però, consentito:
    a) quando il conducente del veicolo che si vuole sorpassare abbia segnalato che intende svoltare a sinistra e abbia iniziato detta manovra;
    b) quando avvenga su strada a precedenza, purché a due carreggiate separate o a senso unico o ad almeno due corsie con lo stesso senso di marcia e le corsie siano delimitate dall'apposita segnaletica orizzontale;
    c) quando il veicolo che si sorpassa è a due ruote non a motore, sempre che non sia necessario spostarsi sulla parte della carreggiata destinata al senso opposto di marcia;
    d) quando la circolazione sia regolata da semafori o da agenti del traffico;
  - è vietato il sorpasso in prossimità o in corrispondenza dei passaggi a livello senza barriere, salvo nei casi in cui la circolazione stradale sia regolata da semafori. È inoltre vietato il sorpasso di un veicolo che si sia arrestato o abbia rallentato in corrispondenza di un attraversamento pedonale per consentire ai pedoni di attraversare la carreggiata.

La sospensione a seguito di incidente

Quando il conducente provoca un incidente stradale con esiti mortali o con lesioni, ai sensi degli Artt. 222 e 223 del Codice della Strada, potrà ricevere un provvedimento di sospensione della patente.

Le due norme, in realtà, disciplinano due distinte misure sanzionatorie:

- la prima si riferisce all'applicazione di sanzioni accessorie conseguenti a reati ed è di competenza del giudice penale;
- la seconda si riferisce a un provvedimento di sospensione provvisoria, disposto dal Prefetto a seguito di sinistro con lesioni o con esito mortale, nel quale, da accertamento, "sussistano fondati elementi di una evidente responsabilità".

Il provvedimento è di natura provvisoria perché consegue a un reato, e la competenza dovrebbe essere del giudice. È riconosciuta al Prefetto solo in via provvisoria, in attesa cioè delle decisioni del giudice e perché finalizzata a tutelare l'interesse pubblico superiore della sicurezza stradale. La provvisorietà del provvedimento sta a significare la necessità di vederlo applicato in misura definitiva dal giudice competente per il reato.

Per i patentati minorenni la sanzione della sospensione della patente viene tramutata sempre nell'obbligo di rifare gli esami, ai sensi dell'Art. 219 bis del Codice della Strada: l'inapplicabilità delle sanzioni amministrative accessorie del ritiro, della sospensione e della revoca della patente ai conducenti minorenni. Nell'ipotesi in cui, ai sensi del Codice, è disposta la sanzione amministrativa accessoria del ritiro, della sospensione o della revoca della patente di guida e la violazione da cui discende è commessa da un conducente minorenne, in luogo delle predette sanzioni si applicano le disposizioni dell'Articolo 128, commi 1-ter e 2.

Mentre per i neopatentati, non minorenni, la sospensione della patente di guida di categoria A1, A2, A e B è disposta per un periodo maggiore, ai sensi dell'Art. 218 bis del Codice.

Art. 218 bis (Applicazione della sospensione della patente per i neo-patentati)

1. *Salvo che sia diversamente disposto dalle norme del titolo V, nei primi tre anni dalla data di conseguimento della patente di categoria B, quando è commessa una violazione per la quale è prevista l'applicazione della sanzione amministrativa accessoria della sospensione della patente, di cui all'Articolo 218, la durata della sospensione è aumentata di un terzo alla prima violazione ed è raddoppiata per le violazioni successive.*
2. *Qualora, nei primi tre anni dalla data di conseguimento della patente di categoria B, il titolare abbia commesso una violazione per la quale è prevista l'applicazione della sanzione amministrativa accessoria della sospensione della patente per un periodo superiore a tre mesi, le disposizioni del comma 1 si applicano per i primi cinque anni dalla data di conseguimento della patente.*
3. *Le disposizioni di cui ai commi 1 e 2 si applicano anche al conducente titolare di patente di categorie A1, A2 o A, qualora non abbia già conseguito anche la patente di categoria B. Se la patente di categoria B è conseguita succes-*

sivamente al rilascio della patente di categorie A1, A2 o A, le disposizioni di cui ai citati commi 1 e 2 si applicano dalla data di conseguimento della patente di categoria B.

LA REVOCA

È il provvedimento sanzionatorio più grave e determina la cancellazione del titolo. È disposta dall'Ufficio provinciale del Dipartimento per i Trasporti Terrestri:

- quando il titolare non sia in possesso, con carattere permanente, dei requisiti fisici e psichici prescritti;
- quando il titolare, sottoposto a revisione ai sensi dell'Art. 128, non sia più idoneo;
- quando il titolare abbia ottenuto la sostituzione della patente con altra patente rilasciata da uno Stato estero;
- in caso di violazione degli Artt. 186, comma 2 bis, 186 bis comma 6, ultimo comma.

La revoca della patente a seguito di incidente con esiti di lesioni gravi, gravissime o mortali

Ai sensi dell'Art. 222, quando da una violazione alle norme del Codice della Strada si causano danni alle persone, si applicano le sanzioni amministrative accessorie della sospensione o della revoca della patente.
La legge 23 marzo 2016, n. 41, ha introdotto i reati di omicidio stradale (Art. 589 bis) e lesioni personali stradali gravi o gravissime (Art. 590 bis) e ha riscritto la disciplina delle sanzioni accessorie della sospensione e della revoca della patente, quando conseguono a queste ipotesi di reato. Ai sensi del comma 2 dell'articolo 222 del Codice della Strada, alla condanna, ovvero all'applicazione della pena su richiesta delle parti a norma dell'articolo 444 del Codice di Procedura Penale, per i reati di cui agli articoli 589-bis e 590-bis del Codice Penale consegue la revoca della patente di guida. La disposizione del quarto periodo si applica anche nel caso in cui sia stata concessa la sospensione condizionale della pena. Il cancelliere del giudice che ha pronunciato la sentenza divenuta irrevocabile ai sensi dell'articolo 648 del Codice di Procedura Penale, nel termine di quindici giorni, ne trasmette copia autentica al prefetto competente per il luogo della violazione, che emette provvedimento di revoca della patente e inibizione alla guida sul territorio nazionale, per un periodo corrispondente a quello per il quale si applica la revoca della patente, nei confronti del soggetto contro cui è stata pronunciata la sentenza.

LA PATENTE A PUNTI

Per poter guidare, non è sufficiente aver conseguito la patente, è necessario anche avere punti disponibili. All'atto del conseguimento del titolo, sono attribuiti 20 punti. Se si guida virtuosamente, senza commettere infrazioni che prevedono la perdita di punti, ogni due anni è riconosciuto un ulteriore premio di 2 punti, per un massimo di 5 in un biennio. Pertanto, il conducente virtuoso potrà arrivare a un totale di 20+10 = 30 punti.

La perdita di punti

La perdita di punti scatta a ogni infrazione che la prevede. Il valore delle singole violazioni, in termini di punti, varia a seconda della gravità. Più violazioni portano all'azzeramento di tutto il patrimonio e di conseguenza all'obbligo di rifare gli esami. Per evitare questa prova, è sufficiente che chi ha commesso una violazione e perso il numero di punti corrispondente (purché inferiore al totale disponibile) guidi in modo virtuoso per due anni, senza commettere nessuna delle infrazioni riportate a seguire. Una volta maturati i due anni dall'ultima infrazione si avrà il ripristino del patrimonio iniziale di 20 punti. Un'altra possibilità di recupero parziale dei punti persi è quella di frequentare corsi specifici presso una scuola guida.
Nei primi tre anni dal conseguimento della patente o del certificato, il valore in termini di punti delle violazioni riportate è raddoppiato. Per lo stesso triennio, la mancanza di violazioni alle norme dalle quali derivano le decurtazioni, determina l'attribuzione di un punto all'anno, fino ad un massimo di tre. Questa attribuzione di bonus si accompagna a quella del ripristino del patrimonio iniziale di 20 punti per coloro che, avendo subito decurtazioni, per due anni non commettono violazioni che prevedono perdite di punti.
Come anticipato, se si esaurisce l'intero patrimonio di punti disponibili, l'interessato deve sostenere di nuovo l'esame per ottenere la patente di guida. Allo stesso esame si deve sottoporre il titolare di patente che, dopo aver commesso una violazione che comporta la perdita di almeno 5 punti, entre 12 mesi commetta altre due infrazioni non contestuali che comportano a loro volta una perdita di almeno 5 punti.
Chi, nonostante l'intimazione a sottoporsi all'esame, non adempie a tale prova, avrà il titolo abilitativo alla guida sospeso sino all'avvenuto superamento dell'esame.

Quanti punti valgono le violazioni

Le violazioni alle norme di comportamento portano a una decurtazione di punti correlata alla diversa gravità ai fini della sicurezza stradale. Il valore attribuito è decurtato dal patrimonio disponibile all'atto della violazione secondo questa scala di valori:

10 punti

Comportano la decurtazione di 10 punti le seguenti violazioni:

- Superare i limiti di velocità di oltre 60 km/h
- Impegnare carreggiate separate controsenso

- Circolare contromano nelle curve, sui dossi o in condizioni di limitata visibilità
- Effettuare sorpassi in violazione dei divieti imposti dalle regole di comportamento:
  - a destra di tram e filobus fermi
  - in prossimità di curve e dossi
  - veicoli fermi ai semafori, ai passaggi a livello o in lento movimento per cause diverse
  - un veicolo che ne sta sorpassando un altro
  - in prossimità o in corrispondenza di intersezioni
  - autotreni e autoarticolati che effettuano sorpassi vietati dalla segnaletica specifica
- Fare retromarcia sulle autostrade o sulle strade extraurbane principali
- Circolare sulle corsie di emergenza in autostrada o sulle strade extraurbane principali
- Circolare sulle corsie di variazione di velocità in autostrada o sulle strade extraurbane principali
- Guidare in stato di ebbrezza alcolica con tasso superiore a 0,5 g/l
- Rifiutare di sottoporsi gli accertamenti tesi a verificare il livello di alcolemia
- Guidare in condizioni di alterazione fisica e psichica correlata a sostanze stupefacenti
- Rifiutare di sottoporsi agli accertamenti funzionali alla verifica della guida sotto l'effetto di sostanze stupefacenti
- Non ottemperare all'obbligo di fermarsi quando si è coinvolti in un incidente con gravi danni ai veicoli e tale da doversi sottoporre a revisione
- Darsi alla fuga a seguito di incidente con danni a persone
- Non osservare l'obbligo di fermarsi ai posti di blocco

8 punti
- Non osservare le distanze di sicurezza e causare incidente con lesioni gravi alle persone
- Non osservare le prescrizioni per l'incrocio tra veicoli nei passaggi ingombrati o sulle strade di montagna e causare incidente con lesioni gravi alle persone
- Effettuare inversione del senso di marcia in prossimità o in corrispondenza delle intersezioni, delle curve o dei dossi
- Non dare la precedenza ai pedoni che transitano sugli attraversamenti pedonali o che si accingono a farlo negli incroci privi di semaforo o di regolazione del traffico da parte degli agenti

6 punti
- Superare i limiti di velocità consenti di oltre 40 Km/h e fino a 60 Km/h
- Omettere di fermarsi in corrispondenza della striscia di arresto alle intersezioni, quando prescritto dalla segnaletica della precedenza
- Proseguire la marcia nonostante il semaforo emetta luce rossa o gialla
- Violare gli obblighi di comportamento di passaggi a livello

5 punti
- Procedere a velocità non prudenziale nei tratti di strada in curva, con visibilità limitata e in altre condizioni particolari
- Violare gli obblighi relativi alle regole della precedenza
- Sorpassare a destra; non segnalare la manovra; non tenere una distanza laterale di sicurezza con il veicolo da sorpassare; sorpassare impegnando la corsia di destra del veicolo da superare
- Non osservare le distanze di sicurezza e procedure sinistri con gravi danni ai veicoli e incorrere nella stessa infrazione per almeno due volte nel biennio
- Non osservare le disposizioni di sicurezza per l'incrocio dei veicoli con gravi danni ai veicoli e incorrere nella stessa infrazione per almeno due volte nel biennio
- Non osservare le prescrizioni sull'obbligo del corretto uso del casco
- Non far uso della cintura di sicurezza o dei sistemi di ritenuta
- Alterare o ostacolare il funzionamento delle cinture di sicurezza
- Far uso di telefonino o cuffie sonore durante la guida ovvero non far uso di lenti quando prescritte

4 punti
- Circolare contromano (non in curva)
- Omettere di occupare la corsia più libera a destra, sulle strade o autostrade con carreggiata a due o più corsie
- Non adottare le cautele idonee a rendere sicura la circolazione a seguito di caduta di carichi sulla strada
- Trasportare cose con eccedenza
- Omettere di fermarsi quando si è coinvolti in incidenti con soli danni ai veicoli, senza che ricorra la necessità di sottoporli a revisione
- Non agevolare l'attraversamento della strada da parte del pedone che ha impegnato la carreggiata della strada priva di attraversamento pedonale

3 punti
- Superare i limiti di velocità di oltre 10 Km/h e sino a 40 Km/h
- Effettuare sorpassi quando non ricorrono le condizioni di sicurezza prescritte
- Non tenere le distanze di sicurezza minima di 20 metri da macchine sgombraneve o spargitrici o circolare a meno di 100 metri fra autotreni e autoarticolati quando per questi veicoli il sorpasso è vietato
- Far uso dei fari abbaglianti in condizioni vietate
- Omettere di arrestarsi all'alt imposto dagli agenti; rifiutare di esibire i documenti di circolazione; rifiutare di far ispe-

zionare il veicolo; proseguire la marcia nonostante l'ordine degli agenti di non proseguire; non osservare le segnalazioni del personale militare di scorta a convogli
- Non osservare la segnaletica stradale orizzontale, manuale e semaforica ad eccezione degli attraversamenti con semaforo rosso o giallo e dei divieti di sosta e di fermata
- Sorpassare a sinistra i tram che circolano in sede stradale riservata, nonostante la larghezza della carreggiata consenta di farlo a destra, salvo il caso di circolazione a senso unico
- Effettuare cambiamenti di direzione o di corsia per inversione di marcia o svolte senza osservare le prescrizioni di sicurezza imposte
- Lasciare in sosta il veicolo: negli spazi riservati allo stazionamento e alla fermata degli autobus, filobus e tram; a una distanza inferiore a 15 metri dalla fermata non delimitata; negli spazi riservati a persone portatrici di handicap; nelle corsie o carreggiate riservate a mezzi pubblici
- Omettere di liberare la strada rimuovendo il veicolo, collocandolo almeno sul margine destro
- Omettere di segnalare il pericolo o l'intralcio causato dalla presenza del veicolo o del carico sulla strada
- Trainare veicoli, non rimorchi, sulle carreggiate, sulle rampe, sugli svincoli, sulle aree di parcheggio di servizio e su ogni altra pertinenza delle autostrade
- Non osservare le condizioni e le limitazioni della circolazione sulle autostrade e sulle strade extraurbane, come:
  - lasciare veicoli in sosta;
  - soccorso e rimozione non autorizzate;
  - veicoli non ammessi;
  - veicoli con carico non opportunamente sistemato;
  - carico oltre i limiti consentiti;
  - veicoli in condizioni pericolose per la sicurezza della circolazione;
- Violare le prescrizioni per la circolazione autostradale, come:
  - non osservare l'obbligo di immettersi sulle autostrade e sulle superstrade servendosi delle apposite corsie e dando la precedenza ai veicoli circolanti sulle corsie di scorrimento;
  - uscire dalle stesse autostrade o superstrade senza servirsi delle apposite corsie di decelerazione;
  - cambiare corsia di marcia sulle autostrade o sulle superstrade senza la preventiva segnalazione;
  - omettere di portarsi a sinistra in caso di arresto del traffico in galleria o su tratti ove manchi la corsia di emergenza;
  - impegnare la corsia di emergenza per l'uscita prima di 500 m dal casello in condizioni di ingorgo di traffico;
  - arrestarsi sulle corsie di scorrimento senza giustificato motivo; oppure una volta fermatosi per emergenza, omettere di portarsi sulle apposite corsie o sulle relative piazzole;
  - sostare sulle corsie di emergenza oltre il tempo necessario a superare la situazione che l'ha determinata ovvero superare le tre ore di permanenza sulla corsia di emergenza;
  - lasciare in sosta di notte il veicolo sulle autostrade o sulle superstrade senza tenere accese le luci di posizione e quelle di emergenza;
  - lasciare in sosta il veicolo sulle corsie di scorrimento delle autostrade e delle strade extraurbane principali senza collocare ad almeno 100 metri il segnale di pericolo;
  - omettere di impegnare, per la circolazione sulle autostrade con tre corsie per ogni senso di marcia, per i veicoli lunghi più di 7 metri e di peso superiore a 5 t., le sole due corsie più vicine al margine destro della carreggiata;
  - procedere nella stessa corsia affiancato ad altro veicolo;
  - non osservare il corretto incolonnamento per il pagamento del pedaggio;
  - non osservare tutte le cautele previste per i conducenti dei veicoli di servizio; ovvero non tenere in funzione durante tali manovre il dispositivo luminoso lampeggiante;
- Omettere di lasciare il passo ai veicoli con dispositivi acustici (sirena) in funzione ovvero seguire un veicolo con la sirena, avvantaggiandosi nella marcia;
- Conducente di veicolo privo di cronotachigrafo che supera di oltre il 10% il limite massimo di guida giornaliero di cui al regolamento AETR;
- Conducente di veicolo privo di cronotachigrafo che supera di oltre il 10% il limite massimo di guida settimanale previsto dal regolamento AETR;
- Conducente che non osserva le disposizioni relative alle interruzioni della guida.
- Non osservare gli obblighi previsti in caso di incidente, che sono:
  - le persone coinvolte in un incidente devono porre in atto ogni misura idonea a salvaguardare la sicurezza della circolazione e, compatibilmente con tale esigenza, adoperarsi affinché non venga modificato lo stato dei luoghi e disperse le tracce utili per l'accertamento delle responsabilità;
  - ove dall'incidente siano derivati danni alle sole cose, i conducenti e ogni altro utente della strada coinvolto devono inoltre, ove possibile, evitare intralcio alla circolazione. Gli agenti in servizio di polizia stradale, in tali casi, dispongono l'immediata rimozione di ogni intralcio alla circolazione, salva soltanto l'esecuzione, con assoluta urgenza, degli eventuali rilievi necessari per appurare le modalità dell'incidente;
  - in ogni caso i conducenti devono altresì fornire le proprie generalità, nonché le altre informazioni utili anche ai fini risarcitori, alle persone danneggiate o, se queste non sono presenti, comunicare loro nei modi possibili gli elementi sopraindicati.

1 punto

- Non osservare le prescrizioni che regolano quali dispositivi visivi e di illuminazione usare
- Violare le prescrizioni di sicurezza previste per motocicli e ciclomotori a due ruote come:
  - avere libero l'uso delle braccia, delle gambe e delle mani
  - stare seduto in posizione corretta;
  - reggere il manubrio con ambedue le mani o almeno con una mano in caso di giustificata necessità;
  - procedere sempre avendo entrambe le ruote sull'asfalto e non sollevare quella anteriore;
  - trasportare minori di anni 5;
  - trasportare su un ciclomotore non omologato altro passeggero;
  - non accertarsi che l'eventuale passeggero sia seduto correttamente;
  - trainare altri veicoli e farsi trainare;
  - trasportare oggetti non solidamente assicurati e che sporgano lateralmente o longitudinalmente di oltre 50 cm o che impediscano o limitino la visibilità al conducente
  - trasportare animali non custoditi in apposita gabbia o contenitore.

Le violazioni stradali e le tutele previste

PRINCIPI GENERALI

La maggior parte delle violazioni al Codice della Strada è considerata un illecito amministrativo, vale a dire un provvedimento che si esaurisce con il pagamento di una somma di denaro, impropriamente chiamata multa, mentre si tratta di una sanzione amministrativa. Alcune infrazioni più gravi costituiscono tuttavia un reato, quindi non si estinguono col solo pagamento di una somma di denaro, e comportano conseguenze più gravi, come dover nominare un legale di fiducia e affrontare un processo penale. Costituiscono reato:

- organizzare, dirigere, agevolare, promuovere o partecipare a competizioni sportive non autorizzate con veicoli a motore in velocità; Art. 9 bis /1°;
- effettuare scommesse su gare clandestine con veicoli a motore; Art. 9 bis/4°;
- gareggiare in velocità con veicoli a motore; Art. 9-ter;
- essere recidivo nel biennio per guida senza patente; Art. 116/15°;
- guidare sotto l'influenza dell'alcol, con tasso superiore a 0,8 g/l; Art. 186/2°;
- rifiutare gli accertamenti per la determinazione dello stato di ebbrezza; Art. 186/7°;
- guidare dopo aver assunto sostanze stupefacenti; Art. 187/1°;
- rifiutare gli accertamenti sulla condizione di alterazione psicofisica per sostanze stupefacenti; Art. 187/8°;
- omissione di soccorso a seguito di incidente stradale; Art. 189/6°;
- fuga a seguito di sinistri con lesioni; Art. 189/7°.

Tutti i reati sono di competenza del Tribunale.

Oltre alle sanzioni pecuniarie, cioè che comportano l'obbligo di pagare somme di denaro, per le violazioni più gravi al Codice della strada sono previste anche sanzioni accessorie, Le sanzioni accessorie seguono di diritto quelle principali, di natura amministrativa o penale, e si concretizzano nell'adozione immediata di provvedimenti sul conducente (ritiro, sospensione e revoca della patente), ma anche sul veicolo (fermo, sequestro e confisca), sui documenti del veicolo (ritiro e sospensione della carta di circolazione) o sulle cose (obbligo di interrompere una certa attività o di ripristinare lo stato dei luoghi).

L'ACCERTAMENTO DELLE VIOLAZIONI

La prevenzione e l'accertamento delle violazioni alle norme del Codice della Strada spettano:

- alla Specialità di Polizia Stradale della Polizia di Stato;
- all'Arma dei Carabinieri;
- alla Polizia di Stato;
- alla Guardia di Finanza;
- ai Corpi e ai Servizi delle Polizie Provinciali e Municipali, nell'ambito del territorio di competenza;
- a tutti coloro che rivestono la qualifica di ufficiali e agenti di polizia giudiziaria;
- al personale elencato al 3° comma dell'Art. 12 del Codice della Strada.

Una volta accertata, la violazione deve essere immediatamente contestata al trasgressore e alla persona obbligata in solido (cioè la persona a cui le autorità possono chiedere il pagamento integrale della sanzione, vedere Responsabilità solidale), che di norma è il proprietario del veicolo, salvo quanto previsto dall'Art. 201.

Nel caso non sia possibile procedere alla contestazione immediata, nel verbale di notificazione devono essere indicate le motivazioni. Non è previsto l'obbligo della contestazione immediata per alcune violazioni, come quelle relative all'ingresso nelle zone a traffico limitato, accertate con rilevazione ottica dei varchi come indicato dal DPR 250/1999 (Art. 7 del Codice della Strada) e quelle accertate con strumenti di rilevazione automatizzata, individuati dalla legge e omologati.

Queste violazioni sono notificate direttamente all'indirizzo del proprietario del veicolo.
Inoltre, è previsto l'obbligo di contestare all'atto dell'accertamento le seguenti violazioni, che sono notificate entro 90 giorni:
- un veicolo che procede a una velocità che rende difficoltoso o pericoloso raggiungerlo;
- attraversamento di un incrocio con il semaforo indicante la luce rossa;
- sorpasso vietato;
- quando il trasgressore è assente;
- violazioni accertate per mezzo di appositi apparecchi di rilevamento, direttamente gestiti dagli organi di polizia stradale e nella loro disponibilità, che consentono la determinazione dell'illecito in un momento successivo poiché il veicolo oggetto del rilievo è a distanza dal posto di accertamento o comunque nell'impossibilità di essere fermato in tempo utile o nei modi regolamentari;
- accertamento effettuato con i dispositivi elettronici omologati;
- accessi di veicoli non autorizzati ai centri storici, alle zone a traffico limitato, alle aree pedonali, o circolazione sulle corsie e sulle strade riservate;
- accertamento di violazioni per le quali sono espressamente previste procedure di controllo da remoto;
- accertamento, per mezzo di appositi dispositivi o apparecchiature di rilevamento, della violazione dell'obbligo dell'assicurazione per la responsabilità civile verso terzi.

LE SANZIONI PECUNIARIE

Per tutte le violazioni per le quali è prevista la sanzione amministrativa pecuniaria, il trasgressore può estinguere il tutto mediante il pagamento di una somma pari al minimo edittale (cioè il limite minimo di pena che è previsto per l'infrazione a un determinato Articolo del Codice) entro 60 giorni dalla contestazione o dalla notificazione. Se il pagamento effettuato entro cinque giorni è concessa una riduzione del 30%. Il pagamento entro cinque giorni non è consentito se la violazione prevede la sanzione accessoria della sospensione della patente di guida. Le altre modalità di estinzione sono indicate nel verbale di infrazione.
Il pagamento della sanzione amministrativa pecuniaria non è mai consentito quando il trasgressore si sia rifiutato di esibire il documento di circolazione, la patente di guida o altro documento, previsto dalle norme del Codice della Strada come obbligatorio per la circolazione, e quando il conducente non abbia rispettato l'obbligo di fermarsi, o ancora quando sia prevista la sanzione accessoria della confisca del veicolo.

Per le violazioni punite con le sanzioni amministrative pecuniarie commesse da conducenti di veicoli immatricolati all'estero o muniti di targa EE, è consentito al conducente stesso di effettuare immediatamente il pagamento della sanzione direttamente all'agente accertatore, che rilascia ricevuta e ne fa menzione nel relativo verbale, che consegna al trasgressore.
Quando il trasgressore non si avvale di questa facoltà di estinzione immediata, oppure in tutti i casi in cui alla sanzione amministrativa pecuniaria è affiancata una sanzione amministrativa accessoria, deve versare all'accertatore una somma pari alla metà del massimo edittale (il 50% della massima somma prevista), o una polizza fideiussoria a garanzia delle somme dovute, a titolo di cauzione. Qualora il veicolo sia immatricolato in uno Stato membro dell'Unione Europea o aderente all'accordo sullo Spazio Economico Europeo (Svizzera e Norvegia), la somma da versare a titolo di cauzione è pari a quella richiesta per il pagamento in misura ridotta.
Nel caso di mancato pagamento immediato e omessa presentazione di garanzia o cauzione, si procede al fermo amministrativo del veicolo, che è applicato fino all'avvenuto pagamento, e comunque per un periodo non superiore a sessanta giorni.

Reiterazione

Salvo quanto previsto da speciali disposizioni di legge, si ha reiterazione quando, nei cinque anni successivi a una violazione amministrativa, accertata con provvedimento esecutivo, lo stesso soggetto commette un'altra violazione dello stesso genere.
Si ha reiterazione anche quando più violazioni della "stessa indole" commesse nel quinquennio sono accertate con unico provvedimento esecutivo. Sono considerate della stessa indole le violazioni della stessa disposizione, ma anche quelle di disposizioni diverse che, per la natura dei fatti o per le modalità della condotta, mostrano una sostanziale omogeneità o caratteri fondamentali comuni. La reiterazione è considerata specifica se è violata la medesima disposizione. Le violazioni amministrative successive alla prima non sono valutate, ai fini della reiterazione, quando sono commesse in tempi ravvicinati e riconducibili a una programmazione unitaria. La reiterazione determina gli effetti che la legge stabilisce espressamente. Non è operativa nel caso il trasgressore paghi la sanzione prevista per la violazione entro il termine del pagamento in misura ridotta. Gli effetti conseguenti alla reiterazione possono essere sospesi fino a quando il provvedimento che accerta la violazione precedentemente commessa sia divenuto definitivo. La sospensione è disposta

dall'autorità amministrativa competente o, in caso di opposizione, dal giudice, quando possa derivare grave danno. In ogni caso, gli effetti della reiterazione cessano di diritto se il provvedimento che accerta la precedente violazione è annullato.

Maggiorazione delle sanzioni

Le sanzioni pecuniarie previste dagli Artt. 141, 142, 145, 146, 149, 154, 174, 176 (cc. 19 e 20) e 178 sono aumentate di un terzo quando la violazione è commessa dopo le 22 e prima delle 7. Le maggiorazioni sono devolute al fondo previsto dalla legge 160/2007.

Responsabilità solidale

Per tutte le violazioni punite con sanzione amministrativa pecuniaria, il proprietario del veicolo o, in sua vece, l'usufruttuario, l'acquirente con patto di riservato dominio o l'utilizzatore a titolo di locazione finanziaria, è obbligato in solido con il conducente al pagamento della somma dovuta, salvo che non provi che il veicolo circolava contro la sua volontà. Per i conducenti minorenni, la responsabilità solidale vale per le persone che hanno obblighi di tutela o di vigilanza.

Rateazione

Quando la sanzione pecuniaria consiste nell'obbligo di pagare una somma superiore a 200 euro, il responsabile potrà chiedere la rateazione per importi mensili non inferiori a 100 euro. L'istanza può essere presentata al prefetto, al presidente della provincia o al sindaco, a seconda dell'organo statale, provinciale o comunale che ha provveduto ad accertare la violazione.

LE VIOLAZIONI COSTITUENTI REATO

Per le violazioni che costituiscono reato, l'agente o l'organo accertatore sono tenuti, senza ritardo, a darne notizia al Pubblico Ministero, ai sensi dell'Art. 347 del Codice di Procedura Penale. La sentenza o il decreto definitivo di condanna del trasgressore sono comunicati dal cancelliere al prefetto e all'ufficio del Dipartimento per i trasporti terrestri. La sentenza o il decreto definitivo di condanna sono annotati a cura della Prefettura sulla patente del trasgressore. Quando da una violazione prevista dal Codice derivi un reato contro la persona, l'agente o organo accertatore deve darne notizia al Pubblico Ministero. L'Autorità Giudiziaria, in tutte le ipotesi in cui ravvisa solo una violazione amministrativa, rimette gli atti all'ufficio o Comando che ha comunicato la notizia di reato, perché proceda contro il trasgressore. In tali casi i termini previsti per la notifica decorrono dalla data della ricezione degli atti da parte dell'ufficio o Comando.

Connessione obiettiva con un reato

Qualora l'esistenza di un reato dipenda dall'accertamento di una violazione amministrativa, e per questa non sia già stato effettuato il pagamento in misura ridotta, il giudice penale competente che viene a conoscenza del reato è autorizzato a decidere sulla violazione e ad applicare, con la sentenza di condanna, la sanzione stabilita dalla legge. La competenza del giudice penale sulla violazione amministrativa cessa se il procedimento penale si chiude per estinzione del reato, o per difetto di una condizione di procedibilità.

OMESSO PAGAMENTO

Qualora il trasgressore non provveda al pagamento della sanzione e non presenti ricorso entro sessanta giorni dalla contestazione o notificazione dell'infrazione, il verbale diventa titolo esecutivo per la riscossione coatta della sanzione per un importo pari alla metà del massimo previsto, che di solito corrisponde al doppio della somma prevista per il pagamento in misura ridotta, maggiorata degli interessi. Il trasgressore può pagare la sanzione anche dopo il sessantesimo giorno e prima dell'emissione del ruolo, versando una somma pari alla metà del massimo.

RICORSO

Per tutte le violazioni amministrative, l'interessato può presentare ricorso al prefetto del luogo nel quale è stata accertata l'infrazione, direttamente tramite il Comando o ufficio accertatore, purché entro il termine utile per il pagamento. Con lo stesso atto può chiedere di essere sentito dal prefetto o presentare scritti e memorie difensive.

Il Comando o ufficio accertatore, entro sessanta giorni dal ricevimento, dovrà trasmettere il ricorso e tutti gli atti relativi al prefetto, che deciderà con ordinanza-ingiunzione se riterrà fondato l'accertamento, e ordinerà il pagamento di una somma il cui minimo è pari al doppio e il massimo è il quadruplo di quanto indicato sul verbale. Alternativamente al ricorso al prefetto è possibile, entro il termine di trenta

giorni dalla contestazione o dalla notificazione, ricorrere direttamente al Giudice di Pace.
Queste possibilità di ricorso devono essere riportate nel verbale, altrimenti è nullo.

Come presentare ricorso e le possibili conseguenze

Il destinatario di un verbale di violazione al Codice della Strada, punito con una sanzione amministrativa pecuniaria, può presentare ricorso al prefetto, entro sessanta giorni o al giudice di pace entro trenta. Nel ricorso dovranno essere indicate le ragioni per le quali si ritiene che la verbalizzazione sia infondata e, quindi, il procedimento debba essere archiviato. Se si ricorre al prefetto si può chiedere anche di essere sentiti. Va ricordato però che, nel caso il ricorso al prefetto non sia accolto, la somma da pagare per estinguere l'infrazione è pari almeno al doppio di quanto era previsto come possibilità del pagamento in misura ridotta, che è sempre pari al minimo previsto dalla norma.
Contro l'ordinanza-ingiunzione, con la quale il prefetto rigetta il ricorso, è possibile ricorrere entro trenta giorni al Giudice di Pace. Se anche il Giudice di Pace conferma la verbalizzazione è possibile ricorrere solo alla Corte di Cassazione, per ragioni di legittimità e non di merito. Se si ricorre direttamente al Giudice di Pace si salta la fase del ricorso al prefetto. L'atto è soggetto al versamento di una somma e l'interessato può chiedere la sospensione del verbale, in attesa della decisione.

LE SANZIONI ACCESSORIE: IPOTESI E PROCEDURE

Le sanzioni accessorie seguono di diritto quelle principali e sono previste singolarmente per ogni violazione. La loro applicazione non è nella disponibilità dell'agente accertatore dell'infrazione. Sono attribuite in seguito e sono sempre indicate nel verbale di contestazione: possono riguardare i documenti di circolazione, la patente, il veicolo, ma anche obblighi di compiere, sospendere o cessare una determinata attività.

Ripristino dei luoghi e rimozione di opere abusive

Quando per una violazione è prevista la sanzione accessoria del ripristino dei luoghi o di rimozione di opere abusive, l'agente accertatore, all'atto della contestazione dell'infrazione o della notificazione, ne fa menzione nel verbale, che costituisce anche il titolo per l'applicazione della sanzione. L'eventuale ricorso, presentato dal trasgressore contro la sanzione amministrativa pecuniaria, si estende anche alla sanzione accessoria.
Nel caso di mancato ricorso, l'ufficio o Comando da cui dipende l'accertatore trasmette una copia del verbale al prefetto e all'ente proprietario della strada, entro trenta giorni dalla scadenza del termine per ricorrere.
Nel caso di immediato pericolo per la circolazione e nelle ipotesi di impossibilità a provvedere da parte del trasgressore, in quanto il ripristino o la rimozione richiedono l'effettuazione di opere, lavori o depositi, l'ufficio accertatore trasmette al prefetto il verbale di contestazione perché possa disporre gli interventi necessari, a cura dell'ente proprietario.

Rimozione di cartelli e insegne abusivi

Gli enti proprietari, per le strade di rispettiva competenza, assicurano il rispetto delle disposizioni dell'Art. 23 del Codice.
A tal fine l'ufficio o comando da cui dipende l'agente accertatore, che ha redatto il verbale di contestazione delle violazioni, trasmette copia dello stesso al competente proprietario della strada.
In caso di collocazione di cartelli, insegne di esercizio o altri mezzi pubblicitari privi di autorizzazione o comunque in contrasto con quanto previsto dalla legge, l'ente proprietario della strada intima all'autore della violazione e al proprietario o possessore del suolo privato di rimuovere il mezzo pubblicitario a loro spese entro e non oltre dieci giorni dalla data di comunicazione dell'atto.
Decorso questo termine, l'ente proprietario provvede a effettuare la rimozione del mezzo pubblicitario e alla sua custodia, ponendo i relativi oneri a carico dell'autore della violazione e, in via tra loro solidale, del proprietario o possessore del suolo; a tal fine, tutti gli organi di polizia stradale sono autorizzati ad accedere sul fondo privato ove è collocato il mezzo pubblicitario.

Il fermo amministrativo del veicolo

Nelle ipotesi in cui il Codice preveda che all'accertamento della violazione consegua l'applicazione della sanzione accessoria del fermo amministrativo del veicolo, il proprietario, nominato custode – oppure, in sua assenza, il conducente o altro soggetto obbligato in solido – deve fare cessare la circolazione e provvedere alla collocazione del veicolo in un

luogo di cui abbia la disponibilità oppure lo deve custodire, a proprie spese, in un luogo non sottoposto a pubblico passaggio.
Sul veicolo deve essere collocato un sigillo, secondo le modalità e con le caratteristiche fissate con decreto del Ministero dell'interno, che, decorso il periodo di fermo amministrativo, è rimosso a cura dell'ufficio da cui dipende l'organo di polizia che ha accertato la violazione ovvero di uno degli organi di polizia stradale di cui all'Art. 12, comma 1.
Il documento di circolazione è trattenuto presso l'organo di polizia, con menzione nel verbale di contestazione.
All'autore della violazione o ad uno dei soggetti con il medesimo solidalmente obbligato che rifiuti di trasportare o custodire, a proprie spese, il veicolo, secondo le prescrizioni fornite dall'organo di polizia, si applica la sanzione amministrativa del pagamento di una somma da € 777 a € 3114, nonché la sanzione amministrativa accessoria della sospensione della patente di guida da uno a tre mesi.

Sequestro del veicolo

Quando una violazione prevede la sanzione accessoria della confisca amministrativa, l'organo di polizia che accerta la violazione provvede al sequestro del veicolo o delle altre cose oggetto della violazione facendone menzione nel verbale di contestazione della violazione. Il proprietario ovvero, in caso di sua assenza, il conducente del veicolo o altro soggetto obbligato in solido, è nominato custode con l'obbligo di depositare il veicolo in un luogo di cui abbia la disponibilità o di custodirlo, a proprie spese, in un luogo non sottoposto a pubblico passaggio, provvedendo al trasporto in condizioni di sicurezza per la circolazione stradale. Il documento di circolazione è trattenuto presso l'ufficio di appartenenza dell'organo di polizia che ha accertato la violazione. Il veicolo deve recare segnalazione visibile dello stato di sequestro con le modalità stabilite nel regolamento. Di ciò è fatta menzione nel verbale di contestazione della violazione.

Sospensione e/o ritiro della carta di circolazione

Quando una violazione prevede la sanzione accessoria della sospensione o del ritiro del documento di circolazione, l'agente che accerta l'infrazione, all'atto della contestazione, procede al ritiro materiale del documento con le annotazioni sul verbale previste dal Regolamento di esecuzione, ove è rilevabile il luogo sino al quale il veicolo potrà essere condotto.
Il documento di circolazione ritirato, entro cinque giorni viene inviato, a cura dell'ufficio o Comando accertatore di competenza, all'ufficio del Dipartimento per i trasporti terrestri del luogo della commessa violazione, per i provvedimenti sanzionatori o di altra natura. Nei casi in cui la legge dispone il ritiro immediato di un documento di circolazione, l'agente che accerta la violazione, per consentire al conducente di raggiungere col veicolo il luogo dallo stesso indicato come destinazione, appone sul retro della copia del processo verbale di accertamento l'indicazione che consente la guida di quel veicolo, limitatamente al tempo e all'itinerario necessario a raggiungere la destinazione. Una volta giunto alla destinazione indicata, il veicolo per il quale era stata ritirata la carta di circolazione, dovrà essere fermato e custodito. L'eventuale utilizzo dello stesso comporta sanzioni gravi e possibili ipotesi di reato. Se è stata ritirata la patente di guida, il conducente potrà guidare il veicolo sino alla destinazione indicata. Una volta giunto a destinazione, non potrà guidare sino a quando non ritornerà in possesso del titolo ritirato. L'eventuale guida con documento ritirato comporta sanzioni gravissime e la possibile revoca della patente.

Parte seconda

I QUIZ UFFICIALI

Le modalità dell'esame teorico

Le modalità di esame sono le stesse per le patenti A1, A2, A, B1 e B. Sono disciplinate in maniera dettagliata per garantire uniformità di valutazione e di giudizio da parte degli esaminatori. Anche la presentazione della domanda, le modalità per dare risposta ai quiz, il tempo disponibile e il numero massimo di errori ammesso sono disciplinati in maniera chiara. Chi si prepara a ottenere la patente troverà di sicura utilità la lettura attenta delle parti riportate.

La seduta di esame

- Ogni candidato siede davanti a una postazione dotata di un pc con schermo touch screen su cui sono visualizzati dei tasti definiti da aree quadrate o circolari. Toccando direttamente lo schermo questi pulsanti virtuali attivano il comando indicato.
- Al candidato è consegnata una smartcard. Prima di iniziare la prova, la smartcard deve essere inserita nell'apposito alloggiamento nel computer della sua postazione e accedere al corso di autoistruzione che illustra le procedure per compilare correttamente la scheda d'esame. Per muoversi all'interno del corso di autoistruzione il candidato dovrà toccare lo schermo selezionando di volta in volta i diversi comandi.
- Terminata la lettura del corso di auto-istruzione l'esaminatore darà l'avvio alla prova d'esame. La compilazione dei questionari deve essere effettuata toccando lo schermo esclusivamente con le dita.
- **Il tempo concesso per la compilazione del questionario, composto da quaranta quiz, è di trenta minuti. Il tempo residuo per lo svolgimento della prova è visualizzato sullo schermo in modalità conto alla rovescia.**
- **Il candidato dovrà toccare, per ciascuna risposta, il cerchio sullo schermo con all'interno la lettera "V" o "F" a seconda che consideri quella proposizione vera o falsa.**
- Il candidato può liberamente "navigare" all'interno della propria scheda d'esame passando da una domanda a un'altra, cambiare le risposte già date e visualizzare la schermata di riepilogo di tutte le domande con le relative risposte attribuite.
- L'esaminatore non deve fornire spiegazioni relative al significato di termini contenuti nella formulazione delle domande.
- Il candidato, terminata la compilazione del questionario, dovrà confermare le risposte date nella schermata di riepilogo. Premuto il tasto di conferma, la prova è considerata definitivamente terminata e non potranno essere apportate ulteriori modifiche alla scheda. Allo scadere del tempo di trenta minuti non sarà quindi più possibile modificare o aggiungere risposte e il questionario sarà automaticamente terminato. Le risposte non fornite saranno considerate errate.
- La prova si intende superata se il numero delle risposte errate è al massimo pari a quattro; il quinto errore determina l'esito negativo dell'esame.

Psicologia del traffico

00001

1) Utilizzare il cellulare alla guida è pericoloso perché riduce l'attenzione alla strada V F
2) L'attenzione alla guida diminuisce quando si è affaticati V F
3) È pericoloso, durante la guida, distogliere lo sguardo dalla strada, anche per pochi millisecondi V F
4) La quantità di attenzione che si può prestare alla strada mentre si guida è illimitata V F
5) Si può "allenare" l'attenzione alla guida V F
6) L'ansia può ridurre la capacità di prestare attenzione ai pericoli V F
7) Bere un liquore ad alta gradazione alcolica permette di migliorare l'attenzione dopo circa 10 minuti dall'ingestione V F
8) Il rispetto delle norme di circolazione è importante solo se la loro violazione comporta una sanzione economica elevata V F
9) Parlare animosamente con altre persone a bordo del veicolo può influenzare negativamente il comportamento di guida V F
10) Durante la guida, qualora il conducente ritenga non vi sia pericolo imminente, può comporre un numero di telefono con il cellulare, senza fermarsi V F
11) Lo specchio retrovisore posto sul lato destro del veicolo deve essere utilizzato solo da conducenti esperti V F
12) L'attenzione alla guida è importante solo quando si compiono manovre pericolose quali, ad esempio, un sorpasso V F
13) Mentre il veicolo è in marcia, il conducente può programmare il navigatore in qualsiasi momento V F
14) Durante la guida il conducente deve prestare attenzione, sia a gli utenti che si trovano davanti al proprio veicolo, sia a coloro che si trovano ai bordi della strada V F
15) Il rispetto della posizione sulla carreggiata è una norma secondaria che può, se del caso, non essere osservata V F
16) Il rispetto delle norme di circolazione permette di limitare i rischi connessi alla guida di tutti i veicoli, sia di quelli a motore, sia di quelli che ne sono privi V F
17) Concentrare la propria attenzione sulle indicazioni del navigatore satellitare può rappresentare un elemento di distrazione alla guida V F
18) Il rispetto delle norme permette di limitare l'intralcio alla circolazione V F
19) Utilizzare il cellulare alla guida, anche se con impianto viva-voce, può ridurre l'attenzione alla strada V F
20) Con 0,5 grammi per litro di alcool nel sangue si riesce a concentrarsi meglio V F
21) Sintonizzare manualmente l'autoradio non comporta perdita di attenzione alla strada, perché è un compito che si è abituati a svolgere V F
22) Impostare il navigatore satellitare mentre si guida riduce l'attenzione alla strada V F
23) Le emozioni influenzano la nostra attenzione V F
24) Il conducente può distogliere lo sguardo dalla strada quando ritiene che non ci sia pericolo imminente di incidente V F
25) Il conducente deve accogliere gli inviti dei passeggeri a guidare più velocemente V F
26) Il conducente non deve mai sopravvalutare la propria abilità di guida V F
27) Il divieto di sorpasso può non essere osservato se si è in coda dietro a un veicolo lento da più di 10 minuti e si ritiene di poter sorpassare senza pericoli V F
28) In prossimità di un incrocio un conducente può arrestarsi e, mentre attende il passaggio di altri veicoli, può inviare un rapido messaggio con il cellulare V F
29) Il conducente che intende passare per primo in un incrocio deve sopraggiungervi più velocemente V F

30) Se non si è certi di attraversare in tutta sicurezza un incrocio, è necessario arrestarsi ed aspettare che transitino tutti i veicoli con cui vi può essere un pericolo di collisione [V] [F]

31) Il comportamento degli altri utenti della strada è ininfluente per una guida sicura [V] [F]

32) Il conducente può non tenere conto del comportamento degli altri utenti della strada, se questi ultimi non rispettano le regole del codice della strada [V] [F]

33) I nostri sensi non riescono a cogliere tutti gli stimoli presenti nell'ambiente [V] [F]

34) Un conducente deve sempre sottostimare le situazioni di pericolo per non farsi travolgere dall'ansia durante la guida [V] [F]

35) Quando si attraversa un incrocio è necessario mantenere la massima concentrazione alla guida [V] [F]

36) Il conducente deve concentrarsi prevalentemente sul tratto di strada non superiore a tre metri antistante il suo veicolo [V] [F]

37) Distrarsi alla guida può causare incidenti stradali che possono comportare gravi conseguenze [V] [F]

38) La presenza di passeggeri che schiamazzano a bordo del veicolo può influenzare la concentrazione del conducente [V] [F]

39) Gli specchi retrovisori devono essere regolati mentre il veicolo è in movimento [V] [F]

40) Quando si è alla guida, la capacità di attenzione può essere influenzata anche dall'ascolto di musica a volume molto alto [V] [F]

41) Il rispetto delle norme di circolazione è importante per gli utenti deboli, ma non per i conducenti degli autoveicoli [V] [F]

42) Il rispetto delle norme di circolazione è importante quando il traffico è molto intenso, ma non quando si è in condizioni di circolazione scorrevole [V] [F]

43) Durante la guida, la percezione di un pericolo e la conseguente reazione del conducente non sono influenzate dalle condizioni ambientali [V] [F]

44) La distrazione durante la guida è una delle principali cause di incidenti stradali [V] [F]

45) Per prevenire il rischio di incidenti, il conducente dovrà valutare attentamente il comportamento degli altri utenti della strada [V] [F]

46) Un conducente deve considerare che non sempre è in grado di valutare correttamente le proprie capacità di guida [V] [F]

47) I nostri sensi riescono a cogliere tutti gli stimoli presenti nell'ambiente [V] [F]

48) Se si è stato di ebbrezza lieve, si riesce a guidare comunque in sicurezza [V] [F]

49) Durante la guida, la percezione di un pericolo e la conseguente reazione del conducente sono influenzate dalle condizioni ambientali [V] [F]

50) Le norme di circolazione sono stabilite per garantire una maggior sicurezza di guida per tutti gli utenti della strada [V] [F]

51) A volte ci si espone a situazioni più rischiose di quelle che si è in grado di gestire [V] [F]

52) I nostri sensi sono in grado di percepire stimoli di qualunque intensità [V] [F]

53) In condizioni di traffico intenso lo stress può aiutare il conducente a mantenersi vigile [V] [F]

54) L'udito non è un senso importante quando si guida [V] [F]

Definizioni generali e doveri nell'uso della strada

01001 (FIGURA 550)

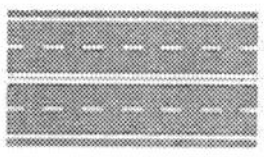

1) In una carreggiata extraurbana del tipo rappresentato si può sempre marciare per file parallele V F
2) In una carreggiata del tipo rappresentato si può sorpassare anche in curva V F
3) La carreggiata del tipo rappresentato è a doppio senso di circolazione V F
4) In una carreggiata extraurbana del tipo rappresentato si può sorpassare indifferentemente sia da destra che da sinistra V F
5) In una carreggiata extraurbana del tipo rappresentato le corsie interne sono, di norma, riservate al sorpasso V F
6) In una carreggiata del tipo rappresentato non si può effettuare l'inversione di marcia V F
7) In una carreggiata del tipo rappresentato possiamo iniziare un sorpasso anche se il conducente che sta dietro ha già iniziato la stessa manovra V F

01002 (FIGURA 552)

1) Nella strada rappresentata, per ogni senso di marcia, le corsie di centro e di sinistra sono dedicate, di norma, al sorpasso V F
2) La strada rappresentata è composta da tre corsie per ogni senso di marcia V F
3) La strada rappresentata è composta da una carreggiata V F
4) Nella strada rappresentata, per ogni senso di marcia, la corsia di destra è, di norma, dedicata alla marcia ordinaria V F
5) Nella strada rappresentata, per ogni senso di marcia, la corsia di centro è dedicata, di norma, alla marcia ordinaria V F
6) Nella strada rappresentata, per ogni senso di marcia, la corsia di destra è dedicata, di norma, al sorpasso V F
7) La strada rappresentata è composta da due carreggiate V F
8) Nella strada rappresentata, per ogni senso di marcia, la corsia di sinistra è dedicata, di norma, alla marcia ordinaria V F

01003 (FIGURA 562)

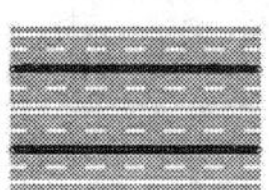

1) La strada rappresentata è composta da tre corsie V F
2) Nella strada rappresentata le carreggiate laterali sono, di norma, a senso unico V F
3) La strada rappresentata è composta da otto corsie V F
4) Nella strada rappresentata la carreggiata centrale è, di norma, a doppio senso di circolazione V F
5) La strada rappresentata è composta da tre carreggiate V F
6) La strada rappresentata è composta da quattro carreggiate, tutte a senso unico V F
7) La strada rappresentata è composta da otto carreggiate V F
8) Nella strada rappresentata, la corsia centrale è a doppio senso di circolazione V F
9) La strada rappresentata, di norma, ha due carreggiate a doppio senso di circolazione V F
10) La strada rappresentata consente, di norma, il sorpasso anche in curva V F
11) Nelle carreggiate laterali della strada rappresentata è consentita, di norma, l'inversione di marcia V F

01004

1) L'attraversamento pedonale è una parte della carreggiata sulla quale è vietata la fermata dei veicoli V F
2) L'attraversamento pedonale è una parte della carreggiata destinata al transito dei pedoni che attraversano V F

3) L'attraversamento pedonale è una parte della carreggiata, in cui i veicoli devono dare la precedenza ai pedoni, che attraversano sulle apposite strisce V F
4) L'attraversamento pedonale è una parte della carreggiata sulla quale è vietata la sosta dei veicoli V F
5) L'attraversamento pedonale è posto al di fuori della carreggiata ed è destinato al transito dei pedoni V F
6) L'attraversamento pedonale è una parte della strada, separata dalla carreggiata mediante una striscia gialla V F
7) L'attraversamento pedonale è una parte della carreggiata vietata al transito dei veicoli V F
8) L'attraversamento pedonale viene segnalato con strisce bianche parallele V F
9) L'attraversamento pedonale non fa parte della carreggiata V F
10) L'attraversamento pedonale è una parte della carreggiata in cui è consentita la fermata ma non la sosta dei veicoli V F

01005

1) Le strade extraurbane principali sono a carreggiate separate V F
2) Nelle strade extraurbane principali si possono trovare intersezioni (incroci) a livelli sfalsati V F
3) La strada extraurbana principale non ha incroci a raso che l'attraversano V F
4) Le strade extraurbane principali hanno una sola corsia per ogni senso di marcia V F
5) Sulle strade extraurbane principali i ciclomotori possono transitare V F
6) Sulle strade extraurbane principali è consentito circolare alla velocità massima di 130 km/h V F
7) Le strade extraurbane principali sono provviste di corsie di accelerazione per l'ingresso V F
8) Nelle strade extraurbane principali non vi sono curve né dossi V F
9) Le strade extraurbane principali sono contraddistinte da segnaletica verde V F
10) Le strade extraurbane principali sono segnalate da cartelli stradali di inizio e fine V F
11) Sulle strade extraurbane principali i quadricicli leggeri possono transitare V F
12) Le strade extraurbane principali possono essere ad un'unica carreggiata V F
13) Sulle strade extraurbane principali è consentito circolare alla stessa velocità massima prevista per le autostrade V F
14) Nelle strade extraurbane principali possono circolare solo alcune categorie di veicoli a motore V F
15) Le strade extraurbane principali sono dotate di apposite aree di sosta V F
16) Le strade extraurbane principali devono essere dotate di pannelli a messaggio variabile V F

01006

1) L'isola di traffico serve a facilitare l'incanalamento dei veicoli verso varie direzioni V F
2) L'isola di traffico è una parte della strada sulla quale è vietato il transito dei motocicli V F
3) L'isola di traffico viene evidenziata mediante zebrature di colore bianco V F
4) L'isola di traffico serve a separare la carreggiata dalla banchina V F
5) L'isola di traffico facilita la salita e la discesa di passeggeri da tram, filobus e autobus V F
6) L'isola di traffico è una piazzola per effettuare l'inversione di marcia V F
7) L'isola di traffico è posta al di fuori della strada V F
8) L'isola di traffico è un'area pedonale urbana V F
9) L'isola di traffico può essere a raso o in rilievo (rialzata) V F
10) L'isola di traffico serve per il transito dei pedoni V F
11) L'isola di traffico è una piazzola di sosta per i veicoli V F

12) L'isola di traffico può essere percorsa solo dai taxi e dagli autobus urbani V F
13) L'isola di traffico è la parte della città con maggiore traffico V F
14) L'isola di traffico serve per la fermata dei veicoli V F
15) L'isola di traffico è una zona destinata al parcheggio dei veicoli V F
16) L'isola di traffico, se rialzata, è preceduta da zebrature di colore bianco V F
17) L'isola di traffico è una parte della strada sulla quale è vietato il transito dei veicoli V F
18) L'isola di traffico è delimitata da strisce bianche continue V F
19) L'isola di traffico a raso è costituita da zebrature di colore bianco V F
20) L'isola di traffico corrisponde, in genere, al centro storico della città V F
21) L'isola di traffico è una parte della strada sulla quale è consentito il transito dei ciclomotori V F

01007

1) L'intersezione (incrocio) a livelli sfalsati comprende strade situate ad altezze diverse V F
2) L'intersezione (incrocio) a livelli sfalsati è munita di infrastrutture (rampe, sovrappassi, sottopassi) per il collegamento fra strade poste a livelli diversi V F
3) L'intersezione (incrocio) a livelli sfalsati comprende rampe, sovrappassi o sottopassi V F
4) Nell'intersezione (incrocio) a livelli sfalsati non valgono i limiti massimi generali di velocità V F
5) L'intersezione (incrocio) a livelli sfalsati facilita la circolazione, perché esclude l'incrocio diretto fra i veicoli V F
6) L'intersezione a livelli sfalsati è un incrocio a raso fra una strada e i binari del treno V F
7) L'intersezione (incrocio) a livelli sfalsati è, di norma, regolata da semafori V F

01008

1) L'intersezione (incrocio) a raso può essere regolata da semaforo V F
2) L'intersezione (incrocio) a raso è un incrocio fra una strada statale e i binari del tram V F
3) Nell'intersezione (incrocio) a raso due o più strade si incrociano allo stesso livello V F
4) L'intersezione (incrocio) a raso è un'intersezione di due o più strade poste allo stesso livello V F
5) L'intersezione (incrocio) a raso è un'intersezione a livelli sfalsati V F
6) L'intersezione (incrocio) a raso è un incrocio fra una strada statale e un passo carrabile V F
7) L'intersezione (incrocio) a raso richiede di fare attenzione ai veicoli provenienti dalle strade che si incrociano V F
8) L'intersezione (incrocio) a raso è un passaggio a livello dotato di barriere o semibarriere V F
9) L'intersezione (incrocio) a raso è un insieme di sovrappassi, sottopassi e rampe V F

01009

1) Una zona a traffico limitato è un'area in cui può essere limitata la circolazione dei veicoli solo in alcune ore V F
2) In una zona a traffico limitato possono circolare solo i veicoli autorizzati V F
3) Una zona a traffico limitato è delimitata da appositi segnali stradali di inizio e di fine V F
4) Una zona a traffico limitato è un'area sempre vietata al transito dei veicoli a motore V F
5) Una zona a traffico limitato è un'area nella quale può essere limitata la circolazione solo a particolari categorie di utenti V F
6) In una zona a traffico limitato non possono entrare più di un certo numero di veicoli V F
7) Una zona a traffico limitato è un'area nella quale è consentito solo il transito di ciclomotori e biciclette V F

8) Una zona a traffico limitato è un'area nella quale può essere limitata la circolazione solo di particolari categorie di veicoli [V] [F]

9) Una zona a traffico limitato è un'area vietata al transito dei pedoni durante le ore notturne [V] [F]

01010

1) In un passaggio a livello si possono trovare le barriere [V] [F]

2) Il passaggio a livello è caratterizzato dalla presenza di un attraversamento autostradale [V] [F]

3) In un passaggio a livello si possono trovare le luci rosse [V] [F]

4) In vicinanza di un passaggio a livello si trovano i pannelli distanziometrici [V] [F]

5) In un passaggio a livello si può trovare la croce di S. Andrea [V] [F]

6) In un passaggio a livello si può trovare un dispositivo di segnalazione acustica [V] [F]

7) In un passaggio a livello si possono trovare le luci gialle lampeggianti [V] [F]

8) Il passaggio a livello è un passo carrabile [V] [F]

9) Il passaggio a livello è un cavalcavia ferroviario o tranviario [V] [F]

10) In un passaggio a livello si possono trovare le corsie di accelerazione [V] [F]

11) In un passaggio a livello si possono trovare le semibarriere [V] [F]

12) Il passaggio a livello è caratterizzato dalla presenza di un sottopassaggio [V] [F]

01011

1) Nelle aree pedonali possono transitare tutti i motocicli, purché diano la precedenza ai pedoni [V] [F]

2) Nelle aree pedonali i ciclomotori possono transitare solo di giorno [V] [F]

3) Nelle aree pedonali possono transitare i veicoli ad emissione zero (elettrici), se espressamente consentito [V] [F]

4) Nelle aree pedonali possono transitare tutti gli autoveicoli, ma con prudenza [V] [F]

5) Nelle aree pedonali possono transitare i veicoli al servizio di persone diversamente abili [V] [F]

6) Nelle aree pedonali possono transitare i veicoli della polizia, con sirena e luce lampeggiante blu in funzione [V] [F]

7) Nelle aree pedonali possono transitare gli autoveicoli dei vigili del fuoco, con luce lampeggiante blu e sirena in funzione [V] [F]

8) Nelle aree pedonali possono transitare i trattori stradali, con velocità non superiore a 30 km/h [V] [F]

9) Nelle aree pedonali possono transitare i pedoni [V] [F]

10) Nelle aree pedonali possono transitare le biciclette [V] [F]

11) Nelle aree pedonali possono transitare i quadricicli a motore, purché non superino la velocità di 50 km/h [V] [F]

01012

1) La strada può comprendere le piste ciclabili [V] [F]

2) La strada non comprende i marciapiedi [V] [F]

3) La strada può essere a doppio senso di circolazione [V] [F]

4) La strada può essere suddivisa in carreggiate [V] [F]

5) La strada è aperta alla circolazione dei pedoni, degli animali e dei veicoli [V] [F]

6) La strada non comprende le banchine [V] [F]

7) La strada può essere a senso unico di circolazione [V] [F]

8) La strada è normalmente riservata alla circolazione dei soli veicoli e animali V F
9) La strada è riservata alla circolazione dei soli autoveicoli e motocicli V F
10) La strada è qualsiasi area asfaltata, limitata lateralmente dagli attraversamenti pedonali V F

01013

1) Nelle autostrade possono circolare solo le autovetture V F
2) Nelle autostrade possono circolare tutti i tipi di motocicli V F
3) Le macchine agricole non possono circolare in autostrada V F
4) L'autostrada non ha incroci a raso che l'attraversano V F
5) L'autostrada è dotata di speciali corsie per l'ingresso e l'uscita dei veicoli V F
6) Non tutti i tipi di veicoli possono circolare in autostrada V F
7) L'autostrada può comprendere piste ciclabili V F
8) Nelle autostrade possono circolare solo gli autoveicoli V F
9) L'autostrada deve essere lateralmente recintata V F
10) I motocicli con cilindrata di almeno 150 cm^3 possono circolare in autostrada V F
11) L'uscita dei veicoli dalle autostrade avviene tramite corsie di decelerazione V F
12) Nelle autostrade possono circolare i ciclomotori e i motocicli con cilindrata fino a 125 cm^3 V F
13) L'autostrada è a carreggiate indipendenti o separate da spartitraffico V F
14) Nelle autostrade possono circolare tutti i motocicli e i ciclomotori V F

01014

1) La carreggiata è destinata soltanto alla circolazione di carri a trazione animale V F
2) La carreggiata può essere a doppio senso di circolazione V F
3) La carreggiata non comprende i marciapiedi V F
4) La carreggiata è destinata alla sosta degli autocarri V F
5) La carreggiata può essere suddivisa in corsie V F
6) La carreggiata non comprende le piste ciclabili V F
7) La carreggiata è destinata alla sosta di emergenza V F
8) La carreggiata può essere a senso unico di circolazione V F
9) La carreggiata è la parte della strada destinata normalmente alla circolazione dei veicoli V F
10) La carreggiata è la traccia lasciata dalle ruote dei veicoli sulle strade innevate V F
11) La carreggiata comprende le piazzole di sosta V F

01015

1) Fanno parte della carreggiata le corsie di emergenza delle autostrade V F
2) Fanno parte della carreggiata le corsie di marcia V F
3) Fanno parte della carreggiata le banchine V F
4) Fanno parte della carreggiata gli attraversamenti pedonali V F
5) Fanno parte della carreggiata le corsie di sorpasso V F
6) Fanno parte della carreggiata gli attraversamenti ciclabili V F
7) Fanno parte della carreggiata i marciapiedi V F

01016

1) La corsia è destinata solo al transito dei pedoni V F
2) La corsia può essere destinata al rallentamento dei veicoli in uscita dalle autostrade V F
3) La corsia può essere destinata ad effettuare sorpassi V F
4) La corsia può essere di decelerazione V F
5) L'ente proprietario della strada può imporre che su una corsia i veicoli transitino ad una velocità minima obbligatoria V F
6) Nei centri abitati, su una stessa corsia possono circolare affiancati due motocicli V F
7) La corsia è una pista riservata alle vetture da corsa V F
8) La corsia è una strada a scorrimento veloce V F
9) La corsia è una parte della carreggiata che consente la circolazione di una sola fila di veicoli V F
10) La corsia può essere destinata alle soste di emergenza, in caso di guasto o malessere V F
11) La corsia è limitata da strisce continue o discontinue V F
12) La corsia può essere destinata alla normale marcia dei veicoli V F
13) Le corsie possono essere vietate a taluni tipi di veicoli V F
14) La corsia può essere riservata ai veicoli che intendono svoltare (corsia specializzata) V F
15) La corsia può essere a doppio senso di circolazione V F
16) La corsia non può mai essere attraversata dai pedoni V F
17) La corsia è formata da due carreggiate V F
18) La corsia può essere di accelerazione V F
19) La corsia può essere riservata alla circolazione di alcune categorie di veicoli (taxi, autobus, ecc.) V F
20) Fuori dai centri abitati, su una stessa corsia possono circolare affiancati due ciclomotori V F

01017

1) La corsia di accelerazione serve per uscire da una piazzola di sosta V F
2) La corsia di accelerazione viene utilizzata per aumentare la velocità V F
3) La corsia di accelerazione serve ad entrare correttamente in autostrada V F
4) La corsia di accelerazione serve per rientrare sulla carreggiata dell'autostrada dopo che si è usciti da un'area di servizio V F
5) La corsia di accelerazione facilita l'ingresso dei veicoli in autostrada o su strade extraurbane principali V F
6) La corsia di accelerazione può essere utilizzata per il sorpasso V F
7) La corsia di accelerazione serve per abbandonare la carreggiata dell'autostrada ed entrare in un'area di sosta V F

01018

1) La corsia di decelerazione serve per entrare in una piazzola di sosta V F
2) La corsia di decelerazione serve per uscire dalla carreggiata dell'autostrada ed entrare nell'area di servizio V F
3) La corsia di decelerazione facilita l'uscita dei veicoli dall'autostrada V F
4) La corsia di decelerazione può essere utilizzata per la sosta dei veicoli V F
5) La corsia di decelerazione serve per uscire correttamente da una strada extraurbana principale V F
6) La corsia di decelerazione serve ad entrare in autostrada V F

01019

1) La banchina è riservata ai veicoli lenti, nelle strade in salita V F
2) La banchina è parte della strada, situata oltre la linea bianca continua di margine della carreggiata V F
3) La banchina è parte della strada, posta al di fuori della carreggiata V F
4) La banchina non consente, di norma, il transito ai veicoli V F
5) La banchina divide la carreggiata in due corsie V F
6) Sulle banchine la sosta dei veicoli è consentita per un massimo di 5 ore V F
7) La banchina è parte della carreggiata, destinata alla sosta dei veicoli V F

01020

1) Il marciapiede è una parte della carreggiata V F
2) Il marciapiede è una parte della strada riservata, di norma, ai pedoni V F
3) Il marciapiede è una parte della strada riservata anche alle biciclette V F
4) Il marciapiede è una parte della strada, al di fuori della carreggiata, destinata alla circolazione dei pedoni V F
5) Il marciapiede è riservato ai pedoni e ai veicoli in sosta, qualora non sia rialzato V F
6) Il marciapiede è una parte della strada, rialzata o delimitata in altro modo, riservata ai pedoni V F
7) Il marciapiede consente la sosta dei veicoli solo in presenza di apposite strisce di parcheggio V F
8) Il marciapiede è una parte della strada dove, di norma, è consentita la sosta dei ciclomotori V F

01021

1) Il salvagente facilita la salita e la discesa dei passeggeri da tram, filobus o autobus V F
2) Il salvagente, posto in corrispondenza di attraversamenti pedonali, serve anche al riparo o alla sosta dei pedoni che attraversano la strada V F
3) Il salvagente può essere segnalato da colonnine luminose a luce gialla fissa V F
4) Il salvagente serve a incanalare i veicoli in varie direzioni V F
5) Il salvagente è una persona preposta al primo soccorso V F
6) Il salvagente serve a dividere i sensi di marcia in una strada a doppio senso di circolazione V F
7) Il salvagente è un itinerario ciclopedonale V F

01022

1) Il passo carrabile consente ai veicoli di accedere alle proprietà private laterali alla strada (garage, cortili, ecc.) V F
2) Il passo carrabile è un salvagente circolare per i pedoni V F
3) Il passo carrabile deve essere corredato da apposito segnale, che riporti l'ente e il numero di autorizzazione V F
4) Il passo carrabile è una zona per l'accesso dei veicoli alle proprietà laterali alla strada V F
5) In corrispondenza del passo carrabile è consentita la fermata V F
6) Il passo carrabile è un parcheggio scambiatore V F
7) Il passo carrabile è una strada riservata ai carri trainati da animali V F
8) Il passo carrabile permette ai veicoli che circolano su una strada pubblica di accedere ad un'area laterale adibita alla sosta V F
9) Il passo carrabile è un segnale che impone la circolazione rotatoria su una piazza V F

10) Il passo carrabile è una strada riservata agli autocarri V F

11) In corrispondenza del passo carrabile è consentita la sosta V F

01023

1) Si definiscono ciclomotori tutti i veicoli a due ruote di cilindrata superiore a 50 cm^3 V F

2) I ciclomotori possono avere due o tre ruote V F

3) Le biciclette con pedalata assistita, dotate di motore elettrico ausiliario di potenza massima fino a 0,25 kW, sono definite ciclomotori V F

4) I ciclomotori a due ruote non possono avere un motore termico di cilindrata superiore a 50 cm^3 V F

5) I ciclomotori sono soggetti a revisione dopo quattro anni dalla prima immatricolazione, successivamente ogni due anni V F

6) I veicoli a due ruote, con motore termico fino a 50 cm^3 di cilindrata e velocità massima di 45 km/h sono ciclomotori V F

7) Non tutti i veicoli a motore a due ruote vengono classificati ciclomotori V F

8) I ciclomotori, per essere definiti tali, devono essere muniti di cambio manuale V F

9) I ciclomotori possono circolare alla velocità di 60 km/h fuori dai centri urbani V F

10) I ciclomotori non hanno più di due ruote V F

11) I ciclomotori non sono soggetti a revisione periodica V F

01024

1) I tricicli a motore sono veicoli a motore che possono essere condotti senza patente V F

2) I tricicli a motore sono veicoli con motore di cilindrata superiore a 50 cm^3 V F

3) I tricicli a motore sono soggetti a revisione dopo quattro anni dalla prima immatricolazione, successivamente ogni due anni V F

4) I tricicli a motore sono veicoli con motore di cilindrata inferiore a 50 cm^3 e aventi velocità massima per costruzione fino a 45 km/h V F

5) I tricicli a motore sono costituiti da un motociclo e un sidecar V F

6) I tricicli a motore sono veicoli a motore a tre ruote simmetriche V F

7) I tricicli a motore sono veicoli a motore aventi una velocità massima per costruzione superiore a 45 km/h V F

8) I tricicli a motore non sono soggetti a revisione periodica V F

01025

1) I quadricicli sono soggetti a revisione periodica V F

2) I quadricicli leggeri a motore con motore Diesel hanno potenza pari o inferiore a 4 kW V F

3) I quadricicli leggeri, ai fini della circolazione, sono assimilati ai ciclomotori V F

4) I quadricicli diversi da quelli leggeri possono essere guidati senza patente V F

5) I quadricicli non leggeri a manubrio e con carrozzeria aperta possono essere condotti senza casco V F

6) I quadricicli non leggeri, ai fini della circolazione, sono equiparati ai ciclomotori V F

7) La potenza dei quadricicli non leggeri è sempre inferiore o uguale a 15 kW V F

8) La guida dei quadricicli non leggeri è consentita già al compimento del quattordicesimo anno di età V F

9) I quadricicli sono veicoli a motore a quattro ruote V F

10) Per condurre i quadricicli non leggeri è sufficiente essere in possesso del certificato di idoneità alla guida dei ciclomotori V F

11) È consentito sostituire il dispositivo di scarico dei quadricicli leggeri per aumentare la velocità massima, purché non si aumenti la cilindrata del motore V F
12) I quadricicli leggeri alimentati a benzina hanno cilindrata del motore inferiore o pari a 50 cm^3 V F
13) I quadricicli leggeri con motore elettrico hanno potenza inferiore o uguale a 4 kW V F
14) È consentito aumentare la cilindrata dei quadricicli leggeri purché non si aumenti la velocità V F
15) È consentito sostituire il motore del quadriciclo leggero per aumentare la velocità massima oltre i 45 km/h V F
16) I quadricicli non sono soggetti a revisione periodica V F

01026

1) Le macchine agricole operatrici possono essere dotate di speciali attrezzature per l'esecuzione di operazioni agricole V F
2) Le macchine operatrici semoventi possono trasportare fino a quattro passeggeri V F
3) Per condurre macchine operatrici è necessario essere titolari della patente di guida della categoria A V F
4) Le macchine agricole possono essere semoventi o trainate V F
5) Le macchine agricole possono circolare su strada per il proprio trasferimento se immatricolate V F
6) Le macchine operatrici possono essere semoventi o trainate V F
7) Le macchine operatrici a cingoli possono circolare ad una velocità superiore a 45 km/h V F
8) Le macchine operatrici possono circolare ad una velocità superiore a 50 km/h V F
9) Con la patente di categoria A si possono guidare tutte le macchine agricole V F
10) Le macchine agricole possono essere a ruote o a cingoli V F
11) Le macchine agricole a ruote o a cingoli possono circolare su strada per il trasporto di prodotti agricoli per conto delle aziende agricole e forestali V F
12) Le macchine agricole possono trasportare fino a quattro passeggeri V F
13) Sulle macchine agricole e sui loro rimorchi è consentito il trasporto di persone in piedi V F
14) Le macchine operatrici possono essere veicoli sgombraneve V F
15) Con la patente di categoria B si possono guidare le macchine operatrici eccezionali V F

01027

1) I caravan (roulottes) sono utilizzabili come alloggio solo con veicolo fermo V F
2) I caravan (roulottes) sono rimorchi destinati ai lavori agricoli V F
3) I caravan (roulottes) sono muniti di targa V F
4) I caravan (roulottes) sono rimorchi attrezzati per essere adibiti ad alloggio V F
5) È possibile alloggiare nei caravan (roulottes) durante la circolazione V F
6) I caravan (roulottes) sono rimorchi destinati esclusivamente al trasporto di attrezzature turistiche e sportive V F

01028

1) Le autocaravan (camper) sono veicoli aventi una speciale carrozzeria per essere adibiti al trasporto ed all'alloggio di persone V F
2) Le autocaravan sono soggette a revisione periodica V F
3) Le autocaravan (camper) sono veicoli destinati ai lavori agricoli V F
4) Sulle autocaravan (camper) è possibile viaggiare in piedi, solo per brevi tratti V F

5) Le autocaravan (camper) sono veicoli attrezzati permanentemente per essere adibiti al trasporto ed all'alloggio di persone V F

6) Le autocaravan (camper) sono veicoli aventi una speciale carrozzeria per essere adibiti al trasporto ed all'alloggio al massimo del numero di persone indicato nella carta di circolazione V F

7) Le autocaravan (camper) sono rimorchi V F

8) Le autocaravan (camper) sono veicoli destinati alla costruzione e alla manutenzione di opere stradali V F

9) Le autocaravan sono soggette a revisione ogni cinque anni V F

01029 (FIGURE 302, 303, 304, 305)

302

303

304

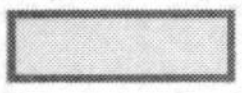
305

1) Gli autobus devono essere muniti, nella parte posteriore di strisce retroriflettenti di colore rosso o bianco V F

2) Nella parte posteriore del quadriciclo deve essere apposto un segnale che indica la velocità massima consentita su strade extraurbane di 80 km/h V F

3) Durante la circolazione, gli autocarri ed i rimorchi con massa massima a pieno carico superiore a 3,5 t devono essere segnalati con strisce posteriori e laterali retroriflettenti **(fig. 304)** V F

4) Il conducente che vede i pannelli in figura sta seguendo un autocarro con massa a pieno carico superiore a 3,5 tonnellate **(fig. 304)** V F

5) Le strisce retroriflettenti laterali devono essere apposte sugli autocarri di massa complessiva a pieno carico inferiore a 3,5 tonnellate V F

6) Durante la circolazione, gli autocarri di massa complessiva a pieno carico inferiore o uguale a 3,5 tonnellate devono essere segnalati posteriormente con pannelli retroriflettenti gialli e rossi V F

7) Il pannello in figura segnala il trasporto di carichi sporgenti **(fig. 302)** V F

8) Le strisce retroriflettenti applicate dietro ad alcuni veicoli possono essere di colore rosso o giallo V F

9) Le strisce retroriflettenti applicate lateralmente ad alcuni veicoli possono essere di colore bianco o giallo V F

10) Il conducente che vede i pannelli in figura sta seguendo un rimorchio o semirimorchio per trasporto di cose con massa a pieno carico superiore a 3,5 tonnellate **(fig. 305)** V F

11) Il pannello in figura segnala il trasporto di merci pericolose **(fig. 303)** V F

12) Durante la circolazione, i rimorchi e i semirimorchi per trasporto di cose con massa massima a pieno carico superiore a 3,5 tonnellate devono essere segnalati posteriormente con pannelli retroriflettenti in figura **(fig. 305)** V F

13) Nella parte posteriore degli autobus deve essere apposto un segnale che indica la velocità minima consentita V F

14) Durante la circolazione, gli autocarri con massa massima a pieno carico superiore a 3,5 tonnellate devono essere segnalati posteriormente con pannelli retroriflettenti in figura **(fig. 304)** V F

15) I caravan (roulottes) devono essere muniti posteriormente di strisce retroriflettenti di colore rosso o giallo V F

16) Nella parte posteriore delle autovetture deve essere apposto un segnale che indica la velocità massima consentita V F

17) Il pannello in figura è installato posteriormente ai rimorchi o semirimorchi con massa a pieno carico superiore a 3,5 tonnellate **(fig. 304)** V F

01030

1) I motocicli hanno motore di cilindrata fino a 50 cm^3 e sviluppano una velocità fino a 45 km/h V F

2) I motocicli sono soggetti a revisione dopo quattro anni dalla prima immatricolazione, successivamente ogni due anni V F

3) I motocicli possono essere dotati di cambio automatico V F

4) Si definiscono motocicli solo i veicoli a due ruote di cilindrata fino a 125 cm^3 V F
5) I ciclomotori non rientrano nella categoria dei motocicli V F
6) Tutti i veicoli a motore con tre ruote sono dei motocicli V F
7) I motocicli sono veicoli a motore con più di due ruote V F
8) Il motociclo è un qualunque veicolo a due ruote V F
9) I motocicli hanno cilindrata superiore a 50 cm^3 V F
10) I motocicli sono veicoli a due ruote V F
11) Ai fini della circolazione i quadricicli leggeri sono assimilati ai motocicli V F

01031

1) Gli autoveicoli sono tutti i veicoli con almeno quattro ruote, compresi quelli senza motore V F
2) I quadricicli non sono autoveicoli V F
3) L'autoveicolo è un veicolo a motore con non meno di quattro ruote, eccetto i quadricicli V F
4) L'autocarro è un autoveicolo V F
5) L'autoveicolo è un qualunque veicolo a motore V F
6) L'autobus viene classificato autoveicolo V F
7) Il triciclo a motore è un autoveicolo V F
8) Gli autoveicoli sono tutti i veicoli a motore con quattro o più ruote, compresi i quadricicli V F
9) Gli autoveicoli sono tutti i veicoli con almeno due ruote V F
10) Gli autoveicoli sono veicoli a motore con almeno quattro ruote, esclusi i quadricicli V F
11) L'autoveicolo è un qualunque veicolo adibito al trasporto di merce V F

01032

1) Vengono definite autovetture tutti i veicoli con motore anteriore V F
2) L'autovettura non può avere più di nove posti, compreso il conducente V F
3) L'autobus non è un'autovettura V F
4) L'autovettura può avere, al massimo, cinque posti V F
5) L'autovettura è un veicolo a motore con quattro ruote, destinato al trasporto di massimo nove persone, compreso il conducente V F
6) Le autovetture possono avere motore elettrico V F
7) Si definiscono autovetture tutti i veicoli a motore che hanno la trazione posteriore V F
8) Le autovetture non possono trainare carrelli-appendice o rimorchi V F
9) L'autovettura fa parte degli autoveicoli V F
10) L'autovettura è un veicolo con dieci posti in totale, compreso il conducente V F
11) Le autovetture sono soggette a revisione periodica V F
12) Si definisce autovettura il veicolo blindato e appositamente attrezzato per il trasporto di valori V F
13) L'autocarro è un'autovettura V F
14) Le autovetture sono soggette a revisione ogni cinque anni V F

01033

1) I rimorchi leggeri sono quelli di massa massima a pieno carico fino a 500 kg V F
2) I rimorchi leggeri sono quelli di massa massima a pieno carico fino a 750 kg V F

3) L'autosnodato non è classificato rimorchio V F
4) Il caravan non è un rimorchio V F
5) L'autocaravan non è un rimorchio V F
6) I rimorchi o i semirimorchi sono veicoli privi di motore, destinati ad essere trainati V F
7) I semirimorchi sono rimorchi privi di impianto frenante V F
8) I rimorchi sono muniti di silenziatore V F

01034

1) Bisogna lasciare liberi gli attraversamenti pedonali e quelli ciclabili in caso di formazione di code di veicoli V F
2) Bisogna lasciare liberi i passaggi a livello e i binari del tram anche in caso di traffico intenso V F
3) Bisogna lasciare liberi gli ingressi delle abitazioni private in caso di formazione di code di veicoli V F
4) Bisogna lasciare liberi solo gli incroci regolati da semaforo in caso di formazione di code di veicoli V F
5) Bisogna lasciare liberi gli incroci in caso di traffico intenso V F
6) Bisogna lasciare libere le gallerie in caso di formazione di code di veicoli V F
7) Bisogna lasciare libere le immissioni stradali (incroci, confluenze, ingressi dei parcheggi, ecc.) anche in caso di traffico intenso V F
8) Bisogna lasciare liberi i cavalcavia in caso di traffico intenso V F
9) Bisogna lasciare liberi i sottovia in caso di traffico intenso V F

01035

1) Quando si viaggia in fila con altri veicoli, bisogna mantenere ugualmente la distanza di sicurezza V F
2) Per agevolare il traffico, è opportuno lasciare liberi gli sbocchi delle strade laterali quando si viaggia dietro ad una fila di veicoli V F
3) Quando si viaggia in fila con altri veicoli, è opportuno spostarsi al centro della carreggiata, per controllare la situazione del traffico V F
4) Per una maggiore sicurezza, quando nei centri urbani si viaggia in fila con altri veicoli, è opportuno tenere sempre accese le luci di emergenza V F
5) Quando si viaggia in fila con altri veicoli è consentito distrarsi se si è a bassa velocità V F
6) Per una maggiore sicurezza, quando si viaggia in fila con altri veicoli, è opportuno non avvicinarsi troppo al veicolo che precede V F
7) Quando si viaggia dietro in fila con altri veicoli, è opportuno spostarsi il più possibile a sinistra, per creare una corsia libera a destra V F
8) Quando si viaggia in fila con altri veicoli, non bisogna limitarsi a osservare solamente il veicolo che precede, ma occorre porre attenzione anche in lontananza, per controllare la situazione del traffico V F
9) Anche in condizioni di scarsa visibilità quando si viaggia dietro ad un veicolo che solleva polvere, conviene sorpassarlo subito V F

01036

1) Entrando in un centro abitato bisogna tenere conto che può cambiare spesso la precedenza agli incroci V F
2) Entrando in un centro abitato, bisogna continuare a mantenere la concentrazione alla guida anche se potrebbero aumentare i motivi per distrarsi V F
3) Entrando in un centro abitato, bisogna considerare che è possibile sostare in corrispondenza di incroci non regolati V F

4) In un centro abitato bisogna essere più attenti, prudenti e tolleranti, a causa del maggior numero di utenti che interagiscono nell'ambiente urbano V F
5) In un centro abitato è sempre consentita la marcia per file parallele V F
6) Entrando in un centro abitato, bisogna tenere conto che il flusso della circolazione viene spesso intralciato o interrotto da veicoli che sono fermi, che partono o che cambiano direzione V F
7) Entrati in un centro abitato, bisogna tenere conto che gli altri utenti della strada (quali pedoni e ciclisti) si mescolano maggiormente con il traffico motorizzato V F
8) In un centro abitato, bisogna considerare che i pedoni e i diversamente abili devono sempre dare la precedenza ai veicoli a motore V F

01037

1) Spostare la segnaletica stradale può comportare pericolo grave per gli altri utenti della strada V F
2) È vietato spostare o imbrattare la segnaletica stradale V F
3) È consentito spostare la segnaletica stradale, dopo aver avvisato gli organi di polizia V F
4) È consentito spostare la segnaletica stradale, se non si tratta di segnali di pericolo V F
5) È vietato rimuovere la segnaletica stradale V F
6) È consentito spostare la segnaletica stradale, se si tratta delle barriere di delimitazione o dei coni stradali V F

01038

1) È punito con la reclusione il conducente che gareggia in velocità su strade pubbliche V F
2) Sulle strade è vietato gareggiare in velocità V F
3) Il conducente che partecipa a gare di velocità non autorizzate su aree pubbliche è punito con la reclusione V F
4) Sulle strade pubbliche sono consentite le gare di velocità, anche se non autorizzate, dalle ore 23.00 alle ore 6.00 V F
5) Sono consentite le gare di velocità, anche se non autorizzate, purché partecipino solo due autovetture V F
6) È punito con la reclusione chi scommette su veicoli che partecipano a gare di velocità non autorizzate su strade pubbliche V F
7) Le competizioni sportive con veicoli su aree pubbliche sono consentite senza autorizzazione V F
8) Sulle strade pubbliche sono consentite le gare di velocità, anche se non autorizzate, tra motocicli e non tra autoveicoli V F

01039

1) Alla guida di un veicolo il conducente deve procedere a bassa velocità sopra le pozzanghere V F
2) Il conducente può lanciare oggetti dal finestrino sulla banchina V F
3) È vietato lanciare dal finestrino mozziconi di sigaretta accesi V F
4) Gettare mozziconi di sigaretta accesi dai finestrini è molto pericoloso soprattutto se sopraggiungono veicoli a due ruote V F
5) Il conducente che si accorge che il suo veicolo perde olio deve compiere tutte le azioni necessarie per evitare pericoli per altri utenti V F
6) Il conducente che si accorga che il suo veicolo ha forti perdite di olio o carburante, deve immediatamente avvisare l'ente proprietario della strada o gli organi di polizia V F
7) Il conducente di veicolo a due ruote può circolare portando con sé un animale domestico, se custodito in apposita gabbia, purché non sia sporgente di oltre 50 centimetri V F
8) È consentito lanciare la carta dal finestrino V F
9) Gettare mozziconi accesi dai finestrini in prossimità di boschi o aree verdi potrebbe causare incendi V F

10) Su una strada ricoperta da brecciolino il conducente può circolare a velocità sostenuta V F

11) Se, uscendo da un sentiero fangoso, si sporca notevolmente la strada, si può incorrere in una sanzione amministrativa V F

12) Uscendo da un sentiero fangoso o da un cantiere, bisogna assicurarsi che durante la marcia non cada terriccio che possa sporcare la strada V F

13) È vietato spargere fango o detriti sulle strade con le ruote sporche dei veicoli V F

14) È consentito spostare i segnali stradali verticali temporanei per parcheggiare il veicolo V F

15) Per evitare di sporcare la carreggiata, bisogna pulire le ruote del veicolo, prima di uscire da un sentiero fangoso V F

16) Il conducente può superare i veicoli in coda accelerando bruscamente e cambiando ripetutamente corsia V F

01040

1) Il conducente di un veicolo non può pretendere di passare per primo quando sorge il dubbio che non gli venga concessa la precedenza V F

2) Il conducente di un veicolo deve rispettare gli agenti del traffico e collaborare con essi V F

3) Il conducente di un veicolo deve tutelare la propria e l'altrui sicurezza V F

4) Il conducente di un veicolo può approfittare della potenza del proprio veicolo per non dare la precedenza a chi spetta V F

5) Il conducente di un veicolo di grandi dimensioni ha, di norma, la precedenza sul conducente di un veicolo più piccolo V F

6) Il diritto di precedenza non autorizza il conducente ad attraversare l'incrocio senza usare prudenza V F

7) Il conducente di un veicolo non deve fare sempre affidamento sul comportamento degli altri, che può non essere corretto V F

8) Il conducente di un veicolo deve essere paziente e tollerante anche in caso di rallentamento della circolazione V F

9) Quando si avvicina ad un incrocio, il conducente deve sempre usare la massima prudenza, anche quando gli altri conducenti devono dargli la precedenza V F

10) Il conducente di un veicolo deve cercare di prevedere il comportamento degli altri utenti V F

11) Il conducente di un veicolo può fare a meno di usare la massima prudenza quando si avvicina ad un incrocio in cui ha il diritto di precedenza V F

12) Il conducente di un veicolo, oltre a rispettare le norme specifiche della circolazione, deve tenere un rapporto corretto e tollerante verso gli altri utenti della strada V F

13) Il conducente di un veicolo deve rispettare gli agenti del traffico solo se sono in divisa V F

14) Il conducente di un veicolo pesante può tenere un comportamento che è causa di insofferenza negli altri V F

15) Il conducente deve dare segni di impazienza, se il veicolo che sta davanti procede troppo lentamente V F

01041

1) Bisogna controllare frequentemente nello specchietto retrovisore se sopraggiunge un ciclista o un motociclista V F

2) Il conducente, dopo aver posteggiato il veicolo al lato della carreggiata, prima di aprire lo sportello deve controllare che non sopraggiungano ciclisti o motociclisti V F

3) Il conducente che scende da un veicolo in sosta non deve controllare se sopraggiungono ciclisti V F

4) Il conducente del motociclo può parcheggiare sul marciapiede anche se non vi sono appositi spazi di posteggio V F

5) Un incidente, anche a bassa velocità, potrebbe creare gravi problemi fisici a pedoni, ciclisti e motociclisti, se coinvolti V F

6) I montanti interni degli autoveicoli riducono la possibilità di vedere un ciclista o un motociclista V F

7) I montanti interni degli autoveicoli condizionano la visibilità V F

8) Nello specchietto retrovisore il conducente deve controllare solo se sopraggiungono autocarri o autobus V F

9) Il conducente di un motociclo può fare lo slalom tra i veicoli fermi al semaforo V F

10) Un incidente a bassa velocità non crea problemi di incolumità ai conducenti coinvolti V F

11) Il conducente del motociclo può circolare sul marciapiede se il traffico sulla carreggiata è bloccato V F

01042

1) Bisogna usare particolare prudenza nei confronti dei conducenti che hanno conseguito la patente di guida in uno Stato estero V F

2) Bisogna usare maggiore prudenza nei confronti dei conducenti che dimostrano una guida incerta V F

3) Bisogna usare maggiore prudenza nei confronti dei conducenti di veicoli adattati per persone diversamente abili V F

4) Bisogna usare maggiore prudenza nei confronti dei conducenti di taxi V F

5) Bisogna usare maggiore prudenza nei confronti delle persone diversamente abili V F

6) Bisogna usare maggiore prudenza nei confronti dei bambini che attraversano la strada V F

7) Bisogna usare maggiore prudenza nei confronti delle persone anziane V F

8) Bisogna usare maggiore prudenza nei confronti dei conducenti di autoveicoli elettrici V F

9) Bisogna usare maggiore prudenza nei confronti delle persone in bicicletta e di quelle con scarsa capacità di movimento V F

10) Bisogna usare maggiore prudenza nei confronti dei conducenti di tricicli a motore V F

11) Bisogna usare maggiore prudenza nei confronti dei pedoni muniti di bastone bianco, ma non di quelli con bastone bianco-rosso V F

01043

1) Le persone anziane che attraversano la carreggiata sono esposte a maggiori pericoli, perché le loro capacità visive e uditive non sono più eccellenti V F

2) Quando le persone anziane attraversano la carreggiata bisogna tenere presente che hanno i riflessi più rapidi e quindi attraversano con più accortezza V F

3) Quando le persone anziane attraversano la carreggiata bisogna tenere presente che, avendo più esperienza e un campo visivo maggiore, intuiscono meglio le situazioni di pericolo V F

4) Quando le persone anziane attraversano la carreggiata bisogna tenere presente che potrebbero non fare adeguata attenzione ai veicoli V F

5) Quando le persone anziane attraversano la carreggiata non bisogna avvicinarsi troppo con il veicolo, per evitare che si sentano minacciati e reagiscano con movimenti pericolosi V F

6) Quando le persone anziane attraversano la carreggiata bisogna tenere presente che potrebbero non guardare né a destra, né a sinistra V F

7) Quando le persone anziane attraversano la carreggiata bisogna tenere presente che, di solito, attraversano rapidamente e con prudenza V F

8) Quando le persone anziane attraversano la carreggiata bisogna lampeggiare e suonare il clacson per farle attraversare rapidamente V F

9) Le persone anziane che attraversano la carreggiata sono esposte a maggiori pericoli, perché potrebbero valutare male la velocità dei veicoli che sopraggiungono V F

10) Quando le persone anziane attraversano la carreggiata bisogna tenere presente che potrebbero fermarsi improvvisamente al centro della strada V F

11) Quando le persone anziane attraversano la carreggiata bisogna tenere presente che, data la loro età, non reagiscono prontamente alle situazioni di pericolo V F

12) Quando le persone anziane attraversano la carreggiata bisogna dare la precedenza solo a coloro che attraversano da sinistra a destra V F

01044

1) Il conducente deve fermarsi e facilitare l'attraversamento al pedone non vedente con il bastone bianco che attraversa la strada fuori dalle strisce pedonali V F

2) Il conducente deve prevedere che un pedone non vedente con il bastone bianco che attraversa la strada fuori dalle strisce pedonali camminerà rapidamente e senza incertezza V F

3) Il conducente deve dare la precedenza al pedone non vedente con il bastone bianco che attraversa la strada fuori dalle strisce pedonali, anche se non è accompagnato da un cane guida V F

4) Il conducente deve fermarsi per concedere la precedenza al pedone sordocieco che, con il bastone bianco-rosso, attraversa la strada fuori dalle strisce pedonali V F

5) Il conducente, quando un pedone non vedente con il bastone bianco attraversa la strada fuori dalle strisce pedonali, deve dargli la precedenza solo se l'attraversamento pedonale dista oltre 100 metri V F

6) Il conducente deve fermarsi quando un pedone non vedente con il bastone bianco si accinge ad attraversare la strada, evitando di frenare bruscamente per non spaventarlo V F

7) Il conducente deve dare la precedenza al pedone con il bastone bianco o bianco-rosso che attraversa la strada, anche se è fuori dalle strisce di un attraversamento pedonale V F

8) Il conducente deve passare per primo, in quanto ha la precedenza, quando un pedone non vedente con il bastone bianco attraversa la strada fuori dalle strisce pedonali V F

9) Il conducente deve accelerare per sgombrare rapidamente la carreggiata quando un pedone non vedente con il bastone bianco attraversa la strada senza cane guida V F

10) Il conducente deve dare la precedenza a un pedone non vedente che attraversa la strada fuori dalle strisce pedonali, solo se munito di bastone bianco-rosso V F

11) Il conducente deve fermarsi e dare la precedenza al pedone non vedente con il bastone bianco che si accinge ad attraversare la strada fuori dalle strisce pedonali V F

12) Se un pedone con bastone bianco attraversa la strada fuori dalle strisce pedonali, bisogna suonare il clacson per sollecitarlo ad attraversare rapidamente V F

01045

1) In vicinanza di un attraversamento pedonale, il conducente deve considerare che un pedone munito di bastone bianco ha più esperienza su come attraversare la carreggiata V F

2) In vicinanza di un attraversamento pedonale, il conducente deve considerare che i veicoli parcheggiati in prossimità delle strisce impediscono la visuale dei pedoni V F

3) In vicinanza di un attraversamento pedonale, il conducente deve accelerare quel tanto che basta per passare davanti al pedone che attraversa V F

4) In vicinanza di un attraversamento pedonale, il conducente deve considerare che i pedoni, in special modo i bambini, possono sbucare all'improvviso tra i veicoli parcheggiati V F

5) In vicinanza di un attraversamento pedonale, il conducente deve considerare che le reazioni dei bambini che attraversano sono imprevedibili e, quindi, possono creare pericolo V F

6) In vicinanza di un attraversamento pedonale, il conducente deve considerare che il pedone, nell'attraversare la strada, può diventare insicuro e ritornare improvvisamente indietro V F

7) In vicinanza di un attraversamento pedonale, il conducente deve considerare che il pedone potrebbe fermarsi improvvisamente sulle strisce dell'attraversamento pedonale V F

8) In vicinanza di un attraversamento pedonale, il conducente deve aspettarsi dai bambini una reazione rapida e un comportamento corretto V F

9) In vicinanza di un attraversamento pedonale, il conducente deve considerare che se il pedone si è fermato in mezzo alle strisce dell'attraversamento significa che ha rinunciato al suo diritto di passare V F

10) In vicinanza di un attraversamento pedonale, il conducente deve considerare che i bambini potrebbero avanzare sulle strisce, per poi tornare indietro improvvisamente, senza motivo apparente [V] [F]

11) In vicinanza di un attraversamento pedonale, il conducente deve arrestarsi se il pedone che attraversa è munito di bastone bianco-rosso; deve solo rallentare se, invece, è munito di bastone bianco [V] [F]

12) In vicinanza di un attraversamento pedonale, i pedoni devono fare un cenno con la mano prima di iniziare l'attraversamento [V] [F]

13) In vicinanza di un attraversamento pedonale, il conducente deve considerare che le persone anziane solitamente attraversano lentamente e con difficoltà [V] [F]

14) In vicinanza di un attraversamento pedonale, il conducente deve considerare che i pedoni devono attraversare la strada affiancati, in modo da impiegare meno tempo [V] [F]

01046

1) Quando vi sono bambini fermi al semaforo bisogna usare prudenza, in quanto potrebbero attraversare improvvisamente la strada appena la luce del semaforo veicolare passa dal verde al giallo [V] [F]

2) Quando vi sono bambini fermi al semaforo, si può essere certi che attraversino la strada solo quando il semaforo pedonale abbia la luce verde accesa [V] [F]

3) Quando vi sono bambini fermi al semaforo bisogna usare prudenza, perché può accadere che si spingano a vicenda, finendo sulla carreggiata [V] [F]

4) Quando vi sono bambini fermi al semaforo bisogna usare prudenza, perché potrebbero scendere dal marciapiede, invadendo la carreggiata, quando ancora per loro il semaforo è disposto al rosso [V] [F]

5) I bambini, al semaforo, possono attraversare la strada solo dopo aver ricevuto un gesto di consenso da parte degli automobilisti [V] [F]

6) Quando vi sono bambini fermi al semaforo bisogna usare prudenza, in quanto potrebbero attraversare velocemente la strada anche con il rosso, ritenendo che duri troppo [V] [F]

7) Quando vi sono bambini fermi al semaforo, bisogna tenere presente che possono attraversare la strada solo se accompagnati da un adulto [V] [F]

8) Prima di impegnare un incrocio, dopo che è scattata la luce verde del semaforo, il conducente deve attendere che i pedoni abbiano finito di attraversare la strada [V] [F]

9) Quando vi sono bambini fermi al semaforo, si può essere certi che non attraverseranno la strada se il semaforo è a luce gialla lampeggiante [V] [F]

01047

1) Alla guida di un veicolo, in vicinanza di una piazzola di fermata di autobus per scolari, occorre passare per primi, avendo sempre la precedenza sui bambini che attraversano la strada [V] [F]

2) Alla guida di un veicolo, in vicinanza di una piazzola di fermata di autobus per scolari, occorre prepararsi a frenare, nel caso in cui dei bambini attraversino improvvisamente la strada [V] [F]

3) Alla guida di un veicolo, in vicinanza di una piazzola per la fermata di autobus per scolari, occorre fare attenzione ai bambini, che potrebbero attraversare di corsa la strada per salire sullo scuolabus [V] [F]

4) Alla guida di un veicolo, in vicinanza di una piazzola di fermata di autobus per scolari, occorre essere prudenti e tenere conto dei comportamenti imprevedibili dei bambini [V] [F]

5) Alla guida di un veicolo, in vicinanza di una piazzola di fermata di autobus per scolari, non si deve rallentare, per evitare di ostacolare la circolazione degli altri veicoli [V] [F]

6) Alla guida di un veicolo, in vicinanza di una piazzola di fermata di autobus per scolari, non si può proseguire nella marcia se le portiere dello scuolabus sono ancora aperte [V] [F]

7) Alla guida di un veicolo, in vicinanza di una piazzola di fermata di autobus per scolari, bisogna rallentare particolarmente se vi è lo scuolabus [V] [F]

8) Alla guida di un veicolo, in vicinanza di una piazzola di fermata di autobus per scolari, occorre suonare per invitare i bambini che attraversano sulle strisce a dare la precedenza V F

9) Alla guida di un veicolo, in vicinanza di una piazzola di fermata di autobus che trasporta scolari, occorre fare attenzione ai bambini che potrebbero aver iniziato ad attraversare la carreggiata nascosti dall'autobus V F

10) Alla guida di un veicolo, in vicinanza di una piazzola di fermata di autobus per scolari, occorre fare attenzione allo scuolabus, che dopo la fermata farà sicuramente retromarcia V F

11) In vicinanza di una piazzola di fermata di autobus per scolari, può accadere che i bambini scendano dall'autobus senza fare attenzione ai veicoli che sopraggiungono V F

12) Alla guida di un veicolo, in vicinanza di una piazzola di fermata di autobus per scolari, si deve rallentare solo se vi sono bambini che attraversano V F

13) Alla guida di un veicolo, in vicinanza di una piazzola di fermata di autobus per scolari, non è necessario rallentare se lo scuolabus è fermo V F

01048

1) Il conducente, in vicinanza di un posteggio riservato ai taxi, deve fare attenzione ai pedoni, che possono attraversare improvvisamente la strada senza le dovute precauzioni V F

2) Il conducente, in vicinanza di un posteggio riservato ai taxi, deve dare la precedenza ai taxi in partenza, qualora s'immettano dal lato sinistro della carreggiata V F

3) Il conducente, in vicinanza di un posteggio riservato ai taxi, deve dare la precedenza ai taxi che s'immettono sulla strada V F

4) Il conducente, in vicinanza di un posteggio riservato ai taxi, deve rallentare ed eventualmente fermarsi se vi sono pedoni che attraversano la strada, senza guardare V F

5) Il conducente di un veicolo diverso dai taxi non può sostare nei posteggi riservati ai taxi V F

6) Il conducente, in vicinanza di un posteggio riservato ai taxi, deve fare attenzione ai pedoni che salgono o scendono dal taxi V F

7) Il conducente di un veicolo diverso dai taxi può sostare nei posteggi riservati ai taxi dalle ore 20.00 alle ore 8.00 V F

01049

1) Il conducente, di notte, non deve dare la precedenza ai pedoni che attraversano sulle strisce pedonali V F

2) Quando la carreggiata è occupata da ciclisti o pedoni, per sorpassarli è prudente mantenere un'adeguata distanza di sicurezza laterale V F

3) È vietato sorpassare ciclisti o pedoni che occupano la carreggiata V F

4) Il conducente che intende sorpassare ciclisti o pedoni che occupano la carreggiata deve mantenere una distanza laterale di almeno 2 metri V F

5) Quando la carreggiata extraurbana è occupata da ciclisti o pedoni, è consigliabile suonare il clacson prima di sorpassarli V F

6) Poiché la marcia dei ciclisti a volte avviene con leggeri sbandamenti, il conducente di un veicolo deve tener conto di tale particolarità, in caso di sorpasso V F

7) Il conducente che intende sorpassare ciclisti o pedoni che occupano la carreggiata deve usare molta prudenza V F

8) Quando la carreggiata è occupata da ciclisti o pedoni, non è prudente sorpassarli se non si può rispettare una distanza laterale sufficiente. V F

9) Quando la carreggiata è occupata da ciclisti o pedoni, si devono sorpassare senza superare la velocità di 30 km/h V F

01050

1) Il conducente deve consentire ad una donna incinta di attraversare la strada senza metterle fretta V F

2) Quando un pedone che spinge una carrozzina per bambini attraversa la carreggiata bisogna tenere presente che, di solito, attraversa rapidamente [V] [F]

3) Quando una donna in stato di gravidanza attraversa la carreggiata bisogna darle la precedenza solo se attraversa da sinistra a destra [V] [F]

4) Quando si parcheggia un veicolo è vietato ostruire eventuali scivoli del marciapiede per non impedire il passaggio di pedoni che spingono una carrozzina per bambini [V] [F]

5) È consentito posteggiare un veicolo davanti agli scivoli del marciapiede solo dalle ore 22.00 alle ore 8.00 [V] [F]

6) Quando una donna in stato di gravidanza attraversa la carreggiata bisogna tenere presente che ha il passo più rapido e quindi attraversa velocemente [V] [F]

7) Quando una donna in stato di gravidanza attraversa la carreggiata non bisogna avvicinarsi troppo con il veicolo, per evitare di spaventarla [V] [F]

8) Bisogna usare maggiore prudenza nei confronti delle donne in stato di gravidanza che attraversano la strada [V] [F]

9) Quando un pedone che spinge la carrozzina per bambini attraversa la carreggiata bisogna dargli la precedenza solo se attraversa da sinistra a destra [V] [F]

10) Bisogna usare maggiore prudenza nei confronti dei pedoni che spingono una carrozzina per bambini [V] [F]

11) È consentito lasciare il veicolo in sosta sul marciapiede senza lasciare spazio ai pedoni che spingono una carrozzina per bambini [V] [F]

Segnali di pericolo

02001 (FIGURE 1, 901, 902)

1

901

902

1) Il segnale raffigurato preannuncia un tratto di strada dissestata V F
2) Il segnale raffigurato è un segnale di pericolo V F
3) Il segnale raffigurato indica un tratto di strada deformata lungo 380 metri **(fig. 901)** V F
4) Il segnale raffigurato, se a fondo giallo, è usato in presenza di cantieri stradali V F
5) Il segnale raffigurato preannuncia una strada in cattivo stato V F
6) Il segnale raffigurato preannuncia una discesa pericolosa V F
7) Il segnale raffigurato preannuncia un tratto di strada deformata V F
8) Il segnale raffigurato preannuncia una cunetta o un dosso V F
9) Il segnale raffigurato preannuncia un tratto di strada a visibilità limitata V F
10) Il segnale raffigurato è un segnale di prescrizione V F
11) Il segnale raffigurato preannuncia una serie di dossi V F
12) Il segnale raffigurato si trova, in genere, 150 metri prima di un tratto di strada con fondo irregolare V F
13) Il segnale raffigurato può essere associato con un segnale di limite massimo di velocità V F
14) Il segnale raffigurato preannuncia una forte variazione di pendenza della strada V F
15) Il segnale raffigurato preannuncia una doppia curva V F
16) Il segnale raffigurato preannuncia un dosso V F
17) Il segnale raffigurato preannuncia più curve consecutive V F
18) Il segnale raffigurato preannuncia un tratto di strada con pavimentazione irregolare V F
19) Il segnale raffigurato indica un tratto di strada deformata lungo 320 metri **(fig. 902)** V F

02002 (FIGURA 1)

1) In presenza del segnale raffigurato è necessario moderare la velocità per evitare eccessive sollecitazioni e danni alle sospensioni V F
2) In presenza del segnale raffigurato è necessario fare attenzione al restringimento della carreggiata V F
3) In presenza del segnale raffigurato è necessario circolare a velocità moderata se si traina un rimorchio V F
4) In presenza del segnale raffigurato è necessario adeguare la velocità in relazione alle particolari condizioni del fondo stradale V F
5) In presenza del segnale raffigurato è obbligatorio circolare al centro della carreggiata V F
6) In presenza del segnale raffigurato non è necessario rallentare in caso di scarsa visibilità V F
7) In presenza del segnale raffigurato è vietato il sorpasso V F
8) In presenza del segnale raffigurato è necessario tenere saldamente il volante, per controllare possibili sbandamenti V F
9) In presenza del segnale raffigurato è importante prevedere eventuali sbandamenti dei veicoli provenienti dal senso opposto V F
10) In presenza del segnale raffigurato è necessario rallentare solo se provengono veicoli dal senso opposto V F

02003 (FIGURA 2)

1) Il segnale raffigurato preannuncia una cunetta V F
2) Il segnale raffigurato preannuncia un tratto di strada pericoloso per limitata visibilità V F
3) Il segnale raffigurato preannuncia un dosso V F
4) In presenza del segnale raffigurato bisogna considerare che la visibilità è limitata V F

5) Il segnale raffigurato preannuncia un tratto di strada in cattivo stato V F

6) Il segnale raffigurato è posto, di norma, 150 metri prima di un dosso V F

7) Il segnale raffigurato preannuncia una salita, seguita da una discesa V F

8) Il segnale raffigurato preannuncia un ponte V F

9) Il segnale raffigurato preannuncia un tratto di strada deformata V F

10) Il segnale raffigurato preannuncia lavori in corso V F

11) Il segnale raffigurato preannuncia una variazione di pendenza della strada con limitata visibilità V F

12) Il segnale raffigurato preannuncia un tratto di strada con pavimentazione irregolare V F

13) Il segnale raffigurato preannuncia l'ingresso in una galleria V F

02004 (FIGURA 2)

1) In presenza del segnale raffigurato sono vietate la sosta e la fermata sia sul tratto in salita che su quello in discesa V F

2) In presenza del segnale raffigurato è necessario moderare la velocità in relazione alla visibilità V F

3) In presenza del segnale raffigurato è vietato il sorpasso sul tratto in salita, se la strada è a doppio senso di circolazione con due sole corsie V F

4) Il segnale raffigurato può presegnalare dossi artificiali V F

5) Il segnale raffigurato è un segnale di pericolo V F

6) In presenza del segnale raffigurato è possibile effettuare l'inversione di marcia nel tratto in discesa V F

7) Il segnale raffigurato vieta il transito degli autobus V F

8) In presenza del segnale raffigurato è vietato il sorpasso nel tratto in discesa V F

9) Il segnale raffigurato è un segnale di obbligo V F

10) In presenza del segnale raffigurato è vietata l'inversione di marcia V F

11) Il segnale raffigurato è un segnale di precedenza V F

02005 (FIGURA 3)

1) Il segnale raffigurato preannuncia un tratto di strada con pavimentazione irregolare V F

2) Il segnale raffigurato preannuncia un tratto di strada pericoloso a causa di una cunetta V F

3) Il segnale raffigurato preannuncia un restringimento della carreggiata V F

4) Il segnale raffigurato si trova prima di un tratto in discesa seguito da uno in salita V F

5) Il segnale raffigurato preannuncia un tratto di strada che potrebbe allagarsi in caso di forti piogge V F

6) Il segnale raffigurato preannuncia una strada deformata V F

7) Il segnale raffigurato preannuncia una cunetta V F

8) Il segnale raffigurato può trovarsi prima di un tratto in salita seguito da una discesa V F

9) Il segnale raffigurato indica una banchina cedevole V F

10) Il segnale raffigurato è un segnale di pericolo V F

11) Il segnale raffigurato preannuncia un tratto di strada in cattivo stato V F

12) Il segnale raffigurato preannuncia un dosso V F

02006 (FIGURA 3)

1) In presenza del segnale raffigurato è vietato il sorpasso se si circola in una strada a senso unico V F
2) In presenza del segnale raffigurato è necessario tenere il volante con una presa più sicura V F
3) In presenza del segnale raffigurato è necessario moderare la velocità per evitare danni alle sospensioni V F
4) In presenza del segnale raffigurato e in caso di pioggia è necessario prevedere la possibilità di accumulo di acqua nella cunetta V F
5) In presenza del segnale raffigurato è necessario prevedere la possibilità di accumulo di fango e detriti nella cunetta V F
6) In presenza del segnale raffigurato è necessario moderare la velocità per mantenere il controllo del veicolo V F
7) In presenza del segnale raffigurato non è necessario rallentare se la cunetta presenta visibilità V F
8) In presenza del segnale raffigurato è necessario rallentare solo se provengono veicoli dal senso opposto V F
9) Il segnale raffigurato preannuncia una banchina cedevole V F

02007 (FIGURA 4)

1) Il segnale raffigurato preannuncia una curva pericolosa a destra V F
2) Il segnale raffigurato preannuncia un obbligo di svolta a destra V F
3) Il segnale raffigurato preannuncia un tratto di strada pericoloso per ridotta visibilità V F
4) Il segnale raffigurato è posto, di norma, a 150 metri dal punto di inizio della curva V F
5) Il segnale raffigurato richiede di moderare la velocità V F
6) Il segnale raffigurato preannuncia un cambio di corsia V F
7) Il segnale raffigurato, posto su una strada a doppio senso di circolazione, impone di portarsi sulla parte sinistra della carreggiata per affrontare meglio la curva V F
8) Il segnale raffigurato può essere integrato con pannello con la scritta TORNANTE V F
9) Il segnale raffigurato è un segnale di prescrizione V F
10) Il segnale raffigurato preannuncia un tratto di strada in salita V F
11) Il segnale raffigurato preannuncia un tratto di strada pericoloso V F
12) Il segnale raffigurato preannuncia una curva a sinistra V F
13) Il segnale raffigurato preannuncia una serie di curve pericolose di cui la prima a destra V F
14) Il segnale raffigurato è posto, di norma, a 5 metri dall'inizio della curva V F

02008 (FIGURA 4)

1) In presenza del segnale raffigurato si deve circolare il più possibile vicino alla striscia bianca che separa i sensi di marcia V F
2) Il segnale raffigurato preannuncia un tratto di strada in cui non è consentito il sorpasso se la carreggiata è a doppio senso di circolazione e con due sole corsie V F
3) In presenza del segnale raffigurato, posto su strada a doppio senso di circolazione e con due sole corsie, si deve circolare il più possibile vicino al margine destro V F
4) Il segnale raffigurato preannuncia un tratto di strada in cui è consentita la fermata, ma non la sosta V F
5) In presenza del segnale raffigurato si deve viaggiare ad andatura particolarmente moderata se si circola con il ruotino (ruota di soccorso) V F
6) Il segnale raffigurato preannuncia un tratto di strada in cui è necessario percorrere la curva con più attenzione se la strada è bagnata V F
7) Il segnale raffigurato preannuncia un tratto di strada in cui è consentito effettuare l'inversione di marcia V F
8) Il segnale raffigurato preannuncia un tratto di strada a due corsie e doppio senso di circolazione in cui è consentito sorpassare i motocicli, senza superare la striscia bianca continua V F

9) Il segnale raffigurato preannuncia un tratto di strada in cui è consentito sorpassare i motocicli, anche invadendo la corsia opposta V F

10) Il segnale raffigurato preannuncia un tratto di strada in cui è consentito effettuare manovre di retromarcia V F

11) Il segnale raffigurato preannuncia un tratto di strada in cui è necessario regolare la velocità in relazione alla visibilità e al raggio della curva V F

12) Il segnale raffigurato preannuncia un tratto di strada in cui è consentito sorpassare i motocicli, anche superando di poco la striscia bianca continua V F

02009 (FIGURA 5)

1) Il segnale raffigurato indica una circolazione rotatoria V F

2) Il segnale raffigurato preannuncia una curva pericolosa a sinistra V F

3) Il segnale raffigurato impone di circolare il più vicino possibile al centro della strada V F

4) Il segnale raffigurato impone l'obbligo di mantenere la sinistra V F

5) Il segnale raffigurato preannuncia un ostacolo da aggirare a sinistra V F

6) Il segnale raffigurato preannuncia, di norma a 150 metri, una curva pericolosa V F

7) Il segnale raffigurato richiede di moderare la velocità per potersi arrestare in caso di un ostacolo improvviso V F

8) Il segnale raffigurato preannuncia un tratto di strada che curva a sinistra con limitata visibilità V F

9) La figura rappresenta un segnale di pericolo V F

10) La figura rappresenta un divieto di svolta a sinistra V F

11) Il segnale raffigurato preannuncia un tratto di strada pericoloso per ridotta visibilità V F

12) La figura rappresenta un segnale di prescrizione V F

13) La figura rappresenta un segnale di obbligo V F

14) Il segnale raffigurato preannuncia un tratto di strada non rettilineo, che limita la visibilità V F

15) Il segnale raffigurato indica una deviazione per cantiere di lavoro V F

02010 (FIGURA 5)

1) In presenza del segnale raffigurato è consentito effettuare l'inversione di marcia V F

2) In presenza del segnale raffigurato è necessario percorrere la curva con più attenzione se la strada è bagnata V F

3) In presenza del segnale raffigurato è consentito, su strada a doppio senso di circolazione a due corsie, sorpassare i motocicli senza invadere la corsia opposta V F

4) In presenza del segnale raffigurato è consentito effettuare manovre di retromarcia V F

5) In presenza del segnale raffigurato si deve viaggiare ad andatura particolarmente moderata se si circola con il "ruotino" (ruota di soccorso) V F

6) In presenza del segnale raffigurato non è consentito sorpassare altri veicoli su una carreggiata a doppio senso di circolazione con due sole corsie V F

7) In presenza del segnale raffigurato è consentita la fermata ma non la sosta V F

8) In presenza del segnale raffigurato, su strada a senso unico di circolazione si deve marciare il più possibile vicino al margine destro della carreggiata V F

9) In presenza del segnale raffigurato è necessario regolare la velocità in relazione alla visibilità e al raggio della curva V F

10) In presenza del segnale raffigurato, su una strada a doppio senso di circolazione con due sole corsie, si deve circolare il più possibile vicino al margine destro V F

11) In presenza del segnale raffigurato non è consentito il transito ai veicoli con il "ruotino" (ruota di soccorso) V F

02011 (FIGURE 6, 905, 906)

6

906

905

1) Il segnale raffigurato preannuncia un incrocio V F
2) Il segnale raffigurato richiede di moderare la velocità per potersi arrestare in caso di un ostacolo improvviso V F
3) Il segnale raffigurato preannuncia un raccordo di uscita autostradale V F
4) Il segnale raffigurato preannuncia un tratto di strada non rettilineo che limita la visibilità V F
5) La figura rappresenta un segnale di pericolo V F
6) Il segnale raffigurato può essere integrato con il pannello in figura **(fig. 906)** V F
7) Il segnale raffigurato preannuncia una discesa pericolosa V F
8) In presenza del segnale raffigurato bisogna moderare la velocità V F
9) Il segnale raffigurato preannuncia una deviazione per lavori in corso V F
10) Il segnale raffigurato preannuncia un tratto di strada con pavimentazione irregolare V F
11) Il segnale raffigurato preannuncia, di norma a 150 metri, una doppia curva pericolosa V F
12) Il segnale raffigurato preannuncia una doppia curva pericolosa, la prima a destra V F
13) Il segnale raffigurato preannuncia un tratto di strada con superficie sdrucciolevole V F
14) Il segnale raffigurato può essere integrato con un pannello indicante TORNANTI V F
15) Il segnale con il pannello in figura preannuncia un tratto di strada lungo 3,8 km con una serie di curve pericolose **(fig. 905)** V F

02012 (FIGURA 6)

1) Nella curve pericolose preannunciate dal segnale raffigurato è vietato il sorpasso se la carreggiata è a due corsie e a doppio senso di circolazione V F
2) In presenza del segnale raffigurato, posto su strada a due corsie e a doppio senso di circolazione, è consentito sorpassare nelle ore diurne V F
3) In presenza del segnale raffigurato è necessario percorrere le curve con più attenzione in caso di pioggia V F
4) In presenza del segnale raffigurato è consentito effettuare la fermata in curva V F
5) Il segnale raffigurato preannuncia un tratto di strada in cui è consentita la manovra di retromarcia V F
6) Il segnale raffigurato preannuncia un tratto di strada in cui è consentita l'inversione di marcia V F
7) In presenza del segnale raffigurato è necessario regolare la velocità in relazione alla visibilità e al raggio delle curve V F
8) Su strada a due corsie e a doppio senso di circolazione, in presenza del segnale raffigurato è opportuno fare particolare attenzione ai veicoli provenienti dal senso opposto V F
9) Su strada a due sole corsie e a doppio senso di circolazione, in presenza del segnale raffigurato si deve marciare il più possibile vicino al margine destro V F
10) In presenza del segnale raffigurato è necessario tenere una velocità moderata esclusivamente nella prima curva V F
11) In presenza del segnale raffigurato è necessario regolare la velocità in relazione alle condizioni di carico del veicolo V F
12) In presenza del segnale raffigurato è consentito sorpassare motocicli e ciclomotori su strada a due corsie e a doppio senso di circolazione V F

02013 (FIGURA 7)

1) Il segnale raffigurato preannuncia una doppia curva pericolosa, la prima a sinistra V F
2) Il segnale raffigurato preannuncia una deviazione per lavori in corso V F
3) Il segnale raffigurato preannuncia un tratto di strada con una serie di dossi V F
4) Il segnale raffigurato preannuncia, in genere a 150 m, una doppia curva pericolosa V F

5) Il segnale raffigurato preannuncia un tratto di carreggiata sdrucciolevole V F
6) La figura rappresenta un segnale di pericolo V F
7) Il segnale raffigurato preannuncia una confluenza a sinistra V F
8) Il segnale raffigurato preannuncia un tratto di strada non rettilineo che limita la visibilità V F
9) Il segnale raffigurato richiede di moderare la velocità V F
10) Il segnale raffigurato preannuncia la presenza di tornanti se integrato con apposito pannello V F
11) Il segnale raffigurato preannuncia una strettoia V F
12) Il segnale raffigurato preannuncia un tratto di strada deformata V F

02014 (FIGURA 7)

1) In presenza del segnale raffigurato non è consentito effettuare manovre di sorpasso su strade a due sole corsie e a doppio senso di circolazione V F
2) In presenza del segnale raffigurato è consentito effettuare la fermata in corrispondenza delle curve V F
3) In presenza del segnale raffigurato è necessario tenere una velocità moderata esclusivamente nella prima curva V F
4) In presenza del segnale raffigurato è necessario regolare la velocità in relazione alle condizioni di carico del veicolo V F
5) In presenza del segnale raffigurato è necessario regolare la velocità in relazione alla visibilità e al raggio delle curve V F
6) In presenza del segnale raffigurato si deve circolare il più vicino possibile al margine destro della carreggiata, su strada a due sole corsie e a doppio senso di circolazione V F
7) In presenza del segnale raffigurato è opportuno fare particolare attenzione ai veicoli provenienti dal senso opposto V F
8) In presenza del segnale raffigurato, posto su strade a due corsie e a doppio senso, è consentito sorpassare un veicolo molto lento V F
9) In presenza del segnale raffigurato è consentita la manovra di retromarcia V F
10) In presenza del segnale raffigurato è necessario percorrere le curve con più attenzione in caso di pioggia V F
11) In presenza del segnale raffigurato è consentita l'inversione di marcia V F
12) In presenza del segnale raffigurato è consentito sorpassare motocicli e ciclomotori su strade a due corsie e a doppio senso V F

02015 (FIGURA 8)

1) Il segnale raffigurato indica un'area di sosta custodita V F
2) Il segnale raffigurato preannuncia una strada senza uscita V F
3) Il segnale raffigurato preannuncia un attraversamento ferroviario protetto da barriere o semibarriere, qualunque sia il numero dei binari V F
4) Il segnale raffigurato preannuncia un attraversamento ferroviario munito di barriere o semibarriere V F
5) Il segnale raffigurato preannuncia un passaggio a livello con barriere o con semibarriere V F
6) Il segnale raffigurato si trova prima del segnale verticale DOPPIA CROCE DI S. ANDREA V F
7) Il segnale raffigurato preannuncia barriere di recinzione di un cantiere stradale V F
8) Il segnale raffigurato è posto, di norma, 150 metri prima del passaggio a livello V F
9) Il segnale raffigurato obbliga ad arrestarsi se le luci rosse poste in prossimità delle barriere o delle semibarriere sono spente V F
10) Il segnale raffigurato indica una deviazione obbligatoria V F

11) Dopo il segnale raffigurato, se ci sono le semibarriere, è installato un dispositivo a luci rosse lampeggianti V F
12) Il segnale raffigurato permette di transitare tra una barra e l'altra se le semibarriere sono chiuse, dopo aver verificato che non ci sono treni in arrivo V F
13) Il segnale raffigurato preannuncia l'incrocio con una linea tranviaria V F
14) La figura rappresenta un segnale di pericolo V F
15) Dopo il segnale raffigurato si può trovare un dispositivo acustico che avverte della chiusura delle barriere o delle semibarriere V F
16) Dopo il segnale raffigurato, se ci sono le barriere, è installato un dispositivo a luce rossa fissa V F
17) In presenza del segnale raffigurato è necessario moderare la velocità V F
18) Il segnale raffigurato impone di dare la precedenza ai veicoli della polizia penitenziaria in uscita dalle carceri V F

02016 (FIGURA 8)

1) In presenza del segnale raffigurato è consentito sostare in corrispondenza o in prossimità dei passaggi a livelli V F
2) In presenza del segnale raffigurato, se il veicolo si ferma per avaria sui binari, il conducente deve adottare ogni iniziativa utile al fine di evitare incidenti V F
3) In presenza del segnale raffigurato è necessario rallentare solo in caso di scarsa visibilità V F
4) In presenza del segnale raffigurato è necessario moderare la velocità per essere pronti ad arrestarsi se le barriere sono chiuse V F
5) In presenza del segnale raffigurato non è consentito impegnare il passaggio a livello se il traffico intenso impedisce di sgomberarlo V F
6) In presenza del segnale raffigurato è necessario arrestarsi se è in funzione il dispositivo acustico che avverte della chiusura delle barriere V F
7) In presenza del segnale raffigurato è necessario arrestarsi se sono in funzione le due luci rosse lampeggianti V F
8) In presenza del segnale raffigurato è possibile attraversare i binari se sbarrati da cavalletti a strisce bianche e rosse V F
9) In presenza del segnale raffigurato sono consentite la fermata ma non la sosta in prossimità o in corrispondenza dei binari V F

02017 (FIGURA 9)

1) Il segnale raffigurato preannuncia un attraversamento ferroviario a livello senza barriere V F
2) Dopo il segnale raffigurato è installato il segnale DOPPIA CROCE DI S. ANDREA, se la linea ferroviaria ha più di un binario V F
3) Il segnale raffigurato è posto sul secondo pannello distanziometrico a barre rosse V F
4) Il segnale raffigurato è posto, di norma, a 150 metri dai binari, integrato dal relativo pannello distanziometrico V F
5) Il segnale raffigurato preannuncia un passaggio a livello con barriere V F
6) Il segnale raffigurato indica l'incrocio con una linea tranviaria V F
7) La figura rappresenta un segnale di pericolo V F
8) Il segnale raffigurato preannuncia un attraversamento ferroviario a livello munito di semibarriere V F
9) Il segnale raffigurato richiede di usare la massima prudenza V F
10) Il segnale raffigurato è integrato con il pannello distanziometrico a tre barre rosse V F
11) Dopo il segnale raffigurato è installato il segnale CROCE DI S. ANDREA, che è posizionato prima dei binari V F
12) Il segnale raffigurato indica la presenza di una stazione ferroviaria a 150 metri V F

13) Il segnale raffigurato può essere integrato con un pannello con la scritta TRAM [V] [F]

14) La figura rappresenta un segnale di precedenza [V] [F]

02018 (FIGURA 9)

1) In presenza del segnale raffigurato è necessario rallentare esclusivamente in caso di nebbia [V] [F]

2) In presenza del segnale raffigurato è obbligatorio fermarsi prima dei binari se le segnalazioni luminose o acustiche non sono in funzione [V] [F]

3) In presenza del segnale raffigurato non è consentito sostare o fermarsi in prossimità o in corrispondenza dei binari [V] [F]

4) In presenza del segnale raffigurato è obbligatorio usare il segnalatore acustico (clacson) prima di attraversare i binari [V] [F]

5) In presenza del segnale raffigurato è necessario, prima di attraversare, assicurarsi che non ci siano treni in arrivo sia da destra che da sinistra [V] [F]

6) In presenza del segnale raffigurato è possibile attraversare i binari nel caso siano sbarrati da cavalletti a strisce bianche e rosse [V] [F]

7) In presenza del segnale raffigurato è necessario rallentare in relazione alla visibilità della linea ferroviaria [V] [F]

8) In presenza del segnale raffigurato è necessario usare la massima prudenza [V] [F]

9) In presenza del segnale raffigurato è necessario rallentare per potere, eventualmente, arrestare il veicolo prima dell'attraversamento ferroviario [V] [F]

10) In presenza del segnale raffigurato è consentito il sorpasso invadendo la corsia opposta [V] [F]

02019 (FIGURA 10)

1) Il segnale raffigurato può essere posto sia in senso orizzontale che in senso verticale [V] [F]

2) Il segnale raffigurato è posto nelle immediate vicinanze di un attraversamento ferroviario senza barriere [V] [F]

3) Il segnale raffigurato è integrato da una luce verde ed una rossa fissa [V] [F]

4) Il segnale raffigurato indica che la sede ferroviaria ha un solo binario [V] [F]

5) Il segnale raffigurato è posto nelle immediate vicinanze del binario [V] [F]

6) Il segnale raffigurato è installato in prossimità di un passaggio a livello con semibarriere [V] [F]

7) Il segnale raffigurato preannuncia una sede ferroviaria con più binari [V] [F]

8) Il segnale raffigurato è posto prima del segnale PASSAGGIO A LIVELLO SENZA BARRIERE [V] [F]

9) Il segnale raffigurato preannuncia una sede tranviaria con un solo binario [V] [F]

10) La figura rappresenta un segnale di pericolo [V] [F]

11) Il segnale raffigurato è posto sulla strada dopo il segnale PASSAGGIO A LIVELLO SENZA BARRIERE [V] [F]

12) Il segnale raffigurato preannuncia un incrocio di quattro strade [V] [F]

13) Il segnale raffigurato si trova, di norma, a 150 metri dai binari [V] [F]

02020 (FIGURE 11, 908, 909)

1) Il segnale raffigurato indica che la linea ferroviaria ha solo un binario **(fig. 11)** [V] [F]

2) Il segnale raffigurato invita a fare attenzione, prima di attraversare, perché potrebbe transitare più di un treno **(fig. 11)** [V] [F]

3) Il segnale raffigurato indica che la linea ferroviaria ha più di un binario **(fig. 11)** [V] [F]

4) Il segnale raffigurato è posto nelle immediate vicinanze di un attraversamento ferroviario a livello senza barriere **(fig. 11)** [V] [F]

5) Il segnale raffigurato preannuncia un doppio incrocio stradale pericoloso **(fig. 11)** [V] [F]

6) Il segnale raffigurato è un segnale di pericolo **(fig. 11)** [V] [F]

7) Il segnale raffigurato può essere posto prima di un attraversamento ferroviario con semibarriere (fig. 11) V F

8) Il segnale (A) si trova dopo il segnale (B) (fig. 909) V F

9) Il segnale raffigurato si trova dopo i pannelli distanziometrici a barre rosse (fig. 11) V F

10) Il segnale raffigurato indica che si possono incontrare due passaggi a livello consecutivi, che distano meno di 150 metri l'uno dall'altro (fig. 11) V F

11) Il segnale raffigurato impone di arrestarsi entro la striscia di arresto, se è in arrivo il treno (fig. 11) V F

12) Il segnale (A) può essere abbinato al segnale (B) (fig. 908) V F

13) Il segnale raffigurato è posto, di norma, a 150 metri dai binari (fig. 11) V F

14) Il segnale può avere fondo giallo in caso di lavori ai binari (fig. 11) V F

11 908 909

02021 (FIGURE 13, 910, 911)

1) Nel caso di attraversamento ferroviario senza barriere, i pannelli (A) sono posti prima del segnale (B) (fig. 911) V F

2) Il pannello con tre barre rosse (A) è posto sotto il segnale (B) (fig. 910) V F

3) I pannelli raffigurati si possono trovare solo se il passaggio a livello è con barriere (fig. 13) V F

4) Il pannello con tre barre oblique rosse è il primo dei pannelli che si incontra quando ci si approssima ad un passaggio a livello (fig. 13) V F

5) I pannelli raffigurati sono posti, di norma, a circa 150, 100 e 50 metri dall'attraversamento ferroviario (fig. 13) V F

6) I pannelli raffigurati servono ad indicare che ci si sta avvicinando al passaggio a livello (fig. 13) V F

7) I pannelli raffigurati sono posti prima di qualsiasi tipo di passaggio a livello (fig. 13) V F

8) I pannelli raffigurati indicano lavori in corso (fig. 13) V F

9) I pannelli raffigurati hanno tante barre diagonali quanti sono i binari del passaggio a livello (fig. 13) V F

10) I pannelli raffigurati sono segnali di prescrizione (fig. 13) V F

11) I pannelli raffigurati, se con due barre, indicano un attraversamento ferroviario con due soli binari (fig. 13) V F

12) I pannelli raffigurati sono installati su cavalletti che vietano il transito dell'attraversamento ferroviario (fig. 13) V F

13 910 911

02022 (FIGURA 14)

1) Il segnale raffigurato, posto nei centri abitati, preannuncia l'incrocio con una linea tranviaria non regolata da semafori V F

2) Il segnale raffigurato preannuncia una linea tranviaria che riduce lo spazio utile per la circolazione dei veicoli V F

3) Il segnale raffigurato preannuncia un passaggio a livello ferroviario senza barriere V F

4) Il segnale raffigurato vieta il sorpasso dei tram V F

5) Il segnale raffigurato preannuncia un eventuale transito di filobus V F

6) Il segnale raffigurato posto fuori dei centri abitati, preannuncia una linea tranviaria non regolata da semafori V F

7) In presenza del segnale raffigurato, il conducente deve porre maggiore attenzione per non intralciare la marcia del tram V F

8) Il segnale raffigurato preannuncia, fuori e dentro i centri abitati, una linea tranviaria non regolata da semafori V F

9) In presenza del segnale raffigurato, il conducente deve prestare maggiore attenzione, perché potrebbe incrociare un tram V F

10) Il segnale raffigurato può essere integrato con un dispositivo a due luci rosse che si accendono alternativamente V F

11) Il segnale raffigurato preannuncia di moderare la velocità perché poco più avanti si potrebbe incrociare un tram V F

12) Il segnale raffigurato obbliga a dare la precedenza ai filobus V F

13) Il segnale raffigurato preannuncia una linea tranviaria che incrocia la carreggiata V F

14) Il segnale raffigurato preannuncia una zona in cui possono circolare solo i veicoli in servizio pubblico V F

02023 (FIGURA 14)

1) In presenza del segnale raffigurato si può sorpassare a destra il tram in marcia se vi è lo spazio necessario V F

2) In presenza del segnale raffigurato si può sorpassare a destra il tram fermo al centro della strada per la salita e discesa dei passeggeri, solo se esiste l'apposito salvagente V F

3) In presenza del segnale raffigurato è vietata la marcia sopra i binari del tram V F

4) In presenza del segnale raffigurato il sorpasso del tram è consentito solo a sinistra V F

5) In presenza del segnale raffigurato si deve fare attenzione agli eventuali pedoni presenti alla fermata del tram V F

6) In presenza del segnale raffigurato occorre tenere presente che il tram necessita di una distanza di arresto maggiore di quella degli autoveicoli V F

7) In presenza del segnale raffigurato si ha l'obbligo di dare la precedenza ai filobus V F

8) In presenza del segnale raffigurato bisogna fare attenzione alla possibile diminuzione di aderenza delle ruote del veicolo se si frena sui binari V F

9) Il segnale raffigurato preannuncia un'area di sosta per autobus V F

10) In presenza del segnale raffigurato il sorpasso dei tram è vietato esclusivamente ai motocicli V F

11) In presenza del segnale raffigurato si può circolare sui binari senza intralciare la marcia del tram V F

12) In presenza del segnale raffigurato, il tram fermo per la salita e la discesa dei passeggeri può essere sorpassato a destra quando non esiste il salvagente V F

13) In presenza del segnale raffigurato il sorpasso del tram è consentito solo a destra V F

14) Il segnale raffigurato preannuncia una corsia riservata ai filobus V F

02024 (FIGURA 15)

1) Il segnale raffigurato consente la fermata dei veicoli sull'attraversamento pedonale, purché rimanga spazio sufficiente per i pedoni V F

2) In presenza del segnale raffigurato, il conducente deve dare la precedenza ai pedoni che attraversano sulle strisce V F

3) Il segnale raffigurato preannuncia un viale pedonale V F

4) Il segnale raffigurato vieta il transito ai pedoni V F
5) Il segnale raffigurato comporta il divieto di sorpassare un veicolo che si sia arrestato per far attraversare i pedoni V F
6) Il segnale raffigurato preannuncia un luogo frequentato da bambini V F
7) Il segnale raffigurato può essere posto anche nei centri abitati V F
8) Il segnale raffigurato impone di usare i dispositivi di segnalazione acustica per far spostare i pedoni V F
9) Nelle strade extraurbane il segnale raffigurato è posto, di norma, a 150 metri dall'attraversamento V F
10) Il segnale raffigurato preannuncia un attraversamento pedonale V F
11) Il segnale raffigurato preannuncia un'isola pedonale V F

02025 (FIGURA 15)

1) In presenza del segnale raffigurato non è consentito sorpassare i veicoli che rallentano per far attraversare i pedoni V F
2) Il segnale in figura preannuncia un sovrappasso pedonale V F
3) In presenza del segnale raffigurato si deve dare la precedenza solo ai pedoni che attraversano da sinistra V F
4) In presenza del segnale raffigurato si deve rallentare solo se vi sono bambini che attraversano sulle strisce pedonali V F
5) In presenza del segnale raffigurato, qualora non si dia la precedenza ai pedoni che attraversano sulle apposite strisce, si incorre nella sottrazione di punti della patente V F
6) In presenza del segnale raffigurato i pedoni devono dare la precedenza ai veicoli V F
7) In presenza del segnale raffigurato si deve fare attenzione a non tamponare i veicoli che si arrestano per dare la precedenza ai pedoni V F
8) In presenza del segnale raffigurato è obbligatorio suonare il clacson se vi sono pedoni che attraversano sulle strisce pedonali V F
9) In presenza del segnale raffigurato non si deve effettuare sosta o fermata sopra le strisce pedonali V F
10) In presenza del segnale raffigurato non è obbligatorio dare la precedenza ai pedoni che attraversano sulle strisce pedonali V F
11) In presenza del segnale raffigurato bisogna rallentare per essere pronti ad arrestarsi se ci sono pedoni che attraversano la carreggiata V F
12) Il segnale in figura preannuncia un sottopasso pedonale V F
13) Il segnale raffigurato è posto in corrispondenza di un attraversamento pedonale V F

02026 (FIGURA 16)

1) Il segnale raffigurato è un segnale di pericolo V F
2) Il segnale raffigurato preannuncia un attraversamento per ciclisti, contraddistinto dagli appositi segni sulla carreggiata V F
3) Il segnale raffigurato preannuncia l'approssimarsi di un luogo dal quale possono provenire ciclisti V F
4) Il segnale raffigurato preannuncia un attraversamento ciclabile V F
5) Il segnale raffigurato è posto, di norma, 150 metri prima dell'attraversamento ciclabile V F
6) Il segnale raffigurato comporta di moderare la velocità in modo da non costituire pericolo per la sicurezza dei ciclisti V F
7) Il segnale raffigurato preannuncia l'inizio di una pista ciclabile V F
8) Il segnale raffigurato è un segnale di prescrizione V F

9) Il segnale raffigurato indica che si sta svolgendo una gara ciclistica V F

10) Il segnale raffigurato vieta il transito ai ciclisti V F

11) Il segnale raffigurato è posto in corrispondenza di un attraversamento ciclabile V F

12) Il segnale raffigurato indica un'area riservata alla circolazione dei ciclomotori V F

02027 (FIGURA 16)

1) In presenza del segnale raffigurato non è consentito sorpassare i veicoli che si sono arrestati per far attraversare la carreggiata ai ciclisti V F

2) In presenza del segnale raffigurato bisogna comportarsi in modo da non costituire pericolo o intralcio per i ciclisti V F

3) In presenza del segnale raffigurato è necessario tenere presente che i ciclisti devono dare la precedenza ai veicoli V F

4) In presenza del segnale raffigurato si deve suonare il clacson se vi sono ciclisti che stanno attraversando sulle strisce V F

5) In presenza del segnale raffigurato bisogna rallentare ed essere pronti ad arrestarsi, se necessario, per dare la precedenza ai ciclisti che attraversano V F

6) In presenza del segnale raffigurato bisogna dare la precedenza solo ai ciclisti che attraversano da destra V F

02028 (FIGURA 17)

1) Il segnale raffigurato preannuncia un tratto di strada pericoloso per il fondo dissestato V F

2) Il segnale raffigurato preannuncia una discesa particolarmente pericolosa V F

3) Il segnale raffigurato preannuncia un tratto di strada sul quale aumenta lo spazio di frenatura del veicolo V F

4) Il segnale raffigurato preannuncia una discesa e ne specifica la pendenza V F

5) Il segnale raffigurato preannuncia un tratto di strada che è bene percorrere con il pedale della frizione abbassato V F

6) Il segnale raffigurato è posto prima di una discesa pericolosa V F

7) Il segnale raffigurato preannuncia una salita da percorrere con marcia adeguatamente bassa V F

8) Il segnale raffigurato specifica la pendenza di una salita V F

9) Il segnale raffigurato richiede di inserire una marcia adeguatamente bassa V F

10) Il segnale raffigurato comporta di moderare la velocità V F

11) Il segnale raffigurato preannuncia una salita pericolosa V F

12) Il segnale raffigurato indica che non è consentito superare la velocità di 10 km/h V F

13) In presenza del segnale raffigurato il pericolo è minore in caso di pioggia V F

02029 (FIGURA 17)

1) In presenza del segnale raffigurato bisogna usare molta prudenza se la strada è bagnata V F

2) In presenza del segnale raffigurato bisogna inserire la marcia più alta e adeguare la velocità con i freni V F

3) In presenza del segnale raffigurato si deve rallentare usando continuamente i freni per non danneggiare il cambio di velocità V F

4) In presenza del segnale raffigurato, l'inserimento di una marcia bassa consente di sfruttare adeguatamente l'azione frenante del motore V F

5) In presenza del segnale raffigurato bisogna evitare un uso eccessivo dei freni e regolare la velocità inserendo una marcia bassa V F

6) In presenza del segnale raffigurato bisogna evitare l'uso prolungato dei freni per non surriscaldarli V F

7) In presenza del segnale raffigurato si deve moderare la velocità per evitare di tamponare veicoli che procedono più lentamente [V] [F]

8) In presenza del segnale raffigurato bisogna marciare con la frizione abbassata [V] [F]

9) In presenza del segnale raffigurato il conducente deve diminuire la distanza di sicurezza dal veicolo che lo precede [V] [F]

02030 (FIGURA 18)

1) Il segnale raffigurato è posto prima di una salita ripida [V] [F]

2) Il segnale raffigurato preannuncia un tratto di strada pericoloso per curve strette [V] [F]

3) Il segnale raffigurato specifica la pendenza della salita [V] [F]

4) Il segnale raffigurato preannuncia un tratto di strada da percorrere con il pedale della frizione abbassato [V] [F]

5) Il segnale raffigurato preannuncia un tratto di strada da percorrere con marcia adeguatamente bassa [V] [F]

6) Il segnale raffigurato preannuncia una salita da percorrere con prudenza [V] [F]

7) Il segnale raffigurato preannuncia un tratto di strada nel quale aumenta lo spazio di frenatura del veicolo [V] [F]

8) Il segnale raffigurato preannuncia una discesa e ne specifica la pendenza [V] [F]

02031 (FIGURE 19, 912, 913)

1) Il segnale raffigurato preannuncia l'ingresso di una galleria **(fig. 19)** [V] [F]

2) Il segnale raffigurato preannuncia un lungo rettilineo **(fig. 19)** [V] [F]

3) Il segnale raffigurato comporta di moderare la velocità **(fig. 19)** [V] [F]

4) Il segnale in figura è un segnale di pericolo **(fig. 19)** [V] [F]

5) Il segnale raffigurato preannuncia una strettoia con probabili difficoltà di incrocio con i veicoli provenienti dal senso opposto **(fig. 19)** [V] [F]

6) Il segnale raffigurato è un segnale di prescrizione **(fig. 19)** [V] [F]

7) Il segnale raffigurato preannuncia una strada a senso unico **(fig. 19)** [V] [F]

8) Il segnale raffigurato preannuncia un senso unico alternato con l'obbligo di dare la precedenza ai veicoli provenienti dall'altro senso **(fig. 19)** [V] [F]

9) Dopo il segnale (A) si può trovare il segnale (B) **(fig. 912)** [V] [F]

10) Il segnale raffigurato, se a fondo giallo, è posto in presenza di un cantiere stradale che riduce la larghezza della carreggiata **(fig. 19)** [V] [F]

11) Il segnale raffigurato preannuncia un divieto di transito agli autobus **(fig. 19)** [V] [F]

12) Il segnale raffigurato preannuncia un restringimento sui due lati della carreggiata **(fig. 19)** [V] [F]

13) Dopo il segnale (A) si può trovare il segnale (B) **(fig. 913)** [V] [F]

14) Il segnale raffigurato preannuncia un restringimento della carreggiata **(fig. 19)** [V] [F]

15) Il segnale raffigurato preannuncia che i veicoli provenienti dall'altro senso devono darci la precedenza **(fig. 19)** [V] [F]

16) Il segnale raffigurato preannuncia una corsia di accelerazione **(fig. 19)** [V] [F]

19

A

B

912

A

B

913

02032 (FIGURA 20)

1) Il segnale raffigurato preannuncia una strettoia con probabile difficoltà di incrocio con i veicoli provenienti dal senso opposto V F
2) Il segnale raffigurato preannuncia una strettoia sul lato sinistro della carreggiata V F
3) Il segnale raffigurato preannuncia un sottopassaggio pedonale V F
4) Il segnale raffigurato preannuncia un restringimento sulla destra della carreggiata V F
5) Il segnale raffigurato impone di moderare la velocità e, se occorre, arrestarsi V F
6) Il segnale raffigurato preannuncia un restringimento della carreggiata V F
7) Il segnale raffigurato, se a fondo giallo, è posto in presenza di un cantiere stradale che riduce la larghezza della carreggiata V F
8) Il segnale raffigurato è un segnale di prescrizione V F
9) Il segnale raffigurato preannuncia una confluenza da sinistra V F
10) Il segnale raffigurato preannuncia la presenza di un cordolo alto per separare le corsie V F
11) Il segnale raffigurato preannuncia una strada con una serie di curve V F
12) Il segnale raffigurato preannuncia un cavalcavia V F
13) Il segnale raffigurato è un segnale di pericolo V F
14) Il segnale raffigurato preannuncia un restringimento pericoloso sulla sinistra della carreggiata V F
15) Il segnale raffigurato preannuncia un tratto di strada sdrucciolevole V F

02033 (FIGURA 21)

1) Il segnale raffigurato preannuncia una strettoia sulla destra della carreggiata V F
2) Il segnale raffigurato autorizza la marcia per file parallele V F
3) Il segnale raffigurato preannuncia una strettoia causata da un ostacolo fisso sul lato destro V F
4) Il segnale raffigurato indica la fine del doppio senso di circolazione V F
5) Il segnale raffigurato può trovarsi anche su strada a doppio senso di circolazione V F
6) Il segnale raffigurato preannuncia una confluenza da destra V F
7) Il segnale raffigurato preannuncia il restringimento della carreggiata causato da muretti o altro ostacolo sul lato destro V F
8) Il segnale raffigurato indica di disporsi su due file V F
9) Il segnale raffigurato preannuncia un restringimento pericoloso sulla destra della carreggiata V F
10) Il segnale raffigurato, se a fondo giallo, è posto in presenza di un cantiere che riduce la larghezza della carreggiata V F
11) Il segnale raffigurato obbliga a dare la precedenza ai veicoli provenienti dal senso opposto V F
12) Il segnale raffigurato preannuncia l'inizio di un senso unico V F

02034 (FIGURA 22)

1) Il segnale raffigurato preannuncia un ponte mobile V F
2) Il segnale raffigurato è un segnale di pericolo V F
3) Il segnale raffigurato vieta il sorpasso se posto sulla strada di accesso ad un'area portuale V F
4) Dopo il segnale raffigurato possiamo trovare un dispositivo a luci rosse lampeggianti V F
5) Il segnale raffigurato preannuncia un'area portuale V F
6) Il segnale raffigurato preannuncia un ponte con forte pendenza V F

7) Il segnale raffigurato può essere integrato con pannello indicante gli orari di manovra o di funzionamento di un ponte mobile V F

8) Il segnale raffigurato obbliga ad arrestarsi prima di attraversare il ponte V F

9) Il segnale raffigurato comporta di arrestarsi se sono in funzione le luci rosse lampeggianti V F

10) Il segnale raffigurato può essere integrato dal pannello distanziometrico a tre barre rosse V F

11) Il segnale raffigurato impone di dare la precedenza ai veicoli provenienti dal senso opposto V F

12) Il segnale raffigurato preannuncia un passaggio a livello con barriere V F

02035 (FIGURE 24, 917, 918)

24

A

B

918

A

B

917

1) Il segnale raffigurato preannuncia un tratto di strada che può diventare pericoloso in particolari condizioni climatiche specificate nei pannelli integrativi V F

2) Il segnale raffigurato comporta di procedere a velocità moderata e di evitare brusche manovre V F

3) Il segnale raffigurato preannuncia una strettoia V F

4) Il segnale (A), abbinato con il pannello (B), preannuncia una strada con superficie particolarmente sdrucciolevole in caso di pioggia **(fig. 918)** V F

5) Il segnale raffigurato preannuncia una strada con superficie che può diventare particolarmente sdrucciolevole V F

6) Il segnale (A), se abbinato con il pannello (B), preannuncia un tratto di strada sul quale, in particolari condizioni meteorologiche, è probabile la presenza di ghiaccio **(fig. 917)** V F

7) Il segnale raffigurato preannuncia una strada con molte curve V F

8) Il segnale raffigurato preannuncia che su quella strada diminuisce lo spazio di frenatura V F

9) Il segnale raffigurato preannuncia un tratto di strada sul quale può diminuire l'aderenza degli pneumatici V F

10) Il segnale raffigurato preannuncia la possibilità di sbandamento per forte vento laterale V F

11) Il segnale raffigurato invita a diminuire la distanza di sicurezza V F

12) Il segnale raffigurato preannuncia un tratto di strada dove aumenta l'aderenza degli pneumatici V F

13) Il segnale raffigurato preannuncia una pista per la prova di tenuta degli pneumatici V F

02036 (FIGURA 24)

1) In presenza del segnale raffigurato è necessario moderare la velocità ed evitare brusche frenate in caso di pioggia V F

2) In presenza del segnale raffigurato è necessario moderare la velocità ed evitare brusche sterzate in caso di pioggia V F

3) In presenza del segnale raffigurato è necessario moderare la velocità ed evitare brusche accelerate in caso di ghiaccio V F

4) In presenza del segnale raffigurato è necessario accelerare bruscamente in caso di pioggia V F

5) In presenza del segnale raffigurato è sempre vietato il sorpasso quando piove V F

6) In presenza del segnale raffigurato è necessario tenere presente che la distanza di frenatura diminuisce in caso di pioggia V F

7) In presenza del segnale raffigurato è necessario moderare la velocità e tenere presente che la distanza di sicurezza aumenta in caso di ghiaccio V F

8) In presenza del segnale raffigurato è necessario diminuire la distanza dal veicolo che ci precede, in caso di pioggia V F

9) Il segnale raffigurato vieta il transito ai veicoli con ruote sporche di fango V F

10) In presenza del segnale raffigurato è necessario frenare bruscamente in caso di ghiaccio V F

11) In presenza del segnale raffigurato è necessario montare le catene V F

02037 (FIGURA 25)

1) Il segnale raffigurato può preannunciare la presenza di una scuola frequentata da bambini nelle vicinanze V F

2) Il segnale raffigurato preannuncia un attraversamento pedonale V F

3) Il segnale raffigurato può essere posto nelle vicinanze di giardini pubblici frequentati da bambini V F

4) Il segnale raffigurato è un segnale di pericolo V F

5) Il segnale raffigurato vieta il transito ai bambini non accompagnati V F

6) Il segnale raffigurato può essere posto nelle vicinanze di un campo da gioco frequentato da bambini V F

7) Il segnale raffigurato invita a considerare eventuali comportamenti imprudenti di fanciulli V F

8) Il segnale raffigurato indica la fermata di uno scuolabus V F

9) Il segnale raffigurato preannuncia un percorso pedonale V F

10) Il segnale raffigurato preannuncia luoghi frequentati da fanciulli V F

11) Il segnale raffigurato invita a circolare a velocità moderata V F

12) Il segnale raffigurato vieta il transito ai veicoli a motore durante l'orario di uscita dei bambini dalla scuola V F

13) Il segnale raffigurato indica la fine di un viale riservato ai bambini V F

14) Il segnale raffigurato è posto sulla parte posteriore dello scuolabus V F

02038 (FIGURA 25)

1) In presenza del segnale raffigurato è necessario fare attenzione ai bambini sulla carreggiata e non a quelli sul marciapiede V F

2) In presenza del segnale raffigurato è necessario moderare la velocità e prestare attenzione ai bambini anche se si trovano sui marciapiedi V F

3) In presenza del segnale raffigurato occorre prestare particolare attenzione ai movimenti imprevedibili dei bambini V F

4) In presenza del segnale raffigurato è vietato sorpassare i veicoli che si sono fermati per lasciare attraversare i bambini V F

5) In presenza del segnale raffigurato occorre prestare particolare attenzione per la possibile presenza di bambini V F

6) In presenza del segnale raffigurato è vietato transitare durante l'orario di uscita dei bambini da scuola V F

7) In presenza del segnale raffigurato è vietato superare la velocità di 30 km/h V F

02039 (FIGURA 26)

1) Il segnale raffigurato invita a fare attenzione per la probabile presenza di animali domestici sulla carreggiata V F

2) Il segnale raffigurato preannuncia una zona riservata al pascolo con divieto di transito ai veicoli a motore V F

3) Il segnale raffigurato richiede di rallentare o di arrestarsi se gli animali sulla strada danno segno di spavento V F
4) Il segnale raffigurato preannuncia una strada riservata alla circolazione di animali domestici V F
5) Il segnale raffigurato preannuncia la possibilità di trovare sulla strada animali domestici vaganti V F
6) In presenza del segnale raffigurato è obbligatorio usare ripetutamente l'avvisatore acustico per allontanare gli animali V F
7) Il segnale raffigurato preannuncia un tratto di strada con probabile attraversamento di animali domestici V F
8) Il segnale raffigurato preannuncia la presenza di veicoli a trazione animale V F
9) Il segnale raffigurato richiede di rallentare o di arrestarsi se gli animali sulla strada non si spostano V F
10) Il segnale raffigurato preannuncia una fattoria in aperta campagna V F

02040 (FIGURA 27)

1) Il segnale raffigurato preannuncia il probabile attraversamento di animali selvatici V F
2) Il segnale raffigurato obbliga a marciare al centro della strada per evitare di investire gli animali selvatici V F
3) Il segnale raffigurato preannuncia una area riservata alla circolazione di animali selvatici V F
4) Il segnale raffigurato preannuncia il probabile e improvviso attraversamento di animali selvatici V F
5) Il segnale raffigurato richiede di rallentare per evitare urti con animali selvatici vaganti V F
6) In presenza del segnale raffigurato è obbligatorio usare ripetutamente l'avvisatore acustico per allontanare gli animali V F
7) Il segnale raffigurato consente il transito dei soli veicoli a quattro ruote motrici V F
8) Il segnale raffigurato richiede di rallentare e all'occorrenza di arrestarsi se gli animali attraversano improvvisamente la strada V F
9) Il segnale raffigurato richiede di rallentare e all'occorrenza di arrestarsi se gli animali danno segno di spavento V F
10) Il segnale raffigurato preannuncia la possibilità di trovare improvvisamente animali vaganti sulla carreggiata V F
11) Il segnale raffigurato indica l'ingresso di uno "zoo safari" V F
12) Il segnale raffigurato indica l'ingresso di un Parco Nazionale V F

02041 (FIGURA 28)

1) Il segnale raffigurato preannuncia che una carreggiata a senso unico, diventa a doppio senso di circolazione V F
2) Il segnale raffigurato, se a fondo giallo, è posto in presenza di lavori in corso V F
3) Il segnale raffigurato preannuncia che termina il senso unico di circolazione V F
4) Il segnale raffigurato preannuncia il diritto di precedenza nei sensi unici alternati V F
5) Il segnale raffigurato indica che, poco oltre, occorrerà usare maggiore prudenza V F
6) Il segnale raffigurato preannuncia che, poco oltre, si potranno incontrare veicoli che marciano in senso opposto V F
7) Il segnale raffigurato preannuncia che il traffico si svolge su due carreggiate separate V F
8) Il segnale raffigurato preannuncia un senso unico alternato V F
9) Il segnale raffigurato è un segnale di pericolo V F
10) Il segnale raffigurato impone di dare la precedenza ai veicoli provenienti in senso contrario V F

11) In presenza del segnale raffigurato il sorpasso, se consentito, deve essere effettuato con particolare prudenza V F
12) Il segnale raffigurato preannuncia che la circolazione diventa a senso unico V F
13) Il segnale raffigurato preannuncia che bisogna ritornare indietro V F
14) Il segnale raffigurato è un preavviso di direzione obbligatoria V F

02042 (FIGURA 30)

1) In presenza del segnale raffigurato bisogna usare particolare prudenza perché si incontra una discesa ripida V F
2) In presenza del segnale raffigurato bisogna usare particolare prudenza, soprattutto di notte, per evitare di cadere in acqua V F
3) Il segnale raffigurato preannuncia lo sbocco della strada sull'argine di un fiume V F
4) Il segnale raffigurato preannuncia un'area attrezzata per il lavaggio dei veicoli V F
5) Il segnale raffigurato si riferisce soltanto alle autovetture V F
6) Il segnale raffigurato preannuncia lo sbocco della strada su un molo V F
7) In presenza del segnale raffigurato bisogna usare particolare prudenza se, nel tratto di strada che segue, si dovranno effettuare manovre di retromarcia V F
8) Il segnale raffigurato preannuncia il pericolo di caduta in acqua V F
9) Il segnale raffigurato obbliga ad arrestarsi in corrispondenza di un ponte mobile in manovra V F
10) Il segnale raffigurato preannuncia un viadotto in costruzione V F
11) Il segnale raffigurato preannuncia un tratto di strada interrotto per alluvione V F
12) Il segnale raffigurato preannuncia lo sbocco su un ponte mobile V F
13) Il segnale raffigurato preannuncia il pericolo di mareggiate V F
14) Il segnale raffigurato preannuncia lo sbocco della strada su una banchina portuale V F
15) Il segnale raffigurato preannuncia lo sbocco della strada sull'argine di un canale V F
16) Il segnale raffigurato è un segnale di pericolo V F
17) Il segnale raffigurato non ha validità nei mesi estivi V F

02043 (FIGURA 31)

1) Il segnale raffigurato preannuncia un tratto di strada ove esiste il pericolo di caduta di massi V F
2) Il segnale raffigurato richiede di procedere con cautela in presenza di pedoni, anche se si trovano fuori dalla carreggiata V F
3) In presenza del segnale raffigurato è opportuno mantenere una distanza maggiore dal veicolo che precede V F
4) Il segnale raffigurato richiede di moderare la velocità, incrociando un altro veicolo V F
5) Il segnale raffigurato preannuncia la presenza di pietrisco che può essere scagliato a distanza al passaggio del veicolo V F
6) Il segnale raffigurato preannuncia il pericolo di trovare pietrisco sulla pavimentazione stradale V F
7) Il segnale raffigurato preannuncia un tratto di strada sul quale l'aderenza del veicolo può diminuire V F
8) Il segnale raffigurato è un segnale di prescrizione V F
9) Il segnale raffigurato consiglia di accelerare per aumentare l'aderenza del veicolo sull'asfalto V F
10) Il segnale raffigurato, se a fondo giallo, è posto in presenza di cantieri stradali V F
11) Il segnale raffigurato, se a fondo giallo, preannuncia un tratto di strada non percorribile per la presenza di cantieri stradali V F
12) Il segnale raffigurato preannuncia un tratto di strada soggetto a frana V F

13) Il segnale raffigurato preannuncia la presenza di banchine cedevoli V F

14) In presenza del segnale raffigurato occorre considerare il pericolo di sbandamento o di slittamento V F

15) Il segnale raffigurato preannuncia l'obbligo di montare le catene da neve V F

02044 (FIGURA 32)

1) Il segnale raffigurato preannuncia il pericolo di caduta di massi V F

2) In presenza del segnale raffigurato è consigliabile evitare lunghe soste nel tratto di strada interessato dal pericolo V F

3) Il segnale raffigurato preannuncia un tratto di strada in cattivo stato o con pavimentazione irregolare V F

4) Il segnale raffigurato preannuncia un tratto di strada ove esiste il pericolo di presenza di pietre sulla carreggiata V F

5) Il segnale raffigurato preannuncia un tratto di strada con cantieri stradali V F

6) In presenza del segnale raffigurato è opportuno moderare la velocità per evitare di urtare eventuali massi caduti sulla carreggiata V F

7) Il segnale raffigurato preannuncia un tratto di strada deformata V F

8) Il segnale raffigurato preannuncia il pericolo di caduta di pietre da sinistra con conseguente loro presenza sulla carreggiata V F

9) In presenza del segnale raffigurato è opportuno suonare con insistenza V F

10) Il segnale raffigurato preannuncia un tratto di strada in cui è vietato il sorpasso V F

02045 (FIGURA 33)

1) Il segnale raffigurato preannuncia il pericolo di caduta di massi da destra V F

2) Il segnale raffigurato preannuncia un tratto di strada dove non si può circolare ad oltre 30 km/h V F

3) Il segnale raffigurato preannuncia il pericolo di caduta di pietre dalla parete rocciosa V F

4) In presenza del segnale raffigurato è opportuno moderare la velocità per evitare di urtare eventuali massi caduti sulla carreggiata V F

5) In presenza del segnale raffigurato bisogna far attenzione a possibili brusche frenate da parte dei veicoli che precedono V F

6) Il segnale raffigurato preannuncia un tratto di strada non asfaltato V F

7) Il segnale raffigurato preannuncia banchine cedevoli V F

8) Il segnale raffigurato preannuncia una strettoia a destra V F

9) Il segnale raffigurato preannuncia un tratto di strada ove esiste il pericolo di presenza di pietre sulla carreggiata V F

10) Il segnale raffigurato preannuncia un tratto di strada sdrucciolevole V F

11) Il segnale raffigurato preannuncia possibili grandinate V F

02046 (FIGURA 34)

1) Il segnale raffigurato preannuncia un semaforo V F

2) Il segnale raffigurato può avere il disco rosso sostituito da una luce rossa lampeggiante V F

3) Il segnale raffigurato è un segnale di pericolo V F

4) Il segnale raffigurato è obbligatorio sulle strade extraurbane V F

5) Il segnale raffigurato è a fondo giallo se posto prima di un cantiere stradale V F

6) Il segnale raffigurato preannuncia un semaforo con disposizione delle luci in verticale V F

7) Il segnale raffigurato preannuncia un attraversamento ferroviario senza barriere V F

8) Sulle strade extraurbane il segnale è sempre obbligatorio V F
9) Nel segnale raffigurato, il disco giallo può essere sostituito da una luce gialla lampeggiante V F
10) Il segnale raffigurato preannuncia la presenza di un ponte mobile V F
11) Il segnale raffigurato può preannunciare un passaggio a livello con semibarriere V F
12) Il segnale raffigurato preannuncia un senso unico alternato V F
13) In presenza del segnale raffigurato bisogna moderare la velocità per potersi all'occorrenza fermare V F
14) Il segnale raffigurato può avere al centro una luce gialla fissa V F

02047 (FIGURA 36)

1) Il segnale raffigurato preannuncia una località di volo a vela V F
2) Il segnale raffigurato preannuncia la possibilità di un improvviso e forte rumore dovuto ad aeroplani a bassa quota V F
3) Il segnale raffigurato preannuncia una zona riservata ai veicoli dell'aeronautica militare V F
4) Il segnale raffigurato è posto nelle vicinanze di piste per l'atterraggio ed il decollo di aeroplani V F
5) Il segnale raffigurato vieta l'accesso agli aeroporti V F
6) Il segnale raffigurato è posto nelle vicinanze di aeroporti V F
7) Il segnale raffigurato preannuncia un bivio per l'aeroporto V F
8) Il segnale raffigurato preannuncia la possibilità di un improvviso abbagliamento dovuto ad aeroplani a bassa quota V F
9) Il segnale raffigurato è posto in zone dove può avvenire il volo a bassa quota di aeroplani V F
10) Il segnale raffigurato preannuncia una corsia riservata per l'ingresso in aeroporto V F

02048 (FIGURA 37)

1) Il segnale raffigurato preannuncia la presenza, nelle vicinanze, di un parco giochi V F
2) Il segnale raffigurato preannuncia di procedere con prudenza tenendo saldamente il volante V F
3) Il segnale raffigurato preannuncia la presenza di un viadotto esposto ad improvvise raffiche di vento laterale V F
4) Il segnale raffigurato preannuncia la presenza di aeroplani a bassa quota V F
5) Il segnale raffigurato indica da quale direzione proviene il vento V F
6) Il segnale raffigurato preannuncia la possibilità di forti raffiche di vento laterale all'uscita da una galleria V F
7) Il segnale raffigurato preannuncia un pericolo che è maggiore per i veicoli telonati o furgonati V F
8) Il segnale raffigurato preannuncia un tratto di strada vicino ad un aeroporto V F
9) Il segnale raffigurato preannuncia la presenza di un campo d'aviazione V F
10) Il segnale raffigurato presegnala un tratto di strada soggetto a forti raffiche di vento laterale V F
11) Il segnale raffigurato preannuncia zone soggette a forti ed improvvise raffiche di vento laterale V F
12) Il segnale raffigurato preannuncia la presenza di capannoni industriali nelle vicinanze V F

02049 (FIGURA 37)

1) Il segnale raffigurato preannuncia un pericolo che, in caso di forte vento laterale, è maggiore per i veicoli che trainano rimorchi V F
2) Il segnale raffigurato preannuncia, in caso di forte vento laterale, un pericolo che è minore per i veicoli con carichi voluminosi sopra il tetto V F

3) Il segnale raffigurato preannuncia, in caso di forte vento laterale, un pericolo che è maggiore per i veicoli che trainano caravan V F

4) Il segnale raffigurato preannuncia, in caso di forte vento laterale, possibili sbandamenti dei veicoli provenienti dal senso opposto V F

5) Il segnale raffigurato preannuncia l'ingresso in galleria V F

6) Il segnale raffigurato preannuncia una zona dove, in caso di forte vento laterale, i veicoli con rimorchio hanno maggiore tenuta di strada V F

7) Il segnale raffigurato preannuncia, in caso di forte vento laterale, un pericolo che è maggiore per i veicoli a due ruote V F

8) Il segnale raffigurato preannuncia, in caso di forte vento laterale, un pericolo maggiore all'entrata delle gallerie per i veicoli stretti e alti V F

9) Il segnale raffigurato preannuncia, in caso di forte vento laterale, un pericolo che aumenta all'aumentare della superficie laterale del veicolo V F

10) Il segnale raffigurato preannuncia una zona dove, in caso di forte vento laterale, i veicoli scarichi o leggeri hanno maggiore tenuta di strada V F

11) Il segnale raffigurato preannuncia, in caso di forte vento laterale, la necessità per i veicoli telonati di rallentare e all'occorrenza di fermarsi V F

12) Il segnale raffigurato, in caso di forte vento laterale, consente di sorpassare riducendo la distanza laterale dal veicolo che si sta superando V F

13) Il segnale raffigurato richiede, in caso di forte vento laterale, di procedere con prudenza tenendo il volante con una presa più sicura V F

14) Il segnale raffigurato preannuncia la possibile presenza di ghiaccio sulla strada V F

02050 (FIGURA 38)

1) In presenza del segnale se il conducente o gli eventuali passeggeri non rispettano il divieto di gettare sigarette accese dal finestrino, può verificarsi un incendio V F

2) Il segnale raffigurato preannuncia la vicinanza di zone ad alto rischio d'incendio V F

3) Il segnale raffigurato preannuncia zone laterali alla strada che sono ad alto rischio d'incendio V F

4) Il segnale raffigurato vieta il transito ai veicoli che trasportano liquidi infiammabili V F

5) Il segnale raffigurato preannuncia un tratto di strada fiancheggiato da cave di pietra, con pericolo di esplosioni V F

6) Il segnale raffigurato preannuncia l'attraversamento di una zona soggetta al pericolo d'incendio V F

7) Il segnale raffigurato è integrato dal pannello che indica la lunghezza del tratto di strada interessato V F

8) Il segnale raffigurato vieta il transito ai veicoli che trasportano esplosivi V F

9) Il segnale raffigurato indica che ci si sta avvicinando ad un bosco facilmente infiammabile V F

10) Il segnale raffigurato preannuncia l'attraversamento di una zona soggetta al pericolo di esplosioni V F

11) Il segnale raffigurato vieta il transito ai veicoli che trasportano prodotti facilmente infiammabili V F

12) Il segnale raffigurato preannuncia la possibilità di forte vento laterale V F

02051 (FIGURA 29)

1) Il segnale raffigurato può essere usato anche nei centri abitati V F

2) Il segnale raffigurato preannuncia una strada senza uscita, per cui bisogna tornare indietro V F

3) Il segnale raffigurato preannuncia un incrocio di più strade regolato con circolazione nel senso indicato dalle frecce V F

4) Il segnale raffigurato vieta la svolta a destra al primo incrocio V F

5) Il segnale raffigurato preannuncia un incrocio di due o più strade extraurbane regolato con circolazione rotatoria V F

6) Il segnale raffigurato preannuncia una svolta a sinistra obbligatoria V F

02052 (FIGURE 39, 920, 921, 922, 923)

1) Il segnale raffigurato preannuncia che bisogna usare prudenza perché è vicino un pericolo (fig. 39) V F

2) Il segnale (A), integrato con il pannello (B), preannuncia la possibile presenza di macchine sgombraneve al lavoro sulla strada **(fig. 921)** V F

3) Il segnale raffigurato preannuncia un pericolo diverso da quelli per cui sono previsti specifici segnali **(fig. 39)** V F

4) Il segnale (A), integrato con il pannello (B), preannuncia la possibilità di formazione del ghiaccio **(fig. 923)** V F

5) Il segnale (A), integrato con il pannello (B), preannuncia la presenza di binari di manovra in corrispondenza di stabilimenti industriali **(fig.920)** V F

6) Il segnale (A), integrato con il pannello (B), preannuncia un passaggio a livello senza barriere (fig. 920) V F

7) Il segnale raffigurato preannuncia un tratto di strada in cattivo stato o con pavimentazione irregolare **(fig.39)** V F

8) Il segnale raffigurato preannuncia che bisogna proseguire diritto **(fig. 39)** V F

9) Il segnale raffigurato preannuncia una salita ripida **(fig. 39)** V F

10) Il segnale raffigurato può essere usato senza pannelli integrativi per indicare un pericolo generico in caso di emergenza **(fig. 39)** V F

11) Il segnale (A), integrato con il pannello (B), preannuncia la presenza di veicoli militari in manovra **(fig. 922)** V F

39

920

921

922

923

02053 (FIGURA 23)

1) Il segnale raffigurato preannuncia un tratto di strada con banchina pericolosa V F

2) Il segnale raffigurato preannuncia un tratto di strada con banchina non praticabile V F

3) Il segnale raffigurato preannuncia una strada dissestata V F

4) Il segnale raffigurato deve essere integrato con il segnale di limite di velocità V F

5) Il segnale raffigurato è un segnale di pericolo V F

6) In presenza del segnale raffigurato è consigliabile non avvicinarsi troppo al margine destro della strada V F

7) Il segnale raffigurato preannuncia il pericolo di allagamento della carreggiata V F

8) Il segnale raffigurato preannuncia il divieto di continuare a percorrere quella strada V F

9) Il segnale raffigurato preannuncia un tratto di strada con banchina cedevole V F

10) Il segnale raffigurato preannuncia un possibile pericolo di caduta nella cunetta laterale alla strada V F

11) Il segnale raffigurato preannuncia la presenza di pietrisco sulla pavimentazione V F

12) Il segnale raffigurato è un segnale di indicazione V F

13) Il segnale raffigurato, preannuncia lo sbocco su un molo V F

02054 (FIGURA 35)

1) Il segnale raffigurato preannuncia la presenza di corsie reversibili V F
2) Il segnale raffigurato indica che bisogna moderare la velocità per potersi all'occorrenza fermare V F
3) Il segnale raffigurato preannuncia la presenza di un ponte mobile V F
4) Il segnale raffigurato preannuncia un attraversamento ferroviario senza barriere V F
5) Il segnale raffigurato è, di norma, posto 150 metri prima di un semaforo V F
6) Il segnale raffigurato indica l'obbligo di arresto ad un posto di blocco stradale istituito dagli organi di polizia V F
7) Il segnale raffigurato preannuncia un passaggio a livello con semibarriere V F
8) Il segnale raffigurato preannuncia l'accesso al pontile d'imbarco di navi traghetto V F
9) Nel segnale raffigurato, il disco giallo può essere sostituito da una luce gialla lampeggiante V F
10) Il segnale raffigurato preannuncia un impianto semaforico con disposizione delle luci in orizzontale V F
11) Il segnale raffigurato può avere il disco rosso sostituito da una luce rossa lampeggiante V F
12) Il segnale raffigurato è un segnale di pericolo V F
13) Il segnale raffigurato preannuncia la presenza di macchine sgombraneve in azione V F
14) Il segnale raffigurato preannuncia un attraversamento ciclabile V F

Segnali di divieto

03001 (FIGURA 54)

1) Il segnale raffigurato può avere validità limitata nel tempo, indicata in un pannello integrativo V F
2) Il segnale raffigurato indica che la circolazione è a senso unico V F
3) Il segnale raffigurato vieta la circolazione ai ciclomotori V F
4) Il segnale raffigurato consente il transito alle autovetture con motore elettrico V F
5) Il segnale raffigurato vieta il transito agli autocarri V F
6) Il segnale raffigurato vieta la circolazione nei due sensi V F
7) Il segnale raffigurato è un segnale di pericolo V F
8) Il segnale raffigurato consente il transito ai pedoni V F
9) Il segnale raffigurato è un DIVIETO DI TRANSITO V F
10) Il segnale raffigurato consente il transito alle biciclette V F
11) Il segnale raffigurato vieta la circolazione ai quadricicli a motore V F
12) Il segnale raffigurato è posto su entrambi gli accessi della strada V F
13) Il segnale raffigurato vieta il transito a tutti i veicoli V F
14) Il segnale raffigurato vieta il transito unicamente ai veicoli a motore V F
15) Il segnale raffigurato consente, di norma, di entrare nella strada per effettuare la sosta e le operazioni di carico e scarico V F
16) Il segnale raffigurato non consente l'ingresso, ma solo l'uscita dalla strada V F
17) Il segnale raffigurato, se barrato in rosso, indica la fine del divieto V F

03002 (FIGURA 55)

1) Il divieto imposto dal segnale raffigurato deve essere rispettato, nei centri abitati, dalle ore 8.00 alle ore 20.00 V F
2) Il segnale raffigurato è un SENSO VIETATO V F
3) I taxi devono rispettare il divieto imposto dal segnale rappresentato V F
4) I quadricicli a motore devono rispettare il divieto imposto dal segnale rappresentato V F
5) Il divieto imposto dal segnale raffigurato deve essere rispettato anche nelle ore notturne V F
6) Il segnale raffigurato è posto su una strada a senso unico V F
7) I veicoli senza motore devono rispettare il divieto imposto dal segnale rappresentato V F
8) Il segnale raffigurato vieta la sosta, ma non la fermata V F
9) Il segnale raffigurato consente la circolazione del traffico locale in entrambi i sensi V F
10) Il segnale raffigurato non consente la circolazione dei veicoli in quella strada V F
11) Il segnale raffigurato è posto su una carreggiata a doppio senso di circolazione V F
12) Il segnale raffigurato consente l'accesso ai motocicli V F
13) Il segnale raffigurato consente l'accesso ai ciclomotori V F
14) Il segnale raffigurato vieta di entrare in una strada accessibile invece dall'altra parte V F
15) Il segnale raffigurato vieta il sorpasso V F
16) Il segnale raffigurato è un DIVIETO DI TRANSITO V F

03003 (FIGURE 56, 932)

56

1) Il segnale raffigurato consente di sorpassare i ciclomotori **(fig. 56)** V F
2) Il segnale raffigurato indica che la corsia di destra è riservata ai veicoli lenti **(fig. 56)** V F
3) Il segnale (A) può essere ripetuto dopo ogni incrocio con pannello integrativo (B) **(fig. 932)** V F

A

B

932

4) Il segnale raffigurato vieta di sorpassare autocarri (fig. 56) V F

5) Il segnale raffigurato consente di sorpassare un'autovettura purché non si oltrepassi la striscia continua (fig. 56) V F

6) Il segnale raffigurato vieta il sorpasso fra autoveicoli, anche se la manovra può compiersi entro la semicarreggiata (fig. 56) V F

7) Il segnale raffigurato consente ad un motociclo di sorpassare un'autovettura (fig. 56) V F

8) Il segnale raffigurato vieta ad un motociclo di sorpassare una bicicletta (fig. 56) V F

9) Il segnale raffigurato si può trovare sia sulle strade urbane che su quelle extraurbane (fig. 56) V F

10) Il segnale raffigurato consente ad un'autovettura di sorpassare un motociclo (fig. 56) V F

11) Il segnale raffigurato consente il sorpasso tra autovetture se non vi è la striscia bianca continua (fig. 56) V F

03004 (FIGURA 56)

1) Il segnale raffigurato consente il transito agli autotreni, autoarticolati ed autosnodati V F

2) In presenza del segnale raffigurato è vietato sorpassare veicoli a motore diversi dai motocicli e dai ciclomotori V F

3) In presenza del segnale raffigurato è vietato sorpassare qualsiasi veicolo V F

4) Il segnale raffigurato si trova solo sulle strade extraurbane principali V F

5) In presenza del segnale raffigurato è consentito sorpassare veicoli a trazione animale V F

6) In presenza del segnale raffigurato un autocarro può sorpassare un motociclo V F

7) Il segnale raffigurato consente ad un'autovettura di sorpassare un autocarro V F

8) In presenza del segnale raffigurato è vietato il transito alle autovetture V F

9) In presenza del segnale raffigurato è vietato sorpassare anche gli autoveicoli di massa complessiva inferiore a 3,5 tonnellate V F

10) In presenza del segnale raffigurato un'autovettura può sorpassare un ciclomotore V F

11) Il segnale raffigurato impone di dare la precedenza nei sensi unici alternati V F

12) Il segnale raffigurato consente ad un motociclo di superare un autobus V F

03005 (FIGURA 56)

1) In presenza del segnale raffigurato è consentito il sorpasso degli autoveicoli a motore elettrico V F

2) In presenza del segnale raffigurato è consentito il sorpasso dei motocicli V F

3) In presenza del segnale raffigurato è consentito il sorpasso delle carrozze a cavalli V F

4) In presenza del segnale raffigurato è consentito il sorpasso dei veicoli a braccia V F

5) Il segnale raffigurato consente il sorpasso delle biciclette V F

6) In presenza del segnale raffigurato è consentito il sorpasso delle macchine agricole V F

7) In presenza del segnale raffigurato è consentito sorpassare ciclomotori a due ruote V F

8) Il segnale raffigurato preannuncia una strettoia V F

9) In presenza del segnale raffigurato è consentito il sorpasso delle macchine operatrici V F

10) In presenza del segnale raffigurato è consentito il sorpasso dei veicoli sprovvisti di motore V F

11) In presenza del segnale raffigurato è consentito il sorpasso dei veicoli a motore che procedono molto lentamente V F

12) In presenza del segnale raffigurato è consentito il sorpasso dei veicoli che hanno segnalato l'intenzione di svoltare a destra V F

03006 (FIGURA 57)

1) Il segnale raffigurato indica la distanza massima da mantenere esclusivamente nei tratti di strada dove il sorpasso è vietato V F
2) Il segnale raffigurato preavvisa che a 70 metri inizia il divieto di transito per le autovetture V F
3) Il segnale raffigurato vieta ad un veicolo di circolare a meno di 70 metri da quello che lo precede V F
4) Il segnale raffigurato vale anche per i motocicli V F
5) Il segnale raffigurato deve essere rispettato anche quando si viaggia a bassa velocità V F
6) Il segnale raffigurato obbliga i veicoli a marciare a meno di 70 metri di distanza l'uno dall'altro V F
7) In presenza del segnale raffigurato le autovetture non possono superare la velocità di 70 km/h V F
8) Il segnale raffigurato obbliga il veicolo che precede a distanziare quello che lo segue di almeno 70 metri V F
9) In presenza del segnale raffigurato è consentito ad un veicolo di circolare alla distanza di 80 metri da quello che lo precede V F
10) Il segnale raffigurato obbliga a rispettare la distanza minima indicata V F
11) In presenza del segnale raffigurato è obbligatorio mantenere una distanza di almeno 70 metri dal veicolo che precede V F
12) Il segnale raffigurato indica la lunghezza massima del cavo di traino V F

03007 (FIGURA 58)

1) Il segnale raffigurato impone di mantenere una distanza di sicurezza di almeno 80 metri V F
2) Il limite di velocità indicato sul segnale raffigurato ha validità immediatamente dopo il segnale stesso V F
3) Il segnale raffigurato è un segnale di divieto V F
4) Il segnale raffigurato non si riferisce ai motocicli V F
5) Il segnale raffigurato prescrive di marciare a velocità inferiore o uguale a 80 km/h V F
6) In presenza del segnale raffigurato è vietato superare la velocità di 80 km/h V F
7) Il segnale raffigurato è un segnale di prescrizione V F
8) Il segnale raffigurato indica la velocità consigliata V F
9) Il segnale raffigurato può trovarsi anche sulle autostrade V F
10) Il segnale raffigurato vieta la circolazione dei veicoli di massa totale superiore a 80 quintali V F
11) Il segnale raffigurato permette di effettuare il sorpasso a velocità superiore a 80 km/h V F
12) Il segnale raffigurato obbliga a rispettare un limite minimo di velocità V F
13) Il segnale raffigurato vieta il transito ai veicoli che, per costruzione, non possono raggiungere la velocità indicata V F

03008 (FIGURA 58)

1) Il segnale raffigurato vieta ai veicoli di superare la velocità indicata V F
2) Il segnale raffigurato vieta il transito agli autoveicoli con massa complessiva superiore al valore indicato V F
3) Il segnale raffigurato obbliga a rispettare il limite minimo di velocità indicato V F
4) Il segnale raffigurato impone ai veicoli che non sono in grado di superare gli 80 km/h di marciare sulla corsia di destra V F
5) Il limite di velocità indicato dal segnale raffigurato entra in vigore 150 metri dopo il segnale stesso V F
6) Il segnale raffigurato consente di circolare a velocità inferiore a quella indicata V F
7) Il numero raffigurato nel segnale indica la velocità massima consentita V F
8) Il segnale raffigurato indica un limite di velocità valido solo per autoveicoli V F

9) Il segnale raffigurato obbliga a rispettare un limite massimo di velocità V F

10) Il segnale raffigurato prescrive l'obbligo di viaggiare a velocità non superiore a 80 km/h V F

11) Il segnale raffigurato indica la velocità massima alla quale i veicoli possono procedere V F

12) Il segnale raffigurato indica un limite di velocità valido dalle ore 8.00 alle ore 20.00 V F

03009 (FIGURA 59)

1) In presenza del segnale raffigurato è consentito l'uso del clacson solo in caso di pericolo immediato V F

2) Il segnale raffigurato deve essere rispettato soltanto dalle ore 20.00 alle ore 8.00 V F

3) In presenza del segnale raffigurato si può utilizzare il clacson se si trasportano feriti o ammalati gravi V F

4) Il segnale raffigurato indica l'inizio di una zona in cui è vietato suonare il clacson V F

5) Il segnale raffigurato consente l'uso del clacson per richiamare l'attenzione in qualsiasi circostanza V F

6) Il segnale raffigurato vieta le segnalazioni acustiche V F

7) Il segnale raffigurato vieta l'uso del clacson V F

8) Il segnale raffigurato preavvisa la possibilità di incontrare una caserma dei vigili del fuoco V F

9) Il segnale raffigurato preavvisa una strettoia su strade di montagna V F

10) Il segnale raffigurato consente l'uso del clacson nei casi di ingorgo stradale V F

11) Il segnale raffigurato indica la fine del divieto di segnalazioni acustiche V F

03010 (FIGURA 60)

1) In presenza del segnale raffigurato un autocaravan con massa a pieno carico pari a 4 tonnellate può effettuare manovre di sorpasso V F

2) Il segnale raffigurato consente alle autovetture di sorpassare gli autocarri sulla corsia di destra V F

3) Il segnale raffigurato consente ad un autocarro di massa complessiva superiore a 3,5 tonnellate di sorpassare un motociclo V F

4) Il segnale raffigurato consente ad un autobus di massa a pieno carico pari a 18 tonnellate di sorpassare un autotreno V F

5) Il segnale raffigurato consente ad un autocarro di massa a pieno carico inferiore a 3,5 tonnellate di sorpassare un autoarticolato V F

6) In presenza del segnale raffigurato è vietato agli autocarri con massa a pieno carico superiore a 3,5 t di sorpassare un motociclo V F

7) Il segnale raffigurato vieta il sorpasso agli autosnodati V F

8) Il segnale raffigurato vieta ad un'autocaravan di massa complessiva pari a 6 tonnellate di effettuare manovre di sorpasso V F

9) In presenza del segnale raffigurato un autocarro con massa massima a pieno carico superiore a 3,5 tonnellate trainante un rimorchio leggero, può sorpassare un motociclo V F

10) In presenza del segnale raffigurato un autocaravan di massa a pieno carico superiore a 3,5 tonnellate non può sorpassare veicoli a motore V F

11) In presenza del segnale raffigurato un'autovettura con massa a pieno carico pari a 3 tonnellate trainante un carrello appendice, può sorpassare veicoli a motore V F

12) In presenza del segnale raffigurato, un autocarro non può sorpassare veicoli a motore se sulla sua carta di circolazione è indicata una massa complessiva a pieno carico superiore a 3,5 tonnellate V F

13) In presenza del segnale raffigurato, un autocarro di massa a pieno carico pari a 3 tonnellate non può effettuare manovre di sorpasso V F

14) In presenza del segnale raffigurato un'autovettura può sorpassare un autotreno V F

15) Il segnale raffigurato vieta ai veicoli di massa a pieno carico superiore a 3,5 tonnellate non destinati al trasporto di persone, di sorpassare veicoli a motore V F

16) In presenza del segnale raffigurato i veicoli con massa a pieno carico superiore a 3,5 tonnellate destinati al trasporto di persone, non possono effettuare manovre di sorpasso V F

03011 (FIGURA 61)

1) Il segnale raffigurato vieta il transito ai veicoli a trazione animale V F

2) Il segnale raffigurato indica una strada riservata ai carri agricoli V F

3) Il segnale raffigurato vige, nei centri abitati, dalle ore 8.00 alle ore 20.00 V F

4) Il segnale raffigurato vieta il transito ai veicoli a braccia V F

5) Il segnale raffigurato vieta il transito ai veicoli a motore V F

6) Il segnale raffigurato vieta la circolazione alle carrozze a cavalli V F

7) Il segnale raffigurato consente il transito dei motocicli V F

8) Il segnale raffigurato vieta il transito ai veicoli trainati da asini V F

9) Il segnale raffigurato consente il transito ai veicoli a trazione animale se muniti di pneumatici V F

10) Il segnale raffigurato vieta il transito ai veicoli trainati da cavalli V F

11) Il segnale raffigurato consente il transito degli autoveicoli V F

12) Il segnale raffigurato vieta la circolazione a tutti i veicoli sprovvisti di motore V F

03012 (FIGURA 62)

1) Il segnale raffigurato consente il transito ai quadricicli a motore V F

2) Il segnale raffigurato vieta il transito ai ciclomotori V F

3) Il segnale raffigurato consente il transito ai motocicli V F

4) Il segnale raffigurato indica un'area urbana riservata a parco giochi e divertimenti V F

5) Il segnale raffigurato consente il transito alle biciclette V F

6) Il segnale raffigurato vieta il transito ai pedoni V F

7) Il segnale raffigurato obbliga i pedoni a circolare sul margine sinistro della carreggiata V F

8) Il segnale raffigurato consente il transito agli autoveicoli V F

9) Il segnale raffigurato vale dalle ore 8.00 alle ore 20.00 V F

10) Il segnale raffigurato indica l'inizio di un percorso pedonale V F

03013 (FIGURA 63)

1) Il segnale raffigurato vieta il transito alle biciclette V F

2) Il segnale raffigurato vieta il transito ai motocicli V F

3) Il segnale raffigurato consente il transito ai quadricicli a motore V F

4) Il segnale raffigurato consente il transito ai pedoni V F

5) Il segnale raffigurato vieta il transito ai ciclomotori V F

6) Il segnale raffigurato vale dalle ore 8.00 alle ore 20.00 V F

7) Il segnale raffigurato è un segnale di divieto V F

8) Il segnale raffigurato vieta il transito ai tandem V F

9) Il segnale raffigurato consente il transito ai ciclomotori a due ruote V F

10) Il segnale raffigurato vieta il transito ai quadricicli a pedale V F

11) Il segnale raffigurato consente il transito delle biciclette nelle ore notturne V F

12) Il segnale raffigurato indica la presenza di una corsia riservata a biciclette e ciclomotori V F

13) Il segnale raffigurato indica un parcheggio per le biciclette V F

03014 (FIGURA 64)

1) Il segnale raffigurato consente il transito ai motocicli dotati di cellula di sicurezza V F

2) Il segnale raffigurato consente il transito ai tricicli e ai quadricicli a motore V F

3) Il segnale raffigurato consente il transito alle autovetture V F

4) Il segnale raffigurato è un segnale di pericolo V F

5) Il segnale raffigurato vieta il transito ai motocicli di qualsiasi cilindrata V F

6) Il segnale raffigurato consente il transito ai motocicli V F

7) Il segnale raffigurato vieta il transito ai quadricicli a motore V F

8) Il segnale raffigurato consente il transito alle biciclette V F

9) Il segnale raffigurato vieta il transito ai motocicli V F

10) Il segnale raffigurato si riferisce ai soli motocicli di cilindrata superiore ai 125 cm^3 V F

11) Il segnale raffigurato vieta il transito ai ciclomotori V F

12) Il segnale raffigurato vieta il transito a tutti i veicoli a due ruote V F

13) Il segnale raffigurato obbliga i motociclisti a servirsi della pista loro riservata V F

03015 (FIGURA 65)

1) Il segnale raffigurato è un segnale di pericolo V F

2) Il segnale raffigurato vale, per tutti i veicoli, durante le ore di mercato V F

3) Il segnale raffigurato vieta il transito dei veicoli a motore durante le ore di mercato V F

4) Il segnale raffigurato consente il transito dei ciclomotori V F

5) Il segnale raffigurato vieta il transito di carretti a mano V F

6) Il segnale raffigurato indica una strada riservata ai venditori ambulanti V F

7) Il segnale raffigurato vieta il transito ai veicoli a braccia V F

8) Il segnale raffigurato vieta il transito di veicoli a trazione animale V F

9) Il segnale raffigurato consente il transito di autovetture che trainano un carrello-appendice V F

10) Il segnale raffigurato consente il transito delle biciclette V F

11) Il segnale raffigurato vieta il transito ad un motociclo, anche se spinto a braccia V F

03016 (FIGURA 66)

1) Il segnale raffigurato vieta il transito a tutti gli autoveicoli V F

2) In presenza del segnale raffigurato è permesso il transito ai veicoli sprovvisti di motore V F

3) In presenza del segnale raffigurato è permesso il transito ai ciclomotori a due ruote V F

4) Il segnale raffigurato vieta il transito alle sole autovetture non catalizzate V F

5) Il segnale raffigurato vieta il transito ai quadricicli a motore V F

6) In presenza del segnale raffigurato è permesso il transito ai motocicli V F

7) In presenza del segnale raffigurato è consentito il transito agli autobus V F

8) Il segnale raffigurato vieta il transito ai tricicli a motore V F

9) In presenza del segnale raffigurato è consentito il transito alle autovetture adibite al servizio di taxi V F

10) In presenza del segnale raffigurato è permesso il transito ai quadricicli a motore V F

11) In presenza del segnale raffigurato è permesso il transito a tutti i tricicli a motore V F

12) In presenza del segnale raffigurato è consentito il transito agli autocarri V F

03017 (FIGURA 67)

1) In presenza del segnale raffigurato è consentito il transito agli scuolabus V F

2) Il segnale raffigurato segnala una corsia riservata agli autobus V F

3) In presenza del segnale raffigurato è consentito il transito agli autocarri V F

4) Il segnale raffigurato indica il divieto di transito agli autobus V F

5) In presenza del segnale raffigurato è consentito il transito alle autocaravan V F

6) Il segnale raffigurato vieta il transito alle autocaravan V F

7) In presenza del segnale raffigurato è consentito il transito ai motocicli V F

8) Il segnale raffigurato vieta il transito anche agli autobus di massa a pieno carico inferiore a 3,5 tonnellate V F

9) Il segnale raffigurato preannuncia un'area di sosta per autobus turistici V F

10) In presenza del segnale raffigurato è consentito il transito agli autobus turistici V F

11) In presenza del segnale raffigurato è consentito il transito alle autovetture V F

12) Il segnale raffigurato è valido solo nei giorni feriali V F

03018 (FIGURA 68)

1) Il segnale raffigurato vieta il transito di un autocarro di massa a pieno carico pari a 3 tonnellate V F

2) In presenza del segnale raffigurato è consentito il transito di autobus di massa complessiva superiore a 3,5 tonnellate V F

3) In presenza del segnale raffigurato è consentito il transito a tutti gli autocarri carrozzati con cassone aperto V F

4) Il segnale raffigurato vieta il transito a tutti gli autocarri carrozzati con furgone chiuso V F

5) Il segnale raffigurato può essere munito di pannello integrativo con un diverso valore della massa ammessa al transito V F

6) Il segnale raffigurato vieta il transito ai veicoli adibiti al trasporto di cose con massa a pieno carico superiore a 3,5 tonnellate V F

7) In presenza del segnale raffigurato è consentito il transito di un'autocaravan di massa a pieno carico superiore a 3,5 tonnellate V F

8) Il segnale raffigurato vieta il transito ai veicoli di massa superiore a 3,5 tonnellate destinati al trasporto di persone V F

9) In presenza del segnale raffigurato è consentito il transito agli autotreni di massa superiore a 3,5 tonnellate non adibiti al trasporto di persone V F

03019 (FIGURA 69)

1) In presenza del segnale raffigurato è consentito il transito alle autocaravan V F

2) In presenza del segnale raffigurato è vietato il transito di autocarri se sulla carta di circolazione è indicata una massa a pieno carico superiore a 6,5 tonnellate V F

3) Il segnale raffigurato vieta il transito agli autocarri con massa a pieno carico superiore a 6,5 tonnellate V F

4) In presenza del segnale raffigurato è consentito il transito agli autocarri di massa complessiva pari a 7,5 tonnellate V F

5) Il segnale raffigurato preannuncia una pesa pubblica nelle vicinanze V F

6) In presenza del segnale raffigurato è consentito il transito agli autobus V F

7) In presenza del segnale raffigurato è consentito il transito ai veicoli adibiti al trasporto di cose con massa complessiva pari o inferiore a quella indicata nel segnale V F

8) In presenza del segnale raffigurato è consentito il transito agli autoveicoli ad uso speciale di massa superiore a 6,5 tonnellate V F

9) Il segnale raffigurato vieta il transito ai veicoli di massa superiore a 6,5 tonnellate destinati al trasporto di persone V F

10) Il segnale raffigurato vieta il transito di autobus di massa complessiva superiore a 10 tonnellate V F

03020 (FIGURA 70)

1) Il segnale raffigurato indica autocarri in rallentamento V F

2) Il segnale raffigurato vieta il transito agli autotreni V F

3) Il segnale raffigurato indica che gli autotreni debbono procedere ad una distanza di almeno 100 metri tra di loro V F

4) Il segnale raffigurato vale soltanto per i veicoli adibiti al trasporto di merci V F

5) In presenza del segnale raffigurato è consentito il transito di un autoveicolo trainante un carrello-appendice V F

6) Il segnale raffigurato può essere integrato con pannello che consente il traino di rimorchi di massa non superiore a quella indicata nel pannello stesso V F

7) In presenza del segnale raffigurato è consentito il transito di un'autovettura trainante un caravan V F

8) In presenza del segnale raffigurato è consentito il transito agli autosnodati V F

9) Il segnale raffigurato vieta il transito ai veicoli a motore trainanti un rimorchio V F

10) In presenza del segnale raffigurato è consentito il transito ad un'autovettura che traina un rimorchio per imbarcazione V F

03021 (FIGURA 71)

1) Il segnale raffigurato vieta il transito alle trattrici agricole V F

2) In presenza del segnale raffigurato è consentito il transito di veicoli sgombraneve V F

3) Il segnale raffigurato vieta il transito ai trattori stradali per semirimorchi V F

4) In presenza del segnale raffigurato è consentito il transito alle macchine agricole V F

5) Il segnale raffigurato si trova soltanto sulla rete stradale delle aziende agricole V F

6) In presenza del segnale raffigurato è consentito il transito ai motocicli V F

7) In presenza del segnale raffigurato è consentito il traino dei rimorchi agricoli di massa complessiva fino a 1,5 tonnellate V F

8) In presenza del segnale raffigurato è consentito il transito ai quadricicli a motore V F

9) Il segnale raffigurato è obbligatorio in corrispondenza degli accessi privati V F

10) Il segnale raffigurato vieta il transito ai quadricicli a motore V F

11) Il segnale raffigurato vale sia per le macchine agricole gommate, sia per quelle cingolate V F

12) Il segnale raffigurato vale sia di giorno che di notte V F

13) In presenza del segnale raffigurato è consentito il transito alle macchine operatrici destinate a lavori di manutenzione stradale V F

14) In presenza del segnale raffigurato è consentito il transito alle macchine agricole durante le fiere V F

03022 (FIGURA 72)

1) Il segnale raffigurato vieta il transito agli autoveicoli con motore alimentato a gas liquido (GPL) V F

2) Il segnale raffigurato vieta il transito alle autocisterne che trasportano benzina V F

3) Il segnale raffigurato vieta il transito agli autocarri telonati V F

4) Il segnale raffigurato vieta il transito ai veicoli che trasportano merci pericolose V F

5) Il segnale raffigurato vieta il transito ai veicoli che trasportano merci deperibili V F

6) Il segnale raffigurato vieta il transito ai veicoli che trasportano carni macellate V F

7) Il segnale raffigurato vieta il transito ai veicoli con furgone frigorifero V F

03023 (FIGURA 73)

1) In presenza del segnale raffigurato gli autoveicoli che trasportano esplosivi possono effettuare manovre di sorpasso V F

2) Il segnale raffigurato prescrive di fare attenzione al transito di veicoli che trasportano esplosivo V F

3) In presenza del segnale raffigurato è consentito il transito ai veicoli che trasportano prodotti facilmente infiammabili, purché non esplosivi V F

4) Il segnale raffigurato vieta il transito ai veicoli che trasportano prodotti facilmente infiammabili V F

5) In presenza del segnale raffigurato è consentito il transito di autovetture alimentate a metano V F

6) Il carburante contenuto nel serbatoio del veicolo non si considera trasporto di materiale infiammabile vietato dal segnale in figura V F

7) Il segnale raffigurato vieta il transito ai veicoli che trasportano esplosivi V F

8) In presenza del segnale raffigurato è consentito il traino di veicoli che trasportano prodotti facilmente infiammabili V F

03024 (FIGURA 74)

1) Il segnale raffigurato vieta il transito ai veicoli che trasportano sostanze suscettibili di contaminare l'acqua V F

2) Il segnale raffigurato preannuncia la probabile presenza di acqua sulla carreggiata V F

3) In presenza del segnale raffigurato è consentito il transito alle autocisterne che trasportano acqua V F

4) Il segnale raffigurato vieta la sosta delle autocisterne V F

5) In presenza del segnale raffigurato è consentito il transito di rimorchi che trasportano sostanze che possono contaminare l'acqua V F

6) In presenza del segnale raffigurato è consentito il transito di autoveicoli che trasportano prodotti che non contaminano l'acqua V F

7) In presenza del segnale raffigurato è consentito il transito alle innaffiatrici stradali V F

8) Il segnale raffigurato preannuncia una zona soggetta ad allagamento V F

9) Il segnale raffigurato vieta il transito alle cisterne vuote V F

03025 (FIGURA 75)

1) Il segnale raffigurato è relativo al rimorchio, ma non alla motrice V F

2) In presenza del segnale raffigurato è consentito il transito di autotreni larghi 2,30 metri V F

3) Il segnale raffigurato può trovarsi prima di una strettoia V F

4) Il segnale raffigurato indica la larghezza massima dei veicoli ammessi al transito V F

5) Il segnale raffigurato si riferisce a tutti i veicoli di larghezza superiore a 2,30 metri V F

6) In presenza del segnale raffigurato i veicoli a trazione animale larghi più di 2,30 m possono transitare V F

7) Il segnale raffigurato è posto sulle strade sia urbane che extraurbane V F

8) Il segnale raffigurato si riferisce ai veicoli anche se sprovvisti di motore V F

9) Il segnale raffigurato è un divieto che non riguarda gli autobus V F

10) Il segnale raffigurato indica la distanza minima di sicurezza tra due autoveicoli in transito su quella strada V F

11) Il segnale raffigurato indica la larghezza di una strettoia V F

12) Il segnale raffigurato indica una strada larga 2,30 metri V F

03026 (FIGURA 76)

1) In presenza del segnale raffigurato è consentito il transito di una macchina agricola alta 3,50 metri V F

2) Il segnale raffigurato può trovarsi in un punto in cui la strada passa sotto un ponte V F

3) Il segnale raffigurato indica l'altezza massima dei veicoli ammessi al transito V F

4) Il segnale raffigurato vieta il transito degli autoveicoli di lunghezza superiore a 3,50 metri V F

5) Il segnale raffigurato nei centri abitati vale soltanto dalle ore 8.00 alle ore 20.00 V F

6) Il segnale raffigurato vieta il transito degli autoveicoli con altezza, comprensiva del carico, superiore a 3,50 metri V F

7) Il segnale raffigurato indica un passaggio alto 3,50 metri V F

8) Il segnale raffigurato indica l'altezza massima, misurata dal piano stradale, dei veicoli che possono transitare V F

9) Il segnale raffigurato può trovarsi sia nei centri abitati che fuori V F

10) Il segnale raffigurato indica che possono passare gli autocarri con carico alto 3,50 metri dal piano del cassone V F

11) Il segnale raffigurato indica la distanza di sicurezza da tenere dal veicolo che precede V F

03027 (FIGURA 77)

1) Il segnale raffigurato vieta il transito a tutti i veicoli di lunghezza complessiva superiore a 10 metri V F

2) In presenza del segnale raffigurato è consentito il transito di un autotreno lungo 10 metri V F

3) Il segnale raffigurato deve essere rispettato solo dai conducenti di veicoli adibiti al trasporto di cose V F

4) Il segnale raffigurato vieta il transito a veicoli di lunghezza superiore a quella indicata V F

5) In presenza del segnale raffigurato è consentito il transito di una autovettura che traina un caravan anche se insieme superano i 10 metri V F

6) Il segnale raffigurato deve essere rispettato anche dai conducenti di autobus V F

7) Il segnale raffigurato vige anche di notte V F

8) In presenza del segnale raffigurato è consentito il transito a tutti gli autosnodati per trasporto di persone V F

9) Il segnale raffigurato impone il distanziamento minimo tra autocarri per consentire alle autovetture di sorpassarli V F

10) Il segnale raffigurato indica un'area di parcheggio per autocarri lunghi al massimo 10 metri V F

11) Il segnale raffigurato obbliga un veicolo a distanziare quello che lo segue di almeno 10 metri V F

12) Il segnale raffigurato deve essere rispettato anche dai conducenti di complessi di veicoli V F

13) Il segnale raffigurato preannuncia che gli autocarri devono mantenere una distanza di sicurezza di almeno 10 metri V F

03028 (FIGURA 78)

1) Il segnale raffigurato vieta il transito ai veicoli aventi una massa effettiva superiore a quella indicata V F

2) In presenza del segnale raffigurato è consentito il transito ai veicoli il cui asse più caricato ha massa superiore a quella indicata V F

3) Il segnale raffigurato, integrato con pannello, può vietare il transito contemporaneo di più veicoli V F

4) In presenza del segnale raffigurato è consentito il transito di una macchina agricola di massa a pieno carico pari a 7 tonnellate V F

5) Il segnale raffigurato vieta il transito ai soli veicoli per trasporto merci di massa superiore a 7 tonnellate V F

6) Il segnale raffigurato si può trovare prima di un ponte V F

7) In presenza del segnale raffigurato è consentito il transito di autobus di massa superiore a 7 tonnellate V F

8) Il segnale raffigurato, nei centri abitati, vige dalle ore 8.00 alle ore 20.00 V F

9) Il segnale raffigurato vieta il transito agli autocarri di tara superiore a 7 tonnellate V F

10) Il segnale raffigurato vieta il transito ai veicoli di lunghezza superiore a 7 metri V F

03029 (FIGURA 79)

1) Il segnale raffigurato nei centri abitati vige dalle ore 8.00 alle ore 20.00 V F

2) In presenza del segnale raffigurato è consentito il transito di autocarri aventi massa effettiva per asse di 2,5 tonnellate V F

3) Il segnale raffigurato vieta il transito agli autocarri di massa complessiva superiore a quella indicata V F

4) Il segnale raffigurato fa riferimento alla massa effettiva sull'asse al momento del transito V F

5) Il segnale raffigurato vale solo per autoveicoli con ruote gemellate V F

6) Il segnale raffigurato può trovarsi prima di un ponte V F

7) Il segnale raffigurato vieta il transito ai veicoli aventi sull'asse più caricato una massa effettiva superiore a quella indicata V F

8) Il segnale raffigurato obbliga i veicoli aventi massa per asse superiore a 2,5 tonnellate a procedere a passo d'uomo V F

9) Il segnale raffigurato vieta il transito ai veicoli aventi una massa effettiva per asse superiore a 2,5 tonnellate V F

10) Il segnale raffigurato vieta il transito a tutti i veicoli con massa complessiva a pieno carico superiore a 2,5 tonnellate V F

03030 (FIGURA 80)

1) Il segnale raffigurato indica la fine delle prescrizioni precedentemente imposte V F

2) Il segnale raffigurato indica il punto dal quale le prescrizioni precedentemente indicate non sono più valide V F

3) Il segnale raffigurato riguarda soltanto i veicoli in servizio pubblico V F

4) Il segnale raffigurato indica la fine di un centro abitato V F

5) Il segnale raffigurato indica la fine di un cantiere di lavoro V F

6) Il segnale raffigurato è un segnale di via libera V F

7) Il segnale raffigurato indica la fine di divieti precedentemente imposti V F

8) Il segnale raffigurato è un segnale di indicazione V F

9) Il segnale raffigurato è un segnale di fine prescrizione V F

10) Il segnale raffigurato indica la fine del pericolo precedentemente segnalato V F

03031 (FIGURA 81)

1) Il segnale raffigurato consente di circolare entro i limiti di velocità vigenti per quel tipo di strada V F

2) Il segnale raffigurato indica la fine del relativo divieto V F

3) Il segnale raffigurato vieta di superare la velocità di 50 km/h V F

4) Il segnale raffigurato indica la fine di una prescrizione V F
5) Il segnale raffigurato consente di marciare anche a velocità inferiore a 50 km/h V F
6) Il segnale raffigurato consente di circolare a velocità superiore a 50 km/h V F
7) Il segnale raffigurato indica la fine dell'obbligo di mantenere una distanza di sicurezza di almeno 50 metri V F
8) Il segnale raffigurato indica il limite di velocità per tutti i veicoli V F
9) Il segnale raffigurato indica la fine del limite minimo di velocità V F
10) Il segnale raffigurato indica la fine del limite massimo di velocità V F
11) Il segnale raffigurato prescrive ai veicoli che non superano la velocità di 50 km/h di marciare sulla corsia di destra V F
12) Il segnale raffigurato indica la velocità consigliata V F

03032 (FIGURA 82)

1) Il segnale raffigurato prescrive il divieto di marcia per file parallele V F
2) Il segnale raffigurato indica la fine del limite massimo di velocità V F
3) Il segnale raffigurato non impone un particolare limite di velocità V F
4) Il segnale raffigurato indica la fine del divieto di sosta su entrambi i lati della strada V F
5) Il segnale raffigurato può essere posto sia nei centri urbani che fuori V F
6) Il segnale raffigurato indica il punto in cui termina il divieto di sorpasso V F
7) Il segnale raffigurato ha validità per tutte le 24 ore V F
8) Il segnale raffigurato indica la fine del divieto di sorpasso tra le sole autovetture V F
9) In presenza del segnale raffigurato è vietato il sorpasso se deve essere oltrepassata la striscia continua V F
10) Il segnale raffigurato indica la fine del divieto di sorpasso precedentemente imposto V F
11) Il segnale raffigurato è un segnale di fine prescrizione V F
12) Il segnale raffigurato indica la fine del divieto di transito per tutti gli autoveicoli V F
13) Il segnale raffigurato indica che è finito l'obbligo di mantenere la distanza di sicurezza V F
14) Il segnale raffigurato indica la fine del divieto di sosta in seconda fila V F

03033 (FIGURA 83)

1) Il segnale raffigurato indica la fine del divieto di sorpasso precedentemente imposto V F
2) Il segnale raffigurato indica la fine del divieto di sorpasso per autobus di massa a pieno carico superiore a 3,5 tonnellate V F
3) In presenza del segnale raffigurato le autovetture devono sorpassare gli autocarri sulla corsia di destra V F
4) Il segnale raffigurato indica la fine del divieto di sorpasso per veicoli merci di massa a pieno carico superiore a 3,5 tonnellate V F
5) In presenza del segnale raffigurato un autocarro può sorpassare un autobus V F
6) In presenza del segnale raffigurato è vietato il transito degli autotreni, autosnodati, autoarticolati V F
7) Il segnale raffigurato è un segnale di pericolo V F
8) In presenza del segnale raffigurato un autotreno di massa pari a 44 tonnellate può sorpassare un'autovettura V F
9) Il segnale raffigurato è un segnale di fine prescrizione V F
10) Il segnale raffigurato non vale per gli autocarri di massa complessiva pari a 7 tonnellate V F

03034 (FIGURE 84, 940)

84

940

1) Il segnale raffigurato, se posto sul lato sinistro di una strada a senso unico, vieta la sosta anche sul lato destro (fig. 84) V F
2) Il segnale raffigurato vieta la sosta sulle strade urbane dalle ore 8.00 alle ore 20.00, salvo diversa indicazione (fig. 84) V F
3) Il segnale raffigurato indica che la sosta è regolamentata con l'uso di parchimetri a pagamento (fig. 84) V F
4) Il segnale raffigurato consente la sosta nel tratto precedente (fig. 84) V F
5) In presenza del segnale raffigurato è sempre prevista la rimozione forzata del veicolo (fig. 84) V F
6) Il segnale raffigurato può essere integrato da pannelli per indicarne l'inizio, il proseguimento o la fine (fig. 84) V F
7) Il segnale raffigurato non vale per i motocicli ed i ciclomotori (fig. 84) V F
8) Il segnale raffigurato consente la sosta ai residenti (fig. 84) V F
9) Il segnale raffigurato cessa di validità dopo il primo incrocio, se non ripetuto (fig. 84) V F
10) Il segnale raffigurato è posto nei luoghi dove la sosta è vietata (fig. 84) V F
11) Il segnale raffigurato, opportunamente integrato, può vietare la sosta nei centri abitati dalle ore 0,00 alle 24,00 (fig. 84) V F
12) Il segnale raffigurato consente la fermata (fig. 84) V F
13) Il segnale raffigurato vieta la sosta sul tratto precedente (fig. 940) V F
14) Il segnale raffigurato preannuncia un divieto di fermata (fig. 84) V F
15) Il segnale raffigurato consente la sosta esponendo il tagliando emesso da un parchimetro (fig. 84) V F

03035 (FIGURE 84, 947, 949, 950)

1) Il segnale raffigurato, lungo strade extraurbane, indica divieto permanente di sosta in assenza di indicazioni integrative (fig. 84) V F
2) Il segnale raffigurato consente la sosta ai quadricicli a motore (fig. 84) V F
3) Il segnale raffigurato vieta la sosta, ma non la fermata (fig. 84) V F
4) Il segnale raffigurato indica che la sosta è regolamentata mediante disco orario (fig. 84) V F
5) Il segnale (A), se integrato con pannello (B), indica una zona in cui vige divieto di sosta, con rimozione del veicolo (fig. 950) V F
6) Il segnale raffigurato, nelle strade extraurbane, consente la sosta dopo le ore 20.00 (fig. 84) V F
7) Il segnale (A), se integrato con il pannello (B), è divieto di sosta permanente (fig. 949) V F
8) Il segnale raffigurato vieta la sosta sul lato della strada dove è posto (fig. 84) V F
9) Il segnale raffigurato non vieta la fermata (fig. 84) V F
10) Il segnale raffigurato contraddistingue le aree dove è proibito lasciare in sosta un veicolo (fig. 84) V F
11) Il segnale (A), se integrato con pannello (B), indica una zona in cui vige divieto di sosta (fig. 950) V F
12) Il segnale (A) con il pannello (B) vieta la sosta solo nei giorni lavorativi (fig. 947) V F
13) Il segnale raffigurato, nei centri urbani, prescrive il divieto di sosta dalle ore 20.00 alle ore 8.00, salvo diversa indicazione (fig. 84) V F
14) Il segnale (A), integrato con il pannello (B), indica una ZONA RIMOZIONE COATTA (fig. 950) V F
15) Il segnale raffigurato consente la sosta soltanto ai veicoli a due ruote (fig. 84) V F
16) Il segnale raffigurato, opportunamente integrato, può vietare la sosta in doppia fila (fig. 84) V F

84

A B

947

A B

949

A B

950

03036 (FIGURE 84, 946, 948)

1) Il segnale raffigurato permette la sosta degli autobus (fig. 84) V F
2) Il segnale raffigurato vieta la sosta ma non la fermata (fig. 84) V F
3) Il segnale raffigurato vieta la sospensione temporanea della marcia per la salita e discesa dei passeggeri (fig. 84) V F
4) Lungo le strade extraurbane, il segnale raffigurato vale soltanto nelle ore diurne (fig. 84) V F
5) Il segnale (A), integrato con il pannello (B), vieta la sosta soltanto nei giorni festivi (fig. 946) V F
6) Il segnale raffigurato non è posto nei luoghi ove per regola generale vige il divieto di sosta (fig. 84) V F
7) Il segnale raffigurato vieta la sosta dei veicoli su ambo i lati della carreggiata (fig. 84) V F
8) Il segnale (A), integrato con il pannello (B), consente la sosta agli autobus (fig. 948) V F
9) Il segnale raffigurato, posto nei centri abitati, vieta, di norma, la sosta dalle ore 8.00 alle 20.00 (fig. 84) V F
10) Il segnale raffigurato vieta l'abbandono prolungato nel tempo del veicolo (fig. 84) V F
11) Il segnale raffigurato è un segnale di prescrizione (fig. 84) V F
12) Il segnale raffigurato permette la sosta dei ciclomotori (fig. 84) V F

84

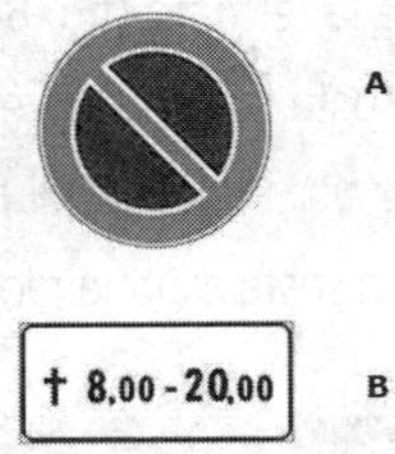

946

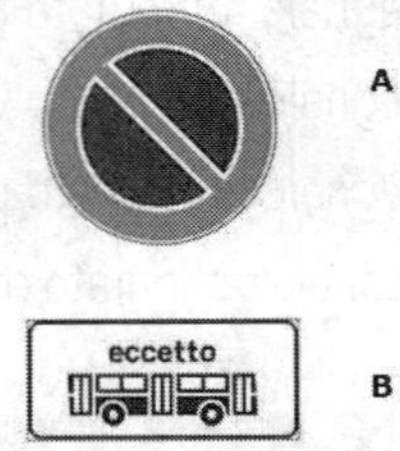

948

03037 (FIGURA 85)

1) Il segnale raffigurato vieta la fermata volontaria di tutti i veicoli V F
2) Lungo le strade urbane, il segnale raffigurato indica che il divieto di fermata vige dalle ore 8.00 alle 20.00 V F
3) Il segnale raffigurato consente la fermata per far salire o scendere passeggeri V F
4) Lungo le strade dove è posto, il segnale raffigurato vale 24 ore su 24 V F
5) Il segnale raffigurato vieta la sosta, ma consente la fermata V F
6) Il segnale raffigurato vieta la temporanea sospensione della marcia del veicolo V F
7) Il segnale raffigurato consente la fermata se il veicolo non arreca intralcio alla circolazione V F

03038 (FIGURA 85, 955)

1) Il segnale raffigurato vieta la sosta sia di giorno che di notte, anche nei centri abitati (fig. 85) V F
2) Il segnale raffigurato vieta la fermata a tutti i veicoli (fig. 85) V F
3) Il segnale raffigurato non vale per i taxi (fig. 85) V F
4) Il segnale raffigurato vieta qualsiasi volontaria fermata del veicolo (fig. 85) V F
5) In presenza del segnale raffigurato è sempre disposta la rimozione forzata del veicolo (fig. 85) V F
6) Il segnale (A), se integrato con il pannello (B), vieta la fermata nel tratto precedente (fig. 955) V F
7) Il segnale (A), se integrato con il pannello (B), indica la fine del divieto di fermata e di sosta (fig. 955) V F
8) Il segnale raffigurato vieta la fermata, ma consente la sosta (fig. 85) V F
9) Il segnale raffigurato vale solo nei giorni feriali, salvo diversa indicazione (fig. 85) V F

10) Il segnale raffigurato non vale per gli autobus **(fig. 85)** V F

11) Il segnale raffigurato consente la fermata del veicolo per la salita e la discesa dei passeggeri **(fig. 85)** V F

12) Il segnale raffigurato è un preavviso di divieto di sosta **(fig. 85)** V F

13) Il segnale raffigurato, in assenza di iscrizioni integrative, vige per tutto l'arco delle ventiquattro ore **(fig. 85)** V F

14) Il segnale raffigurato preannuncia la fine del divieto di sosta **(fig. 85)** V F

85

A

B

955

03039 (FIGURA 86)

1) Il segnale raffigurato indica un'area di parcheggio e può essere integrato con un pannello che indica la superficie disponibile V F

2) Il segnale raffigurato indica la sosta libera, ma con divieto di fermata V F

3) Il segnale raffigurato indica un'area di parcheggio e può essere integrato con un pannello indicante la disposizione dei veicoli V F

4) Il segnale raffigurato indica un'area di parcheggio e può essere integrato con un pannello che indica le categorie cui la stessa è riservata V F

5) Il segnale raffigurato indica un'area in cui è possibile la sosta al massimo per un'ora V F

6) Il segnale raffigurato indica un'area di parcheggio e può essere integrato con un pannello che ne indica la distanza V F

7) Il segnale raffigurato indica un'area attrezzata ed organizzata per sostare a tempo indeterminato, salvo diversa indicazione V F

8) Il segnale raffigurato indica un parcheggio autorizzato V F

9) Il segnale raffigurato indica un'area di sosta con parchimetro V F

10) Il segnale raffigurato indica che il parcheggio è ammesso dalle 8.00 alle 20.00 V F

11) Il segnale raffigurato indica un'area di parcheggio e può essere integrato con pannello che indica le categorie di veicoli esclusi V F

12) Il segnale raffigurato indica un'area di parcheggio e può essere integrato con un pannello che indica l'orario e le tariffe V F

13) Il segnale raffigurato indica un'area di parcheggio riservato ai veicoli della Polizia di Stato V F

14) Il segnale raffigurato indica un'area di parcheggio e può essere integrato con un pannello che ne indica la limitazione nel tempo V F

15) Il segnale raffigurato indica un'area di parcheggio e può essere integrato con la prescrizione di lasciare la chiave nel quadro V F

03040 (FIGURA 89)

1) Il segnale raffigurato preannuncia un posto di pronto soccorso nel senso della freccia V F

2) Il segnale raffigurato preannuncia un parcheggio vietato nel senso della freccia V F

3) Il segnale raffigurato preannuncia che la sosta e il parcheggio sono vietati nel senso della freccia V F

4) Il segnale raffigurato preannuncia un parcheggio a 300 metri nel senso della freccia V F

5) Il segnale raffigurato preannuncia che nella direzione della freccia vi è un parcheggio V F
6) Il segnale raffigurato preannuncia una zona di parcheggio procedendo nel senso della freccia V F
7) Il segnale raffigurato preannuncia di procedere oltre perché il parcheggio è riservato V F

03041 (FIGURA 90)

1) Il segnale raffigurato vale solo nelle ore notturne V F
2) Il segnale raffigurato indica la zona per l'accesso dei veicoli alle proprietà laterali V F
3) Il segnale raffigurato indica lo sbocco di un passo carrabile V F
4) Il segnale raffigurato consente la fermata, purché il veicolo non sia di intralcio V F
5) Il segnale raffigurato consente la sosta a particolari categorie di veicoli V F
6) Il segnale raffigurato vale solo nelle ore diurne V F
7) Il segnale raffigurato vieta la sosta nel luogo dove è posto V F
8) Il segnale raffigurato, per essere valido, deve contenere l'indicazione dell'ente che ha concesso l'autorizzazione, il numero e l'anno del rilascio V F
9) Il segnale raffigurato è posto soltanto nelle strade urbane V F
10) Il segnale raffigurato consente la sosta ai veicoli adibiti al pronto soccorso non in servizio V F

03042 (FIGURA 91)

1) Il segnale raffigurato consente la sosta ai veicoli al servizio di persone invalide munite dell'apposito contrassegno V F
2) Il segnale raffigurato indica una corsia riservata ai veicoli al servizio di persone invalide V F
3) Il segnale raffigurato non consente la sosta a veicoli diversi da quelli al servizio di persone invalide V F
4) Il segnale raffigurato, nella strada ove è posto, consente il transito ai soli veicoli al servizio di persone invalide V F
5) Il segnale raffigurato è un segnale di prescrizione V F
6) Il segnale raffigurato consente la sosta agli scuolabus V F
7) Il segnale raffigurato rappresenta una specifica eccezione al divieto di sosta V F
8) Il segnale raffigurato preavvisa una zona vietata al traffico regolare perché attrezzata per persone invalide V F
9) Il segnale raffigurato è un divieto di sosta per i veicoli al servizio di invalidi, ed indica il più vicino parcheggio V F
10) Il segnale raffigurato consente la sosta ai ciclomotori e ai motocicli V F
11) Il segnale raffigurato consente la sosta esponendo il tagliando emesso da un parchimetro V F

03043 (FIGURA 92)

1) Il segnale raffigurato indica una zona destinata al parcheggio con impiego del disco orario V F
2) Il segnale raffigurato consente la sosta dalle ore 9.00 alle 17.00 V F
3) Il segnale raffigurato consente il parcheggio dalle ore 7.00 alle 9.00 V F
4) Il segnale raffigurato consente la sosta dalle ore 20.00 alle ore 7.00 V F
5) Il segnale raffigurato vieta la sosta dalle ore 7.00 alle ore 9.00 V F
6) Il segnale raffigurato consente la sosta in alcune ore e la vieta in altre V F
7) Il segnale raffigurato vieta la sosta dalle ore 17.00 alle 20.00 V F
8) Il segnale raffigurato rappresenta una regolazione della sosta V F
9) Il segnale raffigurato vieta la fermata del veicolo tra le ore 17.00 e le 20.00 V F

10) Il segnale raffigurato, nei centri abitati, consente la sosta dalle ore 20.00 alle 8.00 V F

11) Nelle ore in cui è vietata la sosta, il segnale raffigurato comporta la rimozione del veicolo V F

03044 (FIGURA 148)

1) Il segnale raffigurato, nei centri urbani, segnala il divieto di sosta limitato ai giorni e alle ore indicate V F

2) Il segnale raffigurato indica la presenza di macchine sgombraneve al lavoro sulla strada V F

3) Il segnale raffigurato vieta la sosta nei periodi in cui viene effettuata la pulizia meccanica della strada V F

4) Il segnale raffigurato segnala che nelle ore indicate vige il DIVIETO DI SOSTA per i veicoli rappresentati in figura V F

5) Il segnale raffigurato è un segnale di DIVIETO DI SOSTA TEMPORANEO V F

6) Il segnale raffigurato è posto nei tratti di strada ove vengono effettuate operazioni di pulizia meccanica delle strade V F

7) Il segnale raffigurato indica che nei giorni e nelle ore indicate è vietata la sosta ai mezzi di pulizia V F

8) Il segnale raffigurato indica presenza di un deposito con probabile uscita di mezzi per pulizia meccanica delle strade V F

03045 (FIGURA 151)

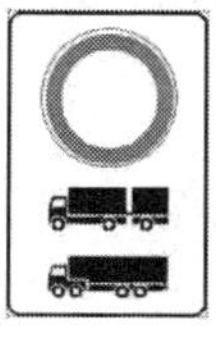

1) In presenza del segnale raffigurato è vietato il transito alle categorie di veicoli rappresentati in figura V F

2) Il segnale raffigurato indica un itinerario obbligatorio per gli autoveicoli delle categorie rappresentate in figura V F

3) Il segnale raffigurato vieta il transito di tutti i veicoli con esclusione di quelli rappresentati in figura V F

4) Il segnale raffigurato indica che i veicoli delle categorie rappresentate in figura non possono transitare V F

5) Il segnale raffigurato indica che possono transitare tutti i veicoli esclusi quelli delle categorie rappresentate in figura V F

6) Il segnale raffigurato vieta la sosta ad autotreni ed autoarticolati V F

7) Il segnale raffigurato preannuncia un parcheggio per autocarri ed autotreni V F

8) Il segnale raffigurato vieta il transito ad autotreni ed autoarticolati V F

9) Il segnale raffigurato è un divieto di transito per determinate categorie di veicoli V F

10) Il segnale raffigurato indica un divieto di sosta per autotreni e autoarticolati V F

11) Il segnale raffigurato presegnala una strada riservata ai veicoli delle categorie rappresentate in figura V F

Segnali di obbligo

04001 (FIGURA 97)

1) Il segnale raffigurato è posto all'inizio di una strada in pendenza V F

2) Il segnale raffigurato preannuncia che non è consentito svoltare a destra V F

3) Il segnale raffigurato è un segnale di prescrizione V F

4) Il segnale raffigurato precede un segnale di DIREZIONE OBBLIGATORIA A SINISTRA V F

5) Il segnale raffigurato è un segnale d'obbligo V F

6) Il segnale raffigurato indica che è obbligatorio passare a sinistra dell'ostacolo V F

7) Il segnale raffigurato è posto prima di un incrocio V F

8) Il segnale raffigurato preannuncia che non è consentito proseguire diritto V F

9) Il segnale raffigurato indica l'obbligo di cambiare corsia V F
10) Il segnale raffigurato è un segnale di indicazione V F
11) Il segnale raffigurato preannuncia un senso unico V F
12) Il segnale raffigurato presegnala una curva pericolosa a sinistra V F

04002 (FIGURA 93)

1) Il segnale raffigurato indica l'obbligo di proseguire diritto V F
2) Il segnale raffigurato, in corrispondenza di un incrocio, non consente la svolta a destra o a sinistra V F
3) Il segnale raffigurato non consente la svolta a sinistra V F
4) Il segnale raffigurato indica l'unica direzione consentita V F
5) Il segnale raffigurato, posto prima di un incrocio, obbliga a proseguire diritto V F
6) Il segnale raffigurato è un segnale di prescrizione V F
7) Il segnale raffigurato è un segnale di indicazione V F
8) Il segnale raffigurato consente di svoltare all'incrocio V F
9) Il segnale raffigurato non consente la svolta a destra V F
10) Il segnale raffigurato obbliga a svoltare a destra o a sinistra V F
11) Il segnale raffigurato preannuncia una direzione consigliata V F
12) Il segnale raffigurato consente di svoltare a destra o a sinistra V F
13) Il segnale raffigurato esclude la possibilità che provengano veicoli di fronte V F
14) Il segnale raffigurato impone la marcia in unica fila V F
15) Il segnale raffigurato è un segnale di divieto V F
16) Il segnale raffigurato è un segnale di corsia V F
17) Il segnale raffigurato è un segnale di direzione obbligatoria V F
18) Il segnale raffigurato indica l'inizio del senso unico di circolazione V F
19) Il segnale raffigurato è un segnale di obbligo V F
20) Il segnale raffigurato indica la fine del doppio senso di circolazione V F
21) Il segnale raffigurato indica un senso unico frontale V F

04003 (FIGURA 94)

1) Il segnale raffigurato indica l'obbligo di svoltare a sinistra V F
2) Il segnale raffigurato indica che è obbligatorio passare a sinistra di un ostacolo posto sulla carreggiata V F
3) Il segnale raffigurato, posto prima di un incrocio, obbliga a svoltare a sinistra V F
4) Il segnale raffigurato, in corrispondenza di un incrocio, non consente di proseguire diritto V F
5) Il segnale raffigurato è un segnale di prescrizione V F
6) Il segnale raffigurato non consente di svoltare a destra V F
7) Il segnale raffigurato consente di svoltare a destra all'incrocio V F
8) Il segnale raffigurato è un segnale di obbligo V F
9) Il segnale raffigurato consente di andare diritto all'incrocio V F
10) Il segnale raffigurato indica la fine del doppio senso di circolazione dopo una svolta a destra V F
11) Il segnale raffigurato è un segnale di indicazione V F
12) Il segnale raffigurato indica l'unica direzione consentita V F

13) Il segnale raffigurato indica l'inizio del senso unico di circolazione dopo una svolta a sinistra V F
14) Il segnale raffigurato è un segnale di direzione obbligatoria V F
15) Il segnale raffigurato è un segnale di divieto V F
16) Il segnale raffigurato indica che la strada che si incrocia è a senso unico verso sinistra V F
17) Il segnale raffigurato indica un senso unico parallelo V F

04004 (FIGURA 94)

1) Il segnale raffigurato indica che si può svoltare soltanto a sinistra V F
2) Il segnale raffigurato indica il divieto di svoltare a sinistra V F
3) Il segnale raffigurato indica che non è consentito proseguire diritto V F
4) Il segnale raffigurato indica che ci si può fermare sulla sinistra della strada V F
5) Il segnale raffigurato indica l'obbligo di proseguire diritto V F
6) Il segnale raffigurato significa che bisogna aggirare l'ostacolo a sinistra V F
7) Il segnale raffigurato significa preavviso di curva a sinistra V F

04005 (FIGURA 95)

1) Il segnale raffigurato indica l'obbligo di svoltare a destra V F
2) Il segnale raffigurato indica la fine del doppio senso di circolazione nella svolta a sinistra V F
3) Il segnale raffigurato, in corrispondenza di un incrocio, obbliga a svoltare a destra V F
4) Il segnale raffigurato, posto prima di un incrocio, non consente di proseguire diritto V F
5) Il segnale raffigurato è un segnale di divieto V F
6) Il segnale raffigurato è un segnale di direzione obbligatoria V F
7) Il segnale raffigurato indica che è pericoloso svoltare a destra V F
8) Il segnale raffigurato non consente di svoltare a sinistra V F
9) Il segnale raffigurato indica l'unica direzione consentita V F
10) Il segnale raffigurato prescrive di proseguire diritto V F
11) Il segnale raffigurato indica l'inizio del senso unico di circolazione nella svolta a destra V F
12) Il segnale raffigurato è un segnale di indicazione V F
13) Il segnale raffigurato è un segnale di prescrizione V F
14) Il segnale raffigurato è un segnale di obbligo V F
15) Il segnale raffigurato indica che la strada che si incrocia è a senso unico verso destra V F
16) Il segnale raffigurato indica un senso unico parallelo V F

04006 (FIGURA 95)

1) Il segnale raffigurato indica direzione obbligatoria a destra V F
2) Il segnale raffigurato indica che si può svoltare soltanto a destra V F
3) Il segnale raffigurato indica che si deve svoltare a destra V F
4) Il segnale raffigurato indica di passare a destra dell'ostacolo V F
5) Il segnale raffigurato indica il divieto di svoltare a destra V F
6) Il segnale raffigurato indica un'area di parcheggio a destra V F
7) Il segnale raffigurato indica l'obbligo di proseguire diritto V F
8) Il segnale raffigurato indica che non è consentito proseguire diritto V F
9) Il segnale raffigurato indica preavviso di curva a destra V F

04007 (FIGURA 96)

1) Il segnale raffigurato può essere integrato con un pannello che indica la distanza dal punto in cui vige l'obbligo V F
2) Il segnale raffigurato precede un incrocio con obbligo di svoltare a destra V F
3) Il segnale raffigurato indica una curva pericolosa a destra V F
4) Il segnale raffigurato è un segnale di prescrizione V F
5) Il segnale raffigurato è un segnale di divieto V F
6) Il segnale raffigurato obbliga ad andare diritto o svoltare a destra V F
7) Il segnale raffigurato è un segnale d'obbligo V F
8) Il segnale raffigurato preannuncia l'unica direzione consentita V F
9) Il segnale raffigurato è un preavviso di obbligo di svoltare a destra V F
10) Il segnale raffigurato è un segnale di indicazione V F
11) Il segnale raffigurato preannuncia un incrocio ove non è consentito proseguire diritto V F
12) Il segnale raffigurato è un segnale di preavviso di pericolo V F
13) Il segnale raffigurato presegnala una confluenza a destra V F
14) Il segnale raffigurato preannuncia che non è consentito girare a sinistra V F
15) Il segnale raffigurato obbliga gli autocarri ed i veicoli lenti ad incolonnarsi sulla corsia di destra V F
16) Il segnale raffigurato preannuncia che non è consentito proseguire diritto o svoltare a sinistra V F
17) Il segnale raffigurato indica che non è consentito svoltare a destra al prossimo incrocio V F
18) Il segnale raffigurato prescrive l'obbligo di passare a destra di un ostacolo V F
19) Il segnale raffigurato preannuncia una corsia di decelerazione V F

04008 (FIGURA 96)

1) Il segnale raffigurato è posto prima di un incrocio V F
2) Il segnale raffigurato preannuncia un senso unico V F
3) Il segnale raffigurato preannuncia che non è consentito svoltare a sinistra V F
4) Il segnale raffigurato preannuncia che non è consentito proseguire diritto V F
5) Il segnale raffigurato non consente la svolta a destra V F
6) Il segnale raffigurato precede il segnale di DIREZIONE OBBLIGATORIA A DESTRA V F
7) Il segnale raffigurato indica che è obbligatorio passare a destra dell'ostacolo V F
8) Il segnale raffigurato è un segnale di obbligo V F
9) Il segnale raffigurato obbliga a svoltare subito a destra V F
10) Il segnale raffigurato preannuncia l'obbligo di svoltare a sinistra V F

04009 (FIGURA 97)

1) Il segnale raffigurato preannuncia una corsia di accelerazione V F
2) Il segnale raffigurato può essere integrato con pannello che indica la distanza dal punto in cui vige l'obbligo V F
3) Il segnale raffigurato preannuncia l'obbligo di svoltare a sinistra al prossimo incrocio V F
4) Il segnale raffigurato preannuncia di andare diritto ma non di svoltare a destra V F
5) Il segnale raffigurato è un segnale di preavviso di direzione obbligatoria V F
6) Il segnale raffigurato preannuncia l'unica direzione consentita V F
7) Il segnale raffigurato indica che non è consentito svoltare a sinistra al prossimo incrocio V F

8) Il segnale raffigurato precede un incrocio in cui non è consentito proseguire diritto o girare a destra V F
9) Il segnale raffigurato è preavviso dell'obbligo di svoltare a sinistra V F
10) Il segnale raffigurato precede un incrocio ove è obbligatorio svoltare a sinistra V F
11) Il segnale raffigurato presegnala il senso unico di circolazione nella svolta a sinistra V F
12) Il segnale raffigurato è un segnale di divieto V F
13) Il segnale raffigurato obbliga ad andare diritto o a svoltare a sinistra V F
14) Il segnale raffigurato preannuncia una direzione consigliata V F

04010 (FIGURA 98)

1) Il segnale raffigurato indica le uniche direzioni consentite V F
2) Il segnale raffigurato è un segnale di obbligo V F
3) Il segnale raffigurato è un segnale di divieto V F
4) Il segnale raffigurato è un segnale di indicazione V F
5) Il segnale raffigurato indica l'impossibilità di proseguire diritto V F
6) Il segnale raffigurato indica le direzioni consentite a destra e a sinistra V F
7) Il segnale raffigurato indica l'inizio del doppio senso di circolazione V F
8) Il segnale raffigurato indica la facoltà di passare a destra o a sinistra di un'isola spartitraffico V F
9) Il segnale raffigurato indica passaggio consentito alla destra ed alla sinistra di un ostacolo V F
10) Il segnale raffigurato indica che il sorpasso è consentito sia a destra che a sinistra V F
11) Il segnale raffigurato è un segnale di prescrizione V F
12) Il segnale raffigurato indica di disporsi su due file per proseguire diritto V F
13) Il segnale raffigurato indica che non è consentito proseguire diritto all'incrocio V F
14) Il segnale raffigurato obbliga a svoltare a destra o a sinistra al prossimo incrocio V F
15) Il segnale raffigurato indica l'inizio della circolazione per file parallele V F

04011 (FIGURA 98)

1) Il segnale raffigurato indica che è consentito svoltare a sinistra V F
2) Il segnale raffigurato indica che è consentito passare sia a destra che a sinistra della striscia continua V F
3) Il segnale raffigurato indica che non è consentito proseguire diritto V F
4) Il segnale raffigurato indica che si può scegliere fra le due direzioni consentite V F
5) Il segnale raffigurato indica che nelle immediate vicinanze c'è una biforcazione pericolosa V F
6) Il segnale raffigurato indica che bisogna disporsi su due file per proseguire diritto V F
7) Il segnale raffigurato indica che è consentito svoltare a destra V F
8) Il segnale raffigurato indica due sensi unici paralleli V F

04012 (FIGURA 99)

1) Il segnale raffigurato obbliga a proseguire diritto o svoltare a destra all'incrocio V F
2) Il segnale raffigurato consente solo di proseguire diritto o svoltare a destra V F
3) Il segnale raffigurato è un segnale di prescrizione V F
4) Il segnale raffigurato è un segnale di pericolo V F

5) Il segnale raffigurato consente solo di proseguire diritto V F
6) Il segnale raffigurato indica le uniche direzioni consentite V F
7) Il segnale raffigurato indica che è consentito soltanto svoltare a destra V F
8) Il segnale raffigurato non consente la svolta a sinistra all'incrocio V F
9) Il segnale raffigurato obbliga a passare a destra di un cantiere stradale V F
10) Il segnale raffigurato è un segnale di obbligo V F
11) Il segnale raffigurato è un segnale di indicazione V F
12) Il segnale raffigurato indica l'impossibilità di svoltare a sinistra V F
13) Il segnale raffigurato indica il prossimo inizio di una corsia supplementare riservata ai veicoli lenti V F

04013 (FIGURA 99)

1) Il segnale raffigurato indica che è consentito svoltare a destra V F
2) Il segnale raffigurato indica che non è consentito svoltare a sinistra V F
3) Il segnale raffigurato indica che è obbligatorio proseguire solo diritto V F
4) Il segnale raffigurato indica che in ogni caso bisogna tenersi il più possibile sul margine destro della carreggiata V F
5) Il segnale raffigurato indica che è obbligatorio svoltare unicamente a destra V F
6) Il segnale raffigurato indica che è consentito proseguire diritto V F
7) Il segnale raffigurato indica che si può scegliere fra le due direzioni consentite V F
8) Il segnale raffigurato indica che è obbligatorio dare la precedenza a sinistra V F
9) Il segnale raffigurato indica che è prossima una biforcazione pericolosa V F

04014 (FIGURA 100)

1) Il segnale raffigurato indica che non si deve svoltare a destra V F
2) Il segnale raffigurato indica che è consentito soltanto svoltare a sinistra V F
3) Il segnale raffigurato non consente la svolta a destra V F
4) Il segnale raffigurato consente solo di proseguire diritto o svoltare a sinistra V F
5) Il segnale raffigurato obbliga a svoltare a sinistra o a proseguire diritto V F
6) Il segnale raffigurato è un segnale di prescrizione V F
7) Il segnale raffigurato consente solo di proseguire diritto V F
8) Il segnale raffigurato si trova anche fuori dei centri abitati V F
9) Il segnale raffigurato è un segnale di indicazione V F
10) Il segnale raffigurato consente di sorpassare a sinistra lo spartitraffico V F
11) Il segnale raffigurato obbliga a passare a sinistra di un cantiere stradale V F
12) Il segnale raffigurato è un segnale di pericolo V F

04015 (FIGURA 100)

1) Il segnale raffigurato indica che si sta incrociando una biforcazione pericolosa V F
2) Il segnale raffigurato indica che si può scegliere fra le due direzioni consentite V F
3) Il segnale raffigurato indica che è consentito proseguire diritto V F
4) Il segnale raffigurato indica che è obbligatorio proseguire solo diritto V F
5) Il segnale raffigurato indica che è obbligatorio svoltare unicamente a sinistra V F

6) Il segnale raffigurato indica che si deve dare la precedenza a destra V F

7) Il segnale raffigurato indica che bisogna in ogni caso avvicinarsi il più possibile all'asse della carreggiata V F

8) Il segnale raffigurato indica che è consentito svoltare a sinistra V F

9) Il segnale raffigurato indica che le corsie disponibili diventano due V F

04016 (FIGURA 101)

1) Il segnale raffigurato può essere preceduto dal segnale ROTATORIA V F

2) Il segnale raffigurato obbliga i conducenti a passare a sinistra di un'isola di traffico V F

3) Il segnale raffigurato obbliga i conducenti a passare a sinistra di un cantiere stradale V F

4) Il segnale raffigurato obbliga i conducenti a passare a sinistra di un ostacolo V F

5) Il segnale raffigurato obbliga i conducenti a svoltare a sinistra V F

6) Il segnale raffigurato obbliga i conducenti a passare a sinistra di uno spartitraffico V F

7) Il segnale raffigurato indica una discesa pericolosa a sinistra V F

8) Il segnale raffigurato obbliga i conducenti a passare a sinistra di un salvagente V F

9) Il segnale raffigurato preannuncia l'obbligo di svoltare a sinistra V F

10) Il segnale raffigurato indica che è obbligatorio svoltare a destra V F

11) Il segnale raffigurato è un segnale di indicazione V F

04017 (FIGURA 101)

1) Il segnale raffigurato prescrive di non superare l'ostacolo a destra V F

2) Il segnale raffigurato indica che bisogna superare il salvagente lasciandolo alla propria sinistra V F

3) Il segnale raffigurato indica che siamo in prossimità di un incrocio V F

4) Il segnale raffigurato indica obbligo di svoltare a sinistra V F

5) Il segnale raffigurato indica obbligo di superare un cantiere stradale dalla parte sinistra V F

6) Il segnale raffigurato indica obbligo di lasciare l'ostacolo a destra V F

7) Il segnale raffigurato indica direzione obbligatoria a sinistra V F

8) Il segnale raffigurato indica passaggio obbligatorio a sinistra V F

9) Il segnale raffigurato indica che non è possibile proseguire su quella strada V F

04018 (FIGURA 102)

1) Il segnale raffigurato obbliga i conducenti a svoltare a destra V F

2) Il segnale raffigurato obbliga i conducenti a passare a destra di un ostacolo V F

3) Il segnale raffigurato, posto in presenza di un cantiere stradale, obbliga i conducenti a passare a destra V F

4) Il segnale raffigurato, posto in presenza di un salvagente, obbliga i conducenti a passare a destra V F

5) Il segnale raffigurato, posto in presenza di un'isola di traffico, obbliga i conducenti a passare a destra V F

6) Il segnale raffigurato presegnala una curva pericolosa a destra V F

7) Il segnale raffigurato indica una strada deformata a destra V F

8) Il segnale raffigurato obbliga i conducenti a passare a destra di uno spartitraffico V F

9) Il segnale raffigurato preannuncia l'obbligo di svoltare a destra V F

04019 (FIGURA 102)

1) Il segnale raffigurato indica obbligo di superare lo spartitraffico dalla parte destra V F
2) Il segnale raffigurato indica direzione obbligatoria a destra V F
3) Il segnale raffigurato indica obbligo di lasciare un'isola salvagente a sinistra V F
4) Il segnale raffigurato indica che non è consentito superare l'ostacolo a sinistra V F
5) Il segnale raffigurato indica obbligo di svoltare a destra V F
6) Il segnale raffigurato indica che siamo in prossimità di un incrocio V F
7) Il segnale raffigurato indica obbligo di superare l'ostacolo lasciandolo alla propria destra V F
8) Il segnale raffigurato indica obbligo di passare a destra di un cantiere stradale V F
9) Il segnale raffigurato indica passaggio obbligatorio a destra V F
10) Il segnale raffigurato indica che non è possibile proseguire su quella strada V F

04020 (FIGURA 103)

1) Il segnale raffigurato vieta di proseguire in quella strada V F
2) Il segnale raffigurato indica che si può transitare a destra e a sinistra di uno spartitraffico V F
3) Il segnale raffigurato indica al conducente gli unici passaggi consentiti V F
4) Il segnale raffigurato consente ai conducenti di passare sia a destra che a sinistra di un salvagente V F
5) Il segnale raffigurato indica i passaggi consentiti a destra e a sinistra di un'isola di traffico V F
6) Il segnale raffigurato è un segnale di indicazione V F
7) Il segnale raffigurato obbliga a svoltare a sinistra o a destra all'incrocio V F
8) Il segnale raffigurato consente il passaggio a destra e a sinistra di un cantiere stradale V F
9) Il segnale raffigurato è, di norma, preceduto dal segnale ROTATORIA V F
10) Il segnale raffigurato consente il passaggio da ambedue i lati dell'ostacolo V F
11) Il segnale raffigurato è un segnale di divieto V F

04021 (FIGURA 104)

1) Il segnale raffigurato presegnala un incrocio regolato con circolazione rotatoria V F
2) Il segnale raffigurato è collocato sulla colonnina luminosa posta al centro di una rotatoria V F
3) Il segnale raffigurato è un segnale di prescrizione V F
4) Il segnale raffigurato, in corrispondenza di una piazza, prescrive l'obbligo di circolazione secondo il verso indicato V F
5) Il segnale raffigurato è integrato con un segnale di PASSAGGIO OBBLIGATORIO A SINISTRA V F
6) Il segnale raffigurato preannuncia una direzione obbligatoria a sinistra V F
7) Il segnale raffigurato è posto prima dello sbocco su un'area in cui è prescritta la circolazione rotatoria V F
8) Il segnale raffigurato è un segnale di divieto V F
9) Il segnale raffigurato è un segnale di indicazione V F

04022 (FIGURE 104, 971)

1) Il segnale raffigurato è posto all'inizio di una strada senza uscita **(fig. 104)** V F
2) Il segnale raffigurato indica la presenza di un incrocio nel quale la circolazione è regolata a rotatoria **(fig. 104)** V F
3) Il segnale raffigurato prescrive un obbligo di ROTATORIA solo per le autovetture **(fig. 104)** V F

4) Il segnale di figura (A) su strade extraurbane è preceduto dal segnale di pericolo di CIRCOLAZIONE ROTATORIA in figura (B) **(fig. 971)** V F
5) Il segnale raffigurato è un segnale di obbligo **(fig. 104)** V F
6) Il segnale raffigurato obbliga i conducenti a circolare secondo il verso indicato dalle frecce **(fig. 104)** V F
7) Il segnale raffigurato indica l'obbligo di tornare indietro **(fig. 104)** V F
8) Il segnale raffigurato è posto prima dello sbocco in una piazza con circolazione rotatoria **(fig. 104)** V F
9) Il segnale raffigurato è posto su colonnina al centro dell'incrocio intorno alla quale bisogna girare secondo le frecce **(fig. 104)** V F
10) Il segnale raffigurato non vale per i ciclomotori **(fig. 104)** V F

104

A

B

971

04023 (FIGURA 105)

1) Il segnale raffigurato vieta di superare la velocità indicata V F
2) Il segnale raffigurato indica il limite di velocità al di sotto del quale è vietato circolare V F
3) Il segnale raffigurato obbliga i veicoli a mantenere almeno la velocità indicata V F
4) Il segnale raffigurato consente di marciare alla velocità di 20 km/h V F
5) Il segnale raffigurato indica la fine del limite massimo di velocità V F
6) Il segnale raffigurato prescrive di marciare alla velocità costante di 30 km/h V F
7) Il segnale raffigurato impone di circolare ad una velocità di almeno 30 km/h V F
8) Il segnale raffigurato vieta il transito ai veicoli che non siano in grado di osservare la prescrizione V F
9) In presenza del segnale raffigurato è consentito marciare alla velocità di 40 km/h V F
10) Il segnale raffigurato consente di marciare ad una velocità superiore a 30 km/h, senza alcun limite V F
11) Il segnale raffigurato è un segnale di obbligo V F
12) Il segnale raffigurato è un segnale di indicazione V F

04024 (FIGURA 105)

1) Il segnale raffigurato vieta la circolazione ai veicoli che non sono in grado di marciare almeno a 30 km/h V F
2) Il segnale raffigurato consente di marciare alla velocità di 25 km/h V F
3) Il segnale raffigurato indica il limite massimo di velocità V F
4) In presenza del segnale raffigurato è consentito circolare entro i limiti massimi di velocità vigenti per quella strada V F
5) Il segnale raffigurato consente la circolazione ai veicoli che procedono a velocità uguale o superiore a quella indicata V F
6) Il segnale raffigurato consente di circolare a velocità inferiore a quella indicata V F
7) Il segnale raffigurato indica che la circolazione è riservata ai veicoli con velocità massima inferiore a quella indicata V F
8) Il segnale raffigurato vieta di marciare a velocità superiore a quella indicata V F

9) Il segnale raffigurato prescrive un limite minimo di velocità V F

10) Il segnale raffigurato obbliga a mantenere la distanza minima di sicurezza di 30 metri dal veicolo che precede V F

11) Il segnale raffigurato obbliga a mantenere una velocità non inferiore a 30 km/h V F

12) Il segnale raffigurato indica il divieto di transito ai veicoli con massa complessiva superiore a 30 t V F

13) Il segnale raffigurato indica la velocità consigliata V F

04025 (FIGURA 106)

1) Il segnale raffigurato vieta la circolazione ai veicoli di massa superiore a 30 tonnellate V F

2) Il segnale raffigurato consente di circolare entro i limiti massimi di velocità vigenti per quella strada V F

3) Il segnale raffigurato indica la fine del divieto di transito ai veicoli con massa complessiva superiore a 30 tonnellate V F

4) Il segnale raffigurato indica la fine dell'obbligo di mantenere la distanza di almeno 30 metri dal veicolo che precede V F

5) Il segnale raffigurato consente di circolare a velocità superiore a quella indicata V F

6) Il segnale raffigurato indica la fine di una prescrizione V F

7) Il segnale raffigurato indica che non si ha più l'obbligo di circolare ad una velocità almeno pari a quella indicata V F

8) Il segnale raffigurato indica la fine del limite massimo di velocità V F

9) Il segnale raffigurato indica la fine del limite di lunghezza massima dei complessi di veicoli V F

10) Il segnale raffigurato indica la fine del limite minimo di velocità V F

11) Il segnale raffigurato vieta di circolare alla velocità di 30 km/h V F

04026 (FIGURA 107)

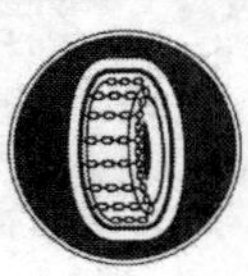

1) Il segnale raffigurato vieta la circolazione a veicoli muniti di pneumatici con spessore del battistrada inferiore a 3 millimetri V F

2) Il segnale raffigurato indica che la circolazione è consentita solo con catene o pneumatici invernali V F

3) Il segnale raffigurato consente il transito solo ai veicoli muniti di catene o pneumatici invernali V F

4) Il segnale raffigurato vieta la circolazione ai veicoli muniti di pneumatici con catene V F

5) Il segnale raffigurato si trova su strade che, in particolari condizioni, sono innevate o ghiacciate V F

6) Il segnale raffigurato prescrive di circolare con catene o pneumatici invernali V F

7) Il segnale raffigurato presegnala la progressiva chilometrica oltre la quale è obbligatorio l'uso delle catene V F

8) Il segnale raffigurato vieta il transito a veicoli sprovvisti di catene o pneumatici invernali V F

9) Il segnale raffigurato presegnala un tratto di strada ove occorre procedere con particolare prudenza V F

10) Il segnale raffigurato obbliga a togliere le catene per non rovinare l'asfalto V F

11) Il segnale raffigurato, con pannello integrativo, indica la distanza a cui si trova un'officina per montare le catene V F

04027 (FIGURA 108)

1) Il segnale raffigurato obbliga i conducenti di veicoli a dare la precedenza ai pedoni V F

2) Il segnale raffigurato è un segnale di obbligo V F

3) Il segnale raffigurato vale anche di giorno V F

4) Il segnale raffigurato indica un percorso pedonale V F
5) Il segnale raffigurato consente il transito anche ai veicoli, ma solo con particolare prudenza ed attenzione ai pedoni V F
6) Il segnale raffigurato indica un attraversamento pedonale V F
7) Il segnale raffigurato indica un divieto di transito per i pedoni V F
8) Il segnale raffigurato indica l'inizio di un viale pedonale V F
9) Il segnale raffigurato indica un percorso pedonale e ciclabile V F

04028 (FIGURA 109)

1) Il segnale raffigurato indica che da lì in poi i pedoni non circolano più su un percorso riservato V F
2) Il segnale raffigurato preannuncia un attraversamento pedonale V F
3) Il segnale raffigurato vieta ai pedoni di attraversare la strada V F
4) Il segnale raffigurato è posto in corrispondenza della fine del viale pedonale V F
5) Il segnale raffigurato preannuncia un divieto di transito per i pedoni V F
6) Il segnale raffigurato è posto in corrispondenza della fine del percorso pedonale V F
7) Il segnale raffigurato preannuncia la fine di un'area vietata ai pedoni V F

04029 (FIGURA 110)

1) Il segnale raffigurato è posto in corrispondenza di un percorso riservato alle biciclette V F
2) Il segnale raffigurato è posto in corrispondenza di un percorso per pedoni e biciclette V F
3) Il segnale raffigurato vieta il transito alle biciclette V F
4) Il segnale raffigurato è posto in corrispondenza di una pista riservata alle biciclette e ai ciclomotori V F
5) Il segnale raffigurato è posto in corrispondenza di una corsia riservata alle biciclette V F
6) Il segnale raffigurato è posto in corrispondenza di un attraversamento ciclabile regolato da semaforo V F
7) Il segnale raffigurato è posto in corrispondenza di un itinerario che si può percorrere solo con le biciclette V F
8) Il segnale raffigurato è posto in corrispondenza di un percorso vietato alle autovetture e ai motocicli V F
9) Il segnale raffigurato è posto in corrispondenza di un percorso consentito al transito di pedoni e di biciclette V F
10) Il segnale raffigurato è posto in corrispondenza di un'area vietata al transito delle biciclette V F

04030 (FIGURA 111)

1) Il segnale raffigurato preannuncia che non è più consentito il transito ai ciclisti e ai pedoni V F
2) Il segnale raffigurato è posto in corrispondenza della fine di un itinerario percorribile solo con biciclette V F
3) Il segnale raffigurato è posto in corrispondenza della fine di una corsia riservata ai ciclisti V F
4) Il segnale raffigurato indica un divieto di sosta per le biciclette V F
5) Il segnale raffigurato è posto in corrispondenza della fine della pista ciclabile V F
6) Il segnale raffigurato è posto in corrispondenza della fine di una pista riservata alle biciclette V F
7) Il segnale raffigurato è posto in corrispondenza della fine del percorso pedonale e ciclabile V F
8) Il segnale raffigurato vieta il transito alle biciclette e ai ciclomotori V F
9) Il segnale raffigurato è posto all'inizio di un'area vietata alle biciclette V F

04031 (FIGURA 112)

1) Il segnale raffigurato è posto in corrispondenza dell'inizio di una pista riservata alle biciclette, affiancata da un viale pedonale [V] [F]
2) Il segnale raffigurato è posto in corrispondenza dell'inizio di una corsia riservata alle biciclette accanto ad un percorso pedonale [V] [F]
3) Il segnale raffigurato è posto in corrispondenza dell'inizio di un percorso ciclabile accanto ad un percorso pedonale [V] [F]
4) Il segnale raffigurato non consente la circolazione dei veicoli a motore [V] [F]
5) Il segnale raffigurato è posto in corrispondenza di un percorso unico per pedoni e ciclisti [V] [F]
6) Il segnale raffigurato è posto in corrispondenza di un viale misto, riservato sia ai pedoni che ai ciclisti [V] [F]
7) Il segnale raffigurato è posto in corrispondenza dell'inizio di una pista ciclabile accanto al marciapiede [V] [F]
8) Il segnale raffigurato è posto in corrispondenza della fine delle corsie riservate ai pedoni e alle biciclette [V] [F]
9) Il segnale raffigurato preannuncia l'obbligo di condurre a mano la bicicletta [V] [F]
10) Il segnale raffigurato preannuncia l'obbligo di parcheggiare la bicicletta e proseguire a piedi [V] [F]

04032 (FIGURA 113)

1) Il segnale raffigurato non consente la circolazione dei veicoli a motore [V] [F]
2) Il segnale raffigurato è posto in corrispondenza di un viale misto, riservato sia ai pedoni che ai ciclisti [V] [F]
3) Il segnale raffigurato è posto in corrispondenza di un percorso pedonale accanto ad un percorso per le biciclette, separati da spartitraffico [V] [F]
4) Il segnale raffigurato è posto in corrispondenza di un percorso unico per pedoni e ciclisti [V] [F]
5) Il segnale raffigurato è posto in corrispondenza di un'area pedonale accanto ad un percorso per ciclisti [V] [F]
6) Il segnale raffigurato è posto in corrispondenza di una pista ciclabile a fianco di un percorso riservato ai pedoni [V] [F]
7) Il segnale raffigurato è posto in corrispondenza di un itinerario riservato solo al transito di pedoni e ciclisti [V] [F]
8) Il segnale raffigurato è posto in corrispondenza di una pista ciclabile a fianco del marciapiede [V] [F]
9) Il segnale raffigurato è posto in corrispondenza di un'area transitabile con biciclette soltanto se condotte a mano [V] [F]

04033 (FIGURA 114)

1) Il segnale raffigurato è posto in corrispondenza di una pista riservata in alcuni giorni ai pedoni e in altri alle biciclette [V] [F]
2) Il segnale raffigurato è posto in corrispondenza della fine della pista ciclabile accanto ad un percorso riservato ai pedoni [V] [F]
3) Il segnale raffigurato vieta il transito di biciclette condotte a mano [V] [F]
4) Il segnale raffigurato è posto in corrispondenza della fine del percorso pedonale accanto ad un percorso ciclabile [V] [F]
5) Il segnale raffigurato vieta il transito a tutti i veicoli a due ruote [V] [F]
6) Il segnale raffigurato è posto in corrispondenza della fine del percorso pedonale a fianco della pista ciclabile [V] [F]
7) Il segnale raffigurato è posto in corrispondenza della fine della pista ciclabile accanto al marciapiede [V] [F]
8) Il segnale raffigurato vieta ai pedoni di entrare nelle ore notturne [V] [F]

04034 (FIGURA 115)

1) Il segnale raffigurato è posto in corrispondenza della fine del percorso riservato alla circolazione mista di pedoni e di ciclisti V F
2) Il segnale raffigurato è posto in corrispondenza della fine di un percorso misto, riservato sia ai pedoni che alle biciclette V F
3) Il segnale raffigurato è posto in corrispondenza di un percorso riservato ai pedoni e alle biciclette V F
4) Il segnale raffigurato è posto in corrispondenza della fine del percorso unico pedonale e ciclabile V F
5) Il segnale raffigurato vieta il transito delle biciclette condotte a mano V F
6) Il segnale raffigurato è posto in corrispondenza della fine della sola pista ciclabile V F
7) Il segnale raffigurato è posto in corrispondenza della fine del solo percorso pedonale V F

04035 (FIGURA 116)

1) Il segnale raffigurato non consente il transito ai veicoli V F
2) Il segnale raffigurato è posto all'inizio di un percorso riservato agli animali da soma V F
3) Il segnale raffigurato non consente il transito ai veicoli con motore elettrico V F
4) Il segnale raffigurato è posto nelle vicinanze di una scuola di equitazione V F
5) Il segnale raffigurato è posto all'inizio di un percorso riservato agli animali da sella V F
6) Il segnale raffigurato è un segnale di pericolo V F
7) Il segnale raffigurato vieta il passaggio agli animali da soma e da sella V F
8) Il segnale raffigurato non consente il transito alle biciclette V F
9) Il segnale raffigurato preannuncia la presenza di animali vaganti V F
10) Il segnale raffigurato preannuncia l'obbligo di dare precedenza agli animali che attraversano V F

04036 (FIGURA 117)

1) Il segnale raffigurato è posto in corrispondenza della fine di un percorso per gli animali da sella V F
2) Il segnale raffigurato è posto in corrispondenza della fine di un tratto di strada vietato ai cavalli V F
3) Il segnale raffigurato vieta il transito ai veicoli a trazione animale V F
4) Il segnale raffigurato è posto in vicinanza di un ippodromo V F
5) Il segnale raffigurato è posto in corrispondenza della fine del percorso riservato agli animali da soma e da sella V F
6) Il segnale raffigurato è posto in corrispondenza della fine di un percorso per gli animali da soma V F
7) Il segnale raffigurato è posto in corrispondenza della fine di un percorso riservato solo ai cavalli da corsa V F

04037 (FIGURA 118)

1) Il segnale raffigurato prescrive di arrestarsi al varco doganale V F
2) Il segnale raffigurato segnala un varco doganale al quale è obbligatorio fermarsi V F
3) Il segnale raffigurato obbliga ad arrestarsi alla frontiera per il controllo doganale V F
4) Il segnale raffigurato indica che bisogna rallentare e fermarsi alla dogana V F
5) Il segnale raffigurato preannuncia la presenza di un commissariato di polizia V F
6) Il segnale raffigurato obbliga a rallentare fermandosi al varco doganale solo se si hanno oggetti o merci da dichiarare V F

7) Il segnale raffigurato preannuncia la presenza di un comando stazione carabinieri V F

8) Il segnale raffigurato si trova solo alla frontiera con un paese della Comunità Europea V F

04038 (FIGURA 119)

1) Il segnale raffigurato impone di fermarsi e dare precedenza ai mezzi della polizia V F

2) Il segnale raffigurato segnala una stazione autostradale alla quale è obbligatorio fermarsi V F

3) Il segnale raffigurato preannuncia la presenza di un posto di blocco stradale istituito da organi di polizia V F

4) Il segnale raffigurato obbliga a rallentare per essere pronti a fermarsi in caso di segnalazione da parte degli agenti V F

5) Il segnale raffigurato obbliga ad arrestarsi in prossimità di blocco stradale istituito da organi di polizia V F

6) Il segnale raffigurato segnala posto di blocco stradale istituito da organi di polizia al quale è obbligatorio fermarsi V F

7) Il segnale raffigurato, situato a distanza opportuna dal posto di blocco, è ripetuto all'altezza del punto di arresto V F

8) Il segnale raffigurato indica l'obbligo di arresto ad un posto di blocco stradale istituito dagli organi di polizia V F

9) Il segnale raffigurato presegnala un confine di Stato con obbligo di arrestarsi V F

10) Il segnale raffigurato segnala la vicinanza di un controllo doganale V F

04039 (FIGURA 120)

1) Il segnale raffigurato obbliga ad arrestarsi all'accesso autostradale V F

2) Il segnale raffigurato impone l'obbligo di rallentare e fermarsi per le operazioni di pedaggio autostradale V F

3) Il segnale raffigurato preannuncia una stazione ferroviaria V F

4) Il segnale raffigurato è posto in corrispondenza degli accessi autostradali controllati dove è obbligatorio fermarsi V F

5) Il segnale raffigurato prescrive di arrestarsi al casello autostradale per le operazioni di pedaggio V F

6) Il segnale raffigurato segnala una stazione autostradale alla quale è obbligatorio fermarsi V F

7) Il segnale raffigurato segnala la presenza di un comando stazione carabinieri, con posto di blocco V F

8) Il segnale raffigurato vieta l'accesso ad un'area riservata ai mezzi della società autostradale V F

9) Il segnale raffigurato indica il punto ove occorre fermarsi per caricare l'autovettura sul treno V F

10) Il segnale raffigurato può indicare il punto di arresto nei pontili d'imbarco di navi traghetto V F

04040 (FIGURA 150)

1) Il segnale raffigurato preannuncia una svolta obbligatoria a destra per gli autocarri di massa superiore a 3,5 t V F

2) Il segnale raffigurato vieta agli autocarri di massa superiore a 3,5 t di proseguire diritto V F

3) Il segnale raffigurato preannuncia un segnale di obbligo di svoltare a sinistra per tutti gli autocarri V F

4) Il segnale raffigurato preannuncia un divieto di svolta a sinistra per gli autocarri di massa superiore a 3,5 t V F

5) Il segnale raffigurato preannuncia una svolta obbligatoria per i veicoli rappresentati nel segnale stesso V F

6) Il segnale raffigurato preannuncia l'obbligo di svoltare a destra per i veicoli rappresentati nel segnale stesso V F

7) Il segnale raffigurato preannuncia che per gli autocarri è consigliato svoltare a destra V F

8) Il segnale raffigurato preannuncia un posto di rifornimento per autocarri V F

9) Il segnale raffigurato preannuncia che gli autocarri oltre 3,5 t devono svoltare nella direzione della freccia V F

10) Il segnale raffigurato preannuncia un'area di parcheggio riservata agli autocarri V F

11) Il segnale raffigurato preannuncia il divieto di svoltare a destra per i veicoli rappresentati in figura V F

12) Il segnale raffigurato preannuncia una curva pericolosa a destra per gli autocarri in transito V F

Segnali di precedenza

05001 (FIGURA 40)

1) Il segnale raffigurato è impiegato su strade che godono del diritto di precedenza V F
2) Il segnale raffigurato può essere preceduto dal segnale DIRITTO DI PRECEDENZA V F
3) Il segnale raffigurato comporta di dare la precedenza ai veicoli che circolano sulla strada che si incrocia V F
4) Il segnale raffigurato obbliga a dare precedenza ai veicoli provenienti sia da destra che da sinistra V F
5) Il segnale raffigurato è un segnale generico di pericolo V F
6) Il segnale raffigurato su strade extraurbane è preceduto dal segnale PREAVVISO DI DARE PRECEDENZA V F
7) Il segnale raffigurato preannuncia di moderare particolarmente la velocità e all'occorrenza fermarsi V F
8) Il segnale raffigurato, lungo le autostrade, viene posto a distanza maggiore di 150 m V F
9) Il segnale raffigurato si trova solo su strade urbane V F
10) Il segnale raffigurato obbliga a fermarsi prima di impegnare l'incrocio V F
11) Il segnale raffigurato si trova sulle corsie di accelerazione per l'immissione in autostrada V F
12) Il segnale raffigurato è un segnale di precedenza V F
13) Il segnale raffigurato viene posto su strada secondaria che non ha il diritto di precedenza V F
14) In presenza del segnale raffigurato non occorre fermarsi all'incrocio se, rallentando, si ha modo di vedere che non vi sono veicoli in arrivo, sia da destra che da sinistra V F
15) Il segnale raffigurato è posto, di norma, 150 metri prima dell'incrocio V F
16) In presenza del segnale raffigurato è obbligatorio dare la precedenza a sinistra solo ai tram e ai veicoli in servizio di emergenza V F

05002 (FIGURA 40)

1) Il segnale raffigurato preannuncia di arrestarsi prima di impegnare l'incrocio V F
2) Il segnale raffigurato è un segnale di prescrizione V F
3) Il segnale raffigurato lungo le autostrade viene posto a distanza di 150 metri dall'area di servizio V F
4) Il segnale raffigurato obbliga a dare precedenza ai veicoli che circolano sulla strada su cui ci si immette V F
5) Il segnale raffigurato impone l'uso della massima prudenza al fine di evitare incidenti V F
6) La prescrizione del segnale raffigurato, se abbinato ad un semaforo, vale quando il semaforo funziona a luce gialla lampeggiante V F
7) Il segnale raffigurato si trova sulle rampe di raccordo per l'immissione in autostrada V F
8) Il segnale raffigurato può essere preceduto dal PREAVVISO DI FERMARSI E DARE PRECEDENZA V F
9) Il segnale raffigurato si trova solo su strade extraurbane V F

05003 (FIGURA 41)

1) Il segnale raffigurato preannuncia di arrestarsi all'incrocio anche se il semaforo emette luce verde V F
2) Il segnale raffigurato obbliga ad arrestarsi al varco doganale V F
3) Il segnale raffigurato obbliga ad arrestarsi all'incrocio e a dare la precedenza a destra e a sinistra V F
4) Il segnale raffigurato impone di fermarsi all'incrocio anche in presenza di semaforo a luce lampeggiante gialla V F

5) Il segnale raffigurato si trova all'incrocio con una strada con diritto di precedenza V F
6) Il segnale raffigurato può trovarsi in corrispondenza di un passaggio a livello V F
7) Il segnale raffigurato è posto, di norma, 150 metri prima dell'incrocio V F
8) Il segnale raffigurato è utilizzato, di norma, negli incroci di particolare pericolosità V F
9) Il segnale raffigurato si trova, in genere, negli incroci con scarsa visibilità V F
10) Il segnale raffigurato obbliga ad arrestarsi per dare la precedenza solo ai veicoli provenienti da destra V F
11) Il segnale raffigurato preannuncia l'obbligo di arresto ad un posto di blocco istituito dagli organi di polizia V F
12) Il segnale raffigurato obbliga ad arrestarsi soltanto in caso di incrocio con altri veicoli V F
13) Il segnale raffigurato impone di arrestarsi e dare la precedenza prima di impegnare l'incrocio V F
14) Il segnale raffigurato preannuncia l'obbligo di fermarsi e di dare la precedenza nei sensi unici alternati V F
15) Il segnale raffigurato impone di arrestarsi perché il transito è vietato V F
16) Il segnale raffigurato, fuori dei centri abitati, è preceduto dal relativo segnale di preavviso V F
17) Il segnale raffigurato obbliga a fermarsi in corrispondenza della striscia trasversale di arresto e a dare la precedenza agli altri veicoli V F
18) Il segnale raffigurato obbliga ad arrestarsi solo se sopraggiungono altri veicoli V F

05004 (FIGURA 42)

1) Il segnale raffigurato è un segnale di prescrizione V F
2) Il segnale raffigurato preannuncia la distanza dal prossimo segnale di STOP V F
3) Il segnale raffigurato preannuncia la successiva presenza di un segnale di DARE PRECEDENZA V F
4) Il segnale raffigurato è un preavviso di fermarsi e dare precedenza V F
5) Il segnale raffigurato indica la distanza dall'incrocio in cui dobbiamo dare precedenza V F
6) Il segnale raffigurato può preannunciare un incrocio a T, in cui bisogna dare la precedenza V F
7) Il segnale raffigurato è posto su una strada che non ha diritto di precedenza V F
8) Il segnale raffigurato indica la distanza dall'incrocio in cui dovremo obbligatoriamente fermarci V F
9) In presenza del segnale raffigurato è obbligatorio fermarsi al prossimo incrocio V F
10) Il segnale raffigurato è un preavviso di dare precedenza sia a destra che a sinistra V F
11) Il segnale raffigurato preannuncia di rallentare per potersi fermare se ci sono veicoli cui bisogna dare precedenza V F
12) Il segnale raffigurato preannuncia un incrocio in cui vale la regola di dare la precedenza solo a destra V F
13) Il segnale raffigurato preannuncia la presenza di un semaforo a tre luci a 320 metri V F

05005 (FIGURA 43)

1) Il segnale raffigurato è un segnale di prescrizione V F
2) Il segnale raffigurato invita a rallentare perché è prossimo un incrocio in cui bisogna fermarsi e dare la precedenza V F
3) Il segnale raffigurato preannuncia di arrestarsi al prossimo incrocio e dare la precedenza a destra ed a sinistra V F
4) Il segnale raffigurato è posto a 320 metri dal segnale DARE PRECEDENZA V F
5) Il segnale raffigurato preannuncia un segnale di STOP a 320 metri V F
6) Il segnale raffigurato è posto prima del segnale ALT-POLIZIA V F

7) Il segnale raffigurato obbliga solo a rallentare e, se necessario, a dare la precedenza all'incrocio a 320 metri V F
8) Il segnale raffigurato è un segnale di preavviso di fermarsi e dare precedenza V F
9) Il segnale raffigurato si trova solo nelle strade urbane V F
10) Il segnale raffigurato preannuncia la presenza di una barriera doganale V F
11) Incontrando il segnale raffigurato occorre fermarsi e poi arrestarsi nuovamente dopo 320 metri V F
12) Il segnale raffigurato può presegnalare un casello autostradale V F
13) Il segnale raffigurato preannuncia di fermarsi 320 metri dopo il segnale e dare la precedenza V F
14) Il segnale raffigurato è un segnale di pericolo V F

05006 (FIGURA 44)

1) Il segnale raffigurato preannuncia un incrocio in cui vale la regola generale di dare la precedenza a destra V F
2) Il segnale raffigurato prescrive di procedere a velocità particolarmente moderata V F
3) Il segnale raffigurato è un segnale di precedenza V F
4) Il segnale raffigurato precede il segnale DARE PRECEDENZA V F
5) Il segnale raffigurato precede il segnale di STOP V F
6) Il segnale raffigurato non si trova sul tratto di strada con diritto di precedenza V F
7) Il segnale raffigurato, in autostrada, viene posto a una distanza maggiore di 250 metri V F
8) Il segnale raffigurato preannuncia un incrocio in cui si deve dare precedenza a destra V F
9) Il segnale raffigurato presegnala un passaggio a livello custodito con barriere V F
10) Il segnale raffigurato si trova, di norma, a non più di 50 metri dall'incrocio V F
11) Il segnale raffigurato preannuncia la presenza del segnale CROCE DI S. ANDREA V F

05007 (FIGURA 45)

1) Il segnale raffigurato preannuncia che la circolazione non può svolgersi contemporaneamente nei due sensi V F
2) Il segnale raffigurato preannuncia, in presenza di lavori, di dare precedenza ai veicoli provenienti dal senso opposto V F
3) Il segnale raffigurato impone, nelle strettoie, di dare precedenza ai veicoli provenienti dal senso opposto V F
4) Il segnale raffigurato, in una strada a doppio senso, precede una strettoia che permette il transito di una sola fila di veicoli V F
5) Il segnale raffigurato impone di dare la precedenza nei sensi unici alternati V F
6) Il segnale raffigurato preannuncia il diritto di precedenza nei sensi unici alternati V F
7) Il segnale raffigurato preannuncia che bisogna dare la precedenza ai veicoli provenienti di fronte V F
8) Il segnale raffigurato preannuncia che la circolazione è ammessa nei giorni pari in un senso e nei giorni dispari nell'altro V F
9) Il segnale raffigurato preannuncia la fine del senso unico di circolazione V F
10) Il segnale raffigurato, su una carreggiata a senso unico, preannuncia l'inizio del doppio senso di circolazione V F
11) Il segnale raffigurato preannuncia la fine del diritto di precedenza nei sensi unici alternati V F
12) Il segnale raffigurato obbliga a dare la precedenza ai veicoli provenienti dal senso contrario V F
13) Il segnale raffigurato si trova su strade a senso unico di circolazione V F

05008 (FIGURA 45)

1) Il segnale raffigurato può essere posto in una strada con strettoia V F
2) Il segnale raffigurato è un segnale di prescrizione V F
3) Il segnale raffigurato si incontra prima di un qualsiasi restringimento della carreggiata V F
4) Il segnale raffigurato è posto all'inizio di una strada a senso unico V F
5) Il segnale raffigurato prescrive di dare la precedenza nei sensi unici alternati V F
6) Il segnale raffigurato è un segnale di divieto V F
7) Il segnale raffigurato impone di dare la precedenza ai veicoli provenienti dal senso opposto V F
8) Il segnale raffigurato si incontra prima di una strettoia che, di norma, consente il passaggio di una sola fila di veicoli V F
9) Il segnale raffigurato può essere posto in una strada in cui una parte della carreggiata è sbarrata V F
10) Il segnale raffigurato obbliga a dare la precedenza, negli incroci, ai veicoli provenienti sia da destra che da sinistra V F
11) Il segnale raffigurato è un segnale di pericolo V F
12) Il segnale raffigurato preannuncia il diritto di precedenza nei sensi unici alternati V F

05009 (FIGURA 45)

1) In presenza del segnale raffigurato e del semaforo a tre luci dobbiamo dare la precedenza se il semaforo è a luce lampeggiante gialla V F
2) In presenza del segnale raffigurato e del semaforo a tre luci dobbiamo dare la precedenza anche se il semaforo è a luce verde V F
3) In presenza del segnale raffigurato e del semaforo a tre luci abbiamo la precedenza se il semaforo è a luce gialla lampeggiante V F
4) In presenza del segnale raffigurato e del semaforo a tre luci abbiamo la precedenza se il semaforo è a luce verde, ma l'agente del traffico ci ordina di fermarci V F
5) In presenza del segnale raffigurato e del semaforo a tre luci abbiamo la precedenza se il semaforo è a luce rossa, ma l'agente del traffico ci ordina di passare V F
6) In presenza del segnale raffigurato e del semaforo a tre luci abbiamo la precedenza se il semaforo è a luce verde V F
7) In presenza del segnale raffigurato e del semaforo a tre luci dobbiamo dare la precedenza se il semaforo è spento V F
8) In presenza del segnale raffigurato e del semaforo a tre luci dobbiamo dare la precedenza se il semaforo è spento e l'agente del traffico ci ordina di passare V F

05010 (FIGURA 46)

1) Il segnale raffigurato preannuncia sempre un incrocio con precedenza a destra V F
2) In presenza del segnale raffigurato il conducente, salvo diverso ulteriore segnale, deve dare precedenza ai veicoli provenienti da destra. V F
3) Il segnale raffigurato è un segnale di indicazione V F
4) Il segnale raffigurato indica l'andamento della strada principale V F
5) Il segnale raffigurato indica che la strada non gode più del diritto di precedenza V F
6) Il segnale raffigurato preannuncia la fine dell'obbligo precedentemente imposto V F
7) Il segnale raffigurato è un segnale di precedenza V F
8) Il segnale raffigurato invita a maggiore prudenza perché non si ha più diritto di precedenza V F
9) Il segnale raffigurato modifica le precedenti norme sulla precedenza agli incroci V F
10) Il segnale raffigurato può essere seguito dal segnale FERMARSI E DARE PRECEDENZA V F
11) Il segnale raffigurato obbliga ad arrestarsi all'incrocio V F

12) Il segnale raffigurato preannuncia che si sta percorrendo una strada con diritto di precedenza V F
13) Il segnale raffigurato preannuncia una strada senza uscita V F

05011 (FIGURA 46)

1) Il segnale raffigurato indica la fine del diritto di precedenza anche sulle strade urbane V F
2) Il segnale raffigurato indica che dopo di esso si dovrà, di norma, dare la precedenza a destra V F
3) Il segnale raffigurato indica fine del limite di velocità V F
4) Il segnale raffigurato indica il ripristino della norma generale sulla precedenza V F
5) Il segnale raffigurato indica la fine di un'autostrada V F
6) Il segnale raffigurato indica che termina una strada con diritto di precedenza V F
7) Il segnale raffigurato indica la fine di una strada a doppio senso di circolazione V F
8) Il segnale raffigurato indica la fine di una strada a senso unico V F
9) Il segnale raffigurato indica la fine di tutti i divieti V F

05012 (FIGURA 47)

1) Il segnale raffigurato preannuncia un incrocio nel quale bisogna dare la precedenza V F
2) Il segnale raffigurato preannuncia un incrocio in cui si ha la precedenza sui veicoli provenienti dalle strade secondarie V F
3) Il segnale raffigurato preannuncia un incrocio con strade di minore importanza V F
4) Il segnale raffigurato vieta la svolta a sinistra all'incrocio V F
5) Il segnale raffigurato è posto a non più di 25 metri dall'incrocio V F
6) Il segnale raffigurato preannuncia l'incrocio con una strada senza diritto di precedenza V F
7) Il segnale raffigurato perde la sua efficacia in presenza di agente che regola il traffico V F
8) Il segnale raffigurato, all'incrocio, ci dà la precedenza sui veicoli provenienti sia da destra che da sinistra V F
9) Il segnale raffigurato preannuncia una confluenza sia da destra che da sinistra V F
10) Il segnale raffigurato preannuncia un incrocio in cui si ha la precedenza V F
11) Il segnale raffigurato preannuncia un incrocio con precedenza rispetto ai veicoli provenienti da sinistra mentre si deve dare la precedenza a quelli provenienti da destra V F
12) Il segnale raffigurato è posto sulle autostrade V F
13) Il segnale raffigurato preannuncia che bisogna rallentare per accertare che ci venga data la precedenza V F
14) Il segnale raffigurato può essere preceduto dal segnale DIRITTO DI PRECEDENZA V F
15) Il segnale raffigurato preannuncia corsie di accelerazione a destra e a sinistra V F

05013 (FIGURA 48)

1) Il segnale raffigurato preannuncia, sulla destra, una strada senza uscita V F
2) Il segnale raffigurato preannuncia un incrocio con una strada secondaria che si immette da destra V F
3) In presenza del segnale raffigurato bisogna usare prudenza perché ci si sta avvicinando ad un incrocio V F
4) Il segnale raffigurato è un segnale di precedenza V F
5) Il segnale raffigurato preannuncia l'incrocio con una strada senza diritto di precedenza V F
6) Il segnale raffigurato preannuncia che si incrocia a destra una strada di minore importanza V F

7) Il segnale raffigurato preannuncia un incrocio in cui il conducente ha l'obbligo di fermarsi e dare precedenza ai veicoli provenienti da destra V F

8) Il segnale raffigurato vieta la svolta a destra V F

9) Il segnale raffigurato è posto sulle corsie di accelerazione delle autostrade V F

10) Il segnale raffigurato preannuncia un incrocio in cui il conducente ha la precedenza sui veicoli provenienti da destra V F

11) Il segnale raffigurato preannuncia un'immissione stradale con corsia di accelerazione V F

12) Il segnale raffigurato indica una piazzola di sosta a destra V F

05014 (FIGURA 49)

1) Il segnale raffigurato è posto sulle rampe di accesso alle autostrade V F

2) Il segnale raffigurato preannuncia un incrocio in cui si ha la precedenza V F

3) Il segnale raffigurato preannuncia un incrocio in cui si ha la precedenza sui veicoli provenienti da sinistra V F

4) Il segnale raffigurato vieta la svolta a sinistra V F

5) Il segnale raffigurato prescrive di usare prudenza perché ci si sta avvicinando ad un incrocio V F

6) Il segnale raffigurato preannuncia l'incrocio con una strada senza diritto di precedenza V F

7) Il segnale raffigurato preannuncia sulla sinistra una strada senza uscita V F

8) Il segnale raffigurato è un segnale di precedenza V F

9) Il segnale raffigurato preannuncia una confluenza in autostrada V F

10) Il segnale raffigurato preannuncia una confluenza a destra V F

11) Il segnale raffigurato preannuncia che si incrocia sulla sinistra una strada di minore importanza V F

12) Il segnale raffigurato preannuncia l'incrocio con un binario morto V F

05015 (FIGURA 50)

1) Il segnale raffigurato preannuncia di dare precedenza ai veicoli provenienti da destra V F

2) Il segnale raffigurato, su autostrada, non comporta una riduzione della velocità V F

3) Il segnale raffigurato indica che abbiamo la precedenza sui veicoli che si immettono da destra V F

4) Il segnale raffigurato viene posto su strada secondaria che non gode del diritto di precedenza V F

5) Il segnale raffigurato può precedere il segnale DARE PRECEDENZA V F

6) Il segnale raffigurato preannuncia una immissione da destra con corsia di accelerazione V F

7) Il segnale raffigurato è posto a non più di 25 metri dall'incrocio V F

8) Il segnale raffigurato può trovarsi sulle autostrade V F

9) Il segnale raffigurato invita ad usare la massima prudenza al fine di evitare incidenti V F

10) Il segnale raffigurato preannuncia una confluenza sul lato destro V F

11) In presenza del segnale raffigurato, sulla rampa di raccordo è posto il segnale di DARE PRECEDENZA V F

12) Il segnale raffigurato consente la svolta a destra al prossimo incrocio V F

05016 (FIGURA 51)

1) Il segnale raffigurato è usato su strade con diritto di precedenza V F

2) Il segnale raffigurato comporta la presenza del segnale DARE PRECEDENZA sulla strada di immissione laterale V F

3) Il segnale raffigurato, posto sulle autostrade, precede il segnale d'obbligo di svolta a sinistra V F

4) Il segnale raffigurato precede il segnale di DARE PRECEDENZA V F
5) Il segnale raffigurato è posto a non più di 25 metri dall'incrocio V F
6) Il segnale raffigurato preannuncia una confluenza sul lato sinistro della carreggiata V F
7) Il segnale raffigurato si trova su carreggiate a senso unico di circolazione V F
8) Il segnale raffigurato prescrive di dare la precedenza ai veicoli provenienti da sinistra V F
9) Il segnale raffigurato invita ad usare prudenza perché altri veicoli potrebbero immettersi nel flusso della circolazione V F
10) Il segnale raffigurato preannuncia un'immissione stradale con corsia di accelerazione posta sulla sinistra V F
11) Il segnale raffigurato preannuncia che non si ha diritto di precedenza nella confluenza V F
12) Il segnale raffigurato consente la svolta a sinistra al prossimo incrocio V F

05017 (FIGURA 52)

1) Il segnale raffigurato indica l'inizio di una strada in cui i veicoli hanno diritto di precedenza V F
2) Il segnale raffigurato obbliga ad arrestarsi all'incrocio V F
3) In presenza del segnale raffigurato bisogna comunque dare la precedenza ai veicoli che hanno in funzione il lampeggiante blu e sirena V F
4) Il segnale raffigurato preannuncia incrocio con precedenza rispetto ai soli veicoli provenienti da destra V F
5) In presenza del segnale raffigurato bisogna comunque assicurarsi che i veicoli provenienti dalle strade laterali diano la precedenza V F
6) Il segnale raffigurato è posto esclusivamente su strade extraurbane ad intenso traffico V F
7) Il segnale raffigurato può essere posto su una strada statale V F
8) Il segnale raffigurato può essere posto a protezione di attraversamenti pedonali pericolosi V F
9) Il segnale raffigurato è un segnale di precedenza V F
10) Il segnale raffigurato è un segnale di prescrizione V F
11) Il segnale raffigurato preannuncia le corsie riservate agli autobus in servizio pubblico V F
12) Il segnale raffigurato preannuncia l'inizio di un cantiere stradale V F

05018 (FIGURE 52, 972)

52

A
B
972

1) Il segnale raffigurato si può trovare all'inizio di una strada urbana o extraurbana che gode del diritto di precedenza V F
2) Il segnale raffigurato comporta la presenza sulle strade che si incrociano del segnale DARE PRECEDENZA o STOP V F
3) In presenza del segnale raffigurato è comunque necessario moderare la velocità in prossimità degli incroci V F
4) Il segnale raffigurato si trova all'inizio di una strada senza diritto di precedenza V F
5) Il segnale raffigurato si trova alla fine di una strada con diritto di precedenza V F
6) Il segnale raffigurato si trova esclusivamente all'inizio di una strada statale V F
7) Il segnale raffigurato si trova all'inizio di un'autostrada V F
8) Il segnale di figura (A) può essere ripetuto in formato piccolo e integrato con il pannello in figura (B) **(fig. 972)** V F
9) In presenza del segnale raffigurato non occorrono particolari cautele perché si ha la precedenza V F
10) Il segnale raffigurato può essere ripetuto in formato piccolo prima e dopo ogni incrocio V F
11) Il segnale raffigurato si trova alla fine di una strada statale V F
12) Il segnale raffigurato indica che si ha la precedenza fino all'uscita del centro abitato V F

05019 (FIGURA 53)

1) In presenza del segnale raffigurato inizia il doppio senso di circolazione V F
2) In presenza del segnale raffigurato possiamo percorrere la strettoia, dopo esserci assicurati di aver ottenuto la precedenza V F
3) In presenza del segnale raffigurato si deve dare la precedenza ai veicoli che provengono dal senso opposto V F
4) In presenza del segnale raffigurato si può percorrere la strettoia accertandosi di aver avuto la precedenza dai veicoli provenienti di fronte V F
5) In presenza del segnale raffigurato si deve usare prudenza nella strettoia perché la circolazione si svolge a doppio senso V F
6) In presenza del segnale raffigurato dobbiamo procedere con cautela, anche se abbiamo la precedenza V F
7) In presenza del segnale raffigurato non vi sono particolari obblighi perché siamo su una strada a senso unico V F
8) Il segnale raffigurato preannuncia il divieto d'inversione di marcia V F
9) In presenza del segnale raffigurato possiamo procedere senza cautela, dato che abbiamo il diritto di precedenza V F
10) In presenza del segnale raffigurato dobbiamo accertarci che i veicoli provenienti dal senso contrario ci diano la precedenza V F
11) Il segnale raffigurato preannuncia il divieto di svolta V F

05020 (FIGURA 53)

1) In presenza del segnale raffigurato e del semaforo a tre luci abbiamo la precedenza se il semaforo è a luce rossa, ma l'agente del traffico ci ordina di passare V F
2) In presenza del segnale raffigurato e del semaforo a tre luci dobbiamo dare la precedenza se il semaforo è a luce lampeggiante gialla V F
3) In presenza del segnale raffigurato e del semaforo a tre luci abbiamo la precedenza se il semaforo è a luce verde V F
4) In presenza del segnale raffigurato e del semaforo a tre luci dobbiamo dare la precedenza se il semaforo è spento e l'agente del traffico ci ordina di fermarci V F
5) In presenza del segnale raffigurato e del semaforo a tre luci abbiamo la precedenza se il semaforo è spento V F
6) In presenza del segnale raffigurato e del semaforo a tre luci abbiamo la precedenza se il semaforo è a luce gialla lampeggiante V F
7) In presenza del segnale raffigurato e del semaforo a tre luci abbiamo la precedenza anche se il semaforo è a luce rossa V F
8) In presenza del segnale raffigurato e del semaforo a tre luci abbiamo la precedenza se il semaforo è a luce verde e l'agente del traffico ci ordina di fermarci V F
9) In presenza del segnale raffigurato e del semaforo a tre luci abbiamo la precedenza se il semaforo è spento e l'agente del traffico ci ordina di fermarci V F

Segnaletica orizzontale e segni sugli ostacoli

06001 (FIGURA 502)

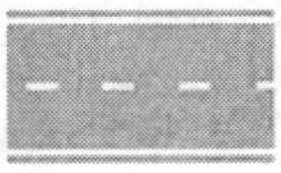

1) La striscia bianca discontinua in figura divide la strada da una pista ciclabile V F
2) La striscia bianca discontinua in figura si trova in vicinanza di tutti i passaggi a livello V F
3) La striscia bianca discontinua in figura consente l'inversione di marcia, in condizioni di sicurezza, se la strada è a doppio senso V F
4) La striscia bianca discontinua in figura consente, in caso si voglia sorpassare, di occupare momentaneamente l'altra corsia di marcia V F
5) La striscia bianca discontinua in figura può essere superata V F
6) La striscia bianca discontinua in figura divide la carreggiata in due corsie V F
7) La striscia bianca discontinua in figura consente la svolta a sinistra V F
8) La striscia bianca discontinua in figura consente di circolare stando a cavallo di essa V F
9) Nelle strade a doppio senso con due corsie la striscia bianca discontinua in figura divide i sensi di marcia V F
10) La striscia bianca discontinua in figura può essere sostituita da una serie di "chiodi" per segnaletica stradale V F

06002 (FIGURE 501, 502, 509)

501

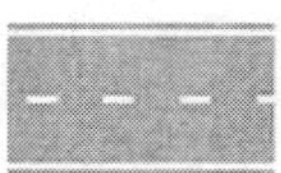

502

509

1) La striscia di mezzo in figura consente il sorpasso senza superarla, purché non vi siano motivi che lo vietino **(fig. 501)** V F
2) Le strisce lungo il centro della carreggiata non possono essere superate se continue V F
3) Le strisce lungo il centro della carreggiata possono essere superate se discontinue (tratteggiate) V F
4) Le strisce lungo il centro della carreggiata possono essere bianche o azzurre V F
5) La striscia discontinua in figura può essere sostituita con alcuni "chiodi" o catadiottri, messi a distanza di 50 centimetri **(fig. 502)** V F
6) La doppia striscia in figura non può essere superata, ma si può circolare stando a cavallo di essa **(fig. 509)** V F
7) La striscia di mezzo in figura non consente il sorpasso in ogni caso **(fig. 501)** V F

06003 (FIGURA 509)

1) La doppia striscia continua in figura indica che si può viaggiare per file parallele V F
2) La doppia striscia continua in figura permette il sorpasso, se consentito, senza superarla V F
3) La doppia striscia continua in figura si può trovare ai bordi della strada, per segnalare i margini V F
4) La doppia striscia continua in figura non può essere superata V F
5) La doppia striscia continua in figura non consente di svoltare a sinistra V F
6) La doppia striscia continua in figura è di colore azzurro nei parcheggi a pagamento V F
7) La doppia striscia continua in figura non consente l'inversione del senso di marcia V F
8) La doppia striscia continua in figura serve a dividere i sensi di marcia, sulle strade a doppio senso di circolazione V F
9) La doppia striscia continua in figura indica il punto in cui i conducenti si debbono arrestare per la presenza del segnale di STOP V F
10) La doppia striscia continua in figura può essere superata V F

06004 (FIGURA 543)

1) Le strisce di guida in figura, di norma, si trovano dove la svolta a sinistra si effettua lasciando alla nostra destra il centro dell'incrocio V F
2) Le strisce di guida in figura debbono essere lasciate alla sinistra del veicolo quando si svolta a sinistra V F

3) Le strisce di guida in figura debbono essere lasciate sempre alla destra del veicolo quando si svolta a destra [V] [F]
4) Le strisce di guida in figura servono ad effettuare la svolta in modo corretto, senza prendere contro mano la strada di sinistra [V] [F]
5) Le strisce di guida in figura, sono strisce curve discontinue (tratteggiate) di colore bianco [V] [F]
6) Le strisce di guida in figura non possono essere superate dai veicoli che proseguono diritto [V] [F]
7) Le strisce di guida in figura delimitano un'isola di traffico [V] [F]

06005 (FIGURA 547)

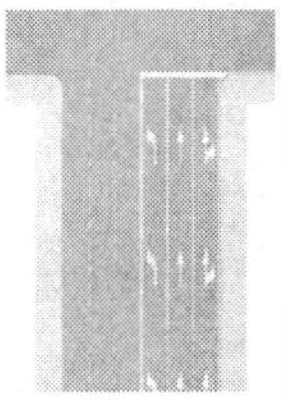

1) Le frecce direzionali in figura sono di colore giallo nelle strade dove è vietata la sosta [V] [F]
2) Le frecce direzionali in figura indicano che si è vicino ad una corsia per la sosta d'emergenza [V] [F]
3) Le frecce direzionali in figura consentono di immettersi nella corsia scelta quando le strisce sono ancora discontinue (tratteggiate) [V] [F]
4) Le frecce direzionali in figura si trovano all'interno delle corsie, prima di un incrocio [V] [F]
5) Le frecce direzionali in figura sono a freccia combinata diritta-destra per corsie destinate a chi deve proseguire diritto o a destra [V] [F]
6) Le frecce direzionali in figura possono essere completate da scritte sulla pavimentazione che indicano la località raggiungibile [V] [F]
7) Le frecce direzionali in figura obbligano a seguire la direzione indicata, anche se le strisce di corsia sono discontinue (tratteggiate) [V] [F]
8) Le frecce direzionali in figura ci consentono di cambiare corsia se le strisce sono continue [V] [F]
9) Le frecce direzionali in figura indicano ai conducenti le direzioni consentite all'incrocio [V] [F]
10) Le frecce direzionali in figura sono di colore azzurro per indicare un parcheggio a pagamento [V] [F]
11) Le frecce direzionali in figura segnalano le direzioni permesse [V] [F]
12) Le frecce direzionali in figura obbligano a seguire la direzione indicata se le strisce di corsia sono continue [V] [F]
13) Le frecce direzionali in figura sono di colore blu nelle autostrade [V] [F]

06006 (FIGURA 595)

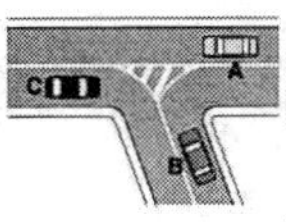

1) L'isola di traffico in figura indica un tratto di strada vietato al transito ed alla sosta dei veicoli [V] [F]
2) L'isola di traffico in figura indica una zona dove è possibile la sosta dei veicoli [V] [F]
3) L'isola di traffico in figura indica una parte della strada su cui non si può circolare [V] [F]
4) L'isola di traffico in figura può anche essere realizzata con strisce azzurre trasversali [V] [F]
5) L'isola di traffico in figura è realizzata con strisce bianche oblique [V] [F]
6) L'isola di traffico in figura indica una parte della carreggiata sulla quale si può sostare solo per 30 minuti [V] [F]

06007 (FIGURA 567)

1) Il veicolo in figura non può superare la striscia continua centrale [V] [F]
2) Rispetto al veicolo che procede nel senso della freccia, la striscia continua centrale in figura si trova sul tratto in salita di un dosso [V] [F]
3) Rispetto al veicolo che procede nel senso della freccia, la striscia continua centrale in figura si trova ogni volta che si supera il tratto in discesa di un dosso [V] [F]
4) Rispetto al veicolo che procede nel senso della freccia, la striscia continua centrale in figura si trova ogni volta che si supera un passaggio a livello [V] [F]
5) Rispetto al veicolo che procede nel senso della freccia, la striscia continua centrale in figura si trova, di norma, su strade a senso unico di circolazione [V] [F]

6) Rispetto al veicolo che procede nel senso della freccia, la striscia continua centrale in figura si trova prima di un incrocio V F

7) Rispetto al veicolo che procede nel senso della freccia, la striscia continua centrale in figura consente l'inversione del senso di marcia V F

8) Rispetto al veicolo che procede nel senso della freccia, la striscia continua centrale in figura si trova prima di una curva V F

9) Il veicolo in figura può effettuare un sorpasso anche superando la striscia continua centrale V F

06008 (FIGURA 566)

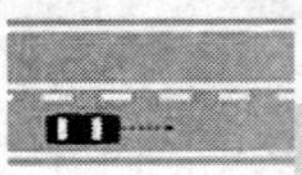

1) Rispetto al veicolo che procede nel senso della freccia, la striscia discontinua in figura consente di effettuare un sorpasso anche superando tutte e due le strisce V F

2) Rispetto al veicolo che procede nel senso della freccia, la striscia discontinua in figura si trova subito dopo una curva V F

3) Rispetto al veicolo che procede nel senso della freccia, la striscia discontinua in figura si trova dopo un passaggio a livello V F

4) Rispetto al veicolo che procede nel senso della freccia, la striscia discontinua in figura consente anche al veicolo che viene di fronte di superare le strisce V F

5) Rispetto al veicolo che procede nel senso della freccia, la striscia discontinua in figura si trova subito prima di un incrocio V F

6) Rispetto al veicolo che procede nel senso della freccia, la striscia discontinua in figura si trova sul tratto in salita di un dosso V F

7) Rispetto al veicolo che procede nel senso della freccia, la striscia discontinua in figura si trova, di norma, su strade a senso unico di circolazione V F

8) Rispetto al veicolo che procede nel senso della freccia, la striscia discontinua in figura si può trovare nel tratto in discesa di un dosso V F

9) Rispetto al veicolo che procede nel senso della freccia, la striscia discontinua in figura si trova prima di una curva V F

06009 (FIGURA 670)

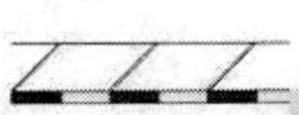

1) I segni gialli e neri in figura dipinti sul bordo del marciapiede segnalano un ostacolo al centro della carreggiata V F

2) I segni gialli e neri in figura dipinti sul bordo del marciapiede avvertono i pedoni di fare attenzione al gradino V F

3) I segni gialli e neri in figura dipinti sul bordo del marciapiede indicano che su quel lato della strada non è possibile sostare V F

4) I segni gialli e neri in figura sono posti lungo la parte verticale del marciapiede V F

5) I segni gialli e neri in figura dipinti sul bordo del marciapiede indicano che la sosta è consentita solo agli autobus V F

6) I segni gialli e neri in figura dipinti sul bordo del marciapiede consentono la fermata V F

7) I segni gialli e neri in figura dipinti sul bordo del marciapiede indicano un divieto di sosta V F

8) I segni gialli e neri in figura dipinti sul bordo del marciapiede indicano che è vietata anche la fermata V F

06010 (FIGURA 546)

1) La segnaletica in figura indica una zona per la fermata degli autobus in servizio pubblico di linea V F

2) La segnaletica in figura non consente alle autovetture di circolare all'interno dell'area segnata V F

3) La segnaletica in figura non consente la sosta 20 metri prima della striscia gialla a zig zag V F

4) La segnaletica in figura vieta la sosta ma non la fermata anche nelle parti con striscia gialla a zig zag V F

5) La segnaletica in figura indica lo spazio per la fermata di autosnodati in servizio pubblico di linea V F

6) La segnaletica in figura indica lo spazio riservato alla sosta anche dei taxi V F

7) La segnaletica in figura può anche essere realizzata con strisce di colore bianco V F

8) La segnaletica in figura indica lo spazio per la fermata di autobus e filobus in servizio pubblico di linea V F

9) La striscia a zig zag della segnaletica in figura serve agli autobus per facilitare la manovra di accostamento e per ripartire V F

10) La segnaletica in figura vieta agli autocarri di circolare all'interno dell'area segnata V F

11) La segnaletica in figura consente la sosta delle autovetture dalle ore 20.00 alle ore 8.00 V F

06011 (FIGURA 595)

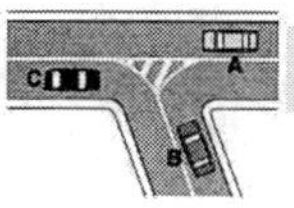

1) In presenza dell'isola di traffico rappresentata in figura il veicolo B deve svoltare a destra V F

2) In presenza dell'isola di traffico rappresentata in figura il veicolo C può andare in qualsiasi direzione V F

3) In presenza dell'isola di traffico rappresentata in figura il veicolo B può svoltare a sinistra, dando la precedenza al veicolo A V F

4) In presenza dell'isola di traffico rappresentata in figura il veicolo C deve svoltare a destra V F

5) In presenza dell'isola di traffico rappresentata in figura il veicolo A deve andare diritto V F

6) In presenza dell'isola di traffico rappresentata in figura il veicolo A può svoltare a sinistra, dando la precedenza al veicolo C V F

06012 (FIGURA 596)

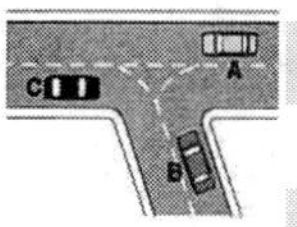

1) In presenza delle strisce di guida in figura il veicolo A può andare in qualsiasi direzione V F

2) In presenza delle strisce di guida in figura il veicolo C deve svoltare a destra V F

3) In presenza delle strisce di guida in figura il veicolo B deve svoltare a destra V F

4) In presenza delle strisce di guida in figura il veicolo B può svoltare a sinistra, dando però la precedenza al veicolo A V F

5) In presenza delle strisce di guida in figura il veicolo C può andare diritto V F

6) In presenza delle strisce di guida in figura il veicolo A deve andare diritto V F

06013 (FIGURA 574)

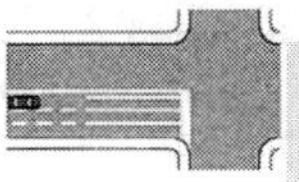

1) Il veicolo rappresentato in figura può svoltare a sinistra rimanendo nella stessa corsia V F

2) La corsia di sinistra rappresentata in figura consente al conducente di proseguire dritto o svoltare a sinistra V F

3) La corsia di destra rappresentata in figura è riservata ai veicoli lenti V F

4) La corsia di destra rappresentata in figura consente al conducente di proseguire diritto o svoltare a destra V F

5) È possibile cambiare corsia finché le strisce sono ancora discontinue (tratteggiate) V F

6) La corsia di sinistra rappresentata in figura consente al conducente solo di svoltare a sinistra V F

7) La corsia di mezzo rappresentata in figura consente al conducente solo di proseguire diritto V F

8) La corsia di destra rappresentata in figura consente al conducente solo di svoltare a destra V F

9) Tutte e tre le corsie rappresentate in figura consentono al conducente di proseguire dritto V F

10) Con la segnaletica rappresentata in figura è consentito al conducente cambiare corsia anche superando la striscia continua V F

06014 (FIGURA 564)

1) La corsia A, rappresentata in figura, consente al conducente di svoltare solo a sinistra V F

2) Le corsie A,B e C rappresentate in figura sono a doppio senso di circolazione V F

3) Con la segnaletica indicata in figura è consentito al conducente cambiare corsia dove le strisce di corsia sono ancora discontinue (tratteggiate) V F

4) Le corsie A, B e C rappresentate in figura consentono al conducente di andare in tutte le direzioni V F

5) Le corsie A, B e C rappresentate in figura non consentono al conducente di proseguire diritto V F

6) La corsia B rappresentata in figura consente al conducente di svoltare e di proseguire diritto V F

06015 (FIGURA 565)

1) La corsia B rappresentata in figura consente al conducente di proseguire diritto e di svoltare a sinistra V F

2) La corsia A rappresentata in figura consente al conducente solo di svoltare a sinistra V F

3) Tutte e tre le corsie rappresentate in figura consentono al conducente di proseguire diritto V F

4) La corsia B rappresentata in figura consente al conducente solo di proseguire diritto V F

5) In presenza della segnaletica in figura è consentito cambiare corsia fino a che le strisce sono ancora discontinue (tratteggiate) V F

6) In presenza della segnaletica in figura, la corsia A è l'unica che consente di svoltare a sinistra V F

7) In presenza della segnaletica in figura, la corsia C è l'unica che consente di svoltare a destra V F

8) La corsia C rappresentata in figura consente al conducente solo la svolta a destra V F

06016 (FIGURA 670)

1) Il bordo del marciapiede dipinto come in figura indica che la sosta è consentita solo per un'ora V F

2) Il bordo del marciapiede come dipinto in figura vieta la sosta anche ai taxi V F

3) Il bordo del marciapiede dipinto come in figura indica che non si può sostare lungo quel tratto V F

4) Il bordo del marciapiede dipinto come in figura indica che nessun veicolo può sostare V F

5) Il bordo del marciapiede dipinto come in figura indica che la sosta è consentita solo a pagamento V F

6) Il bordo del marciapiede dipinto come in figura indica la presenza di lavori in corso V F

7) Il bordo del marciapiede dipinto come in figura indica una strada con diritto di precedenza V F

06017 (FIGURA 534)

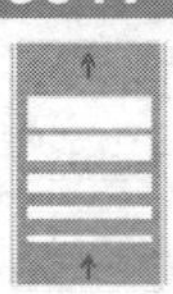

1) È regolamentare trovare sulla pavimentazione la scritta P L, con croce di S. Andrea, per segnalare un passaggio a livello V F

2) È regolamentare trovare sulla pavimentazione la scritta TAXI, di colore bianco, nei parcheggi per taxi V F

3) È regolamentare trovare sulla pavimentazione la scritta TAXI di colore giallo, per indicare zone riservate alla sosta dei taxi in servizio V F

4) È regolamentare, nelle zone destinate alla fermata degli autobus in servizio pubblico di linea, trovare sulla pavimentazione la scritta BUS di colore giallo V F

5) È regolamentare trovare sulla pavimentazione la scritta indicante il nome di una località, a completamento della freccia direzionale V F

6) Quando si incontrano le strisce di figura dipinte sulla pavimentazione occorre moderare la velocità V F

7) È regolamentare trovare sulla pavimentazione la scritta STOP, a completamento del relativo segnale verticale V F

8) È regolamentare trovare sulla pavimentazione la scritta indicante una prossima stazione di servizio V F

9) È regolamentare trovare sulla pavimentazione una scritta di incoraggiamento per i corridori ciclisti V F

10) È regolamentare trovare sulla pavimentazione una scritta pubblicitaria che indica un distributore di carburante V F

11) È regolamentare trovare sulla pavimentazione la scritta STOP, per completare il segnale verticale di DARE PRECEDENZA [V] [F]

12) È regolamentare trovare sulla pavimentazione la scritta GIOCHI, in vicinanza di giardini pubblici [V] [F]

06018 (FIGURA 502)

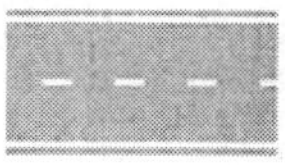

1) In una strada a senso unico di circolazione con la segnaletica indicata in figura si può sorpassare anche superando la striscia di mezzo [V] [F]

2) In una strada a senso unico di circolazione con la segnaletica indicata in figura si può sorpassare anche in curva [V] [F]

3) In una strada a senso unico di circolazione con la segnaletica indicata in figura si può fare l'inversione del senso di marcia [V] [F]

4) In una strada a senso unico di circolazione con la segnaletica indicata in figura si può circolare stando a cavallo della striscia di mezzo [V] [F]

5) In una strada a senso unico di circolazione con la segnaletica indicata in figura si può sempre viaggiare per file parallele [V] [F]

6) In una strada a senso unico di circolazione con la segnaletica indicata in figura la carreggiata è divisa in due corsie [V] [F]

7) In una strada a senso unico di circolazione con la segnaletica indicata in figura è consentito il sorpasso in vicinanza o in corrispondenza di dossi [V] [F]

8) In una strada a senso unico di circolazione con la segnaletica indicata in figura la corsia di sinistra è, di norma, riservata al sorpasso [V] [F]

9) In una strada a senso unico di circolazione con la segnaletica indicata in figura per svoltare a sinistra bisogna rimanere nella corsia di destra [V] [F]

06019 (FIGURA 517)

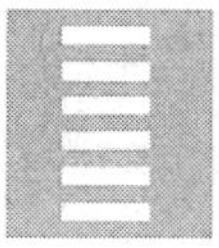

1) La segnaletica in figura indica, sia dentro che fuori dei centri abitati, un attraversamento pedonale [V] [F]

2) La segnaletica in figura indica un attraversamento in cui i pedoni hanno la precedenza [V] [F]

3) La segnaletica in figura indica un attraversamento pedonale [V] [F]

4) La segnaletica in figura indica un attraversamento per ciclisti [V] [F]

5) La segnaletica in figura indica un attraversamento ciclabile [V] [F]

6) La segnaletica in figura indica un'isola di traffico [V] [F]

7) La segnaletica in figura indica un attraversamento pedonale che può trovarsi anche nei piccoli centri abitati [V] [F]

8) La segnaletica in figura indica un attraversamento per pedoni [V] [F]

9) La segnaletica in figura indica un passo carrabile [V] [F]

06020 (FIGURA 563)

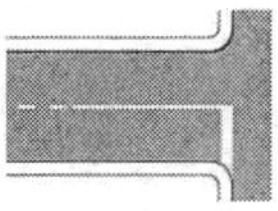

1) Il segnale raffigurato è una striscia trasversale di arresto [V] [F]

2) La striscia bianca trasversale in figura può essere completata con la scritta STOP, dipinta sulla pavimentazione stradale [V] [F]

3) La striscia bianca trasversale in figura indica il punto in cui i conducenti devono arrestarsi in presenza del segnale FERMARSI E DARE PRECEDENZA (STOP) [V] [F]

4) La striscia bianca trasversale in figura indica un attraversamento ciclabile [V] [F]

5) La striscia bianca trasversale in figura non può mai essere superata [V] [F]

6) La striscia bianca trasversale in figura viene abbinata con il segnale di DARE PRECEDENZA [V] [F]

7) La striscia bianca trasversale in figura indica un attraversamento pedonale non regolato [V] [F]

8) La striscia bianca trasversale in figura indica il punto in cui i conducenti devono arrestarsi in presenza del semaforo a luce rossa [V] [F]

9) La striscia bianca trasversale in figura può essere abbinata ad un incrocio regolato da semaforo V F

10) La striscia bianca trasversale in figura indica l'inizio del divieto di sosta V F

06021 (FIGURA 502)

1) In una strada a doppio senso di circolazione con la segnaletica indicata in figura si può fare l'inversione di marcia, ma senza occupare l'altra corsia V F

2) In una strada a doppio senso di circolazione con la segnaletica indicata in figura si può sorpassare anche in curva, ma solo in città V F

3) In una strada a doppio senso di circolazione con la segnaletica indicata in figura per svoltare a sinistra bisogna spostarsi verso il centro della carreggiata V F

4) In una strada a doppio senso di circolazione con la segnaletica indicata in figura non si può circolare stando a cavallo della striscia di mezzo V F

5) In una strada a doppio senso di circolazione con la segnaletica indicata in figura si può sorpassare con qualsiasi condizione di visibilità e di traffico V F

6) In una strada a doppio senso di circolazione con la segnaletica indicata in figura si può effettuare un sorpasso anche superando la striscia di mezzo V F

7) In una strada a doppio senso di circolazione con la segnaletica indicata in figura, fuori dei centri abitati la corsia di sinistra serve per la sosta d'emergenza V F

06022 (FIGURE 501, 502, 509)

501

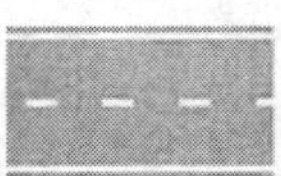

502

509

1) Nella carreggiata a doppio senso di circolazione le strisce di mezzo in figura dividono i sensi di marcia (fig. 509) V F

2) In una carreggiata a doppio senso di circolazione la linea di mezzo può essere costituita da due strisce continue affiancate, come in figura (fig. 509) V F

3) In una carreggiata a doppio senso di circolazione la linea di mezzo se costituita da strisce continue, come in figura, consente il sorpasso senza superare le linee (fig. 509) V F

4) In una carreggiata a doppio senso di circolazione la striscia di mezzo, se discontinua (tratteggiata), può essere superata durante un sorpasso V F

5) In una carreggiata a doppio senso di circolazione la striscia di mezzo può essere continua o discontinua (tratteggiata) V F

6) Nella carreggiata a doppio senso di circolazione la striscia di mezzo in figura, può essere superata con le sole ruote di sinistra (fig. 501) V F

7) Nella carreggiata a doppio senso di circolazione come in figura la striscia di mezzo divide la strada in due carreggiate, ognuna a due corsie (fig. 502) V F

06023 (FIGURE 517, 545)

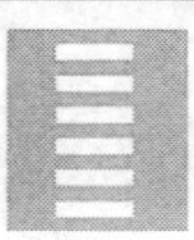

517

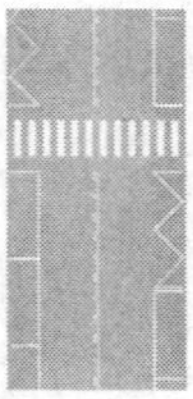

545

1) La segnaletica in figura posta su strade extraurbane secondarie deve essere preceduta dal segnale di pericolo ATTRAVERSAMENTO PEDONALE (fig. 517) V F

2) La segnaletica in figura non consente ai veicoli di transitarci sopra V F

3) La segnaletica in figura è un'isola di rifugio per pedoni e ciclisti V F

4) Un attraversamento pedonale può essere preceduto sulla destra da una striscia gialla a zig zag, come nella figura seguente (fig. 545) V F

5) La segnaletica in figura obbliga i conducenti a fermarsi e dare la precedenza ai pedoni che si accingono ad attraversare (fig. 517) V F

6) La segnaletica in figura obbliga i conducenti ad arrestarsi quando vi sono pedoni che attraversano la carreggiata (fig. 517) V F

7) La segnaletica in figura indica un'area riservata ai soli pedoni disabili (fig. 517) V F

8) La segnaletica in figura può essere completata con l'apposito segnale verticale di ATTRAVERSAMENTO PEDONALE (fig. 517) V F

9) La segnaletica in figura non consente il transito ai pedoni (fig. 517) V F

06024 (FIGURA 502)

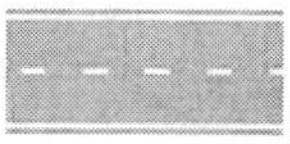

1) La striscia bianca discontinua in figura divide la strada in due carreggiate, ognuna a doppio senso [V] [F]
2) La striscia bianca discontinua in figura, nelle strade a senso unico, divide le corsie [V] [F]
3) La striscia bianca discontinua in figura consente l'inversione di marcia nelle strade a senso unico [V] [F]
4) In una carreggiata a senso unico, la striscia bianca discontinua in figura serve a delimitare le corsie [V] [F]
5) La striscia bianca discontinua in figura si trova solo nelle strade a senso unico [V] [F]
6) La striscia bianca discontinua in figura nelle strade a senso unico è posta nei dossi, per dividere i due sensi di marcia [V] [F]

06025 (FIGURA 501)

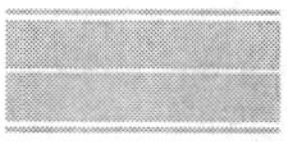

1) La striscia bianca continua di mezzo in figura consente di marciarvi a cavallo [V] [F]
2) La striscia bianca continua di mezzo in figura non può essere superata [V] [F]
3) La striscia bianca continua di mezzo in figura divide la strada in due carreggiate, ognuna a doppio senso [V] [F]
4) La striscia bianca continua di mezzo in figura, sulle strade a doppio senso si può trovare sul tratto in salita di un dosso [V] [F]
5) La striscia bianca continua di mezzo in figura divide la carreggiata in due corsie [V] [F]
6) La striscia bianca continua di mezzo in figura consente il sorpasso anche superandola, purché con le sole ruote di sinistra [V] [F]
7) La striscia bianca continua di mezzo in figura, divide i sensi di marcia nelle strade a doppio senso [V] [F]
8) La striscia bianca continua di mezzo in figura permette la manovra di sorpasso senza superarla [V] [F]
9) La striscia bianca continua di mezzo in figura, sulle strade a doppio senso può trovarsi in vicinanza degli attraversamenti pedonali [V] [F]
10) La striscia bianca continua di mezzo in figura consente l'inversione di marcia nelle strade a doppio senso [V] [F]

06026 (FIGURE 445, 528, 535)

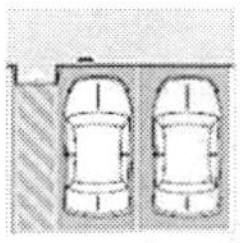

445

528

535

1) Le strisce gialle diagonali in figura devono essere lasciate libere per consentire l'entrata e l'uscita dal veicolo delle persone invalide **(fig. 445)** [V] [F]
2) L'elemento in figura è posto su un tratto di strada su cui è vietata la sosta **(fig. 535)** [V] [F]
3) L'elemento in figura è un rallentatore di velocità installato sulla strada **(fig. 535)** [V] [F]
4) L'elemento in figura rappresenta un rallentatore di velocità **(fig. 535)** [V] [F]
5) L'iscrizione in figura indica la velocità consigliata **(fig. 528)** [V] [F]
6) Le strisce gialle in figura delimitano un'area di parcheggio riservata ai taxi **(fig. 445)** [V] [F]
7) In presenza dell'iscrizione in figura non è consentito il transito di veicoli con massa a pieno carico superiore a 50 quintali **(fig. 528)** [V] [F]
8) Il dispositivo in figura è un dosso artificiale **(fig. 535)** [V] [F]
9) L'elemento in figura individua un attraversamento ciclabile **(fig. 535)** [V] [F]
10) L'elemento in figura individua un attraversamento pedonale **(fig. 535)** [V] [F]
11) Le strisce di delimitazione gialle in figura individuano un'area di parcheggio riservata a persone invalide **(fig. 445)** [V] [F]
12) Le strisce gialle in figura delimitano un'area riservata al carico e allo scarico di merci **(fig. 445)** [V] [F]

06027 (FIGURE 505, 506, 512, 513, 537)

1) Le strisce bianche di guida in figura non consentono la svolta (fig. 506) V F
2) La striscia bianca laterale discontinua in figura divide la carreggiata da una corsia di accelerazione (fig. 537) V F
3) Le strisce bianche discontinue sull'intersezione in figura sono strisce di guida (fig. 506) V F
4) La striscia bianca laterale discontinua in figura separa la carreggiata da una piazzola di sosta (fig. 513) V F
5) La striscia bianca laterale discontinua in figura individua il bordo della strada principale, separandolo da quello della strada secondaria (fig. 512) V F
6) La striscia bianca laterale discontinua può essere superata solo in caso di emergenza (fig. 513) V F
7) La striscia bianca laterale discontinua in figura significa che la sosta non è possibile (fig. 513) V F
8) La striscia bianca laterale discontinua in figura separa la carreggiata da un passo carrabile (fig. 505) V F
9) La striscia bianca laterale discontinua segnala l'inizio di una banchina V F
10) La striscia bianca laterale discontinua separa la carreggiata dalla corsia di emergenza V F
11) La striscia bianca laterale discontinua in figura delimita l'accesso ad una pista ciclabile (fig. 505) V F
12) La striscia bianca laterale discontinua in figura, delimita una piazzola di sosta (fig. 537) V F

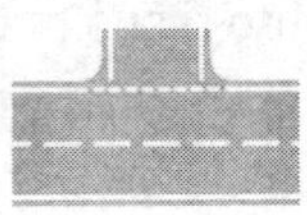
505

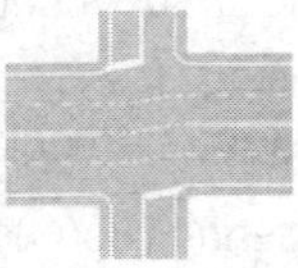
506

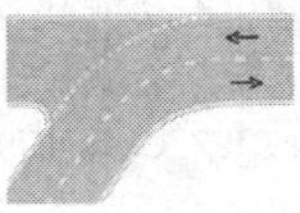
512

513

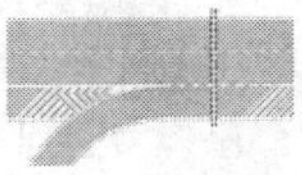
537

06028 (FIGURA 531)

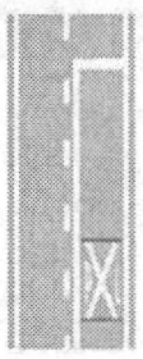

1) La segnaletica rappresentata in figura serve ad avvertire i conducenti che si è vicini ad un passaggio a livello senza barriere V F
2) La segnaletica rappresentata in figura serve ad indicare che a 150 metri vi è un attraversamento tranviario molto pericoloso V F
3) La segnaletica rappresentata in figura serve ad avvertire i conducenti che si è vicini ad un passaggio a livello con barriere V F
4) In presenza della segnaletica rappresentata in figura non è consentito spostarsi nella parte sinistra della carreggiata V F
5) In presenza della segnaletica rappresentata in figura i conducenti devono prestare attenzione all'eventuale sopraggiungere di treni V F
6) La segnaletica rappresentata in figura si trova vicino ad un passaggio a livello V F
7) La segnaletica rappresentata in figura si trova solo in vicinanza di passaggi a livello con barriere V F
8) La segnaletica rappresentata in figura segnala la vicinanza di un incrocio regolato da Polizia locale V F
9) La segnaletica rappresentata in figura delimita un parcheggio di autobus in servizio pubblico di linea V F

06029 (FIGURA 553)

1) Nella segnaletica in figura la striscia bianca continua, che separa la carreggiata dalla corsia di emergenza (corsia A), può essere superata solo in caso di necessità (guasto del veicolo, malessere dei viaggiatori) V F
2) La corsia di emergenza (corsia A) si può utilizzare in caso di guasto del veicolo, per un massimo di tre ore V F
3) La corsia di emergenza (corsia A) non si può occupare per le manovre di sorpasso V F
4) La corsia di emergenza (corsia A) è riservata alla svolta a destra V F

5) Nella segnaletica in figura la striscia bianca continua, che delimita la corsia di emergenza, (corsia A), indica una zona di parcheggio a tempo V F

6) I veicoli che possono transitare sulla corsia di emergenza (corsia A), sono solo quelli di soccorso, in servizio V F

7) Nella segnaletica in figura la striscia bianca continua che delimita la corsia di emergenza, (corsia A), può essere sempre superata in caso di intenso traffico V F

8) La corsia di emergenza (corsia A) è riservata alla decelerazione V F

9) La corsia di emergenza (corsia A) è vietata al transito degli autoveicoli ma non al transito dei motocicli V F

06030 (FIGURE 515, 563, 568)

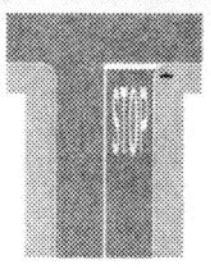

515

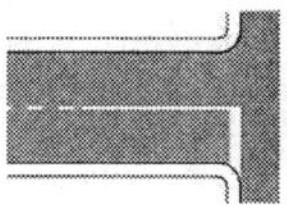
563

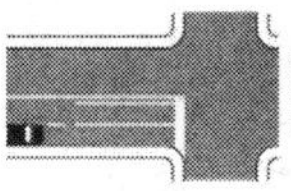
568

1) La striscia trasversale continua in figura indica il punto in cui dobbiamo arrestarci ad un incrocio, se non è regolato **(fig. 563)** V F

2) La striscia trasversale continua in figura indica il punto in cui dobbiamo sempre arrestarci ad un incrocio, se il vigile lo impone **(fig. 568)** V F

3) La striscia trasversale continua in figura indica il punto in cui bisogna sempre arrestarsi in vicinanza di un incrocio stradale **(fig. 563)** V F

4) La striscia trasversale continua in figura indica il punto in cui bisogna arrestarsi ad un incrocio, se regolato da semaforo a luce rossa **(fig. 563)** V F

5) La striscia trasversale continua in figura indica che è obbligatorio dare la precedenza ai veicoli provenienti sia da destra sia da sinistra **(fig. 563)** V F

6) La striscia trasversale continua in figura indica il punto dove occorre arrestarsi **(fig. 515)** V F

7) La striscia trasversale continua in figura si trova all'uscita di una proprietà privata **(fig. 563)** V F

Segnalazioni semaforiche e degli agenti del traffico, obblighi verso agenti

07001 (FIGURA 154)

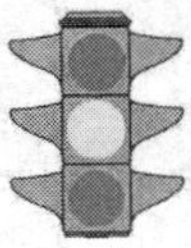

1) La luce rossa accesa del semaforo consente di ripartire lentamente quando appare il giallo per gli altri veicoli V F
2) Nei semafori sistemati in verticale la luce rossa si trova in alto, in quelli posti in orizzontale si trova a sinistra V F
3) La luce rossa accesa del semaforo consente di svoltare a destra con prudenza, dando precedenza ai pedoni che attraversano la strada V F
4) In presenza della luce semaforica rossa i veicoli devono arrestarsi V F
5) Durante il periodo di accensione della luce rossa i veicoli non devono superare la striscia di arresto V F
6) La luce rossa accesa del semaforo consente di impegnare l'incrocio con molta prudenza a condizione che non ci siano altri veicoli o pedoni V F
7) La luce rossa accesa del semaforo consente l'attraversamento dell'incrocio, purché sia libero V F
8) Nel semaforo la luce rossa può essere di dimensioni più grandi delle altre V F
9) Quando è accesa la luce rossa del semaforo bisogna arrestarsi prima della striscia trasversale d'arresto V F
10) La luce rossa accesa del semaforo obbliga ad affrettarsi per liberare velocemente l'incrocio V F

07002 (FIGURA 154)

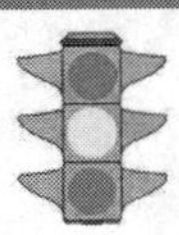

1) Quando è accesa la luce verde del semaforo in figura si può svoltare a sinistra, ma solo quando si accende anche la luce gialla V F
2) Quando è accesa la luce verde del semaforo in figura si può svoltare a destra V F
3) Quando è accesa la luce verde del semaforo in figura è possibile svoltare a sinistra, dando la precedenza ai veicoli che arrivano di fronte V F
4) Quando è accesa la luce verde del semaforo in figura, il conducente che svolta a sinistra ha la precedenza sui veicoli che provengono di fronte V F
5) Quando è accesa la luce verde del semaforo in figura si può impegnare l'incrocio, soltanto avendo la certezza di poterlo sgomberare prima dell'accensione della luce rossa V F
6) Avvicinandosi ad un semaforo, che già da molto tempo ha la luce verde accesa, occorre proseguire con prudenza, pronti eventualmente a fermarsi se, quando si accende la luce gialla, non si è ancora impegnato l'incrocio V F
7) Quando è accesa la luce verde del semaforo in figura si può svoltare solo se la carreggiata è divisa in corsie V F
8) Quando è accesa la luce verde del semaforo in figura si deve proseguire diritto V F
9) Avvicinandosi ad un semaforo, che già da molto tempo ha la luce verde accesa, occorre accelerare, senza che vi sia necessità di guardare la luce del semaforo V F
10) Quando è accesa la luce verde del semaforo in figura si può proseguire diritto V F
11) Quando è accesa la luce verde del semaforo in figura si può attraversare l'incrocio, usando prudenza V F
12) Quando è accesa la luce verde del semaforo in figura si può proseguire diritto, dando però la precedenza ai pedoni V F

07003 (FIGURA 155)

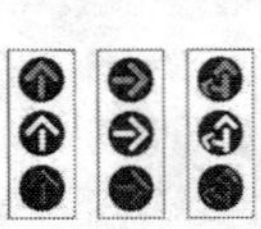

1) Nel semaforo in figura le frecce gialle lampeggianti accese indicano di attraversare l'incrocio con particolare prudenza V F
2) Nei semafori in figura le frecce rosse accese indicano che non si può proseguire nelle direzioni indicate V F

3) Nei semafori in figura le frecce gialle fisse accese indicano di liberare l'incrocio, qualora sia stato già impegnato, o di arrestarsi in condizioni di sicurezza V F

4) Nei semafori in figura le frecce verdi accese indicano le direzioni verso le quali si può proseguire V F

5) Nel semaforo in figura le frecce verdi accese, rivolte verso l'alto, indicano che si può proseguire in tutte le direzioni V F

6) Nel semaforo in figura le frecce rosse accese indicano di proseguire con prudenza V F

07004 (FIGURA 154)

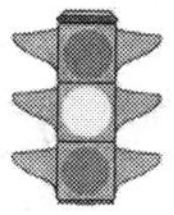

1) La luce gialla fissa si accende appena si spegne il verde V F

2) La luce gialla fissa si accende quando il verde e il rosso sono spenti V F

3) La luce gialla fissa ci obbliga ad arrestarci in ogni caso, senza impegnare l'incrocio V F

4) La luce gialla fissa si spegne insieme con il verde V F

5) La luce gialla fissa consente in ogni caso di proseguire impegnando l'incrocio V F

6) La luce gialla fissa obbliga chi ha già impegnato l'incrocio a liberarlo al più presto V F

7) La luce gialla fissa obbliga il conducente a tornare indietro se ha già superato la striscia trasversale di arresto V F

8) La luce gialla fissa si spegne prima che si accenda il rosso V F

9) La luce gialla fissa si accende quando è ancora accesa quella rossa V F

10) La luce gialla fissa obbliga a fermarsi prima del punto di arresto, purché lo si possa fare senza creare pericolo V F

11) La luce gialla fissa si accende insieme con il rosso V F

07005 (FIGURE 154, 160)

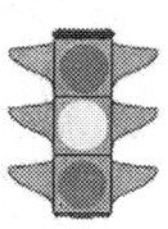

154

160

1) La luce circolare gialla lampeggiante (tipo A) è un segnale di pericolo generico **(fig. 160)** V F

2) La luce circolare gialla lampeggiante (tipo A) invita a procedere con particolare prudenza **(fig. 160)** V F

3) La luce circolare gialla lampeggiante (tipo A) invita a moderare la velocità **(fig. 160)** V F

4) La luce circolare gialla lampeggiante (tipo A) può essere posta prima di un ponte mobile **(fig. 160)** V F

5) La luce circolare gialla lampeggiante (tipo A) può essere posta prima di un pontile d'imbarco di navi traghetto **(fig. 160)** V F

6) È possibile trovare la luce gialla lampeggiante quando le altre sono spente **(fig. 154)** V F

7) Nel semaforo la luce gialla lampeggiante impone l'arresto sempre prima dell'incrocio **(fig. 154)** V F

8) La luce gialla lampeggiante insieme a quella rossa in figura indica pericolo **(fig. 154)** V F

07006 (FIGURA 162)

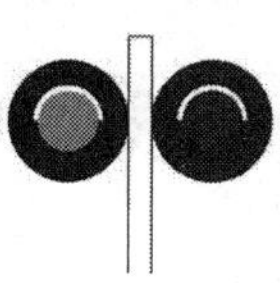

1) Le luci rosse accese lampeggianti in figura indicano l'uscita obbligatoria dall'autostrada V F

2) Le luci rosse accese lampeggianti in figura obbligano ad arrestarsi all'accesso di un ponte mobile V F

3) Le luci rosse accese lampeggianti in figura obbligano ad arrestarsi all'accesso di un pontile d'imbarco di navi traghetto V F

4) Le luci rosse accese lampeggianti in figura si trovano 150 metri prima di un confine di Stato V F

5) Le luci rosse accese lampeggianti in figura si trovano in vicinanza di un posto di blocco della polizia V F

6) Le luci rosse accese lampeggianti in figura obbligano ad arrestarsi a un passaggio a livello ferroviario senza barriere V F

7) Le luci rosse accese lampeggianti in figura obbligano ad arrestarsi all'accesso di un ponte stretto V F

8) Le luci rosse accese lampeggianti in figura obbligano a non superare la striscia trasversale d'arresto V F

9) Le luci rosse accese lampeggianti in figura obbligano ad arrestarsi a un passaggio a livello ferroviario con semibarriere V F

10) Le luci rosse accese lampeggianti in figura indicano che sta per accendersi la luce verde V F

07007 (FIGURA 156)

1) Il semaforo in figura impone ai motocicli di rallentare quando è acceso il triangolo giallo V F

2) Il segnale luminoso in figura indica un semaforo per i veicoli di trasporto pubblico V F

3) Il semaforo in figura indica i possibili scambi dei binari tranviari V F

4) Il semaforo in figura può avere la luce bianca verticale accesa V F

5) Il semaforo in figura preannuncia lavori in corso V F

6) Il semaforo in figura è un semaforo pedonale V F

7) Il semaforo in figura può avere la luce bianca orizzontale accesa V F

8) Il semaforo in figura vale per i veicoli con targa militare V F

07008 (FIGURA 154)

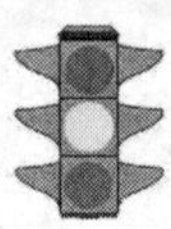

1) Incontrando il semaforo in figura è consentito il passaggio quando si accende la luce rossa, usando la massima prudenza V F

2) Incontrando il semaforo in figura è consentito il passaggio quando è accesa la luce verde V F

3) Incontrando il semaforo in figura è consentito il passaggio quando è accesa la luce gialla lampeggiante, usando però la massima prudenza e moderando la velocità V F

4) Incontrando il semaforo in figura è consentito il passaggio quando esso è spento, usando però la massima prudenza V F

5) Incontrando il segnale luminoso in figura è consentito il passaggio in caso di semaforo guasto, usando però la massima prudenza V F

6) Incontrando il semaforo in figura è consentito il passaggio poco prima che si accenda la luce verde, purché sia già accesa quella rossa per gli altri veicoli V F

7) Incontrando il semaforo in figura è consentito il passaggio quando si accende la luce gialla fissa, solo se non ci si può arrestare in condizioni di sicurezza prima dell'incrocio V F

8) Incontrando il semaforo in figura è consentito il passaggio quando, pur essendo accesa la luce rossa, non vengono veicoli dalle altre direzioni V F

07009 (FIGURA 162)

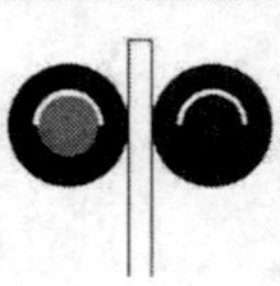

1) Le luci in figura si possono trovare 150 metri prima di un passaggio a livello con barriere V F

2) Le luci in figura si accendono alternativamente per segnalare l'arrivo dei treni nei passaggi a livello senza barriere V F

3) Le luci in figura sono integrate da un dispositivo di segnalazione acustica V F

4) Le luci in figura, di norma, sono situate sul lato destro della strada V F

5) Avvicinandosi ad un passaggio a livello con luci rosse lampeggianti alternativamente e semibarriera ancora alzata, occorre predisporsi all'arresto V F

6) Le luci in figura vengono poste sul primo dei pannelli distanziometrici di un passaggio a livello V F

7) Le luci in figura si accendono subito prima dell'inizio dell'abbassamento delle semibarriere V F

8) Le luci in figura quando lampeggiano alternativamente invitano a occupare rapidamente il passaggio a livello V F

9) Le luci in figura si trovano lungo le linee ferroviarie, come semaforo per i conducenti dei treni V F

10) Le luci in figura quando sono accese vietano il passaggio di veicoli e pedoni V F

11) Avvicinandosi ad un passaggio a livello con luci rosse lampeggianti alternativamente e semibarriera ancora alzata, si può passare velocemente, se non si vede sopraggiungere alcun treno V F

12) Le luci in figura si possono trovare in vicinanza di passaggi a livello con semibarriere V F

13) Le luci in figura entrano in funzione poco prima dell'arrivo del treno e rimangono accese fino alla fine del suo passaggio V F

14) Il dispositivo luminoso in figura è costituito da luci lampeggianti alternativamente che si accendono durante la fase di apertura (sollevamento) delle semibarriere V F

07010 (FIGURA 159)

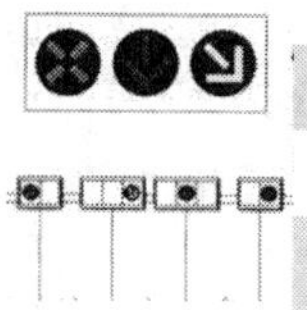

1) I segnali luminosi in figura sono semafori per corsie reversibili V F

2) Il semaforo in figura consente di impegnare la corsia indicata dalla freccia verde V F

3) Il semaforo in figura non consente di occupare le corsie indicate dalle frecce verdi V F

4) Nei semafori in figura la luce gialla lampeggiante obbliga il conducente a spostarsi nella corsia indicata dalla freccia V F

5) Il semaforo in figura non consente di occupare la corsia indicata con luce rossa a forma di X V F

6) Il semaforo in figura vale anche per i pedoni V F

7) Nei semafori in figura, la luce rossa a forma di X impone di arrestarsi ed attendere la luce gialla V F

8) Il semaforo in figura non vale per le biciclette V F

07011 (FIGURA 157)

1) Il semaforo in figura segnala un ascensore pubblico V F

2) La luce verde accesa del semaforo in figura consente ai pedoni di impegnare la carreggiata per attraversarla V F

3) La luce verde accesa del semaforo in figura consente ai pedoni di attraversare la strada V F

4) La luce verde accesa del semaforo in figura obbliga i pedoni a dare la precedenza ai veicoli che svoltano V F

5) Il semaforo in figura indica una scala mobile in funzione V F

6) La luce verde accesa del semaforo in figura consente il passaggio solo dei veicoli V F

7) La luce verde accesa del semaforo in figura permette ai pedoni l'attraversamento V F

8) Il semaforo in figura segnala la presenza di una scuola elementare, per cui bisogna rallentare V F

9) La luce verde del semaforo in figura è sempre accesa durante l'uscita degli studenti dalla scuola V F

07012 (FIGURA 154)

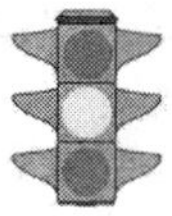

1) Il semaforo in figura si trova in vicinanza dei binari ferroviari V F

2) Il segnale luminoso in figura è un semaforo per i veicoli V F

3) Il semaforo in figura è posto, di norma, in un incrocio V F

4) Il semaforo in figura, con luce gialla fissa accesa, consente l'attraversamento dell'incrocio, se lo si è già impegnato V F

5) Il semaforo in figura serve, di norma, a regolare il passaggio dei veicoli in un incrocio V F

6) Il segnale luminoso in figura è un semaforo che non vale per le biciclette V F

7) Il semaforo in figura si trova in tutti i caselli autostradali V F

8) Il semaforo in figura non vale per i veicoli in servizio di linea per trasporto di persone V F

9) Il semaforo in figura, con luce gialla lampeggiante accesa, non consente il transito dei veicoli V F

07013 (FIGURA 155)

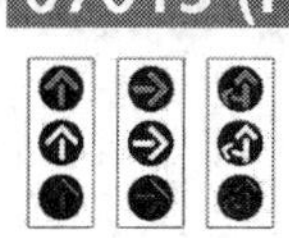

1) I semafori di corsia in figura, con freccia rossa accesa impongono l'arresto dei veicoli diretti nel senso della freccia V F

2) I semafori in figura vengono utilizzati negli accessi ai ponti mobili V F

3) Il semaforo in figura riguarda i veicoli che devono proseguire nella direzione della freccia V F

4) I semafori in figura, se spenti consentono di passare con particolare prudenza V F

5) I segnali luminosi in figura valgono anche per le biciclette V F

6) I segnali luminosi in figura sono semafori di corsia V F

7) I segnali luminosi in figura sono posti all'inizio di una galleria V F

8) I semafori in figura regolano l'ingresso sul pontile d'imbarco di navi traghetto V F

9) I segnali luminosi in figura sono semafori per i veicoli su rotaie (tram, treni) V F

10) I semafori in figura, con freccia gialla fissa accesa, impongono di liberare immediatamente l'incrocio, se lo si è già impegnato V F

11) Il semaforo in figura consente di proseguire nella sola direzione della freccia verde V F

12) I segnali luminosi in figura sono semafori per i veicoli in servizio di linea per trasporto di persone V F

13) I semafori in figura regolano l'attraversamento di un passaggio a livello V F

14) I segnali luminosi in figura sono semafori per corsie reversibili V F

07014 (FIGURA 156)

1) Il semaforo in figura vale per i veicoli in servizio di linea per trasporto di persone V F

2) Il semaforo in figura regola il transito nei pontili per l'imbarco sulle navi traghetto V F

3) Il semaforo in figura indica la vicinanza di una stazione ferroviaria V F

4) Il semaforo in figura è valido solo per i veicoli che marciano su rotaie (tram, treni) V F

5) Il semaforo in figura regola il transito dei pedoni V F

6) Il semaforo in figura indica un passaggio a livello senza barriere V F

7) Il semaforo in figura impone l'arresto ai veicoli in servizio di linea per trasporto di persone quando è accesa la barra bianca in alto V F

8) Il semaforo in figura consente ai veicoli di trasporto pubblico di persone di proseguire quando in basso è accesa la barra bianca V F

9) Il semaforo in figura, con il triangolo giallo acceso, preavvisa lavori in corso V F

07015 (FIGURA 157)

1) Il semaforo in figura, con luce rossa accesa impone ai pedoni di non attraversare V F

2) Il segnale luminoso in figura è un semaforo per i pedoni V F

3) Il semaforo in figura si trova all'ingresso della metropolitana V F

4) Il segnale luminoso in figura indica la presenza di una scuola V F

5) Il semaforo in figura regola il passaggio dei pedoni negli incroci V F

6) Il semaforo in figura, con luce gialla fissa accesa, impone ai pedoni che hanno già occupato l'attraversamento pedonale di liberarlo rapidamente V F

7) Il semaforo in figura indica i cancelli di imbarco nelle aree portuali V F

8) Il semaforo in figura indica lo svolgimento di una gara podistica V F

9) Nelle aree di servizio autostradali il semaforo in figura indica i sottopassaggi pedonali V F

10) Il semaforo in figura indica l'entrata di una struttura sportiva V F

07016 (FIGURA 158)

1) Il semaforo in figura si trova all'uscita di una pista ciclabile, per regolare l'attraversamento della strada V F

2) Il segnale luminoso in figura è un semaforo riservato ai conducenti di biciclette V F

3) Il semaforo in figura, con luce rossa accesa, impone l'arresto alle biciclette V F

4) Il semaforo in figura, con luce gialla fissa accesa, impone ai conducenti di biciclette di liberare velocemente l'incrocio se lo hanno già impegnato V F

5) Il semaforo in figura indica lo svolgimento di una gara ciclistica V F

6) Il semaforo in figura indica il divieto di transito per le biciclette V F

7) Il semaforo in figura indica una corsia riservata alle biciclette e ai ciclomotori V F

8) Il semaforo in figura, con luce verde accesa, consente soltanto ai conducenti di biciclette di attraversare l'incrocio V F

9) Il semaforo in figura indica che ci sono lavori in corso per la costruzione di una pista ciclabile V F

10) Il semaforo in figura indica una corsia riservata ai motocicli V F

11) Il semaforo in figura vale per tutti i veicoli a due ruote V F

07017 (FIGURA 160)

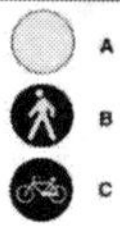

1) La luce gialla lampeggiante, del tipo B o C in figura, è affiancata al semaforo veicolare V F

2) La luce gialla lampeggiante, del tipo C in figura, indica che svoltando a destra i veicoli devono dare la precedenza alle biciclette V F

3) La luce gialla lampeggiante, del tipo C in figura, indica una corsia riservata a tutti i veicoli a due ruote V F

4) La luce gialla lampeggiante, del tipo B in figura, indica che nello svoltare a destra i veicoli debbono dare la precedenza ai pedoni V F

5) La luce gialla lampeggiante, del tipo B in figura, indica la presenza di un viale pedonale V F

6) La luce gialla lampeggiante, del tipo A in figura, è un semaforo per i veicoli in servizio di linea per trasporto di persone V F

7) La luce gialla lampeggiante, del tipo A in figura, può essere posta in punti pericolosi della strada V F

8) La luce gialla lampeggiante, del tipo C in figura, indica una corsia riservata ai ciclomotori V F

07018 (FIGURA 161)

1) Il semaforo in figura segnala la velocità consigliata per poter usufruire dell'onda verde V F

2) Il semaforo in figura indica di procedere con prudenza. V F

3) Il semaforo di onda verde in figura si trova su strade con più incroci dove vi sono semafori sincronizzati (temporizzati) V F

4) Il semaforo in figura, anche se spento, indica la velocità obbligatoria V F

5) I segnali luminosi in figura sono semafori di onda verde V F

6) Il semaforo in figura consiglia la velocità da mantenere, per trovare la luce verde al semaforo successivo V F

7) Il semaforo di onda verde in figura riporta i limiti massimi di velocità delle autovetture, motocicli e autocarri V F

8) Il semaforo in figura non consente di superare la velocità indicata V F

9) Il semaforo in figura obbliga a mantenere la velocità indicata V F

10) Il semaforo di onda verde in figura è un semaforo per lavori in corso V F

11) Il semaforo di onda verde in figura indica le velocità che devono obbligatoriamente rispettare alcuni veicoli V F

12) Il semaforo in figura impone al conducente di mantenere dal veicolo che lo precede la distanza indicata V F

13) Il semaforo di onda verde in figura viene posto anche sulle autostrade V F

14) Delle tre luci del semaforo in figura se ne accende soltanto una, mentre le altre sono spente V F

15) Il semaforo di onda verde in figura indica la distanza dai caselli autostradali V F

07019 (FIGURA 159)

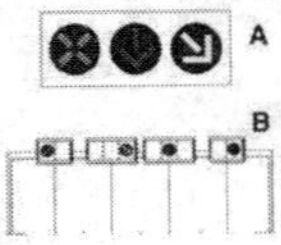

1) Il semaforo di corsie reversibili in figura, con freccia gialla lampeggiante impone al conducente di abbandonare quella corsia e di spostarsi in quella indicata V F
2) Il semaforo di corsie reversibili in figura è posto su una carreggiata con almeno tre corsie V F
3) Il semaforo di corsie reversibili in figura indica la corsia per i veicoli lenti V F
4) Il semaforo di corsie reversibili in figura consente il transito nella corsia indicata dalla freccia verde V F
5) Il semaforo di corsie reversibili in figura indica la corsia per la sosta di emergenza V F
6) Il semaforo di corsie reversibili in figura indica la corsia riservata al sorpasso V F
7) Il semaforo di corsie reversibili in figura è posto solo su carreggiate a senso unico di circolazione V F

07020 (FIGURA 383)

1) Quando il vigile si dispone con le braccia aperte verso la nostra direzione come in figura bisogna arrestarsi prima della striscia trasversale di arresto V F
2) Quando il vigile si dispone con le braccia aperte verso la nostra direzione come in figura è vietato il passaggio V F
3) Quando il vigile si dispone con le braccia aperte verso la nostra direzione come in figura si può passare se si svolta a destra, dando però la precedenza ai pedoni che attraversano V F
4) Quando il vigile si dispone con le braccia aperte verso la nostra direzione come in figura non si può svoltare a destra V F
5) La posizione del vigile con le braccia aperte verso la nostra direzione come in figura equivale alla luce rossa del semaforo V F
6) Quando il vigile si dispone con le braccia aperte verso la nostra direzione come in figura si può svoltare, ma non proseguire diritto V F
7) Quando il vigile si dispone con le braccia aperte verso la nostra direzione come in figura non si può svoltare a sinistra V F
8) Quando il vigile si dispone con le braccia aperte verso la direzione da cui proviene il conducente come in figura questi può procedere, ma con la massima prudenza e a velocità moderata V F
9) Quando il vigile si dispone con le braccia aperte verso la nostra direzione come in figura bisogna suonare il clacson, ma con moderazione, per richiamare l'attenzione del vigile V F
10) Quando il vigile si dispone con le braccia aperte verso la nostra direzione come in figura non si può attraversare l'incrocio V F
11) La posizione del vigile con le braccia aperte verso la nostra direzione come in figura equivale alla luce verde del semaforo V F

07021 (FIGURA 384)

1) Quando il vigile si dispone di profilo con le braccia aperte come in figura si può svoltare a destra se si proviene dalla sua destra o dalla sua sinistra V F
2) La posizione di profilo del vigile con le braccia aperte come in figura equivale alla luce verde del semaforo per le correnti di traffico che scorrono parallele alle sue braccia V F
3) Quando il vigile si dispone di profilo con le braccia aperte come in figura si deve obbligatoriamente proseguire diritto V F
4) Quando il vigile si dispone di profilo con le braccia aperte come in figura è consentito il passaggio delle correnti di traffico che scorrono parallele alle sue braccia V F
5) Quando il vigile si dispone di profilo con le braccia aperte come in figura ci si deve arrestare dopo aver superato le strisce dell'attraversamento pedonale V F
6) Quando il vigile si dispone di profilo con le braccia aperte come in figura, ci si deve arrestare prima della striscia trasversale di arresto se si proviene dalla sua sinistra V F
7) Quando il vigile si dispone di profilo con le braccia aperte come in figura, le correnti di traffico che scorrono parallele alle sue braccia possono attraversare l'incrocio, ma usando prudenza V F
8) La posizione di profilo del vigile con le braccia aperte come in figura, per le correnti di traffico che scorrono parallele alle sue braccia equivale alla luce rossa del semaforo V F

07022 (FIGURA 385)

1) Se il vigile ha un braccio alzato come in figura bisogna in ogni caso arrestarsi V F
2) Se il vigile ha un braccio alzato come in figura bisogna arrestarsi prima dell'incrocio, se è possibile farlo senza creare pericolo V F
3) La posizione del vigile con un braccio alzato come in figura è una indicazione riservata solo ai veicoli che devono svoltare V F
4) Se il vigile ha un braccio alzato come in figura bisogna liberare velocemente l'incrocio, se già è stato impegnato V F
5) La posizione del vigile con un braccio alzato come in figura equivale alla luce gialla fissa del semaforo V F
6) Se il vigile ha un braccio alzato come in figura bisogna rallentare solo se nell'incrocio vi sono binari del tram V F
7) Se il vigile ha un braccio alzato come in figura è consentito soltanto svoltare a destra V F
8) La posizione del vigile con il braccio alzato come in figura equivale alla luce rossa del semaforo V F

07023 (FIGURA 386)

1) Il vigile disposto con le braccia ad angolo retto come in figura consente la svolta a sinistra ai veicoli che arrivano dalla sua destra V F
2) Il vigile disposto con le braccia ad angolo retto come in figura consente di svoltare a destra ai veicoli che arrivano dalla sua sinistra V F
3) Il vigile disposto con le braccia ad angolo retto come in figura vieta di proseguire diritto ai veicoli che gli vengono dalle sue spalle V F
4) Il vigile disposto con le braccia ad angolo retto come in figura consente di proseguire diritto ai veicoli che arrivano dalla sua sinistra V F
5) Il vigile disposto con le braccia ad angolo retto come in figura consente di svoltare a destra ai veicoli che arrivano dalla sua destra V F
6) Il vigile disposto con le braccia ad angolo retto come in figura consente la svolta a destra ai veicoli che arrivano dalle sue spalle V F
7) Il vigile disposto con le braccia ad angolo retto come in figura consente la svolta a sinistra ai veicoli che arrivano dalla sua sinistra V F
8) Il vigile disposto con le braccia ad angolo retto come in figura ferma i veicoli che arrivano dalla sua destra V F
9) Il vigile disposto con le braccia ad angolo retto come in figura consente di proseguire diritto ai veicoli che arrivano dalla sua destra V F
10) Il vigile disposto con le braccia ad angolo retto come in figura vieta il passaggio ai veicoli che arrivano dalla sua sinistra V F

07024

1) Il suono prolungato del fischietto da parte dell'agente preposto al traffico significa che tutti i veicoli si devono arrestare, in condizioni di sicurezza V F
2) Il suono prolungato del fischietto da parte dell'agente preposto al traffico significa che i veicoli fermi devono mettersi in marcia V F
3) Il suono prolungato del fischietto da parte dell'agente preposto al traffico serve per consentire il passaggio di veicoli di soccorso in servizio di emergenza V F
4) Il suono prolungato del fischietto da parte dell'agente preposto al traffico indica che occorre tornare indietro V F
5) Il suono prolungato del fischietto da parte dell'agente preposto al traffico impone a chi ha impegnato l'incrocio di liberarlo ed eventualmente di arrestarsi subito dopo V F
6) Il suono prolungato del fischietto da parte dell'agente preposto al traffico serve per arrestare o deviare solo i veicoli che arrivano dalla sua destra V F
7) Il suono prolungato del fischietto da parte dell'agente preposto al traffico indica che occorre arrestarsi, se non si è ancora occupato l'incrocio V F

8) Il suono prolungato del fischietto da parte dell'agente preposto al traffico impone ai soli veicoli pesanti di arrestarsi [V] [F]

07025

1) Avvicinandosi ad un passaggio a livello con luci rosse accese e semibarriera ancora alzata, è possibile attraversare i binari se non si sente ancora il fischio del treno [V] [F]
2) Avvicinandosi ad un passaggio a livello con luci rosse accese e semibarriera ancora alzata, si può passare velocemente, se non si vede sopraggiungere il treno [V] [F]
3) Avvicinandosi ad un passaggio a livello con luci rosse accese e semibarriera ancora alzata, è necessario fermarsi sulla linea d'arresto [V] [F]
4) Avvicinandosi ad un passaggio a livello con luci rosse accese e semibarriera ancora alzata, è possibile attraversare se la linea ferroviaria è ad un solo binario [V] [F]
5) Avvicinandosi ad un passaggio a livello con luci rosse accese e semibarriera ancora alzata, bisogna fermarsi in corrispondenza del terzo pannello distanziometrico [V] [F]
6) Avvicinandosi ad un passaggio a livello con luci rosse accese e semibarriera ancora alzata, bisogna accelerare per liberare rapidamente l'attraversamento [V] [F]
7) Avvicinandosi ad un passaggio a livello con luci rosse accese e semibarriera ancora alzata, non si deve accelerare per attraversare prima che si abbassi la semibarriera [V] [F]
8) Avvicinandosi ad un passaggio a livello con luci rosse accese e semibarriera ancora alzata, è possibile attraversare i binari se non vi sono altri veicoli in attesa [V] [F]

07026

1) Chi guida autoveicoli deve esibire, a richiesta degli agenti, il segnale mobile di pericolo (triangolo) [V] [F]
2) Chi guida autoveicoli o motocicli deve esibire, a richiesta degli agenti, il codice fiscale [V] [F]
3) Chi guida autoveicoli o motocicli deve esibire, a richiesta degli agenti, il certificato di proprietà [V] [F]
4) Chi guida autoveicoli o motocicli deve esibire, a richiesta degli agenti, la carta di circolazione [V] [F]
5) Chi guida autoveicoli o motocicli deve esibire, a richiesta degli agenti, il certificato di assicurazione del veicolo [V] [F]
6) Chi guida autoveicoli o motocicli deve mostrare, a richiesta degli agenti, la valigetta di pronto soccorso [V] [F]
7) Chi guida autoveicoli o motocicli deve esibire, a richiesta degli agenti, la patente di guida [V] [F]
8) Chi guida autoveicoli o motocicli deve mostrare, a richiesta degli agenti, l'attestazione di pagamento della tassa di possesso (bollo) [V] [F]

07027

1) Gli addetti a servizi di polizia stradale vengono riconosciuti dal segnale distintivo [V] [F]
2) Gli addetti a servizi di polizia stradale vengono riconosciuti dall'uniforme (divisa) [V] [F]
3) Gli addetti a servizi di polizia stradale vengono riconosciuti dalla 'paletta' bianca e rossa [V] [F]
4) Gli addetti a servizi di polizia stradale vengono riconosciuti dalla 'paletta' bianca e nera [V] [F]
5) Gli addetti a servizi di polizia stradale vengono riconosciuti dai guantoni e dalle strisce rifrangenti [V] [F]

Segnali di indicazione

08001 (FIGURA 184)

1) Il segnale raffigurato è di conferma autostradale V F
2) Il segnale raffigurato indica che per raggiungere Milano bisogna percorrere l'autostrada n. 472 V F
3) Il segnale raffigurato se di colore blu, si trova su strade extraurbane V F
4) Il segnale raffigurato indica i chilometri già fatti dalle località indicate V F
5) Il segnale raffigurato riporta le località con le relative distanze in chilometri V F
6) Il segnale raffigurato indica in autostrada la distanza delle località raggiungibili V F
7) Il segnale raffigurato è posto su un'autostrada V F
8) Il segnale raffigurato indica che mancano 180 chilometri per Firenze V F
9) Il segnale raffigurato indica che mancano 180 chilometri per l'area di servizio di Firenze V F
10) Il segnale raffigurato indica, per ogni località, il numero della strada da percorrere V F
11) Il segnale raffigurato indica che uscendo dal primo casello autostradale è possibile raggiungere tutte le località indicate V F
12) Il segnale raffigurato è posto sulle strade extraurbane V F

08002 (FIGURA 199)

1) Il segnale raffigurato si può trovare all'interno di un segnale di preavviso di bivio stradale V F
2) Il segnale raffigurato indica il numero della classificazione internazionale della strada V F
3) Il segnale raffigurato è posto su strade di importanza internazionale V F
4) Il segnale raffigurato indica l'uscita autostradale n. 55 V F
5) Il segnale raffigurato indica la velocità massima da tenere su quella strada V F
6) Il segnale raffigurato indica un itinerario di strada internazionale V F
7) Il segnale raffigurato indica che mancano 55 chilometri al confine di Stato con l'estero V F
8) Il segnale raffigurato indica il numero del cavalcavia V F
9) Il segnale raffigurato indica l'itinerario internazionale n. 55 V F
10) Il segnale raffigurato identifica le strade extraurbane V F
11) Il segnale raffigurato indica che sono stati percorsi 55 chilometri dal punto di origine dell'autostrada V F

08003 (FIGURA 201)

1) Il segnale raffigurato indica il tipo ed il numero di strada percorsa V F
2) Il segnale raffigurato indica una strada stretta per 2 chilometri V F
3) Il segnale raffigurato indica una strada senza uscita a 2 chilometri V F
4) Il segnale raffigurato indica che stiamo percorrendo la strada statale n. 2 V F
5) Il segnale raffigurato indica il numero di piazzole di sosta V F
6) Il segnale raffigurato indica una strada sdrucciolevole per 2 chilometri V F
7) Il segnale raffigurato indica che la strada su cui viaggiamo è una strada statale V F
8) Il segnale raffigurato si può trovare all'interno di un segnale di direzione o di bivio stradale V F
9) Il segnale raffigurato indica una strada senza segnaletica per 2 chilometri V F
10) Il segnale raffigurato indica una strada sterrata V F

08004 (FIGURA 203)

1) Il segnale raffigurato si trova su strade dove la sosta è consentita dopo le ore 19.00 V F
2) Il segnale raffigurato si può trovare a completamento dei segnali di direzione V F
3) Il segnale raffigurato identifica una strada comunale V F
4) Il segnale raffigurato si trova dove la strada è percorribile solo con catene da neve V F
5) Il segnale raffigurato si può trovare lungo la strada comunale n. 19 V F
6) Il segnale raffigurato si può trovare all'inizio di una strada comunale V F
7) Il segnale raffigurato si trova a diciannove chilometri dalla più vicina Stazione dei Carabinieri V F
8) Il segnale raffigurato si trova all'inizio di una strada di campagna V F
9) Il segnale raffigurato indica, su strada urbana, il numero del cavalcavia V F

08005 (FIGURA 260)

1) Il segnale raffigurato indica una postazione mobile di Polizia nelle vicinanze V F
2) Il segnale raffigurato indica la vicinanza di un'area per campeggio V F
3) Il segnale raffigurato indica un'area da campeggio con tende e sosta per caravan ed autocaravan V F
4) Il segnale raffigurato indica un divieto di sosta per caravan e per i veicoli da campeggio V F
5) Il segnale raffigurato indica che è consentito il campeggio e la sosta di caravan ed autocaravan V F
6) Il segnale raffigurato indica una zona panoramica V F
7) Il segnale raffigurato indica un'officina di riparazione veicoli da campeggio nelle vicinanze V F
8) Il segnale raffigurato indica una zona destinata alla sosta di caravan ed autocaravan ed al campeggio V F
9) Il segnale raffigurato indica un posto mobile di pronto soccorso nelle vicinanze V F

08006 (FIGURA 274)

1) Il segnale raffigurato indica una zona riservata al parcheggio dei veicoli della polizia V F
2) Il segnale raffigurato indica la località ed i numeri di telefono del più vicino comando di polizia stradale V F
3) Il segnale raffigurato indica una strada interrotta per incidente stradale V F
4) Il segnale raffigurato indica l'indirizzo ed i numeri telefonici del più vicino comando della polizia stradale V F
5) Il segnale raffigurato indica un posto di blocco della polizia V F
6) Il segnale raffigurato riporta alcuni dati (località, via, telefoni) del più vicino comando di polizia stradale V F
7) Il segnale raffigurato indica la sede ed il numero telefonico del più vicino comando di polizia stradale V F
8) Il segnale raffigurato indica la possibilità di incrociare una colonna di veicoli della polizia V F
9) Il segnale raffigurato indica un tratto di strada riservato alla polizia V F

08007 (FIGURA 153)

1) Il segnale raffigurato indica che la circolazione su quel tratto di strada è a senso unico V F
2) Il segnale raffigurato indica l'inizio di una strada a senso unico V F
3) Il segnale raffigurato indica un restringimento della carreggiata V F
4) Il segnale raffigurato indica che dopo di esso è vietata l'inversione di marcia V F
5) Il segnale raffigurato indica l'obbligo di proseguire diritto V F

6) Il segnale raffigurato indica il divieto di svoltare a destra o a sinistra V F

7) Il segnale raffigurato indica di circolare su una sola corsia V F

8) Il segnale raffigurato indica un senso unico frontale V F

9) Il segnale raffigurato indica che si viaggia per file parallele V F

08008 (FIGURA 152)

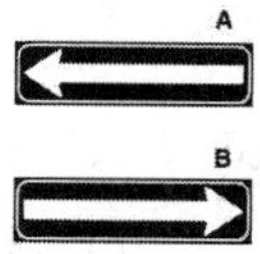

1) Il segnale raffigurato indica che una volta svoltato nel senso della freccia è vietata l'inversione di marcia V F

2) Il segnale A di figura indica che svoltando a sinistra la strada è a senso unico V F

3) Il segnale raffigurato indica che nel tratto di strada in cui è posto si deve sorpassare a destra V F

4) Il segnale raffigurato indica che è vietato proseguire diritto V F

5) Il segnale raffigurato indica che svoltando nel senso della freccia non si incrociano veicoli provenienti dal senso opposto V F

6) Il segnale raffigurato indica che si deve marciare per file parallele V F

7) Il segnale raffigurato indica che svoltando nel senso della freccia la sosta è consentita solo a sinistra V F

8) Il segnale A di figura indica che è obbligatorio svoltare a sinistra V F

9) Il segnale raffigurato indica che la strada su cui è posto è a senso unico V F

10) Il segnale raffigurato indica un parcheggio libero nel senso della freccia V F

08009 (FIGURA 206)

1) Il segnale raffigurato è posto lungo un'autostrada V F

2) Il segnale raffigurato indica a sinistra la velocità consigliata V F

3) Il segnale raffigurato fa parte dei segnali di indicazione V F

4) Il segnale raffigurato indica la distanza dallo svincolo d'uscita per la località indicata V F

5) Il segnale raffigurato indica a sinistra la distanza progressiva e a destra quella dal casello d'uscita per Piacenza V F

6) Il segnale raffigurato indica che si sta percorrendo l'autostrada n. 54 V F

7) Il segnale raffigurato indica cha mancano 54 chilometri dallo svincolo d'uscita per Piacenza V F

8) Il segnale raffigurato indica che sono stati già percorsi 4 chilometri da Piacenza V F

9) Il segnale raffigurato nella parte sinistra indica la distanza progressiva dal luogo di origine dell'autostrada V F

10) Il segnale raffigurato indica che mancano 4 chilometri dal casello d'uscita per Piacenza V F

11) Il segnale raffigurato indica l'inizio di un centro abitato V F

08010 (FIGURA 272)

1) Il segnale raffigurato indica un'area di sosta per i taxi in servizio V F

2) Il segnale raffigurato indica un divieto di sorpasso ai taxi V F

3) Il segnale raffigurato indica un'area contrassegnata da strisce gialle con la scritta TAXI V F

4) Il segnale raffigurato indica la presenza nelle vicinanze di un apparecchio per chiamare un taxi V F

5) Il segnale raffigurato indica un parcheggio riservato ai taxi in servizio V F

6) Il segnale raffigurato è dotato di luce propria V F

7) Il segnale raffigurato indica un'area di sosta ad uso esclusivo dei taxi in servizio V F

8) Il segnale raffigurato indica la presenza di una stazione radio per taxi V F

9) Il segnale raffigurato indica una strada vietata ai taxi V F

10) Il segnale raffigurato indica un garage riservato ai taxi V F

08011 (FIGURA 253)

1) Il segnale raffigurato indica la possibilità, a breve distanza, di poter telefonare da un telefono pubblico V F

2) Il segnale raffigurato indica un posto di telefono pubblico nelle vicinanze V F

3) Il segnale raffigurato indica che siamo in vicinanza di un apparecchio telefonico pubblico V F

4) Il segnale raffigurato indica un apparecchio telefonico pubblico posto su strade extraurbane V F

5) Il segnale raffigurato indica la vicinanza di un negozio di telefonia mobile V F

6) Il segnale raffigurato indica una zona sufficientemente coperta dal segnale per telefonia mobile V F

7) Il segnale raffigurato indica che è vietato usare i telefoni cellulari V F

8) Il segnale raffigurato indica un posto di pronto soccorso raggiungibile per telefono V F

9) Il segnale raffigurato indica la possibilità di ricaricare i telefoni cellulari V F

10) Il segnale raffigurato indica che è consentito telefonare solo con cellulari a viva voce V F

08012 (FIGURA 254)

1) Il segnale raffigurato indica un posto di rifornimento carburante V F

2) Il segnale raffigurato indica una raffineria V F

3) Il segnale raffigurato indica un posto telefonico pubblico nelle vicinanze V F

4) Il segnale raffigurato indica che nelle vicinanze vi è un'area di sosta per autoveicoli V F

5) Il segnale raffigurato indica un distributore di carburante riservato solo ai veicoli alimentati a GPL V F

6) Il segnale raffigurato indica la possibilità di rifornimento carburante a breve distanza V F

7) Il segnale raffigurato indica un'officina di assistenza meccanica nelle vicinanze V F

8) Il segnale raffigurato indica che a breve distanza vi è una stazione di rifornimento carburante V F

9) Il segnale raffigurato indica che lungo la strada, a breve distanza, vi è un distributore di carburante V F

10) Il segnale raffigurato indica che nelle vicinanze vi è un posto di distribuzione carburante V F

11) Il segnale raffigurato vieta il transito ai veicoli che trasportano carburante V F

08013 (FIGURA 282)

1) Il segnale raffigurato fa parte dei segnali temporanei per lavori sulla strada V F

2) Il segnale raffigurato obbliga a tornare indietro V F

3) Il segnale raffigurato indica nella parte inferiore la lunghezza della deviazione V F

4) Il segnale raffigurato è posto a 2 chilometri dal segnale di lavori in corso V F

5) Il segnale raffigurato indica che non è assolutamente possibile raggiungere Novara V F

6) Il segnale raffigurato indica la distanza da un'area di servizio V F

7) Il segnale raffigurato indica una piazzola di sosta V F

8) Il segnale raffigurato è un preavviso di deviazione temporanea V F

9) Il segnale raffigurato preavvisa l'interruzione di una strada per lavori in corso V F

10) Il segnale raffigurato indica un cantiere di lavoro lungo 2 chilometri V F

11) Il segnale raffigurato indica che la deviazione si trova a 2 chilometri di distanza dal segnale V F

08014 (FIGURA 166)

1) Il segnale raffigurato riporta i nomi dei luoghi raggiungibili dall'incrocio urbano V F
2) Il segnale raffigurato preavvisa un incrocio urbano V F
3) Il segnale raffigurato indica di proseguire diritto per raggiungere Sora V F
4) Il segnale raffigurato indica di svoltare a destra per uscire dal centro abitato V F
5) Il segnale raffigurato si trova su strade extraurbane V F
6) Il segnale raffigurato preavvisa la svolta a destra per raggiungere il centro della città V F
7) Il segnale raffigurato indica che per raggiungere il centro della città bisogna tornare indietro V F
8) Il segnale raffigurato preavvisa un'area di sosta a destra V F
9) Il segnale raffigurato preavvisa la svolta a destra per raggiungere la stazione ferroviaria V F
10) Il segnale raffigurato preavvisa di proseguire diritto per raggiungere Napoli V F
11) Il segnale raffigurato preavvisa a destra un passaggio a livello senza barriere V F

08015 (FIGURA 167)

1) Il segnale raffigurato preavvisa di svoltare a destra per il centro della città al secondo incrocio V F
2) Il segnale raffigurato preavvisa di svoltare a destra per via Gemona al primo incrocio V F
3) Il segnale raffigurato indica ai veicoli diretti in Austria di tornare indietro V F
4) Il segnale raffigurato preavvisa due incroci vicini V F
5) Il segnale raffigurato indica come uscire da un centro commerciale V F
6) Il segnale raffigurato preavvisa di svoltare a destra in direzione Trieste al secondo incrocio V F
7) Il segnale raffigurato indica che non è possibile svoltare a sinistra al primo incrocio V F
8) Il segnale raffigurato indica due incroci vicini su strada urbana V F
9) Il segnale raffigurato indica che bisogna svoltare a sinistra al secondo incrocio per raggiungere l'Austria V F
10) Il segnale raffigurato preavvisa di svoltare a sinistra per l'ospedale al secondo incrocio V F
11) Il segnale raffigurato si trova su strade extraurbane V F
12) Il segnale raffigurato consente di svoltare a sinistra al primo incrocio V F
13) Il segnale raffigurato indica come lasciare in sosta i veicoli V F
14) Il segnale raffigurato preannuncia le direzioni per l'ingresso in autostrada V F

08016 (FIGURA 168)

1) Il segnale raffigurato indica una strada interrotta V F
2) Il segnale raffigurato preavvisa un'area pedonale con verde pubblico V F
3) Il segnale raffigurato preavvisa di svoltare alla seconda traversa per raggiungere la tangenziale V F
4) Il segnale raffigurato riporta i nomi delle località raggiungibili V F
5) Il segnale raffigurato si trova su strade extraurbane V F
6) Il segnale raffigurato preavvisa di svoltare alla prima traversa a destra per andare a Forlì V F
7) Il segnale raffigurato preavvisa un divieto di transito agli autoveicoli V F
8) Il segnale raffigurato contiene lo schema della rotatoria V F
9) Il segnale raffigurato è un preavviso di incrocio urbano con circolazione rotatoria V F
10) Il segnale raffigurato vale solo nelle ore notturne V F

08017 (FIGURA 169)

1) Il segnale raffigurato è un preavviso di incrocio urbano V F
2) Il segnale raffigurato si trova all'ingresso di un'autostrada V F
3) Il segnale raffigurato indica che la corsia centrale è chiusa V F
4) Il segnale raffigurato vieta anche agli autobus di raggiungere Avezzano V F
5) Il segnale raffigurato preavvisa di svoltare a sinistra per raggiungere l'autostrada Roma-L'Aquila V F
6) Il segnale raffigurato consente alle autovetture di proseguire diritto per Pescara V F
7) Il segnale raffigurato si trova solo su strade a senso unico di circolazione V F
8) Il segnale raffigurato vieta agli autocarri di massa a pieno carico superiore a 3,5 tonnellate di proseguire diritto per Avezzano V F
9) Il segnale raffigurato vieta agli autocarri di massa a pieno carico superiore a 3,5 tonnellate di continuare diritto per raggiungere il centro urbano V F
10) Il segnale raffigurato fa parte dei segnali di precedenza V F

08018 (FIGURA 170)

1) Il segnale raffigurato preavvisa un incrocio su strada extraurbana V F
2) Il segnale raffigurato indica che non è possibile raggiungere S. Giovanni V F
3) Il segnale raffigurato preavvisa di svoltare a sinistra per una località turistica V F
4) Il segnale raffigurato preannuncia un pericolo per chi svolta a destra per il possibile attraversamento di treni V F
5) Il segnale raffigurato si trova dopo un incrocio V F
6) Il segnale raffigurato preavvisa di svoltare a destra per S. Giovanni V F
7) Il segnale raffigurato preavvisa di proseguire diritto per raggiungere Porto Torres V F
8) Il segnale raffigurato indica una stazione balneare a sinistra V F
9) Il segnale raffigurato fa parte dei segnali di obbligo V F
10) Il segnale raffigurato indica la presenza di un passaggio a livello svoltando a destra V F
11) Il segnale raffigurato preavvisa un incrocio urbano con zona residenziale a sinistra V F

08019 (FIGURA 171)

1) Il segnale raffigurato è posto su strade extraurbane suddivise in due corsie V F
2) Il segnale raffigurato preavvisa a destra un lungo rettilineo V F
3) Il segnale raffigurato preavvisa a sinistra una curva pericolosa V F
4) Il segnale raffigurato indica l'obbligo di sorpassare a destra V F
5) Il segnale raffigurato indica al conducente diretto a Bari di spostarsi sulla corsia di sinistra V F
6) Il segnale raffigurato indica al conducente diretto a Pescara di spostarsi sulla corsia di destra V F
7) Il segnale raffigurato indica che la strada per Bari è interrotta V F
8) Il segnale raffigurato preavvisa un obbligo di invertire il senso di marcia V F
9) Il segnale raffigurato è posto dove è ancora possibile cambiare la corsia di canalizzazione V F
10) Il segnale raffigurato preavvisa una zona di preselezione con due destinazioni V F
11) Il segnale raffigurato preavvisa a sinistra un cavalcavia V F

08020 (FIGURA 172)

1) Il segnale raffigurato nelle strade urbane a più corsie consente di immettersi nelle corsie di canalizzazione V F
2) Il segnale raffigurato indica che Terni si trova 500 metri dopo aver effettuato la svolta V F

3) Il segnale raffigurato indica ai conducenti diretti alla località turistica di immettersi nella corsia di mezzo V F
4) Il segnale raffigurato indica ai conducenti diretti a Terni di mettersi nella corsia di sinistra V F
5) Il segnale raffigurato preavvisa un incrocio autostradale V F
6) Il segnale raffigurato indica ai conducenti diretti al centro della città di occupare la corsia di destra V F
7) Il segnale raffigurato è posto su strade urbane V F
8) Il segnale raffigurato indica che la strada per Terni è interrotta V F
9) Il segnale raffigurato indica nelle corsie laterali di invertire il senso di marcia V F
10) Il segnale raffigurato indica come raggiungere un parcheggio V F
11) Il segnale raffigurato indica che non è più possibile cambiare corsia V F

08021 (FIGURA 214)

1) Il segnale raffigurato indica la vicinanza di una stazione ferroviaria con vagoni letto V F
2) Il segnale raffigurato è posto in corrispondenza di un ospedale V F
3) Il segnale raffigurato, che indica la vicinanza di un ospedale, invita a non fare rumori molesti nelle sue vicinanze V F
4) Il segnale raffigurato indica un parcheggio riservato ai medici V F
5) Il segnale raffigurato indica la direzione per entrare nell'ospedale V F
6) Il segnale raffigurato indica la vicinanza di un hotel V F
7) Il segnale raffigurato indica l'ingresso di un ospedale V F
8) Il segnale raffigurato indica un dormitorio pubblico V F

08022 (FIGURA 173)

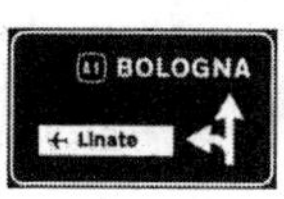

1) Il segnale raffigurato indica che per raggiungere Bologna bisogna proseguire diritto V F
2) Il segnale raffigurato preavvisa uno svincolo in cui si deve proseguire diritto per andare a Bologna V F
3) Il segnale raffigurato indica che manca un chilometro per arrivare a Bologna V F
4) Il segnale raffigurato obbliga a cambiare corsia per raggiungere Bologna V F
5) Il segnale raffigurato preavvisa uno svincolo con svolta a sinistra per l'aeroporto di Linate V F
6) Il segnale raffigurato si trova su strade extraurbane V F
7) Il segnale raffigurato vieta la svolta a sinistra V F
8) Il segnale raffigurato preavvisa uno svincolo autostradale V F
9) Il segnale raffigurato preavvisa due determinate destinazioni V F
10) Il segnale raffigurato è posto all'ingresso di un aeroporto V F
11) Il segnale raffigurato indica un parco giochi sulla sinistra V F

08023 (FIGURA 174)

1) Il segnale raffigurato preavvisa la fine del doppio senso di circolazione e l'inizio del senso unico V F
2) Il segnale raffigurato indica che per raggiungere Milano bisogna proseguire diritto V F
3) Il segnale raffigurato preavvisa un incrocio per il poligono di tiro a segno V F
4) Il segnale raffigurato indica che svoltando a destra si incontra una strada secondaria V F
5) Il segnale raffigurato preavvisa un incrocio in cui si deve proseguire diritto per andare a Milano V F
6) Il segnale raffigurato si trova solo su strade a senso unico V F

7) Il segnale raffigurato preavvisa un incrocio con svolta a destra per il centro cittadino V F
8) Il segnale raffigurato indica due determinate destinazioni V F
9) Il segnale raffigurato si può trovare su strade urbane V F
10) Il segnale raffigurato indica di svoltare a destra per raggiungere un centro commerciale V F

08024 (FIGURA 182)

1) Il segnale raffigurato si trova sulle strade extraurbane principali V F
2) Il segnale raffigurato indica che tutte le località riportate nel cartello sono distanti 500 metri V F
3) Il segnale raffigurato indica che la strada non è più percorribile e che l'ultima uscita è quella di Frosinone V F
4) Il segnale raffigurato indica la distanza che c'è tra il segnale e il prossimo svincolo d'uscita V F
5) Il segnale raffigurato indica che lo svincolo di uscita per Frosinone è a 500 metri V F
6) Il segnale raffigurato riporta i nomi delle località raggiungibili uscendo dalla strada extraurbana principale V F
7) Il segnale raffigurato indica che a 500 metri si arriva al comune di Frosinone V F
8) Il segnale raffigurato indica, con la scritta su fondo marrone, le località turistiche V F
9) Il segnale raffigurato si trova uscendo dal comune di Frosinone V F
10) Il segnale raffigurato indica l'inizio di un centro abitato V F

08025 (FIGURA 183)

1) Il segnale raffigurato indica l'inizio di un tratto di strada in salita per raggiungere Montecompatri V F
2) Il segnale raffigurato si trova su strade extraurbane principali V F
3) Il segnale raffigurato indica la fine del centro abitato V F
4) Il segnale raffigurato nel pannello blu indica, per ogni località, la rispettiva distanza chilometrica V F
5) Il segnale raffigurato indica che per S. Cesareo mancano 7 chilometri V F
6) Il segnale raffigurato indica che per Napoli mancano 190 chilometri V F
7) Il segnale raffigurato indica che per raggiungere Napoli bisogna percorrere la strada statale n. 190 V F
8) Il segnale raffigurato indica la fine del centro abitato e le località successive V F
9) Il segnale raffigurato indica una strada chiusa al traffico V F
10) Il segnale raffigurato nella prima riga in alto del pannello blu indica il prossimo centro abitato V F
11) Il segnale raffigurato indica che non è possibile raggiungere Montecompatri V F
12) Il segnale raffigurato indica l'inizio del centro abitato V F

08026 (FIGURA 186)

1) Il segnale raffigurato consente la circolazione dei veicoli per persone diversamente abili V F
2) Il segnale raffigurato indica la presenza di polizia a piedi V F
3) Il segnale raffigurato indica un'area riservata solo alle persone diversamente abili V F
4) Il segnale raffigurato indica l'inizio di un'area pedonale V F
5) Il segnale raffigurato consente la circolazione dei veicoli per il carico e lo scarico merci V F
6) Il segnale raffigurato indica una stazione di polizia V F
7) Il segnale raffigurato indica, nel pannello aggiuntivo, i veicoli che possono entrare V F
8) Il segnale raffigurato indica la presenza di venditori ambulanti V F

08027 (FIGURA 187)

1) Il segnale raffigurato indica una strada a senso unico V F
2) Il segnale raffigurato riporta le categorie di veicoli ammessi al transito V F
3) Il segnale raffigurato indica l'inizio dell'area dove il traffico è consentito solo ad alcune categorie di veicoli V F
4) Il segnale raffigurato consente il transito solo ai residenti V F
5) Il segnale raffigurato indica una zona militare V F
6) Il segnale raffigurato vieta il transito di tutti i veicoli V F
7) Il segnale raffigurato riporta quali sono i veicoli che possono entrare V F
8) Il segnale raffigurato indica l'inizio di una zona a traffico limitato V F
9) Il segnale raffigurato indica che la strada è chiusa per l'intenso traffico V F
10) Il segnale raffigurato indica l'inizio di un'area pedonale V F

08028 (FIGURA 189)

1) Il segnale raffigurato obbliga a montare le catene su tutte le quattro ruote V F
2) Il segnale raffigurato indica che la strada è aperta, ma solo ai veicoli che sono equipaggiati con catene o pneumatici invernali V F
3) Il segnale raffigurato è posto su strade di montagna V F
4) Il segnale raffigurato obbliga a togliere le catene per non rovinare l'asfalto V F
5) Il segnale raffigurato indica che è possibile raggiungere il passo dello Stelvio V F
6) Il segnale raffigurato indica strada aperta solo ai veicoli con pneumatici nuovi V F
7) Il segnale raffigurato consiglia di montare le catene V F
8) Il segnale raffigurato indica che è necessario transitare solo con catene o pneumatici invernali V F
9) Il segnale raffigurato permette di conoscere le condizioni di transitabilità del passo dello Stelvio V F
10) Il segnale raffigurato indica l'apertura di un impianto sciistico V F

08029 (FIGURA 193)

1) Il segnale raffigurato consiglia di procedere con particolare prudenza e attenzione V F
2) Il segnale raffigurato vieta il transito ai veicoli che non hanno le catene da neve V F
3) Il segnale raffigurato raccomanda l'uso delle catene o di pneumatici invernali fino a Trafoi V F
4) Il segnale raffigurato indica che è possibile arrivare fino a Trafoi V F
5) Il segnale raffigurato indica che è obbligatorio montare gli pneumatici invernali V F
6) Il segnale raffigurato indica che le stazioni di servizio sono chiuse V F
7) Il segnale raffigurato indica che il passo dello Stelvio non è raggiungibile V F
8) Il segnale raffigurato indica che i veicoli per poter transitare debbono avere a bordo le catene V F

08030 (FIGURA 194)

1) Il segnale raffigurato indica che la strada è interrotta V F
2) Il segnale raffigurato indica l'inizio di una strada extraurbana principale V F
3) Il segnale raffigurato, se barrato, da una striscia rossa indica la fine di una strada extraurbana principale V F
4) Il segnale raffigurato indica la vicinanza di un sottopassaggio per i veicoli V F
5) Il segnale raffigurato indica la presenza di un cavalcavia che consente l'inversione di marcia V F

6) Il segnale raffigurato preavvisa un tratto di strada in salita V F
7) Il segnale raffigurato indica una strada a carreggiate separate V F
8) Il segnale raffigurato prescrive la circolazione per file parallele V F
9) Il segnale raffigurato è posto all'inizio di una strada extraurbana principale V F
10) Il segnale raffigurato preavvisa l'inizio di un lungo rettilineo V F

08031 (FIGURA 197)

1) Il segnale raffigurato indica in 110 km/h il limite massimo di velocità sulle strade extraurbane principali V F
2) Il segnale raffigurato indica i limiti massimi di velocità generali che valgono in Italia V F
3) Il segnale raffigurato indica nel primo riquadro in alto il limite massimo di velocità nei centri abitati V F
4) Il segnale raffigurato indica in 90 km/h il limite massimo di velocità su strade extraurbane secondarie V F
5) Il segnale raffigurato viene posto in vicinanza della frontiera italiana, visibile dai conducenti provenienti dallo Stato estero V F
6) Il segnale raffigurato indica in 130 km/h il limite massimo di velocità sulle autostrade V F
7) Il segnale raffigurato indica il numero di autostrade in Italia che si possono percorrere senza pagarne il pedaggio V F
8) Il segnale raffigurato si trova all'ingresso di ogni città V F
9) Il segnale raffigurato indica in 130 km/h il limite massimo di velocità su strade extraurbane principali V F
10) Il segnale raffigurato indica in 90 km/h il limite massimo di velocità nei centri abitati V F
11) Il segnale raffigurato indica i limiti minimi di velocità che valgono in Italia V F

08032 (FIGURA 200)

1) Il segnale raffigurato identifica l'autostrada n. 25 V F
2) Il segnale raffigurato si può trovare all'interno di un segnale di preavviso di svincolo autostradale V F
3) Il segnale raffigurato indica il numero del cavalcavia V F
4) Il segnale raffigurato indica che il prossimo svincolo autostradale si trova a 25 chilometri V F
5) Il segnale raffigurato abbinato ad una freccia, indica la direzione per un casello autostradale V F
6) Il segnale raffigurato indica un centro di assistenza a 25 chilometri V F
7) Il segnale raffigurato si trova al confine con l'Austria V F
8) Il segnale raffigurato indica il numero dell'autostrada V F
9) Il segnale raffigurato indica la distanza di sicurezza da mantenere dal veicolo che sta davanti V F
10) Il segnale raffigurato indica il limite minimo di velocità che si consiglia di non superare V F

08033 (FIGURA 207)

1) Il segnale raffigurato se barrato da una striscia rossa indica la fine del centro abitato V F
2) Il segnale raffigurato è posto per indicare la fine di una provincia V F
3) Il segnale raffigurato identifica la località raggiunta V F
4) Il segnale raffigurato indica l'inizio di un centro abitato V F
5) Il segnale raffigurato indica la direzione da seguire per raggiungere Taranto V F

6) Il segnale raffigurato è posto all'inizio del centro abitato, su tutte le strade d'ingresso alla località indicata V F
7) Il segnale raffigurato indica una località turistica V F
8) Il segnale raffigurato identifica un viadotto V F

08034 (FIGURA 210)

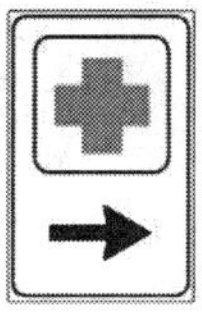

1) Il segnale raffigurato indica la direzione per entrare nel pronto soccorso V F
2) Il segnale raffigurato è posto in corrispondenza di un pronto soccorso V F
3) Il segnale raffigurato indica una farmacia V F
4) Il segnale raffigurato indica un posto di confine con la Svizzera V F
5) Il segnale raffigurato indica la strada da seguire per raggiungere il cimitero V F
6) Il segnale raffigurato indica l'ingresso di un pronto soccorso medico V F
7) Il segnale raffigurato preavvisa un incrocio a quattro strade V F
8) Il segnale raffigurato indica un parcheggio riservato ai medici V F

08035 (FIGURA 216)

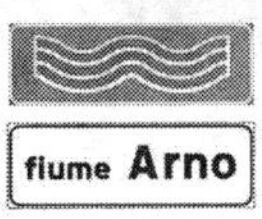

1) Il segnale raffigurato è posto dove in caso di pioggia la strada si può allagare V F
2) Il segnale raffigurato indica il nome del fiume in vicinanza del ponte che lo attraversa V F
3) Il segnale raffigurato indica la possibilità di effettuare sci nautico V F
4) Il segnale raffigurato si trova in vicinanza di un ponte che attraversa il fiume Arno V F
5) Il segnale raffigurato fa parte dei segnali di indicazione V F
6) Il segnale raffigurato indica il pericolo di mareggiate V F
7) Il segnale raffigurato indica una strada con curve in successione V F

08036 (FIGURA 217)

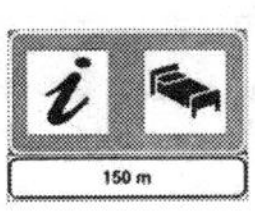

1) Il segnale raffigurato indica il numero di alberghi che si trovano nelle vicinanze V F
2) Il segnale raffigurato indica l'ufficio accettazione dell'ospedale V F
3) Il segnale raffigurato preavvisa un ufficio di informazioni turistico-alberghiere V F
4) Il segnale raffigurato indica la possibilità di avere informazioni su alberghi e motel V F
5) Il segnale raffigurato indica un posto dove si possono richiedere informazioni sugli alberghi V F
6) Il segnale raffigurato indica, a 150 metri, l'ingresso di un ospedale V F
7) Il segnale raffigurato indica che a 150 metri vi è un albergo con personale interprete per clienti stranieri V F

08037 (FIGURA 218)

1) Il segnale raffigurato si trova direttamente in corrispondenza delle strisce dell'attraversamento pedonale V F
2) Il segnale raffigurato preavvisa una scuola elementare V F
3) Il segnale raffigurato se di colore verde è posto in autostrada V F
4) Il segnale raffigurato fuori dei centri abitati si trova dopo il segnale di pericolo ATTRAVERSAMENTO PEDONALE V F
5) Il segnale raffigurato indica un attraversamento pedonale non regolato V F
6) Il segnale raffigurato è posto 150 metri prima di un attraversamento pedonale V F
7) Il segnale raffigurato obbliga i conducenti a fermarsi quando i pedoni transitano sugli attraversamenti pedonali V F

8) Il segnale raffigurato indica un sottopassaggio V F

9) Il segnale raffigurato consente di sorpassare un veicolo che si è arrestato per dare la precedenza ai pedoni V F

08038 (FIGURA 219)

1) Il segnale raffigurato invita a fare attenzione perché possono esserci bambini discesi dallo scuolabus che possono attraversare improvvisamente la strada V F

2) Il segnale raffigurato indica la presenza di giardini pubblici V F

3) Il segnale raffigurato può indicare la fermata di un autobus per trasporto scolari V F

4) Il segnale raffigurato invita a fare attenzione ai bambini che possono attraversare improvvisamente la strada V F

5) Il segnale raffigurato, se posto sul bordo del marciapiede, indica la fermata di uno scuolabus V F

6) Il segnale raffigurato vieta il transito ai bambini non accompagnati V F

7) Il segnale raffigurato, se posto all'esterno di un autobus, segnala che esso trasporta scolari V F

8) Il segnale raffigurato indica che bisogna obbligatoriamente dare precedenza ai bambini che attraversano V F

08039 (FIGURA 220)

1) Il segnale raffigurato indica un'area di sosta per ambulanze V F

2) Il segnale raffigurato indica la presenza di un telefono pubblico V F

3) Il segnale raffigurato indica una zona ospedaliera V F

4) Il segnale raffigurato indica la presenza di un apparecchio per chiamare il soccorso stradale V F

5) Il segnale raffigurato è posto su un dispositivo di chiamata per assistenza stradale V F

6) Il segnale raffigurato indica la presenza di un dispositivo da utilizzare in caso di richiesta di soccorso stradale V F

7) Il segnale raffigurato preavvisa una scuola secondaria statale V F

08040 (FIGURA 224)

1) Il segnale raffigurato è posto in vicinanza di una tabaccheria V F

2) Il segnale raffigurato vale anche per i motocicli V F

3) Il segnale raffigurato indica lavori in corso V F

4) Il segnale raffigurato vieta la sosta V F

5) Il segnale raffigurato vieta l'inversione di marcia V F

6) Il segnale raffigurato preavvisa un incrocio a forma di "T" V F

7) Il segnale raffigurato indica una strada senza sbocco per i veicoli V F

8) Il segnale raffigurato è posto all'inizio di una strada senza uscita per i veicoli V F

9) Il segnale raffigurato vieta di entrare anche ai pedoni V F

08041 (FIGURA 225)

1) Il segnale raffigurato indica una piazzola di sosta sulla destra V F

2) Il segnale raffigurato vale anche per i motocicli V F

3) Il segnale raffigurato preavvisa un'area di parcheggio sulla destra V F

4) Il segnale raffigurato consente la svolta a destra V F

5) Il segnale raffigurato fa parte dei segnali di indicazione V F

6) Il segnale raffigurato preavvisa che la strada di destra è senza uscita per i veicoli V F

7) Il segnale raffigurato vieta la manovra di inversione di marcia V F
8) Il segnale raffigurato vieta la svolta a destra V F
9) Il segnale raffigurato consente di proseguire diritto V F
10) Il segnale raffigurato vale anche per i pedoni V F

08042 (FIGURA 226)

1) Il segnale raffigurato vieta di superare la velocità indicata V F
2) Il segnale raffigurato consente di viaggiare a 50 km/h V F
3) Il segnale raffigurato può essere abbinato con un pannello che indica la lunghezza del tratto di strada dove si consiglia di non superare la velocità indicata V F
4) Il segnale raffigurato se barrato da una striscia rossa indica la fine della sua validità V F
5) Il segnale raffigurato indica la velocità che si consiglia di non superare in condizioni ottimali di traffico V F
6) Il segnale raffigurato consente, sulle strade extraurbane, di viaggiare a 70 km/h V F
7) Il segnale raffigurato indica un limite minimo di velocità V F
8) Il segnale raffigurato vieta il transito ai veicoli che superano a pieno carico 60 tonnellate V F
9) Il segnale raffigurato indica la distanza di sicurezza da mantenere dal veicolo che sta davanti V F
10) Il segnale raffigurato indica che non è possibile viaggiare ad una velocità più bassa di quella indicata V F
11) Il segnale raffigurato indica i chilometri già fatti dal punto di origine della strada V F

08043 (FIGURA 228)

1) Il segnale raffigurato vieta il transito alle biciclette V F
2) Il segnale raffigurato consente il transito agli autobus V F
3) Il segnale raffigurato viene posto all'inizio di una strada riservata alla circolazione dei veicoli a motore V F
4) Il segnale raffigurato vieta il transito ai veicoli senza motore V F
5) Il segnale raffigurato consente ad una bicicletta di percorrere quella strada V F
6) Il segnale raffigurato indica una strada riservata solo ai taxi V F
7) Il segnale raffigurato indica una strada riservata alla circolazione dei soli veicoli a motore V F
8) Il segnale raffigurato indica un parcheggio per le sole autovetture V F
9) Il segnale raffigurato se barrato da una striscia rossa indica la fine della sua validità V F
10) Il segnale raffigurato vieta il transito ad un autocarro V F

08044 (FIGURA 230)

1) Il segnale raffigurato è posto all'inizio di una galleria V F
2) Il segnale raffigurato vieta il transito ai veicoli che superano 3,5 metri di altezza V F
3) Il segnale raffigurato invita a tenere ben saldo lo sterzo per fronteggiare eventuali colpi di vento all'uscita della galleria V F
4) Il segnale raffigurato ricorda di non sostare e di non fermarsi in galleria, salvo diversa segnalazione V F
5) Il segnale raffigurato ricorda di spegnere il motore in caso di arresto prolungato in galleria V F
6) Il segnale raffigurato preavvisa una galleria autostradale V F
7) Il segnale raffigurato indica lavori in corso V F
8) Il segnale raffigurato indica una galleria non illuminata V F
9) Il segnale raffigurato indica una strada chiusa V F

10) Il segnale raffigurato indica l'inizio di un ponte V F
11) Il segnale raffigurato vieta il sorpasso V F

08045 (FIGURA 231)

1) Il segnale raffigurato si può trovare all'inizio di un ponte, di un viadotto o di un cavalcavia V F
2) Il segnale raffigurato invita a tenere ben saldo lo sterzo per fronteggiare eventuali colpi di vento laterale V F
3) Il segnale raffigurato prescrive il divieto di sorpasso tra autoveicoli V F
4) Il segnale raffigurato invita a fare particolare attenzione in caso di forte vento V F
5) Il segnale raffigurato può essere abbinato ad un pannello che indica la lunghezza del cavalcavia V F
6) Il segnale raffigurato indica l'inizio di una galleria V F
7) Il segnale raffigurato indica che si sta per transitare sotto un ponte V F

08046 (FIGURA 236)

1) Il segnale raffigurato indica un attraversamento ciclabile V F
2) Il segnale raffigurato invita ad usare prudenza perché possiamo trovare ciclisti che attraversano la carreggiata V F
3) Il segnale raffigurato vieta il transito ai veicoli senza motore V F
4) Il segnale raffigurato è abbinato alle strisce di attraversamento ciclabile V F
5) Il segnale raffigurato vieta il transito ai ciclisti V F
6) Il segnale raffigurato indica che bisogna dare la precedenza ai ciclisti che attraversano sulle strisce V F
7) Il segnale raffigurato indica ai ciclisti di svoltare a sinistra V F
8) Il segnale raffigurato è posto in corrispondenza delle strisce dell'attraversamento ciclabile V F
9) Il segnale raffigurato indica una pista ciclabile V F
10) Il segnale raffigurato obbliga i ciclisti a dare la precedenza ai veicoli V F

08047 (FIGURA 238)

1) Il segnale raffigurato obbliga a svoltare a sinistra al prossimo incrocio V F
2) Il segnale raffigurato indica un parcheggio a sinistra V F
3) Il segnale raffigurato consente di proseguire diritto V F
4) Il segnale raffigurato vieta la svolta a destra V F
5) Il segnale raffigurato non vale per le biciclette ed i ciclomotori V F
6) Il segnale raffigurato indica il percorso da fare per prendere la strada di sinistra V F
7) Il segnale raffigurato interessa i conducenti che intendono prendere la strada di sinistra V F
8) Il segnale raffigurato indica che non è possibile svoltare a sinistra in modo diretto V F
9) Il segnale raffigurato consente la svolta a destra V F
10) Il segnale raffigurato indica il percorso degli autobus che hanno fermate nelle vicinanze V F

08048 (FIGURA 239)

1) Il segnale raffigurato indica, su strade a carreggiate separate, la presenza di un cavalcavia per effettuare l'inversione di marcia V F
2) Il segnale raffigurato indica che la strada è interrotta a causa di lavori in corso V F
3) Il segnale raffigurato indica l'inizio di una strada extraurbana principale V F

4) Il segnale raffigurato indica, su strade a carreggiate separate, un sottopassaggio per invertire il senso di marcia V F

5) Il segnale raffigurato indica la vicinanza di un incrocio a raso (allo stesso livello del piano stradale) V F

6) Il segnale raffigurato, se su fondo verde, indica, su un'autostrada, la presenza di un cavalcavia per effettuare l'inversione di marcia V F

7) Il segnale raffigurato indica la presenza di una struttura (cavalcavia o sottopassaggio) che consente di tornare indietro V F

8) Il segnale raffigurato indica l'inizio di un lungo rettilineo V F

9) Il segnale raffigurato è posto su una strada a carreggiate separate V F

10) Il segnale raffigurato obbliga ad invertire il senso di marcia V F

08049 (FIGURA 240)

1) Il segnale raffigurato indica un'area di campeggio V F

2) Il segnale raffigurato è posto in vicinanza di una piazzola per effettuare una fermata V F

3) Il segnale raffigurato preavvisa un allargamento della carreggiata V F

4) Il segnale raffigurato indica un'area di parcheggio per caravan V F

5) Il segnale raffigurato si trova su strada extraurbana V F

6) Il segnale raffigurato può essere abbinato ad un pannello che indica la distanza che c'è tra il segnale e la piazzola V F

7) Il segnale raffigurato indica una piazzola a lato della carreggiata per effettuare la fermata V F

8) Il segnale raffigurato indica che la sosta è consentita solo per 3 ore V F

9) Il segnale raffigurato indica la fermata di un autobus V F

10) Il segnale raffigurato è posto solo sulle autostrade V F

08050 (FIGURA 242)

1) Il segnale raffigurato vieta a tutti gli autocarri di circolare sulla corsia di sinistra V F

2) Il segnale raffigurato è installato sulle strade extraurbane V F

3) Il segnale raffigurato vieta il transito anche agli autobus V F

4) Il segnale raffigurato consente la circolazione dei motocicli su tutte e due le corsie V F

5) Il segnale raffigurato indica che gli autocarri che superano 3,5 tonnellate possono circolare solo sulla corsia di sinistra V F

6) Il segnale raffigurato indica che la corsia di sinistra è vietata agli autocarri che superano la massa a pieno carico di 3,5 tonnellate V F

7) Il segnale raffigurato consente la circolazione delle autovetture su tutte e due le corsie V F

8) Il segnale raffigurato indica come utilizzare le corsie di una carreggiata V F

9) Il segnale raffigurato consente a tutti gli autocarri di sorpassare a destra V F

10) Il segnale raffigurato si trova solo su strade a doppio senso di circolazione V F

08051 (FIGURA 243)

1) Il segnale raffigurato obbliga i veicoli che viaggiano alla velocità di 50 km/h di stare sulla prima corsia di destra V F

2) Il segnale raffigurato consente di circolare a 160 km/h in tutte e tre le corsie V F

3) Il segnale raffigurato consente ad un veicolo che viaggia a 100 km/h di percorrere la corsia di mezzo V F

4) Il segnale raffigurato riporta le velocità che si consiglia di non superare V F

5) Il segnale raffigurato indica le velocità minime obbligatorie da mantenere sulle corsie indicate V F
6) Il segnale raffigurato è posto sulle autostrade V F
7) Il segnale raffigurato consente ad un veicolo che viaggia alla velocità di 80 km/h di stare sulla corsia di sinistra V F
8) Il segnale raffigurato indica una strada a doppio senso di circolazione V F
9) Il segnale raffigurato indica le velocità consigliate V F

08052 (FIGURA 245)

1) Il segnale raffigurato è posto su strade urbane V F
2) Il segnale raffigurato consente ai taxi di stare sulla corsia di destra V F
3) Il segnale raffigurato indica che le corsie di sinistra sono destinate al transito normale di tutti i veicoli V F
4) Il segnale raffigurato indica che la corsia di destra è riservata agli autobus dei servizi pubblici urbani V F
5) Il segnale raffigurato si può trovare sulle autostrade V F
6) Il segnale raffigurato indica una pista ciclabile sulla destra V F
7) Il segnale raffigurato indica come devono essere utilizzate le corsie V F
8) Il segnale raffigurato indica che gli autobus possono sorpassare a destra V F

08053 (FIGURA 247)

1) Il segnale raffigurato può essere abbinato ad un pannello che indica la distanza dal punto in cui si ha l'aumento di corsia V F
2) Il segnale raffigurato preavvisa l'obbligo di svolta a destra V F
3) Il segnale raffigurato indica che è possibile sorpassare a destra V F
4) Il segnale raffigurato indica la possibilità di passare a destra o a sinistra di un ostacolo V F
5) Il segnale raffigurato indica che si è vicini ad un cavalcavia che consente di invertire il senso di marcia V F
6) Il segnale raffigurato indica un cambiamento del numero di corsie disponibili V F
7) Il segnale raffigurato è posto sulle strade extraurbane V F
8) Il segnale raffigurato indica un aumento da una a due corsie V F
9) Il segnale raffigurato preannuncia una zona di preselezione V F
10) Il segnale raffigurato preannuncia una corsia di decelerazione V F

08054 (FIGURA 248)

1) Il segnale raffigurato è installato sulle autostrade V F
2) Il segnale raffigurato indica una riduzione da tre a due corsie V F
3) Il segnale raffigurato consiglia di rallentare per restringimento della carreggiata V F
4) Il segnale raffigurato può essere abbinato ad un pannello che indica la distanza dal restringimento di corsia V F
5) Il segnale raffigurato preavvisa un cavalcavia che consente l'inversione di marcia V F
6) Il segnale raffigurato indica una diminuzione del numero di corsie disponibili V F
7) Il segnale raffigurato indica lavori in corso V F
8) Il segnale raffigurato preavvisa l'obbligo di svoltare a sinistra V F
9) Il segnale raffigurato indica che bisogna dare la precedenza ai veicoli che entrano in autostrada V F

08055 (FIGURA 250)

1) Il segnale raffigurato indica che i veicoli rappresentati nel pannello devono immediatamente svoltare a destra V F
2) Il segnale raffigurato consiglia agli autotreni e agli autoarticolati la direzione per non attraversare il centro abitato V F
3) Il segnale raffigurato vieta la svolta a destra agli autotreni ed autoarticolati V F
4) Il segnale raffigurato consiglia di svoltare a destra alle categorie dei veicoli rappresentati V F
5) Il segnale raffigurato consiglia ai veicoli rappresentati nel pannello di seguire la direzione indicata V F
6) Il segnale raffigurato indica agli autocarri di sorpassare a destra V F
7) Il segnale raffigurato non è un segnale di obbligo V F
8) Il segnale raffigurato preannuncia l'obbligo di svoltare subito a destra per i veicoli rappresentati V F
9) Il segnale raffigurato indica agli autocarri la direzione per il centro cittadino V F
10) Il segnale raffigurato preavvisa una deviazione consigliata per gli autotreni ed autoarticolati in transito V F
11) Il segnale raffigurato preavvisa agli autocarri di spostarsi sulla corsia di destra per superare un ostacolo V F

08056 (FIGURA 256)

1) Il segnale raffigurato indica un divieto di transito agli autobus V F
2) Il segnale raffigurato indica una fermata di autobus di pubblico trasporto extraurbano V F
3) Il segnale raffigurato può essere abbinato ad un pannello che riporta gli orari di partenza degli autobus extraurbani V F
4) Il segnale raffigurato indica il luogo dove aspettare un autobus di pubblico trasporto extraurbano V F
5) Il segnale raffigurato indica una corsia riservata agli autobus V F
6) Il segnale raffigurato indica un'area di sosta per autobus e filobus V F
7) Il segnale raffigurato indica una strada riservata agli autobus V F

08057 (FIGURA 265)

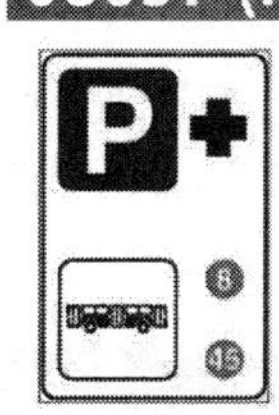

1) Il segnale raffigurato è posto nelle vicinanze di un pronto soccorso V F
2) Il segnale raffigurato è posto vicino ad una fermata di autobus V F
3) Il segnale raffigurato indica per quanti minuti resta fermo un autobus V F
4) Il segnale raffigurato indica la possibilità di parcheggiare l'autovettura e di prendere l'autobus V F
5) Il segnale raffigurato indica il numero (8 e 45) degli autobus pubblici che hanno fermate nelle vicinanze V F
6) Il segnale raffigurato indica una piazzola di sosta per autobus V F
7) Il segnale raffigurato indica che dopo aver parcheggiato l'autovettura è possibile prendere l'autobus n. 8 o n. 45 V F
8) Il segnale raffigurato indica un parcheggio per veicoli e fermata di autobus nelle vicinanze V F
9) Il segnale raffigurato indica il numero massimo di autobus che possono parcheggiare V F
10) Il segnale raffigurato indica che è possibile iniziare a sostare dalle ore 8.45 V F

08058 (FIGURA 270)

1) Il segnale raffigurato indica la possibilità di restare in auto durante il suo trasporto in treno V F
2) Il segnale raffigurato si trova in vicinanza dell'accesso per le autovetture da caricare sul treno V F
3) Il segnale raffigurato si trova nelle vicinanze di una stazione ferroviaria V F
4) Il segnale raffigurato indica, sulle strade extraurbane, la presenza di un hotel con parcheggio custodito V F
5) Il segnale raffigurato indica la vicinanza di una grande stazione ferroviaria con possibilità di trasporto di autovetture al seguito del viaggiatore V F
6) Il segnale raffigurato indica che la zona è coperta dal segnale per antifurti satellitari V F
7) Il segnale raffigurato indica un'area riservata alla sosta delle autocaravan V F

08059 (FIGURA 273)

1) Il segnale raffigurato indica un impianto per la pesatura delle autocaravan V F
2) Il segnale raffigurato interessa tutti i veicoli che hanno degli impianti igienico-sanitari V F
3) Il segnale raffigurato indica la presenza di servizi igienici per i viaggiatori V F
4) Il segnale raffigurato indica un'area con impianti igienico-sanitari per raccogliere le acque delle autocaravan V F
5) Il segnale raffigurato indica impianti che consentono, ai veicoli che hanno i servizi igienico-sanitari, lo scarico dei residui organici e delle acque bianche e sporche V F
6) Il segnale raffigurato indica una strada riservata alle autocaravan V F
7) Il segnale raffigurato indica un'area attrezzata con impianti di scarico per i veicoli che hanno i servizi igienico-sanitari V F
8) Il segnale raffigurato avverte di fare attenzione alle buche sulla carreggiata V F
9) Il segnale raffigurato preavvisa una cunetta pericolosa V F

08060 (FIGURA 252)

1) Il segnale raffigurato indica officina di riparazione veicoli nelle vicinanze V F
2) Il segnale raffigurato indica un'area di sosta nelle vicinanze V F
3) Il segnale raffigurato indica che a breve distanza è possibile trovare un'officina meccanica per veicoli V F
4) Il segnale raffigurato indica un'officina meccanica per veicoli V F
5) Il segnale raffigurato indica un distributore di carburante V F
6) Il segnale raffigurato indica di fare attenzione agli operai che escono da una fabbrica V F
7) Il segnale raffigurato indica che nelle vicinanze c'è un'officina meccanica per veicoli V F
8) Il segnale raffigurato indica cantonieri al lavoro sulla strada V F

08061 (FIGURA 163)

1) Il segnale raffigurato indica il confine di Stato con un Paese che fa parte dell'Unione Europea V F
2) Il segnale raffigurato non obbliga ad arrestarsi al confine di Stato V F
3) Il segnale raffigurato è posto dietro al veicolo per indicare che può circolare solo in uno Stato dell'Europa V F
4) Il segnale raffigurato è posto dietro al veicolo per indicare la nazione in cui è stato immatricolato V F
5) Il segnale raffigurato indica il confine tra l'Italia ed uno Stato membro dell'Unione Europea V F
6) Il segnale raffigurato obbliga ad arrestarsi alla frontiera con uno Stato dell'Unione Europea V F

7) Il segnale raffigurato si trova al confine di Stato con un Paese dell'Unione Europea V F

8) Il segnale raffigurato preavvisa un posto di blocco degli organi di polizia in vicinanza del confine di Stato V F

9) Il segnale raffigurato preavvisa l'obbligo di arrestarsi per il controllo doganale entrando in Italia V F

08062 (FIGURA 164)

1) Il segnale raffigurato preavvisa confine di Stato con un Paese che fa parte dell'Unione Europea V F

2) Il segnale raffigurato preavvisa l'obbligo di arresto alla frontiera con uno Stato dell'Unione Europea V F

3) Il segnale raffigurato è posto sulle strade che portano al confine di Stato con un Paese dell'Unione Europea V F

4) Il segnale raffigurato è posto dietro al veicolo, per indicare che esso appartiene ad un cittadino dell'Unione Europea V F

5) Il segnale raffigurato preavvisa la distanza dal confine con uno Stato che fa parte dell'Unione Europea V F

6) Il segnale raffigurato si trova in vicinanza di un posto di blocco V F

7) Il segnale raffigurato è posto dietro ai veicoli, per indicarne la nazionalità V F

8) Il segnale raffigurato non obbliga ad arrestarsi per il controllo doganale al confine di Stato V F

9) Il segnale raffigurato obbliga ad arrestarsi per il controllo doganale all'ingresso nel territorio di un Paese europeo V F

08063 (FIGURA 284)

1) Il segnale raffigurato obbliga tutti i veicoli a proseguire diritto V F

2) Il segnale raffigurato viene installato per il periodo di durata dei lavori stradali V F

3) Il segnale raffigurato è posto in vicinanza di un cantiere stradale V F

4) Il segnale raffigurato preavvisa la direzione per un'area di rifornimento e sosta per mezzi pesanti V F

5) Il segnale raffigurato preavvisa la direzione obbligatoria per autotreni ed autoarticolati V F

6) Il segnale raffigurato preavvisa una direzione consigliata V F

7) Il segnale raffigurato consiglia a tutti i veicoli di seguire la direzione indicata dalla freccia V F

Segnali complementari, segnali temporanei e di cantiere

09001 (FIGURA 144)

1) Il pannello raffigurato indica il numero progressivo di una curva pericolosa V F
2) Il pannello raffigurato indica il primo di una serie di tornanti (curve a raggio ridotto) V F
3) Il pannello raffigurato indica che fra un chilometro troveremo un tornante V F
4) Il pannello raffigurato indica i chilometri da fare per poter tornare indietro V F
5) Il pannello raffigurato indica una zona a circolazione rotatoria V F
6) Il pannello raffigurato indica la vicinanza di una curva stretta V F
7) Il pannello raffigurato indica a quanti chilometri di distanza si trova il prossimo tornante V F
8) Il pannello raffigurato indica il numero di incroci superati V F
9) Il pannello raffigurato, in una serie di tornanti, ne indica il numero progressivo V F
10) Il pannello raffigurato indica il numero del cavalcavia V F

09002 (FIGURA 251)

1) Il segnale raffigurato indica che è vietato svoltare a sinistra V F
2) Il segnale raffigurato indica la categoria di veicoli a cui è consigliata la svolta V F
3) Il segnale raffigurato indica un'area di sosta per gli autocarri V F
4) Il segnale raffigurato può essere preceduto da un segnale di preavviso V F
5) Il segnale raffigurato indica la direzione da seguire per arrivare in una discarica V F
6) Il segnale raffigurato è installato nel punto della deviazione consigliata per autocarri che superano 3,5 tonnellate V F
7) Il segnale raffigurato si trova in vicinanza di un incrocio che precede un cantiere stradale V F
8) Il segnale raffigurato indica la direzione consigliata per gli autocarri di massa complessiva a pieno carico superiore a 3,5 tonnellate V F
9) Il segnale raffigurato indica una strada a senso unico sulla destra, riservata solo agli autocarri V F
10) Il segnale raffigurato obbliga gli autocarri a svoltare a destra V F

09003 (FIGURA 275)

1) Il segnale raffigurato obbliga a dare la precedenza agli addetti ai lavori V F
2) Il segnale raffigurato preavvisa l'obbligo di dare la precedenza ai veicoli che provengono in senso opposto V F
3) Il segnale raffigurato preavvisa la eventuale presenza di uomini che lavorano presso o sulla carreggiata V F
4) Il segnale raffigurato preavvisa cantieri di lavoro V F
5) Il segnale raffigurato obbliga a invertire il senso di marcia nelle ore di lavoro degli operai V F
6) Il segnale raffigurato impone di dare la precedenza ai veicoli che escono dal cantiere V F
7) Il segnale raffigurato preavvisa eventuali depositi temporanei di materiali o macchinari V F
8) Il segnale raffigurato può essere integrato da pannello che indica la lunghezza del cantiere V F
9) Il segnale raffigurato preavvisa lavori in corso V F
10) Il segnale raffigurato preavvisa un senso unico alternato V F

09004 (FIGURA 276)

1) La barriera raffigurata può essere integrata da lanterna a luce rossa fissa in caso di scarsa visibilità V F
2) La barriera raffigurata può utilizzarsi nei passaggi a livello quando le sbarre sono guaste V F

3) La barriera raffigurata delimita un'area dove si stanno svolgendo lavori stradali V F
4) La barriera raffigurata è posta ai bordi di un cantiere stradale V F
5) La barriera raffigurata si trova all'ingresso di un'autorimessa V F
6) La barriera raffigurata si trova nei caselli autostradali per delimitare le corsie V F
7) La barriera raffigurata segnala un parcheggio riservato ai veicoli per lavori stradali V F
8) La barriera raffigurata segnala un'area occupata da un cantiere stradale V F
9) La barriera raffigurata segnala una curva pericolosa V F
10) La barriere segnalano un percorso ciclabile V F

09005 (FIGURA 278)

1) Il cono raffigurato si può usare in presenza di lavori stradali superiori a 10 giorni V F
2) Il cono raffigurato si può usare per indicare aree interessate da incidenti V F
3) Il cono raffigurato si può usare per segnalare deviazioni provvisorie V F
4) Il cono raffigurato può indicare separazione provvisoria dei sensi di marcia V F
5) Il cono raffigurato si usa per indicare un parcheggio riservato V F
6) Il cono raffigurato può delimitare zone di lavoro di breve durata V F
7) Il cono raffigurato si usa su strade dove avvengono abbondanti nevicate V F
8) Il cono raffigurato separa la carreggiata dalla pista ciclabile V F
9) Il cono raffigurato indica un ostacolo posto fuori della carreggiata V F

09006 (FIGURA 279)

1) Il segnale raffigurato indica di sorpassare l'ostacolo sulla sinistra V F
2) Il segnale raffigurato invita i conducenti a diminuire la velocità per la possibile presenza di veicoli fermi o in lento movimento V F
3) Il segnale raffigurato indica corsia di destra chiusa per manutenzione stradale V F
4) Il segnale raffigurato può essere posto su alcuni veicoli per lavori stradali, che procedono a bassa velocità V F
5) Il segnale raffigurato può essere posto sui veicoli per la manutenzione stradale in sosta sulla carreggiata V F
6) Il segnale raffigurato può essere posto sui veicoli per lavori stradali, fermi o in lento movimento V F
7) Il segnale raffigurato indica di svoltare subito a destra V F
8) Il segnale raffigurato indica il lato dal quale il veicolo su cui è posto deve essere sorpassato V F
9) Il segnale raffigurato obbliga a sostare a destra V F

09007 (FIGURA 280)

1) Il segnale raffigurato indica le corsie disponibili per la circolazione V F
2) Il segnale raffigurato preavvisa un cantiere mobile con strettoia a sinistra V F
3) Il segnale raffigurato indica quanti veicoli possono transitare contemporaneamente V F
4) Il segnale raffigurato indica una diminuzione da tre a due corsie V F
5) Il segnale raffigurato può essere completato con luci gialle lampeggianti V F
6) Il segnale raffigurato può essere installato su un veicolo per preavvisare un cantiere stradale V F
7) Il segnale raffigurato indica una piazzola di sosta sul lato sinistro V F

09008 (FIGURA 283)

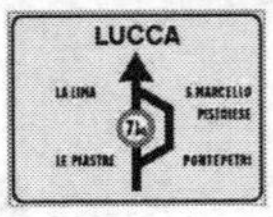

1) Il segnale raffigurato indica ai veicoli di massa effettiva superiore a 7 tonnellate diretti a Lucca di cambiare strada V F
2) Il segnale raffigurato fa parte dei segnali temporanei per cantieri di lavoro sulla strada V F
3) Il segnale raffigurato non consente ai veicoli di massa effettiva superiore a 7 tonnellate diretti a Lucca di proseguire diritto V F
4) Il segnale raffigurato indica una limitazione di transito su un tratto di strada per i veicoli di massa effettiva superiore a 7 tonnellate V F
5) Il segnale raffigurato indica, a tutti i veicoli, che non è possibile proseguire diritto per Lucca V F
6) Il segnale raffigurato consente agli autocarri di massa a pieno carico inferiore a 7 tonnellate di proseguire diritto V F
7) Il segnale raffigurato viene posto in vicinanza di un incrocio che anticipa un cantiere stradale V F
8) Il segnale raffigurato vieta il sorpasso agli autoveicoli di massa totale superiore a 7 tonnellate V F
9) Il segnale raffigurato obbliga tutti i veicoli a svoltare a destra al bivio seguente V F
10) Il segnale raffigurato vieta il transito ai veicoli che superano 7 metri di lunghezza V F

09009 (FIGURA 285)

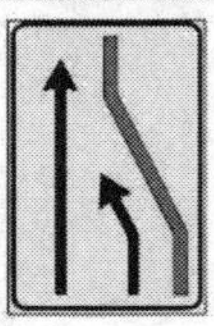

1) Il segnale raffigurato preannuncia uno svincolo che consente l'inversione di marcia V F
2) Il segnale raffigurato indica la possibilità di sorpassare a destra V F
3) Il segnale raffigurato può essere completato con pannello che indica la distanza dal punto di chiusura della corsia V F
4) Il segnale raffigurato indica una piazzola per la fermata degli autobus V F
5) Il segnale raffigurato indica la chiusura della corsia per i veicoli lenti V F
6) Il segnale raffigurato indica una diminuzione da due a una corsia di marcia V F
7) Il segnale raffigurato si trova in vicinanza di un incrocio V F
8) Il segnale raffigurato è posto in vicinanza di un cantiere stradale V F
9) Il segnale raffigurato indica la chiusura della corsia di destra per lavori in corso V F
10) Il segnale raffigurato indica restringimento della carreggiata per lavori in corso V F
11) Il segnale raffigurato obbliga a dare la precedenza ai veicoli provenienti da destra V F

09010 (FIGURA 288)

1) Il segnale raffigurato indica che gli autocarri debbono solo sorpassare a destra V F
2) Il segnale raffigurato viene utilizzato per indicare l'uso delle corsie V F
3) Il segnale raffigurato indica l'avvicinarsi di un casello autostradale V F
4) Il segnale raffigurato, posto in presenza di lavori stradali, indica alle categorie di veicoli quali corsie possono occupare V F
5) Il segnale raffigurato indica che gli autocarri di massa complessiva superiore a 3,5 tonnellate possono percorrere solo la corsia di destra V F
6) Il segnale raffigurato obbliga gli autocarri a circolare per file parallele V F
7) Il segnale raffigurato indica ai veicoli su quali corsie debbono circolare V F
8) Il segnale raffigurato indica agli autocarri di massa complessiva superiore a 3,5 tonnellate quale corsia debbono percorrere V F
9) Il segnale raffigurato vieta ai motocicli di circolare sulla corsia di sinistra V F

09011 (FIGURA 289)

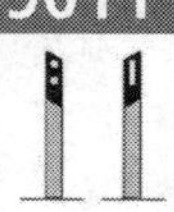

1) I delineatori raffigurati si trovano prima di un attraversamento pedonale V F
2) I delineatori raffigurati sono dei segnali complementari V F

3) I delineatori raffigurati sono posti su strada a doppio senso V F
4) I delineatori raffigurati sono posti per indicare un'area di sosta riservata V F
5) I delineatori raffigurati servono a visualizzare meglio l'andamento della strada V F
6) I delineatori raffigurati dividono la carreggiata in corsie V F
7) I delineatori raffigurati sono usati ai lati della carreggiata di strade a senso unico V F
8) I delineatori raffigurati sono posti ai margini di una strada o di una carreggiata a senso unico V F
9) I delineatori raffigurati sono posti al centro della carreggiata V F
10) I delineatori raffigurati sono visibili solo di notte V F

09012 (FIGURA 290)

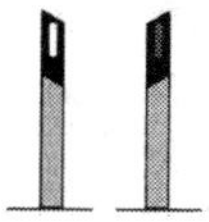

1) I delineatori raffigurati sono posti al centro della carreggiata V F
2) I delineatori raffigurati servono a visualizzare meglio l'andamento della strada V F
3) I delineatori raffigurati sono posti ai margini di una strada a doppio senso V F
4) I delineatori raffigurati sono utili soprattutto nei casi di scarsa visibilità V F
5) I delineatori raffigurati sono utili solo nelle ore notturne V F
6) I delineatori raffigurati vengono posti a distanza di almeno 100 metri l'uno dall'altro V F
7) I delineatori raffigurati dividono la carreggiata in corsie V F
8) I delineatori raffigurati sono dei segnali complementari V F
9) I delineatori raffigurati sono posti ai lati della carreggiata nelle strade a senso unico V F

09013 (FIGURA 291)

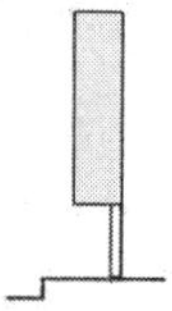

1) Il delineatore raffigurato è un segnale complementare posto nelle gallerie a senso unico V F
2) Il delineatore raffigurato divide la carreggiata in corsie V F
3) Il delineatore raffigurato è posto ai lati delle gallerie a senso unico V F
4) Il delineatore raffigurato è un pannello distanziometrico posto vicino ad un passaggio a livello V F
5) Il delineatore raffigurato è usato per indicare un incrocio a senso unico V F
6) Il delineatore raffigurato indica una strada chiusa V F
7) Il delineatore raffigurato è posto al centro della carreggiata per indicare un ostacolo V F
8) Il delineatore raffigurato è un segnale complementare V F
9) Il delineatore raffigurato si può trovare anche per evidenziare deviazioni o strettoie della carreggiata V F
10) Il delineatore raffigurato ha luce propria V F

09014 (FIGURA 292)

1) Il delineatore raffigurato è posto ai lati della carreggiata nelle strade di montagna soggette ad innevamento V F
2) Il delineatore raffigurato è posto ai lati della carreggiata su strade di montagna V F
3) Il delineatore raffigurato è posto alla fermata degli autobus V F
4) Il delineatore raffigurato è posto al centro della carreggiata V F
5) Il delineatore raffigurato è usato sulle strade sprovviste di barriere laterali (guardrails) V F
6) Il delineatore raffigurato è un segnale complementare V F
7) Il delineatore raffigurato è usato come paletto di ancoraggio per lasciare in sosta le biciclette V F
8) Il delineatore raffigurato viene utilizzato per rendere meglio visibili i bordi della carreggiata di una strada innevata V F

9) Il delineatore raffigurato si trova in vicinanza di un attraversamento pedonale V F

10) Il delineatore raffigurato indica un divieto di sosta V F

09015 (FIGURA 293)

1) Il delineatore raffigurato segnala una curva pericolosa a destra V F

2) Il delineatore raffigurato indica che si è vicini ad un passaggio a livello V F

3) Il delineatore raffigurato, se di colore bianco e rosso, indica una curva provvisoria a sinistra V F

4) Il delineatore raffigurato è usato per segnalare una curva pericolosa V F

5) Il delineatore raffigurato segnala una strada dove si trovano salite e discese V F

6) Il delineatore raffigurato indica un cantiere stradale V F

7) Il delineatore raffigurato si trova, di norma, dopo il segnale CURVA PERICOLOSA A SINISTRA V F

8) Il delineatore raffigurato indica gli ostacoli sporgenti sulla carreggiata V F

9) Il delineatore raffigurato invita il conducente a fare attenzione nel percorrere una curva V F

10) Il delineatore raffigurato è posto nelle curve strette e con mancanza di visibilità V F

11) Il delineatore raffigurato viene posto solo su strade extraurbane principali V F

09016 (FIGURA 294)

1) Il delineatore raffigurato indica di svoltare a destra o a sinistra V F

2) Il delineatore raffigurato ha le punte delle frecce che segnalano le direzioni possibili V F

3) Il delineatore raffigurato indica una curva a senso unico V F

4) Il delineatore raffigurato è posto in un incrocio dove non è possibile proseguire diritto V F

5) Il delineatore raffigurato indica un passaggio a livello V F

6) Il delineatore raffigurato indica un ponte mobile V F

7) Il delineatore raffigurato indica un aumento del numero di corsie della strada V F

8) Il delineatore raffigurato è installato ad un incrocio a forma di "T" V F

9) Il delineatore raffigurato indica una strada chiusa per lavori in corso V F

10) Il delineatore raffigurato indica l'ingresso di una galleria V F

09017 (FIGURA 295)

1) Il delineatore raffigurato indica una curva pericolosa a sinistra V F

2) Il delineatore raffigurato viene usato nei passaggi a livello, quando le barriere sono guaste V F

3) Il delineatore raffigurato è usato per migliorare la visibilità delle curve V F

4) Il delineatore raffigurato indica una curva pericolosa a destra V F

5) Il delineatore raffigurato è un segnale complementare V F

6) Il delineatore raffigurato si trova in serie di più elementi per evidenziare una curva pericolosa V F

7) Il delineatore raffigurato è posto all'ingresso di una galleria V F

8) Il delineatore raffigurato si trova 150 metri prima di una curva V F

9) Il delineatore raffigurato si trova solo se la curva è su strada a senso unico V F

09018 (FIGURA 297)

1) Il segnale raffigurato si può trovare sia su strade urbane che extraurbane V F

2) Il segnale raffigurato preavvisa un impianto semaforico in presenza di un cantiere stradale V F

3) Il segnale raffigurato può essere posto prima del restringimento di carreggiata per lavori in corso V F

4) Nel segnale raffigurato il disco al centro è a luce gialla lampeggiante V F
5) Il segnale raffigurato preavvisa un semaforo che regola il traffico in transito su ponti mobili o girevoli V F
6) Il segnale raffigurato preavvisa l'accesso al pontile d'imbarco delle navi traghetto V F
7) Il segnale raffigurato preavvisa la presenza di un segnale di STOP V F
8) Il segnale raffigurato preavvisa un attraversamento ferroviario senza barriere V F

09019 (FIGURA 299)

1) Il delineatore raffigurato viene utilizzato per segnalare un ostacolo V F
2) Il delineatore raffigurato viene posto all'interno della carreggiata, in presenza di un ostacolo V F
3) Il delineatore raffigurato presegnala una corsia riservata agli autobus o taxi V F
4) Il delineatore raffigurato è rifrangente, per una migliore visibilità nelle ore notturne V F
5) Il delineatore raffigurato può segnalare l'inizio di un'isola di traffico V F
6) Il delineatore raffigurato è posto ai lati della strada V F
7) Il delineatore raffigurato è dotato di luce propria V F
8) Il delineatore raffigurato divide la carreggiata da una pista ciclabile V F
9) Il delineatore raffigurato si trova fuori della carreggiata V F

Pannelli integrativi dei segnali

10001 (FIGURA 121)

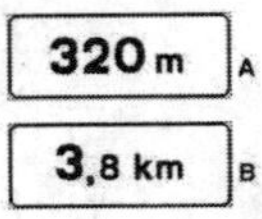

1) Il pannello integrativo raffigurato indica la larghezza di una strada V F
2) Il pannello integrativo raffigurato indica la pendenza di una strada V F
3) Il pannello integrativo raffigurato, posto sotto un segnale di pericolo, indica la distanza tra il segnale ed il punto d'inizio del pericolo V F
4) Il pannello integrativo mostrato in figura A indica la distanza di sicurezza da mantenere dal veicolo che sta davanti V F
5) Il pannello integrativo mostrato in figura A indica i metri di strada già fatta V F
6) Il pannello integrativo raffigurato può essere posto sotto i segnali per completarne il significato V F
7) Il pannello integrativo raffigurato, posto sotto un segnale di obbligo o divieto, indica la distanza dalla quale inizia la prescrizione V F
8) Il pannello integrativo raffigurato, posto sotto un segnale di indicazione, serve a precisare la distanza che manca per raggiungere il punto indicato dal segnale V F
9) Il pannello integrativo raffigurato, posto sotto il segnale di pericolo, indica la lunghezza del tratto di strada pericoloso V F

10002 (FIGURE 122, 901, 907)

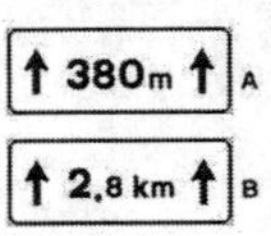

122

901

907

1) Il segnale raffigurato indica la lunghezza di un tratto stradale con curve pericolose in successione **(fig. 907)** V F
2) Il pannello integrativo raffigurato, posto sotto un segnale di obbligo, indica la lunghezza del tratto stradale nel quale vale la prescrizione del segnale **(fig. 122)** V F
3) Il pannello integrativo rappresentato in figura A obbliga a proseguire diritto per 380 metri **(fig. 122)** V F
4) Il segnale raffigurato indica la distanza tra il segnale e l'inizio della strada in cattivo stato **(fig. 901)** V F
5) Il pannello integrativo raffigurato può essere posto sotto un segnale di divieto **(fig. 122)** V F
6) Il pannello integrativo raffigurato indica la distanza tra il segnale e il punto d'inizio del pericolo **(fig. 122)** V F
7) Il pannello integrativo rappresentato in figura A indica la distanza di sicurezza da mantenere in caso di pioggia **(fig. 122)** V F
8) Il pannello integrativo raffigurato, posto sotto un segnale di pericolo, indica la lunghezza del tratto di strada pericoloso **(fig. 122)** V F
9) Il pannello integrativo raffigurato in figura B, posto sotto ad un segnale di pericolo, indica, in chilometri, la lunghezza del tratto di strada pericoloso **(fig. 122)** V F
10) Il pannello integrativo raffigurato in figura A indica l'altezza di un viadotto **(fig. 122)** V F

10003 (FIGURE 123, 924, 934, 935, 943, 964, 966)

1) Il pannello integrativo rappresentato in figura B indica le ore di tutti i giorni nelle quali vale il segnale **(fig. 123)** V F
2) Il segnale raffigurato consente il transito ai motocicli nelle sole ore indicate **(fig. 935)** V F
3) Il segnale raffigurato vieta la sosta dalle ore 7.30 alle ore 19.00 **(fig. 943)** V F
4) Il segnale raffigurato indica l'orario di apertura di una zona a traffico limitato **(fig. 964)** V F
5) Il segnale raffigurato vieta il transito dalle ore 7.30 alle 19.00 **(fig. 924)** V F
6) Il segnale raffigurato indica che il clacson può essere usato dalle ore 7.30 alle ore 19.00 **(fig. 934)** V F
7) Il pannello integrativo (A), posto sotto il segnale (B), vieta il transito ai pedoni nelle sole ore indicate **(fig. 966)** V F
8) Il pannello integrativo rappresentato in figura B indica in quali ore si può circolare a fari spenti **(fig. 123)** V F

9) Il pannello integrativo rappresentato in figura B indica le fasce orarie durante le quali si circola a targhe alterne (fig. 123) V F

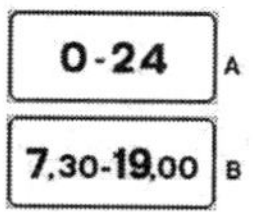

123

924

943

935

934

964

966

10004 (FIGURE 124, 936, 938, 960, 964, 965)

1) Il pannello integrativo raffigurato limita la validità del segnale sotto cui è posto ai giorni festivi e alla fascia oraria indicata (fig. 124) V F
2) Il segnale raffigurato consente il transito nei giorni festivi e nelle fasce orarie indicate ai soli pedoni (fig. 964) V F
3) Il pannello integrativo raffigurato indica l'orario d'ingresso nel cimitero (fig. 124) V F
4) Il pannello integrativo raffigurato indica l'orario di apertura delle chiese (fig. 124) V F
5) Il segnale raffigurato consente il transito dalle ore 8.00 alle ore 20.00 dei giorni festivi ai soli ciclisti (fig. 965) V F
6) Il pannello integrativo raffigurato, posto sotto un segnale di prescrizione, precisa che il segnale vale solo nei giorni festivi e nelle fasce orarie indicate (fig. 124) V F
7) Il segnale raffigurato vieta la sosta nella fascia oraria indicata, dei giorni festivi (fig. 938) V F
8) Il pannello integrativo raffigurato indica l'orario di celebrazione delle funzioni religiose (fig. 124) V F
9) Il pannello integrativo raffigurato vale nei giorni lavorativi (fig. 124) V F
10) Il segnale raffigurato vieta il transito dalle ore 8.00 alle ore 20.00 dei giorni festivi (fig. 965) V F
11) Il segnale raffigurato indica che si può parcheggiare tutti i giorni nella fascia oraria indicata (fig. 960) V F
12) Il segnale raffigurato consente il transito dei motocicli la domenica dalle ore 8.00 alle ore 20.00 (fig. 936) V F

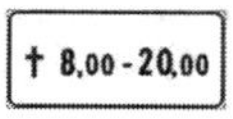

124

936

938

960

964

965

10005 (FIGURE 125, 928, 937, 945, 961)

1) Il segnale raffigurato vieta il transito agli autocarri di massa complessiva superiore a 3,5 t nell'orario indicato, dei giorni lavorativi (fig. 937) V F
2) Il pannello integrativo raffigurato, posto sotto un segnale di obbligo, indica che esso vale dalle ore 8.00 alle ore 20.00 dei giorni lavorativi (fig. 125) V F
3) Il pannello integrativo raffigurato indica la fascia oraria di apertura delle officine di soccorso stradale (fig. 125) V F
4) Il segnale raffigurato vieta la sosta nella fascia oraria indicata dei giorni lavorativi (fig. 928) V F
5) Il pannello integrativo raffigurato indica che il segnale al quale è abbinato vale nei giorni festivi (fig. 125) V F
6) Il segnale raffigurato vieta il transito nella fascia oraria indicata, dei giorni lavorativi (fig. 945) V F
7) Il pannello integrativo raffigurato, posto sotto un segnale, ne limita la validità nei giorni lavorativi e alle fasce orarie indicate (fig. 125) V F

8) Il pannello integrativo raffigurato indica la fascia oraria dei giorni lavorativi durante la quale vale la prescrizione del segnale sotto cui è posto **(fig. 125)** V F

9) Il pannello integrativo raffigurato indica che il segnale al quale è abbinato vale tutti i giorni, ma solo nelle ore indicate **(fig. 125)** V F

10) Il segnale raffigurato è riservato ai veicoli per il soccorso stradale **(fig. 961)** V F

11) Il pannello integrativo raffigurato indica gli orari di apertura di un museo di attrezzi da lavoro **(fig. 125)** V F

12) Il pannello integrativo raffigurato, posto sotto il segnale PARCHEGGIO, indica che si può parcheggiare nei giorni festivi dalle ore 8.00 alle ore 20.00 **(fig. 125)** V F

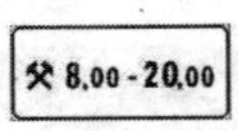

125

928

937

945

961

10006 (FIGURE 126, 926, 941, 954)

1) Il segnale raffigurato vieta la sosta agli autoarticolati **(fig. 941)** V F

2) Il pannello integrativo raffigurato indica che il segnale al quale è abbinato vale solo per i veicoli rappresentati **(fig. 126)** V F

3) Il segnale raffigurato prescrive che possono transitare gli autoarticolati **(fig. 926)** V F

4) Il pannello integrativo raffigurato può essere abbinato ad un segnale di obbligo **(fig. 126)** V F

5) Il segnale raffigurato vieta la sosta ai veicoli indicati **(fig. 954)** V F

6) Il pannello integrativo raffigurato indica un'officina meccanica per autotreni **(fig. 126)** V F

7) Il pannello integrativo raffigurato indica una stazione di rifornimento per soli mezzi pesanti **(fig. 126)** V F

8) Il segnale raffigurato vieta il transito ai soli veicoli indicati **(fig. 926)** V F

9) Il segnale raffigurato consente la sosta agli autoarticolati **(fig. 941)** V F

10) Il pannello integrativo raffigurato può essere abbinato ad un segnale di divieto **(fig. 126)** V F

11) Il pannello integrativo raffigurato, posto sotto il segnale PARCHEGGIO, indica che possono parcheggiare tutti i veicoli pesanti **(fig. 126)** V F

126

926

941

954

10007 (FIGURE 128, 940, 953, 958, 959, 963)

1) Il pannello raffigurato (A) indica l'obbligo di proseguire diritto **(fig. 128)** V F

2) Il segnale raffigurato indica che il divieto di sosta ha inizio in quel punto **(fig. 940)** V F

3) Il segnale raffigurato evidenzia il punto d'inizio del viale pedonale **(fig. 963)** V F

4) il segnale raffigurato evidenzia il punto d'inizio del divieto di fermata **(fig. 953)** V F

5) Il pannello integrativo (A), posto sotto un segnale di divieto, evidenzia il punto d'inizio della prescrizione **(fig. 128)** V F

6) Il pannello raffigurato (B) indica la corsia riservata agli autobus urbani **(fig. 128)** V F

7) Il segnale raffigurato evidenzia l'inizio dell'area dove è possibile parcheggiare **(fig. 958)** V F

8) Il segnale raffigurato evidenzia il punto in cui finisce l'area destinata al parcheggio **(fig. 959)** V F

9) Il pannello raffigurato (A) indica una strada in salita **(fig. 128)** V F

10) Il pannello raffigurato (A) indica la fine di una strada a senso unico **(fig. 128)** V F

11) Il pannello raffigurato (A), posto sotto un segnale di pericolo, evidenzia il punto dove finisce il pericolo **(fig. 128)** V F

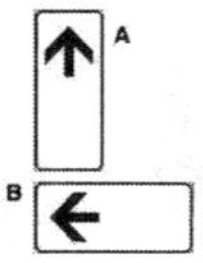

128

940

953

958

959

963

10008 (FIGURE 129, 914, 930, 933, 939, 951, 956)

1) Il pannello integrativo raffigurato (A), posto sotto un segnale di pericolo, ne indica la fine **(fig. 129)** V F

2) Il segnale raffigurato indica che la fermata è vietata sia prima che dopo il segnale **(fig. 951)** V F

3) Il pannello integrativo raffigurato (A) indica un senso unico alternato **(fig. 129)** V F

4) Il segnale raffigurato indica la continuazione del tratto di strada sdrucciolevole **(fig. 914)** V F

5) Il pannello integrativo raffigurato (A), posto sotto un segnale di pericolo, ne indica la continuazione **(fig. 129)** V F

6) Il segnale raffigurato conferma la continuazione del divieto di sorpasso **(fig. 930)** V F

7) Il pannello integrativo raffigurato (A) indica le due direzioni consentite **(fig. 129)** V F

8) Il segnale raffigurato indica che il divieto di sosta continua **(fig. 939)** V F

9) Il segnale raffigurato indica la continuazione del limite massimo di velocità **(fig. 933)** V F

10) Il segnale raffigurato indica la fine della zona destinata al parcheggio **(fig. 956)** V F

11) Il pannello integrativo raffigurato (A) indica di tornare indietro **(fig. 129)** V F

12) Il pannello integrativo raffigurato (A) indica una strada a doppio senso di circolazione **(fig. 129)** V F

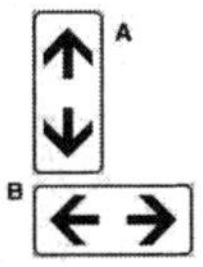

129

914

930

933

939

951

956

10009 (FIGURE 82, 130, 903, 915, 944, 952, 957, 970)

1) Il pannello integrativo raffigurato (A) indica una strada chiusa al traffico **(fig. 130)** V F

2) Il segnale raffigurato indica la fine della strada deformata **(fig. 903)** V F

3) Il pannello integrativo raffigurato (A), posto sotto un segnale di divieto, indica l'inizio del divieto **(fig. 130)** V F

4) Il segnale raffigurato indica la fine dell'area destinata al parcheggio **(fig. 957)** V F

5) Il segnale raffigurato indica il punto dove termina il divieto di fermata **(fig. 952)** V F

6) Il segnale raffigurato indica la fine della strada sdrucciolevole **(fig. 915)** V F

7) Il segnale raffigurato indica la fine del cantiere stradale **(fig. 970)** V F

8) Il pannello integrativo raffigurato (A) indica una strada in discesa **(fig. 130)** V F

9) Il segnale raffigurato indica la continuazione del divieto di sorpasso **(fig. 82)** V F

10) Il segnale raffigurato indica il punto nel quale termina il divieto di sosta (fig. 944) [V] [F]

11) Il pannello integrativo raffigurato (B), posto sotto il segnale PARCHEGGIO, indica l'inizio della zona destinata al parcheggio (fig. 130) [V] [F]

12) Il pannello integrativo raffigurato (A) indica l'unica direzione consentita (fig. 130) [V] [F]

82

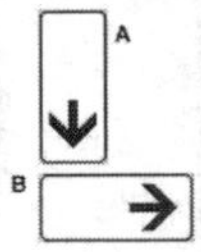

130

903

915

944

952

957

970

10010 (FIGURA 131)

1) Il pannello integrativo raffigurato indica che si stanno svolgendo i lavori per rifare la segnaletica orizzontale [V] [F]

2) Il segnale raffigurato indica una strada chiusa [V] [F]

3) Il pannello integrativo raffigurato indica la vicinanza di un attraversamento pedonale [V] [F]

4) Il pannello integrativo raffigurato viene posto sotto il segnale ALTRI PERICOLI [V] [F]

5) Il pannello integrativo raffigurato preavvisa l'inizio di un tratto di strada a senso unico [V] [F]

6) Il pannello integrativo raffigurato indica una strada innevata [V] [F]

7) Il pannello integrativo raffigurato preavvisa che temporaneamente manca la segnaletica orizzontale sulla carreggiata [V] [F]

8) Il pannello integrativo raffigurato indica un tratto di strada sul quale non è temporaneamente presente la segnaletica orizzontale [V] [F]

9) Il pannello integrativo raffigurato indica che non è consentito superare la linea continua [V] [F]

10011 (FIGURA 132)

1) Il pannello integrativo raffigurato indica un divieto di sosta [V] [F]

2) Il pannello integrativo raffigurato invita a rallentare a causa di un incidente [V] [F]

3) Il pannello integrativo raffigurato segnala che la carreggiata è occupata da veicoli incidentati [V] [F]

4) Il pannello integrativo raffigurato indica veicoli incidentati sulla carreggiata [V] [F]

5) Il pannello integrativo raffigurato indica una strada sdrucciolevole [V] [F]

6) Il pannello integrativo raffigurato indica di fermarsi e dare la precedenza a destra [V] [F]

7) Il pannello integrativo raffigurato segnala un incidente stradale e che quindi occorre diminuire la velocità [V] [F]

8) Il pannello integrativo raffigurato preavvisa la presenza di un garage per veicoli incidentati [V] [F]

9) Il pannello integrativo raffigurato si trova solo se l'incidente è avvenuto in autostrada [V] [F]

10) Il pannello integrativo raffigurato indica di accendere le luci per evitare incidenti [V] [F]

10012 (FIGURE 133, 919)

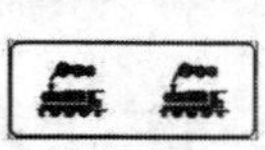
133

919

1) Il pannello integrativo raffigurato indica la presenza di binari di manovra [V] [F]

2) Il segnale raffigurato invita a diminuire la velocità [V] [F]

3) Il pannello integrativo raffigurato va rispettato dai conducenti dei treni [V] [F]

4) Il pannello integrativo è abbinato al segnale ALTRI PERICOLI [V] [F]

5) Il pannello integrativo raffigurato indica di fare attenzione perché la strada può essere attraversata dai tram [V] [F]

6) Il pannello integrativo indica un'area attrezzata per gare di modellismo [V] [F]

7) Il segnale raffigurato indica l'attraversamento di binari di manovra [V] [F]

8) Il pannello integrativo raffigurato preavvisa la presenza di binari di manovra o di raccordo in prossimità di scali merci V F

9) Il pannello integrativo raffigurato indica un passaggio a livello con due binari V F

10013 (FIGURA 134)

1) Il pannello integrativo raffigurato indica la presenza di macchine sgombraneve al lavoro sulla strada V F

2) Il pannello integrativo raffigurato è posto su strade innevate per segnalare la presenza di macchine sgombraneve V F

3) Il pannello integrativo raffigurato indica di prestare attenzione a macchine sgombraneve sulla strada V F

4) Il pannello integrativo raffigurato indica che la strada è percorribile solo dopo che sia passato lo sgombraneve V F

5) Il pannello integrativo raffigurato invita a diminuire la velocità per la presenza di macchine sgombraneve in funzione V F

6) Il pannello integrativo raffigurato è abbinato al segnale ALTRI PERICOLI V F

7) Il pannello integrativo raffigurato indica l'obbligo di montare le catene V F

8) Il pannello integrativo raffigurato obbliga a stare distanti 100 metri dallo sgombraneve in funzione V F

9) Il pannello integrativo raffigurato indica il divieto di transito alle macchine sgombraneve V F

10) Il pannello integrativo raffigurato indica la costruzione di un parco giochi nelle vicinanze V F

11) Il pannello integrativo raffigurato invita a mantenere una distanza di almeno 20 metri dalle macchine sgombraneve in funzione V F

12) Il pannello integrativo raffigurato indica che sulla strada è possibile incrociare il veicolo per la raccolta della spazzatura V F

10014 (FIGURE 135, 904)

135

904

1) Il pannello integrativo raffigurato indica un tratto di strada coperto di neve **(fig. 135)** V F

2) Il pannello integrativo raffigurato indica che stiamo percorrendo un tratto di strada che può allagarsi in caso di forte pioggia **(fig. 135)** V F

3) Il pannello integrativo indica una strada che in caso di forte pioggia si può allagare **(fig. 135)** V F

4) Il pannello integrativo raffigurato vieta il transito ai veicoli che trasportano prodotti che potrebbero inquinare l'acqua **(fig. 135)** V F

5) Il pannello integrativo raffigurato indica il pericolo di allagamento della carreggiata in caso di pioggia o forte mareggiata **(fig. 135)** V F

6) Il pannello integrativo raffigurato indica una piscina nelle vicinanze **(fig. 135)** V F

7) Il segnale raffigurato indica che la strada si può allagare in caso di forte pioggia **(fig. 904)** V F

8) Il pannello integrativo raffigurato indica un tratto di strada dove è possibile trovare nebbia V F

9) Il pannello integrativo raffigurato preavvisa una banchina cedevole **(fig. 135)** V F

10) Il pannello integrativo raffigurato preavvisa la presenza di cordoli trasversali di rallentamento (dossi artificiali) **(fig. 135)** V F

10015 (FIGURA 136)

1) Il pannello raffigurato indica un'area di parcheggio per autovetture V F

2) Il pannello integrativo raffigurato indica la possibilità di trovare veicoli fermi in colonna V F

3) Il pannello integrativo raffigurato indica di diminuire la distanza di sicurezza V F

4) Il pannello integrativo raffigurato indica la possibilità di trovare traffico intenso, con formazione di colonne di veicoli V F

5) Il pannello integrativo raffigurato, posto sull'autostrada, può consigliare di uscire per evitare probabili rallentamenti o code V F

6) Il pannello integrativo raffigurato indica che la corsia di sinistra è riservata ai veicoli che pagano il pedaggio autostradale tramite telepass V F

7) Il pannello integrativo raffigurato si può trovare all'ingresso delle autostrade, per indicare che vi sono veicoli in lento movimento V F

8) Il pannello integrativo raffigurato indica una strada a senso unico V F

9) Il pannello integrativo raffigurato indica l'obbligo di sorpassare a sinistra V F

10) Il pannello integrativo raffigurato invita ad usare prudenza, per non tamponare veicoli fermi per intasamento del traffico V F

11) Il pannello integrativo raffigurato obbliga i veicoli a circolare a passo d'uomo V F

10016 (FIGURA 137)

1) Il pannello integrativo raffigurato indica divieto di transito a tutti i veicoli con i cingoli V F

2) Il pannello integrativo raffigurato indica la possibile presenza di macchine operatrici in movimento V F

3) Il pannello integrativo raffigurato indica la presenza di veicoli militari V F

4) Il pannello integrativo raffigurato indica una strada riservata alle sole macchine operatrici V F

5) Il pannello integrativo raffigurato invita ad usare particolare prudenza per la presenza di pale meccaniche in movimento V F

6) Il pannello integrativo raffigurato indica che sulla strada possono ess erci escavatori in movimento V F

7) Il pannello integrativo raffigurato indica un'area per lo scarico della spazzatura V F

8) Il pannello integrativo raffigurato indica la presenza di cantieri stradali con escavatori e pale meccaniche in azione V F

9) Il pannello integrativo raffigurato indica che sulla corsia possono esserci pale meccaniche al lavoro V F

10) Il pannello integrativo raffigurato si trova prima di un ponte, per vietare il transito alle macchine operatrici V F

11) Il pannello integrativo raffigurato indica un'area di parcheggio riservata alle macchine operatrici V F

10017 (FIGURE 138, 916)

138

916

1) Il pannello integrativo raffigurato indica la strada da prendere per raggiungere le alpi **(fig. 138)** V F

2) Il pannello integrativo raffigurato indica, in caso di bassa temperatura, la presenza di tratti pericolosi per ghiaccio **(fig. 138)** V F

3) Il pannello integrativo raffigurato indica la presenza nelle vicinanze di impianti di risalita **(fig. 138)** V F

4) Il pannello integrativo raffigurato indica, su strade coperte di neve, il pericolo di formazione di ghiaccio **(fig. 138)** V F

5) Il pannello integrativo raffigurato invita ad usare particolare prudenza, perché la strada può essere ghiacciata **(fig. 138)** V F

6) Il segnale raffigurato indica strada sdrucciolevole per ghiaccio, in caso di bassa temperatura **(fig. 916)** V F

7) Il pannello integrativo raffigurato indica la possibilità di trovare tratti di strada ghiacciati **(fig. 138)** V F

8) Il segnale raffigurato indica la possibilità di trovare un tratto di strada sdrucciolevole a causa di ghiaccio **(fig. 916)** V F

9) Il pannello integrativo raffigurato invita a non usare i fari abbaglianti **(fig. 138)** V F

10) Il pannello integrativo raffigurato invita ad usare le luci di emergenza durante la sosta **(fig. 138)** V F

11) Il pannello integrativo raffigurato indica la presenza nelle vicinanze di una stazione sciistica **(fig. 138)** V F

12) Il pannello integrativo raffigurato indica una zona dove nevica spesso **(fig. 138)** V F

10018 (FIGURA 139)

1) Il pannello raffigurato indica una zona dove piove spesso V F
2) Il pannello integrativo raffigurato invita a diminuire la velocità in caso di pioggia, perché la strada diventa sdrucciolevole V F
3) Il pannello integrativo raffigurato indica la presenza di una stazione meteorologica nelle vicinanze V F
4) Il pannello integrativo raffigurato indica che in caso di pioggia si può trovare del fango sulla strada V F
5) Il pannello integrativo raffigurato segnala un tratto di strada sdrucciolevole in caso di pioggia V F
6) Il pannello integrativo raffigurato indica che quando piove la strada può diventare sdrucciolevole V F
7) Il pannello integrativo raffigurato invita, in caso di pioggia, ad aumentare la distanza di sicurezza V F
8) Il pannello integrativo raffigurato indica un tratto di strada con probabile formazione di nuvole di polvere V F
9) Il pannello integrativo raffigurato indica un tratto di strada pericoloso in caso di pioggia V F
10) Il pannello integrativo raffigurato indica di fare attenzione agli autocarri in transito, per la possibile perdita del carico trasportato V F
11) Il pannello integrativo raffigurato indica un autolavaggio nelle vicinanze V F
12) Il pannello integrativo raffigurato indica caduta di pietre sulla strada V F

10019 (FIGURE 140, 968)

140

968

1) Il pannello integrativo raffigurato indica un tratto di strada in salita con probabile presenza di autocarri che marciano a bassa velocità **(fig. 140)** V F
2) Il pannello integrativo raffigurato indica di circolare ad una velocità prudenziale, per evitare incidenti con gli autocarri che potrebbero stare davanti **(fig. 140)** V F
3) Il pannello integrativo raffigurato indica che è vietato sorpassare gli autocarri **(fig. 140)** V F
4) Il pannello integrativo raffigurato si trova nei pontili d'imbarco delle navi traghetto **(fig. 140)** V F
5) Il presenza del segnale raffigurato il conducente deve moderare la velocità per la possibile presenza di autocarri in lento movimento **(fig. 968)** V F
6) Il pannello integrativo raffigurato indica un tratto di strada in ripida salita che costringe gli autocarri a rallentare **(fig. 140)** V F
7) Il pannello integrativo raffigurato indica di fare attenzione per la probabile presenza di veicoli pesanti in lento movimento **(fig. 140)** V F
8) Il pannello integrativo raffigurato indica un tratto di strada chiuso a causa di un tamponamento **(fig. 140)** V F
9) Il pannello integrativo raffigurato indica di diminuire la distanza di sicurezza **(fig. 140)** V F
10) Il pannello integrativo raffigurato indica che bisogna suonare il clacson ogni qualvolta si sorpassa un autocarro V F
11) Il pannello integrativo raffigurato indica di proseguire con le luci accese **(fig. 140)** V F
12) Il pannello integrativo raffigurato segnala la possibilità di poter essere trainati **(fig. 140)** V F

10020 (FIGURE 141, 942)

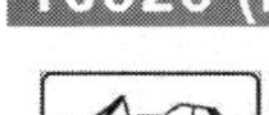

141

1) Il pannello integrativo raffigurato indica la presenza di officine attrezzate per il soccorso stradale **(fig. 141)** V F
2) Il pannello integrativo raffigurato indica che il veicolo lasciato in sosta può essere portato via dal carro-attrezzi **(fig. 141)** V F

942

3) Il segnale raffigurato indica che il veicolo può essere spostato in una depositeria comunale (fig. 942) V F
4) Il pannello integrativo raffigurato indica una zona di divieto di sosta con rimozione del veicolo (fig. 141) V F
5) Il segnale raffigurato prevede lo spostamento del veicolo o il suo blocco tramite ganasce (fig. 942) V F
6) Il pannello integrativo raffigurato indica che possono sostare i veicoli per il soccorso stradale (fig. 141) V F
7) In presenza del segnale raffigurato i veicoli al servizio di persone diversamente abili, muniti di apposito contrassegno, non possono essere portati nella depositeria comunale, né bloccati con le ganasce **(fig. 942)** V F
8) Il pannello integrativo raffigurato indica un'officina meccanica attrezzata per il cambio d'olio (fig. 141) V F
9) Il pannello integrativo raffigurato indica l'imbarco delle autovetture sui treni merce **(fig. 141)** V F
10) Il pannello integrativo raffigurato indica che dopo tre ore il veicolo lasciato in sosta viene rimosso o bloccato **(fig. 141)** V F
11) Il pannello integrativo raffigurato indica una strada chiusa per incidente **(fig. 141)** V F

10021 (FIGURA 142)

1) Il pannello integrativo in figura, posto in alto sulla carreggiata insieme ad un segnale indicante una località, segnala la corsia da prendere per raggiungere detta località V F
2) Il pannello integrativo in figura indica che il segnale posto sopra vale per la sola corsia indicata dalla freccia V F
3) Il pannello integrativo in figura è posto per indicare la fermata degli autobus V F
4) Il pannello integrativo in figura indica la fine di una prescrizione V F
5) Il pannello integrativo in figura indica che hanno la precedenza i veicoli che vengono di fronte V F
6) Il pannello integrativo in figura, posto in alto sulla carreggiata insieme ad un segnale, specifica a quale corsia si riferisce il segnale V F
7) Il pannello integrativo in figura indica la fine del segnale LIMITE MASSIMO DI VELOCITA' V F

10022 (FIGURA 143)

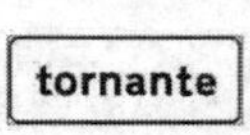

A

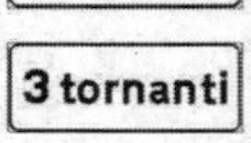

B

1) Il pannello integrativo in figura (A) indica la vicinanza di una o più curve strette V F
2) Il pannello integrativo in figura (A) può indicare uno o più tornanti V F
3) Il pannello integrativo in figura (B) indica la vicinanza di una o più curve particolarmente pericolose V F
4) Il pannello integrativo di figura (B) indica il numero degli svincoli autostradali V F
5) Il pannello integrativo di figura (B) indica quanti veicoli contemporaneamente possono percorrere la curva V F
6) La presenza di uno dei due pannelli integrativi in figura può indicare uno o più tornanti V F
7) La presenza di uno dei due pannelli integrativi in figura indica la vicinanza di una o più curve particolarmente pericolose V F
8) Il pannello integrativo di figura (B) indica il numero di corsie di cui è composta la strada V F
9) La presenza di uno dei due pannelli integrativi in figura indica la vicinanza di una o più curve strette V F
10) Il pannello integrativo di figura (B) indica quanti chilometri mancano per poter trovare un cavalcavia che consente di invertire il senso di marcia V F
11) Il pannello integrativo in figura (B) si può trovare sotto il segnale di CURVA o DOPPIA CURVA V F
12) La presenza di uno dei due pannelli integrativi in figura indica l'incrocio con una strada dalla quale si immettono autocarri provenienti da una discarica V F

10023 (FIGURA 145)

1) Il pannello integrativo in figura, posto sotto il segnale DIVIETO DI SOSTA, indica che la sosta è vietata solo in determinate ore dei giorni indicati V F
2) Il pannello integrativo in figura indica i giorni di apertura degli autolavaggi V F
3) Il pannello integrativo in figura obbliga a dare la precedenza agli autocarri V F
4) Il pannello integrativo in figura, posto sotto il segnale DIVIETO DI SOSTA, indica che la sosta è vietata solo in alcune ore dei giorni indicati V F
5) Il pannello integrativo in figura è posto nei tratti di strada dove vengono effettuate operazioni di pulizia delle strade con autospazzatrici V F
6) Il pannello integrativo in figura indica i giorni e le ore in cui si effettuano operazioni di pulizia della strada con autospazzatrici V F
7) Il pannello integrativo in figura indica l'orario per il deposito della spazzatura V F
8) Il pannello integrativo in figura, posto sotto il segnale DIVIETO DI SOSTA, indica che non possono sostare i veicoli rappresentati V F

10024 (FIGURA 146)

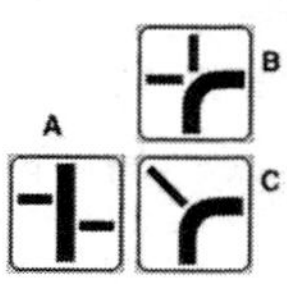

1) I pannelli integrativi in figura posti in vicinanza di una intersezione, indicano l'andamento della strada principale V F
2) I pannelli integrativi in figura indicano come lasciare il veicolo in sosta V F
3) I pannelli integrativi in figura vengono posti anche sulle autostrade V F
4) I pannelli integrativi in figura vengono posti sotto i segnali di diritto di precedenza V F
5) I pannelli in figura (B) e (C) indicano una curva pericolosa V F
6) I pannelli integrativi in figura indicano una intersezione, distinguendo la strada principale dalle strade secondarie V F
7) I pannelli integrativi in figura indicano strade senza uscita V F
8) I pannelli integrativi in figura possono trovarsi sotto il segnale INTERSEZIONE CON DIRITTO DI PRECEDENZA V F
9) I pannelli integrativi in figura indicano la presenza di sottopassaggi V F
10) I pannelli integrativi in figura indicano che le strade che si incrociano sono momentaneamente interrotte V F

10025 (FIGURE 127, 927, 962)

1) Il segnale in figura permette di transitare solo agli autobus **(fig. 927)** V F
2) Il pannello integrativo in figura può essere abbinato ad un segnale di divieto **(fig. 127)** V F
3) Il segnale in figura vieta l'accesso agli autobus **(fig. 927)** V F
4) Il segnale in figura indica che possono parcheggiare tutti i veicoli tranne gli autobus **(fig. 962)** V F
5) Il segnale in figura consente l'accesso solo agli autobus **(fig. 927)** V F
6) Il pannello integrativo in figura può essere abbinato ad un segnale di obbligo **(fig. 127)** V F
7) Il segnale in figura vieta il transito agli autobus **(fig. 927)** V F
8) Il pannello integrativo in figura può trovarsi da solo **(fig. 127)** V F
9) Il pannello integrativo in figura vale solo per gli autobus urbani **(fig. 127)** V F

127

927

962

Limiti di velocità, pericolo e intralcio alla circolazione

11001

1) Il conducente deve regolare la velocità in modo da non costituire disordine per la circolazione V F
2) Il conducente deve regolare la velocità in relazione allo stato del veicolo V F
3) Il conducente deve regolare la velocità in relazione al carico del veicolo V F
4) Il conducente deve regolare la velocità in modo da non costituire pericolo di danno alle cose V F
5) Il conducente deve regolare la velocità in relazione alle condizioni della strada V F
6) Il conducente deve regolare la velocità tenendo conto esclusivamente dei limiti massimi V F
7) Il conducente deve regolare la velocità in relazione alle condizioni atmosferiche V F
8) Il conducente deve regolare la velocità in relazione alle condizioni del traffico V F
9) Il conducente deve regolare la velocità in relazione alle caratteristiche della strada V F
10) Il conducente deve regolare la velocità in modo da non costituire pericolo per le persone V F
11) Il conducente deve regolare la velocità in modo da rispettare le limitazioni imposte V F
12) Il conducente deve regolare la velocità entro i limiti massimi consentiti V F
13) Il conducente deve regolare la velocità in relazione alla marca dei pneumatici V F
14) Il conducente deve regolare la velocità in relazione alle caratteristiche del veicolo V F
15) Il conducente deve regolare la velocità in relazione alla propria abilità alla guida V F
16) Il conducente deve regolare la velocità in relazione alla distanza del luogo da raggiungere V F

11002

1) Il conducente deve sempre mantenere il controllo del veicolo V F
2) Il conducente deve sempre essere in grado di arrestare il veicolo in condizioni di sicurezza V F
3) Il conducente deve poter arrestare il veicolo nel campo di visibilità e in condizioni di sicurezza V F
4) È obbligatorio regolare la velocità nelle curve V F
5) È obbligatorio regolare la velocità nei tratti di strada a visibilità limitata V F
6) È obbligatorio regolare la velocità nei rettilinei e non in curva V F
7) È obbligatorio regolare la velocità nei tratti di strada coperti da ghiaccio V F
8) È obbligatorio regolare la velocità in prossimità di luoghi frequentati dai bambini V F
9) È obbligatorio ridurre la velocità su strada a senso unico V F
10) È obbligatorio ridurre la velocità fuori dai centri abitati V F
11) È obbligatorio regolare la velocità sulle strade a doppio senso V F
12) È obbligatorio ridurre la velocità in presenza di qualunque segnale stradale V F
13) È obbligatorio regolare la velocità nei passaggi ingombrati V F
14) È obbligatorio regolare la velocità nei passaggi stretti V F
15) È obbligatorio regolare la velocità in prossimità delle intersezioni V F
16) È obbligatorio regolare la velocità nell'attraversamento di abitati V F
17) È obbligatorio ridurre la velocità quando sia difficoltoso l'incrocio con altri veicoli V F
18) È obbligatorio regolare la velocità nei tratti di strada coperti da neve V F
19) È obbligatorio regolare la velocità nelle forti discese V F
20) È obbligatorio ridurre la velocità solo in presenza degli agenti del traffico V F
21) È obbligatorio ridurre la velocità nelle strade provinciali V F
22) È obbligatorio regolare la velocità nelle ore diurne ma non in quelle notturne V F

23) È obbligatorio ridurre la velocità nelle strade in salita V F
24) È obbligatorio regolare la velocità in prossimità delle scuole V F
25) È obbligatorio regolare la velocità nelle ore notturne V F
26) È obbligatorio regolare la velocità in caso di nebbia o foschia V F
27) È obbligatorio regolare la velocità nei tratti di strada fiancheggiati da edifici V F
28) È obbligatorio regolare la velocità sulle strade extraurbane secondarie, ma non in quelle principali V F
29) È obbligatorio ridurre la velocità solo se l'autovettura è scarica V F
30) È obbligatorio ridurre la velocità in prossimità degli autovelox V F

11003

1) È obbligatorio ridurre la velocità e all'occorrenza fermarsi in corrispondenza dei passi carrabili V F
2) È obbligatorio ridurre la velocità e all'occorrenza fermarsi in corrispondenza di qualunque segnale stradale V F
3) È obbligatorio ridurre la velocità e all'occorrenza fermarsi ogni volta che si percorre un cavalcavia V F
4) È obbligatorio ridurre la velocità e all'occorrenza fermarsi quando i pedoni, che sono sul percorso, tardano a scansarsi V F
5) È obbligatorio ridurre la velocità e all'occorrenza fermarsi quando gli animali che si trovano sulla strada danno segni di spavento V F
6) È obbligatorio ridurre la velocità e all'occorrenza fermarsi quando si rimane abbagliati V F
7) È obbligatorio ridurre la velocità e all'occorrenza fermarsi in prossimità degli attraversamenti pedonali V F
8) È obbligatorio ridurre la velocità e all'occorrenza fermarsi in prossimità delle fermate degli autobus V F
9) È obbligatorio ridurre la velocità e all'occorrenza fermarsi quando i pedoni, che sono sul percorso, danno segni d'incertezza V F
10) È obbligatorio ridurre la velocità e all'occorrenza fermarsi quando riesce malagevole l'incrocio con altri veicoli V F
11) È obbligatorio ridurre la velocità e all'occorrenza fermarsi in prossimità degli autovelox V F
12) È obbligatorio ridurre la velocità e all'occorrenza fermarsi all'uscita dei centri abitati V F

11004

1) Il limite massimo di velocità per un'autovettura in caso di precipitazioni atmosferiche su strade extraurbane principali è di 90 km/h V F
2) Il limite massimo di velocità per un'autovettura sulle strade extraurbane principali è ordinariamente di 110 km/h V F
3) Il limite massimo di velocità per i quadricicli non leggeri, fuori dai centri urbani, è di 80 km/h V F
4) Il limite massimo di velocità per qualsiasi veicolo nei centri abitati è di 60 km/h V F
5) Il limite massimo di velocità degli autocarri nei centri abitati è di 40 km/h V F
6) Il limite massimo di velocità per un'autovettura nei centri abitati è sempre di 50 km/h V F
7) Il limite massimo di velocità per un'autovettura nei centri abitati è sempre di 70 km/h V F
8) Il limite massimo di velocità per un motociclo nei centri abitati, è ordinariamente di 50 km/h V F
9) Il limite massimo di velocità per un'autovettura in caso di precipitazioni atmosferiche sulle autostrade è di 110 km/h V F
10) Il limite massimo di velocità per un'autovettura in presenza di segnali su una strada urbana con particolari caratteristiche è di 70 km/h V F
11) Il limite massimo di velocità dei quadricicli fuori dai centri abitati è di 70 km/h V F

12) Il limite massimo di velocità per una macchina agricola con pneumatici è di 50 km/h [V] [F]

13) Il limite massimo di velocità per un'autovettura sulle strade extraurbane secondarie è di 90 km/h [V] [F]

14) Il limite massimo di velocità per una macchina agricola gommata è di 40 km/h [V] [F]

15) Il limite massimo di velocità per un'autovettura su una strada extraurbana principale è di 90 km/h [V] [F]

16) Il limite massimo di velocità per un'autovettura su una qualsiasi autostrada è di 150 km/h [V] [F]

17) Il limite massimo di velocità per un'autovettura su una strada extraurbana secondaria è di 70 km/h [V] [F]

18) Il limite massimo di velocità per un autoveicolo fino a 3,5 tonnellate sulle strade extraurbane secondarie è di 90 km/h [V] [F]

19) Il limite massimo di velocità per un autocarro fino a 3,5 tonnellate sulle strade extraurbane principali è di 110 km/h [V] [F]

20) Il limite massimo di velocità per un'autovettura nei centri abitati è ordinariamente di 50 km/h [V] [F]

21) Il limite massimo di velocità per un autoveicolo fino a 3,5 tonnellate sulle autostrade è ordinariamente di 130 km/h [V] [F]

22) Il limite massimo di velocità per un autocarro di massa complessiva fino a 3,5 tonnellate sulle autostrade è di 120 km/h [V] [F]

23) Il limite massimo di velocità per un autoveicolo fino a 3,5 tonnellate sulle strade extraurbane principali è di 80 km/h [V] [F]

24) Il limite massimo di velocità per un autoveicolo fino a 3,5 tonnellate nei centri abitati è di 40 km/h [V] [F]

25) Il limite massimo di velocità per i ciclomotori è di 45 km/h [V] [F]

26) Il limite massimo di velocità per un'autovettura sulle autostrade è ordinariamente di 130 km/h [V] [F]

27) Il limite massimo di velocità per una macchina operatrice gommata è di 50 km/h [V] [F]

28) Il limite massimo di velocità per un'autovettura, in presenza di apposito segnale in tratti di autostrade con particolari caratteristiche, è di 150 km/h [V] [F]

29) Il limite massimo di velocità per una macchina operatrice gommata è di 40 km/h [V] [F]

11005

1) Brusche variazioni di velocità comportano maggior consumo di carburante [V] [F]

2) I tratti di strada in curva debbono essere percorsi con il pedale della frizione abbassato [V] [F]

3) Il limite di velocità sulle autostrade per coloro che hanno conseguito la patente da meno di 3 anni è di 100 km/h [V] [F]

4) L'eccessiva velocità in curva può determinare il ribaltamento del veicolo [V] [F]

5) La velocità in curva incide sulla tenuta di strada del veicolo [V] [F]

6) Viaggiare ad alta velocità incide sul consumo di carburante e sull'inquinamento ambientale [V] [F]

7) Il limite di velocità sulle strade extraurbane principali per coloro che hanno conseguito la patente da meno di 3 anni è di 90 km/h [V] [F]

8) Il limite di velocità sulle autostrade per coloro che hanno conseguito la patente da meno di tre anni è di 110 km/h [V] [F]

9) Il limite di velocità sulle strade extraurbane principali per coloro che hanno conseguito la patente da meno di 3 anni è di 110 km/h [V] [F]

11006

1) Il limite massimo di velocità sulle strade extraurbane principali è di 80 km/h per autovetture con rimorchio per trasporto di imbarcazioni [V] [F]

2) Il limite massimo di velocità sulle autostrade è di 80 km/h per l'autovettura che traina un caravan [V] [F]

3) Il limite massimo di velocità su strade extraurbane principali è di 100 km/h per i motocicli [V] [F]

4) Il limite massimo di velocità sulle autostrade è ordinariamente di 130 km/h per i motocicli V F
5) Il limite massimo di velocità sulle autostrade è di 80 km/h per le autovetture con rimorchio V F
6) Il limite massimo di velocità sulle autostrade è di 130 km/h per le autovetture con rimorchio V F
7) Il limite massimo di velocità sulle strade extraurbane principali è di 110 km/h per autovetture con carrello appendice V F
8) Il limite massimo di velocità sulle strade extraurbane principali è ordinariamente di 110 km/h per i motocicli V F
9) Il limite massimo di velocità sulle strade extraurbane secondarie è di 90 km/h per i motocicli V F
10) Il limite massimo di velocità sulle strade extraurbane principali è di 70 km/h per autovetture con rimorchio per trasporto imbarcazioni V F
11) Il limite massimo di velocità su strade extraurbane secondarie è di 70 km/h per autovettura che traina un caravan con massa complessiva di 900 chilogrammi V F
12) Il limite massimo di velocità sulle autostrade è ordinariamente di 130 km/h per autocaravan di massa complessiva fino a 3,5 tonnellate V F
13) Il limite massimo di velocità sulle autostrade è di 90 km/h per autocaravan V F
14) Il limite massimo di velocità sulle autostrade è di 70 km/h per autovettura che traina un caravan V F
15) Il limite massimo di velocità sulle autostrade è di 120 km/h per autovettura con carrello appendice in caso di pioggia V F
16) Il limite massimo di velocità sulle autostrade è ordinariamente di 130 km/h per le autovetture con carrello appendice V F
17) Il limite massimo di velocità sulle autostrade è di 90 km/h per i motocicli V F
18) Il limite massimo di velocità sulle strade extraurbane secondarie è di 70 km/h per i motocicli V F

11007

1) È obbligatorio ridurre la velocità e all'occorrenza fermarsi negli incroci, per far passare i veicoli cui spetti la precedenza V F
2) La velocità dei veicoli deve essere regolata in modo da non causare intralcio alla circolazione V F
3) Si è tenuti a regolare la velocità in funzione del tipo di alimentazione del motore V F
4) Si è tenuti a regolare la velocità in funzione della velocità dei veicoli che seguono V F
5) È obbligatorio ridurre la velocità e all'occorrenza fermarsi da mezz'ora prima del tramonto a mezz'ora dopo il sorgere del sole V F
6) Si è tenuti a regolare la velocità in funzione del tipo di cambio di velocità V F

11008

1) La velocità deve essere moderata nei tratti di strada a visuale non libera V F
2) Si deve tenere una velocità regolata in funzione del tempo che abbiamo a disposizione V F
3) Si deve tenere una velocità che consenta di intervenire con sicurezza in caso di imprevisti V F
4) Si deve tenere una velocità che non costituisca pericolo per la sicurezza della circolazione V F
5) Si deve tenere una velocità adeguata alle proprie condizioni psicofisiche V F
6) È obbligo del conducente regolare la velocità in relazione al carico del veicolo V F
7) La velocità deve essere moderata fuori dai centri abitati V F

11009

1) In presenza di appositi segnali, il limite massimo di velocità consentito nei centri abitati su strade con particolari caratteristiche è di 70 km/h V F
2) Salvo diversa segnalazione, il limite massimo di velocità consentito per macchine agricole e macchine operatrici con pneumatici è di 40 km/h V F

3) Salvo diversa segnalazione, per i ciclomotori il limite massimo di velocità consentito è di 45 km/h V F

4) Salvo diversa segnalazione, il limite massimo di velocità consentito sulle autostrade è di 110 km/h in caso di pioggia V F

5) Salvo diversa segnalazione, il limite massimo di velocità consentito è di 130 km/h sulle autostrade V F

6) Salvo diversa segnalazione, il limite massimo di velocità consentito è di 50 km/h nei centri abitati V F

7) Salvo diversa segnalazione, il limite massimo di velocità consentito su strade extraurbane principali è di 90 km/h in caso di grandine V F

8) Salvo diversa segnalazione, il limite massimo di velocità consentito sulle strade extraurbane principali è di 110 km/h V F

9) Salvo diversa segnalazione, il limite massimo di velocità consentito per i quadricicli non leggeri è di 70 km/h V F

10) Salvo diversa segnalazione, il limite massimo di velocità consentito sulle strade urbane è di 80 km/h V F

11) In presenza di apposito segnale, il limite massimo di velocità consentito può essere di 150 km/h su tratti di autostrade con particolari caratteristiche V F

12) Il limite massimo di velocità consentito su qualsiasi autostrada è di 150 km/h V F

11010

1) Su strade extraurbane principali il limite massimo di velocità è di 70 km/h per autovettura che traina caravan da 900 chilogrammi V F

2) Su strade extraurbane principali il limite massimo di velocità è di 100 km/h per autocarri di massa complessiva fino a 3,5 t V F

3) Su strade extraurbane principali il limite massimo di velocità è di 110 km/h per autoveicoli fino a 3,5 t V F

4) Su strade extraurbane principali il limite massimo di velocità è di 110 km/h per le autovetture V F

5) Su strade extraurbane principali il limite massimo di velocità è di 70 km/h per autotreni V F

6) Su strade extraurbane principali il limite massimo di velocità è di 80 km/h per autovetture con rimorchio leggero V F

7) Su strade extraurbane principali il limite massimo di velocità è di 100 km/h per autocaravan di massa complessiva fino a 3,5 t V F

8) Su strade extraurbane principali il limite massimo di velocità è di 100 km/h per motocicli V F

9) Su strade extraurbane principali il limite massimo di velocità è di 100 km/h per le autovetture con carrello appendice V F

11011

1) Il limite massimo di velocità su strade extraurbane secondarie è di 70 km/h per autovetture con rimorchio per trasporto di imbarcazioni o simili V F

2) Il limite massimo di velocità su strade extraurbane secondarie è di 100 km/h per autoveicoli fino a 3,5 tonnellate V F

3) Il limite massimo di velocità su strade extraurbane secondarie è di 90 km/h per autocarri di massa complessiva fino a 3,5 t V F

4) Il limite massimo di velocità su strade extraurbane secondarie è di 90 km/h per motocicli V F

5) Il limite massimo di velocità su strade extraurbane secondarie è di 70 km/h per i ciclomotori V F

6) Il limite massimo di velocità su strade extraurbane secondarie è di 70 km/h per autotreni V F

7) Il limite massimo di velocità su strade extraurbane secondarie è di 80 km/h per autovettura che traina caravan da 750 chilogrammi V F

8) Il limite massimo di velocità su strade extraurbane secondarie è di 90 km/h per i quadricicli non leggeri V F

9) Il limite massimo di velocità su strade extraurbane secondarie è di 80 km/h per motocicli V F

10) Il limite massimo di velocità su strade extraurbane secondarie è di 100 km/h per le autovetture V F

11) Il limite massimo di velocità su strade extraurbane secondarie è di 90 km/h per autocaravan di massa complessiva fino a 3,5 t V F

12) Il limite massimo di velocità su strade extraurbane secondarie è di 90 km/h per autovetture con carrello appendice V F

13) Su strade extraurbane secondarie il limite massimo di velocità è di 80 km/h per autovetture con carrello appendice V F

11012 (FIGURA 301)

1) I contrassegni rappresentati in figura indicano le velocità massime consentite al veicolo sul quale sono applicati V F

2) I contrassegni rappresentati in figura sono applicati su autocaravan di massa totale fino a 3,5 tonnellate V F

3) I contrassegni rappresentati in figura sono applicati ad alcuni autobus V F

4) La velocità deve essere diminuita in caso di traffico misto (presenza di veicoli lenti e veloci o di animali e pedoni che occupano la strada) V F

5) Si deve regolare la velocità in base alle condizioni del fondo stradale (presenza di buche, sconnessioni, fogliame bagnato) V F

6) I contrassegni rappresentati in figura sono applicati su autocarri di massa complessiva fino a 3,5 tonnellate V F

7) I contrassegni rappresentati in figura sono applicati sulla parte posteriore di alcune categorie di veicoli V F

8) I contrassegni rappresentati in figura sono applicati sui motocicli di cilindrata superiore a 150 cm^3 V F

11013

1) La velocità deve essere particolarmente moderata in prossimità di un incrocio V F

2) La velocità deve essere particolarmente moderata nelle strettoie V F

3) La velocità deve essere particolarmente moderata quando risulta difficoltoso l'incrocio con altri veicoli V F

4) Si deve tenere una velocità sempre superiore a 30 km/h V F

5) La velocità deve essere particolarmente moderata quando, in mancanza di marciapiedi, i pedoni occupano la carreggiata V F

6) La velocità deve essere particolarmente moderata subito dopo il tramonto del sole V F

7) Si deve tenere una velocità adeguata solo alle nostre condizioni di salute V F

8) La velocità deve essere particolarmente moderata subito dopo un incrocio V F

9) Si deve regolare la velocità in base alla fretta del conducente V F

10) La velocità deve essere particolarmente moderata nei tratti di strada in cui manca la visibilità (curve, dossi) V F

11) Si deve diminuire la velocità quando la strada è viscida, a causa di acqua, neve, ghiaccio, foglie o fango V F

12) Si deve diminuire la velocità quando si è seguiti da un autobus di linea V F

11014

1) Salvo diversa segnalazione, il limite massimo di velocità sulle strade extraurbane principali è di 100 km/h V F

2) Sulle autostrade e sulle strade extraurbane principali, in caso di nebbia fitta, con visibilità inferiore a 100 m, possono essere imposti limiti massimi temporanei di velocità, non superiori a 50 km/h V F

3) La velocità va diminuita in caso di abbagliamento dovuto al sole V F

4) La velocità deve essere diminuita in caso di forte vento laterale V F

5) Salvo diversa segnalazione, il limite massimo di velocità nei centri abitati è di 60 km/h, valido fino ad un chilometro dopo l'uscita del paese V F

6) Si deve regolare la velocità in base allo stato di manutenzione e pulizia della strada V F

7) Si deve diminuire la velocità ogni qualvolta si incontra un segnale stradale di indicazione V F

11015

1) Sulle autostrade è consentito superare, nelle ore notturne, la velocità di 130 km/h, purché si usino i proiettori a luce abbagliante V F

2) Nelle autostrade, il limite massimo di velocità è di 150 km/h nelle ore diurne e di 130 km/h in quelle notturne V F

3) Si deve, in particolare, regolare la velocità in presenza di lavori in corso V F

4) Si deve, in particolare, regolare la velocità se si incontra sulla strada il segnale di veicolo fermo (triangolo mobile di pericolo) V F

5) Lungo le corsie di canalizzazione, è possibile che nella corsia di destra si circoli ad una velocità superiore a quella di sinistra V F

6) Il limite massimo di velocità sulle strade extraurbane secondarie è di 90 km/h per le autovetture che trainano un rimorchio per il trasporto di gommoni o alianti V F

7) Sulle strade extraurbane principali, che abbiano particolari caratteristiche costruttive e di sicurezza, è possibile che il limite massimo di velocità sia di 130 km/h V F

8) Quando il traffico risulta canalizzato, è possibile che nella corsia di destra si circoli ad una velocità superiore a quella di sinistra V F

9) Sulle autostrade, il limite massimo di velocità è di 80 km/h per le autovetture che trainano un rimorchio per il trasporto di cavalli V F

10) In autostrada, nella corsia riservata al sorpasso, non è consentito superare la velocità di 110 km/h V F

11) Quando si viaggia per file parallele, è possibile che nella corsia di destra si circoli ad una velocità superiore a quella di sinistra V F

12) Sulle autostrade a quattro corsie è consentito viaggiare fino a 170 km/h V F

13) Sulle strade extraurbane principali è consentito superare la velocità di 110 km/h, ma solo nei tratti di strada in discesa V F

14) Il limite massimo di velocità sulle strade extraurbane secondarie è di 70 km/h per le autovetture che trainano un rimorchio per il trasporto di motocicli V F

15) Sulle strade extraurbane secondarie il limite massimo di velocità per le macchine agricole e le macchine operatrici è di 70 km/h, se hanno in funzione il dispositivo a luce gialla lampeggiante V F

11016

1) Se si attraversa un incrocio con diritto di precedenza, non si ha alcun obbligo di rallentare V F

2) Se si attraversa un incrocio a forte velocità avendo il diritto di precedenza, in caso di incidente si è completamente privi di responsabilità V F

3) I limiti massimi di velocità vigenti sulle autostrade e sulle strade extraurbane non sono identici in tutti gli stati d'Europa V F

4) Se si attraversa ad alta velocità un incrocio avendo diritto di precedenza, in caso di incidente, non può escludersi un concorso di colpa V F

5) Se si attraversa ad alta velocità un incrocio in cui si ha precedenza, in caso di incidente la responsabilità sarà solo del conducente del veicolo proveniente dalla strada senza diritto di precedenza V F

6) Se si attraversa ad alta velocità un incrocio con precedenza, in caso di incidente la responsabilità sarà del conducente del veicolo che ha impegnato per primo l'incrocio V F

11017

1) Se si percorre una lunga discesa con il cambio in folle e a motore spento, diventa difficoltoso muovere lo sterzo se il veicolo è dotato di servosterzo [V] [F]

2) Per una maggiore sicurezza, è conveniente percorrere le lunghe discese con il cambio in folle e a motore spento, risparmiando così anche carburante [V] [F]

3) Se si percorre una lunga discesa con il cambio in folle e a motore spento, si ha un sovraccarico di corrente elettrica [V] [F]

4) Se si percorre una lunga discesa con il cambio in folle e a motore spento, diventa difficoltoso frenare se il veicolo è dotato di servofreno [V] [F]

5) In caso di arresto forzato di un veicolo sui binari di un passaggio a livello, se non è possibile spostarlo subito dai binari, bisogna far scendere immediatamente tutte le persone che si trovano a bordo, e avvisare la stazione ferroviaria [V] [F]

6) Nei veicoli dotati di servofreno, se si percorre una lunga discesa con il cambio in folle e a motore spento, aumenta il rischio di provocare incidenti [V] [F]

7) Se si percorre una lunga discesa con il cambio in folle e a motore spento, conviene estrarre la chiave di accensione del veicolo [V] [F]

8) Nei veicoli dotati di servofreno, se si percorre una lunga discesa con il cambio in folle e a motore spento, aumenta pericolosamente lo spazio di frenatura [V] [F]

9) Nei veicoli dotati di servofreno, se si percorre una lunga discesa con il cambio in folle e a motore spento, diventa sempre più difficoltoso arrestare il veicolo [V] [F]

10) In caso di arresto forzato di un veicolo sui binari di un passaggio a livello, bisogna spostarlo, spingendolo quanto prima fuori dai binari [V] [F]

11) Se si percorre una lunga discesa con il cambio in folle e a motore spento, si può avere un'anomalia al differenziale [V] [F]

12) In caso di arresto forzato del veicolo sui binari ferroviari di un passaggio a livello, bisogna fare in modo che i conducenti dei veicoli su rotaie siano avvisati in tempo utile del pericolo [V] [F]

13) Nei veicoli dotati di servosterzo, se si percorre una lunga discesa con il cambio in folle e a motore spento, diventa difficoltoso girare rapidamente lo sterzo per schivare un ostacolo [V] [F]

14) Nei veicoli dotati di servofreno a depressione, se si percorre una lunga discesa con il cambio in folle e a motore spento, si ottiene la stessa forza frenante che si ha con il motore acceso [V] [F]

11018

1) Nel caso in cui, a un passaggio a livello, ci si trova ancora sui binari col proprio veicolo quando le barriere cominciano a chiudersi, occorre mantenere la calma e sgomberare in qualunque modo la sede ferroviaria [V] [F]

2) Attraversare un passaggio a livello senza rispettare tutte le norme previste, può mettere in pericolo l'incolumità di molte persone che viaggino su un treno in transito [V] [F]

3) I passaggi a livello vanno affrontati a velocità molto elevata per essere in grado di sfondare le barriere se non si è in grado di fermarsi per tempo a barriere abbassate [V] [F]

4) Nel caso in cui, a un passaggio a livello, ci si trova ancora sui binari col proprio veicolo quando le barriere cominciano a chiudersi, occorre sgomberare in qualunque modo la sede ferroviaria, se necessario anche sfondando le barriere [V] [F]

5) Nel caso in cui un veicolo rimanga fermo tra le barriere chiuse del passaggio a livello occorre adoperarsi in ogni modo per presegnalare il pericolo a eventuali treni in transito [V] [F]

6) Ai passaggi a livello occorre usare la massima prudenza e moderare la velocità, per evitare situazioni di pericolo che comportino la collisione con le barriere del passaggio stesso [V] [F]

7) Nel caso in cui, per un guasto alla propria autovettura, si rimane bloccati sulla sede ferroviaria di un passaggio a livello, occorre adoperarsi per rimuovere il veicolo al più presto, ad esempio facendosi aiutare da altri utenti a spingere il veicolo fuori dalla linea ferroviaria [V] [F]

8) Attraversare un passaggio a livello con manovra azzardata per guadagnare tempo, può essere un pericolo per molti individui, oltre che per il conducente [V] [F]

9) Attraversare un passaggio a livello senza rispettare tutte le norme previste, comporta esclusivamente una lieve sanzione amministrativa in quanto non comporta reali pericoli per gli altri utenti V F

10) Nel caso in cui, a un passaggio a livello, ci si trova ancora sui binari col proprio veicolo quando le barriere cominciano a chiudersi, se si sta trainando un rimorchio occorre sganciarlo rapidamente e abbandonarlo sui binari per salvare almeno la motrice V F

11) Nel caso in cui, a un passaggio a livello, ci si trova ancora sui binari col proprio veicolo quando le barriere cominciano a chiudersi, occorre scendere e abbandonare rapidamente il veicolo per mettersi in salvo V F

12) Nel caso in cui, per un guasto al veicolo, si rimane bloccati sulla sede ferroviaria di un passaggio a livello, occorre scaricare rapidamente il veicolo per salvare almeno il carico V F

13) Nel caso in cui un veicolo rimanga fermo tra le barriere chiuse del passaggio a livello occorre allontanarsi di almeno cento metri il prima possibile V F

14) Ai passaggi a livello occorre usare la massima prudenza e moderare la velocità, per evitare situazioni di pericolo che comportino il danneggiamento delle attrezzature V F

15) I passaggi a livello vanno affrontati a velocità molto elevata per evitare di rimanere bloccati sulla linea ferroviaria V F

16) Nel caso in cui, per un guasto al veicolo, si rimane bloccati sulla sede ferroviaria di un passaggio a livello, occorre adoperarsi per rimuovere il veicolo al più presto, ad esempio facendosi trainare da altri utenti V F

17) Nel caso in cui, per un guasto alla propria autovettura, si rimane bloccati sulla sede ferroviaria di un passaggio a livello, occorre svuotare rapidamente il serbatoio per evitare incendi in caso di collisione col treno V F

18) Nel caso in cui un veicolo rimanga fermo tra le barriere chiuse del passaggio a livello, unico obbligo del conducente è quello di spegnere il motore e invitare eventuali passeggeri a scendere dal veicolo V F

19) Attraversare un passaggio a livello con manovra azzardata per guadagnare tempo, può essere pericoloso solo nelle ore notturne V F

20) In caso di tamponamento tra veicoli in corrispondenza di un passaggio a livello, non si devono spostare i veicoli dai binari qualora vi siano stati feriti V F

11019

1) In un centro abitato, se si vede un pallone rotolare sulla carreggiata, bisogna rallentare progressivamente, per evitare di essere tamponati dal veicolo che segue V F

2) In una strada a doppio senso di circolazione, se si vede un pallone rotolare sulla carreggiata, bisogna scansarlo, anche invadendo la corsia opposta V F

3) In un centro abitato, se si vede un pallone rotolare sulla carreggiata, bisogna prevedere anche il possibile attraversamento della strada da parte di un bambino V F

4) In un centro abitato, se si vede un pallone rotolare sulla carreggiata, bisogna diminuire subito la velocità V F

5) In un centro abitato, se si vede un pallone rotolare sulla carreggiata, bisogna rallentare per potersi fermare, se necessario V F

6) In un centro abitato, se si vede un pallone rotolare sulla carreggiata, non occorre rallentare, per evitare di essere tamponati dal veicolo che segue V F

7) In un centro abitato, se si vede un pallone rotolare sulla carreggiata, bisogna sterzare bruscamente V F

8) In un centro abitato, se si vede un pallone rotolare sulla carreggiata, bisogna azionare immediatamente la segnalazione luminosa di pericolo V F

11020

1) Passare molto vicino ad un'auto parcheggiata, a bordo della quale si trovano ancora persone, non rappresenta un grave pericolo se avviene a bassa velocità [V] [F]

2) Può essere pericoloso circolare troppo vicino alle auto parcheggiate, perché potrebbero impedire la vista di un disabile in carrozzella o di un pedone che spinge un passeggino per bambini, che sono in procinto di attraversare [V] [F]

3) Passare molto vicino ad un'auto parcheggiata, a bordo della quale si trovano ancora persone, può essere pericoloso, per la possibile apertura imprudente delle portiere [V] [F]

4) Passare molto vicino ad un'auto parcheggiata, a bordo della quale si trovano ancora persone, è pericoloso solo se una delle portiere risulta già aperta [V] [F]

5) Passare molto vicino ad un'auto parcheggiata, a bordo della quale si trovano ancora persone, è pericoloso solo se il conducente ed alcuni passeggeri sono già scesi [V] [F]

6) Passare molto vicino ad un'auto parcheggiata, a bordo della quale si trovano ancora persone, può essere pericoloso, solo se si viaggia ad alta velocità [V] [F]

Distanza di sicurezza

12001

1) Il valore della distanza di sicurezza da mantenere da una macchina spanditrice di sale in azione è di 15 metri V F
2) Il valore della distanza di sicurezza da mantenere da una macchina sgombraneve in azione è di 20 metri V F
3) Il conducente deve commisurare la distanza di sicurezza anche in base alla propria prontezza di riflessi V F
4) Il valore della distanza di sicurezza deve essere stabilito anche in base allo stato di efficienza del veicolo V F
5) Il valore della distanza di sicurezza deve essere stabilito anche in base alle condizioni del traffico V F
6) Il valore della distanza di sicurezza deve essere stabilito anche in base all'entità del carico V F
7) Il valore della distanza di sicurezza deve essere stabilito anche in base al tipo di veicolo di cui si è alla guida V F
8) Il conducente deve valutare la distanza di sicurezza anche sulla base della velocità del veicolo di cui è alla guida V F
9) Il valore della distanza di sicurezza deve essere stabilito anche in base alle condizioni atmosferiche V F
10) Il valore della distanza di sicurezza da mantenere da una macchina spanditrice di sale in azione è di 20 metri V F
11) Il valore della distanza di sicurezza deve essere stabilito anche in base all'efficienza dei freni V F
12) Il conducente deve valutare la distanza di sicurezza con riferimento anche alla velocità del veicolo che lo precede V F
13) Il valore della distanza di sicurezza da mantenere da una macchina sgombraneve in azione è di 10 metri V F
14) Il rispetto della distanza di sicurezza evita la collisione con il veicolo che precede V F
15) Su strada extraurbana a una corsia per senso di marcia, la distanza fra veicoli adibiti al trasporto di merci di massa complessiva superiore a 3,5 tonnellate, cui sia stato imposto il divieto di sorpasso, deve essere di almeno 100 metri V F
16) Il valore della distanza di sicurezza deve essere stabilito anche in base al tipo di alimentazione del motore V F
17) Il valore della distanza di sicurezza deve essere stabilito anche in base alla cilindrata del veicolo V F
18) Il valore della distanza di sicurezza deve essere stabilito anche in base all'andamento planoaltimetrico della strada V F
19) Il valore della distanza di sicurezza deve essere almeno pari a quello della distanza di visibilità V F
20) Il valore della distanza di sicurezza deve essere stabilito anche in base all'ampiezza della carreggiata V F
21) Il conducente ha l'obbligo di controllare che il veicolo che lo segue rispetti la distanza di sicurezza V F
22) Il valore della distanza di sicurezza deve essere stabilito anche in base alla potenza del motore V F
23) Il valore della distanza di sicurezza deve essere stabilito anche in base alla condizione dei pneumatici V F
24) La distanza fra autotreni, in presenza di segnali di divieto di sorpasso fra di loro, deve essere pari ad almeno 10 metri V F
25) Sulle strade extraurbane, il valore della distanza di sicurezza è sempre pari a 70 metri V F
26) La distanza di sicurezza non deve essere rispettata a velocità di marcia inferiori ai 50 km/h V F
27) Il conducente deve stabilire il valore della distanza di sicurezza anche in base alla larghezza del veicolo di cui è alla guida V F
28) Il valore della distanza di sicurezza deve essere almeno pari a quello della distanza di frenatura V F
29) Il valore della distanza di sicurezza deve essere stabilito anche in base alla marcia innestata V F

12002

1) La distanza di sicurezza è commisurata anche alle condizioni psicofisiche del conducente V F
2) La distanza di sicurezza è commisurata anche al tipo di veicolo che segue V F
3) La distanza di sicurezza è commisurata anche al limite di velocità riportato sul retro del veicolo che ci precede V F
4) La distanza di sicurezza è una distanza fissa V F
5) La distanza di sicurezza deve essere determinata in relazione alla larghezza del veicolo che precede V F
6) La distanza di sicurezza è commisurata anche al numero di corsie della strada V F
7) La distanza di sicurezza va rispettata per non tamponare il veicolo che ci precede V F
8) La distanza di sicurezza è commisurata anche alla presenza del servosterzo V F
9) La distanza di sicurezza si deve rispettare al di sopra di una certa velocità V F

12003

1) La distanza di sicurezza dipende dallo spazio percorso nel tempo di reazione V F
2) La distanza di sicurezza dipende dall'efficienza del freno di stazionamento V F
3) La distanza di sicurezza deve essere di almeno 100 metri nelle forti discese V F
4) La distanza di sicurezza è commisurata anche all'aderenza degli pneumatici V F
5) La distanza di sicurezza deve essere di almeno 100 metri in caso di nevicata in atto V F
6) La distanza di sicurezza deve essere maggiore se si percorre la corsia d'emergenza V F
7) La distanza di sicurezza deve essere uguale allo spazio di frenatura aumentato di 20 metri V F

12004

1) La distanza di sicurezza deve essere mantenuta per evitare il tamponamento V F
2) La distanza di sicurezza deve essere mantenuta per evitare lo scontro frontale V F
3) La distanza di sicurezza può essere maggiore dello spazio percorso nel tempo di reazione V F
4) La distanza di sicurezza deve essere mantenuta per evitare lo scontro laterale V F
5) Lo spazio percorso nel tempo di reazione è quello percorso dal momento della percezione di una situazione di pericolo a quello di inizio della frenata V F
6) La distanza di sicurezza può essere inferiore allo spazio percorso nel tempo di reazione V F

12005

1) La distanza minima di sicurezza se si viaggia a 30 km/h deve essere di circa 2 metri V F
2) La distanza minima di sicurezza se si viaggia a 100 km/h deve essere di circa 15 metri V F
3) La distanza minima di sicurezza se si viaggia a 130 km/h deve essere di circa 36 metri V F
4) La distanza minima di sicurezza se si viaggia a 150 km/h deve essere di circa 42 metri V F
5) La distanza minima di sicurezza se si viaggia a 100 km/h deve essere di circa 28 metri V F
6) La distanza minima di sicurezza se si viaggia a 50 km/h deve essere di circa 14 metri V F
7) La distanza minima di sicurezza se si viaggia a 50 km/h deve essere di circa 5 metri V F
8) La distanza minima di sicurezza se si viaggia a 130 km/h deve essere di circa 20 metri V F
9) La distanza minima di sicurezza se si viaggia a 30 km/h è di circa 9 metri V F
10) La distanza minima di sicurezza se si viaggia a 150 km/h deve essere di circa 25 metri V F

12006

1) La distrazione del conducente non è determinata dall'uso del "cellulare" V F
2) La distrazione del conducente può essere causata dalla accensione di una sigaretta V F
3) La distrazione del conducente può essere causata dall'accensione del cellulare V F
4) La distrazione del conducente può essere causa di incidenti V F
5) La distrazione del conducente può essere causata dalla ricerca dei comandi della radio o di altri apparecchi elettronici V F
6) La distrazione del conducente non rappresenta un pericolo se si limita a pochi secondi V F

12007

1) In un secondo, si percorrono circa m 14 se si viaggia a 50 km/h V F
2) In un secondo, si percorrono circa m 10 se si viaggia a 100 km/h V F
3) In un secondo, si percorrono circa m 42 se si viaggia a 150 km/h V F
4) In un secondo, si percorrono circa m 28 se si viaggia a 100 km/h V F
5) In un secondo, si percorrono circa m 4 se si viaggia a 50 km/h V F
6) In un secondo, si percorrono circa m 20 se si viaggia a 150 km/h V F
7) In un secondo, si percorrono circa m 36 se si viaggia a 130 km/h V F
8) In un secondo, si percorrono circa m 15 se si viaggia a 130 km/h V F

12008

1) Lo spazio di frenatura è indipendente dalla velocità V F
2) Lo spazio di frenatura diventa sedici volte maggiore se la velocità si quadruplica V F
3) Lo spazio di frenatura si quadruplica se la velocità si raddoppia V F
4) Lo spazio di frenatura diventa nove volte maggiore se la velocità si triplica V F
5) Lo spazio di frenatura è quello percorso dall'inizio della frenata all'arresto del veicolo V F
6) Lo spazio di frenatura si raddoppia se la velocità si raddoppia V F

12009

1) Lo spazio di frenatura aumenta se la strada è innevata V F
2) Lo spazio di frenatura diminuisce sul tratto in discesa di un dosso V F
3) Lo spazio di frenatura diminuisce se il conducente ha i riflessi pronti V F
4) Lo spazio di frenatura aumenta se l'aderenza tra pneumatico e asfalto è bassa V F
5) Lo spazio di frenatura diminuisce se la strada è in salita V F
6) Lo spazio di frenatura aumenta se la strada è in discesa V F
7) Lo spazio di frenatura diminuisce se le ruote si bloccano V F
8) Lo spazio di frenatura aumenta se la strada è bagnata V F
9) Lo spazio di frenatura aumenta se la strada è in salita V F
10) Lo spazio di frenatura diminuisce se la strada è in discesa V F

12010

1) Lo spazio totale di arresto dipende dalle condizioni dell'asfalto V F
2) Lo spazio totale di arresto è indipendente dall'usura dei pneumatici V F
3) Lo spazio totale di arresto è pari allo spazio percorso durante la frenata V F

4) Lo spazio totale di arresto è pari allo spazio percorso nel tempo di reazione V F
5) Lo spazio totale di arresto dipende dalla velocità V F
6) Lo spazio totale di arresto è indipendente dalle condizioni dell'asfalto V F
7) Lo spazio totale di arresto è pari allo spazio percorso nel tempo di reazione più quello percorso durante la frenata V F
8) Lo spazio totale di arresto dipende dall'usura dei pneumatici V F
9) Lo spazio totale di arresto non dipende dalla velocità V F

12011

1) Lo spazio totale di arresto aumenta se aumenta la velocità V F
2) Lo spazio totale di arresto aumenta se la strada è coperta di fango V F
3) Lo spazio totale di arresto aumenta se i pneumatici sono usurati V F
4) Lo spazio totale di arresto aumenta se diminuisce la velocità V F
5) Lo spazio totale di arresto aumenta se i pneumatici non sono usurati V F
6) Lo spazio totale di arresto aumenta se la strada è innevata V F
7) Lo spazio totale di arresto aumenta se l'asfalto è ruvido V F

12012

1) Sulla distanza di sicurezza influisce il numero di ruote del veicolo V F
2) Sulla distanza di sicurezza influisce l'efficienza del freno di servizio V F
3) Sulla distanza di sicurezza influisce la concentrazione del conducente V F
4) Sulla distanza di sicurezza influisce la velocità a cui si viaggia V F
5) Sulla distanza di sicurezza influisce il numero di corsie della strada V F
6) Sulla distanza di sicurezza influisce il numero di marce del cambio di velocità V F
7) Sulla distanza di sicurezza influisce il carico trasportato dal veicolo V F
8) Sulla distanza di sicurezza influiscono l'aderenza e le condizioni dei pneumatici V F
9) Sulla distanza di sicurezza influisce la dimensione del veicolo che precede V F
10) Sulla distanza di sicurezza da mantenere dal veicolo che precede influisce il tipo di servosterzo utilizzato V F

12013

1) La distanza di sicurezza dipende dalla potenza del veicolo che precede V F
2) La distanza di sicurezza dipende dall'attenzione e concentrazione del conducente durante la guida V F
3) La distanza di sicurezza dipende dalle condizioni di salute del conducente V F
4) La distanza di sicurezza dipende dalla presenza di veicoli che seguono V F
5) La distanza di sicurezza non dipende dal tipo di alimentazione del motore (benzina, gasolio, GPL) V F
6) Quando si marcia in colonna, conviene aumentare la distanza di sicurezza, per evitare tamponamenti a catena V F
7) La distanza di sicurezza dipende dall'efficienza del freno a mano V F
8) La distanza di sicurezza deve essere mantenuta solo dai quadricicli a motore V F

12014

1) La distanza di sicurezza deve essere tale da riuscire a fermare in tempo il veicolo, in caso di pericolo — V F
2) La distanza di sicurezza va sempre mantenuta, anche prima di iniziare un sorpasso — V F
3) La distanza di sicurezza deve essere aumentata qualora sia difficile valutare il comportamento del conducente che precede — V F
4) La distanza di sicurezza deve essere almeno uguale ai metri che il veicolo percorre durante il tempo di reazione — V F
5) La distanza di sicurezza deve essere sempre uguale allo spazio di frenatura del veicolo — V F

12015

1) Quando si circola in autostrada, è possibile diminuire la distanza di sicurezza, in quanto non ci si aspetta una frenata improvvisa dal veicolo che precede — V F
2) La distanza di sicurezza deve essere di almeno 100 metri, in caso di forte pioggia — V F
3) La distanza di sicurezza deve essere aumentata quando il veicolo che precede trasporta un carico sporgente, poco stabile — V F
4) La distanza di sicurezza può essere diminuita nelle gallerie — V F
5) Se il veicolo che precede è un autocarro, si deve diminuire la distanza di sicurezza, in quanto i veicoli pesanti hanno uno spazio di frenatura molto più lungo rispetto agli altri veicoli — V F

Norme sulla circolazione dei veicoli

13001 (FIGURA 676)

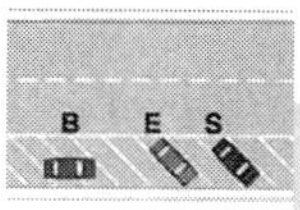

1) Il veicolo S, muovendosi in retromarcia per immettersi nella circolazione, deve assicurarsi che la strada sia libera e fare la manovra con particolare prudenza V F
2) Il veicolo S, muovendosi in retromarcia per immettersi nella circolazione, deve azionare la segnalazione luminosa di pericolo V F
3) Il veicolo S, muovendosi in retromarcia per immettersi nella circolazione, deve dare la precedenza solo ai veicoli che transitano nel suo senso di marcia V F
4) Il veicolo S, muovendosi in retromarcia per immettersi nella circolazione, deve dare la precedenza a tutti i veicoli in transito V F
5) Il veicolo S, muovendosi in retromarcia per immettersi nella circolazione, deve azionare gli indicatori di direzione V F
6) Il veicolo S, muovendosi in retromarcia per immettersi nella circolazione, deve accendere la luce posteriore per nebbia V F
7) Il veicolo S, muovendosi in retromarcia per immettersi nella circolazione, deve fare attenzione agli eventuali pedoni in transito dietro di esso e dar loro la precedenza V F
8) Il veicolo S, muovendosi in retromarcia per immettersi nella circolazione, deve manovrare velocemente per liberare il posteggio V F
9) Il veicolo S, muovendosi in retromarcia per immettersi nella circolazione, deve dare la precedenza ai veicoli provenienti sia da destra che da sinistra V F
10) Il veicolo S, muovendosi in retromarcia per immettersi nella circolazione, deve suonare ripetutamente il clacson durante la manovra V F

13002

1) È vietato, in quanto costituisce pericolo o intralcio per la circolazione, regolare la velocità in relazione alle caratteristiche e condizioni delle strade V F
2) È vietato, in quanto costituisce pericolo o intralcio per la circolazione, tenersi sul margine sinistro della carreggiata per svoltare in una strada a destra V F
3) È vietato, in quanto costituisce pericolo o intralcio per la circolazione, sostare sui binari tramviari V F
4) È vietato, in quanto costituisce pericolo o intralcio per la circolazione, gareggiare in velocità V F
5) È vietato, in quanto costituisce pericolo o intralcio per la circolazione, effettuare un cambiamento di direzione senza segnalare la manovra con sufficiente anticipo V F
6) È vietato, in quanto costituisce pericolo o intralcio per la circolazione, immettersi nel flusso della circolazione provenendo da strade laterali V F
7) È vietato, in quanto costituisce pericolo o intralcio per la circolazione, circolare a velocità troppo bassa senza giustificato motivo V F
8) È vietato, in quanto costituisce pericolo o intralcio per la circolazione, fermare momentaneamente un veicolo lungo il margine destro di una carreggiata a senso unico V F

13003

1) Chi guida un veicolo, anche se ad elevate prestazioni, non deve, comunque, superare i limiti di velocità previsti dalla legge V F
2) Chi guida un veicolo deve tenere in funzione gli abbaglianti di giorno anche in città V F
3) Chi guida un veicolo deve usare il clacson nei centri abitati, ogni qualvolta ci si avvicina ad un attraversamento ciclabile V F
4) Chi guida un veicolo, anche se ad elevate prestazioni, deve evitare di costituire pericolo per gli altri utenti della strada V F
5) Chi guida un veicolo, anche se ad elevate prestazioni, deve tenersi il più vicino possibile al margine destro della carreggiata, quando effettua una svolta a destra V F
6) Chi guida un veicolo deve guidare sempre al centro della strada, però senza superare la striscia di corsia V F

7) Chi guida un veicolo, anche se ad elevate prestazioni, deve guardare nello specchietto retrovisore prima di segnalare l'intenzione di cambiare corsia V F

8) Chi guida un veicolo, anche se ad elevate prestazioni, deve dare, di norma, la precedenza nei crocevia a tutti i veicoli, che provengono da destra V F

9) Chi guida un veicolo può sorpassare in ogni condizione di traffico, purché non ci sia il segnale di divieto V F

10) Chi guida un veicolo può montare trombe bitonali per essere sentito più agevolmente, usandole però solo fuori dei centri abitati V F

13004

1) La sporgenza posteriore del carico deve essere segnalata con un pannello retroriflettente a strisce gialle e rosse V F

2) Sui motocicli è consentito il trasporto di animali se custoditi in apposita gabbia V F

3) Il carico deve essere sistemato sugli autoveicoli in modo da non superare di oltre il 10% la portata utile indicata sul documento di circolazione V F

4) Il carico deve essere sistemato sugli autoveicoli in modo da non impedire la libertà di movimenti nella guida V F

5) Il carico deve essere sistemato sui motocicli in modo da non sporgere lateralmente di oltre 50 cm V F

6) Il carico deve essere sistemato sugli autoveicoli in modo da non sporgere dalla parte posteriore per più dei tre decimi della lunghezza del veicolo V F

7) Il carico sugli autoveicoli non deve superare la portata indicata nella carta di circolazione V F

8) Il carico deve essere sistemato sugli autoveicoli in modo da evitare la sporgenza laterale dello stesso per più di tre decimi della lunghezza del veicolo V F

9) Il carico deve essere sistemato sugli autoveicoli in modo da sporgere dalla parte anteriore del veicolo di più dei tre decimi della sua lunghezza V F

10) Il carico deve essere sistemato sugli autoveicoli in modo da non diminuire la visibilità del conducente V F

11) Il carico deve essere segnalato, di giorno, con un panno rosso se sporge dalla parte posteriore V F

12) Sui motocicli in nessun caso è consentito trasportare un carico V F

13) Il carico deve essere sistemato sugli autoveicoli in modo da evitarne la caduta V F

14) Il carico deve essere sistemato sugli autoveicoli in modo da non superare di oltre il 10% l'altezza massima prevista dalla carta di circolazione, ma entro 4 metri V F

15) Sui motocicli è consentito trasportare sacchetti con la spesa anche se non saldamente assicurati V F

13005 (FIGURA 40)

1) L'uso corretto della strada comporta che i veicoli impegnino sempre la carreggiata il più rapidamente possibile V F

2) L'uso corretto della strada comporta che siano osservate le norme di comportamento e quelle dettate dalla comune prudenza V F

3) L'uso corretto della strada comporta che ci si arresti sempre ai passaggi pedonali ripartendo solo se non sopraggiungono pedoni V F

4) L'uso corretto della strada comporta che si guardino gli specchi retrovisori prima di azionare l'indicatore di direzione per cambiare corsia V F

5) L'uso corretto della strada comporta che si usino proiettori anabbaglianti nei centri abitati nelle ore notturne V F

6) L'uso corretto della strada comporta che i veicoli procedano ad una velocità adeguata alle condizioni della strada e del traffico V F

7) L'uso corretto della strada comporta che si dia la precedenza ai pedoni che attraversano sugli attraversamenti pedonali V F

8) L'uso corretto della strada comporta che ci si arresti in ogni caso in presenza del segnale in figura (fig. 40) V F

9) L'uso corretto della strada comporta che si usino in ogni caso i proiettori a luce abbagliante V F

10) L'uso corretto della strada comporta che ci si affretti a sgombrare l'incrocio, quando compaia sul semaforo la luce gialla fissa e non si è in grado di arrestare il veicolo in sicurezza prima della striscia di arresto V F

11) L'uso corretto della strada comporta che si proceda a velocità elevata per non creare intralcio V F

13006

1) Quando, giunti in prossimità di un incrocio, ci accorgiamo di aver sbagliato la corsia di preselezione non ci dobbiamo fermare a chiedere informazioni, per non ostacolare il flusso della circolazione V F

2) Quando, giunti in prossimità di un incrocio, ci accorgiamo di aver sbagliato la corsia di preselezione dobbiamo accostarci sulla destra e fermarci finché non sia passata la colonna dei veicoli che seguono V F

3) Quando, giunti in prossimità di un incrocio, ci accorgiamo di aver sbagliato la corsia di preselezione cerchiamo di retrocedere, con prudenza, fino al punto in cui cessano le strisce continue di corsia V F

4) Quando, giunti in prossimità di un incrocio, ci accorgiamo di aver sbagliato la corsia di preselezione non dobbiamo effettuare cambiamenti di corsia, anche per non intralciare i veicoli che seguono V F

5) Quando, giunti in prossimità di un incrocio, ci accorgiamo di aver sbagliato la corsia di preselezione dobbiamo procedere nel senso voluto dalla segnaletica, dando le dovute precedenze V F

6) Giungendo ad un incrocio, se non si è in grado di capire subito chi ha la precedenza, bisogna procedere con prudenza e accortezza V F

7) Quando, giunti in prossimità di un incrocio, ci accorgiamo di aver sbagliato la corsia di preselezione dobbiamo effettuare la manovra di svolta che intendevamo fare, dando però precedenza a tutti i veicoli V F

8) Quando, giunti in prossimità di un incrocio, ci accorgiamo di aver sbagliato la corsia di preselezione non ci dobbiamo arrestare bruscamente, per evitare tamponamenti e confusione nella circolazione V F

9) Quando, giunti in prossimità di un incrocio, ci accorgiamo di aver sbagliato la corsia di preselezione dobbiamo chiedere consiglio agli agenti del traffico V F

10) Quando, giunti in prossimità di un incrocio, ci accorgiamo di aver sbagliato la corsia di preselezione dobbiamo seguire la direzione consentita dall'eventuale segnaletica orizzontale V F

11) Giungendo ad un incrocio, se non si è in grado di capire subito chi ha la precedenza, si può proseguire senza rallentare, se si sceglie di andare diritto V F

12) Quando, giunti in prossimità di un incrocio, ci accorgiamo di aver sbagliato la corsia di preselezione dobbiamo azionare l'accensione simultanea di tutti gli indicatori di direzione, quale segnale di pericolo V F

13) Quando, giunti in prossimità di un incrocio, ci accorgiamo di aver sbagliato la corsia di preselezione dobbiamo arrivare al semaforo e attendere che la luce ci consenta di effettuare il cambio di corsia V F

13007

1) In un centro abitato, quando un pedone, fuori delle strisce di attraversamento, non accenni a darci la precedenza, è opportuno nelle ore notturne, procedere con gli abbaglianti accesi così che possa accorgersi di noi V F

2) In un centro abitato, quando un pedone, fuori delle strisce di attraversamento, non accenni a darci la precedenza, è necessario ridurre la velocità fino a fermarsi tempestivamente, se occorre V F

3) In un centro abitato, quando un pedone, fuori delle strisce di attraversamento, non accenni a darci la precedenza, è opportuno rallentare e avvisarlo con un breve colpo di clacson, in caso di pericolo immediato V F

4) In un centro abitato, quando un pedone, fuori delle strisce di attraversamento, non accenni a darci la precedenza, è opportuno cercare di richiamare la sua attenzione con qualsiasi mezzo, perché ci dia la precedenza V F

5) In un centro abitato, quando un pedone, fuori delle strisce di attraversamento, non accenni a darci la precedenza, è necessario ridurre la velocità e, occorrendo, fermarsi per non investirlo V F

6) In un centro abitato, quando un pedone, fuori delle strisce di attraversamento, non accenni a darci la precedenza, è necessario proseguire, senza curarci di lui, perché abbiamo la precedenza V F

13008

1) È opportuno che il conducente di un veicolo, quando in un centro abitato si imbatte in un corteo, imbocchi, se possibile, una strada laterale, purché la manovra possa essere fatta in maniera corretta V F

2) Quando, in un centro abitato, il conducente di un veicolo si imbatte in un corteo, deve cercare di farsi strada interrompendo il corteo, ma con estrema prudenza V F

3) Quando, in un centro abitato, il conducente di un veicolo si imbatte in un corteo, deve accertarsi, prima di passare, che esso sia transitato completamente V F

4) Quando, in un centro abitato, il conducente di un veicolo si imbatte in un corteo, deve suonare discretamente onde avvertire il corteo di far cessare al più presto l'ingombro V F

5) Quando, in un centro abitato, il conducente di un veicolo si imbatte in un corteo, deve regolarsi in base alla sua densità, oltrepassandolo o interrompendolo qualora sia possibile V F

6) Quando, in un centro abitato, il conducente di un veicolo si imbatte in un corteo, deve evitare di suonare il clacson V F

7) È opportuno che il conducente di un veicolo, quando in un centro abitato si imbatte in un corteo, eviti di retrocedere se ciò ostacola il flusso della circolazione V F

8) È opportuno che il conducente di un veicolo, quando in un centro abitato si imbatte in un corteo, se proprio ha molta fretta, passi rapidamente usando il clacson in maniera continua V F

9) È opportuno che il conducente di un veicolo, quando in un centro abitato si imbatte in un corteo, accenda le luci di profondità per vedere meglio ed evitare incidenti V F

10) È opportuno che il conducente di un veicolo, quando in un centro abitato si imbatte in un corteo, non faccia inversione di marcia, qualora ciò costituisca intralcio alla circolazione V F

11) Quando, in un centro abitato, il conducente di un veicolo si imbatte in un corteo, deve fermarsi sulla destra e attendere che la carreggiata si liberi V F

12) Quando, in un centro abitato, il conducente di un veicolo si imbatte in un corteo, deve retrocedere rapidamente fino al primo incrocio V F

13009

1) Quando ad un incrocio urbano, al segnale di via libera, il veicolo che precede tarda a riprendere la marcia, è opportuno attendere pazientemente la ripresa della marcia V F

2) Quando ad un incrocio urbano, al segnale di via libera, il veicolo che precede tarda a riprendere la marcia, è opportuno evitare di suonare il clacson con insistenza e di provocare una situazione di intolleranza negli altri automobilisti V F

3) Quando ad un incrocio urbano, al segnale di via libera, il veicolo che precede tarda a riprendere la marcia, è opportuno suonare insistentemente per sollecitare il conducente a rimettersi in moto V F

4) Quando ad un incrocio urbano, al segnale di via libera, il veicolo che precede tarda a riprendere la marcia, è opportuno richiamare con il clacson l'attenzione degli automobilisti che seguono V F

5) Quando ad un incrocio urbano, al segnale di via libera, il veicolo che precede tarda a riprendere la marcia, è opportuno, se c'è bisogno ed è possibile farlo senza pericolo, prestare aiuto all'automobilista rimasto fermo V F

6) Quando ad un incrocio urbano, al segnale di via libera, il veicolo che precede tarda a riprendere la marcia, non si deve superarlo con manovre pericolose V F

7) Quando ad un incrocio urbano, al segnale di via libera, il veicolo che precede tarda a riprendere la marcia, è opportuno tirare il freno a mano e scendere per cercare un agente del traffico che prenda i dovuti provvedimenti V F

8) Nei centri abitati è vietato l'uso del segnalatore acustico per sollecitare il conducente del veicolo che precede a riprendere la marcia quando il semaforo diventa verde V F

9) Quando ad un incrocio urbano, al segnale di via libera, il veicolo che precede tarda a riprendere la marcia, è opportuno cercare di sgombrare al più presto la carreggiata, anche invertendo il senso di marcia V F

13010

1) Allorché di notte, su strada extraurbana, incrociamo un veicolo con fari a luce abbagliante accesi, occorre fermarsi immediatamente V F

2) Allorché di notte, su strada extraurbana, incrociamo un veicolo con fari a luce abbagliante accesi, occorre rallentare adeguatamente ed eventualmente fermarsi V F

3) Allorché di notte, su strada extraurbana, incrociamo un veicolo con fari a luce abbagliante accesi, occorre procedere a nostra volta con i fari abbaglianti, per veder meglio la strada V F

4) Allorché di notte, su strada extraurbana, incrociamo un veicolo con fari a luce abbagliante accesi, occorre disporre il retrovisore interno in posizione antiabbagliante V F

5) Allorché di notte, su strada extraurbana, incrociamo un veicolo con fari a luce abbagliante accesi, occorre distogliere lo sguardo dal fascio luminoso per non essere abbagliati V F

6) Allorché di notte, su strada extraurbana, incrociamo un veicolo con fari a luce abbagliante accesi, occorre azionare le trombe bitonali per richiamare l'attenzione del veicolo incrociante V F

7) Allorché di notte, su strada extraurbana, incrociamo un veicolo con fari a luce abbagliante accesi, occorre tener conto della ridotta visibilità nel nostro comportamento di guida V F

8) Allorché di notte, su strada extraurbana, incrociamo un veicolo con fari a luce abbagliante accesi, occorre procedere con prudenza, usando le luci anabbaglianti V F

9) Allorché di notte, su strada extraurbana, incrociamo un veicolo con fari a luce abbagliante accesi, occorre evitare brusche manovre e cambi di corsia V F

10) Allorché di notte, su strada extraurbana, incrociamo un veicolo con fari a luce abbagliante accesi, occorre cercare di ripararsi gli occhi con le mani V F

13011

1) Per non costituire pericolo o intralcio per la circolazione, è necessario procedere sempre a velocità costante V F

2) Per non costituire pericolo o intralcio per la circolazione, è necessario unire all'applicazione delle fondamentali norme sulla circolazione un forte senso civico V F

3) Per non costituire pericolo o intralcio per la circolazione, è necessario osservare non solo le norme sulla circolazione, ma anche le cautele dettate dal buonsenso V F

4) Per non costituire pericolo o intralcio per la circolazione, è necessario limitarsi ad osservare i limiti massimi di velocità V F

5) Per non costituire pericolo o intralcio per la circolazione, è necessario dare, comunque, la precedenza a tutti i veicoli negli incroci V F

6) Per non costituire pericolo o intralcio per la circolazione, è necessario guidare in modo adeguato alle caratteristiche del veicolo, della strada e del traffico V F

7) Per non costituire pericolo o intralcio per la circolazione, è necessario limitarsi ad osservare i limiti minimi di velocità V F

13012

1) In caso di traffico intenso il conducente deve occupare le corsie riservate alla marcia dei veicoli in servizio pubblico, se libere V F

2) In caso di traffico intenso il conducente deve mantenere sempre la distanza di sicurezza dal veicolo che lo precede V F

3) In caso di traffico intenso il conducente deve evitare di suonare il clacson per invitare i veicoli che lo precedono ad accelerare l'andatura V F

4) In caso di traffico intenso il conducente deve cambiare ripetutamente corsia di marcia in modo da impegnare sempre quella più libera V F

5) In caso di traffico intenso il conducente deve regolare la propria velocità uniformandola il più possibile a quella della corrente di traffico che scorre lungo la corsia occupata V F

6) In caso di traffico intenso il conducente deve fare uso del lampeggio simultaneo di tutti gli indicatori di direzione V F

13013

1) La svolta a destra si effettua immettendosi nella corsia che consente di eseguire tale manovra V F

2) La svolta a destra si effettua moderando la velocità man mano che ci si avvicina al punto di svolta V F

3) La svolta a destra si effettua girando attorno alla colonnina luminosa eventualmente posta al centro dell'incrocio V F

4) Per svoltare a destra bisogna tenersi il più vicino possibile al margine sinistro della carreggiata V F

5) La svolta a destra si effettua senza creare pericolo o intralcio agli altri V F

6) Per effettuare la svolta a destra occorre tenersi il più vicino possibile al margine destro della carreggiata V F

7) Per effettuare la svolta a destra bisogna segnalare in anticipo la manovra da compiere, azionando l'indicatore di direzione V F

8) Per svoltare a destra bisogna tenersi sulla corsia di sinistra V F

9) La svolta a destra si effettua senza mai dare la precedenza ai pedoni, se il semaforo ha la luce verde accesa V F

10) Quando si vuole svoltare a destra è necessario portarsi in vicinanza del centro dell'incrocio V F

13014 (FIGURE 502, 554, 559)

1) Su una strada a due corsie a doppio senso di marcia, in figura, si deve impegnare quella di sinistra solo per il sorpasso **(fig. 502)** V F

2) Su una strada a tre corsie a doppio senso di marcia, in figura, si deve impegnare quella centrale solo per il sorpasso **(fig. 554)** V F

3) Su una strada a due carreggiate separate, in figura, si deve percorrere la carreggiata di destra per la marcia normale e quella di sinistra per il sorpasso **(fig. 559)** V F

4) Nelle strade composte da una carreggiata a due corsie a doppio senso di marcia, in figura, si può marciare per file parallele **(fig. 502)** V F

5) Sulle strade extraurbane principali la sosta è consentita solo nelle apposite aree V F

6) Nelle strade a quattro carreggiate separate, quelle centrali sono riservate al sorpasso V F

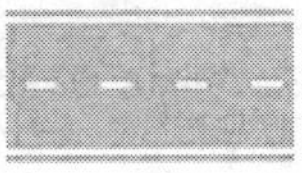
502

554

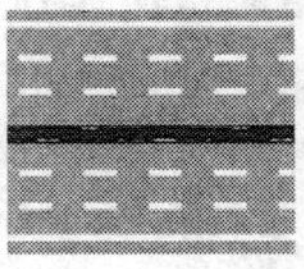
559

13015

1) Chi intende cambiare corsia, per effettuare un sorpasso, deve controllare che il veicolo che sta davanti non abbia segnalato l'inizio della stessa manovra V F

2) Chi intende cambiare corsia deve controllare che la corsia che vuole occupare sia libera dietro per un tratto sufficiente V F

3) Chi intende cambiare corsia deve segnalare la manovra in anticipo, tramite l'indicatore di direzione V F

4) Chi intende cambiare corsia non deve azionare l'indicatore di direzione se la strada è libera V F

5) Chi intende cambiare corsia deve controllare che la corsia che vuole occupare sia libera davanti per un tratto sufficiente V F

6) Chi intende cambiare corsia non deve creare intralcio o pericolo per chi percorre la corsia che vuole impegnare V F

7) Chi intende cambiare corsia ha l'obbligo di segnalare la manovra con l'uso dell'avvisatore acustico (clacson o trombe) V F

8) Prima di cambiare corsia è necessario accertare che le corsie siano separate da una striscia continua V F

13016 (FIGURE 599, 601, 602)

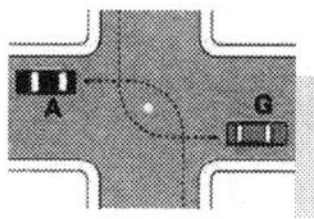
599

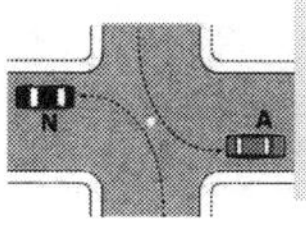
601

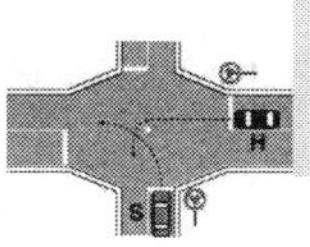
602

1) In una carreggiata a doppio senso di circolazione per svoltare a sinistra bisogna effettuare la manovra velocemente, per evitare i veicoli provenienti da destra e da sinistra V F

2) In una carreggiata a doppio senso di circolazione per svoltare a sinistra occorre spostarsi il più possibile sul margine sinistro della carreggiata V F

3) In una carreggiata a doppio senso di circolazione per svoltare a sinistra bisogna avvicinarsi al centro della carreggiata V F

4) In una carreggiata a doppio senso di circolazione per svoltare a sinistra bisogna girare intorno al centro dell'incrocio come il veicolo H in figura, se c'è il segnale di rotatoria **(fig. 602)** V F

5) In una carreggiata a doppio senso di circolazione per svoltare a sinistra bisogna effettuare la svolta occupando sempre il lato destro dell'incrocio, come i veicoli in figura **(fig. 599)** V F

6) In una carreggiata a doppio senso di circolazione per svoltare a sinistra occorre, di norma, occupare l'area sinistra dell'incrocio, come i veicoli in figura, salvo diversa segnalazione **(fig. 601)** V F

7) In una carreggiata a doppio senso di circolazione per svoltare a sinistra bisogna dare la precedenza ai veicoli provenienti da destra, salvo diversa segnalazione V F

8) In una carreggiata a doppio senso di circolazione per svoltare a sinistra bisogna dare la precedenza ai veicoli che arrivano da sinistra, salvo diversa segnalazione V F

9) In una carreggiata a doppio senso di circolazione per svoltare a sinistra occorre suonare il clacson, per attraversare con maggior sicurezza l'incrocio V F

13017 (FIGURE 502, 552, 554, 558, 562)

1) In una strada a doppio senso di marcia con due corsie, come in figura, i veicoli possono circolare per file parallele **(fig. 502)** V F

2) In una strada divisa in due carreggiate separate come in figura, i veicoli devono, di norma, circolare sulla carreggiata di destra rispetto alla propria direzione di marcia **(fig. 558)** V F

3) Su una strada divisa in tre carreggiate separate come in figura, i veicoli devono, di norma, circolare sulla carreggiata centrale o su quella di destra rispetto alla propria direzione di marcia **(fig. 562)** V F

4) Su strada a doppio senso di marcia con tre corsie, come in figura, i veicoli possono usare la corsia centrale per la marcia normale **(fig. 554)** V F

5) I veicoli devono, di norma, circolare sulla parte destra della carreggiata ed in vicinanza del margine destro V F

6) In una carreggiata a doppio senso di marcia con due corsie, come in figura, i veicoli devono circolare nella corsia di destra, impegnando solo quella di sinistra per il sorpasso **(fig. 502)** V F

7) Per svoltare a sinistra i veicoli debbono tenersi sul margine destro della carreggiata V F

8) Su carreggiate a tre corsie per senso di marcia, come in figura, i veicoli a motore devono, di norma, percorrere la corsia più libera a destra **(fig. 552)** V F

9) I veicoli a motore possono circolare per file parallele in vicinanza di incroci regolati da vigili o da semafori V F

10) È possibile circolare al centro della carreggiata quando la strada è libera V F

11) Quando una strada è a doppio senso di marcia con tre corsie, come in figura, i veicoli possono circolare per file parallele **(fig. 554)** V F

12) In caso di intenso traffico è consentito circolare per file parallele, utilizzando le corsie riservate agli autobus e ai veicoli in servizio pubblico V F

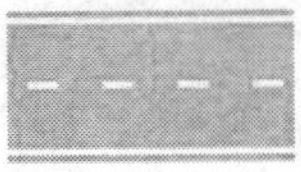

502

552

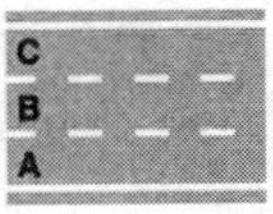

554

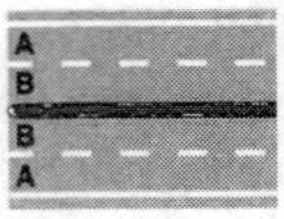

558

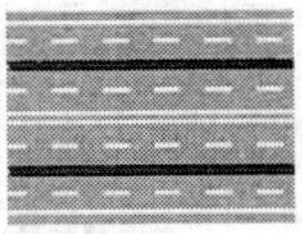

562

13018 (FIGURE 502, 511, 536, 550, 558)

1) Su strada a senso unico i veicoli che percorrono una curva a sinistra devono tenersi in prossimità del margine sinistro della carreggiata V F

2) Su strade a 2 corsie per senso di marcia, in caso di intenso traffico i ciclomotori a due ruote possono circolare sulla corsia di sinistra **(fig. 550)** V F

3) Su strade a 2 corsie per senso di marcia, in caso di intenso traffico i ciclomotori possono circolare sulla corsia di sinistra **(fig. 550)** V F

4) Su strada a due carreggiate separate, come in figura, i veicoli che percorrono un dosso devono tenersi vicino al margine sinistro della carreggiata **(fig. 558)** V F

5) I veicoli senza motore devono circolare il più possibile vicino al margine destro della carreggiata V F

6) In una carreggiata come in figura in caso di intenso traffico, ciclomotori e motocicli possono circolare sulla pista ciclabile se non superano la velocità di 20 km/h **(fig. 511)** V F

7) Su strada a doppio senso di marcia con due corsie, come in figura, i veicoli che percorrono il tratto in salita di un dosso devono tenersi il più possibile vicino al margine destro della carreggiata **(fig. 536)** V F

8) I veicoli che percorrono una curva, su strada a due corsie per ogni senso di marcia, come in figura, possono marciare oltrepassando la striscia discontinua se la strada è libera **(fig. 550)** V F

9) I veicoli che vogliono effettuare una svolta a sinistra devono tenersi il più possibile vicino al margine destro della carreggiata V F

10) I filobus devono, di norma, circolare il più possibile vicino al margine sinistro della carreggiata V F

11) Chi conduce gli animali li deve tenere il più possibile vicino al margine destro della carreggiata V F

12) Su strade a doppio senso di marcia con due corsie, come in figura, incrociando altri veicoli occorre spostarsi il più vicino possibile al margine destro della carreggiata **(fig. 502)** V F

13) In una carreggiata a doppio senso di marcia con due corsie, come in figura, i veicoli devono circolare nella corsia di destra, impegnando quella di sinistra solo per il sorpasso **(fig. 502)** V F

14) In caso di traffico intenso, i motocicli possono circolare sulle corsie di emergenza V F

502

511

536

550

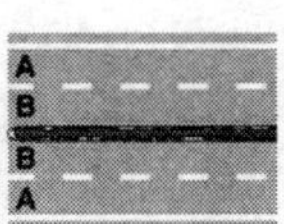

558

13019 (FIGURA 570)

1) Nelle strade urbane è consentito, quando si vuole svoltare, circolare a cavallo delle strisce di corsia V F

2) Quando si vuole cambiare corsia si deve segnalare la manovra, facendo uso dell'indicatore di direzione V F

3) Quando si vuole cambiare corsia bisogna controllare che la corsia da impegnare sia libera davanti per un tratto sufficiente V F

4) Quando si vuole cambiare corsia non si deve creare intralcio o pericolo a chi si trova sulla corsia da impegnare V F

5) Quando si vuole cambiare corsia si deve segnalare in anticipo la manovra da compiere V F

6) Quando si vuole cambiare corsia bisogna controllare che sulla corsia che si vuole occupare non stiano arrivando altri veicoli V F

7) Quando si vuole cambiare corsia l'uso dell'indicatore di direzione è facoltativo se ci sono le strisce discontinue (tratteggiate) V F

8) Quando si vuole cambiare corsia si deve controllare che la striscia che divide le corsie sia tratteggiata V F

9) In vicinanza degli incroci, come in figura si può sempre cambiare corsia fino alla striscia trasversale di arresto **(fig. 570)** V F

10) Quando si vuole cambiare corsia, per immettersi nella corsia di destra, non occorre alcuna particolare attenzione V F

11) Quando si vuole cambiare corsia per un sorpasso è obbligatorio ridurre la velocità V F

13020 (FIGURE 501, 572, 599)

501

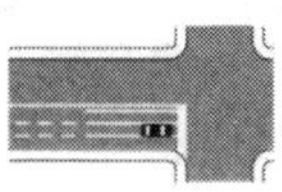

572

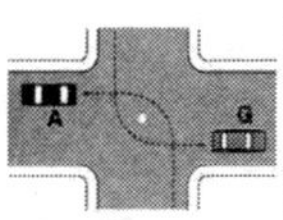

599

1) Quando si vuole cambiare direzione è obbligatorio fare uso delle segnalazioni acustiche (clacson o trombe) V F

2) Quando si vuole cambiare direzione si deve azionare in anticipo l'indicatore di direzione V F

3) Per svoltare a sinistra bisogna, di norma, lasciare il centro dell'incrocio alla nostra destra, come i veicoli in figura **(fig. 501)** V F

4) Durante l'effettuazione dell'inversione di marcia l'indicatore di direzione deve rimanere in funzione per l'intera durata della manovra V F

5) Su strada a senso unico per svoltare a sinistra bisogna tenersi sul margine sinistro V F

6) Per svoltare a sinistra bisogna girare intorno al centro dell'incrocio, come i veicoli in figura **(fig. 599)** V F

7) Il veicolo in figura, può svoltare a destra **(fig. 572)** V F

8) Viaggiando su semicarreggiata a tre corsie, come in figura, per svoltare a sinistra si deve utilizzare la corsia centrale **(fig. 572)** V F

13021 (FIGURA 501)

1) Su una strada a doppio senso di marcia per svoltare a sinistra ci si deve tenere lungo il margine destro della carreggiata V F

2) Su una strada a doppio senso di marcia nello svoltare a sinistra si deve, di norma, lasciare il centro dell'incrocio alla nostra destra, come i veicoli in figura **(fig. 501)** V F

3) Su una strada a doppio senso di marcia per svoltare a sinistra occorre inserirsi nelle corsie che consentono di proseguire in tale direzione V F

4) Su una strada a doppio senso di marcia per svoltare a sinistra è necessario spostarsi a sinistra della linea continua di mezzeria V F

5) Su una strada a doppio senso di marcia per svoltare a sinistra non si deve prendere contromano la strada in cui si svolta V F

6) Su una strada a doppio senso di marcia per svoltare a sinistra è necessario arrestarsi prima di completare la manovra, anche se non sopraggiungono veicoli V F

13022 (FIGURE 502, 550, 552, 554)

1) Durante la marcia per file parallele, percorrendo la corsia di sinistra, bisogna mantenere in funzione l'indicatore di direzione sinistra V F

2) È consentita la marcia per file parallele su strade a due corsie per senso di marcia ad un incrocio regolato da semaforo V F

3) Di norma, è consentito viaggiare per file parallele lungo il tratto di strada che porta ad un incrocio regolato da agenti del traffico V F

4) Durante la marcia per file parallele è consentito cambiare corsia per effettuare manovre di svolta. V F
5) La marcia per file parallele non è ammessa se la strada è a una sola carreggiata V F
6) È consentito viaggiare per file parallele su strada con due corsie e doppio senso di marcia, come quella in figura (fig. 502) V F
7) In condizioni di traffico intenso su carreggiata a senso unico a tre corsie, come in figura, è consentito viaggiare per file parallele (fig. 554) V F
8) Su strade con almeno due corsie per senso di marcia, come in figura, qualora il traffico sia intenso, si può viaggiare per file parallele (fig. 550) V F
9) È consentito viaggiare per file parallele lungo il tratto di strada che porta ad un incrocio non regolato da semaforo o da agenti del traffico V F
10) Percorrendo una carreggiata a senso unico la svolta a sinistra si effettua segnalando in anticipo la manovra da compiere V F
11) È obbligatorio viaggiare per file parallele sulle carreggiate a tre corsie per senso di marcia, come quella in figura (fig. 552) V F
12) Nei centri urbani è consentito marciare per file parallele in qualunque condizione di traffico V F
13) Percorrendo una carreggiata a senso unico la svolta a sinistra si effettua immettendosi in una corsia qualsiasi, se si viaggia per file parallele V F
14) È sempre consentito viaggiare per file parallele se la carreggiata a doppio senso ha almeno due corsie per ogni senso di marcia, come quella in figura (fig. 550) V F
15) La marcia per file parallele è ammessa quando viene autorizzata dagli agenti del traffico V F
16) Durante la marcia per file parallele i motocicli possono procedere passando tra i veicoli affiancati V F

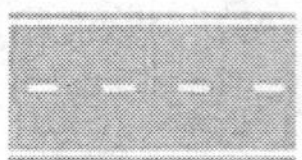
502

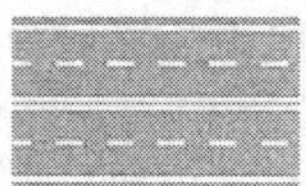
550

552

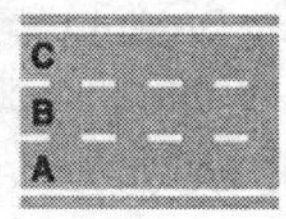

554

13023 (FIGURE 41, 44, 47)

41

44

47

1) Agli incroci è obbligatorio dare la precedenza ai veicoli circolanti su rotaie (tram e treni), salvo diversa segnalazione V F
2) È obbligatorio dare la precedenza a destra e a sinistra in presenza del segnale in figura (fig. 44) V F
3) È obbligatorio dare la precedenza a tutti i veicoli circolanti sulle strade quando si effettua l'inversione del senso di marcia V F
4) È obbligatorio dare la precedenza a tutti i veicoli quando si effettua la retromarcia V F
5) È obbligatorio dare la precedenza a tutti i veicoli circolanti quando si svolta a sinistra V F
6) È obbligatorio dare la precedenza a destra e a sinistra quando, da fermi, ci si immette nella circolazione V F
7) È obbligatorio dare la precedenza a destra e a sinistra in presenza del segnale in figura (fig. 41) V F
8) È obbligatorio dare la precedenza a destra e a sinistra in presenza del segnale ROTATORIA V F
9) È obbligatorio dare la precedenza a tutti i veicoli circolanti negli incroci regolati da semaforo a luce gialla lampeggiante V F
10) È obbligatorio dare la precedenza a destra e a sinistra quando si esce da un passo carrabile V F
11) È obbligatorio dare la precedenza a tutti i veicoli circolanti in presenza del segnale in figura (fig. 47) V F

13024

1) Giungendo alla guida di un veicolo a due ruote in vicinanza di un incrocio, bisogna incolonnarsi dietro gli altri veicoli in attesa V F
2) Giungendo in vicinanza di un incrocio si deve segnalare per tempo l'intenzione di svoltare V F

3) Giungendo in vicinanza di un incrocio bisogna sorpassare velocemente a sinistra se si vuole svoltare a destra V F

4) Giungendo in vicinanza di un incrocio si deve usare la massima prudenza per evitare incidenti V F

5) Giungendo ad un incrocio è consentito impegnarlo solo se si ha la possibilità di proseguire e liberarlo V F

6) Giungendo in vicinanza di un incrocio bisogna predisporsi ad osservare le norme di precedenza V F

7) Giungendo in vicinanza di un incrocio bisogna passare sempre prima dei veicoli che arrivano da destra V F

8) Giungendo in vicinanza di un incrocio ci si deve spostare per tempo sulla corsia destinata alla direzione che si intende prendere V F

9) Giungendo in vicinanza di un incrocio nei centri abitati occorre suonare il clacson V F

13025

1) In vicinanza o in corrispondenza degli incroci non è consentito procedere a zig zag, anche se le corsie direzionali sono segnate da strisce discontinue (tratteggiate) V F

2) In corrispondenza di incroci extraurbani non è consentito effettuare la fermata V F

3) In vicinanza o in corrispondenza degli incroci non si deve rallentare se il semaforo è a luce gialla lampeggiante V F

4) In corrispondenza di incroci extraurbani non è consentito effettuare la sosta V F

5) In corrispondenza degli incroci urbani è consentito non azionare l'indicatore di direzione per svoltare a destra V F

6) In vicinanza o in corrispondenza degli incroci non è consentito effettuare l'inversione di marcia V F

7) In vicinanza o in corrispondenza degli incroci non è consentito usare i fari anabbaglianti V F

8) In vicinanza o in corrispondenza degli incroci extraurbani non è consentito superare la velocità di 60 km/h V F

9) In vicinanza o in corrispondenza degli incroci regolati da semaforo non è consentito il sorpasso V F

10) In vicinanza o in corrispondenza degli incroci non è consentito sorpassare una bicicletta, se si deve occupare la corsia opposta di marcia V F

11) In vicinanza o in corrispondenza degli incroci non è consentito cambiare improvvisamente la direzione di marcia V F

12) In vicinanza o in corrispondenza degli incroci extraurbani non è consentito azionare i dispositivi di segnalazione acustica (clacson o trombe) V F

13026

1) Uscendo con un veicolo da una proprietà privata, bisogna dare la precedenza agli eventuali pedoni V F

2) Se ad un incrocio giungono contemporaneamente da strade diverse due veicoli, l'obbligo di dare la precedenza spetta al conducente del veicolo che percorre la strada più stretta V F

3) Giungendo ad un incrocio, bisogna essere prudenti e tolleranti nei confronti di chi, pur non avendo la precedenza, passa ugualmente per primo V F

4) Uscendo con un veicolo da una proprietà privata, bisogna procedere con prudenza V F

5) Se ad un incrocio giungono contemporaneamente da strade diverse due veicoli, l'obbligo di dare la precedenza spetta, di norma, al conducente del veicolo che arriva da sinistra V F

6) Se ad un incrocio giungono contemporaneamente da strade diverse due veicoli, entrambi hanno l'obbligo di moderare la velocità, per evitare incidenti V F

7) Uscendo con un veicolo da una proprietà privata, è obbligatorio suonare il clacson V F

8) Uscendo con un veicolo da una proprietà privata, bisogna procedere lentamente, specie se in retromarcia V F

9) Uscendo con un veicolo da una proprietà privata, si ha la precedenza sui pedoni V F

13027

1) Se un autotreno intende svoltare a destra in una strada stretta, i conducenti degli altri veicoli debbono tener presente che potrebbe diminuire notevolmente la velocità [V] [F]
2) Se un autotreno intende svoltare a destra in un incrocio, occorre rinunciare a sorpassarlo, perché potrebbe impedire la vista di segnali o di veicoli provenienti lateralmente [V] [F]
3) Se un autotreno intende svoltare a destra in una strada stretta, i conducenti dei veicoli che seguono devono sorpassarlo appena aziona l'indicatore di direzione [V] [F]
4) Se un autotreno intende svoltare a destra in una strada stretta, bisogna sorpassarlo subito a sinistra [V] [F]
5) Se un autotreno intende svoltare a destra in una strada stretta, i conducenti degli altri veicoli debbono tener presente che nella manovra si sposti a sinistra (si allarghi) [V] [F]
6) Se un autotreno intende svoltare a destra in una strada stretta, non bisogna stargli troppo vicino, per non essere d'intralcio, in caso sia necessaria la manovra di retromarcia [V] [F]
7) Se un autotreno intende svoltare a destra in una strada stretta, i conducenti dei veicoli che seguono debbono azionare la segnalazione luminosa di pericolo. [V] [F]

13028

1) Il conducente che intende effettuare l'inversione di marcia su una strada a doppio senso deve azionare la segnalazione luminosa di pericolo [V] [F]
2) Il conducente che intende effettuare l'inversione di marcia su una strada a doppio senso deve rinunciare a compiere la manovra, qualora vi sia traffico intenso e continuo [V] [F]
3) Il conducente che può effettuare l'inversione di marcia su una strada a doppio senso deve accertarsi se la linea di mezzeria è continua [V] [F]
4) Il conducente che intende effettuare l'inversione di marcia su una strada a doppio senso deve dare la precedenza ai veicoli che sopraggiungono [V] [F]
5) Il conducente che intende effettuare l'inversione di marcia su una strada a doppio senso non deve creare pericolo o intralcio agli altri utenti della strada [V] [F]
6) Il conducente che intende effettuare l'inversione di marcia su una strada a doppio senso deve azionare l'indicatore di direzione [V] [F]
7) Il conducente che intende effettuare l'inversione di marcia su una strada a doppio senso può compiere la manovra anche in curva, se dà precedenza a tutti i veicoli [V] [F]
8) Il conducente che intende effettuare l'inversione di marcia su una strada a doppio senso deve rinunciare ad eseguire la manovra, se vi è scarsa visibilità [V] [F]
9) Il conducente che intende effettuare l'inversione di marcia su una strada a doppio senso può compiere la manovra anche con scarsa visibilità, se la linea di mezzeria è tratteggiata [V] [F]
10) Il conducente che intende effettuare l'inversione di marcia su una strada a doppio senso può effettuarla solo sulle strade larghe, che permettono di eseguirla con una sola manovra [V] [F]

13029

1) Qualora la linea di margine della carreggiata sia continua, non è consentito effettuare l'inversione di marcia [V] [F]
2) Quando manca la segnaletica orizzontale non è consentito effettuare manovre di inversione del senso di marcia [V] [F]
3) Nelle strade a doppio senso non è consentito effettuare l'inversione del senso di marcia in tutti i casi di scarsa visibilità [V] [F]
4) Nelle strade a doppio senso di circolazione non è consentito effettuare l'inversione del senso di marcia in vicinanza o in corrispondenza di curve [V] [F]
5) Fuori dai centri abitati non è consentito effettuare l'inversione di marcia [V] [F]
6) Nelle strade a doppio senso di circolazione non è consentito effettuare l'inversione del senso di marcia in vicinanza o in corrispondenza di dossi [V] [F]
7) L'inversione del senso di marcia non è consentita in vicinanza o in corrispondenza degli incroci [V] [F]
8) Sulle autostrade a tre corsie per ogni senso di marcia è consentito l'inversione del senso di marcia [V] [F]

13030

1) Negli incroci regolati con circolazione rotatoria, in assenza di specifico segnale, vale la regola generale di dare la precedenza a destra V F
2) Giungendo ad un incrocio in cui la circolazione è regolata con rotatoria, bisogna dare la precedenza ai veicoli provenienti da sinistra, solo se vi è il segnale DARE PRECEDENZA V F
3) Giungendo ad un incrocio in cui la circolazione è regolata con rotatoria, è obbligatorio dare la precedenza ai veicoli provenienti da sinistra V F
4) Se in una strada a forte pendenza, il passaggio tra veicoli non è facilmente possibile, in genere spetta al conducente che procede in discesa arrestarsi ed eventualmente fare retromarcia V F
5) Quando un incrocio è regolato con circolazione rotatoria, i veicoli che non svoltano alla prima traversa di destra devono tenersi sulla corsia interna V F
6) In presenza del segnale DARE PRECEDENZA, se occorre arrestarsi, bisogna che ciò avvenga in corrispondenza della striscia trasversale, formata da una serie di triangoli bianchi V F
7) Negli incroci regolati con rotatoria, la circolazione può essere disciplinata in modo che i veicoli in entrata diano la precedenza a quelli già circolanti nell'anello V F
8) Giungendo ad un incrocio, regolato con circolazione rotatoria, prima di immettersi è opportuno moderare la velocità ed usare la massima prudenza, controllando nel contempo il comportamento degli altri utenti V F
9) In un incrocio regolato con circolazione rotatoria, i veicoli circolanti nell'anello possono effettuare manovre di retromarcia V F
10) Per immettersi in un incrocio, regolato con circolazione rotatoria, bisogna dare sempre la precedenza ai veicoli già circolanti all'interno della rotatoria V F
11) In un incrocio regolato con circolazione rotatoria, l'obbligo di dare la precedenza può essere imposto ai veicoli che stanno per immettersi V F
12) Quando un incrocio è regolato con rotatoria, i veicoli circolanti all'interno dell'anello possono sorpassare sia a destra che a sinistra V F

13031

1) Qualora in una strada a forte pendenza il passaggio tra veicoli risulti difficoltoso, se uno dei due conducenti si trova in vicinanza di una piazzola di scambio, spetta a lui accostare e lasciar passare l'altro conducente V F
2) Se in una strada a forte pendenza, il passaggio tra veicoli non è facilmente possibile, in genere spetta al conducente che procede in salita arrestarsi V F
3) In presenza del segnale di STOP non occorre arrestarsi, se non vi è la linea trasversale di arresto e non si vedono sopraggiungere veicoli V F
4) In presenza del segnale DARE PRECEDENZA occorre usare prudenza e moderare la velocità, ma occorre arrestarsi solo in caso di necessità V F
5) Se in una strada a forte pendenza, il passaggio tra veicoli non è facilmente possibile, in genere spetta al conducente che procede in discesa arrestarsi ed eventualmente fare retromarcia V F
6) In vicinanza di un incrocio semaforizzato è consentito arrestarsi sulle strisce pedonali, se il semaforo per i pedoni è disposto al rosso V F

13032

1) Quando si vede sul tetto dell'auto della polizia un display con la scritta luminosa "INCIDENTE", bisogna diminuire la velocità V F
2) Quando vedete sul tetto di un'auto della polizia un display con la scritta luminosa "INCIDENTE", significa che quella zona è ad alto rischio di incidenti V F
3) Se un'auto della polizia, con sirena in funzione, vi sorpassa ponendosi davanti e sul tetto ha un display con la scritta luminosa "ACCOSTARE", avete l'obbligo di arrestarvi V F
4) I conducenti devono attenersi alle segnalazioni di pericolo o alle prescrizioni che appaiono, con scritte luminose, sui veicoli della polizia V F
5) Se un'auto della polizia, con sirena in funzione, vi sorpassa ponendosi davanti e sul tetto ha un display con la scritta luminosa "ALT POLIZIA", solo voi avete l'obbligo di arrestarvi V F

6) Se un'auto della polizia, con sirena in funzione, vi sorpassa ponendosi davanti e sul tetto ha un display con la scritta luminosa "ACCOSTARE", significa che avete l'obbligo di svoltare V F

7) Se sul tetto di un'auto della polizia è presente un display con la scritta luminosa "RALLENTARE", l'obbligo è rivolto ai soli veicoli pesanti. V F

13033

1) Il conducente che intende immettersi nel flusso della circolazione deve assicurarsi di poter effettuare la manovra senza creare pericolo o intralcio agli altri utenti della strada V F

2) Il conducente che intende immettersi nel flusso della circolazione può evitare di azionare l'indicatore di direzione se non sopraggiungono altri veicoli V F

3) Il conducente che intende immettersi nel flusso della circolazione deve dare la precedenza ai veicoli in transito V F

4) Il conducente che intende immettersi nel flusso della circolazione deve dare la precedenza ai veicoli in transito solo in presenza di apposito segnale V F

5) Il conducente che intende immettersi nel flusso della circolazione deve tenere conto della posizione, distanza, direzione degli altri utenti della strada V F

6) Il conducente che intende immettersi nel flusso della circolazione deve azionare l'indicatore di direzione per segnalare con sufficiente anticipo l' intenzione di effettuare tale manovra V F

7) Il conducente che si immette nel flusso della circolazione deve dare la precedenza ai veicoli in transito ad eccezione delle biciclette V F

13034

1) Il conducente che parte dal margine della carreggiata e si immette nel flusso della circolazione può allacciare la cintura di sicurezza dopo avere concluso tale manovra V F

2) Il conducente di un autoveicolo che parte dal margine della carreggiata e si immette nel flusso della circolazione deve allacciare la cintura di sicurezza salvo che non sia esentato V F

3) Il conducente di un motociclo che parte dal margine della carreggiata e si immette nel flusso della circolazione deve accendere il proiettore anabbagliante V F

4) Il conducente che parte dal margine della carreggiata e si immette nel flusso della circolazione deve accertarsi che la strada sia libera, guardando anche negli specchietti retrovisori V F

5) Il conducente di un motociclo che parte dal margine della carreggiata e si immette nel flusso della circolazione deve indossare ed allacciare il casco V F

6) Il motociclista che parte dal margine della carreggiata e si immette nel flusso della circolazione può indossare il casco dopo avere concluso tale manovra V F

13035 (FIGURA 676)

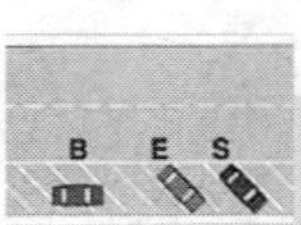

1) Il conducente del veicolo S in figura, muovendosi in retromarcia per immettersi nella circolazione, deve dare la precedenza a tutti i veicoli provenienti sia da destra sia da sinistra V F

2) Il conducente del veicolo S in figura, muovendosi in retromarcia per immettersi nella circolazione, deve azionare la segnalazione luminosa di pericolo (quattro frecce lampeggianti simultaneamente) V F

3) Il conducente del veicolo E in figura, muovendosi in retromarcia per immettersi nella circolazione, deve azionare gli indicatori di direzione V F

4) Il conducente del veicolo S in figura, muovendosi in retromarcia per immettersi nella circolazione, deve suonare il clacson durante l'intera manovra V F

5) Il conducente del veicolo S in figura, muovendosi in retromarcia per immettersi nella circolazione, deve fare attenzione agli eventuali pedoni in transito dietro di esso V F

6) Il conducente del veicolo S in figura, muovendosi in retromarcia per immettersi nella circolazione, deve assicurarsi che la strada sia libera ed eseguire la manovra con prudenza V F

7) Il conducente del veicolo S in figura, muovendosi in retromarcia per immettersi nella circolazione, deve dare la precedenza ai veicoli che transitano nel suo senso di marcia, ad eccezione delle biciclette V F

13036

1) Il conducente che intende fermarsi sul margine destro della carreggiata deve evitare brusche frenate, per garantire la sicurezza degli altri utenti della strada [V] [F]
2) Il conducente che intende fermarsi sul margine destro della carreggiata deve segnalare con sufficiente anticipo azionando la segnalazione luminosa di pericolo (quattro frecce lampeggianti simultaneamente) [V] [F]
3) Il conducente che intende fermarsi sul margine destro della carreggiata deve effettuare la manovra senza creare pericolo o intralcio agli altri utenti della strada [V] [F]
4) Il conducente che intende fermarsi sul margine destro della carreggiata deve segnalare con sufficiente anticipo la sua intenzione di effettuare tale manovra [V] [F]
5) Il conducente che intende fermarsi sul margine destro della carreggiata deve tenere conto della posizione, distanza, direzione degli altri utenti della strada [V] [F]
6) Il conducente che intende fermarsi sul margine destro della carreggiata deve eseguire la manovra lampeggiando ripetutamente [V] [F]
7) Il conducente che intende fermarsi sul margine destro della carreggiata deve evitare di creare pericolo ai conducenti di veicoli a due ruote sopraggiungenti [V] [F]
8) Il conducente che intende fermarsi sul margine destro della carreggiata può evitare di segnalare la sua intenzione di effettuare tale manovra se il traffico è scarso [V] [F]

13037

1) Il mancato rispetto delle norme prescritte per immettersi nel flusso della circolazione non comporta la sottrazione di punti dalla patente, ma sanzione pecuniaria [V] [F]
2) Il mancato rispetto delle norme prescritte per immettersi nel flusso della circolazione comporta, tra l'altro, la perdita di punti dalla patente [V] [F]
3) In caso di fermata sul margine destro della carreggiata senza segnalare con sufficiente anticipo l'intenzione di effettuare tale manovra, è disposta la sottrazione di 4 punti dalla patente del conducente [V] [F]

13038

1) La posizione antiriflesso dello specchio retrovisore centrale di un autoveicolo non può essere utilizzata quando si circola su autostrada [V] [F]
2) Lo specchio retrovisore centrale di un autoveicolo deve essere regolato in modo da garantire una buona visione posteriore [V] [F]
3) Durante una manovra di parcheggio in retromarcia, non è necessario utilizzare gli specchi retrovisori se il veicolo è dotato di sensori di parcheggio [V] [F]
4) Gli autocaravan possono non essere dotati di specchi retrovisori se li rendono troppo ingombranti in larghezza [V] [F]
5) Lo specchio retrovisore centrale di un autoveicolo deve essere posizionato in modo da rientrare nel campo visivo del conducente [V] [F]
6) Lo specchio retrovisore centrale di un autoveicolo è in genere realizzato in modo da ridurre al minimo la distorsione della distanza dei veicoli che seguono [V] [F]
7) Gli specchi retrovisori devono essere utilizzati dal conducente per controllare, prima di svoltare, che non sopraggiungano veicoli da dietro [V] [F]
8) Lo specchio retrovisore centrale di un autoveicolo può essere rimosso se il veicolo è dotato di specchio laterale sinistro [V] [F]
9) Gli specchi retrovisori, nel loro complesso, consentono al conducente di vedere l'intera area di strada dietro e intorno al veicolo [V] [F]
10) Gli specchi retrovisori esterni degli autoveicoli possono essere sostituiti con altri di tipo differente, purché di superficie maggiore [V] [F]
11) Gli specchi retrovisori centrali e laterali di un autoveicolo, devono essere regolati dopo che è stata regolata la posizione del sedile di guida [V] [F]
12) Lo specchio retrovisore centrale di un autoveicolo ha una posizione antiriflesso da utilizzare nelle ore notturne [V] [F]

13) Lo specchio retrovisore centrale di un autoveicolo deve essere regolato in modo da garantire la visione dell'intero lunotto posteriore [V] [F]

14) Gli specchi retrovisori contribuiscono alla visione panoramica del conducente [V] [F]

15) Gli specchi retrovisori devono essere utilizzati per un controllo della strada dietro al veicolo, ogni volta che a un incrocio si intende proseguire diritto [V] [F]

16) La posizione antiriflesso dello specchio retrovisore centrale di un autoveicolo non deve essere utilizzata di notte [V] [F]

17) L'illuminazione interna dello specchio retrovisore si accende con l'accensione delle luci di posizione del veicolo [V] [F]

18) Il controllo degli specchi retrovisori permette di completare in sicurezza la manovra di sorpasso [V] [F]

19) Gli specchi retrovisori devono essere utilizzati per un controllo della strada dietro al veicolo, prima di iniziare una manovra di sorpasso [V] [F]

20) La posizione antiriflesso dello specchio retrovisore centrale di un autoveicolo serve a ridurre il fastidio agli occhi causato dai proiettori accesi dei veicoli che seguono [V] [F]

21) La regolazione degli specchi retrovisori deve di norma essere effettuata con il veicolo in marcia [V] [F]

22) Le dimensioni degli specchi retrovisori sono proporzionali alla cilindrata del veicolo [V] [F]

23) Gli specchi retrovisori devono essere utilizzati per un controllo della strada dietro al veicolo, prima di iniziare una manovra di parcheggio in retromarcia [V] [F]

24) Si può circolare con un autoveicolo in cui mancano temporaneamente gli specchi retrovisori, purché a velocità non superiore a 50 km/h e tenendo in azione la segnalazione luminosa di pericolo [V] [F]

13039

1) Lo specchio retrovisore laterale sinistro deve essere chiuso quando si circola su strade strette di montagna [V] [F]

2) Lo specchio retrovisore laterale sinistro deve essere regolato in modo da poter osservare, prevalentemente, la porzione di strada a fianco del veicolo [V] [F]

3) Lo specchio retrovisore laterale sinistro falsa la percezione della distanza e della velocità dei veicoli sopraggiungenti [V] [F]

4) Il controllo dello specchio retrovisore laterale sinistro deve essere integrato con un rapido controllo visivo laterale diretto, prima di iniziare un sorpasso [V] [F]

5) Lo specchio retrovisore laterale sinistro deve essere regolato in modo da scorgere, nel suo terzo di destra, la coda del veicolo [V] [F]

6) Lo specchio retrovisore laterale sinistro ha un angolo cieco molto ampio [V] [F]

7) Lo specchio retrovisore laterale sinistro deve essere utilizzato prima di iniziare una manovra di svolta a sinistra [V] [F]

8) Lo specchio retrovisore laterale sinistro deve essere utilizzato prima di iniziare una manovra di sorpasso [V] [F]

9) Gli autoveicoli dotati di poggiatesta posteriori non sono muniti di specchio retrovisore centrale perché inutilizzabile [V] [F]

10) Lo specchio retrovisore laterale sinistro deve essere regolato in modo da poter controllare il comportamento di eventuali bambini seduti nella parte posteriore del veicolo [V] [F]

11) Lo specchio retrovisore laterale sinistro deve essere utilizzato prima di iniziare una manovra di cambio corsia verso sinistra [V] [F]

12) Nei centri abitati non è necessario utilizzare gli specchi retrovisori [V] [F]

13) Se durante una manovra di inserimento nella circolazione si utilizza lo specchio retrovisore è bene non controllare anche con uno sguardo diretto per non distrarre l'attenzione dalla guida [V] [F]

14) Gli specchi retrovisori dei veicoli a due ruote sono fissi e senza possibilità di regolazione a causa delle vibrazioni del veicolo che tendono a spostarli dalla posizione originale [V] [F]

15) La regolazione degli specchi retrovisori va effettuata, di media, ogni mille chilometri circa [V] [F]

16) Prima di immettere il veicolo nel flusso della circolazione, è necessario controllare lo specchio retrovisore laterale sinistro nonché verificare con un controllo visivo diretto che la strada sia sufficientemente libera dietro e a fianco del veicolo [V] [F]

17) Lo specchio retrovisore centrale può essere utilizzato come schermo per il navigatore satellitare [V] [F]

Esempi di precedenza

14001 (FIGURA 642)

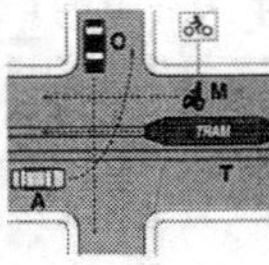

1) Nella situazione rappresentata in figura il veicolo O deve attendere il transito del tram e che il veicolo A si porti al centro [V] [F]
2) Nella situazione rappresentata in figura il tram ha la precedenza rispetto agli altri veicoli [V] [F]
3) Nella situazione rappresentata in figura il veicolo A nello svoltare a sinistra ha la destra libera [V] [F]
4) Nella situazione rappresentata in figura il veicolo A deve dare la precedenza al tram, ma non al veicolo M [V] [F]
5) Nell'incrocio rappresentato in figura, tutti i veicoli devono usare prudenza nell'attraversarlo [V] [F]
6) Nella situazione rappresentata in figura il veicolo M attraversa l'incrocio insieme al tram [V] [F]
7) Nella situazione rappresentata in figura il veicolo M deve attendere il transito del veicolo O [V] [F]
8) Nella situazione rappresentata in figura il veicolo O deve attendere che passino il tram ed il veicolo M [V] [F]
9) Nella situazione rappresentata in figura il veicolo O deve attendere che transitino tutti gli altri veicoli [V] [F]
10) Nella situazione rappresentata in figura il tram transita per primo [V] [F]
11) Nella situazione rappresentata in figura il veicolo O deve dare la precedenza al tram ed al veicolo M [V] [F]

14002 (FIGURA 608)

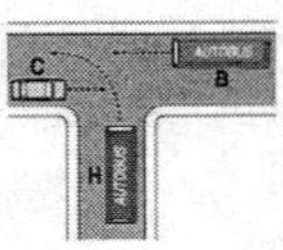

1) Nella situazione rappresentata in figura il veicolo H deve impegnare l'incrocio dopo il passaggio dei veicoli B e C [V] [F]
2) Nella situazione rappresentata in figura passano per primi e contemporaneamente i veicoli B e C [V] [F]
3) Nella situazione rappresentata in figura il veicolo B passa per primo [V] [F]
4) Nella situazione rappresentata in figura il veicolo B non deve dare la precedenza agli altri due veicoli [V] [F]
5) Nella situazione rappresentata in figura il veicolo C deve dare la precedenza al veicolo H [V] [F]
6) Nella situazione rappresentata in figura il veicolo H ha la precedenza sul veicolo C, in quanto è un autobus [V] [F]
7) Nella situazione rappresentata in figura il veicolo C deve disimpegnare l'incrocio per ultimo [V] [F]
8) Nella situazione rappresentata in figura il veicolo H passa per primo [V] [F]
9) Nella situazione rappresentata in figura il veicolo H passa per secondo [V] [F]
10) Nella situazione rappresentata in figura il veicolo C passa per primo [V] [F]

14003 (FIGURA 615)

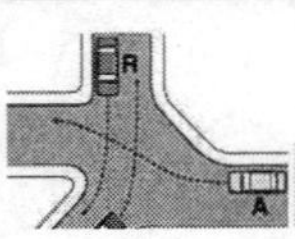

1) Secondo le norme di precedenza nell'incrocio rappresentato in figura il veicolo C deve passare per ultimo [V] [F]
2) Secondo le norme di precedenza nell'incrocio rappresentato in figura il veicolo R passa per primo [V] [F]
3) Secondo le norme di precedenza nell'incrocio rappresentato in figura il veicolo A deve passare dopo il veicolo R [V] [F]
4) Secondo le norme di precedenza nell'incrocio rappresentato in figura il veicolo A, se è della polizia con i dispositivi di allarme in funzione, passa per primo [V] [F]
5) Secondo le norme di precedenza nell'incrocio rappresentato in figura il veicolo A passa per primo [V] [F]
6) Secondo le norme di precedenza nell'incrocio rappresentato in figura il veicolo C passa per secondo [V] [F]
7) Secondo le norme di precedenza nell'incrocio rappresentato in figura il veicolo C deve passare dopo i veicoli R e A [V] [F]
8) Secondo le norme di precedenza nell'incrocio rappresentato in figura il veicolo A deve passare per ultimo [V] [F]

9) Secondo le norme di precedenza nell'incrocio rappresentato in figura il veicolo R deve passare dopo il veicolo A V F

10) Secondo le norme di precedenza nell'incrocio rappresentato in figura il veicolo R deve attraversare l'incrocio per secondo V F

11) Secondo le norme di precedenza nell'incrocio rappresentato in figura il veicolo A passa prima del veicolo C V F

12) Secondo le norme di precedenza nell'incrocio rappresentato in figura i veicoli C e R passano per primi e contemporaneamente V F

14004 (FIGURA 618)

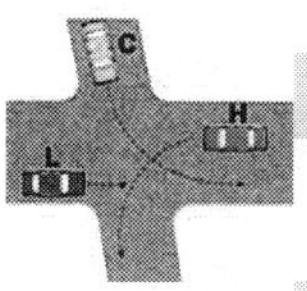

1) Nella situazione rappresentata in figura il veicolo L attraversa l'incrocio per primo V F

2) È consentito attraversare l'incrocio in figura secondo l'ordine il veicolo L, il veicolo H, il veicolo C V F

3) È consentito attraversare l'incrocio in figura secondo l'ordine il veicolo C dopo il veicolo L, ma prima del veicolo H V F

4) È consentito attraversare l'incrocio in figura secondo l'ordine il veicolo L contemporaneamente al veicolo C, poi il veicolo H V F

5) È consentito attraversare l'incrocio in figura secondo l'ordine il veicolo H, il veicolo C, il veicolo L V F

6) È consentito attraversare l'incrocio in figura secondo l'ordine il veicolo H, il veicolo L, il veicolo C V F

7) Nella situazione rappresentata in figura il veicolo H attraversa l'incrocio per ultimo V F

8) È consentito attraversare l'incrocio in figura secondo l'ordine veicolo L, veicolo C, veicolo H V F

9) È consentito attraversare l'incrocio in figura secondo l'ordine il veicolo C, il veicolo H, il veicolo L V F

14005 (FIGURA 662)

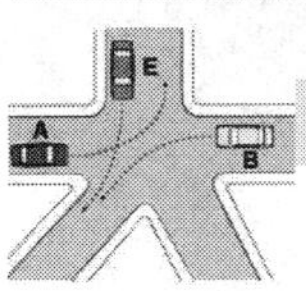

1) Nell'incrocio rappresentato in figura il veicolo E passa prima di quello B, ma dopo il veicolo A V F

2) Nell'incrocio rappresentato in figura il veicolo A non deve dare la precedenza ad alcun veicolo V F

3) Nell'incrocio rappresentato in figura, il veicolo E passa dopo il veicolo A e il veicolo B passa dopo il veicolo E V F

4) Nell'incrocio rappresentato in figura il veicolo A deve dare la precedenza al veicolo B V F

5) Nell'incrocio rappresentato in figura il veicolo B deve passare per ultimo V F

6) Nell'incrocio rappresentato in figura il veicolo B non deve dare la precedenza ad alcun veicolo V F

7) Nell'incrocio rappresentato in figura il veicolo E ha diritto di precedenza sul veicolo B V F

8) Nell'incrocio rappresentato in figura il veicolo B non deve dare la precedenza al veicolo E V F

9) Nell'incrocio rappresentato in figura i veicoli A e B passano contemporaneamente dopo il veicolo E V F

10) Nell'incrocio rappresentato in figura i veicoli A e B passano contemporaneamente prima del veicolo E V F

14006 (FIGURA 659)

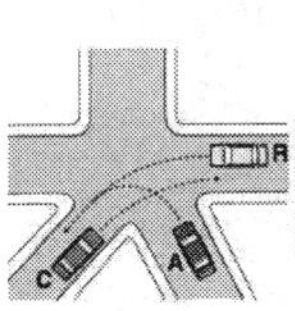

1) Secondo le norme di precedenza nell'incrocio rappresentato in figura i veicoli passano nell'ordine: R, A, C V F

2) Secondo le norme di precedenza nell'incrocio rappresentato in figura il veicolo A passa prima del veicolo R e dopo il veicolo C V F

3) Secondo le norme di precedenza nell'incrocio rappresentato in figura il veicolo C non deve dare la precedenza ad alcun veicolo V F

4) Secondo le norme di precedenza nell'incrocio rappresentato in figura il veicolo R non deve dare la precedenza ad alcun veicolo V F

5) Secondo le norme di precedenza nell'incrocio rappresentato in figura i veicoli passano nell'ordine: R, C, A V F

6) Nell'incrocio rappresentato in figura, il veicolo A passa dopo il veicolo R e il veicolo C passa dopo il veicolo A V F
7) Secondo le norme di precedenza nell'incrocio rappresentato in figura il veicolo A passa prima del veicolo C e dopo il veicolo R V F
8) Secondo le norme di precedenza nell'incrocio rappresentato in figura il veicolo R passa per ultimo V F

14007 (FIGURA 640)

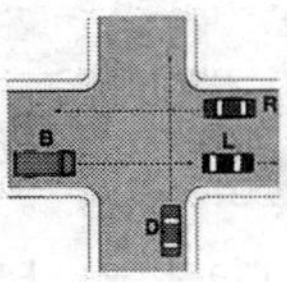

1) Secondo le norme di precedenza possono impegnare l'incrocio rappresentato in figura il veicolo D dopo l'attraversamento del veicolo R V F
2) Secondo le norme di precedenza possono impegnare l'incrocio rappresentato in figura il veicolo R dopo l'attraversamento dei veicoli B e D V F
3) Secondo le norme di precedenza possono impegnare l'incrocio rappresentato in figura il veicolo B contemporaneamente al veicolo R e prima di quello D V F
4) Secondo le norme di precedenza possono impegnare l'incrocio rappresentato in figura il veicolo R senza dare la precedenza ad alcun veicolo V F
5) Secondo le norme di precedenza possono impegnare l'incrocio rappresentato in figura il veicolo B dopo l'attraversamento di tutti gli altri veicoli V F
6) Secondo le norme di precedenza possono impegnare l'incrocio rappresentato in figura il veicolo D prima degli altri veicoli V F
7) Secondo le norme di precedenza possono impegnare l'incrocio rappresentato in figura il veicolo B dopo l'attraversamento dei veicoli R e D V F
8) Secondo le norme di precedenza possono impegnare l'incrocio rappresentato in figura il veicolo B prima degli altri veicoli V F

14008 (FIGURA 632)

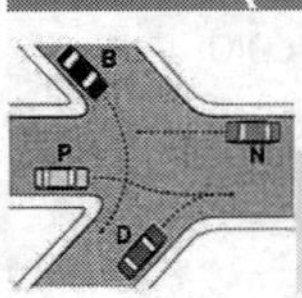

1) Secondo le norme di precedenza nell'incrocio rappresentato in figura i veicoli passano nel seguente ordine: D, P, B, N V F
2) Secondo le norme di precedenza nell'incrocio rappresentato in figura i veicoli passano nel seguente ordine: P, B, N, D V F
3) Secondo le norme di precedenza nell'incrocio rappresentato in figura il veicolo B deve passare dopo il veicolo P V F
4) Secondo le norme di precedenza nell'incrocio rappresentato in figura il veicolo N deve passare per ultimo V F
5) Secondo le norme di precedenza nell'incrocio rappresentato in figura i veicoli D e N passano contemporaneamente V F
6) Secondo le norme di precedenza nell'incrocio rappresentato in figura i veicoli passano nel seguente ordine: D, B, N, P V F
7) Secondo le norme di precedenza nell'incrocio rappresentato in figura il veicolo N passa dopo il veicolo B V F
8) Secondo le norme di precedenza nell'incrocio rappresentato in figura il veicolo P passa prima del veicolo B, ma dopo quello N V F
9) Secondo le norme di precedenza nell'incrocio rappresentato in figura il veicolo P può passare prima del veicolo B V F
10) Secondo le norme di precedenza nell'incrocio rappresentato in figura il veicolo D passa prima degli altri veicoli V F
11) Secondo le norme di precedenza nell'incrocio rappresentato in figura i veicoli D e B passano contemporaneamente V F
12) Secondo le norme di precedenza nell'incrocio rappresentato in figura il veicolo B passa prima del veicolo N V F
13) Secondo le norme di precedenza nell'incrocio rappresentato in figura passano per primi indifferentemente i veicoli B e D V F

14009 (FIGURA 646)

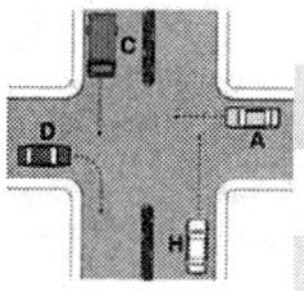

1) Nell'incrocio rappresentato in figura i veicoli passano nel seguente ordine: D, C, A, H. V F
2) Nell'incrocio rappresentato in figura i veicoli passano nel seguente ordine: C, A, H, D V F
3) Nell'incrocio rappresentato in figura il veicolo D ha la precedenza sul veicolo C V F
4) Nell'incrocio rappresentato in figura il veicolo D è il primo ad impegnare l'incrocio V F
5) Nell'incrocio rappresentato in figura il veicolo D deve dare la precedenza a quello C V F
6) Nell'incrocio rappresentato in figura il veicolo H è l'ultimo ad attraversare l'incrocio V F
7) Nell'incrocio rappresentato in figura il veicolo A ha la destra occupata V F
8) Nell'incrocio rappresentato in figura il veicolo A attraversa l'incrocio prima del veicolo C V F
9) Nell'incrocio rappresentato in figura il veicolo C attraversa per primo V F
10) Nell'incrocio rappresentato in figura i veicoli passano nel seguente ordine: H, A, C, D V F
11) Nell'incrocio rappresentato in figura i veicoli C e H passano per primi V F

14010 (FIGURA 637)

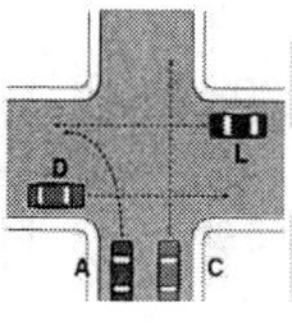

1) Nell'attraversare l'incrocio in figura i veicoli passano nel seguente ordine: C, A, D, L V F
2) Nell'attraversare l'incrocio in figura il veicolo A passa per ultimo V F
3) Nell'attraversare l'incrocio in figura il veicolo D è l'ultimo a passare V F
4) Nell'attraversare l'incrocio in figura i veicoli C e A passano contemporaneamente dopo il veicolo L V F
5) Nell'attraversare l'incrocio in figura i veicoli passano nel seguente ordine: C, L, A, D V F
6) Nell'attraversare l'incrocio in figura il veicolo A ha la precedenza sul veicolo D V F
7) Nell'attraversare l'incrocio in figura passa per primo il veicolo più veloce V F
8) Nell'attraversare l'incrocio in figura il veicolo L passa per primo V F
9) Nell'attraversare l'incrocio in figura i veicoli D e L passano contemporaneamente prima del veicolo A V F

14011 (FIGURA 643)

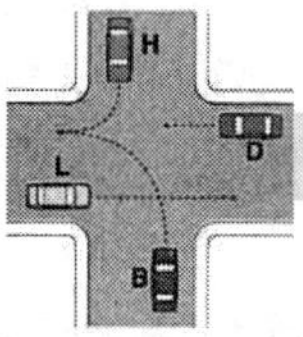

1) Giungendo all'incrocio rappresentato in figura i veicoli passano nel seguente ordine: H, D, B, L V F
2) Giungendo all'incrocio rappresentato in figura il veicolo B passa prima del veicolo L V F
3) Giungendo all'incrocio rappresentato in figura il veicolo L deve dare la precedenza al veicolo B V F
4) Giungendo all'incrocio rappresentato in figura i veicoli L e D passano contemporaneamente V F
5) Giungendo all'incrocio rappresentato in figura il veicolo L deve passare per ultimo V F
6) Giungendo all'incrocio rappresentato in figura i veicoli passano nel seguente ordine: H, D, L, B V F
7) Giungendo all'incrocio rappresentato in figura il veicolo B deve attendere il transito degli altri tre veicoli V F
8) Giungendo all'incrocio rappresentato in figura il veicolo H passa per primo V F
9) Giungendo all'incrocio rappresentato in figura il veicolo H deve attendere che siano transitati i veicoli D e B V F
10) Giungendo all'incrocio rappresentato in figura il veicolo B, dato che svolta a sinistra, non ha diritto di precedenza su alcun veicolo V F
11) Giungendo all'incrocio rappresentato in figura il veicolo D passa prima del veicolo B V F
12) Giungendo all'incrocio rappresentato in figura il veicolo D deve dare la precedenza al veicolo H V F
13) Giungendo all'incrocio rappresentato in figura i veicoli L e D hanno la precedenza perché non effettuano svolte V F

14012 (FIGURA 638)

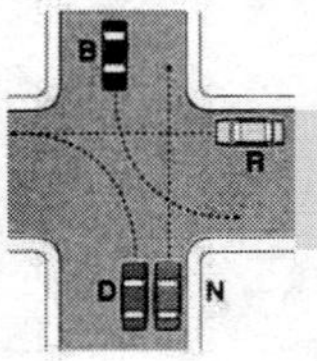

1) Secondo le norme di precedenza nell'incrocio rappresentato in figura il veicolo D passa per primo [V] [F]
2) Secondo le norme di precedenza nell'incrocio rappresentato in figura il veicolo B nell'impegnare l'incrocio deve fermarsi al centro di esso [V] [F]
3) Secondo le norme di precedenza nell'incrocio rappresentato in figura il veicolo D deve dare la precedenza al veicolo B [V] [F]
4) Secondo le norme di precedenza nell'incrocio rappresentato in figura il veicolo R impegna l'incrocio e si ferma al centro di esso [V] [F]
5) Secondo le norme di precedenza nell'incrocio rappresentato in figura i veicoli D e N passano contemporaneamente dopo che è passato il veicolo R [V] [F]
6) Secondo le norme di precedenza nell'incrocio rappresentato in figura il veicolo B deve dare la precedenza al veicolo D [V] [F]
7) Secondo le norme di precedenza nell'incrocio rappresentato in figura il veicolo D passa dopo il veicolo R [V] [F]
8) Secondo le norme di precedenza nell'incrocio rappresentato in figura il veicolo N passa dopo il veicolo R [V] [F]
9) Secondo le norme di precedenza nell'incrocio rappresentato in figura il veicolo B passa dopo il veicolo N [V] [F]
10) Secondo le norme di precedenza nell'incrocio rappresentato in figura il veicolo R passa dopo che il veicolo B si è spostato al centro dell'incrocio [V] [F]
11) Secondo le norme di precedenza nell'incrocio rappresentato in figura il veicolo N passa per primo [V] [F]
12) Secondo le norme di precedenza nell'incrocio rappresentato in figura il veicolo R passa per ultimo [V] [F]

14013 (FIGURA 667)

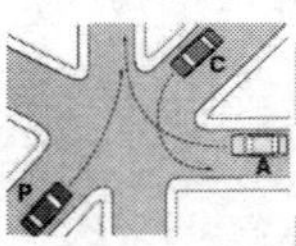

1) Nell'incrocio rappresentato in figura il veicolo P passa per ultimo [V] [F]
2) Nell'incrocio rappresentato in figura i veicoli passano nel seguente ordine: C, A, P [V] [F]
3) Nell'incrocio rappresentato in figura i veicoli passano nel seguente ordine: P, C, A [V] [F]
4) Nell'incrocio rappresentato in figura il veicolo A passa dopo il veicolo C [V] [F]
5) Nell'incrocio rappresentato in figura il veicolo P passa prima del veicolo C [V] [F]
6) Nell'incrocio rappresentato in figura il veicolo P passa per primo perché ha la destra libera [V] [F]

14014 (FIGURA 668)

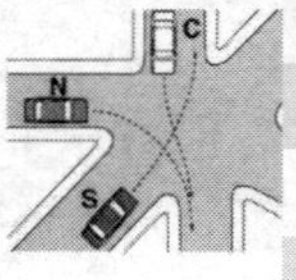

1) Nell'incrocio rappresentato nella figura il veicolo C transita per ultimo [V] [F]
2) Nell'incrocio rappresentato nella figura i veicoli passano nel seguente ordine: S, N, C [V] [F]
3) Nell'incrocio rappresentato nella figura i veicoli passano nel seguente ordine: C, N, S [V] [F]
4) Nell'incrocio rappresentato nella figura il veicolo N transita dopo il veicolo C e dopo del veicolo S [V] [F]
5) Nell'incrocio rappresentato nella figura il veicolo N transita dopo il veicolo S e prima del veicolo C [V] [F]
6) Nell'incrocio rappresentato nella figura il veicolo C transita per primo [V] [F]

14015 (FIGURA 610)

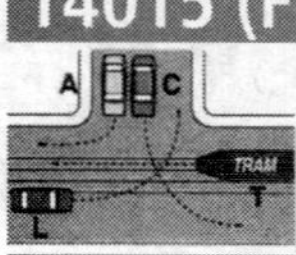

1) Nell'incrocio rappresentato nella figura il veicolo T transita per primo [V] [F]
2) Nell'incrocio rappresentato nella figura i veicoli passano nel seguente ordine: T, L ed A, infine C [V] [F]

14016 (FIGURA 669)

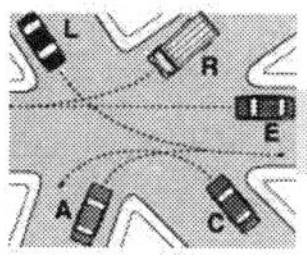

1) Dovendo attraversare l'incrocio rappresentato in figura i veicoli devono transitare nel seguente ordine: C, A, L, R, E V F
2) Dovendo attraversare l'incrocio rappresentato in figura il veicolo L transita prima del veicolo R V F
3) Dovendo attraversare l'incrocio rappresentato in figura i veicoli devono transitare nel seguente ordine: E, C, A, L, R V F
4) Dovendo attraversare l'incrocio rappresentato in figura il veicolo E deve dare la precedenza ai veicoli R e L V F
5) Dovendo attraversare l'incrocio rappresentato in figura qualunque veicolo può impegnare l'incrocio e fermarsi al centro di esso V F
6) Dovendo attraversare l'incrocio rappresentato in figura il veicolo E deve dare la precedenza al veicolo A V F
7) Dovendo attraversare l'incrocio rappresentato in figura il veicolo A transita prima del veicolo L V F
8) Dovendo attraversare l'incrocio rappresentato in figura il veicolo A transita subito dopo il veicolo C V F
9) Dovendo attraversare l'incrocio rappresentato in figura il veicolo C transita per primo V F
10) Dovendo attraversare l'incrocio rappresentato in figura il veicolo A deve attendere il passaggio del veicolo E V F
11) Dovendo attraversare l'incrocio rappresentato in figura il veicolo L transita dopo il veicolo A V F
12) Dovendo attraversare l'incrocio rappresentato in figura i veicoli C e R transitano contemporaneamente dopo il passaggio del veicolo A V F

14017 (FIGURA 665)

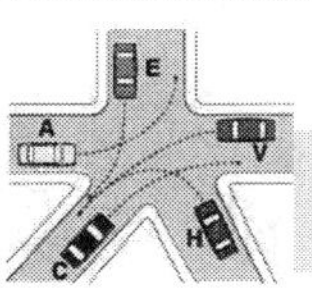

1) Nell'incrocio rappresentato in figura il veicolo V deve attendere che siano transitati i veicoli A, E, H V F
2) Nell'incrocio rappresentato in figura i veicoli disimpegnano l'incrocio nel seguente ordine: A, H, C, E, V V F
3) Nell'incrocio rappresentato in figura il veicolo C deve dare la precedenza al veicolo H V F
4) Nell'incrocio rappresentato in figura i veicoli disimpegnano l'incrocio nel seguente ordine: A, E, C, V, H V F
5) Nell'incrocio rappresentato in figura il veicolo H passa dopo i veicoli A, E, V V F
6) Nell'incrocio rappresentato in figura il veicolo A passa per primo V F
7) Nell'incrocio rappresentato in figura il veicolo V ha la precedenza sul veicolo H V F
8) Nell'incrocio rappresentato in figura i veicoli disimpegnano l'incrocio nel seguente ordine: A, E, V, H, C V F
9) Nell'incrocio rappresentato in figura i veicoli A, V e C passano contemporaneamente V F
10) Nell'incrocio rappresentato in figura il veicolo E passa prima del veicolo H V F
11) Nell'incrocio rappresentato in figura il veicolo V passa dopo i veicoli C e H V F

14018 (FIGURA 647)

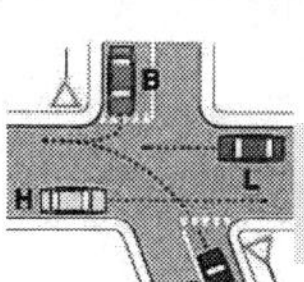

1) Secondo le norme di precedenza nell'incrocio rappresentato in figura il veicolo H transita dopo il veicolo O V F
2) Secondo le norme di precedenza nell'incrocio rappresentato in figura il veicolo B transita prima del veicolo O e dopo i veicoli L e H V F
3) Secondo le norme di precedenza nell'incrocio rappresentato in figura i veicoli passano nel seguente ordine: B, L, O, H V F
4) Secondo le norme di precedenza nell'incrocio rappresentato in figura il veicolo O transita per ultimo V F
5) Secondo le norme di precedenza nell'incrocio rappresentato in figura i veicoli passano nel seguente ordine: L e H, B, O V F

6) Secondo le norme di precedenza nell'incrocio rappresentato in figura il veicolo O deve dare la precedenza a tutti gli altri veicoli V F

7) Secondo le norme di precedenza nell'incrocio rappresentato in figura i veicoli L e H passano contemporaneamente per primi V F

8) Secondo le norme di precedenza nell'incrocio rappresentato in figura il veicolo O transita prima del veicolo H, ma dopo il veicolo B V F

9) Secondo le norme di precedenza nell'incrocio rappresentato in figura il veicolo B transita per primo V F

10) Secondo le norme di precedenza nell'incrocio rappresentato in figura il veicolo O transita prima del veicolo H, ma dopo il veicolo L V F

11) Secondo le norme di precedenza, nell'incrocio rappresentato in figura, il veicolo B transita dopo i veicoli L e H V F

12) Secondo le norme di precedenza nell'incrocio rappresentato in figura il veicolo O impegna l'incrocio per primo e si ferma al centro di esso V F

14019 (FIGURA 655)

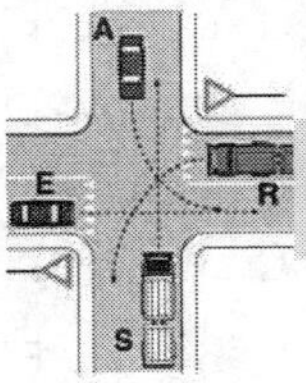

1) Secondo le norme di precedenza nell'incrocio rappresentato in figura il veicolo A deve dare la precedenza al veicolo S V F

2) Secondo le norme di precedenza nell'incrocio rappresentato in figura i veicoli transitano nell'ordine: E, R, S, A V F

3) Secondo le norme di precedenza nell'incrocio rappresentato in figura i veicoli transitano nell'ordine: S, A, E, R V F

4) Secondo le norme di precedenza nell'incrocio rappresentato in figura il veicolo A deve transitare dopo il veicolo E V F

5) Secondo le norme di precedenza nell'incrocio rappresentato in figura il veicolo S transita prima di tutti gli altri veicoli V F

6) Secondo le norme di precedenza nell'incrocio rappresentato in figura il veicolo E deve attendere il transito del veicolo R V F

7) Secondo le norme di precedenza nell'incrocio rappresentato in figura il veicolo R impegna per primo l'incrocio e si ferma al centro di esso V F

8) Secondo le norme di precedenza nell'incrocio rappresentato in figura il veicolo A deve transitare per ultimo V F

9) Secondo le norme di precedenza nell'incrocio rappresentato in figura il veicolo S transita prima del veicolo R V F

10) Secondo le norme di precedenza nell'incrocio rappresentato in figura il veicolo R transita per ultimo V F

11) Secondo le norme di precedenza nell'incrocio rappresentato in figura il veicolo A deve attendere che siano transitati i veicoli S ed E V F

14020 (FIGURA 654)

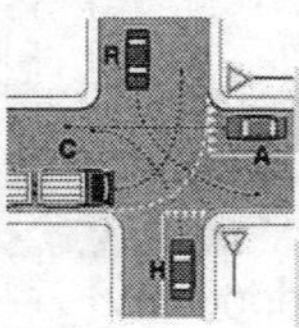

1) Nella situazione rappresentata in figura il veicolo A deve attendere il transito dei veicoli C ed R V F

2) Nella situazione rappresentata in figura i veicoli transitano nell'ordine: C, R, H, A V F

3) Nella situazione rappresentata in figura il veicolo H deve attendere il transito dei veicoli C, R, A V F

4) Nella situazione rappresentata in figura il veicolo C deve attendere il transito del veicolo H V F

5) Nella situazione rappresentata in figura il veicolo C deve attendere il transito dei veicoli R, A, H V F

6) Nella situazione rappresentata in figura i veicoli transitano nell'ordine: C, R, A, H V F

7) Nella situazione rappresentata in figura il veicolo H deve transitare per ultimo V F

8) Nella situazione rappresentata in figura il veicolo R deve attendere il transito del veicolo C V F

9) Nella situazione rappresentata in figura il veicolo R deve attendere il transito dei veicoli H ed A V F

10) Nella situazione rappresentata in figura il veicolo C transita per primo V F

11) Nella situazione rappresentata in figura il veicolo A deve attendere il transito del veicolo H V F

12) Nella situazione rappresentata in figura il veicolo R deve attendere il transito del veicolo H V F

14021 (FIGURA 613)

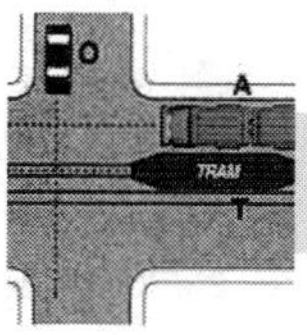

1) Secondo le norme di precedenza nell'incrocio rappresentato in figura il veicolo O deve attendere il transito del veicolo A V F
2) Secondo le norme di precedenza nell'incrocio rappresentato in figura il veicolo A deve attendere il transito del veicolo O V F
3) Secondo le norme di precedenza nell'incrocio rappresentato in figura il veicolo O transita prima del veicolo A V F
4) Secondo le norme di precedenza nell'incrocio rappresentato in figura il veicolo O deve attendere il transito del veicolo T V F
5) Secondo le norme di precedenza nell'incrocio rappresentato in figura il veicolo T transita per primo V F
6) Secondo le norme di precedenza nell'incrocio rappresentato in figura i veicoli transitano nell'ordine: T, A, O V F
7) Secondo le norme di precedenza nell'incrocio rappresentato in figura i veicoli transitano nell'ordine: T, O, A V F
8) Secondo le norme di precedenza nell'incrocio rappresentato in figura il veicolo T deve attendere il transito del veicolo A V F
9) Secondo le norme di precedenza nell'incrocio rappresentato in figura il veicolo T deve attendere il transito del veicolo O V F
10) Secondo le norme di precedenza nell'incrocio rappresentato in figura i veicoli A e T transitano contemporaneamente V F

14022 (FIGURA 648)

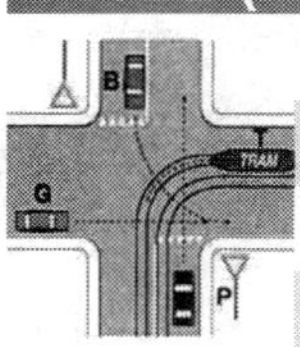

1) Nella situazione rappresentata in figura il veicolo G transita per primo V F
2) Nella situazione rappresentata in figura il veicolo G deve attendere il transito del veicolo T V F
3) Nella situazione rappresentata in figura i veicoli transitano nell'ordine: T, G, P, B V F
4) Nella situazione rappresentata in figura i veicoli transitano nell'ordine: T, P, G, B V F
5) Nella situazione rappresentata in figura il veicolo T passa per primo V F
6) Nella situazione rappresentata in figura il veicolo P deve dare la precedenza ai veicoli T e G V F
7) Nella situazione rappresentata in figura il veicolo T impegna per primo l'incrocio, ma deve fermarsi al centro di esso V F
8) Nella situazione rappresentata in figura il veicolo B transita per ultimo V F
9) Nella situazione rappresentata in figura il veicolo B impegna per primo l'incrocio e deve fermarsi al centro di esso V F
10) Nella situazione rappresentata in figura il veicolo T deve attendere il transito del veicolo G V F
11) Nella situazione rappresentata in figura il veicolo B deve dare la precedenza a tutti gli altri veicoli V F
12) Nella situazione rappresentata in figura il veicolo P transita subito dopo il veicolo T V F

14023 (FIGURA 650)

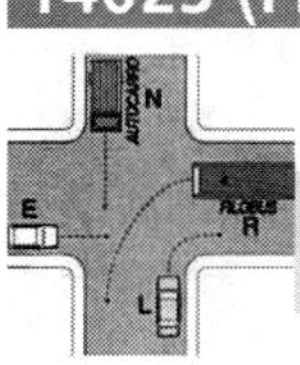

1) Secondo le norme di precedenza nell'incrocio rappresentato in figura il veicolo R deve attendere il transito dei veicoli E ed N V F
2) Secondo le norme di precedenza nell'incrocio rappresentato in figura il veicolo E deve attendere il transito del veicolo L V F
3) Secondo le norme di precedenza nell'incrocio rappresentato in figura il veicolo E deve attendere il transito dei veicoli N e R V F
4) Secondo le norme di precedenza nell'incrocio rappresentato in figura i veicoli transitano nell'ordine: L, E, N, R V F

5) Secondo le norme di precedenza nell'incrocio rappresentato in figura il veicolo E deve attendere il transito del veicolo R V F

6) Secondo le norme di precedenza nell'incrocio rappresentato in figura il veicolo N deve attendere il transito del veicolo E V F

7) Secondo le norme di precedenza nell'incrocio rappresentato in figura il veicolo E deve attendere il transito del veicolo N V F

8) Secondo le norme di precedenza nell'incrocio rappresentato in figura il veicolo R (filobus) ha la precedenza sugli altri veicoli V F

9) Secondo le norme di precedenza nell'incrocio rappresentato in figura il veicolo L deve attendere il transito del veicolo R V F

10) Secondo le norme di precedenza nell'incrocio rappresentato in figura i veicoli transitano nell'ordine: R, L, E, N V F

14024 (FIGURA 652)

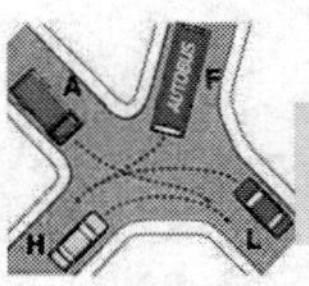

1) Secondo le norme di precedenza nell'incrocio in figura il veicolo F deve transitare per primo V F

2) Secondo le norme di precedenza nell'incrocio in figura il veicolo L deve attendere il transito dei veicoli A ed F V F

3) Secondo le norme di precedenza nell'incrocio in figura il veicolo A deve attendere il transito del veicolo H V F

4) Secondo le norme di precedenza nell'incrocio in figura il veicolo H transita per primo V F

5) Secondo le norme di precedenza nell'incrocio in figura il veicolo L deve transitare per ultimo V F

6) Secondo le norme di precedenza nell'incrocio in figura il veicolo F deve attendere il transito del veicolo A V F

7) Secondo le norme di precedenza nell'incrocio in figura i veicoli devono transitare nell'ordine: A, F, L, H V F

8) Secondo le norme di precedenza nell'incrocio in figura il veicolo H deve attendere il transito del veicolo L V F

9) Secondo le norme di precedenza nell'incrocio in figura il veicolo H deve attendere il transito del veicolo F V F

10) Secondo le norme di precedenza nell'incrocio in figura i veicoli debbono transitare nell'ordine: H, A, F, L V F

11) Secondo le norme di precedenza nell'incrocio in figura il veicolo A deve attendere il transito del veicolo F V F

14025 (FIGURA 617)

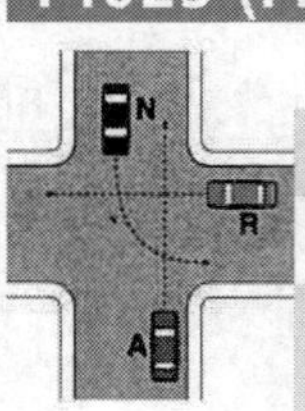

1) Nell'incrocio rappresentato nella figura il veicolo N ha la precedenza rispetto al veicolo R V F

2) Nell'incrocio rappresentato nella figura il veicolo N deve dare la precedenza al veicolo A V F

3) Nell'incrocio rappresentato nella figura il veicolo N ha la precedenza rispetto al veicolo A V F

4) Nell'incrocio rappresentato nella figura il veicolo N può concludere la manovra di svolta a sinistra dopo il transito dei veicoli R e A V F

5) Nell'incrocio rappresentato nella figura il veicolo N, dopo essersi portato al centro dell'incrocio, deve attendere il transito dei veicoli R e A V F

6) Nell'incrocio rappresentato nella figura il veicolo N attraversa per primo V F

7) Nell'incrocio rappresentato nella figura il veicolo N passa dopo il transito del veicolo R ma prima che transiti il veicolo A V F

8) Nell'incrocio rappresentato nella figura il conducente del veicolo N conclude per ultimo l'attraversamento dell'incrocio V F

9) Nell'incrocio rappresentato nella figura il veicolo N deve dare la precedenza al veicolo R V F

10) Nell'incrocio rappresentato nella figura il veicolo N impegna l'incrocio per ultimo V F

14026 (FIGURA 639)

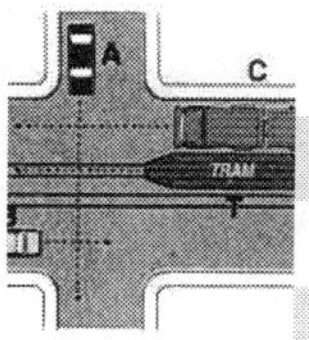

1) Nell'incrocio rappresentato nella figura il veicolo A deve dare la precedenza al tram e al veicolo B — V F
2) Nell'incrocio rappresentato nella figura i veicoli transitano nell'ordine: T e B, A, C — V F
3) Nell'incrocio rappresentato nella figura il veicolo A transita per ultimo — V F
4) Nell'incrocio rappresentato nella figura il veicolo A ha la precedenza rispetto al veicolo C — V F
5) Nell'incrocio rappresentato nella figura il veicolo C transita per ultimo — V F
6) Nell'incrocio rappresentato nella figura i veicoli T e B possono transitare contemporaneamente — V F
7) Nell'incrocio rappresentato nella figura i veicoli T, B, C transitano contemporaneamente — V F
8) Nell'incrocio rappresentato nella figura i veicoli T e C transitano contemporaneamente — V F
9) Nell'incrocio rappresentato nella figura i veicoli transitano nell'ordine: T, B, C, A — V F
10) Nell'incrocio rappresentato nella figura il veicolo B deve dare la precedenza al veicolo A — V F

14027 (FIGURA 651)

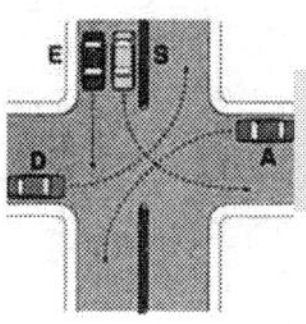

1) Nell'incrocio rappresentato nella figura il conducente del veicolo D passa per terzo — V F
2) Nell'incrocio rappresentato nella figura il conducente del veicolo D non ha l'obbligo di dare la precedenza ad alcun veicolo — V F
3) Nell'incrocio rappresentato nella figura il conducente del veicolo D non ha l'obbligo di dare la precedenza al veicolo A — V F
4) Nell'incrocio rappresentato nella figura il conducente del veicolo D passa per primo — V F
5) Nell'incrocio rappresentato nella figura il conducente del veicolo D ha l'obbligo di dare la precedenza a tutti i veicoli — V F
6) Nell'incrocio rappresentato nella figura il conducente del veicolo D ha l'obbligo di dare la precedenza al veicolo E, che prosegue diritto — V F

14028 (FIGURA 617)

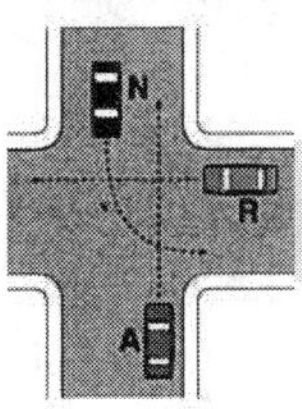

1) Nell'incrocio rappresentato nella figura il conducente del veicolo R deve dare la precedenza al veicolo N — V F
2) Nell'incrocio rappresentato nella figura il conducente del veicolo R passa dopo il transito del veicolo A — V F
3) Nell'incrocio rappresentato nella figura il conducente del veicolo R ha la precedenza rispetto al veicolo A — V F
4) Nell'incrocio rappresentato nella figura il conducente del veicolo R conclude per primo l'attraversamento — V F
5) Nell'incrocio rappresentato nella figura il conducente del veicolo R passa prima del veicolo A — V F
6) Nell'incrocio rappresentato nella figura il conducente del veicolo R attraversa l'incrocio dopo che il veicolo N si è fermato al centro dell'incrocio — V F
7) Nell'incrocio rappresentato nella figura il conducente del veicolo R passa per ultimo — V F
8) Nell'incrocio rappresentato nella figura il conducente del veicolo R deve dare la precedenza al veicolo A — V F
9) Nell'incrocio rappresentato nella figura il conducente del veicolo R impegna l'incrocio e si ferma al centro — V F

14029 (FIGURA 614)

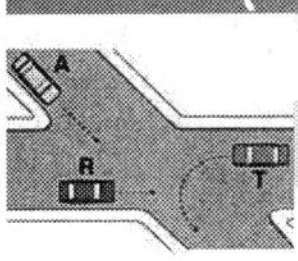

1) Nell'incrocio rappresentato nella figura i veicoli transitano nell'ordine: R, T, A — V F
2) Nell'incrocio rappresentato nella figura il veicolo A deve attendere il transito del veicolo R — V F
3) Nell'incrocio rappresentato nella figura il veicolo T passa per ultimo — V F

4) Nell'incrocio rappresentato nella figura i veicoli transitano nell'ordine: R, A, T V F

5) Nell'incrocio rappresentato nella figura il veicolo T transita prima del veicolo R V F

6) Nell'incrocio rappresentato nella figura il veicolo T deve attendere il transito dei veicoli R ed A V F

7) Nell'incrocio rappresentato nella figura i veicoli transitano nell'ordine: T, A, R V F

8) Nell'incrocio rappresentato nella figura il veicolo R passa per primo V F

9) Nell'incrocio rappresentato nella figura il veicolo T transita prima degli altri veicoli V F

14030 (FIGURA 651)

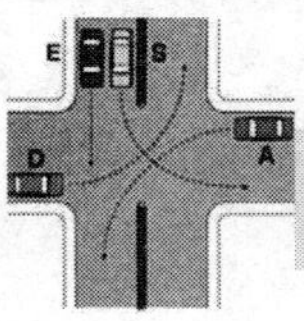

1) Nell'incrocio rappresentato nella figura il conducente del veicolo A passa dopo i veicoli E e S, ma prima del veicolo D V F

2) Nell'incrocio rappresentato nella figura il conducente del veicolo A prima di impegnare l'incrocio deve attendere il transito, nell'ordine, dei veicoli D, E e S V F

3) Nell'incrocio rappresentato nella figura il conducente del veicolo A deve dare la precedenza ai veicoli E e S V F

4) Nell'incrocio rappresentato nella figura il conducente del veicolo A ha la destra libera V F

5) Nell'incrocio rappresentato nella figura il conducente del veicolo A passa per ultimo V F

6) Nell'incrocio rappresentato nella figura il conducente del veicolo A passa contemporaneamente al veicolo D V F

7) Nell'incrocio rappresentato nella figura il conducente del veicolo A deve dare la precedenza solo al veicolo che prosegue diritto e non a quelli che svoltano V F

14031 (FIGURA 637)

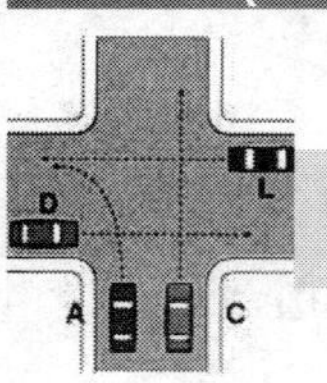

1) Nell'incrocio rappresentato nella figura il conducente del veicolo A deve dare la precedenza al veicolo L V F

2) Nell'incrocio rappresentato nella figura il conducente del veicolo A può attraversare l'incrocio insieme al veicolo C, dopo il transito del veicolo L V F

3) Nell'incrocio rappresentato nella figura il conducente del veicolo A ha la precedenza rispetto al veicolo D V F

4) Nell'incrocio rappresentato nella figura il conducente del veicolo A deve dare la precedenza a tutti i veicoli V F

5) Nell'incrocio rappresentato nella figura il conducente del veicolo A passa per ultimo V F

14032 (FIGURA 638)

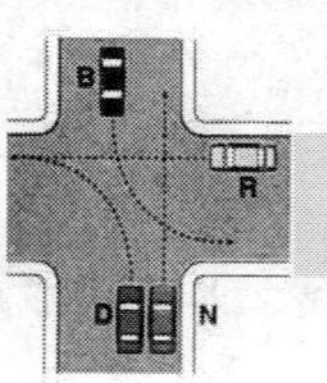

1) Nell'incrocio rappresentato nella figura il conducente del veicolo B ha la destra libera, durante tutta la manovra di svolta V F

2) Nell'incrocio rappresentato nella figura il conducente del veicolo B deve impegnare per ultimo l'incrocio perché svolta a sinistra V F

3) Nell'incrocio rappresentato nella figura il conducente del veicolo B deve dare la precedenza al veicolo N V F

4) Nell'incrocio rappresentato nella figura il conducente del veicolo B può concludere la manovra di svolta a sinistra dopo il transito del veicolo N V F

5) Nell'incrocio rappresentato nella figura il conducente del veicolo B impegna l'incrocio prima del veicolo R V F

6) Nell'incrocio rappresentato nella figura il conducente del veicolo B dopo essersi portato al centro dell'incrocio, deve attendere il transito del veicolo N V F

7) Nell'incrocio rappresentato nella figura il conducente del veicolo B deve dare la precedenza al veicolo R che prosegue diritto V F

14033 (FIGURA 648)

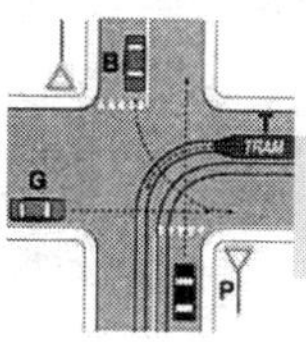

1) Nell'incrocio rappresentato nella figura il conducente del veicolo P transita dopo il tram e il veicolo G, ma prima del veicolo B V F
2) Nell'incrocio rappresentato nella figura il conducente del veicolo P deve dare la precedenza ai veicoli T e G V F
3) Nell'incrocio rappresentato nella figura il conducente del veicolo P ha la precedenza sul veicolo B V F
4) Nell'incrocio rappresentato nella figura il conducente del veicolo P ha la precedenza su tutti i veicoli V F
5) Nell'incrocio rappresentato nella figura il conducente del veicolo P transita contemporaneamente al veicolo B, ma dopo il tram V F
6) Nell'incrocio rappresentato nella figura il conducente del veicolo P deve dare la precedenza solo al veicolo proveniente dalla sua destra V F

14034 (FIGURA 650)

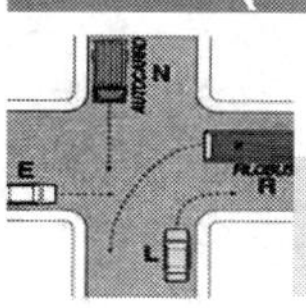

1) Nell'incrocio rappresentato nella figura il conducente del veicolo E passa prima dell'autocarro N, dopo il transito del veicolo L V F
2) Nell'incrocio rappresentato nella figura il conducente del veicolo E deve dare la precedenza all'autocarro perché prosegue diritto V F
3) Nell'incrocio rappresentato nella figura il conducente del veicolo E deve dare la precedenza al veicolo L V F
4) Nell'incrocio rappresentato nella figura il conducente del veicolo E non ha l'obbligo di dare la precedenza al filobus V F
5) Nell'incrocio rappresentato nella figura il conducente del veicolo E deve dare la precedenza al veicolo proveniente dalla sua destra V F
6) Nell'incrocio rappresentato nella figura il conducente del veicolo E passa dopo il filobus ma prima del veicolo N V F
7) Nell'incrocio rappresentato nella figura il conducente del veicolo E ha la precedenza sui veicoli provenienti da destra e da sinistra V F
8) Nell'incrocio rappresentato nella figura il conducente del veicolo E passa per primo V F

14035 (FIGURA 664)

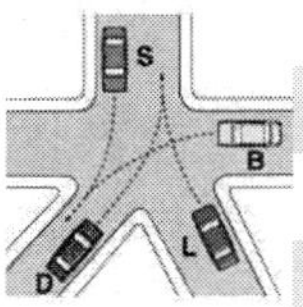

1) Nell'intersezione di figura l'ordine di transito dei veicoli è: S, B, L, D V F
2) Nell'intersezione di figura l'ordine di transito dei veicoli è: S, B, D e L contemporaneamente V F
3) Nell'intersezione di figura il veicolo B deve dare la precedenza al veicolo S V F
4) Nell'intersezione di figura l'ordine di transito dei veicoli è: S e D contemporaneamente, B, L V F

14036 (FIGURA 631)

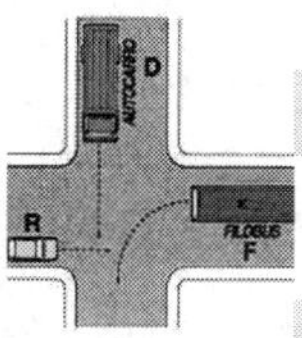

1) Nell'intersezione di figura il veicolo D transita prima del veicolo F V F
2) Nell'intersezione di figura l'ordine di transito dei veicoli è: R, D, F V F
3) Nell'intersezione di figura il filobus passa per primo perché vincolato alla linea elettrica aerea V F
4) Nell'intersezione di figura l'ordine di transito dei veicoli è: F, R, D V F

14037 (FIGURA 663)

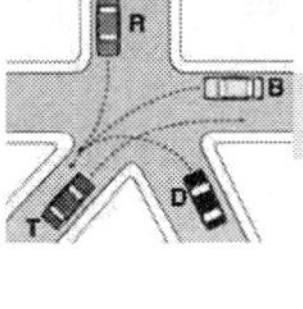

1) Nell'intersezione di figura l'ordine di precedenza dei veicoli è: R, B, D, T V F
2) Nell'intersezione di figura il veicolo T passa per ultimo V F
3) Nell'intersezione di figura il veicolo D transita prima del veicolo B V F

14038 (FIGURA 633)

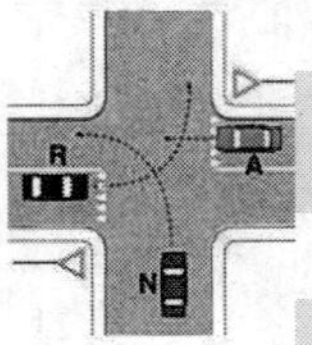

1) Nell'intersezione di figura l'ordine di transito dei veicoli è: N, A, R V F
2) Nell'intersezione di figura il veicolo A può transitare prima del veicolo R, ma dopo il veicolo N V F
3) Nell'intersezione di figura l'ordine di transito dei veicoli è: A, N, R V F
4) Nell'intersezione di figura i veicoli A ed R devono, se necessario, fermarsi V F
5) Nell'intersezione di figura l'ordine di precedenza dei veicoli è: N, R, A V F

14039 (FIGURA 607)

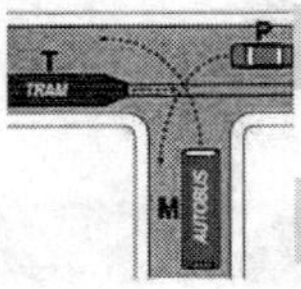

1) Nell'intersezione in figura il veicolo M ha la precedenza perché è in servizio pubblico V F
2) Nell'intersezione in figura i veicoli transitano nel seguente ordine: T, P, M V F
3) Nell'intersezione in figura il veicolo M transita per ultimo V F
4) Nell'intersezione in figura il veicolo T transita per primo V F
5) Nell'intersezione in figura i veicoli transitano nel seguente ordine: T, M, P V F
6) Nell'intersezione in figura, il veicolo T può passare per primo, purché il veicolo M non stia svolgendo un servizio pubblico di linea V F

14040 (FIGURA 604)

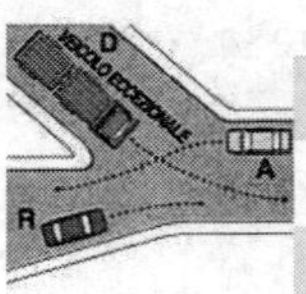

1) Nell'incrocio rappresentato in figura il veicolo R passa per primo V F
2) Nell'incrocio rappresentato in figura i veicoli transitano nel seguente ordine: R, D, A V F
3) Nell'incrocio rappresentato in figura il veicolo D passa prima del veicolo R V F
4) Nell'incrocio rappresentato in figura i veicoli transitano nel seguente ordine: D, A, R V F
5) Nell'incrocio rappresentato in figura i veicoli A e R passano contemporaneamente V F

14041 (FIGURA 636)

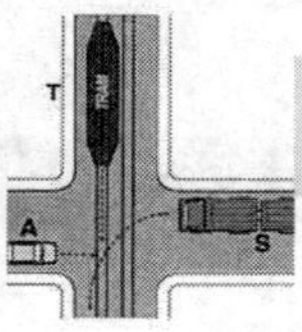

1) Dovendo attraversare l'incrocio rappresentato in figura il veicolo T transita per primo V F
2) Dovendo attraversare l'incrocio rappresentato in figura il veicolo A transita subito dopo il veicolo T V F
3) Dovendo attraversare l'incrocio rappresentato in figura il veicolo S transita dopo il veicolo T, ma prima del veicolo A V F
4) Dovendo attraversare l'incrocio rappresentato in figura i veicoli devono transitare nel seguente ordine: A, T, S V F
5) Dovendo attraversare l'incrocio rappresentato in figura i veicoli devono transitare nel seguente ordine: T, A, S V F
6) Dovendo attraversare l'incrocio rappresentato in figura il veicolo S deve attendere il transito dei veicoli T e A V F
7) Dovendo attraversare l'incrocio rappresentato in figura il veicolo A transita per primo V F
8) Dovendo attraversare l'incrocio rappresentato in figura i veicoli A e S transitano contemporaneamente dopo il passaggio del veicolo T V F

14042 (FIGURA 620)

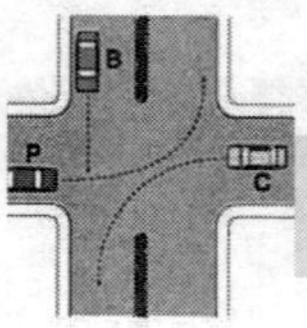

1) Secondo le norme di precedenza nell'incrocio rappresentato in figura i veicoli transitano nell'ordine: P, B, C V F
2) Secondo le norme di precedenza nell'incrocio rappresentato in figura il veicolo P transita per primo V F
3) Secondo le norme di precedenza nell'incrocio rappresentato in figura i veicoli transitano nell'ordine: P, C, B V F

4) Secondo le norme di precedenza nell'incrocio rappresentato in figura il veicolo C ha la destra occupata V F

5) Secondo le norme di precedenza nell'incrocio rappresentato in figura il veicolo B deve attendere il transito del veicolo P V F

6) Secondo le norme di precedenza nell'incrocio rappresentato in figura i veicoli P e C transitano contemporaneamente V F

7) Secondo le norme di precedenza nell'incrocio rappresentato in figura il veicolo B transita per ultimo V F

8) Secondo le norme di precedenza nell'incrocio rappresentato in figura il veicolo P impegna l'incrocio per primo ma si deve fermare al centro di esso V F

14043 (FIGURA 616)

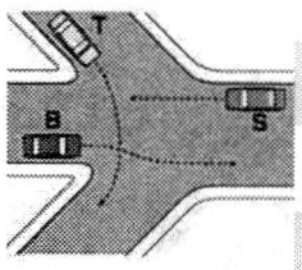

1) Nell'incrocio rappresentato in figura il veicolo B deve dare la precedenza al veicolo T V F

2) Nell'incrocio rappresentato in figura i veicoli transitano nel seguente ordine: B, T, S V F

3) Nell'incrocio rappresentato in figura il veicolo B transita per primo V F

4) Nell'incrocio rappresentato in figura il veicolo S transita per ultimo V F

5) Nell'incrocio rappresentato in figura i veicoli transitano nel seguente ordine: S, B, T V F

6) Nell'incrocio rappresentato in figura nessuno dei veicoli deve moderare la velocità V F

7) Nell'incrocio rappresentato in figura i veicoli B e S transitano contemporaneamente V F

14044 (FIGURA 657)

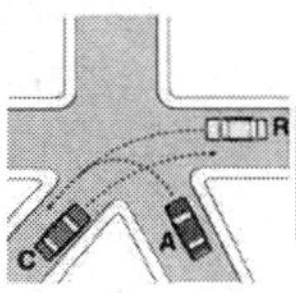

1) Secondo le norme di precedenza nell'incrocio rappresentato in figura il veicolo A transita dopo il veicolo R V F

2) Secondo le norme di precedenza nell'incrocio rappresentato in figura i veicoli transitano nel seguente ordine: R, A, C V F

3) Secondo le norme di precedenza nell'incrocio rappresentato in figura il veicolo C non deve dare la precedenza ad alcun veicolo V F

4) Secondo le norme di precedenza nell'incrocio rappresentato in figura il veicolo R non deve dare la precedenza ad alcun veicolo V F

5) Secondo le norme di precedenza nell'incrocio rappresentato in figura il veicolo C deve dare la precedenza al veicolo A V F

6) Secondo le norme di precedenza nell'incrocio rappresentato in figura i veicoli R e C transitano contemporaneamente V F

7) Secondo le norme di precedenza nell'incrocio rappresentato in figura i veicoli transitano nel seguente ordine: R, C, A V F

8) Secondo le norme di precedenza nell'incrocio rappresentato in figura il veicolo R deve attendere il transito dei veicoli C e A V F

14045 (FIGURA 660)

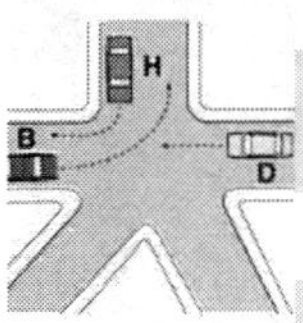

1) Nell'incrocio rappresentato in figura il veicolo H non deve dare la precedenza ad alcun veicolo V F

2) Nell'incrocio rappresentato in figura i veicoli disimpegnano l'incrocio nel seguente ordine: H, B, D V F

3) Nell'incrocio rappresentato in figura il veicolo D deve dare la precedenza al veicolo H V F

4) Nell'incrocio rappresentato in figura il veicolo B deve passare per ultimo V F

5) Nell'incrocio rappresentato in figura il veicolo D deve attendere che il veicolo B sia transitato V F

6) Nell'incrocio rappresentato in figura i veicoli disimpegnano l'incrocio nel seguente ordine: H, D, B V F

7) Nell'incrocio rappresentato in figura il veicolo B ha la precedenza sul veicolo D V F

8) Nell'incrocio rappresentato in figura i veicoli H e B possono passare contemporaneamente V F

14046 (FIGURA 644)

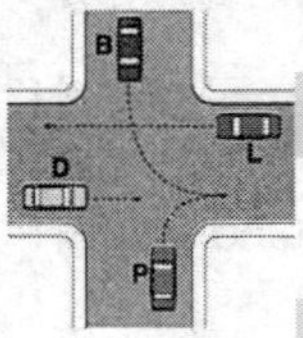

1) Giungendo all'incrocio rappresentato in figura il veicolo P può passare per primo V F
2) Giungendo all'incrocio rappresentato in figura il veicolo L deve dare la precedenza al veicolo B V F
3) Giungendo all'incrocio rappresentato in figura il veicolo P deve attendere che siano transitati gli altri tre veicoli V F
4) Giungendo all'incrocio rappresentato in figura il veicolo D deve dare la precedenza al veicolo P V F
5) Giungendo all'incrocio rappresentato in figura i veicoli devono passare nel seguente ordine: P, D, B, L V F
6) Giungendo all'incrocio rappresentato in figura il veicolo B deve dare la precedenza al veicolo L V F
7) Giungendo all'incrocio rappresentato in figura il veicolo B deve attendere che siano transitati i veicoli P e D V F
8) Giungendo all'incrocio rappresentato in figura i veicoli devono passare nel seguente ordine: P, D, L, B V F
9) Giungendo all'incrocio rappresentato in figura i veicoli D e L passano contemporaneamente per primi V F

14047 (FIGURA 606)

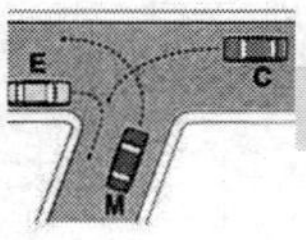

1) Dovendo attraversare l'incrocio rappresentato in figura i veicoli devono transitare nel seguente ordine: C, M ed E V F
2) Dovendo attraversare l'incrocio rappresentato in figura il veicolo E transita per primo V F
3) Dovendo attraversare l'incrocio rappresentato in figura i veicoli devono transitare nel seguente ordine: E, C, M V F
4) Dovendo attraversare l'incrocio rappresentato in figura il veicolo C transita dopo il veicolo E V F
5) Dovendo attraversare l'incrocio rappresentato in figura il veicolo M transita per primo V F
6) Dovendo attraversare l'incrocio rappresentato in figura i veicoli M ed E transitano contemporaneamente V F

14048 (FIGURA 634)

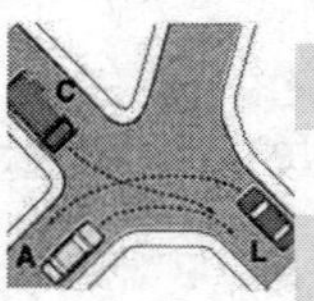

1) Giungendo all'incrocio rappresentato in figura il veicolo A passa per primo V F
2) Giungendo all'incrocio rappresentato in figura il veicolo L passa per ultimo V F
3) Giungendo all'incrocio rappresentato in figura il veicolo L passa per primo V F
4) Giungendo all'incrocio rappresentato in figura il veicolo A deve attendere che siano transitati i veicoli L e C V F
5) Giungendo all'incrocio rappresentato in figura i veicoli devono passare nel seguente ordine: A, C, L V F
6) Giungendo all'incrocio rappresentato in figura i veicoli devono passare nel seguente ordine: L, C, A V F
7) Giungendo all'incrocio rappresentato in figura il veicolo C deve dare la precedenza al veicolo A V F
8) Giungendo all'incrocio rappresentato in figura il veicolo C deve attendere il transito del veicolo L V F

14049 (FIGURA 661)

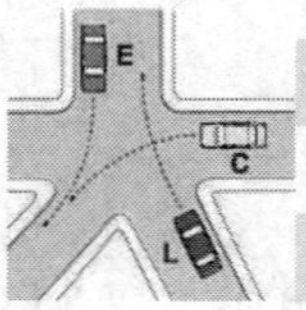

1) Nell'incrocio rappresentato in figura i veicoli disimpegnano l'incrocio nel seguente ordine: E, L, C V F
2) Nell'incrocio rappresentato in figura il veicolo C deve dare la precedenza al veicolo E V F
3) Nell'incrocio rappresentato in figura il veicolo E non deve dare la precedenza ad alcun veicolo V F
4) Nell'incrocio rappresentato in figura il veicolo E deve passare per ultimo V F
5) Nell'incrocio rappresentato in figura il veicolo L deve attendere il transito dei veicoli E e C V F
6) Nell'incrocio rappresentato in figura i veicoli disimpegnano l'incrocio nel seguente ordine: E, C, L V F
7) Nell'incrocio rappresentato in figura il veicolo C deve attendere il transito del veicolo L V F
8) Nell'incrocio rappresentato in figura i veicoli C ed E passano contemporaneamente V F

Norme sul sorpasso

15001

1) Il conducente che intende sorpassare deve accertarsi che la visibilità sia tale da consentire la manovra V F
2) Il conducente che intende sorpassare deve accertarsi che il conducente che lo precede nella stessa corsia non abbia segnalato di voler compiere analoga manovra V F
3) Il conducente che intende sorpassare deve accertarsi che il conducente che lo segue sulla stessa carreggiata non abbia iniziato il sorpasso V F
4) Il conducente che intende sorpassare deve valutare lo spazio necessario per la manovra anche in relazione alla differenza di velocità tra il proprio veicolo e quello da sorpassare V F
5) Il conducente che intende sorpassare deve accertarsi che la strada sia libera per consentire la completa esecuzione del sorpasso V F
6) Il conducente che intende sorpassare deve accertarsi semplicemente che nessun veicolo provenga dalla direzione opposta V F
7) Il conducente che intende sorpassare deve tener conto di eventuali veicoli che provengono dalla direzione opposta V F
8) Il conducente che intende sorpassare ha come unico obbligo quello di azionare l'indicatore di direzione (frecce) V F
9) Il conducente che intende sorpassare deve accertarsi che la larghezza della carreggiata consenta la manovra in condizioni di sicurezza V F
10) Il conducente che intende sorpassare deve accertarsi che nessun segnale verticale vieti la manovra V F
11) Il conducente che intende sorpassare deve valutare lo spazio necessario in relazione alla lunghezza del proprio veicolo e di quello da sorpassare V F
12) Il conducente che intende sorpassare deve accertarsi che la manovra possa compiersi senza costituire intralcio V F
13) Il conducente che intende sorpassare deve unicamente accertarsi che non vi sia nessun segnale di divieto di sorpasso V F

15002

1) La manovra di sorpasso non va effettuata se la carreggiata non è sufficientemente larga V F
2) Prima di iniziare una manovra di sorpasso occorre azionare l'indicatore di direzione V F
3) Il conducente che intende effettuare il sorpasso ha l'obbligo di azionare il segnale acustico V F
4) Il sorpasso si effettua tenendo una adeguata distanza laterale dal veicolo che si sorpassa V F
5) Il conducente del veicolo sorpassato può gareggiare in velocità con il conducente del veicolo che lo sta sorpassando V F
6) Dopo aver effettuato una manovra di sorpasso il conducente del veicolo deve riportarsi a destra appena possibile senza creare pericolo o intralcio V F
7) La manovra di sorpasso non va effettuata se lo spazio visibile risulta insufficiente per completarla in sicurezza V F
8) La manovra di sorpasso si effettua, di norma, a sinistra V F
9) Il conducente del veicolo che viene sorpassato deve agevolare la manovra di sorpasso e non accelerare V F
10) Il conducente che intende iniziare una manovra di sorpasso non ha l'obbligo di azionare l'indicatore di direzione V F
11) Il conducente del veicolo che viene sorpassato, nelle strade ad una corsia per senso di marcia, deve tenersi il più vicino possibile al margine destro V F
12) Dopo il sorpasso il veicolo può immediatamente spostarsi a destra se taglia la strada a quello sorpassato V F
13) La manovra di sorpasso si effettua anche se lo spazio visibile risulta insufficiente per completarla in sicurezza V F

15003

1) Se il tram o il filobus sono fermi la manovra di sorpasso può effettuarsi a destra se esiste il salvagente V F
2) La manovra di sorpasso deve essere eseguita a destra se il conducente del veicolo da sorpassare ha segnalato l'intenzione di voler svoltare a sinistra V F
3) La manovra di sorpasso del tram può effettuarsi su ambo i lati se la strada è a senso unico e la larghezza della carreggiata lo consente V F
4) È sempre vietato effettuare la manovra di sorpasso a destra V F
5) La manovra di sorpasso può, di norma, effettuarsi a destra sulle autostrade V F
6) Dopo aver eseguito una prima manovra di sorpasso, in strade ad almeno due corsie per senso di marcia, è possibile eseguirne un' altra senza rientrare a destra, se non si crea intralcio V F
7) La manovra di sorpasso può effettuarsi a sinistra soltanto se il veicolo da sorpassare sta svoltando a destra V F
8) La manovra di sorpasso deve essere eseguita a destra se, su strada a senso unico, il conducente del veicolo da sorpassare ha segnalato l'intenzione di voler accostare a sinistra V F
9) Se il tram o il filobus sono fermi per la salita e la discesa dei passeggeri, la manovra di sorpasso può sempre effettuarsi a destra V F
10) Se il tram o il filobus sono fermi la manovra di sorpasso non può effettuarsi a destra se manca il salvagente V F
11) È vietato effettuare un secondo sorpasso senza prima essersi riportati a destra V F

15004

1) Il sorpasso è vietato in prossimità delle curve su strade a due corsie a doppio senso di marcia V F
2) Lo spazio necessario per il sorpasso aumenta se il veicolo da sorpassare rallenta V F
3) Il sorpasso è vietato in caso di scarsa visibilità V F
4) È consentito il sorpasso in prossimità o in corrispondenza delle intersezioni se regolate dai semafori V F
5) È consentito il sorpasso sul tratto discendente di un dosso in una strada a due corsie a doppio senso di marcia V F
6) È vietato il sorpasso di un veicolo che ne stia superando un altro se ciò impone di spostarsi sul lato riservato all'altro senso di marcia V F
7) Il sorpasso è consentito in caso di scarsa visibilità purché si lampeggi durante la manovra V F
8) È consentito il sorpasso nelle intersezioni se la strada è a precedenza purché a due carreggiate separate e le corsie siano delimitate dall'apposita segnaletica orizzontale V F
9) È vietato il sorpasso di veicoli in lento movimento ai passaggi a livello quando, a tal fine è necessario spostarsi sul lato riservato all'altro senso di marcia V F
10) Il sorpasso è consentito in curva se la strada è a due carreggiate separate con almeno due corsie per ogni senso di marcia V F
11) La pericolosità del sorpasso nasce dalla possibilità di urtare altri veicoli che, davanti o dietro, intendano compiere la stessa manovra V F
12) È consentito il sorpasso a destra nelle intersezioni regolate da semaforo, se il veicolo da sorpassare ha indicato di voler svoltare a sinistra ed ha iniziato la manovra V F
13) È vietato il sorpasso di veicoli fermi ai semafori quando, a tal fine è necessario spostarsi sul lato riservato all'altro senso di marcia V F
14) Lo spazio necessario alla manovra di sorpasso aumenta in relazione alla maggiore lunghezza del veicolo che sorpassa V F
15) È vietato il sorpasso di un autobus fermo per la salita e la discesa dei passeggeri V F
16) È consentito il sorpasso in prossimità o in corrispondenza di passaggi a livello senza barriere se la circolazione è regolata da semafori V F
17) È consentito il sorpasso a destra dei motocicli se vi è spazio sufficiente V F

18) Il sorpasso è vietato sulle curve e sui dossi delle strade a senso unico V F

19) È vietato il sorpasso di un veicolo che abbia rallentato in corrispondenza di un passaggio pedonale per consentire l'attraversamento dei pedoni V F

20) Il sorpasso è vietato in curva anche se la strada è a due carreggiate separate V F

21) Lo spazio necessario al sorpasso aumenta se il veicolo da sorpassare accelera V F

22) È sempre consentito superare un veicolo a due ruote V F

23) È consentito il sorpasso di veicoli fermi ai passaggi a livello senza barriere se il treno è distante V F

24) È vietato il sorpasso nelle strade a senso unico V F

25) La distanza di sicurezza va rispettata anche quando si inizia la manovra di sorpasso V F

26) Il sorpasso è consentito su dossi se la strada è a due carreggiate separate e a due corsie per senso di marcia V F

27) È obbligatorio accertarsi prima di effettuare il sorpasso che non vi siano segnali che lo vietino V F

28) È vietato il sorpasso se si deve valicare la striscia longitudinale bianca continua semplice o doppia V F

29) È vietato il sorpasso se il veicolo da superare si è fermato per dare precedenza ai pedoni, anche fuori dagli attraversamenti pedonali V F

30) È pericoloso effettuare il rientro dopo il sorpasso se la manovra costringe i veicoli sorpassati a frenare bruscamente V F

31) È vietato il sorpasso di veicoli della polizia V F

32) È vietato sorpassare sulle corsie di accelerazione o di decelerazione V F

33) Lo spazio necessario al sorpasso aumenta in relazione alla maggiore lunghezza del veicolo da sorpassare V F

34) Lo spazio necessario al sorpasso è maggiore se vi è poca differenza di velocità tra i veicoli V F

35) È consentito il sorpasso nelle intersezioni regolate da agenti del traffico V F

36) È consentito il sorpasso di veicoli in lento movimento ai passaggi a livello senza barriere se il treno è distante V F

37) È consentito il sorpasso sulle corsie d'accelerazione purché la manovra venga effettuata con attenzione V F

38) Il sorpasso è vietato in curva anche se la strada è ad almeno due corsie per senso di marcia V F

39) È vietato il sorpasso di veicoli in lento movimento a causa di congestione della circolazione quando, a tal fine è necessario spostarsi sul lato riservato all'altro senso di marcia V F

40) In autostrada si può sorpassare indifferentemente a destra e a sinistra V F

41) Prima di rientrare nella corsia di destra dopo il sorpasso, occorre controllare la posizione del veicolo sorpassato attraverso gli specchietti retrovisori V F

42) È consentito il sorpasso sulle intersezioni purché non provenga nessuno dalla destra V F

43) Il sorpasso tra motocicli si può effettuare sia a destra che a sinistra V F

44) Il sorpasso è vietato se si è costretti a superare la linea longitudinale tratteggiata V F

45) Lo spazio necessario per il sorpasso è indipendente dalla lunghezza dei veicoli V F

46) È consentito il sorpasso in corrispondenza delle intersezioni se si supera un veicolo a due ruote non a motore e non si invade il lato riservato al senso opposto V F

47) È vietato il sorpasso di veicoli fermi ai passaggi a livello, se bisogna impegnare la semicarreggiata opposta V F

48) Il sorpasso è vietato in prossimità dei dossi su strade a due corsie a doppio senso di marcia V F

49) È vietato il sorpasso di un veicolo che si sia arrestato in corrispondenza di un passaggio pedonale per consentire l'attraversamento di pedoni V F

50) In caso di intenso traffico è consentito ai motociclisti utilizzare per il sorpasso le corsie riservate V F

15005

1) È vietato il sorpasso in prossimità degli ospedali V F
2) Nell'eseguire la manovra di sorpasso occorre regolare la velocità in relazione a quella del veicolo da sorpassare V F
3) È vietato il sorpasso degli autobus in servizio pubblico di linea V F
4) Per eseguire la manovra di sorpasso nei centri urbani si possono momentaneamente superare i limiti di velocità V F
5) È vietato il sorpasso se nevica V F
6) Dopo il sorpasso bisogna rientrare immediatamente a destra, rallentando V F
7) Nell'eseguire la manovra di sorpasso non bisogna accelerare V F
8) È vietato il sorpasso in corrispondenza dei passi carrabili V F
9) Nell'eseguire la manovra di sorpasso bisogna mantenere strettamente la destra V F
10) È vietato il sorpasso quando il veicolo che precede ha azionato l'indicatore di direzione destro V F
11) Quando si inizia il sorpasso è consentito segnalare la manovra ai veicoli che precedono lampeggiando con i proiettori abbaglianti V F
12) È vietato il sorpasso in prossimità delle stazioni di servizio V F

15006

1) Il sorpasso in prossimità di un dosso è consentito sulle carreggiate a senso unico V F
2) Non si può sorpassare in corrispondenza dei dossi su carreggiata a senso unico a due corsie V F
3) Il sorpasso in prossimità di un dosso è consentito sulle strade a senso unico V F
4) In prossimità di un dosso è consentito invadere l'opposta semicarreggiata, per sorpassare autobus di linea fermi per la salita e discesa dei passeggeri V F
5) È vietato sorpassare accodandosi ad un'ambulanza in servizio di emergenza V F
6) Su carreggiate a due corsie a doppio senso di marcia, in prossimità di un dosso, è consentito sorpassare veicoli molto lenti V F
7) Su carreggiate a due corsie a doppio senso di marcia in prossimità di un dosso, è consentito sorpassare nella scia del veicolo che precede V F
8) Il sorpasso in prossimità di un dosso è consentito sulle strade a due corsie per senso di marcia V F
9) Il sorpasso in prossimità di un dosso è consentito sulle strade a due carreggiate separate V F
10) È vietato il sorpasso se alla sinistra del veicolo si trova una linea bianca discontinua affiancata da una continua V F
11) Su carreggiate a due corsie e a doppio senso in prossimità di un dosso, è consentito sorpassare veicoli a trazione animale V F
12) Non si può sorpassare un veicolo che abbia segnalato l'intenzione di accostarsi al margine destro della carreggiata V F
13) Non si può sorpassare in corrispondenza dell'uscita di un pubblico parcheggio V F
14) Non si può sorpassare sulla destra il tram che marcia al centro della carreggiata V F

15007

1) La pericolosità del sorpasso è determinata dal rischio di urtare altri veicoli che manifestano l'intenzione di compiere la stessa manovra V F
2) Nella fase di sorpasso, il conducente è tenuto a evitare di stringere o di tagliare la strada al veicolo sorpassato V F
3) La pericolosità del sorpasso è determinata dal rischio di collisione, in fase di avvicinamento, con il veicolo da sorpassare V F
4) Il sorpasso è vietato di notte, nei centri urbani con pubblica illuminazione insufficiente V F

5) Nella fase di rientro dal sorpasso il conducente deve segnalare acusticamente la manovra al veicolo sorpassato V F

6) Nella fase di sorpasso, il conducente è tenuto a mantenere una velocità almeno doppia di quella del veicolo sorpassato V F

7) Nella fase di sorpasso, il conducente è tenuto a segnalare continuamente con l'avvisatore acustico l'effettuazione della manovra V F

8) Nella fase di sorpasso, il conducente è tenuto a mantenersi il più a lungo possibile nella corsia di sorpasso V F

9) Il sorpasso è vietato quando sulle strade di montagna si è preceduti da un autobus di linea V F

10) La pericolosità del sorpasso è determinata dalla ridotta larghezza della carreggiata V F

11) Il sorpasso è vietato quando sulla carreggiata è tracciata la linea tratteggiata di mezzeria V F

12) La pericolosità del sorpasso è determinata dal rischio di collisione, in fase di rientro in corsia, con il veicolo sorpassato V F

13) Il sorpasso a destra è consentito quando il filobus è fermo per la salita e la discesa dei passeggeri, anche se non esiste salvagente V F

14) La pericolosità del sorpasso è determinata dalla presenza, sulla strada, di delineatori normali di margine V F

15) La pericolosità del sorpasso è determinata dal rischio di urto frontale con un veicolo che provenga dal senso contrario V F

16) Il sorpasso a destra è consentito quando si percorre una strada extraurbana a senso unico V F

17) Nella fase di rientro dal sorpasso in autostrada, il conducente deve distanziarsi di almeno 100 m dal veicolo sorpassato V F

18) Il conducente che intende sorpassare deve assicurarsi che la potenza del motore del proprio veicolo sia maggiore di quella del veicolo da sorpassare V F

15008

1) Il conducente del veicolo da sorpassare ha l'obbligo di tenersi il più possibile vicino al margine destro su strade ad unica corsia per senso di marcia V F

2) Il conducente del veicolo da sorpassare ha l'obbligo di non gareggiare in velocità con il veicolo sorpassante V F

3) Il conducente del veicolo da sorpassare ha l'obbligo di fermarsi appena possibile per far defluire il traffico se guida un veicolo molto lento V F

4) Il conducente del veicolo da sorpassare ha l'obbligo di ridurre sempre la propria velocità V F

5) Il conducente del veicolo da sorpassare ha l'obbligo di portarsi al centro della carreggiata per evitare sorpassi in scia V F

6) Il conducente del veicolo da sorpassare ha l'obbligo di azionare la segnalazione luminosa di pericolo (lampeggio simultaneo di tutte le frecce) per segnalare che la strada è sgombra V F

7) Il conducente del veicolo da sorpassare ha l'obbligo di inserire le marce più basse per facilitare il sorpasso V F

8) Il conducente del veicolo da sorpassare ha l'obbligo di non accelerare la propria andatura V F

9) Per effettuare il sorpasso bisogna considerare che un veicolo trainante un caravan non può mai essere superato in una discesa a forte pendenza V F

15009

1) Se si viene sorpassati mentre sopraggiunge un veicolo dal senso opposto, occorre spostarsi il più vicino possibile al margine destro della carreggiata V F

2) Se si viene sorpassati mentre sopraggiunge un veicolo dal senso opposto, è consigliabile ridurre la velocità V F

3) È consentito sorpassare un'auto della Polizia, se non è in servizio di emergenza e non vi sono altri tipi di impedimenti V F

4) Se si viene sorpassati mentre sopraggiunge un veicolo dal senso opposto, occorre tenere accesi i proiettori abbaglianti, come segnale di pericolo [V] [F]

5) Sulle autostrade a tre corsie per senso di marcia è consentito sorpassare un'auto della polizia, anche se in servizio di emergenza [V] [F]

6) Se si viene sorpassati ed avviene un incidente, si può avere una parte di responsabilità, se non si è fatto il possibile per facilitare la manovra di sorpasso [V] [F]

7) È vietato sorpassare un'auto della Polizia, non in servizio di emergenza, per non ostacolarne la marcia [V] [F]

8) Se si viene sorpassati mentre sopraggiunge un veicolo dal senso opposto, si ha l'obbligo di mantenere la stessa velocità [V] [F]

9) Se si viene sorpassati mentre sopraggiunge un veicolo dal senso opposto, occorre azionare l'indicatore di direzione destro, come segnale di pericolo [V] [F]

15010

1) Durante un sorpasso in autostrada, la scarsa attenzione posta ai veicoli che seguono può essere causa di incidente [V] [F]

2) Il sorpasso in autostrada può essere motivo di incidente, se viene effettuato in vicinanza di una piazzola di sosta [V] [F]

3) Durante un sorpasso in autostrada, può essere causa di incidente l'improvviso spostamento sulla corsia di sorpasso di uno dei veicoli che precedono [V] [F]

4) Durante un sorpasso in autostrada, mantenersi troppo a lungo sulla corsia di sorpasso può essere motivo di intralcio [V] [F]

5) Durante un sorpasso in autostrada, l'insufficiente distanza di sicurezza può essere causa di incidente [V] [F]

6) Il sorpasso in autostrada può essere motivo di incidente, se il forte vento laterale compromette la stabilità dei veicoli [V] [F]

7) Il sorpasso in autostrada può essere motivo di incidente, se viene effettuato accodandosi ad un veicolo che sta sorpassando [V] [F]

8) Il sorpasso in autostrada può essere motivo di incidente, se si viaggia con le luci anabbaglianti sempre accese [V] [F]

Fermata, sosta, arresto e partenza

16001

1) Se si parcheggia in una zona regolamentata con parchimetro, occorre esporre l'apposito tagliando, in modo che sia ben visibile [V] [F]
2) In una zona in cui la sosta è regolamentata con parchimetro, non occorre utilizzare il parchimetro se si effettua una breve sosta [V] [F]
3) Per parcheggiare in una zona regolamentata mediante disco orario, bisogna indicare sul disco l'orario di fine della sosta, oppure trascriverlo su un foglio di carta [V] [F]
4) In una zona in cui la sosta è regolamentata mediante disco orario, prima che scada il tempo di validità della sosta è consentito aggiornare l'orario, senza che il veicolo venga spostato [V] [F]
5) Per parcheggiare in una zona regolamentata mediante disco orario, bisogna esporre in modo ben visibile l'orario di arrivo [V] [F]
6) Nelle aree di parcheggio a tempo limitato, i veicoli al servizio di persone diversamente abili non sono obbligati a rispettare il limite di tempo stabilito per la sosta [V] [F]
7) In una zona in cui la sosta è regolamentata con parchimetro, non occorre utilizzarlo se ci si ferma soltanto per far salire o scendere un passeggero [V] [F]
8) Se si parcheggia in una zona regolamentata mediante disco orario, bisogna trascrivere su un foglio di carta l'ora di arrivo, senza indicare i minuti [V] [F]

16002

1) È opportuno che il conducente di un autoveicolo in sosta sul lato sinistro in una strada urbana a senso unico, ricordi al passeggero di prestare particolare attenzione ai veicoli che sopraggiungono, prima di aprire la portiera [V] [F]
2) Il conducente di un autoveicolo può lasciare il motore acceso se sosta per poco tempo [V] [F]
3) Il conducente di un autoveicolo in sosta su una strada stretta, prima di scendere deve controllare che non sopraggiungano veicoli [V] [F]
4) È opportuno che il conducente di un autoveicolo, in sosta sul lato destro di una strada urbana, ricordi al passeggero che apre la portiera di destra di fare attenzione ai pedoni in transito [V] [F]
5) Il conducente di un autoveicolo in sosta sul lato destro di una strada urbana, prima di aprire la portiera, deve fare particolare attenzione ai veicoli che sopraggiungono [V] [F]
6) Il conducente di un autoveicolo in sosta su una strada stretta, prima di scendere deve preoccuparsi dei veicoli che sopraggiungono da dietro, ma non di quelli di fronte [V] [F]

16003

1) Quando si guida un veicolo a motore, bisogna avere con sé tutti i documenti necessari per la guida (carta di circolazione, certificato di assicurazione, patente ecc.), e in corso di validità [V] [F]
2) Prima di iniziare a guidare un autoveicolo è opportuno regolare gli specchi retrovisori interni ed esterni [V] [F]
3) Prima di iniziare a guidare un veicolo, bisogna essere certi del perfetto stato di efficienza del mezzo [V] [F]
4) Prima di iniziare a guidare un motociclo è opportuno regolare gli specchi secondo la propria statura [V] [F]
5) Prima di iniziare a guidare un autoveicolo è opportuno regolare il sedile e il poggiatesta, secondo la propria statura [V] [F]
6) Prima di iniziare a guidare un veicolo a motore bisogna regolare il contachilometri parziale [V] [F]
7) Prima di iniziare a guidare un'autovettura, bisogna controllare che i passeggeri abbiano regolarmente allacciato le cinture di sicurezza [V] [F]
8) Prima di iniziare a guidare un veicolo bisogna accertarsi che gli oggetti trasportati siano sistemati in modo da evitarne la caduta o dispersione [V] [F]
9) Prima di iniziare a guidare un autoveicolo, bisogna verificare che le cinture di sicurezza siano dotate di pretensionatore [V] [F]

10) Prima di iniziare a guidare un veicolo, bisogna controllare che non sia compromessa la visibilità posteriore e laterale, per la presenza di passeggeri o per il carico mal posizionato V F

11) Prima di iniziare a guidare un veicolo a motore bisogna disinserire l'airbag del lato conducente V F

12) Prima di iniziare a guidare un veicolo a motore bisogna essere certi che la categoria di patente posseduta ne consenta la guida V F

13) Prima di iniziare a guidare un autoveicolo, bisogna individuare i comandi (leve e pulsanti) necessari per la guida e comprenderne bene il funzionamento V F

14) Prima di iniziare a guidare un veicolo, bisogna verificarne lo stato di efficienza solo se si deve intraprendere un lungo viaggio V F

16004

1) L'arresto è la temporanea sospensione della marcia per esigenze del conducente o dei passeggeri di un veicolo V F

2) La fermata di un veicolo è la temporanea sospensione della marcia per consentire la salita o la discesa delle persone V F

3) La fermata di un veicolo è la temporanea sospensione della marcia per esigenze di brevissima durata, come ad esempio per chiedere informazioni agli agenti del traffico V F

4) L'arresto è l'interruzione della marcia del veicolo dovuta ad esigenze della circolazione, come ad esempio ad un semaforo rosso V F

5) La fermata per esigenze del conducente può avere la durata massima di dieci minuti V F

6) La fermata di un veicolo è la temporanea sospensione della marcia per esigenze di brevissima durata V F

7) La fermata è l'interruzione della marcia del veicolo dovuta ad esigenze della circolazione V F

8) La fermata di un veicolo è vietata se i passeggeri che scendono sono più di uno V F

16005

1) Durante la fermata il conducente deve sempre adottare le opportune cautele atte ad evitare incidenti V F

2) La fermata non deve arrecare intralcio alla circolazione V F

3) Durante la fermata il conducente deve comportarsi in modo da non costituire pericolo agli altri utenti della strada V F

4) Durante la fermata il conducente può allontanarsi per brevissimo tempo prima di riprendere la marcia V F

5) Durante la fermata il conducente deve essere sempre presente e pronto a riprendere la marcia V F

6) Non è consentito fermarsi per chiedere informazioni agli agenti del traffico, quando ciò possa causare intralcio o rallentamento alla circolazione V F

7) Durante la fermata il conducente non deve impedire con il proprio autoveicolo il normale flusso del traffico V F

8) La fermata di un veicolo è sempre consentita per chiedere informazioni agli agenti del traffico V F

9) Durante la fermata il conducente, se si allontana, deve lasciare il veicolo con il motore acceso V F

16006

1) Fuori dei centri abitati, se non è possibile collocare il veicolo fuori della carreggiata, il conducente deve effettuare la fermata il più vicino possibile al margine destro della carreggiata V F

2) In caso di fermata, ove non esista marciapiede rialzato, il conducente deve lasciare uno spazio non inferiore ad un metro per il transito dei pedoni V F

3) Fuori dei centri abitati, il conducente, in caso di fermata, deve collocare, se possibile, il veicolo fuori della carreggiata V F

4) Fuori dei centri abitati, il conducente, in caso di fermata, deve collocare il veicolo fuori della carreggiata, ma non sulle piste ciclabili V F

5) In caso di fermata su strada urbana in cui non esiste il marciapiede rialzato, il conducente deve collocare il veicolo il più vicino possibile al margine destro della carreggiata V F

6) Fuori dei centri abitati, il conducente, in caso di fermata ha l'obbligo di collocare il veicolo fuori della carreggiata, eventualmente su una pista ciclabile V F

16007

1) La fermata è vietata nelle curve e, fuori dei centri abitati e sulle strade urbane di scorrimento, anche in loro prossimità V F

2) Fuori dai centri abitati e sulle strade urbane di scorrimento la fermata è vietata in prossimità dei dossi V F

3) La fermata è vietata sui dossi V F

4) La fermata è vietata nei sottovia, sotto i sovrapassaggi, sotto i fornici e i portici, salvo diversa segnalazione V F

5) La fermata è vietata lungo il margine sinistro di una carreggiata a senso unico di circolazione V F

6) La fermata di breve durata è consentita anche in curva V F

7) La fermata è vietata nelle gallerie, salvo diversa segnalazione V F

8) La fermata è vietata sul margine destro della carreggiata V F

9) La fermata è vietata in corrispondenza o in prossimità dei passaggi a livello V F

10) La fermata è vietata sui binari di linee ferroviarie o tranviarie o così vicino ad essi da intralciare la marcia dei veicoli su rotaia V F

11) La fermata è vietata allo sbocco dei passi carrabili V F

12) La fermata è vietata sulle aree destinate al mercato o al carico e allo scarico delle merci V F

16008 (FIGURA 84)

1) La fermata è vietata in corrispondenza dei segnali orizzontali di preselezione e lungo le corsie di canalizzazione V F

2) La fermata è vietata in prossimità e in corrispondenza di segnali semaforici in modo da occultarne la vista V F

3) La fermata è vietata limitatamente alle ore di esercizio, in corrispondenza dei distributori di carburante V F

4) Fuori dei centri abitati, la fermata è vietata in corrispondenza e in prossimità delle aree di intersezione V F

5) La fermata è vietata in prossimità e in corrispondenza di segnali stradali verticali in modo da occultarne la vista V F

6) Nei centri abitati la fermata è vietata in prossimità delle aree di intersezione, a più di 5 metri V F

7) Nei centri abitati, la fermata e la sosta sono vietate in corrispondenza delle aree di intersezione e in prossimità di esse a meno di 5 metri, salvo diversa segnalazione V F

8) La fermata è vietata dopo il segnale DIVIETO DI SOSTA **(fig. 84)** V F

9) La fermata è vietata in prossimità dei segnali stradali, anche se il veicolo non ne occulta la vista V F

10) La fermata è vietata lungo le autostrade, anche in caso di emergenza V F

11) La fermata è consentita sulle corsie di accelerazione, purché brevissima V F

16009

1) La fermata è sempre vietata in seconda fila V F

2) La fermata è consentita allo sbocco dei passi carrabili V F

3) La sosta e la fermata sono sempre vietate sugli attraversamenti pedonali V F
4) La fermata è consentita sugli attraversamenti pedonali per far scendere un passeggero V F
5) La sosta e la fermata sono vietate sui marciapiedi, salvo diversa segnalazione V F
6) La sosta e la fermata sono vietate in ogni caso sulle piste ciclabili e agli sbocchi di esse V F
7) La fermata per esigenze di brevissima durata è vietata sulle piste ciclabili ma non agli sbocchi di esse V F
8) La fermata è vietata allo sbocco dei passi carrabili V F
9) La fermata è consentita davanti ai cassonetti dei rifiuti urbani V F
10) La fermata è vietata in ogni caso nelle ore notturne V F

16010

1) Durante la sosta il conducente deve adottare le opportune cautele atte ad evitare incidenti V F
2) Durante la sosta il conducente può allontanarsi dal veicolo V F
3) Durante la sosta il conducente deve impedire l'uso del veicolo senza il suo consenso V F
4) Durante la sosta nelle ore notturne il conducente deve lasciare in ogni caso accese le luci di posizione V F
5) La sosta è la sospensione della marcia del veicolo protratta nel tempo, con possibilità del conducente di allontanarsi V F
6) Durante la sosta il conducente non può allontanarsi dal veicolo per più di tre ore V F

16011

1) Durante la sosta nelle strade a forte pendenza, è opportuno che il conducente azioni il freno di stazionamento, inserisca il rapporto più basso del cambio di velocità e lasci il veicolo con le ruote sterzate verso il marciapiede V F
2) Durante la sosta è opportuno che il conducente azioni il freno di stazionamento ed inserisca il rapporto più basso del cambio di velocità V F
3) Durante la sosta il conducente deve lasciare il veicolo con il motore spento V F
4) Durante la sosta il conducente deve adottare accorgimenti atti a garantire l'immobilità del veicolo, indipendentemente dal grado di pendenza della strada V F
5) Durante la sosta il conducente che lascia il veicolo su strada in salita, deve avere cura di inserire la quarta marcia V F
6) Durante la sosta il conducente deve posizionare il cambio di velocità dell'autovettura in folle V F

16012

1) In caso di sosta in un centro abitato, il conducente deve collocare il veicolo il più vicino possibile al margine destro della carreggiata, anche dove non esiste il marciapiede rialzato V F
2) Salvo diversa segnalazione il conducente, in caso di sosta nei centri abitati, deve collocare il veicolo il più vicino possibile al margine destro della carreggiata, parallelamente ad esso e secondo il senso di marcia, purché esista il marciapiede rialzato V F
3) Fuori dei centri abitati, il conducente che deve sostare ha l'obbligo di collocare il veicolo, ove possibile, fuori della carreggiata V F
4) Fuori dei centri abitati il conducente deve collocare il veicolo in sosta fuori della carreggiata, ma non sulle banchine, salvo diversa segnalazione V F
5) Fuori dei centri abitati, in caso di impossibilità a collocare il veicolo fuori della carreggiata, il conducente deve sostare il più vicino possibile al margine destro della carreggiata V F
6) Fuori dei centri abitati, il conducente in caso di sosta deve collocare il veicolo fuori della carreggiata, eventualmente anche sulle piste ciclabili V F
7) Fuori dei centri abitati, il conducente che deve sostare ha l'obbligo di collocare il veicolo fuori della carreggiata, ma non sulle piste ciclabili V F

8) In caso di sosta ove non esista marciapiede rialzato, il conducente deve lasciare uno spazio non inferiore ad un metro per il transito dei pedoni [V] [F]

9) Fuori dei centri abitati, in caso di impossibilità di collocare il veicolo fuori della carreggiata, il conducente non deve effettuare la sosta [V] [F]

16013

1) Nelle strade urbane a senso unico di marcia, la sosta è sempre consentita anche lungo il margine sinistro della carreggiata [V] [F]

2) Nelle zone nelle quali gli spazi di sosta sono delimitati da segnaletica orizzontale, il conducente può sistemare il proprio veicolo anche fuori dall'apposito spazio (stallo) ad esso destinato, a condizione che la sosta sia di brevissima durata [V] [F]

3) Nelle zone predisposte per la sosta, il conducente deve collocare il veicolo nel modo prescritto dalla segnaletica [V] [F]

4) Nelle strade urbane a senso unico di marcia, la sosta è consentita anche lungo il margine sinistro della carreggiata, purché rimanga uno spazio non inferiore a tre metri di larghezza per il transito dei veicoli [V] [F]

5) Nelle strade urbane a senso unico di marcia, la sosta è consentita anche lungo il margine sinistro della carreggiata, purché rimanga uno spazio sufficiente al transito almeno di una fila di veicoli [V] [F]

6) Nelle zone nelle quali gli spazi di sosta sono delimitati da segnaletica orizzontale, il conducente deve sempre sistemare il proprio veicolo entro uno degli appositi spazi (stalli), senza invadere quelli contigui [V] [F]

7) È vietato sostare con autoveicoli o motocicli nei centri abitati, quando non esistano le apposite strisce [V] [F]

8) In una zona in cui la sosta è regolata con parchimetro, non occorre utilizzarlo se la sosta è di breve durata [V] [F]

16014

1) La sosta, ma non la fermata, è vietata nei sottovia, sotto i sovrapassaggi, sotto i fornici e i portici [V] [F]

2) La sosta è vietata in corrispondenza dei passaggi a livello ma non in loro prossimità [V] [F]

3) La sosta è vietata nei sottovia, sotto i sovrapassaggi, sotto i fornici e i portici, salvo diversa segnalazione [V] [F]

4) La sosta è consentita nelle gallerie illuminate [V] [F]

5) La sosta è vietata sui dossi [V] [F]

6) Fuori dai centri abitati e sulle strade urbane di scorrimento, la sosta è vietata in prossimità dei dossi [V] [F]

7) La sosta è vietata in corrispondenza o in prossimità dei passaggi a livello [V] [F]

8) La sosta è vietata sui binari di linee ferroviarie o tranviarie o così vicino ad essi da intralciare la marcia dei veicoli su rotaia [V] [F]

9) La sosta è vietata sui binari delle linee ferroviarie ma non di quelle tranviarie [V] [F]

10) La sosta è vietata nelle gallerie, salvo diversa segnalazione [V] [F]

11) Fuori dei centri abitati e sulle strade urbane di scorrimento, è consentita la sosta in prossimità dei dossi. [V] [F]

16015

1) La sosta e la fermata sono vietate nelle curve e, fuori dei centri abitati e sulle strade urbane di scorrimento, anche in loro prossimità [V] [F]

2) La sosta e la fermata sono vietate in prossimità e in corrispondenza di segnali semaforici in modo da occultarne la vista [V] [F]

3) Fuori dei centri abitati, la sosta e la fermata sono vietate in corrispondenza e in prossimità delle aree di intersezione [V] [F]

4) La sosta è vietata in corrispondenza dei segnali orizzontali di preselezione ma non lungo le corsie di canalizzazione V F
5) La sosta, ma non la fermata, è vietata in prossimità e in corrispondenza di segnali semaforici in modo da occultarne la vista V F
6) La sosta e la fermata sono vietate in prossimità e in corrispondenza di segnali stradali verticali in modo da occultarne la vista V F
7) La sosta e la fermata sono vietate in corrispondenza dei segnali orizzontali di preselezione e lungo le corsie di canalizzazione V F
8) La sosta è vietata nelle curve ma, fuori dei centri abitati e sulle strade di scorrimento, non è vietata in loro prossimità V F
9) Fuori dei centri abitati, la sosta è vietata in corrispondenza delle aree di intersezione ma non in loro prossimità V F

16016

1) La sosta è vietata allo sbocco dei passi carrabili V F
2) La sosta ma non la fermata è vietata sugli attraversamenti pedonali V F
3) La sosta è vietata sulle piste ciclabili, ma non agli sbocchi di esse nel caso sia di breve durata V F
4) La sosta è consentita sui marciapiedi, solo se di breve durata V F

16017

1) La sosta è vietata in seconda fila, salvo che si tratti di veicoli a due ruote V F
2) La sosta è vietata a meno di 15 metri dal segnale di fermata di autobus, filobus e veicoli circolanti su rotaia, qualora gli spazi di stazionamento non siano delimitati V F
3) La sosta degli autoveicoli in doppia fila è consentita purché rimanga spazio sufficiente per la circolazione di due file di veicoli V F
4) La sosta è vietata negli spazi riservati allo stazionamento e alla fermata degli autobus, dei filobus e dei veicoli circolanti su rotaia V F
5) La sosta è vietata se si impedisce l'accesso ad altro veicolo già regolarmente in sosta V F
6) La sosta degli autoveicoli in doppia fila è consentita per pochi minuti, azionando le luci di emergenza V F
7) La sosta è vietata dovunque venga impedito lo spostamento di veicoli in sosta V F
8) La sosta è consentita negli spazi riservati allo stazionamento e alla fermata degli autobus, dei filobus e dei veicoli circolanti su rotaia purché sia di breve durata V F

16018

1) La sosta è consentita sulle aree destinate ai veicoli per il carico e lo scarico di cose, nelle ore stabilite, soltanto se di breve durata V F
2) La sosta è vietata sulle banchine, salvo diversa segnalazione V F
3) La sosta è consentita negli spazi riservati allo stazionamento dei taxi solo se non si protrae per lungo tempo V F
4) La sosta è vietata negli spazi riservati alla fermata o alla sosta dei veicoli per persone invalide V F
5) La sosta è vietata in corrispondenza degli scivoli o dei raccordi tra i marciapiedi e la carreggiata utilizzati dai veicoli per persone invalide V F
6) La sosta è vietata negli spazi riservati allo stazionamento dei veicoli in servizio di piazza V F
7) La sosta è vietata sulle aree destinate al mercato e ai veicoli per il carico e lo scarico di cose, nelle ore stabilite V F
8) La sosta è consentita negli spazi riservati alla fermata o alla sosta dei veicoli per persone invalide purché di breve durata V F

16019

1) La sosta, ed anche la fermata, sono vietate negli spazi destinati a servizi di emergenza o di igiene pubblica indicati dalla apposita segnaletica [V] [F]
2) La sosta è vietata davanti ai cassonetti dei rifiuti urbani [V] [F]
3) La sosta è vietata nelle corsie o carreggiate riservate ai mezzi pubblici [V] [F]
4) La sosta è vietata nelle aree pedonali urbane [V] [F]
5) La sosta è vietata nelle zone a traffico limitato per i veicoli non autorizzati [V] [F]
6) La sosta è vietata negli spazi destinati a servizi di emergenza o di igiene pubblica indicati dalla apposita segnaletica [V] [F]
7) Brevi soste sono consentite nelle aree pedonali urbane [V] [F]
8) La sosta così come la fermata sono vietate davanti ai cassonetti dei rifiuti urbani [V] [F]

16020

1) Nei centri abitati il conducente non deve lasciare in sosta un rimorchio staccato dalla motrice, salvo diversa segnalazione [V] [F]
2) La sosta è vietata in corrispondenza dei distributori di carburante, sino a 5 metri prima e dopo, anche quando i distributori sono chiusi [V] [F]
3) Nel caso in cui la sosta è espressamente vietata da una norma del codice stradale, l'osservanza di tale divieto non è condizionata dalla presenza di cartelli segnaletici [V] [F]
4) La sosta è vietata, limitatamente alle ore di esercizio, in corrispondenza dei distributori di carburante, e in loro prossimità sino a 5 metri prima e dopo [V] [F]
5) Nel caso in cui la sosta è espressamente vietata da una norma del codice della strada, l'osservanza di tale divieto è comunque condizionata dalla presenza di cartelli segnaletici [V] [F]

16021

1) La sosta in corrispondenza degli scivoli o dei raccordi tra i marciapiedi e la carreggiata utilizzati dai veicoli per persone invalide, comporta la sospensione della patente [V] [F]
2) La sosta, a meno di 15 metri dal segnale di fermata degli autobus, qualora gli spazi di fermata non siano delimitati, comporta tra l'altro, la sottrazione di punti dalla patente [V] [F]
3) La sosta negli spazi riservati alla fermata e alla sosta dei veicoli per persone invalide comporta una sanzione pecuniaria, ma non la sottrazione di punti dalla patente del conducente [V] [F]
4) La sosta nelle corsie o carreggiate riservate ai mezzi pubblici comporta, tra l'altro, la sottrazione di punti dalla patente [V] [F]
5) La sosta in corrispondenza degli scivoli o dei raccordi tra i marciapiedi e la carreggiata utilizzati dai veicoli per persone invalide comporta, tra l'altro, la sottrazione di punti dalla patente [V] [F]
6) La sosta negli spazi riservati allo stazionamento e alla fermata di autobus, filobus e veicoli circolanti su rotaia, è consentita se si utilizza il disco orario [V] [F]
7) La sosta negli spazi riservati allo stazionamento e alla fermata di autobus, filobus e veicoli circolanti su rotaia comporta, tra l'altro, la sottrazione di punti dalla patente. [V] [F]
8) La sosta a meno di 15 metri dal segnale di fermata autobus, qualora gli spazi di stazionamento non siano delimitati, è consentita azionando la segnalazione luminosa di pericolo (quattro frecce lampeggianti simultaneamente) [V] [F]
9) La sosta negli spazi riservati alla fermata e alla sosta dei veicoli per persone invalide, comporta, tra l'altro, la sottrazione di punti dalla patente [V] [F]
10) La sosta nelle corsie o carreggiate riservate ai mezzi pubblici, è consentita, nei centri abitati, dalle ore 22.00 alle ore 8.00 [V] [F]

16022

1) La sosta di emergenza è l'interruzione della marcia dovuta ad esigenze della circolazione [V] [F]
2) La sosta di emergenza è la temporanea sospensione della marcia per consentire la discesa di persona invalida [V] [F]

3) La sosta di emergenza è l'interruzione della marcia nel caso in cui il veicolo è inutilizzabile per avaria V F

4) La sosta di emergenza è l'interruzione della marcia nel caso in cui il veicolo deve arrestarsi per malessere fisico del conducente o di un passeggero V F

5) La sosta di emergenza è la temporanea sospensione della marcia per consentire ad una persona invalida di salire sul veicolo V F

16023

1) Allorché si accinge a scendere dall'autoveicolo, il conducente deve assicurarsi, anche mediante lo specchietto retrovisore, che non sopraggiungano altri veicoli V F

2) L'apertura di uno sportello del veicolo dal lato del marciapiede comporta l'obbligo di attivare l'indicatore di direzione da quel lato V F

3) Prima di aprire lo sportello di un veicolo dal lato rivolto verso il marciapiede bisogna assicurarsi che non sopraggiungano pedoni V F

4) Quando si aprono le porte di un veicolo, bisogna assicurarsi che ciò non costituisca pericolo o intralcio per gli altri utenti della strada V F

5) Prima di aprire lo sportello di un veicolo dal lato rivolto verso il centro della strada bisogna assicurarsi che non sopraggiungano altri veicoli V F

6) Quando si scende da un veicolo bisogna assicurarsi che ciò non costituisca pericolo o intralcio per gli altri utenti della strada V F

7) Prima di scendere dal veicolo in sosta, il conducente deve assicurarsi di avere spento il motore V F

8) L'apertura degli sportelli del veicolo dal lato rivolto verso il centro della strada è vietato V F

9) Il conducente può lasciare il veicolo in sosta con il motore acceso per consentire il funzionamento dell'aria condizionata V F

10) Prima di scendere dal veicolo in sosta, il conducente deve azionare il freno a mano del veicolo, su tutte le strade in discesa ma non in quelle in salita V F

Norme varie
(ingombro della carreggiata, circolazione su autostrade e strade extraurbane principali, trasporto di persone, pannelli sui veicoli ecc.)

17001

1) Nel caso di ingombro della carreggiata per caduta accidentale del carico il conducente deve rendere sollecitamente libero, per quanto possibile, il transito V F
2) Nel caso di ingombro della carreggiata per caduta accidentale del carico il conducente deve presegnalare l'ostacolo mediante il segnale di STOP V F
3) Nel caso di ingombro della carreggiata per caduta accidentale del carico il conducente deve provvedere a rimuovere il carico, se possibile V F
4) Su strada extraurbana, nel caso di ingombro della carreggiata per caduta accidentale del carico, il conducente deve presegnalare l'ostacolo mediante il segnale di veicolo fermo (triangolo) V F
5) Nel caso di ingombro della carreggiata per caduta accidentale del carico il conducente deve restare a bordo del veicolo in attesa dei soccorsi V F

17002

1) In caso di ingombro della carreggiata per avaria del veicolo, il conducente deve spingere il veicolo stesso fuori della carreggiata o, se ciò non è possibile, collocarlo sul margine destro della carreggiata V F
2) In caso di ingombro della carreggiata per avaria del veicolo, il conducente deve sollecitamente rendere libero il transito per il traffico sopraggiungente V F
3) In caso di ingombro della carreggiata per avaria del veicolo, il conducente non è tenuto a spostarlo, in attesa dei soccorsi, se il traffico è scarso V F
4) In caso di ingombro della carreggiata per caduta del carico o per qualsiasi altra causa, il conducente deve rimuovere l'ingombro, per quanto possibile V F
5) Nel caso di ingombro della carreggiata per caduta accidentale del carico il conducente deve evitare di spostarlo per consentire la ricostruzione corretta dell'accaduto V F

17003

1) Su strada extraurbana, nel caso di incidente che provochi l'ingombro della carreggiata per la presenza di veicoli danneggiati che non è possibile rimuovere, il conducente o i passeggeri devono presegnalare la zona mediante il segnale triangolare mobile di pericolo V F
2) Nel caso di ingombro della carreggiata per avaria del veicolo che non è possibile spostare , il conducente deve informare l'organo di polizia, senza dover opportunamente presegnalare la zona. V F
3) Nel caso di ingombro della carreggiata per avaria del veicolo o caduta del carico, il conducente deve, tra l'altro, informare l'ente proprietario della strada o un organo di polizia V F
4) Nel caso di ingombro della carreggiata per caduta del carico non removibile, il conducente può evitare di informare un organo di polizia se presegnala la zona con efficaci segnali manuali V F

17004

1) Chiunque non abbia potuto evitare la caduta o lo spargimento di materie pericolose deve, tra l'altro, eseguire segnali manuali atti a segnalare il pericolo, solo dalla parte dove è stato posto il segnale triangolare mobile di pericolo V F
2) Chiunque non abbia potuto evitare la caduta o lo spargimento di materie pericolose, deve, tra l'altro, eseguire segnali manuali per impedire il transito dei veicoli dalla parte dove non è stato posto il segnale mobile di pericolo V F
3) Chiunque non abbia potuto evitare la caduta o lo spargimento di materie viscide, infiammabili o comunque pericolose, deve, tra l'altro, presegnalare la zona con il segnale mobile di pericolo anche in mezzo alla carreggiata V F

4) Chiunque non abbia potuto evitare la caduta o lo spargimento di materie viscide, infiammabili o pericolose, deve, tra l'altro, rimuoverle o spargere sul terreno, se possibile, sabbia, terra, segatura o altro materiale idoneo a ripristinare l'aderenza V F

5) Su strada extraurbana, chiunque non abbia potuto evitare la caduta o lo spargimento di materie viscide, infiammabili o comunque pericolose deve, tra l'altro, presegnalare la zona con il segnale mobile di pericolo posto anche in mezzo alla carreggiata V F

6) Il conducente di un autoveicolo che non abbia potuto evitare lo spargimento di materie pericolose, può evitare di presegnalare la zona con il segnale mobile di pericolo se esegue segnali sonori per allontanare gli altri veicoli V F

7) Chiunque non abbia potuto evitare la caduta di materie viscide, deve deviare il traffico in attesa che l'ente proprietario della strada intervenga per ripristinare le condizioni ottimali V F

17005

1) Fuori dei centri abitati, è obbligatorio anche di giorno presegnalare un veicolo fermo sulla carreggiata mediante il segnale triangolare di pericolo quando non può essere visto nettamente a 100 metri di distanza V F

2) Il segnale mobile triangolare di pericolo deve essere posto sul carico accidentalmente caduto sulla carreggiata V F

3) Fuori dei centri abitati, è facoltativo presegnalare, anche di giorno, un carico accidentalmente caduto sulla carreggiata mediante il segnale di pericolo, quando non può essere visto nettamente a 100 metri di distanza V F

4) Il segnale mobile triangolare di pericolo deve essere posto sulla carreggiata in modo che sia visibile ad una distanza di almeno 100 metri dai veicoli sopraggiungenti V F

5) Nel caso di intersezione a distanza inferiore a 50 metri, il segnale mobile triangolare di pericolo deve essere posto dietro al veicolo nella posizione più idonea ad essere avvistato V F

6) Di notte, quando mancano o sono insufficienti le luci posteriori di posizione, è obbligatorio presegnalare velocipedi, ciclomotori e motocicli fermi con il segnale triangolare mobile di pericolo anche nei centri abitati V F

7) Fuori dei centri abitati è obbligatorio, anche di giorno, presegnalare un carico accidentalmente caduto sulla carreggiata mediante il segnale triangolare mobile di pericolo, quando l'ingombro non può essere visto nettamente a 100 metri di distanza V F

8) Il segnale mobile triangolare di pericolo deve essere posto dietro al veicolo o all'ostacolo da segnalare, ad almeno 50 metri V F

9) Il triangolo mobile di pericolo deve essere obbligatoriamente usato per segnalare il veicolo fermo per avaria di notte, se l'ostacolo non è visibile ad almeno 150 metri di distanza V F

10) Fuori dei centri abitati, di notte, quando mancano o sono insufficienti le luci posteriori di posizione o di emergenza, è consigliabile presegnalare il veicolo fermo sulla carreggiata, con il segnale triangolare mobile di pericolo V F

11) Fuori dei centri abitati, di notte, quando mancano o sono insufficienti le luci posteriori di posizione o di emergenza, è obbligatorio presegnalare il veicolo, fermo sulla carreggiata, con il segnale triangolare mobile di pericolo V F

12) Di notte, quando mancano o sono insufficienti le luci posteriori di posizione o di emergenza, è obbligatorio presegnalare il veicolo fermo con il segnale triangolare mobile di pericolo anche nei centri abitati V F

13) Il segnale mobile triangolare di pericolo fa parte dell'equipaggiamento obbligatorio degli autoveicoli V F

14) Fuori dei centri abitati, di notte, è obbligatorio presegnalare con il segnale triangolare mobile di pericolo ogni carico caduto accidentalmente dal veicolo sulla carreggiata V F

15) Il segnale mobile triangolare di pericolo deve essere posto sulla carreggiata in modo che sia visibile ad una distanza di almeno 50 metri dai veicoli sopraggiungenti V F

17006

1) Il segnale mobile triangolare di pericolo deve essere posto sulla carreggiata ad almeno un metro dal bordo esterno di essa V F

2) Nel caso di carreggiata a più corsie, il segnale mobile triangolare di pericolo deve essere posto sulla corsia immediatamente a sinistra del veicolo fermo o del carico caduto [V] [F]

3) Il segnale mobile triangolare di pericolo deve essere posto sulla corsia occupata dal veicolo fermo o dal carico caduto [V] [F]

4) Il segnale mobile triangolare di pericolo deve essere posto sulla carreggiata ad almeno un metro dalla striscia di separazione dei sensi di marcia [V] [F]

17007

1) Durante le operazioni di presegnalazione con il segnale mobile di pericolo il conducente non deve indossare il giubbotto ad alta visibilità se si trova sulle corsie di emergenza o sulle piazzole di sosta [V] [F]

2) Durante le operazioni di presegnalazione con il segnale mobile di pericolo il conducente deve rendersi visibile indossando il giubbotto o le bretelle retroriflettenti ad alta visibilità [V] [F]

3) Durante le operazioni di presegnalazione con il segnale mobile di pericolo il conducente deve indossare il giubbotto ad alta visibilità anche se si trova sulle corsie di emergenza o sulle piazzole di sosta [V] [F]

4) Per effettuare le operazioni di presegnalazione con il segnale mobile di pericolo è vietato al conducente scendere dal veicolo e circolare sulla strada senza indossare il giubbotto ad alta visibilità [V] [F]

5) Il giubbotto o le bretelle retroriflettenti ad alta visibilità da usare durante le operazioni di presegnalazione con il segnale mobile di pericolo devono essere di tipo approvato [V] [F]

6) Durante le operazioni di presegnalazione con il segnale mobile di pericolo è facoltativo l'uso del giubbotto o delle bretelle retroriflettenti ad alta visibilità [V] [F]

7) Il conducente deve indossare il giubbotto ad alta visibilità di notte, anche nei centri abitati, qualora debba fermarsi sulla carreggiata perché il suo veicolo ha un guasto [V] [F]

17008

1) Sulle autostrade e strade extraurbane principali è consigliabile evitare la circolazione di veicoli a tenuta non stagna e con carico scoperto, se trasportano materiali che possono disperdersi [V] [F]

2) Sulle autostrade e strade extraurbane principali è vietata la circolazione di veicoli a tenuta non stagna e con carico scoperto, se trasportano materiali che possono disperdersi [V] [F]

3) Sulle autostrade e strade extraurbane principali è vietata la circolazione di velocipedi, ciclomotori, motocicli di cilindrata inferiore a 150 cm^3 [V] [F]

4) Sulle autostrade e strade extraurbane principali è vietata la circolazione di veicoli con carico disordinato e non solidamente assicurato o sporgente oltre i limiti consentiti [V] [F]

5) Sulle autostrade e strade extraurbane principali è vietata la circolazione di veicoli le cui condizioni di uso, equipaggiamento e gommatura possono costituire pericolo per la circolazione [V] [F]

6) Sulle autostrade e strade extraurbane principali è vietata la circolazione di macchine agricole [V] [F]

7) Sono ammesse a circolare su autostrade e strade extraurbane principali le macchine agricole, non trainanti un rimorchio [V] [F]

8) Sulle autostrade e strade extraurbane principali è vietata la circolazione di autovetture che non sono in grado di sviluppare per costruzione la velocità in piano di almeno 80 km/h [V] [F]

9) Sulle autostrade e strade extraurbane principali è vietata la circolazione di veicoli che trasportano animali vivi. [V] [F]

10) Sono ammessi a circolare su autostrade e strade extraurbane principali i ciclomotori che sviluppano una velocità di almeno 50 km/h [V] [F]

11) Sulle autostrade e strade extraurbane principali è vietata la circolazione di autobus per trasporto di studenti [V] [F]

12) Sono ammessi a circolare su autostrade e strade extraurbane principali i veicoli non muniti di pneumatici, se assicurati [V] [F]

17009

1) Sulle autostrade e strade extraurbane principali è vietata la circolazione di pedoni e animali, ad eccezione delle aree di servizio e delle aree di sosta V F
2) In autostrada, il traino di veicoli in avaria su carreggiate, rampe, svincoli, aree di servizio o di parcheggio è consentito solo ai veicoli di soccorso autorizzati V F
3) Sulle autostrade e strade extraurbane principali è vietata la circolazione di pedoni e animali, anche nelle aree di servizio e nelle aree di sosta V F
4) Lungo le corsie di emergenza delle autostrade i pedoni possono transitare solo per raggiungere i punti per le richieste di soccorso V F
5) Nelle aree di servizio e nelle aree di sosta delle autostrade e delle strade extraurbane principali gli animali possono circolare solo se debitamente custoditi V F
6) Nelle aree di servizio e nelle aree di sosta delle autostrade e delle strade extraurbane principali gli animali non possono circolare neppure se debitamente custoditi V F

17010

1) Nelle aree di servizio delle autostrade, il conducente non deve lasciare in sosta il veicolo per più di 24 ore V F
2) Nelle autostrade è consentito concedere passaggi a persone invalide V F
3) Sulle carreggiate, sulle rampe, sugli svincoli, sulle aree di servizio o di parcheggio e in ogni altra pertinenza autostradale è vietato richiedere o concedere passaggi V F
4) Nelle aree di servizio o di parcheggio delle autostrade e in ogni altra pertinenza autostradale è possibile svolgere attività commerciali solo se autorizzate dall'ente proprietario della strada V F
5) Sulle carreggiate, sulle rampe, sugli svincoli, sulle aree di servizio o di parcheggio e in ogni altra pertinenza autostradale è consentito campeggiare, solo nelle aree a ciò destinate e per il periodo stabilito dall'ente proprietario della strada V F
6) Sulle aree di servizio delle autostrade o di parcheggio è consentito chiedere e concedere passaggi V F
7) Sulle aree di servizio o di parcheggio delle autostrade e delle strade extraurbane principali è consentito campeggiare V F
8) Nelle aree di servizio e di parcheggio delle autostrade la durata massima per la sosta di un veicolo è di tre ore V F

17011

1) Durante la marcia sulle autostrade e strade extraurbane principali è obbligatorio l'uso dei proiettori anabbaglianti anche di giorno V F
2) Durante la marcia sulle autostrade e strade extraurbane principali l'uso dei proiettori anabbaglianti è facoltativo in condizioni di perfetta visibilità V F

17012

1) Sulle carreggiate, sulle rampe e sugli svincoli di autostrade e strade extraurbane principali il conducente può invertire il senso di marcia in casi di particolare emergenza V F
2) Sulle carreggiate, sulle rampe e sugli svincoli di autostrade e strade extraurbane principali il conducente può invertire il senso di marcia adottando tutti gli accorgimenti necessari V F
3) Sulle carreggiate, sulle rampe e sugli svincoli di autostrade e strade extraurbane principali è vietato effettuare la retromarcia V F
4) Sulle carreggiate, sulle rampe e sugli svincoli di autostrade e strade extraurbane principali è vietato invertire il senso di marcia e attraversare lo spartitraffico, anche all'altezza dei varchi V F
5) Sulle carreggiate, sulle rampe e sugli svincoli di autostrade e strade extraurbane principali il conducente può procedere in senso contrario al normale flusso del traffico, per brevi tratti V F
6) È consentito circolare sulle corsie per la sosta di emergenza delle autostrade e strade extraurbane principali per arrestarsi per avaria del veicolo V F
7) Sulle corsie per le soste di emergenza delle autostrade è vietato effettuare la retromarcia V F

8) Sulle carreggiate, sulle rampe e sugli svincoli di autostrade e strade extraurbane principali è vietato percorrere la carreggiata o parte di essa nel senso di marcia opposto a quello consentito V F

9) Sulle autostrade e strade extraurbane principali il conducente può utilizzare la corsia di emergenza se il traffico è intenso V F

17013

1) Sulle autostrade e sulle strade extraurbane principali il conducente deve segnalare tempestivamente il cambiamento di corsia servendosi degli indicatori di direzione V F

2) In caso di ingorgo il conducente può transitare sulla corsia per la sosta di emergenza solo per uscire dall'autostrada, a partire dal cartello di preavviso di uscita posto a 500 metri dallo svincolo V F

3) Sulle autostrade e sulle strade extraurbane principali, per uscire dalla carreggiata il conducente può immettersi nella corsia di decelerazione anche nel tratto successivo al suo inizio V F

4) Sulle autostrade e sulle strade extraurbane principali il conducente che percorre la corsia di accelerazione deve dare la precedenza ai veicoli in circolazione sulle corsie di marcia V F

5) Sulle autostrade e sulle strade extraurbane principali, per uscire dalla carreggiata il conducente deve impegnare per tempo la corsia di destra, e quindi immettersi nella corsia di decelerazione dal suo inizio V F

6) In caso di ingorgo su strade extraurbane principali o autostrade, se la corsia di emergenza manca o non è sufficiente alla circolazione dei veicoli di polizia o di soccorso, il conducente del veicolo che occupa la prima corsia di destra deve disporsi il più vicino possibile alla striscia di sinistra V F

7) Sulle autostrade e sulle strade extraurbane principali se il traffico non è intenso il conducente non ha l'obbligo di servirsi degli indicatori di direzione per segnalare il cambiamento di corsia V F

8) Sulle autostrade e sulle strade extraurbane principali è consentita la marcia per file parallele anche in assenza di traffico V F

17014

1) Sulle carreggiate, sulle rampe e sugli svincoli delle autostrade è consentito sostare solo in situazioni di emergenza dovute a malessere del conducente o dei passeggeri oppure ad inefficienza del veicolo V F

2) Sulle carreggiate, sulle rampe e sugli svincoli delle autostrade è consentito, nel caso di malessere di un passeggero, fermarsi sulla corsia per la sosta di emergenza V F

3) In caso di malessere di un passeggero durante la circolazione sulla carreggiata autostradale, è consentito fermarsi sulla corsia per la sosta di emergenza V F

4) Sulle carreggiate, sulle rampe e sugli svincoli delle autostrade è vietato sostare o fermarsi, in caso di malessere dei passeggeri V F

5) Sulle carreggiate, sulle rampe e sugli svincoli delle autostrade la sosta di emergenza non deve superare il tempo strettamente necessario e non deve protrarsi comunque oltre tre ore V F

6) Sulle carreggiate delle autostrade è vietato sostare o fermarsi per effettuare una telefonata urgente quando non si ha un impianto viva voce V F

7) Sulle carreggiate, sulle rampe e sugli svincoli delle autostrade la sosta di emergenza non deve superare il tempo strettamente necessario e può protrarsi fino a 24 ore V F

17015

1) Qualora il conducente veda un automobilista fermo per avaria del veicolo in autostrada, se lo ha superato può retrocedere con prudenza per soccorrerlo V F

2) Qualora il conducente veda un automobilista fermo con veicolo in avaria in autostrada, lo deve accompagnare fino alla stazione di servizio più vicina V F

3) In autostrada è vietato dare un passaggio ad un automobilista fermo per avaria del veicolo sulla corsia di emergenza V F

4) Qualora il conducente veda un automobilista fermo per avaria del veicolo in autostrada, si deve fermare a prestare soccorso V F

5) Qualora il conducente veda un automobilista fermo in autostrada per avaria del veicolo può trainare prudentemente il veicolo, fino al primo casello di uscita V F

17016

1) Il numero massimo di posti sulle autovetture è indicato sulla carta di circolazione V F

2) Sui veicoli è consentito il trasporto di animali domestici anche in numero superiore ad uno, purché custoditi in gabbia o nel vano posteriore, appositamente diviso da rete V F

3) Il numero delle persone trasportabili sulle autovetture può raggiungere il massimo di dieci V F

4) Sui veicoli è consentito il trasporto di un animale domestico, comunque in condizione da non costituire impedimento o pericolo per la guida V F

5) Tutti i passeggeri dei veicoli a motore devono prendere posto in modo da non limitare la libertà del conducente e da non impedirgli la visibilità V F

6) Il numero delle persone trasportabili sulle autovetture indicato sulla carta di circolazione non comprende il conducente V F

7) Sui veicoli è consentito il trasporto di cani anche in numero superiore ad uno, purché adeguatamente trattenuti al guinzaglio V F

17017

1) Sui motocicli è vietato il trasporto di minori di anni 5 V F

2) Sui motocicli è possibile trasportare un passeggero solo se il conducente è maggiorenne ed il posto per il passeggero è previsto sulla carta di circolazione V F

3) Sui motocicli è possibile trasportare un passeggero solo se quest'ultimo è maggiorenne V F

4) Sui motocicli è vietato trasportare oggetti che non siano solidamente assicurati V F

5) Sui motocicli è vietato trasportare oggetti che impediscano o limitino la visibilità al conducente V F

6) È vietato ai conducenti di motocicli trainare e farsi trainare da altri veicoli V F

7) È consentito ai motocicli farsi trainare, ma solo da autovetture V F

8) Sui motocicli è vietato trasportare oggetti che sporgano longitudinalmente rispetto alla sagoma del veicolo V F

17018

1) Il carico dei veicoli deve essere sistemato in modo da non mascherare dispositivi di illuminazione e di segnalazione visiva né le targhe di riconoscimento e i segnali fatti col braccio V F

2) Il carico dei veicoli deve essere sistemato in modo da non compromettere la stabilità del veicolo V F

3) Il carico dei veicoli deve essere sistemato in modo da evitarne la caduta o la dispersione V F

4) Il carico dei veicoli deve essere sistemato in modo da non diminuire la visibilità al conducente né impedirgli la libertà dei movimenti nella guida V F

5) Il carico del veicolo deve essere sistemato in modo da evitarne la caduta o la dispersione solo se il conducente deve condurre il veicolo su strada extraurbana V F

6) Il carico dei veicoli deve essere sistemato in modo da non mascherare dispositivi di illuminazione e di segnalazione visiva soltanto durante la circolazione notturna V F

17019 (FIGURA 304)

1) Il carico può sporgere longitudinalmente dalla parte posteriore, se costituito da cose indivisibili, fino ai 3/10 della lunghezza dell'autoveicolo V F

2) Sugli autoveicoli possono essere trasportate cose che sporgono lateralmente fuori della loro sagoma non più di 30 centimetri dalle luci di posizione anteriori e posteriori (comunque entro i limiti massimi di sagoma) V F

3) Sugli autoveicoli, il carico non può sporgere longitudinalmente dalla parte anteriore V F

4) Il carico non deve superare il limite di sagoma stabilito per ogni tipo di veicolo V F

5) È vietato trasportare o trainare cose che strisciano sul terreno, anche se in parte sostenute da ruote V F

6) Il carico può sporgere lateralmente, se costituito da cose indivisibili, fino ai 3/10 della larghezza del veicolo V F

7) Il carico deve essere sistemato sul veicolo in modo da segnalarne la sporgenza posteriore con il pannello retroriflettente in figura **(fig. 304)** V F

8) Se il carico sporge oltre la sagoma del veicolo, il conducente deve adottare tutte le cautele idonee ad evitare pericolo agli altri utenti della strada V F

9) È consentito trasportare o trainare cose che strisciano sul terreno se in parte sostenute da ruote V F

17020 (FIGURE 279, 302, 304, 305)

279

302

304

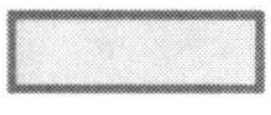
305

1) Il pannello in figura deve essere applicato in ogni caso in cui il carico sporge posteriormente, anche se di poco **(fig. 302)** V F

2) Il pannello in figura segnala carichi indivisibili che sporgono dalla parte posteriore del veicolo **(fig. 302)** V F

3) Se il carico sporge longitudinalmente per l'intera larghezza della parte posteriore del veicolo, i pannelli in figura devono essere due, posti trasversalmente alle due estremità del carico **(fig. 302)** V F

4) La sporgenza longitudinale del carico, fino ai 3/10 della lunghezza del veicolo, deve essere segnalata mediante uno o due pannelli quadrangolari in figura **(fig. 302)** V F

5) La sporgenza longitudinale del carico, fino ai 3/10 della lunghezza del veicolo, deve essere segnalata mediante uno o due pannelli in figura **(fig. 304)** V F

6) Il pannello in figura segnala carichi indivisibili che sporgono dalla parte posteriore destra **(fig. 279)** V F

7) Se il carico sporge longitudinalmente per l'intera larghezza della parte posteriore del veicolo, si devono applicare due pannelli retroriflettenti in figura **(fig. 305)** V F

17021 (FIGURE 303, 304, 305)

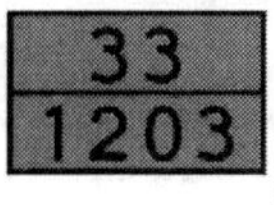

303

304

305

1) Il pannello arancione retroriflettente in figura segnala veicoli che stanno trasportando merci pericolose **(fig. 303)** V F

2) Il pannello in figura facilita l'individuazione dalla parte posteriore di autocarri con massa a pieno carico superiore a 3,5 tonnellate **(fig. 304)** V F

3) Il pannello giallo in figura posto nella parte posteriore del rimorchio individua un autotreno o un autoarticolato **(fig. 305)** V F

4) I pannelli in figura sono posti sulla carreggiata per segnalare un ostacolo **(fig. 304)** V F

5) Il pannello arancione retroriflettente riprodotto in figura è collocato posteriormente per segnalare carichi sporgenti pericolosi **(fig. 303)** V F

6) Il pannello in figura deve essere applicato posteriormente agli autobus di massa totale superiore a 3,5 tonnellate **(fig. 305)** V F

17022

1) Il traino per incombente situazione di emergenza di un veicolo in avaria deve avvenire attraverso un solido collegamento, purché idoneamente segnalato per rendere i veicoli chiaramente avvistabili dagli altri utenti della strada V F

2) Il traino per incombente situazione di emergenza di un veicolo in avaria deve avvenire attraverso un solido collegamento, anche se non è possibile segnalarlo V F

3) In autostrada, un autoveicolo può trainare un veicolo che non sia un rimorchio, se questo non può più circolare per qualsiasi grave motivo V F

4) Nessun veicolo può trainare o essere trainato da più di un veicolo (salvo il caso di trasporti eccezionali) V F

5) Qualora, in situazione di emergenza, il conducente traini con il suo veicolo un altro veicolo senza rispettare le prescrizioni relative alla solidità del collegamento è punito con la sottrazione di 2 punti dalla patente V F

6) Un autoveicolo può trainare un veicolo che non sia un rimorchio se questo non può più circolare per avaria o per mancanza di organi essenziali V F

7) Il traino per situazione di emergenza di un veicolo da parte di un altro deve avvenire attraverso un solido collegamento, come fune, catena, cavo, barra rigida, purché idoneamente segnalati V F

8) Durante le operazioni di traino di un veicolo in avaria, il veicolo trainato deve mantenere accese le luci posteriori in mancanza di altra idonea segnalazione V F

9) Qualora, in situazione di emergenza, il conducente traini con il suo veicolo un altro veicolo senza rispettare le prescrizioni relative alla solidità del collegamento è punito con la sottrazione di 4 punti dalla patente V F

17023

1) Il conducente deve esercitare particolare prudenza guidando in presenza di ciclista anziano che, per ispezionare la strada alle proprie spalle, esegue con difficoltà e lentezza la torsione del busto a causa dell'età avanzata V F

2) Il conducente di un'autovettura deve prestare particolare attenzione per la presenza nel traffico di velocipedi utilizzati da conducenti giovanissimi e inesperti o da anziani V F

3) Il conducente di un'autovettura deve considerare i rischi che, sulla strada, sono legati alla presenza di velocipedi, mezzi dotati di massa modesta e caratterizzati da basse velocità e possibili oscillazioni trasversali V F

4) Il conducente di un'autovettura deve prevedere la difficoltà di valutazione della velocità del proprio veicolo da parte di un ciclista che, trovandosi sulla stessa corsia di marcia, si accinge a svoltare a sinistra V F

5) I ciclisti possono viaggiare in tutta sicurezza nel traffico extraurbano perché i conducenti dei veicoli a motore sono sempre capaci di prevedere eventuali loro cadute o pericolosi sbandamenti dovuti ad irregolarità del fondo stradale V F

6) La presenza nel traffico extraurbano di bambini in bicicletta, anche se affiancati, non rappresenta un rischio per chi guida un autoveicolo, data la loro modesta velocità V F

7) Il conducente di un'autovettura o di un motociclo deve adattare la propria guida anche ai rischi legati alla presenza di velocipedi nel traffico V F

8) Per un ciclista che si accinge ad effettuare una manovra è molto difficile valutare la velocità di avvicinamento dei veicoli a motore presenti nel traffico V F

9) La velocità di avvicinamento di un'autovettura, soprattutto su strade extraurbane, è facilmente valutabile a distanza da parte di un ciclista che procede lentamente V F

17024

1) Il conducente di un'autovettura deve costantemente ricordare il rischio derivante dalla presenza nel traffico di ciclomotoristi dotati di limitata esperienza di guida a causa della giovane età V F

2) Il conducente di autoveicolo deve evitare deviazioni trasversali, anche modeste, del proprio veicolo soprattutto in presenza di ciclomotoristi o ciclisti per evitarne la possibile caduta a terra V F

3) Il conducente di autoveicolo deve valutare con prudenza, in relazione alla propria velocità, la distanza che lo separa da un ciclomotorista che si accinge a svoltare V F

4) Il conducente di autoveicolo deve rispettare le norme della circolazione, ma non è tenuto a prevedere le possibili imprudenze del ciclomotorista che lo affianca sulla strada V F

5) La manovra di svolta a sinistra è particolarmente pericolosa per un ciclomotore che deve interferire con la traiettoria di una o più colonne di veicoli più veloci sopraggiungenti nella stessa direzione V F

6) Il conducente di autoveicolo deve prevedere manovre improvvise altrui, come il procedere a zig-zag di un ciclomotore V F

7) Il conducente di autoveicolo o motoveicolo deve rispettare la distanza di sicurezza laterale da ciclisti o ciclomotoristi per evitare di metterne a repentaglio l'equilibrio nella guida V F

8) Risulta facile al conducente di un autoveicolo valutare la distanza che lo separa da un ciclomotorista che rallenta bruscamente per svoltare in una strada non sufficientemente segnalata V F

9) Il conducente di un'autovettura può superare a velocità sostenuta, pur rispettando i limiti, un ciclomotorista nonostante la scarsa distanza di sicurezza laterale V F

17025

1) La presenza di veicoli che possono raggiungere velocità molto diverse tra loro, soprattutto su strada extraurbana, costituisce un fattore di sicurezza V F

2) Per un'autovettura che procede a velocità sostenuta, pur rispettando i limiti su strada extraurbana a due sole corsie, un ciclomotore a tre ruote costituisce un potenziale pericolo, soprattutto se effettua manovre improvvise V F

3) Il conducente di autovettura deve conoscere i rischi derivanti dalla presenza, soprattutto su strade extraurbane, di mezzi particolarmente lenti, come ciclomotori a tre ruote V F

4) Per il conducente di un'autovettura che procede a velocità regolare su strada extraurbana, può risultare difficoltosa la valutazione della velocità di una macchina agricola che, in genere, procede lentamente V F

5) Risulta facile la valutazione dei tempi di avvicinamento ad un veicolo lento per un'autovettura che, specialmente su strada extraurbana, viaggia a velocità sostenuta pur rispettando i limiti V F

17026

1) Un'autovettura dotata di notevole massa costituisce, nella circolazione, una garanzia di sicurezza anche per gli altri veicoli di dimensioni e di massa inferiori V F

2) Risulta maggiormente pericolosa la collisione tra veicoli dotati di masse molto diverse tra loro V F

3) Guidando una piccola autovettura è necessario valutare i maggiori rischi derivanti da possibili tamponamenti o collisioni con autovettura di massa superiore V F

4) I veicoli sono tanto più sicuri, nella circolazione, quanto più le loro masse sono differenziate V F

5) Le grandi differenze di prestazioni e di masse fra le autovetture facilitano una buona sicurezza stradale V F

17027

1) I conducenti dei fuoristrada (Suv) debbono considerare i gravi danni che i paraurti sporgenti e rafforzati del proprio mezzo possono determinare nel caso di impatto con veicoli più piccoli V F

2) Il conducente di fuoristrada (Suv) deve ricordare che la guida di tale veicolo è particolarmente impegnativa in città e che richiede particolari cautele soprattutto nelle manovre di emergenza V F

3) Nel caso di collisione o di tamponamento, i paraurti sporgenti e rafforzati (bull bars) rendono i fuoristrada meno pericolosi per gli altri veicoli V F

4) La guida di un fuoristrada (Suv), dotato di massa notevole e di altezza superiore alle autovetture, garantisce la massima sicurezza per gli occupanti del veicolo stesso e per gli altri utenti della strada V F

5) Il conducente di un fuoristrada (Suv) deve guidare con la massima prudenza, consapevole che l'altezza e la massa del proprio veicolo costituiscono un potenziale pericolo per pedoni, ciclisti e autovetture di modeste dimensioni V F

6) La guida di un fuoristrada (Suv) risulta particolarmente indicata all'interno dei centri abitati V F

17028

1) Il conducente di motociclo o di autovettura deve saper valutare nella guida gli alti rischi derivanti da autocarri, autotreni o autoarticolati che non rispettano i limiti di velocità V F
2) Alla guida di un'autovettura è opportuno valutare costantemente la potenziale pericolosità dei veicoli industriali e degli autobus, a causa della loro massa notevolmente maggiore V F
3) Autocarri, autotreni e autoarticolati, per la loro massa notevole, non costituiscono, per un'autovettura o per un motociclo, rischi potenziali maggiori rispetto a qualsiasi altro veicolo V F

17029

1) I pedoni e soprattutto i bambini rischiano di rimanere fuori dal campo visivo del conducente di un veicolo fuoristrada (Suv) a causa delle dimensioni del mezzo V F
2) Il conducente può limitarsi ad un controllo visivo affrettato dell'area immediatamente antistante il veicolo poiché il suo mezzo dispone per costruzione di un adeguato campo di visibilità V F
3) Per consentire una adeguata visibilità è vietato applicare pellicole adesive sul parabrezza e sui vetri laterali anteriori dei veicoli V F
4) È consentito applicare sui vetri laterali anteriori e sul parabrezza pellicole adesive, a condizione che siano di materiale rimovibile V F
5) Per il conducente il campo di visibilità può essere ridotto sia da uno dei poggiatesta sia da elementi della carrozzeria della propria autovettura che possono impedire accidentalmente l'avvistamento di altri utenti della strada V F
6) Nonostante le caratteristiche costruttive del veicolo rendano possibile un adeguato campo di visibilità, durante la guida il conducente deve attentamente visualizzare l'area antistante e limitrofa V F
7) I veicoli fuoristrada presentano un'altezza tale da permettere al conducente una adeguata visibilità di tutti i possibili ostacoli in basso (ad esempio, bambini) V F

17030

1) Prima di riprendere la marcia, il conducente di un autocarro deve prestare particolare attenzione alla possibile presenza di un pedone o di un ciclista nella zona immediatamente antistante il proprio veicolo fermo V F
2) La limitata visuale offerta dal parabrezza degli autocarri nella zona immediatamente antistante il veicolo rende pericolosa la fermata di tali mezzi in colonna, qualora siano presenti pedoni o mezzi a due ruote V F
3) Il conducente di un autocarro fermo al semaforo deve prevedere la presenza di pedoni e ciclisti il cui avvistamento è precluso dalla sagoma del proprio veicolo V F
4) Il campo di visibilità degli autocarri permette il controllo sicuro di tutta la zona immediatamente antistante e laterale V F
5) Un pedone può attraversare la strada in tutta sicurezza passando a distanza ravvicinata rispetto alla parte frontale di un autocarro fermo in colonna che sta per ripartire, in quanto sicuramente avvistabile dal conducente V F
6) Quando stanno per riprendere la marcia dopo un arresto al semaforo, i conducenti di autocarri possono facilmente avvistare pedoni o ciclisti che affiancano e sfiorano la parte anteriore dei propri veicoli V F

17031

1) L'obbligo di indossare il giubbotto ad alta visibilità si ha quando si sosta fuori dai centri abitati, mentre le bretelle retroriflettenti vanno indossate nelle aree urbane V F
2) Il giubbotto retroriflettente ad alta visibilità protegge il conducente anche da rischi chimici, calore, fuoco ed elettricità V F
3) All'interno del veicolo bisogna tenere giubbotti o bretelle retroriflettenti ad alta visibilità, in numero pari a quello dei posti disponibili V F

4) Il giubbotto o le bretelle retroriflettenti ad alta visibilità possono essere solo di colore giallo V F
5) Il giubbotto o le bretelle retroriflettenti ad alta visibilità possono sostituire, in ogni caso, il triangolo mobile di pericolo V F
6) Il giubbotto retroriflettente ad alta visibilità serve per chiedere aiuto agli automobilisti in transito V F
7) Il giubbotto retroriflettente ad alta visibilità è utile solo quando si deve sostituire una ruota forata V F

17032

1) Circolando dietro ad un veicolo che trasporta un carico che sta per cadere, conviene stringersi il più vicino possibile al margine sinistro della carreggiata V F
2) Circolando dietro ad un veicolo che ha un carico instabile, è opportuno aumentare la distanza di sicurezza e sorpassarlo appena possibile V F
3) Circolando dietro ad un veicolo che trasporta un carico in pericolo di cadere, è opportuno aumentare la distanza di sicurezza, specie se si è in salita V F
4) Circolando dietro ad un veicolo che ha un carico poco sicuro, conviene non stargli troppo vicino, così da riuscire a fermarsi in tempo, in caso di caduta della merce trasportata V F
5) Circolando dietro ad un veicolo che trasporta un carico che sta per cadere, è opportuno avvertire il conducente del potenziale pericolo V F
6) Circolando dietro ad un veicolo che trasporta un carico che sta per cadere, conviene sorpassarlo subito, anche se in curva V F
7) Circolando dietro ad un veicolo che ha un carico sporgente, può risultare difficile accorgersi che intende svoltare, se gli indicatori di direzione sono nascosti dalla merce penzolante V F
8) Circolando dietro ad un veicolo che trasporta un carico poco sicuro, conviene spostarsi lungo il margine sinistro della carreggiata V F
9) Circolando dietro ad un veicolo che ha un carico instabile, bisogna stare attenti, soprattutto quando frena o svolta, per la possibile caduta della merce trasportata V F
10) Circolando dietro ad un veicolo che trasporta un carico che sta per cadere, conviene arrestarsi bruscamente, ripartendo solo quando gli altri veicoli ci abbiano superato V F
11) Circolando dietro ad un veicolo che trasporta un carico instabile, bisogna diminuire la distanza di sicurezza, in modo che gli altri veicoli rinuncino al sorpasso, non essendovi spazio sufficiente V F

17033

1) Trainare un rimorchio su strade con forti salite fa aumentare la temperatura del liquido di raffreddamento del motore V F
2) Trainando un rimorchio leggero, bisogna considerare che è maggiore la forza ribaltante esercitata dal vento V F
3) Se si traina un rimorchio aumenta lo spazio di frenatura V F
4) Se un veicolo guasto viene trainato con le quattro ruote al suolo, occorre inserire la quarta marcia del cambio di velocità V F
5) Alla guida di un veicolo con rimorchio, nello svoltare a destra, bisogna fare particolare attenzione a non salire con la ruota posteriore sul marciapiede V F
6) Per una maggiore sicurezza, è consigliabile che nel rimorchio il carico venga sistemato in modo che gli oggetti pesanti si trovino il più vicino possibile al suo asse V F
7) Per guidare un'autovettura che traina un veicolo guasto, con conducente a bordo, occorre la patente di guida della categoria E V F
8) Quando i rimorchi sono staccati dalla motrice, devono avere una copertura assicurativa che vale anche per il rischio statico (da fermo) V F
9) Trainando un rimorchio nelle forti discese, non occorre tener conto della forza di spinta esercitata dal rimorchio sulla motrice V F
10) I rimorchi trainati da autovetture sono muniti, in genere, di freno ad inerzia V F

11) Per trainare un rimorchio leggero non occorre effettuare il collegamento elettrico V F

12) Per garantire una maggiore sicurezza durante la guida di un veicolo con rimorchio, è consigliabile concentrare il carico massimo in corrispondenza del gancio di traino V F

13) Quando un veicolo guasto, munito di servosterzo, viene trainato, può risultare faticoso manovrare lo sterzo V F

14) Quando si traina un veicolo guasto, occorre che la distanza fra i due veicoli sia di almeno 3 metri V F

15) Il conducente a bordo di un veicolo guasto, che viene trainato, può essere privo di patente di guida V F

16) Prima di iniziare a trainare un rimorchio, bisogna controllare dagli specchi retrovisori che la visibilità sia adeguata V F

17) Gli organi di traino di un veicolo non devono essere periodicamente lubrificati V F

18) I rimorchi devono avere targa propria V F

19) Se si traina un veicolo guasto, munito di servosterzo, lo sterzo risulterà sempre bloccato V F

20) Gli organi di traino di un veicolo possono non essere omologati, purché vengano trainati rimorchi di massa inferiore a 750 chilogrammi V F

21) Prima di trainare un rimorchio, è opportuno accertarsi che gli impianti di illuminazione e di segnalazione funzionino regolarmente V F

22) Per poter trainare un rimorchio non occorre effettuare il collegamento elettrico fra motrice e rimorchio V F

23) Quando si traina un rimorchio, bisogna considerare che nelle curve strette la fascia di ingombro è minore V F

17034

1) Il numero di persone trasportabili sulle autovetture può essere al massimo di nove, compreso il conducente V F

2) Il numero di persone trasportabili sulle autovetture è al massimo di quattro V F

3) Il numero di persone trasportabili sugli autocarri è sempre di cinque, compreso il conducente V F

4) Il numero di persone trasportabili sul sedile anteriore di un veicolo è indicato sulla carta di circolazione V F

5) Il numero di persone trasportabili sui veicoli è indicato sulla carta di circolazione V F

6) Il numero massimo di posti delle autovetture è pari a nove, compreso quello del conducente V F

7) Il numero di persone trasportabili sui motocicli è sempre di due, oltre il conducente V F

8) Il numero dei posti di un veicolo è indicato sulla carta di circolazione V F

9) Il numero di persone trasportabili su un veicolo, riportato sulla carta di circolazione, non comprende il conducente V F

17035 (FIGURA 302)

1) Il pannello raffigurato deve essere sistemato all'estremità del carico sporgente dal veicolo, in modo che sia sempre ben visibile V F

2) Il pannello raffigurato deve essere retroriflettente V F

3) Il pannello raffigurato invita i conducenti che stanno dietro al veicolo su cui è applicato, a circolare con particolare prudenza V F

4) Il pannello raffigurato va messo sui veicoli, solo se il carico sporge di almeno 50 centimetri V F

5) Il pannello raffigurato va messo anche di lato, quando il carico sporge oltre la larghezza del veicolo V F

6) Il pannello raffigurato deve essere messo all'estremità del carico che sporge dietro al veicolo V F

7) Il pannello raffigurato può essere messo sui veicoli guasti, quando vengono trainati e non funzionano le luci di emergenza V F

8) Il pannello raffigurato si usa solo se il carico sporge di oltre tre decimi della lunghezza del veicolo V F

9) Il pannello raffigurato va usato nel caso in cui il carico sporga dietro al veicolo, anche se di poco V F

10) Il pannello raffigurato identifica gli autocarri specializzati per il trasporto di materiali da costruzione V F

11) Il pannello raffigurato va messo sui veicoli che trasportano la spazzatura V F

12) Il pannello raffigurato segnala dei carichi che sporgono dalla parte posteriore del veicolo V F

13) Il pannello raffigurato va messo dietro a tutti gli autocarri V F

14) Il pannello raffigurato può essere sostituito da una bandiera di colore rosso, delle dimensioni di 50x50 centimetri V F

17036

1) Nei caravan, per ridurre il rischio di ribaltamento in curva, occorre sistemare il carico degli oggetti pesanti in modo da mantenere il baricentro il più basso possibile V F

2) Nei caravan, per ridurre il rischio di ribaltamento in curva, occorre sistemare il carico in modo il più possibile equilibrato tra lato destro e sinistro V F

3) Il caravan non è considerato un rimorchio perché può essere adibito ad alloggio V F

4) È possibile alloggiare nei caravan (roulotte) durante la circolazione, purché tutti i passeggeri allaccino le cinture di sicurezza V F

17037

1) Nel rimorchio è presente un dispositivo di sicurezza che, in caso di sganciamento accidentale, aziona automaticamente il freno di stazionamento V F

2) In un rimorchio dotato di freno a inerzia l'effetto della frenata avviene quando il rimorchio si avvicina alla motrice V F

3) Alla guida di un veicolo con rimorchio, durante una frenata in marcia rettilinea, il carico trasportato tenderà a spostarsi all'indietro V F

4) Nei rimorchi con freno a inerzia, dopo un prolungato periodo di inattività, i freni potrebbero aver perso efficienza a causa della ruggine V F

5) Nelle autovetture dotate di A.B.S. non è possibile agganciare un rimorchio privo di impianto frenante V F

6) Nei rimorchi dotati di freno a inerzia la frenatura del rimorchio avviene simultaneamente a quella della motrice V F

7) Alla guida di un veicolo con rimorchio, durante una brusca accelerazione in marcia rettilinea, il carico trasportato tenderà a spostarsi in avanti V F

8) La frenatura del rimorchio dotato di freno a inerzia non avviene simultaneamente a quella della motrice, in quanto l'azionamento si ha solo dopo che il rimorchio ha esercitato una spinta sulla motrice V F

9) Quando si lascia un rimorchio in sosta occorre azionare la leva del freno di stazionamento e, in caso di strada in pendenza, è opportuno applicare dei cunei di arresto alle ruote V F

10) Nei rimorchi dotati di freno a inerzia il rimorchio frena circa un secondo prima della motrice V F

17038

1) Durante la circolazione, i rimorchi con massa massima a pieno carico fino a 3,5 tonnellate, devono essere segnalati con strisce posteriori e laterali retroriflettenti V F

2) Quando si traina un rimorchio per trasporto di animali vivi occorre tenere in funzione la segnalazione luminosa di pericolo per segnalare agli altri conducenti di aumentare la distanza di sicurezza V F

3) Sui rimorchi, il carico trasportato può sporgere dalla parte anteriore fino ai 3/10 della lunghezza del complesso dei veicoli V F

4) Gli specchietti esterni montati sulla motrice non devono sporgere oltre 20 centimetri dalla sagoma del veicolo (motrice o rimorchio), con riferimento al punto di maggiore larghezza V F

5) Nelle autostrade con carreggiate a tre o più corsie, ai conducenti di complessi di veicoli di lunghezza totale superiore a 7 metri, è vietato impegnare altre corsie all'infuori delle due più vicine al bordo destro della carreggiata V F

6) Quando il gancio di traino non viene utilizzato, perché non si sta trainando un rimorchio, la sua parte sporgente dalla sagoma posteriore del veicolo deve essere sfilata, smontata o ripiegata V F

7) Se si trainano caravan e rimorchi T.A.T.S. non è obbligatorio che il veicolo trainante sia munito di specchietto retrovisore destro V F

8) Quando si traina un rimorchio occorre staccare la targa della motrice e applicarla nella parte posteriore del rimorchio V F

9) I rimorchi T.A.T.S. sono destinati al trasporto di attrezzature che non devono costituire oggetto di commercio, ma essere impiegate solo per il tempo libero V F

10) Nei centri abitati il conducente non deve lasciare in sosta un rimorchio staccato dalla motrice, salvo diversa segnalazione V F

11) È possibile trainare rimorchi non immatricolati, se di massa inferiore ai 750 chilogrammi V F

12) Il massimo rapporto di traino per un rimorchio sprovvisto di qualsiasi dispositivo di frenatura è di 0,5 V F

13) La larghezza del rimorchio non deve superare quella del veicolo trainante V F

14) Il rimorchio è parte integrante del veicolo a cui è stato abbinato in fase di collaudo e non può essere agganciato a un altro veicolo V F

15) Durante la circolazione, i rimorchi devono essere assicurati con la stessa polizza della motrice V F

16) Gli specchietti esterni montati sulla motrice possono sporgere fino a 50 centimetri dalla sagoma del veicolo di maggiore ingombro, qualora siano posizionati ad un'altezza da terra non superiore a 1 metro V F

17) Nel rispetto della larghezza massima stabilita per i rimorchi T.A.T.S., le imbarcazioni trasportate possono sporgere fino a 50 centimetri per ogni lato rispetto ai bordi esterni delle luci di posizione posteriori V F

18) Il titolare di patente di guida della categoria BE che, successivamente, consegue la patente della categoria C, può guidare anche veicoli della categoria CE V F

19) I conducenti di autoveicoli trainanti un rimorchio, quando la massa complessiva a pieno carico del complesso veicolare è superiore a 3,5 tonnellate, sono considerati in stato di ebbrezza qualora sia stato accertato un valore corrispondente ad un tasso alcolemico superiore a zero grammi per litro V F

20) Il rapporto di traino, entro i limiti di quello tecnicamente ammesso per il veicolo, non deve superare il valore di 1, nel caso di rimorchi muniti di freno di servizio e di massa fino a 3,5 tonnellate V F

21) Per i complessi di veicoli con rimorchi fino a 3,5 tonnellate di massa, non vige l'obbligo di apporre nella parte posteriore i contrassegni indicanti i limiti massimi di velocità specifici loro imposti V F

22) Il rimorchio si considera parte integrante del veicolo se ha una massa fino a 3,5 tonnellate V F

23) I rimorchi devono essere sottoposti a revisione periodica insieme al veicolo trainante V F

24) Se nella carta di circolazione manca il valore della massa rimorchiabile, ciò significa che il veicolo è atto al traino di rimorchi di qualsiasi massa V F

25) Sui rimorchi leggeri, il carico trasportato può sporgere posteriormente senza obbligo di specifiche segnalazioni V F

26) I rimorchi per il trasporto di cavalli (van) non possono circolare in autostrada V F

17039

1) Quando si traina un rimorchio, bisogna considerare che nelle curve la fascia di ingombro è maggiore V F

2) Trainando un rimorchio occorre verificare che il carico gravante sul gancio non alteri l'assetto del veicolo e l'inclinazione del fascio luminoso dei fari V F

3) Trainando un rimorchio nelle forti discese, occorre tener conto della forza di spinta esercitata dal rimorchio sulla motrice V F

4) Nei veicoli dotati di sensori di parcheggio non è possibile agganciare un rimorchio V F

5) I movimenti del liquido che si verificano all'interno di un serbatoio vincolato ad un rimorchio durante i cambiamenti di direzione, in frenata e in accelerazione, sono le maggiori cause di instabilità dei complessi di veicoli V F

6) Nelle curve il rimorchio tende a "stringere" perché percorre una traiettoria circolare con raggio inferiore alla motrice V F

7) Durante la marcia, il rimorchio deve avere il ruotino pivottante di manovra abbassato (poggiato al suolo) V F

8) Alla guida di un veicolo con rimorchio, nello svoltare a destra, bisogna fare particolare attenzione a non investire, con la ruota posteriore destra, eventuali pedoni che si trovino vicino al marciapiede V F

9) Nell'affrontare una curva a velocità moderata il rimorchio compie sempre lo stesso percorso fatto dalla motrice V F

10) Quando si traina un rimorchio, specie se carico, si ha una sensibile riduzione della capacità di accelerazione (ripresa) del veicolo V F

11) Prima di effettuare qualsiasi manovra con il rimorchio agganciato è bene accertarsi che non vi siano cose e/o persone nel raggio di manovra del complesso V F

12) Trainare un rimorchio non comporta un aumento dei consumi di carburante se si marcia a velocità moderata V F

17040

1) Per poter trainare un rimorchio leggero non occorre effettuare il collegamento elettrico fra motrice e rimorchio V F

2) In caso di rottura degli organi di traino di un veicolo, gli stessi possono essere riparati tramite saldatura presso officina specializzata V F

3) Quando si traina un rimorchio occorre verificare che il carico verticale gravante sul gancio non ecceda il limite indicato dal costruttore V F

4) Gli organi di traino di un veicolo non necessitano di lubrificazione, ma devono essere periodicamente sgrassati con appositi detergenti o con benzina V F

5) Il carico verticale massimo che può gravare sul gancio della motrice è indicato in un'apposita targhetta applicata sul gancio di traino V F

6) Le parti meccaniche in movimento degli organi di traino di un autoveicolo e di un rimorchio devono essere mantenute pulite e adeguatamente lubrificate V F

7) Gli organi di traino di un veicolo possono non essere di tipo omologato, se destinati solo al traino di rimorchi leggeri V F

8) Gli organi di traino di un veicolo devono consentire sufficienti oscillazioni in senso verticale tra motrice e rimorchio, in modo da poter compensare le diverse inclinazioni dei veicoli dovute ai dislivelli stradali V F

9) Gli organi di traino di un veicolo non devono presentare giochi, deformazioni o incrinature V F

10) Per garantire una maggiore sicurezza durante la guida di un veicolo con rimorchio, è consigliabile concentrare il carico massimo in corrispondenza del gancio di traino V F

17041

1) Nel caso in cui il rimorchio rimanga inattivo per lungo tempo è consigliabile, se possibile, mantenere gli pneumatici sollevati da terra, applicando appositi sostegni sotto al telaio V F

2) Il conducente di un veicolo con rimorchio deve sistemare la merce trasportata in modo che, durante la marcia, non si verifichino spostamenti, rovesciamenti, cadute o sfregamenti V F

3) In caso di prolungata inattività del rimorchio è consigliabile, se non è possibile sollevarlo da terra, aumentare la pressione di gonfiaggio degli pneumatici e cambiare periodicamente la loro superficie di appoggio, in modo da evitare la loro ovalizzazione V F

4) Quando si traina un rimorchio, la pressione di gonfiaggio degli pneumatici del veicolo trainante deve essere la stessa degli pneumatici del rimorchio V F

Uso delle luci e dei dispositivi acustici, spie e simboli

18001

1) Nelle autostrade e strade extraurbane, è obbligatorio accendere i fari anabbaglianti anche di giorno o, in alternativa, le luci di marcia diurna V F
2) L'uso delle luci di posizione è obbligatorio di notte durante la sosta fuori della carreggiata V F
3) Proiettori anabbaglianti male orientati possono abbagliare gli altri utenti della strada V F
4) Pur avendo acceso le luci anabbaglianti, si corre il rischio di abbagliare gli altri se le lampade sono montate in maniera errata o non sono omologate V F
5) Percorrendo una strada extraurbana durante una giornata assolata è sufficiente accendere le luci di posizione V F
6) Su un veicolo a motore non è consentito utilizzare lampade non omologate V F
7) Percorrendo una strada extraurbana, è obbligatorio tenere accesi i proiettori abbaglianti durante le ore diurne V F
8) L'errata impostazione dell'orientamento dei proiettori può ridurre la visibilità del conducente o abbagliare gli altri utenti V F
9) Per le luci di posizione è possibile utilizzare lampade di qualsiasi colore V F

18002

1) Di notte, nei centri abitati, il veicolo in sosta al margine della carreggiata, può essere segnalato con le luci di sosta V F
2) Durante la marcia, in caso di scarsa visibilità per condizioni atmosferiche (neve, pioggia, nebbia), è obbligatorio tenere accese le luci di posizione e quelle anabbaglianti V F
3) Durante la marcia nei centri abitati, è obbligatorio tenere accese le luci anabbaglianti da mezz'ora dopo il tramonto del sole a mezz'ora prima del suo sorgere V F
4) Di notte, in caso di sosta fuori dalla carreggiata, è obbligatorio tenere accese le luci anabbaglianti V F
5) Durante la marcia, è obbligatorio tenere accese le luci abbaglianti, a partire dal tramonto del sole fino al suo sorgere V F
6) Durante la marcia, in caso di nebbia con visibilità inferiore a 50 metri, bisogna usare la luce posteriore per nebbia, se il veicolo ne è dotato V F
7) Se si lascia il veicolo in un parcheggio autorizzato, è obbligatorio tenere accese per tutto il tempo le luci di sosta V F

18003

1) È obbligatorio accendere le luci del veicolo in caso di scarsa visibilità per le condizioni del tempo (nebbia, neve, pioggia) V F
2) È obbligatorio accendere i proiettori anabbaglianti, anche di giorno, quando si transita in galleria V F
3) È obbligatorio accendere i proiettori anabbaglianti nelle gallerie stradali, solo se scarsamente illuminate V F

18004

1) Durante la marcia, in caso di pioggia intensa, oltre alle luci anabbaglianti bisogna tenere accesa la luce posteriore per nebbia, se il veicolo ne è dotato V F
2) Durante la marcia, l'uso delle luci anabbaglianti non è consentito nelle gallerie illuminate V F
3) Durante la marcia, l'uso delle luci di posizione è sempre consentito in alternativa a quelle anabbaglianti V F
4) Proiettori anabbaglianti male orientati possono abbagliare gli altri utenti della strada V F
5) Durante la marcia, in caso di fitta nevicata, oltre alle luci anabbaglianti bisogna tenere accesa la luce posteriore per nebbia, se il veicolo ne è dotato V F

6) Durante la marcia fuori dai centri abitati, è obbligatorio fare uso delle luci anabbaglianti, sia di giorno che di notte V F
7) Durante la marcia nelle ore notturne, l'uso delle luci anabbaglianti è obbligatorio anche se l'illuminazione pubblica è sufficiente V F
8) L'uso delle luci anabbaglianti è obbligatorio quando si sorpassa un'auto della polizia V F

18005

1) I catadiottri installati sulla parte davanti di rimorchi e carrelli-appendice sono di colore bianco V F
2) I catadiottri vanno accesi mezz'ora dopo il tramonto del sole V F
3) I catadiottri installati nella parte posteriore di rimorchi e carrelli-appendice sono di colore rosso e di forma triangolare V F
4) I catadiottri installati nella parte posteriore dei veicoli sono di colore rosso V F
5) I catadiottri sono dispositivi che riflettono la luce V F
6) I catadiottri vanno accesi insieme alle luci di posizione V F
7) I catadiottri vengono applicati anche sui rimorchi e sui carrelli-appendice V F
8) I catadiottri sostituiscono le luci di posizione durante la circolazione nelle strade urbane V F

18006

1) I catadiottri rendono più visibile un veicolo guasto, nel caso in cui non funzionino le luci di posizione posteriori V F
2) I catadiottri hanno la funzione di indicare la presenza e l'ingombro dei veicoli su cui sono applicati V F
3) I catadiottri con gli indicatori di direzione, segnalano la svolta di un veicolo V F
4) I catadiottri di colore bianco sono installati negli autoveicoli che trasportano materiale infiammabile V F
5) I catadiottri di colore bianco hanno la funzione di evidenziare la parte davanti dei rimorchi e semirimorchi V F
6) I catadiottri, se illuminati, hanno la funzione di rendere più visibili, specialmente di notte, i veicoli e i rimorchi in sosta sulla strada V F
7) I catadiottri possono sostituire gli indicatori di direzione V F

18007

1) La targa posteriore di un autoveicolo è illuminata per consentire una facile lettura dei caratteri che la compongono V F
2) La targa posteriore di un autoveicolo deve essere illuminata con una luce bianca V F
3) La luce della targa di un autoveicolo si deve accendere solo di notte V F
4) La luce della targa di un autoveicolo deve rimanere accesa se si sosta fuori dalla strada V F

18008

1) La spia di accensione della segnalazione luminosa di pericolo è di colore rosso V F
2) La spia della temperatura dell'acqua di raffreddamento è di colore rosso V F
3) La spia di accensione delle luci abbaglianti è di colore rosso V F
4) La spia di accensione delle luci anabbaglianti è di colore rosso V F
5) La spia della cintura di sicurezza è di colore rosso V F
6) La spia di accensione degli indicatori di direzione è di colore rosso V F
7) La spia della pressione dell'olio è di colore rosso V F
8) La spia delle luci fendinebbia è di colore rosso V F

9) La spia del freno a mano è di colore rosso V F

10) La spia del dispositivo per sbrinare o disappannare il parabrezza è di colore rosso V F

18009 (FIGURA 695)

1) Il simbolo raffigurato è posto su una spia a luce blu V F
2) Il simbolo raffigurato è posto sul comando di accensione dei proiettori anabbaglianti V F
3) Il simbolo raffigurato segnala l'accensione della luce posteriore per nebbia V F
4) Il simbolo raffigurato è posto sul comando di accensione dei proiettori di profondità V F
5) Il simbolo raffigurato è posto su una spia a luce verde V F
6) Il simbolo raffigurato ricorda al conducente che deve spegnere le luci di posizione V F

18010 (FIGURA 696)

1) Il simbolo raffigurato è posto sul comando di accensione dei proiettori anabbaglianti V F
2) Il simbolo raffigurato segnala l'accensione delle luci di posizione V F
3) Il simbolo raffigurato è posto su una spia a luce blu V F
4) Il simbolo raffigurato è posto sulla spia delle luci abbaglianti accese V F
5) Il simbolo raffigurato è posto su una spia a luce verde V F
6) Il simbolo raffigurato segnala l'accensione della luce posteriore per nebbia V F
7) Il simbolo raffigurato indica il comando per azionare l'indicatore di direzione destro V F

18011 (FIGURA 697)

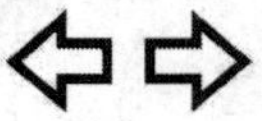

1) Il simbolo raffigurato indica il comando degli indicatori di direzione V F
2) Il simbolo raffigurato si trova sulla spia a luce verde lampeggiante dell'indicatore di direzione azionato V F
3) Il simbolo raffigurato si trova su una spia che si attiva quando sono accese le luci di posizione V F
4) Il simbolo raffigurato è posto su una spia a luce verde V F
5) Il simbolo raffigurato è posto su una spia di colore rosso V F
6) Il simbolo raffigurato indica il comando per accendere le luci di posizione V F

18012 (FIGURA 698)

1) Il simbolo raffigurato indica un dispositivo da usare in casi di emergenza V F
2) Il simbolo raffigurato è posto su una spia di colore rosso V F
3) Il simbolo raffigurato è posto sulla spia di freno a mano inserito V F
4) Il simbolo raffigurato indica il comando che aziona il segnale mobile di pericolo V F
5) Il simbolo raffigurato è posto sul comando che provoca l'accensione contemporanea di tutti gli indicatori di direzione V F
6) Il simbolo raffigurato indica il comando per azionare la segnalazione luminosa di pericolo V F
7) Il simbolo raffigurato indica un dispositivo che si accende automaticamente ad ogni incidente V F

18013

1) Si devono usare gli indicatori di direzione ogni volta che si deve effettuare una manovra di svolta V F
2) Si devono usare gli indicatori di direzione se, marciando su strada a senso unico, ci si sposta sulla corsia di sinistra provenendo da quella di destra V F
3) Si devono usare gli indicatori di direzione quando si effettua una svolta a sinistra, ma non quando si svolta a destra V F

4) Si devono usare gli indicatori di direzione per segnalare l'intenzione di spostarsi nella corsia di decelerazione di uno svincolo autostradale V F

5) Si devono usare gli indicatori di direzione destri per segnalare che si sta per frenare bruscamente V F

6) Non è mai necessario usare gli indicatori di direzione quando si circola su strada a doppio senso ma con carreggiate separate da spartitraffico V F

7) Si devono usare gli indicatori di direzione per segnalare l'intenzione di entrare sulla carreggiata autostradale, provenendo da una corsia di accelerazione V F

8) Non si devono usare gli indicatori di direzione quando si cambia corsia mentre si circola su strada a senso unico V F

9) Si devono usare gli indicatori di direzione quando, partendo dal margine della carreggiata, ci si vuole immettere nella circolazione V F

10) Non si devono usare gli indicatori di direzione se, per effettuare una fermata fuori della carreggiata, ci si sposta sul margine sinistro V F

11) Non si devono usare gli indicatori di direzione se, per entrare in un passo carrabile, occorre svoltare a destra V F

12) Si devono usare gli indicatori di direzione se si intende uscire dalla carreggiata per effettuare una fermata V F

13) Si devono usare gli indicatori di direzione prima di ogni cambio di corsia, quando si viaggia su strada suddivisa in corsie V F

14) Si devono usare gli indicatori di direzione sinistri quando si deve percorrere un tornante verso sinistra V F

18014

1) L'uso degli indicatori di direzione è necessario per segnalare che si vuole effettuare un cambio di corsia V F

2) L'uso degli indicatori di direzione è necessario per segnalare l'intenzione di effettuare una manovra di sorpasso V F

3) L'uso degli indicatori di direzione è necessario ogni qualvolta si deve fare una manovra di svolta V F

4) L'uso degli indicatori di direzione è necessario per almeno 500 metri dopo aver effettuato un sorpasso V F

5) L'uso degli indicatori di direzione non è necessario se si deve parcheggiare il veicolo spostandosi verso il margine destro della carreggiata V F

6) L'uso degli indicatori di direzione è necessario quando si inizia una manovra di sorpasso, ma non quando la si termina rientrando nella corsia di marcia normale V F

7) L'uso degli indicatori di direzione è necessario quando si effettuano manovre di retromarcia V F

8) L'uso degli indicatori di direzione è necessario nella marcia per file parallele, anche se non si effettuano cambiamenti di corsia V F

9) L'uso degli indicatori di direzione è necessario per segnalare l'intenzione di parcheggiare sul margine sinistro di una strada a senso unico V F

10) L'uso degli indicatori di direzione è necessario quando ci si arresta ad un semaforo rosso V F

11) L'uso degli indicatori di direzione destri è necessario quando ci si arresta per cause di interruzione della circolazione V F

18015

1) L'uso dei proiettori a luce abbagliante è sempre ammesso quando si trasportano feriti o ammalati gravi V F

2) L'uso dei proiettori a luce abbagliante è necessario nelle gallerie urbane a senso unico V F

3) L'uso dei proiettori a luce abbagliante è di norma consentito in città, in caso di nebbia fitta V F

4) L'uso dei proiettori a luce abbagliante è necessario, fuori dei centri abitati, quando l'illuminazione pubblica è insufficiente e non si incrociano altri veicoli V F

5) L'uso dei proiettori a luce abbagliante è vietato, di norma, durante la marcia nei centri abitati V F

6) L'uso dei proiettori a luce abbagliante è necessario, fuori dei centri abitati, quando l'illuminazione pubblica manca e non si incrociano altri veicoli V F

7) L'uso dei proiettori a luce abbagliante va sostituito con quello dei proiettori a luce anabbagliante quando si incrociano altri veicoli V F

8) L'uso dei proiettori a luce abbagliante è necessario, di giorno, se si circola su un'autostrada viaggiando controsole V F

18016

1) È consentito l'uso intermittente dei proiettori di profondità (a luce abbagliante), anche all'interno dei centri urbani, ma unicamente di giorno V F

2) È consentito l'uso intermittente dei proiettori di profondità (a luce abbagliante) per segnalare al veicolo che precede, sia di giorno che di notte, l'intenzione di sorpassare V F

3) È consentito l'uso intermittente dei proiettori di profondità (a luce abbagliante), purché l'illuminazione esterna manchi o sia insufficiente V F

4) È consentito l'uso intermittente dei proiettori di profondità (a luce abbagliante), anche all'interno dei centri abitati, per dare avvertimenti utili al fine di evitare incidenti V F

5) È consentito l'uso intermittente dei proiettori di profondità (a luce abbagliante), soltanto sulle strade extraurbane V F

6) È consentito l'uso intermittente dei proiettori di profondità (a luce abbagliante), sia di giorno che di notte, per dare avvertimenti utili al fine di evitare incidenti V F

7) È consentito l'uso intermittente dei proiettori di profondità (a luce abbagliante), solo quando si trasportano feriti o ammalati gravi V F

8) È consentito l'uso intermittente dei proiettori di profondità (a luce abbagliante) per segnalare al veicolo che precede, anche all'interno dei centri abitati, l'intenzione di sorpassare V F

9) È consentito l'uso intermittente dei proiettori di profondità (a luce abbagliante), esclusivamente nei casi di pericolo immediato V F

18017

1) Fuori dei centri abitati, i conducenti devono spegnere i proiettori di profondità procedendo con quelli anabbaglianti, se vi è pericolo di abbagliare i conducenti di veicoli circolanti su altre strade V F

2) Fuori dei centri abitati, i conducenti devono spegnere i proiettori di profondità procedendo con quelli anabbaglianti, solo quando il veicolo che li precede a breve distanza è un'autovettura V F

3) Fuori dei centri abitati, i conducenti devono spegnere i proiettori di profondità procedendo con quelli anabbaglianti, quando vi sia il pericolo di abbagliare gli altri utenti della strada V F

4) Fuori dei centri abitati, i conducenti devono spegnere i proiettori di profondità procedendo con quelli anabbaglianti, qualora vi sia il pericolo di abbagliare i pedoni V F

5) Fuori dei centri abitati, i conducenti devono spegnere i proiettori di profondità procedendo con quelli anabbaglianti, quando stanno per incrociare altri veicoli V F

6) Fuori dei centri abitati, i conducenti devono spegnere i proiettori di profondità procedendo con quelli anabbaglianti, dopo un loro uso prolungato, per evitare di scaricare la batteria V F

7) Fuori dei centri abitati, i conducenti devono spegnere i proiettori di profondità procedendo con quelli anabbaglianti, quando seguono un veicolo a breve distanza V F

8) Fuori dei centri abitati, i conducenti devono spegnere i proiettori di profondità procedendo con quelli anabbaglianti, quando, durante la marcia, non mantengono la distanza di sicurezza V F

18018 (FIGURA 704)

1) Il simbolo raffigurato individua il bocchettone del serbatoio del liquido tergicristalli V F

2) Il simbolo raffigurato è posto su una spia che segnala il livello del liquido di raffreddamento nel radiatore V F

3) Il simbolo raffigurato è posto su una spia che, se accesa, indica che la temperatura del liquido di raffreddamento supera i limiti stabiliti dal costruttore V F

4) Il simbolo raffigurato è collocato sulla spia che indica l'eccessiva temperatura del liquido di raffreddamento del motore V F

5) Il simbolo raffigurato è posto su una spia di colore rosso V F

6) Il simbolo raffigurato è posto sulla spia che individua l'indicatore della temperatura dell'olio che circola nel motore V F

7) Il simbolo raffigurato è posto sulla spia luminosa che indica la temperatura dell'olio di lubrificazione del motore V F

8) Il simbolo raffigurato è posto sulla spia che integra l'indicatore della temperatura del liquido di raffreddamento che circola nel motore V F

9) Una spia accesa di colore rosso, contrassegnata dal simbolo di figura, indica un eccessivo riscaldamento del motore V F

10) Il simbolo raffigurato è posto su una spia che, se accesa, segnala l'eccessiva temperatura dell'olio di lubrificazione del cambio di velocità V F

18019 (FIGURA 705)

1) Una spia di colore rosso contrassegnata dal simbolo di figura, se accesa durante la marcia, indica che l'alternatore non sta ricaricando la batteria V F

2) Una spia di colore rosso contrassegnata dal simbolo di figura, se accesa durante la marcia, indica di sostituire subito la batteria V F

3) Il simbolo raffigurato, se collocato su una spia di colore rosso, permette di capire se la batteria viene correttamente ricaricata o meno dall'alternatore V F

4) Una spia di colore rosso contrassegnata dal simbolo di figura, se accesa durante la marcia, indica che il generatore di corrente non carica la batteria V F

5) Una spia di colore rosso contrassegnata dal simbolo di figura, se accesa durante la marcia, indica che la batteria è completamente scarica V F

6) Una spia di colore rosso contrassegnata dal simbolo di figura, se accesa durante la marcia, indica che bisogna invertire l'allacciamento dei cavi ai morsetti della batteria V F

7) Una spia di colore rosso contrassegnata dal simbolo di figura, se accesa durante la marcia, indica che la batteria non si sta ricaricando come previsto V F

8) Una spia di colore rosso contrassegnata dal simbolo di figura, se accesa durante la marcia, indica che la batteria è sovraccarica V F

18020 (FIGURA 706)

1) Una spia di colore rosso contrassegnata dal simbolo di figura, se accesa durante la marcia, indica che il motore consuma troppo olio V F

2) Una spia di colore rosso contrassegnata dal simbolo di figura, se accesa durante la marcia, indica insufficiente pressione dell'olio di lubrificazione del motore V F

3) Una spia di colore rosso contrassegnata dal simbolo di figura, se spenta durante la marcia, indica che la pressione dell'olio di lubrificazione del motore è regolare V F

4) Il simbolo raffigurato può essere posto su una spia a luce rossa V F

5) Una spia di colore rosso contrassegnata dal simbolo di figura, se accesa durante la marcia, indica una temperatura troppo bassa dell'olio di lubrificazione del motore V F

6) Il simbolo raffigurato può contraddistinguere una spia luminosa di colore giallo ambra V F

7) Una spia di colore rosso contrassegnata dal simbolo di figura, se accesa durante la marcia, indica di arrestare subito il motore per evitare gravi danni V F

8) Il simbolo raffigurato è posto su un dispositivo che dà indicazioni sulla pressione del lubrificante nel motore V F

9) Una spia di colore rosso contrassegnata dal simbolo di figura, se accesa durante la marcia, indica che l'olio di lubrificazione del cambio di velocità è troppo denso V F

10) Una spia di colore rosso contrassegnata dal simbolo di figura, se accesa durante la marcia, indica che bisogna cambiare l'olio di lubrificazione del motore V F

18021 (FIGURA 721)

1) Il simbolo raffigurato è posto su una spia di colore rosso V F
2) Una spia di colore rosso contrassegnata dal simbolo di figura, se accesa durante la marcia, indica che occorre effettuare la revisione periodica di legge entro un mese V F
3) Una spia di colore rosso contrassegnata dal simbolo di figura, se accesa durante la marcia, segnala che la centralina elettronica è fuori uso V F
4) Una spia di colore rosso contrassegnata dal simbolo di figura, se accesa durante la marcia, comporta di provvedere rapidamente a una manutenzione o riparazione dell'impianto frenante V F
5) Il simbolo raffigurato, contrassegna la spia di funzionamento difettoso di una parte dell'impianto frenante V F
6) Il simbolo raffigurato individua il luogo ove è riposto l'estintore di bordo V F
7) Una spia di colore rosso contrassegnata dal simbolo di figura, se accesa durante la marcia, può segnalare una eccessiva usura delle guarnizioni degli elementi frenanti V F
8) Il simbolo raffigurato individua una parte dell'impianto elettrico dove si trova alta tensione V F
9) Una spia di colore rosso contrassegnata dal simbolo di figura, se accesa durante la marcia, indica che occorre effettuare il tagliando periodico previsto dalla casa costruttrice entro 500 chilometri V F
10) Una spia di colore rosso contrassegnata dal simbolo di figura, se accesa durante la marcia, può segnalare lo scarso livello del liquido idraulico dei freni V F
11) Una spia di colore rosso contrassegnata dal simbolo di figura, se accesa durante la marcia, segnala portiere aperte o chiuse non correttamente V F

18022 (FIGURA 707)

1) La spia rossa contraddistinta dal simbolo in figura, se accesa durante la marcia, è in genere abbinata ad un segnale acustico in funzione V F
2) Il simbolo raffigurato è posto su una spia di colore giallo V F
3) Il simbolo raffigurato è posto su una spia di colore rosso che, se accesa durante la marcia, indica che il conducente o un passeggero non hanno indossato le cinture di sicurezza V F
4) La spia rossa contraddistinta dal simbolo in figura può essere disattivata con apposito comando posto sul cruscotto V F
5) Il simbolo raffigurato è posto su una spia di colore rosso V F
6) Il simbolo raffigurato è posto sul pulsante che permette di regolare le modalità di azione del pretensionatore delle cinture di sicurezza V F

Cinture di sicurezza, sistemi di ritenuta per bambini, casco protettivo e abbigliamento di sicurezza

19001

1) Sono previste sanzioni per chi, pur facendo uso della cintura di sicurezza, ne alteri o ostacoli il normale funzionamento V F
2) Se non si allaccia la cintura di sicurezza, in caso d'improvvisa frenata si può essere proiettati contro il parabrezza V F
3) Se il veicolo è dotato di airbag frontali e laterali, si può fare a meno di allacciare la cintura di sicurezza V F
4) Le cinture di sicurezza vanno agganciate solo se si circola a velocità uguale o superiore a 30 km/h V F

19002

1) Nei veicoli dotati di airbag con comando di disabilitazione, prima di sistemare sul sedile anteriore un seggiolino per bambini (schienale rivolto verso il parabrezza), bisogna disattivare l'airbag V F
2) Nei veicoli che non sono muniti del comando per disabilitare l'airbag dal lato passeggero, il seggiolino per bambini non deve essere sistemato sul sedile anteriore, con lo schienale rivolto verso la strada V F
3) L'airbag funziona anche quando la chiave di accensione del veicolo non è inserita V F
4) Se un veicolo è dotato di air-bag, non vi è l'obbligo di indossare le cinture di sicurezza durante la marcia V F

19003

1) Il poggiatesta è utile per prevenire il "colpo di frusta" V F
2) Il poggiatesta è utile se viene regolato correttamente, sia in altezza che in inclinazione V F
3) Il poggiatesta è particolarmente utile per rilassare la muscolatura durante la guida V F
4) Il poggiatesta ha una funzione non di sicurezza, ma estetica V F

19004

1) Le persone con oltre 65 anni di età non sono obbligate ad agganciare la cintura di sicurezza V F
2) Il postino, durante l'attività lavorativa, non ha l'obbligo di agganciare la cintura di sicurezza V F
3) Le persone che soffrono di particolari malattie certificate non sono tenute ad agganciare la cintura di sicurezza V F
4) Gli istruttori di guida nello svolgimento della loro professione non sono obbligati ad agganciare la cintura di sicurezza V F
5) Le donne in stato di gravidanza con particolari condizioni di rischio certificate non sono obbligate ad agganciare la cintura di sicurezza V F
6) Chi guida un'autovettura munito di autorizzazione ad esercitarsi alla guida (foglio rosa), non è obbligato ad utilizzare la cintura di sicurezza V F

19005

1) Il casco è obbligatorio per i conducenti di motocicli non dotati di cellula di sicurezza e di dispositivi di ritenuta V F
2) Il casco è obbligatorio per il passeggero di un motociclo privo di cellula di sicurezza e sistemi di ritenuta V F
3) Il casco è obbligatorio per il passeggero di un ciclomotore a due ruote, anche se maggiorenne V F
4) Il casco è obbligatorio per i conducenti di ciclomotori a due ruote V F

5) Il casco è obbligatorio per i conducenti di ciclomotori a due ruote, solo se minorenni V F

6) Il casco non è obbligatorio per i conducenti di ciclomotori a due ruote, titolari di patente della categoria B V F

7) Il casco non è obbligatorio per i conducenti di ciclomotori a due ruote V F

19006

1) Le cinture di sicurezza hanno lo scopo di limitare i danni al conducente e ai passeggeri in caso di incidente stradale V F

2) Le cinture di sicurezza devono essere indossate sia dal conducente che dai passeggeri delle autovetture che ne siano dotate V F

3) Le cinture di sicurezza devono essere di tipo omologato e mantenute sempre efficienti V F

4) Le cinture di sicurezza devono essere di tipo omologato e devono essere mantenute sempre efficienti V F

5) Non è obbligatorio utilizzare le cinture di sicurezza su una autovettura quando si circola ad una velocità inferiore ai 30 km/h V F

6) Le cinture di sicurezza devono essere utilizzate in qualsiasi situazione di marcia V F

7) Le cinture di sicurezza hanno lo scopo di evitare che il conducente o i passeggeri siano proiettati all'esterno della autovettura in caso di urto violento V F

8) Le persone obese possono utilizzare appositi strumenti che evitano che la cintura di sicurezza stia aderente al corpo V F

9) La spia che indica il mancato agganciamento delle cinture può essere disabilitata dal conducente con apposito comando posto sul cruscotto V F

10) Non è obbligatorio l'uso delle cinture di sicurezza sui veicoli muniti di air-bag V F

11) Le cinture di sicurezza devono essere utilizzate anche dai passeggeri dei sedili posteriori delle autovetture V F

12) Le cinture di sicurezza sono di utilità trascurabile nella circolazione urbana V F

13) Non è obbligatorio l'uso delle cinture di sicurezza su una autovettura da parte di persone anziane (età superiore ai 70 anni) V F

14) Le cinture di sicurezza hanno lo scopo di mantenere il corpo attaccato al sedile in caso di urto violento V F

15) Le cinture di sicurezza hanno lo scopo di evitare che il conducente o i passeggeri vadano a urtare parti interne del veicolo in caso di urto violento V F

16) Non è obbligatorio, ma è consigliato, indossare le cinture di sicurezza se si occupano i posti posteriori di una autovettura V F

17) Non è obbligatorio utilizzare le cinture di sicurezza su una autovettura quando si effettuano tragitti di lunghezza inferiore a un chilometro all'interno dei centri abitati V F

18) Le cinture di sicurezza richiedono un periodico controllo del loro stato di usura e di efficienza V F

19) L'arrotolatore delle cinture di sicurezza può essere disattivato o modificato dal conducente, se crea fastidio al passeggero V F

20) L'uso delle cinture di sicurezza consente il trasporto di bambini sui sedili anteriori in braccio a un adulto, senza pericoli V F

19007

1) È consentito il trasporto di bambini senza che siano assicurati a sistemi di ritenuta, purché sui sedili anteriori e a portata di braccio del conducente V F

2) Si possono utilizzare le cinture di sicurezza al posto dei sistemi di ritenuta per trasportare un bambino, purché sia di altezza superiore a 1,30 metri V F

3) Se un'autovettura è munita di airbag, è possibile trasportare bambini sul sedile anteriore assicurati ad idoneo seggiolino solo se il veicolo è dotato di comando per disattivare l'airbag stesso V F

4) I sistemi di ritenuta per bambini sono di un unico tipo e sono tutti utilizzabili per trasportare bambini fino a 1,50 metri di altezza V F

5) I bambini di età inferiore a 3 anni non possono viaggiare su autovetture sprovviste degli idonei sistemi di ritenuta V F

6) I sistemi di ritenuta per bambini sono classificati in gruppi, in funzione del peso del bambino che possono accogliere V F

7) È consentito il trasporto di bambini senza che siano assicurati a sistemi di ritenuta, purché su percorsi urbani V F

8) I bambini di altezza inferiore a 1,50 metri, quando sono trasportati su una autovettura, devono essere trattenuti da sistemi di ritenuta omologati, adeguati alla loro statura e peso V F

9) È consentito il trasporto di bambini senza che siano assicurati a sistemi di ritenuta, purché si circoli alla velocità massima di 40 km/h V F

10) I bambini di età superiore ai 3 anni possono viaggiare sui sedili anteriori di un'autovettura sprovvista di sistemi di ritenuta, solo se la loro statura supera 1,50 metri e indossano le cinture di sicurezza V F

11) È consentito il trasporto di bambini senza che siano assicurati a sistemi di ritenuta, purché sui sedili anteriori in braccio a persona maggiorenne V F

12) I sistemi di ritenuta per bambini devono essere di tipo omologato e mantenuti sempre efficienti V F

13) I seggiolini per bambini possono anche essere di costruzione artigianale, purché approvati da esperto della ASL V F

19008

1) L'airbag si gonfia in pochi millisecondi V F

2) L'airbag non può essere montato su vetture con meno di 4 porte V F

3) L'airbag può essere pericoloso se si attiva mentre non si indossa la cintura di sicurezza V F

4) L'airbag serve a limitare i danni agli occupanti del veicolo per urti contro superfici interne del veicolo in caso di urto violento a seguito di incidente V F

5) L'airbag si gonfia premendo un pulsante posto sul cruscotto V F

6) L'airbag è un cuscino gonfiabile di nylon o altro materiale sintetico V F

7) L'airbag si gonfia in pochi secondi V F

8) L'airbag deve essere gonfiato periodicamente per verificarne l'efficienza V F

9) L'airbag può essere talvolta disattivabile V F

10) L'airbag entra in funzione in caso di incidente stradale con urto violento V F

11) L'airbag è utile soltanto nei percorsi extraurbani V F

12) L'airbag non va usato insieme alle cinture di sicurezza V F

13) L'airbag si gonfia automaticamente grazie al comando di un sensore V F

14) Il conducente può tarare, con apposito comando, la velocità minima d'urto al di sopra della quale far attivare l'airbag V F

19009

1) Il casco deve essere di taglia corretta V F

2) Sul casco possono essere applicati adesivi di qualunque tipo, purché non coprano la visiera V F

3) Il sistema di aerazione del casco consente di limitare il pericolo di appannamento della visiera V F

4) Quando la temperatura è vicino a 0° C il conducente deve chiudere i fori di aereazione per evitare colpi di freddo al collo V F

5) La pulizia del casco deve essere effettuata con detersivi non corrosivi V F

6) La visiera del casco deve essere sostituita se rigata o danneggiata V F

7) Il casco conserva invariate le sue caratteristiche protettive per periodi lunghissimi, di oltre venti anni V F
8) La visiera del casco protegge il viso e gli occhi da impatti con insetti V F
9) È bene che il casco sia dotato di visiera V F
10) Il casco deve essere sostituito dopo che abbia subito un forte urto, anche se non mostra deformazioni sulla calotta esterna V F
11) Il casco integrale protegge anche il viso da traumi e lesioni in caso di incidente V F
12) L'uso del casco è necessario per ridurre gli effetti di eventuali urti alla testa V F
13) L'uso del casco durante la marcia diventa facoltativo quando la temperatura dell'aria è superiore ai trenta gradi V F
14) Il casco deve essere indossato anche per spostamenti brevi e a bassa velocità V F
15) Il casco deve essere indossato anche a bordo dei quadricicli a motore privi di carrozzeria (Quad) V F
16) La robustezza della calotta esterna del casco potrebbe essere compromessa da solventi presenti in vernici o colle V F
17) L'uso del casco è obbligatorio su qualunque quadriciclo a motore V F
18) Il casco deve essere completamente allacciato solo sui percorsi extraurbani V F
19) Il conducente che non indossa il casco è soggetto alla decurtazione di punti dalla patente di guida V F
20) Il casco deve essere periodicamente pulito con benzina o acquaragia per sgrassarlo ed eliminare resti di insetti V F
21) La visiera del casco deve garantire la perfetta visione con qualunque condizione di luce o illuminazione V F
22) Indossare il casco in modo errato o senza averlo correttamente allacciato può comportare gravi rischi alla salute in caso di caduta o incidente V F
23) Il casco non deve essere pulito con solventi V F
24) Quando si circola nelle zone a velocità controllata inferiore a 30 km/h, non è obbligatorio l'uso del casco V F
25) Il casco non deve essere pulito con benzina V F
26) Il casco subisce un processo di invecchiamento dovuto a luce e calore V F
27) Il casco integrale non può essere utilizzato quando si circola nei centri urbani ad alta densità di circolazione V F
28) La visiera del casco può essere riparata con nastro adesivo, purché sia di tipo ultra trasparente V F
29) L'obbligo dell'uso del casco non riguarda i maggiorenni con più di tre anni di esperienza di guida V F
30) Il casco integrale è inutile se si circola a bordo di un ciclomotore a due ruote V F
31) La visiera del casco peggiora notevolmente la visibilità e quindi va usata il meno possibile V F
32) La calotta del casco può essere riparata con nastro adesivo di tipo speciale, se presenta una rottura inferiore ai tre centimetri V F
33) Durante la marcia, il casco deve essere sempre correttamente allacciato V F
34) I caschi da utilizzare alla guida dei ciclomotori non necessitano di omologazione V F

19010

1) Gli stivali ad uso motociclistico sono omologati secondo norme internazionali V F
2) Gli stivali ad uso motociclistico permettono una giusta protezione di piedi e caviglie quando si è alla guida di veicolo a due ruote V F
3) Gli stivali ad uso motociclistico sono privi di nastri liberi o stringhe per evitarne l'aggancio alle pedivelle dei motocicli V F
4) Gli stivali ad uso motociclistico riducono gli effetti di distorsioni in caso di appoggio impreciso dei piedi e proteggono le articolazioni della caviglia dal freddo V F

5) Gli stivali ad uso motociclistico hanno la suola in acciaio V F

6) Le calzature omologate per l'uso motociclistico sono progettate per non scalzarsi in caso di caduta V F

7) Al posto degli stivali ad uso motociclistico si possono utilizzare scarpe da trekking in alta montagna, perché sono di analoga concezione V F

8) Gli stivali ad uso motociclistico sono dotati di doppie stringhe per evitare scalzamenti V F

9) Gli stivali ad uso motociclistico proteggono i piedi da abrasioni sull'asfalto in caso di caduta V F

10) Gli stivali ad uso motociclistico coprono la gamba fin sopra il ginocchio per proteggere meglio il conducente in caso di caduta V F

11) Gli stivali ad uso motociclistico devono essere interamente realizzati in gomma ignifuga V F

12) Non esistono specifici stivali ad uso motociclistico, pertanto è bene utilizzare calzature robuste del tipo utilizzato per caccia, pesca o alpinismo V F

19011

1) Non esistono guanti ad uso motociclistico di tipo omologato V F

2) Quando si circola a bordo di un motociclo, è opportuno indossare gli specifici guanti anche d'estate V F

3) I guanti da motociclisti proteggono il palmo della mano in caso di caduta con strisciamento sull'asfalto V F

4) I guanti da motociclisti garantiscono la giusta sensibilità durante la guida e una presa più sicura sui comandi V F

5) I guanti ad uso motociclistico coprono anche il gomito per proteggere meglio in caso di caduta V F

6) Se si guida un motociclo senza guanti si può intervenire più rapidamente sui comandi V F

7) I guanti ad uso motociclistico si riconoscono perché di colore nero e con una sagoma di moto stampigliata sul polso V F

8) Guidando ciclomotori o motocicli è consigliabile utilizzare guanti protettivi per le mani V F

9) I guanti ad uso motociclistico possono essere sostituiti dai guanti da sci, ma solo nella stagione fredda V F

10) I guanti da motociclisti possono avere imbottiture diverse a seconde della stagione V F

11) I guanti ad uso motociclistico non sono idonei alla guida di ciclomotori a due ruote V F

12) I guanti da motociclisti omologati proteggono in particolar modo il dorso della mano in caso di impatto con corpi duri V F

13) I guanti ad uso motociclistico hanno speciali sistemi di aggancio per impedire il loro sfilamento in caso di caduta V F

14) I guanti ad uso motociclistico hanno come principale scopo quello di proteggere dal freddo, pertanto è inutile usarli l'estate V F

19012

1) Le giacche ad uso motociclistico garantiscono un'adeguata protezione all'abrasione in caso di scivolamento sull'asfalto V F

2) Gli indumenti ad uso motociclistico omologati sono sottoposti a prove di resistenza al lavaggio V F

3) Le giacche ad uso motociclistico non sono previste per utilizzo estivo V F

4) Gli indumenti ad uso motociclistico omologati sono sottoposti a prove di resistenza al taglio e all'abrasione da impatto V F

5) Le giacche ad uso motociclistico hanno inserti rigidi protettivi in corrispondenza delle articolazioni V F

6) Le giacche ad uso motociclistico, per essere omologate devono essere unicamente di colore nero V F

Patenti di guida, sistema sanzionatorio, documenti di circolazione, uso di lenti e altri apparecchi

20001

1) È vietato utilizzare un autoveicolo sulle strade pubbliche quando il veicolo non è coperto dall'assicurazione per la responsabilità civile [V] [F]
2) È vietato utilizzare un autoveicolo sulle strade pubbliche quando la carta di circolazione è intestata a persona diversa dal conducente [V] [F]
3) È vietato circolare sulle strade pubbliche con un autoveicolo dotato della targa prova [V] [F]
4) Sulle strade pubbliche è vietato utilizzare un autoveicolo se la garanzia è scaduta di validità [V] [F]
5) È di norma vietato condurre sulle strade pubbliche un autoveicolo non immatricolato [V] [F]
6) È vietato utilizzare un autoveicolo sulle strade pubbliche quando non si ha con sé la ricevuta di avvenuto pagamento della tassa di possesso [V] [F]
7) È vietato condurre un autoveicolo sulle strade pubbliche quando non si possiede la patente di guida necessaria per quel tipo di veicolo [V] [F]
8) È vietato utilizzare un autoveicolo sulle strade pubbliche quando non si ha con sé il certificato di proprietà [V] [F]

20002

1) Un autoveicolo per poter circolare deve essere munito della carta di circolazione [V] [F]
2) Un autoveicolo per poter circolare deve essere munito del segnale mobile di pericolo (triangolo) [V] [F]
3) Un autoveicolo per poter circolare deve essere munito del certificato di assicurazione e relativo contrassegno, attestante il pagamento della copertura assicurativa [V] [F]
4) Un autoveicolo per poter circolare deve essere munito delle targhe identificative, affinché sia possibile risalire all'intestatario del mezzo [V] [F]
5) Un'autovettura per poter circolare deve avere la polizza assicurativa del tipo "kasko" [V] [F]

20003

1) Gli autoveicoli usati per le esercitazioni di guida devono essere muniti, sia anteriormente che posteriormente, di appositi pannelli retroriflettenti recanti la lettera "P" (principiante) [V] [F]
2) Le targhe dei veicoli non devono essere manomesse o contraffatte [V] [F]
3) Le targhe dei veicoli devono essere sempre ben leggibili [V] [F]
4) Le targhe dei veicoli non devono essere sporche [V] [F]
5) Le targhe dei veicoli devono essere apposte saldamente e in posizione corretta [V] [F]
6) Le targhe dei veicoli possono essere piegate per adattarle meglio al loro supporto [V] [F]

20004

1) Con la patente di categoria AM si possono condurre i quadricicli non leggeri con potenza fino a 7 kW [V] [F]
2) La patente AM può essere rilasciata senza dover sostenere gli esami teorici e pratici, purché il richiedente sia maggiorenne [V] [F]
3) Con la patente di categoria AM si possono condurre i ciclomotori a due ruote [V] [F]
4) Con la patente di categoria AM si possono condurre i ciclomotori a tre ruote [V] [F]
5) La patente AM abilita alla guida di ciclomotori con motore termico non superiore a 50 cm^3 [V] [F]
6) Con la patente di categoria AM si possono condurre i quadricicli leggeri [V] [F]
7) Con la patente di categoria AM si possono condurre i ciclomotori a due ruote mentre per condurre i ciclomotori a tre ruote occorre la patente A1 [V] [F]

8) La patente AM abilita alla guida di ciclomotori con motore elettrico di potenza non superiore a 4 kW V F

9) La patente AM abilita alla guida di motocicli, purché dotati di motore elettrico V F

10) La patente AM si può conseguire a 14 anni di età V F

11) La patente AM consente, a chi ha compiuto 14 anni, di condurre i ciclomotori in tutti i paesi dell'Unione Europea V F

12) La patente AM conseguita da almeno 3 anni abilita alla guida dei motocicli di potenza fino a 11 kW V F

13) La patente AM conseguita da almeno 2 anni consente di trasportare passeggeri, anche se il conducente è minorenne V F

20005

1) La patente di categoria A1 consente il trasporto di un passeggero solo se il conducente è maggiorenne e se sulla carta di circolazione del veicolo è indicata tale possibilità V F

2) La patente di categoria A1 consente al conducente che ha meno di 18 anni di trasportare un passeggero, ma solo se lo stesso è maggiorenne V F

3) Con la patente di categoria A1 si possono condurre le macchine agricole che rientrano nei limiti di sagoma e di massa previsti per i motoveicoli V F

4) Con la patente di categoria A1 si possono condurre i tricicli di potenza superiore a 15 kW, ma solo se il conducente è maggiorenne V F

5) La patente di categoria A1 può essere conseguita solo da chi è già in possesso della patente AM V F

6) La patente di categoria A1 abilita alla guida di tutti i motocicli di cilindrata fino a 125 cm^3 V F

7) Con la patente di categoria A1 si possono condurre i tricicli a motore di potenza non superiore a 15 kW V F

8) Con la patente di categoria A1 si possono condurre le macchine operatrici non eccezionali V F

9) Con la patente di categoria A1 si possono condurre i motocicli (con o senza carrozzetta) di cilindrata fino a 125 cm^3, potenza non superiore a 11 kW e rapporto potenza/peso non superiore a 0,1 kW/kg V F

10) La patente di categoria A1 abilita anche alla guida dei veicoli che si possono condurre con la patente AM V F

11) La patente di categoria A1 può essere conseguita da chi ha almeno 16 anni di età V F

12) La patente di categoria A1, trascorsi i primi due anni dal conseguimento, diventa automaticamente patente di categoria A2 e, dopo ulteriori due anni, diventa patente di categoria A che abilita alla guida di qualunque motociclo V F

20006

1) Con la patente di categoria A2 si possono condurre i motocicli (con o senza carrozzetta) di potenza fino a 35 kW, rapporto potenza/peso non superiore a 0,2 kW/kg purché non siano derivati da una versione dello stesso modello che sviluppi oltre il doppio della potenza massima V F

2) La patente di categoria A2 può essere conseguita solo se si è già in possesso della patente di categoria A1 V F

3) La patente di categoria A2 può essere conseguita da chi ha almeno 18 anni di età V F

4) Il titolare di patente di categoria A2 non può condurre motocicli di cilindrata superiore a 150 cm^3 e di potenza superiore a 25 kW V F

5) Il titolare di patente di categoria A2 da almeno due anni, può conseguire la patente A che abilita alla guida di tutti i motocicli, anche se ha meno di 24 anni V F

6) Il titolare di patente di categoria A2 da almeno due anni, può conseguire la patente A che abilita alla guida di tutti i motocicli, solo se è già in possesso della patente di categoria AM ed ha più di 24 anni di età V F

7) La patente di categoria A2 può essere conseguita da chi ha almeno 20 anni di età V F

8) La patente di categoria A2 abilita anche alla guida dei veicoli che si possono condurre con le patenti A1 e AM | V | F

9) Il titolare di patente di categoria A2 può condurre anche le macchine agricole che rientrano nei limiti di sagoma e di massa dei motoveicoli | V | F

10) La patente di categoria A2 consente al titolare di trasportare un passeggero solo se il posto del passeggero è previsto sulla carta di circolazione del veicolo | V | F

11) Con la patente di categoria A2 si possono condurre i motocicli (con o senza carrozzetta) di potenza fino a 25 kW, rapporto potenza/peso non superiore a 0,2 kW/kg purché non siano derivati da una versione che sviluppa oltre il triplo della potenza massima | V | F

12) La patente di categoria A2 consente di guidare solo i ciclomotori e i quadricicli leggeri | V | F

13) La patente di categoria A2 non consente di condurre alcun tipo di triciclo a motore | V | F

20007

1) La patente di categoria A può essere conseguita, con accesso diretto, da chi non è già titolare di patente A2 da almeno 2 anni, solo se ha compiuto 24 anni di età | V | F

2) Con la patente di categoria A si possono condurre i motocicli (con o senza carrozzetta) di qualsiasi cilindrata, purché abbiano una potenza inferiore a 35 kW per i primi 2 anni dal conseguimento | V | F

3) Con la patente di categoria A si possono condurre tutti i tricicli a motore, ma solo se il conducente ha almeno 21 anni | V | F

4) Con la patente di categoria A si possono condurre tutti i motocicli (con o senza carrozzetta) | V | F

5) La patente di categoria A abilita anche alla guida dei veicoli che si possono condurre con le patenti A1, A2 e AM | V | F

6) La patente di categoria A può essere conseguita a 20 anni di età, con accesso graduale, da chi è titolare di patente A2 da almeno 2 anni | V | F

7) Con la patente di categoria A si possono condurre anche i tricicli di potenza superiore a 15 kW, ma solo se il conducente ha almeno 21 anni di età | V | F

8) La patente di categoria A abilita a guidare i motocicli di cilindrata superiore a 50 cm^3 anche se sviluppano una velocità superiore a 45 km/h | V | F

9) La patente di categoria A può essere conseguita con accesso graduale a 18 anni di età da chi è già titolare di patente A1 da almeno 2 anni | V | F

10) Con la patente di categoria A si possono condurre anche i tricicli di potenza superiore a 15 kW, qualunque sia l'età del conducente | V | F

11) Con la patente di categoria A si possono guidare i quadricicli non leggeri, qualunque sia l'età del conducente | V | F

12) La patente di categoria A conseguita per accesso diretto ad almeno 24 anni di età, consente di condurre tutti i motocicli ma solo in Italia, per guidare all'estero è necessario sostenere un ulteriore esame | V | F

13) La patente di categoria A può essere conseguita con accesso diretto anche da chi non è già titolare di patente A2 da almeno 2 anni, purché abbia compiuto 21 anni di età | V | F

14) Per conseguire la patente di categoria A è in ogni caso necessario aver compiuto almeno 24 anni di età | V | F

20008

1) Con la patente di categoria B1 si possono condurre tutti i tricicli a motore, ma solo se il conducente ha già compiuto i 18 anni di età | V | F

2) La patente di categoria B1 abilita a condurre i quadricicli non leggeri di massa a vuoto non superiore a 400 chilogrammi (550 chilogrammi per veicoli destinati al trasporto merci), esclusa la massa delle batterie per i veicoli elettrici, e con potenza massima non superiore a 15 kW | V | F

3) La patente di categoria B1 consente il trasporto di un passeggero, solo se il conducente è maggiorenne e se il posto del passeggero è previsto sulla carta di circolazione del veicolo | V | F

4) La patente di categoria B1 abilita a condurre le autovetture monoposto, o con un massimo di tre posti, compreso il conducente, purché si circoli senza passeggeri a bordo | V | F

5) La patente di categoria B1 può essere conseguita a 16 anni di età V F

6) La patente di categoria B1 abilita a condurre i motocicli (con o senza carrozzetta) di cilindrata fino a 125 cm^3, di potenza non superiore a 11 kW e con rapporto potenza/peso non superiore a 0,1kW/kg V F

7) La patente di categoria B1 abilita a condurre alcuni tipi di quadricicli non leggeri V F

8) La patente di categoria B1 abilita a condurre i quadricicli non leggeri con manubrio (Quad) V F

9) La patente di categoria B1 abilita anche alla guida dei veicoli che si possono condurre con la patente A1 V F

10) Il titolare della patente di categoria B1 che intende conseguire la patente di categoria B dovrà sostenere solo un esame teorico integrativo V F

20009

1) La patente di categoria B consente di guidare, ma solo sul territorio nazionale (Italia), i veicoli che si possono condurre con la patente A1 V F

2) La patente di categoria B abilita a condurre le autovetture trainanti un rimorchio non leggero (massa oltre 750 chilogrammi) purché la massa massima autorizzata del complesso non superi 3,5 tonnellate V F

3) La patente di categoria B abilita a condurre le macchine agricole, comprese quelle definite eccezionali V F

4) La patente di categoria B abilita a condurre gli autocaravan di massa massima autorizzata non superiore a 3,5 tonnellate V F

5) La patente di categoria B, conseguita dopo i 24 anni di età, abilita alla guida di tutti i motocicli V F

6) La patente di categoria B abilita a condurre le autovetture, anche se trainano rimorchi aventi massa superiore a 3.500 chilogrammi V F

7) La patente di categoria B abilita a condurre le autovetture, anche se trainanti un rimorchio leggero (massa fino a 750 chilogrammi) V F

8) La patente di categoria B consente di guidare, solo sul territorio nazionale (Italia) e se il conducente ha almeno 21 anni, i tricicli a motore di potenza superiore a 15 kW V F

9) La patente di categoria B abilita a condurre gli autocarri di massa massima autorizzata non superiore a 3.500 chilogrammi anche se trainanti un rimorchio leggero (massa fino a 750 chilogrammi) V F

10) La patente di categoria B consente di condurre tutti i tipi di quadricicli a motore V F

11) La patente di categoria B abilita a condurre le macchine operatrici eccezionali V F

12) La patente di categoria B abilita a guidare gli autobus destinati al trasporto di al massimo 16 posti, escluso il conducente V F

13) La patente di categoria B abilita a guidare gli autocarri di massa massima autorizzata superiore a 3,5 tonnellate ma non superiore a 7,5 tonnellate V F

14) La patente di categoria B, per i primi tre anni dal suo conseguimento, non consente la guida di autovetture aventi una potenza specifica, riferita alla tara, superiore a 55 kW/t o una potenza massima di 70 kW V F

15) La patente di categoria B abilita anche alla guida dei veicoli che si possono condurre con le patenti A2 e A V F

16) La patente di categoria B consente di guidare un'autovettura che traina un rimorchio, con massa del complesso veicolare pari a 4.500 chilogrammi V F

17) La patente di categoria B abilita a condurre solo autovetture con al massimo 9 posti compreso il conducente V F

18) La patente di categoria B abilita anche alla guida dei veicoli che si possono condurre con le patenti AM e B1 V F

19) La patente di categoria B abilita a condurre gli autoveicoli di massa massima autorizzata non superiore a 3,5 tonnellate destinati al trasporto di non più di otto persone oltre al conducente V F

20) La patente di categoria B consente di guidare tutti gli autocaravan (camper) V F

20010

1) Il codice armonizzato 96, apposto sulla patente di categoria B, abilita alla guida di autoveicoli trainanti un rimorchio non leggero (oltre 750 chilogrammi), con massa massima autorizzata del complesso superiore a 4.250 chilogrammi ma non superiore a 6.000 chilogrammi [V] [F]

2) La patente di categoria B con codice armonizzato 96, abilita alla guida di motocicli di potenza fino a 35 kW [V] [F]

3) La patente di categoria B con codice armonizzato 96, consente di guidare le autovetture trainanti un rimorchio non leggero (oltre 750 chilogrammi), purché la massa massima autorizzata del complesso non sia superiore a 4.250 chilogrammi [V] [F]

4) Il codice armonizzato 96, apposto sulla patente di categoria B, abilita alla guida di autoveicoli trainanti un rimorchio non leggero (oltre 750 chilogrammi), purché la massa massima autorizzata del complesso non sia superiore a 4.250 chilogrammi [V] [F]

5) Per guidare un'autovettura che traina un rimorchio non leggero (oltre 750 chilogrammi), con massa massima autorizzata del complesso superiore a 3.500 chilogrammi ma non superiore a 4.250 chilogrammi, è sufficiente aver conseguito la patente di categoria B con codice armonizzato 96 [V] [F]

6) La patente di categoria B con codice armonizzato 96, abilita alla guida di autosnodati con massa massima autorizzata superiore a 4.250 chilogrammi, ma non superiore a 7.500 chilogrammi [V] [F]

7) La patente di categoria B con codice armonizzato 96, può essere conseguita solo se si è già in possesso della patente A [V] [F]

8) La patente di categoria B con codice armonizzato 96 può essere conseguita anche contestualmente alla patente di categoria B, sostenendo una prova di guida su specifico veicolo [V] [F]

9) La patente di categoria B con codice armonizzato 96, può essere conseguita anche successivamente al conseguimento della patente di categoria B, superando una prova di guida su specifico veicolo [V] [F]

10) Il codice armonizzato 96, apposto sulla patente di categoria B, indica che il titolare può condurre un'autovettura che traina un rimorchio solo in Italia [V] [F]

20011

1) La patente di categoria BE abilita anche alla guida dei veicoli che si possono condurre con le patenti di categoria A, B e C1 [V] [F]

2) La patente di categoria BE abilita a condurre autotreni composti da un autoveicolo di massa massima autorizzata fino a 3.500 chilogrammi e da un rimorchio di massa fino a 3.500 chilogrammi [V] [F]

3) La patente di categoria BE abilita a condurre complessi di veicoli composti da un autoveicolo di massa massima autorizzata fino a 3.500 chilogrammi e da un rimorchio di massa fino a 3.500 chilogrammi, anche se la massa del complesso veicolare è superiore a 4.250 chilogrammi [V] [F]

4) Per condurre un autoveicolo di massa massima autorizzata pari a 3.500 chilogrammi che traina un rimorchio di massa massima autorizzata di 1.000 chilogrammi è necessario aver conseguito la patente di categoria BE [V] [F]

5) La patente di categoria BE abilita a condurre autotreni composti da un autoveicolo di massa massima autorizzata fino a 3.500 chilogrammi che traina un rimorchio di massa superiore a 3.500 chilogrammi [V] [F]

6) La patente di categoria BE abilita anche alla guida dei veicoli che si possono condurre con le patenti di categoria AM, B1, B e B con codice armonizzato 96 [V] [F]

7) Per guidare un'autovettura che traina un rimorchio di massa massima autorizzata di 2.000 chilogrammi e massa massima autorizzata del complesso veicolare pari a 4.500 chilogrammi, è necessario aver conseguito la patente di categoria BE [V] [F]

8) La patente di categoria BE abilita a condurre complessi di veicoli composti da un minibus che traina un rimorchio di massa fino a 1.500 chilogrammi [V] [F]

9) Per condurre un autoveicolo di massa massima autorizzata pari a 4.000 chilogrammi che traina un rimorchio di massa massima autorizzata di 2.000 chilogrammi è sufficiente aver conseguito la patente di categoria BE [V] [F]

10) La patente di categoria BE si può conseguire anche contestualmente alla patente di categoria B, sostenendo la prova di guida su specifico veicolo, ma bisogna aver compiuto almeno 21 anni [V] [F]

20012

1) La patente di guida viene immediatamente ritirata, durante la circolazione, se il conducente non sistema correttamente il carico mal disposto, dopo invito degli organi di polizia [V] [F]
2) La patente di guida viene immediatamente ritirata, durante la circolazione, a seguito di violazione che comporti le sanzioni accessorie della sospensione della patente [V] [F]
3) La patente di guida viene immediatamente ritirata, durante la circolazione, quando il conducente circola in Italia con patente rilasciata da uno stato estero in cui è residente [V] [F]
4) La patente di guida viene immediatamente ritirata, durante la circolazione, quando il conducente, obbligato a sostenere un esame di revisione, non vi si è sottoposto nei termini prescritti [V] [F]
5) La patente di guida viene immediatamente ritirata, durante la circolazione, se a seguito di incidente, sono derivate lesioni a persone [V] [F]
6) La patente di guida viene immediatamente ritirata, durante la circolazione, quando si accerti che il conducente guida con patente la cui validità è scaduta [V] [F]
7) La patente di guida viene immediatamente ritirata, durante la circolazione, quando il conducente trasporta un passeggero in stato di ebbrezza [V] [F]
8) La patente di guida viene immediatamente ritirata, durante la circolazione, quando il conducente sia alla guida in stato di ebbrezza [V] [F]
9) La patente di guida viene immediatamente ritirata, durante la circolazione, quando il conducente circola senza avere con sé la carta di circolazione del veicolo [V] [F]
10) La patente di guida viene immediatamente ritirata, durante la circolazione, se si circola con pneumatici di dimensioni diverse da quelle riportate sulla carta di circolazione [V] [F]
11) La patente di guida viene immediatamente ritirata, durante la circolazione, tutte le volte che il conducente commette una violazione che comporta una decurtazione di punti dalla patente [V] [F]
12) La patente di guida viene immediatamente ritirata, durante la circolazione, quando il conducente circola senza avere con sé il certificato di proprietà del veicolo [V] [F]

20013

1) La revisione della patente di guida può essere disposta quando il titolare incorre, per due volte in un anno, in una infrazione che comporta la perdita di almeno 5 punti [V] [F]
2) La revisione della patente di guida può essere disposta quando il titolare non è più in possesso dei requisiti morali richiesti [V] [F]
3) La revisione della patente di guida può essere disposta a seguito di incidente stradale che ha procurato lesioni gravi a persone [V] [F]
4) La revisione della patente di guida può essere disposta quando il titolare perde permanentemente (per sempre) i requisiti fisici richiesti [V] [F]
5) La revisione della patente di guida può essere disposta quando sorgono dubbi che il conducente sia ancora in possesso dei requisiti fisici e psichici prescritti [V] [F]
6) La revisione della patente di guida può essere disposta a seguito di guida in stato di ebbrezza o sotto l'effetto di sostanze stupefacenti [V] [F]
7) La revisione della patente di guida può essere disposta qualora sorgano dubbi che il conducente sia ancora in possesso dell'idoneità tecnica alla guida [V] [F]
8) Il conducente che non supera l'esame di revisione della patente, subisce la revoca della patente stessa [V] [F]
9) La revisione della patente di guida può essere disposta dall'Ufficio Motorizzazione civile o dal Prefetto [V] [F]
10) La revisione della patente di guida può essere disposta quando il titolare circola con la revisione del veicolo scaduta da oltre un anno [V] [F]
11) La revisione della patente di guida è disposta quando si accerti che il conducente è alla guida senza aver con sé la patente [V] [F]
12) La revisione della patente di guida è disposta a seguito di azzeramento dei "punti" della patente di guida [V] [F]

13) La revisione della patente di guida può essere disposta quando il titolare circola su un'auto storica senza la prescritta documentazione V F

14) La revisione della patente di guida può essere disposta quando il titolare circola su un veicolo che non è di sua proprietà e non ha un'autorizzazione scritta del proprietario V F

15) La revisione della patente di guida può essere disposta con l'obbligo di sottoporsi a visita medica e/o ad esame di idoneità tecnica V F

16) Il conducente che non supera l'esame di revisione della patente, può ripeterlo altre due volte entro un anno, continuando a guidare con uno speciale permesso rilasciato dalla Motorizzazione Civile V F

20014

1) La revoca della patente è disposta quando il titolare, sottoposto ad esame di revisione, non risulti più idoneo alla guida V F

2) La revoca della patente può essere disposta dagli organi di polizia V F

3) La revoca della patente può essere disposta quando il conducente guida senza averla con sè V F

4) La revoca della patente è disposta quando il titolare guida nonostante abbia la patente sospesa V F

5) La revoca della patente è disposta quando la patente stessa viene sostituita con altra rilasciata da uno stato estero V F

6) La revoca della patente è disposta quando il titolare perde permanentemente (per sempre) i requisiti psichici richiesti V F

7) La revoca della patente è disposta quando il conducente guida con patente scaduta di validità V F

8) La revoca della patente è disposta quando il conducente perde temporaneamente i requisiti fisici V F

9) La revoca della patente può essere disposta quando il conducente, in autostrada, inverte il senso di marcia o percorre la carreggiata contro mano V F

10) La revoca della patente può essere disposta quando il conducente guida senza lenti correttive quando prescritte V F

11) La revoca della patente è disposta quando il titolare perde permanentemente (per sempre) i requisiti fisici richiesti V F

12) La revoca della patente può essere disposta quando il conducente guida un veicolo intestato ad altra persona senza avere apposita dichiarazione scritta V F

20015

1) La sospensione della patente è una sanzione accessoria che deriva dalla violazione di alcuni articoli del codice della strada V F

2) La sospensione della patente può essere disposta quando si circola senza avere con sè la patente di guida V F

3) La sospensione della patente è disposta quando il conducente rifiuta di sottoporsi agli accertamenti sul suo eventuale stato di ebbrezza alcolica V F

4) La sospensione della patente è disposta contestualmente alla comunicazione di azzeramento dei punti V F

5) La sospensione della patente è disposta quando il conducente fugge senza prestare soccorso alla persona investita V F

6) La sospensione della patente può essere disposta nei confronti di chi abbia falsificato o contraffatto i documenti relativi all'assicurazione del veicolo V F

7) La sospensione della patente è disposta quando il conducente circola abusivamente con veicolo sottoposto a sequestro V F

8) La sospensione della patente è disposta quando si circola con patente illeggibile o deteriorata V F

9) La sospensione della patente è disposta quando il conducente guida sotto l'effetto di sostanze stupefacenti V F

10) La sospensione della patente è disposta quando sorgono dubbi sulla persistenza dei requisiti prescritti [V] [F]

11) La sospensione della patente può essere disposta quando si circola, in autostrada, sulla corsia di emergenza in casi non previsti dal codice della strada [V] [F]

12) La sospensione della patente è disposta quando il conducente circola con patente sospesa [V] [F]

13) La sospensione della patente è disposta quando il titolare non è più in possesso dei requisiti morali [V] [F]

14) La sospensione della patente è disposta quando il conducente guida in stato di ebbrezza alcolica [V] [F]

15) La sospensione della patente può essere disposta quando si superano di 20 km/h i limiti massimi di velocità [V] [F]

16) La sospensione della patente è disposta quando si superano di oltre 40 km/h i limiti massimi di velocità [V] [F]

17) La sospensione della patente è disposta, ad esempio, quando il neopatentato circola senza rispettare le limitazioni sui veicoli e sulle velocità [V] [F]

18) La guida di un veicolo da parte di un soggetto che non ha conseguito la corrispondente patente è considerata reato [V] [F]

19) La sospensione della patente è disposta quando, a richiesta degli agenti, non si è in grado di esibire il segnale mobile di pericolo [V] [F]

20) La sospensione della patente è disposta quando il titolare della patente perde definitivamente i requisiti fisici [V] [F]

21) La sospensione della patente è disposta quando si lascia il veicolo in sosta negli spazi destinati ai disabili [V] [F]

22) La sospensione della patente è disposta quando non si è pagato nei termini il bollo dell'auto [V] [F]

20016

1) Il punteggio sulla patente diminuisce esclusivamente quando si commette un'infrazione al codice della strada che comporta la sospensione o il ritiro della patente [V] [F]

2) Le violazioni che comportano decurtazione di punti, commesse entro i primi tre anni dal rilascio della prima patente, sono sanzionate con il triplo dei punti previsti [V] [F]

3) Quando il conducente ha esaurito la sua dotazione di punti sulla patente deve sottoporsi a revisione della stessa [V] [F]

4) Ogni patente di guida ha un'attribuzione iniziale di 20 punti [V] [F]

5) Le violazioni che comportano decurtazione di punti, commesse entro i primi tre anni dal rilascio della patente della categoria B, sono sanzionate con il doppio dei punti previsti [V] [F]

6) Se si commettono contemporaneamente più violazioni che comportano perdita di punti sulla patente, possono essere decurtati al massimo 15 punti, salvo che si tratti di infrazioni che comportano la sospensione della patente [V] [F]

7) Se per due anni non commette infrazioni che comportano perdita di punti, il conducente che abbia meno di 20 punti rientra in possesso di tutti i 20 punti [V] [F]

8) Se per due anni non commette infrazioni che comportano perdita di punti, il conducente che abbia 20 o più punti, ne riceve altri 2 (3 se è considerato neopatentato), fino a un massimo di 30 punti [V] [F]

9) La frequenza di apposito corso e il superamento di uno specifico esame consentono al titolare di patente A o B di recuperare 6 punti, arrivando al massimo a 20 punti [V] [F]

10) La frequenza di apposito corso e il superamento di uno specifico esame consentono al titolare di patente A o B di recuperare 9 punti, arrivando al massimo a 30 punti [V] [F]

11) Ogni patente di guida ha un'attribuzione iniziale di 30 punti [V] [F]

12) Il punteggio sulla patente diminuisce quando si commette una qualunque infrazione al codice della strada [V] [F]

13) Il punteggio sulla patente diminuisce quando si commettono particolari infrazioni al codice della strada [V] [F]

14) Se si commettono contemporaneamente più violazioni che comportano perdita di punti sulla patente, possono essere decurtati al massimo 10 punti, salvo che si tratti di infrazioni che comportano la revoca della patente [V] [F]

15) Se per due anni non commette infrazioni che comportano perdita di punti, il conducente che abbia meno di 20 punti entra in possesso di 30 punti [V] [F]

16) Quando ha esaurito la sua dotazione di punti sulla patente, al conducente viene revocata la patente [V] [F]

20017

1) La perdita di punti sulla patente per infrazione al codice della strada è raddoppiata se effettuata alla guida di autovettura di potenza superiore a 115 kW [V] [F]

2) Circolare, in un giorno festivo, con un autocarro carico, di massa complessiva a pieno carico inferiore a 3,5 tonnellate, comporta una perdita di punti sulla patente [V] [F]

3) L'omesso uso di lenti durante la guida, se prescritte, comporta una perdita di punti sulla patente [V] [F]

4) Guidare senza avere con sé il certificato di proprietà del veicolo di cui si è alla guida comporta una perdita di punti sulla patente [V] [F]

5) Guidare sotto l'effetto di sostanze stupefacenti comporta una perdita di punti sulla patente [V] [F]

6) Il trasporto in sovraccarico o in sovrannumero durante la guida, comporta una perdita di punti sulla patente [V] [F]

7) Il superamento dei limiti di velocità di oltre 10 km/h durante la guida comporta una perdita di punti sulla patente [V] [F]

8) Circolare sulla corsia di emergenza in autostrada, al di fuori dei casi previsti, comporta una perdita di punti sulla patente [V] [F]

9) Lasciare in sosta l'auto davanti a un passo carrabile comporta una perdita di punti sulla patente [V] [F]

10) Il mancato utilizzo o l'uso improprio delle luci durante la guida, comporta una perdita di punti sulla patente [V] [F]

11) Il mancato rispetto della distanza di sicurezza da cui sia derivato un incidente, comporta una perdita di punti sulla patente [V] [F]

12) Circolare senza avere con sé la carta di circolazione del veicolo di cui si è alla guida comporta una perdita di punti sulla patente [V] [F]

13) Guidare senza avere con sé la patente comporta una perdita di punti sulla patente [V] [F]

14) L'uso di telefono cellulare senza auricolare o viva voce durante la guida comporta una perdita di punti sulla patente [V] [F]

15) Circolare senza casco durante la guida quando previsto, o con casco mal allacciato, comporta una perdita di punti sulla patente [V] [F]

16) Guidare un veicolo di altro proprietario senza autorizzazione della Motorizzazione Civile comporta una perdita di punti sulla patente [V] [F]

17) La perdita di punti sulla patente per infrazione al codice della strada è raddoppiata se effettuata alla guida di motociclo di potenza superiore a 35 kW [V] [F]

18) Circolare con un'autovettura dotata di otto posti compreso il conducente con patente di categoria C comporta una perdita di punti sulla patente [V] [F]

19) Gareggiare in velocità su piste private, avendo meno di 24 anni e la sola patente B, comporta una perdita di punti sulla patente [V] [F]

20) Circolare con un'autovettura su autostrada o su strada extraurbana principale avendo conseguito la patente di categoria B da meno di sei mesi comporta una perdita di punti sulla patente [V] [F]

21) Il mancato rispetto di alcune norme relative alla manovra di sorpasso comporta una perdita di punti sulla patente [V] [F]

22) Circolare con veicolo che non sia stato sottoposto alla prescritta revisione periodica comporta una perdita di punti sulla patente [V] [F]

20018

1) La patente di guida è confermata se il titolare della stessa è ancora in possesso dei requisiti fisici e psichici prescritti V F

2) La patente di guida è confermata a seguito di esito favorevole dell'apposito accertamento sanitario eseguito da medico autorizzato V F

3) La patente di guida è confermata dal Ministero delle infrastrutture e dei trasporti a seguito di accertamento di idoneità psicofisica svolto da un medico autorizzato V F

4) La patente di guida di categoria B, salvo diversa limitazione riportata sul documento stesso o salvo allineamento alla data del compleanno del titolare, vale dieci anni in ogni caso di rilascio o di conferma V F

5) La patente di guida di categoria B SPECIALE (BS), salvo diversa limitazione riportata sul documento stesso o salvo allineamento alla data del compleanno del titolare, ha validità di cinque anni se rilasciata o confermata a chi non ha superato i 70 anni di età V F

6) La patente di guida di categoria BE, salvo diversa limitazione riportata sul documento stesso o salvo allineamento alla data del compleanno del titolare, vale cinque anni se rilasciata o confermata a chi non ha superato i 50 anni di età V F

7) La patente di guida di categoria B, salvo diversa limitazione riportata sul documento stesso o salvo allineamento alla data del compleanno del titolare, ha validità di cinque anni se rilasciata o confermata a chi ha una età compresa fra i 50 e i 70 anni V F

8) La patente di guida di categoria B è confermata dal Prefetto a seguito di visita di accertamento dei requisiti morali V F

9) Il titolare abilitato a condurre veicoli conducibili con patente della categoria A e della categoria B, per confermarne la validità, deve sostenere due specifiche visite mediche, ognuna abilitante alla singola categoria V F

10) La patente di guida di categoria B, salvo diversa limitazione riportata sul documento stesso o salvo allineamento alla data del compleanno del titolare, ha validità di due anni se rilasciata o confermata a chi ha superato gli 80 anni di età V F

11) La patente di guida di categoria BE, salvo diversa limitazione riportata sul documento stesso o salvo allineamento alla data del compleanno del titolare, ha validità di dieci anni se rilasciata o confermata a chi non ha superato i 50 anni di età V F

12) La patente di guida è confermata a seguito di esito favorevole della prova tecnica di guida (esame di guida) periodica V F

13) Con la patente di guida scaduta di validità è possibile comunque continuare a guidare per un tempo massimo di tre giorni V F

14) La patente di guida di categoria B, salvo diversa limitazione riportata sul documento stesso o salvo allineamento alla data del compleanno del titolare, ha validità di tre anni se rilasciata o confermata a chi ha una età compresa fra i 70 e gli 80 anni V F

15) La patente di guida di categoria B, salvo diversa limitazione riportata sul documento stesso o salvo allineamento alla data del compleanno del titolare, vale otto anni se rilasciata o confermata a chi ha una età compresa fra i 50 e i 70 anni V F

16) La patente di guida di categoria A, salvo diversa limitazione riportata sul documento stesso o salvo allineamento alla data del compleanno del titolare, ha validità di dieci anni se rilasciata o confermata a chi non ha superato i 50 anni di età V F

17) La patente di guida di categoria B, non può essere rinnovata a chi ha superato gli 80 anni di età V F

18) La patente di guida di categoria B, salvo diversa limitazione riportata sul documento stesso o salvo allineamento alla data del compleanno del titolare, vale cinque anni se rilasciata o confermata a chi non ha superato i 50 anni di età V F

19) La patente di guida di categoria B, salvo diversa limitazione riportata sul documento stesso o salvo allineamento alla data del compleanno del titolare, ha validità di dieci anni se rilasciata o confermata a chi non ha superato i 50 anni di età V F

20) La patente di guida di categoria B, salvo diversa limitazione riportata sul documento stesso, non ha scadenza di validità fino al compimento dei 50 anni di età V F

Incidenti stradali e comportamenti in caso di incidente

21001

1) Causa probabile di incidenti dovuti alla struttura della strada può essere ristrettezza della strada V F
2) Causa probabile di incidenti dovuti alla struttura della strada può essere mancata segnalazione degli incroci V F
3) Causa probabile di incidenti dovuti alla struttura della strada può essere mancanza di segnaletica orizzontale V F
4) Causa probabile di incidenti dovuti alla struttura della strada può essere fondo stradale deformato V F
5) Causa probabile di incidenti dovuti alla struttura della strada può essere regolamentazione semaforica V F
6) Causa probabile di incidenti dovuti alla struttura della strada può essere carreggiata a senso unico di circolazione V F
7) Causa probabile di incidenti dovuti alla struttura della strada può essere strada suddivisa in corsie V F
8) Causa probabile di incidenti dovuti alla struttura della strada può essere presenza di strettoie non segnalate V F
9) Causa probabile di incidenti dovuti alla struttura della strada può essere fondo stradale scivoloso V F
10) Causa probabile di incidenti dovuti alla struttura della strada può essere strada a percorso pianeggiante V F
11) Causa probabile di incidenti dovuti alla struttura della strada può essere strada suddivisa in carreggiate V F
12) Causa probabile di incidenti dovuti alla struttura della strada può essere presenza di barriere laterali ad assorbimento d'urto (guardrails) V F
13) Causa probabile di incidenti dovuti alla struttura della strada può essere mancanza di curve pericolose V F

21002

1) In caso di pioggia occorre ridurre la velocità V F
2) In caso di pioggia occorre aumentare la distanza di sicurezza V F
3) In caso di pioggia occorre manovrare con prudenza lo sterzo V F
4) In caso di pioggia occorre evitare l'appannamento dei vetri V F
5) In caso di pioggia occorre frenare energicamente V F
6) In caso di pioggia occorre passare velocemente sulle pozzanghere per evitare di rimanere impantanati V F
7) In caso di pioggia occorre utilizzare, durante la marcia, la segnalazione luminosa di pericolo (quattro frecce lampeggianti simultaneamente) V F
8) In caso di pioggia occorre coprire il radiatore con l'apposita mascherina V F
9) In caso di pioggia occorre tenere in funzione i tergicristalli V F
10) In caso di pioggia occorre procedere, di norma, con il pedale della frizione abbassato V F

21003

1) Il fenomeno dell'aquaplaning fa scivolare le ruote sullo strato di acqua V F
2) Il fenomeno dell'aquaplaning inizia a velocità più bassa se il pneumatico è molto consumato V F
3) Il fenomeno dell'aquaplaning si verifica più facilmente a bassa velocità V F
4) Il fenomeno dell'aquaplaning rafforza il contatto fra pneumatici e asfalto V F
5) Il fenomeno dell'aquaplaning aumenta l'aderenza sul fondo stradale V F

6) Il fenomeno dell'aquaplaning aumenta nelle carreggiate a forte pendenza laterale V F
7) Il fenomeno dell'aquaplaning si verifica più facilmente nei veicoli più leggeri V F
8) Il fenomeno dell'aquaplaning riduce lo sbandamento del veicolo V F
9) Il fenomeno dell'aquaplaning non dipende dallo spessore e dal disegno del battistrada V F

21004

1) Su strade coperte di neve occorre montare pneumatici per neve su tutte le ruote oppure catene sulle ruote motrici V F
2) Su strade coperte di neve occorre evitare brusche manovre V F
3) Su strade coperte di neve occorre sterzare bruscamente per evitare di urtare veicoli fermi V F
4) Su strade coperte di neve occorre evitare brusche accelerazioni V F
5) Su strade coperte di neve occorre frenare con maggiore energia V F
6) Su strade coperte di neve occorre aumentare la distanza di sicurezza V F
7) Su strade coperte di neve occorre moderare la velocità V F
8) Su strade coperte di neve occorre alla partenza, accelerare al massimo V F
9) Su strade coperte di neve occorre frenare a fondo in caso di sbandamento del veicolo V F

21005

1) In presenza di tratti di strada ghiacciati è opportuno distanziarsi dalla traiettoria dei veicoli che si incrociano V F
2) In presenza di tratti di strada ghiacciati è opportuno frenare energicamente ogni volta che si incrocia un altro veicolo V F
3) In presenza di tratti di strada ghiacciati è opportuno marciare molto vicino alla barriera laterale V F
4) In presenza di tratti di strada ghiacciati è opportuno, in discesa, procedere con marce basse V F
5) In presenza di tratti di strada ghiacciati è opportuno aumentare la distanza di sicurezza V F
6) In presenza di tratti di strada ghiacciati è opportuno innestare la doppia trazione, se il veicolo ne è provvisto V F
7) In presenza di tratti di strada ghiacciati è opportuno usare maggiore attenzione nel transito su zone in ombra V F
8) In presenza di tratti di strada ghiacciati è opportuno procedere a velocità moderata V F
9) In presenza di tratti di strada ghiacciati è opportuno non usare le catene, ma gomme chiodate sulle ruote anteriori V F
10) In presenza di tratti di strada ghiacciati è opportuno evitare brusche accelerazioni V F
11) In presenza di tratti di strada ghiacciati è opportuno procedere con il cambio in folle V F

21006

1) In caso di nebbia fitta è opportuno procedere a zig zag per far meglio notare la propria presenza V F
2) In caso di nebbia fitta è opportuno fermarsi, se necessario, fuori dalla carreggiata V F
3) In caso di nebbia fitta è opportuno se costretti a fermarsi sulla carreggiata, usare la segnalazione luminosa di pericolo (quattro frecce lampeggianti simultaneamente) V F
4) In caso di nebbia fitta è opportuno procedere ad una velocità adeguata alla visibilità V F
5) In caso di nebbia fitta è opportuno suonare continuativamente il clacson V F
6) In caso di nebbia fitta è opportuno accendere i proiettori fendinebbia o, in mancanza, quelli anabbaglianti V F
7) In caso di nebbia fitta è opportuno accendere la luce posteriore per nebbia V F
8) In caso di nebbia fitta è opportuno lasciarsi guidare dalla segnaletica orizzontale V F

9) In caso di nebbia fitta è opportuno mantenere in funzione l'indicatore di direzione sinistro V F
10) In caso di nebbia fitta è opportuno guidare con la massima prudenza e concentrazione V F
11) In caso di nebbia fitta è opportuno circolare con le sole luci di posizioni accese V F
12) In caso di nebbia fitta è opportuno accodarsi al veicolo che precede quanto più vicino possibile V F
13) In caso di nebbia fitta è opportuno evitare di fermarsi sulla carreggiata, se non per cause di forza maggiore V F
14) In caso di nebbia fitta è opportuno tenere la cintura di sicurezza sganciata per essere più pronti ad abbandonare il veicolo in caso di incidente V F

21007

1) Il conducente coinvolto in un incidente stradale ha l'obbligo di fermarsi e di prestare assistenza agli eventuali feriti V F
2) Dopo un incidente stradale è obbligatorio, solo di notte, apporre il segnale mobile di pericolo in prossimità del veicolo V F
3) Il conducente coinvolto in un incidente stradale deve evitare che vengano modificate le tracce, se occorre ricostruire la dinamica dell'incidente V F
4) Dopo un incidente stradale è obbligatorio apporre il segnale mobile di pericolo sul lunotto posteriore del veicolo, prima di andar via V F
5) Dopo un incidente stradale è obbligatorio coprire il veicolo con un telo di plastica V F
6) Dopo un incidente stradale, è obbligatorio segnalare il veicolo fermo con il segnale mobile di pericolo anche nei centri abitati V F
7) È consentito migliorare le prestazioni del proprio veicolo aumentando la cilindrata del motore V F
8) È opportuno che il conducente esegua personalmente la manutenzione della pompa di iniezione del proprio veicolo V F
9) Il conducente coinvolto in un incidente stradale per la denunzia all'assicurazione può avvalersi degli appositi moduli prestampati forniti dalla propria assicurazione V F
10) Su strada sdrucciolevole, per garantire le migliori condizioni di aderenza in frenata, è opportuno premere a fondo il pedale del freno V F
11) Dopo un incidente stradale è obbligatorio collocare subito il veicolo sul marciapiede V F
12) Il conducente coinvolto in un incidente stradale deve fornire le proprie generalità e gli estremi della patente, della targa e dell'assicurazione del veicolo alle persone danneggiate V F
13) Il corretto funzionamento del motore è garantito dal fatto che la spia rossa dell'olio di lubrificazione rimane costantemente accesa V F
14) La distanza percorsa durante il tempo di reazione non varia con la velocità V F
15) Non è necessario mettere a punto i freni squilibrati, se il conducente è in grado di correggere l'anomalo comportamento del veicolo agendo sullo sterzo V F
16) È consentito aumentare le prestazioni del proprio veicolo modificandone le impostazioni elettroniche della centralina che controlla l'iniezione di carburante V F

21008

1) Quando si deve far salire o scendere un passeggero dal veicolo, bisogna farlo attendere fino a che il veicolo sia completamente fermo V F
2) Quando bisogna far salire o scendere un passeggero, è opportuno che ciò avvenga dal lato del marciapiede o, in mancanza, dal lato opposto al traffico V F
3) Quando si deve far salire o scendere un passeggero dal veicolo, bisogna aprire la portiera solamente quando non si causa pericolo agli altri utenti della strada V F
4) Quando si deve far salire o scendere un bambino dal veicolo, è opportuno che vi sia il controllo di un adulto V F
5) Quando si deve far scendere un passeggero, bisogna tenere presente che l'apertura della portiera di destra è priva di qualsiasi rischio e pericolo V F

21009

1) In caso di infossamento su neve o sabbia, non riuscendo a partire con la prima marcia è opportuno innestare una marcia superiore [V] [F]
2) In caso di infossamento su neve o sabbia, non riuscendo a spostare il veicolo, è consigliabile inserire sotto la ruota che slitta qualcosa che faccia attrito (pezzi di legno, tappeti del veicolo ecc.) [V] [F]
3) Su una strada innevata l'aderenza del veicolo è minore che su una strada ghiacciata [V] [F]

21010

1) I tamponamenti stradali avvengono principalmente per l'improvviso guasto del freno di stazionamento [V] [F]
2) I tamponamenti stradali avvengono principalmente per la forte velocità [V] [F]
3) I tamponamenti stradali avvengono principalmente per la disattenzione dei conducenti [V] [F]
4) I tamponamenti stradali avvengono maggiormente se non si rispetta la distanza di sicurezza [V] [F]
5) I tamponamenti stradali avvengono principalmente tra autoveicoli dotati di servosterzo [V] [F]

21011 (FIGURE 334, 335)

334

335

1) Il pannello in figura obbliga a tornare indietro all'imbocco della galleria **(fig. 334)** [V] [F]
2) Percorrendo un lungo tunnel o traforo, in caso d'incendio, bisogna attenersi alle istruzioni vocali del personale di servizio o dei vigili del fuoco, per evitare di incamminarsi nella direzione sbagliata [V] [F]
3) Percorrendo un lungo tunnel o traforo, in caso di formazione di lunghe file di veicoli, è opportuno aumentare la distanza di sicurezza, per scongiurare, in caso d'incendio, il rapido propagarsi delle fiamme [V] [F]
4) Il pannello in figura, posto all'interno di una galleria, indica la presenza di un estintore **(fig. 335)** [V] [F]
5) Percorrendo un lungo tunnel o traforo, in caso d'incendio, bisogna abbandonare velocemente il veicolo, seguendo la segnaletica che porta alle vie di fuga o ai luoghi sicuri protetti da porte tagliafuoco [V] [F]
6) Il pannello in figura, posto all'interno di una galleria, indica la presenza di una via di fuga **(fig. 334)** [V] [F]
7) Percorrendo un lungo tunnel o traforo, in caso d'incendio, bisogna seguire la segnaletica di emergenza, anche se in netto contrasto con gli ordini vocali impartiti dai vigili del fuoco [V] [F]

21012

1) I conducenti di veicoli a due ruote, avendo una ridotta sagoma frontale, sono più visibili in distanza [V] [F]
2) I conducenti di veicoli a due ruote, essendo meno facilmente visibili in distanza, durante le ore notturne devono in ogni caso circolare coi proiettori abbaglianti accesi [V] [F]
3) I conducenti di motocicli sono più facilmente percepibili dagli altri conducenti di autoveicoli, perché più rumorosi [V] [F]
4) Durante il sorpasso di un veicolo a motore a due ruote, soprattutto se ad elevata velocità, si deve mantenere una buona distanza laterale di sicurezza [V] [F]
5) Nell'attraversamento degli incroci si deve sempre considerare la possibilità che sopraggiunga, senza che sia visibile a distanza, un veicolo a motore a due ruote che ha sorpassato i veicoli fermi [V] [F]
6) Di notte, i conducenti di veicoli a due ruote sono obbligati a circolare con un giubbotto giallo rifrangente [V] [F]
7) Durante la circolazione su strada, per rendersi maggiormente visibili, i motocicli devono tenere accesi i proiettori anabbaglianti anche di giorno [V] [F]
8) I motocicli, avendo una ridotta sagoma frontale, sono meno visibili in distanza [V] [F]

9) In caso di intenso traffico con incolonnamento di veicoli, prima di aprire le portiere per scendere dal proprio veicolo in sosta, si deve sempre considerare la possibilità che sopraggiunga un veicolo a motore a due ruote che sta sorpassando a destra i veicoli fermi in coda [V] [F]

10) Sulle strade in cui vige l'obbligo di catene, in caso di nevicata, ai conducenti dei veicoli a due ruote è comunque concesso di circolare [V] [F]

11) I conducenti degli autoveicoli devono, in generale, prestare particolare attenzione ai veicoli a motore a due ruote, in quanto meno facilmente visibili [V] [F]

12) I conducenti degli autoveicoli, nell'aprire le portiere, devono prestare particolare attenzione ai veicoli a motore a due ruote, in quanto meno visibili [V] [F]

13) Durante la circolazione nei centri abitati, i motociclisti possono in ogni caso utilizzare l'avvisatore acustico giungendo in prossimità degli incroci [V] [F]

14) L'abbigliamento del motociclista non incide sulla sua visibilità nel traffico [V] [F]

21013

1) Le rotaie del tram o i tombini presenti sulla carreggiata stradale non costituiscono un pericolo per un conducente di veicolo a due ruote [V] [F]

2) I tombini presenti sulla carreggiata sono un elemento stradale che può essere pericoloso per la circolazione dei veicoli a due ruote [V] [F]

3) Quando, in un giorno di pioggia, si deve transitare su rotaie del tram o su tombini presenti sulla carreggiata stradale a bordo di un veicolo a due ruote, occorre accelerare decisamente prima di transitarvi sopra [V] [F]

4) Le rotaie del tram sono particolarmente pericolose per la circolazione dei veicoli a due ruote quando il fondo stradale è bagnato [V] [F]

5) Quando, in un giorno di pioggia, si deve transitare su rotaie del tram o su tombini presenti sulla carreggiata stradale a bordo di un veicolo a due ruote, è bene farlo in impennata in modo da non farvi transitare sopra la ruota anteriore che è quella direttrice [V] [F]

6) I tombini presenti sulla carreggiata sono particolarmente pericolosi per la circolazione dei veicoli a due ruote quando il fondo stradale è bagnato [V] [F]

7) Le rotaie del tram sono un elemento stradale che può essere pericoloso per la circolazione dei veicoli a due ruote [V] [F]

8) Il passaggio in velocità su tombini o rotaie del tram a bordo di un veicolo a due ruote può far perdere tenuta di strada e dirigibilità al veicolo, causando sbandamenti o cadute [V] [F]

9) Le strisce pedonali dipinte sulla carreggiata sono particolarmente pericolose per la circolazione dei veicoli a due ruote quando il fondo stradale è bagnato [V] [F]

10) Quando, in un giorno di pioggia, si deve transitare su rotaie del tram o su tombini presenti sulla carreggiata stradale a bordo di un veicolo a due ruote, è bene alzarsi in piedi sulle pedivelle prima di transitarvi sopra [V] [F]

11) Le strisce pedonali dipinte sulla carreggiata sono un elemento stradale che può essere pericoloso per la circolazione dei veicoli a due ruote [V] [F]

12) Circolando su un veicolo a due ruote con fondo stradale bagnato, la frenata è particolarmente pericolosa se le ruote del veicolo sono su rotaie del tram, strisce pedonali o tombini [V] [F]

13) Le rotaie del tram o i tombini presenti sulla carreggiata stradale costituiscono un pericolo per un conducente di veicolo a due ruote, nella sola eventualità che il suo veicolo sia dotato di cambio automatico [V] [F]

14) Se si deve circolare con veicolo a due ruote su una carreggiata a circolazione promiscua veicoli/tram, è bene se possibile circolare con entrambe le ruote nel solco della rotaia del tram [V] [F]

Guida in relazione alle qualità e condizioni fisiche e psichiche, alcool, droga, farmaci e primo soccorso

22001

1) È opportuno, per il conducente che accusa segni di stanchezza, raggiungere la più vicina piazzola di sosta e riposare [V] [F]
2) È opportuno, per il conducente che accusa segni di stanchezza, avvicinarsi il più possibile al veicolo che lo precede nella marcia [V] [F]

22002

1) Un conducente che ha assunto una quantità eccessiva di bevande alcoliche non può recuperare velocemente l'idoneità alla guida, specie se ha assunto anche dei farmaci [V] [F]
2) Un conducente che ha assunto una quantità eccessiva di bevande alcoliche può recuperare velocemente l'idoneità alla guida se assume cibi piuttosto salati [V] [F]
3) È necessario che trascorrano alcune ore affinché un conducente che abbia assunto una quantità eccessiva di bevande alcoliche recuperi l'idoneità alla guida [V] [F]
4) Un conducente che ha assunto una quantità eccessiva di bevande alcoliche può recuperare velocemente l'idoneità alla guida se assume caffè amaro [V] [F]

22003

1) L'idoneità alla guida può essere compromessa se si fa uso di caffè amaro [V] [F]
2) L'idoneità alla guida può essere compromessa se si fa uso di bevande gassate [V] [F]
3) L'idoneità alla guida può essere compromessa se si fa uso di integratori di sali minerali [V] [F]
4) L'idoneità alla guida può essere compromessa se si fa uso di bevande alcoliche [V] [F]
5) L'idoneità alla guida può essere compromessa se si fa uso di alcuni farmaci sedativi [V] [F]
6) L'idoneità alla guida può essere compromessa se si fa uso di allucinogeni (LSD, ecstasy ecc.) [V] [F]
7) L'idoneità alla guida può essere compromessa se si fa uso di farmaci antidepressivi [V] [F]
8) L'idoneità alla guida può essere compromessa se si fa uso di integratori alimentari [V] [F]

22004

1) L'assunzione di hashish o di marijuana può compromettere la facoltà di guida [V] [F]
2) Nei farmaci sedativi sono presenti alcune sostanze che possono compromettere la facoltà di guida [V] [F]
3) L'assunzione di LSD o l'anfetamina non compromette la facoltà di guida [V] [F]
4) L'assunzione di eroina o di cocaina può compromettere la facoltà di guida [V] [F]
5) L'assunzione di hashish o di marijuana non compromette la facoltà di guida [V] [F]

22005

1) L'alimentazione con cibi di difficile digestione può provocare una diminuzione dell'attenzione e un aumento dei tempi di reazione [V] [F]
2) Un'alimentazione pesante ed eccessiva è sconsigliata per chi deve guidare [V] [F]
3) L'assunzione di bevande superalcoliche, durante un pasto abbondante non compromette la facoltà di guida [V] [F]

22006

1) L'alcool può causare uno stato di euforia, con conseguente sottovalutazione del pericolo [V] [F]
2) È sconsigliabile guidare quando si ha uno stato emotivo alterato [V] [F]

3) Chi guida un veicolo senza motore, con una concentrazione di alcool nel sangue superiore al limite stabilito, non è soggetto ad alcuna sanzione V F

4) Chi guida in stato di ebbrezza alcolica rischia l'arresto V F

5) Chi guida in stato di ebbrezza alcoolica ha tempi di reazione più rapidi V F

22007

1) Soccorrere un ferito della strada è obbligatorio per legge V F

2) Soccorrere un ferito della strada è obbligatorio solo per i medici e il personale sanitario V F

3) Soccorrere un ferito della strada non è un obbligo imposto dalla legge, ma solo un dovere morale V F

4) Soccorrere subito un ferito della strada può evitare che subisca ulteriori danni fisici V F

5) Non è obbligatorio soccorrere un ferito della strada, se per farlo, si crea intralcio alla circolazione V F

6) Soccorrere un ferito della strada può significare salvargli la vita V F

7) Bisogna soccorrere un ferito della strada solo se si considera grave l'incidente V F

8) Non è obbligatorio soccorrere un ferito della strada, per non mettere a repentaglio la propria sicurezza V F

22008

1) Il fine del primo soccorso è quello di cercare di mantenere in vita il ferito con semplici e immediati interventi V F

2) Nell'intervento di primo soccorso bisogna evitare, per quanto possibile, che il ferito subisca ulteriori danni V F

3) Nelle operazioni di primo soccorso bisogna evitare che al ferito vengano praticati interventi sbagliati o dannosi V F

4) Il fine del primo soccorso è quello di chiedere subito al ferito come è avvenuto l'incidente V F

5) Il fine del primo soccorso è quello di assistere il ferito, come meglio possibile, in attesa che arrivi il soccorso medico V F

6) Nell'intervento di primo soccorso bisogna allontanare in ogni caso il ferito dal posto in cui si trova V F

7) Durante un intervento di primo soccorso non bisogna mai toccare il ferito se non è ancora arrivata la polizia V F

22009

1) Se un infortunato della strada ha una ferita sanguinante, sporca di terra, bisogna lavarla quanto prima con acqua pulita V F

2) Se un infortunato della strada ha una ferita sanguinante ed è incosciente, bisogna dargli da bere acqua o tè V F

3) Se un infortunato della strada ha una ferita sanguinante, bisogna tamponarla con garze sterili o panni puliti V F

4) Durante un intervento di primo soccorso, se l'infortunato ha una ferita sanguinante, si devono togliere subito gli eventuali corpi estranei in essa presenti e, successivamente, coprire la ferita V F

5) Durante un intervento di primo soccorso, se l'infortunato ha una ferita sanguinante, con presenza di corpi estranei conficcati, non bisogna toglierli dalla ferita V F

6) Se un infortunato della strada ha una ferita sanguinante la si deve coprire con materiale sterile o quanto più possibile pulito, per bloccare il sanguinamento V F

7) Se un infortunato della strada ha una ferita sanguinante non bisogna coprirla, per facilitare l'arresto spontaneo del sangue V F

8) Se un infortunato della strada ha una ferita sanguinante si deve versarvi sopra acqua calda, per fermare il sanguinamento V F

22010

1) Se un infortunato della strada ha un'abbondante emorragia esterna, si deve coprire la ferita e far camminare l'infortunato V F
2) Se un infortunato della strada ha un'abbondante emorragia esterna, bisogna cercare di arrestare la fuoriuscita del sangue V F
3) Se un infortunato della strada ha un'abbondante emorragia esterna, bisogna solo medicare la ferita V F
4) Se un infortunato della strada ha un'abbondante emorragia esterna è opportuno, se possibile, mettere il ferito in posizione seduta o sdraiata, in attesa che arrivino i soccorsi V F
5) Se un infortunato della strada ha un'abbondante emorragia esterna, si deve tamponare subito la ferita, facendo pressione con del materiale pulito o possibilmente sterile V F
6) Se un infortunato della strada ha un'abbondante emorragia esterna, bisogna tamponare la ferita e chiamare subito i soccorsi V F
7) Se un infortunato della strada ha un'abbondante emorragia esterna non si può assolutamente dargli da bere acqua V F

22011

1) Se ad un infortunato della strada è entrato un corpo estraneo in un occhio, bisogna massaggiargli delicatamente la palpebra, per favorire la lacrimazione V F
2) Se ad un infortunato della strada è entrato un corpo estraneo in un occhio, bisogna bendarglielo, evitando di toccarlo fino all'intervento dello specialista V F
3) Se ad un infortunato della strada è entrato un corpo estraneo in un occhio (scheggia di vetro, legno o altro), bisogna bendarglielo, senza procedere ad altre manovre V F
4) Se ad un infortunato della strada è entrato un corpo estraneo in un occhio, bisogna costringerlo a tenere gli occhi aperti, per evitare altre lesioni V F
5) Se ad un infortunato della strada è entrato un corpo estraneo in un occhio, bisogna consigliargli di non toccare l'occhio danneggiato, per evitare danni maggiori V F
6) Se ad un infortunato della strada è entrato un corpo estraneo in un occhio, bisogna cercare sempre e comunque di toglierglielo V F
7) Se ad un infortunato della strada è entrato un corpo estraneo in un occhio non bisogna mai bendargli l'occhio ferito V F

22012

1) Lo stato di shock si manifesta con pelle molto pallida e fredda V F
2) Lo stato di shock si manifesta con pelle molto pallida, sudorazione fredda, frequenti battiti del cuore V F
3) Lo stato di shock si manifesta con ampie macchie scure sulla pelle V F
4) Lo stato di shock può manifestarsi con improvvisa pronuncia di frasi e parole senza senso V F
5) Lo stato di shock si manifesta con presenza di sudore freddo alla fronte V F
6) Lo stato di shock si manifesta con presenza di brividi, pelle molto pallida e sudorazione fredda alla fronte V F
7) Lo stato di shock si manifesta sempre con un forte aumento della temperatura corporea V F
8) Lo stato di shock si manifesta con comparsa di colorito rosso della pelle e forti vampate di calore V F

22013

1) In presenza di un ferito in stato di shock, occorre farlo camminare, per riattivargli la circolazione del sangue V F
2) Un ferito in stato di shock va coperto come meglio possibile, per evitare che si raffreddi V F
3) Un ferito in stato di shock va disteso, tenendo possibilmente le gambe sollevate V F

4) Un ferito in stato di shock va messo a terra e, se possibile, con le gambe sollevate V F

5) Un ferito in stato di shock va messo in posizione seduta V F

6) In presenza di un ferito in stato di shock, occorre dargli piccoli schiaffi su guance e gambe, per riattivargli la circolazione del sangue V F

7) In presenza di un ferito in stato di shock, occorre fargli bere piccole quantità di superalcolici V F

22014

1) Se un ferito della strada è in stato di incoscienza bisogna fasciargli la testa V F

2) Se un ferito della strada è in stato di incoscienza e fa fatica a respirare, bisogna liberare subito il naso e la bocca da eventuali ostruzioni V F

3) Se un ferito della strada è in stato di incoscienza, può essere mosso solo se si è certi che non abbia traumi alla colonna vertebrale V F

4) Se un ferito della strada è in stato di incoscienza, bisogna controllare spesso le sue condizioni di salute fino all'arrivo dell'ambulanza V F

5) Se un ferito della strada è in stato di incoscienza, bisogna somministrargli bevande alcooliche V F

6) Se un ferito della strada è in stato di incoscienza bisogna bloccargli le mani V F

7) Se un ferito della strada è in stato di incoscienza, bisogna verificare se respira ancora, mettendo una mano sulla parte laterale bassa del torace o sull'addome V F

8) Se un ferito della strada è in stato di incoscienza bisogna metterlo in posizione semiseduta V F

22015

1) Se un infortunato della strada ha avuto un trauma della gabbia toracica, bisogna fargli fare profondi respiri V F

2) Se un infortunato della strada ha avuto un trauma della gabbia toracica, bisogna assisterlo fino all'arrivo del soccorso medico V F

3) Se un infortunato della strada ha avuto un trauma della gabbia toracica, bisogna metterlo in posizione distesa, con le gambe sollevate V F

4) Se un infortunato della strada è cosciente, ma ha avuto un trauma della gabbia toracica, bisogna cercare di facilitargli la respirazione mettendolo semi-seduto V F

5) Se un infortunato della strada è cosciente, ma ha avuto un trauma della gabbia toracica, con ferita visibile e profonda, bisogna comprimere subito con un panno pulito V F

6) Se un infortunato della strada ha avuto un trauma della gabbia toracica, bisogna farlo stare alzato, per diminuire la fuoriuscita di sangue V F

22016

1) Se un infortunato della strada ha riportato fratture agli arti non bisogna muovere gli arti fratturati V F

2) Se un infortunato della strada ha riportato fratture agli arti, bisogna bloccarglieli, senza procedere ad altre manovre V F

3) Se un infortunato della strada ha riportato fratture agli arti, bisogna coprire le eventuali ferite con materiale pulito V F

4) Se un infortunato della strada ha riportato fratture agli arti, bisogna cercare di farlo camminare, per diminuire il dolore V F

5) Se un infortunato della strada ha riportato fratture agli arti, con fuoriuscita di un osso, bisogna cercare di riposizionarlo nei tessuti V F

6) Se un infortunato della strada ha riportato fratture agli arti, bisogna chiedergli di muoverli, per valutare il tipo di lesione V F

7) Se un infortunato della strada ha riportato fratture agli arti, bisogna bloccarglieli e subito dopo, se necessario, attuare le normali misure anti-shock V F

8) Se un infortunato della strada ha riportato fratture agli arti bisogna dargli da bere una bevanda superalcolica V F

22017

1)	Se un ferito della strada si è ustionato, è consigliabile non togliere i vestiti rimasti attaccati alla pelle bruciata	V	F
2)	Se un ferito della strada si è ustionato e sono ancora presenti delle residue fiamme, bisogna aspettare che si spengano da sole, prima di intervenire	V	F
3)	Se un ferito della strada si è ustionato e sono ancora presenti delle residue fiamme, bisogna spegnerle, soffocandole, ad esempio, con una coperta	V	F
4)	Se un ferito della strada si è ustionato, bisogna sempre togliere le parti dei vestiti che sono rimaste attaccate alla pelle	V	F
5)	Se un ferito della strada ha riportato delle ustioni al busto, conviene coprirle con materiale pulito, possibilmente sterile	V	F
6)	Per diminuire il dolore delle ustioni si deve, se possibile, fare uso di acqua fredda	V	F
7)	Se un ferito della strada si è ustionato, bisogna disinfettare le bruciature con l'alcool	V	F

22018

1)	Dopo un incidente stradale, il soccorritore che interviene deve valutare bene la situazione, per proteggere gli infortunati da altri pericoli	V	F
2)	In caso di incidente stradale, la prima cosa che deve fare il soccorritore è identificare l'infortunato, chiedendogli nome e cognome	V	F
3)	Chi è coinvolto in un incidente stradale deve allontanarsi sempre e subito dal luogo in cui si è verificato	V	F
4)	Dopo un incidente stradale, il soccorritore che interviene deve assistere gli infortunati al meglio delle sue possibilità, senza però prendere iniziative di specifica competenza medica	V	F
5)	In caso di incidente stradale, bisogna aspettare solo l'arrivo dei soccorsi, senza fare nulla	V	F
6)	Dopo un incidente stradale, il soccorritore che interviene deve prestare assistenza agli infortunati, secondo le proprie possibilità e conoscenze	V	F
7)	In caso di incidente stradale, il soccorritore deve somministrare farmaci alla vittima, se la stessa non ha specifica competenza medica	V	F

22019

1)	Lo stato di shock può essere causato da un forte dolore	V	F
2)	Lo stato di shock non si verifica mai nelle persone che hanno perso molto sangue	V	F
3)	Lo stato di shock può essere causato da una forte emozione (gioia, rabbia)	V	F
4)	Lo stato di shock può essere causato da un forte trauma	V	F
5)	Lo stato di shock può essere causato da una forte perdita di sangue	V	F
6)	Lo stato di shock non può dipendere da forti emozioni	V	F
7)	Lo stato di shock non si verifica mai nelle persone che hanno avuto un trauma	V	F
8)	Lo stato di shock non rappresenta un pericolo per la salute	V	F

22020

1)	L'assunzione di alcool rende meno sicura la guida, poiché può provocare eccitazione e imprudenza	V	F
2)	L'assunzione di alcool può far diminuire il livello di attenzione	V	F
3)	L'assunzione di alcool facilita la guida, perché rende più vigili e attenti	V	F
4)	L'assunzione di alcool rende meno sicura la guida, perché può modificare pericolosamente la capacità di concentrazione e attenzione	V	F
5)	L'assunzione di alcool rende meno sicura la guida, perché può rallentare i riflessi	V	F
6)	L'assunzione di alcool facilita la guida, perché fa aumentare la capacità di concentrazione	V	F

7) L'assunzione di alcool rende più sicura la guida, perché annulla la stanchezza V F
8) L'assunzione di alcool rende meno sicura la guida, perché può provocare sonnolenza V F
9) L'assunzione di alcool rende la guida più sicura, più allegra e meno noiosa V F
10) L'assunzione di alcool migliora la vista V F

22021

1) Durante la guida, si devono usare gli occhiali da vista o le lenti a contatto se nella patente figura, per esteso o sotto forma di codice, tale obbligo V F
2) Durante la guida, si devono usare gli occhiali da vista o le lenti a contatto soltanto in caso di scarsa visibilità V F
3) Durante la guida, si deve fare uso di occhiali da vista o di lenti a contatto da mezz'ora dopo il tramonto del sole a mezz'ora prima del suo sorgere V F
4) Durante la guida, si deve fare uso di occhiali da vista o di lenti a contatto solo quando la miopia supera 6 diottrie V F
5) Durante la guida, si devono usare gli occhiali da vista o le lenti a contatto se nella patente si trova indicato tale obbligo V F
6) Durante la guida, si devono usare gli occhiali da vista o le lenti a contatto se nella patente è stato inserito il codice armonizzato "01" V F
7) Durante la guida, si devono usare gli occhiali da vista o le lenti a contatto quando è indicato sulla patente V F
8) Durante la guida, si deve fare uso di occhiali da vista o di lenti a contatto soltanto sulle autostrade e sulle strade extraurbane principali V F

Responsabilità civile, penale e amministrativa, assicurazione r.c.a. e altre forme assicurative legate al veicolo

23001

1) Chi è civilmente obbligato a risarcire i danni provocati da un sinistro stradale può, in alternativa, chiedere che la propria patente di guida sia revocata V F
2) Chi è civilmente obbligato a risarcire i danni provocati da un sinistro stradale può accordarsi con il danneggiato circa il valore del risarcimento V F
3) Chi è civilmente obbligato a risarcire i danni provocati da un sinistro stradale può far riparare il proprio autoveicolo V F
4) Chi è civilmente obbligato a risarcire i danni provocati da un sinistro stradale può farsi assistere da un consulente d'infortunistica stradale V F
5) Chi è civilmente obbligato a risarcire i danni provocati da un sinistro stradale si libera dall'obbligo se risarcisce il danneggiato V F
6) Chi è civilmente obbligato a risarcire i danni provocati da un sinistro stradale si libera da ogni forma di responsabilità penale pagandone l'ammontare del danno V F

23002

1) Chi è penalmente e civilmente responsabile di un sinistro stradale qualora abbia violato norme del Codice della strada è anche soggetto alle relative sanzioni V F
2) Chi è penalmente e civilmente responsabile di un sinistro stradale non può continuare a guidare veicoli della stessa categoria, ma solo di categoria inferiore V F
3) Chi è penalmente e civilmente responsabile di un sinistro stradale può incorrere nella revoca della patente di guida V F
4) Chi è penalmente e civilmente responsabile di un sinistro stradale può incorrere nella sospensione della patente di guida V F
5) Chi è penalmente e civilmente responsabile di un sinistro stradale può incorrere nella revisione della patente di guida V F
6) Chi è penalmente e civilmente responsabile di un sinistro stradale è tenuto al risarcimento dei danni V F
7) Chi è penalmente e civilmente responsabile di un sinistro stradale è sempre soggetto all'arresto preventivo V F
8) Chi è penalmente e civilmente responsabile di un sinistro stradale è soggetto alle pene previste dal Codice Penale V F
9) Chi è penalmente e civilmente responsabile di un sinistro stradale è in ogni caso assoggettato alla revoca della patente V F
10) Chi è penalmente e civilmente responsabile di un sinistro stradale non è assoggettato alle sanzioni del codice della strada V F

23003

1) La responsabilità penale connessa al sinistro stradale è esclusa ogni qualvolta ci sia stato il risarcimento del danno V F
2) La responsabilità penale connessa al sinistro stradale è esclusa quando si sia prestato soccorso alla vittima V F
3) La responsabilità penale connessa al sinistro stradale è esclusa quando vi siano danni involontari alle sole cose V F
4) La responsabilità penale connessa al sinistro stradale è esclusa quando il fatto non sia considerato un reato V F
5) La responsabilità penale connessa al sinistro stradale è esclusa quando il fatto dipende da causa di forza maggiore V F
6) La responsabilità penale connessa al sinistro stradale è esclusa qualora intervenga l'impresa di assicurazione che risarcisca adeguatamente il danneggiato V F

23004

1) La responsabilità penale connessa al sinistro stradale sorge qualora esso provochi lesioni gravi a persone V F
2) La responsabilità penale connessa al sinistro stradale sorge in tutti i casi di danni alle persone o alle cose V F
3) La responsabilità penale connessa al sinistro stradale sorge allorché vengano violate norme contemplate dal Codice Penale V F
4) La responsabilità penale connessa al sinistro stradale sorge in ogni caso in cui sia violato il Codice della strada V F
5) La responsabilità penale connessa al sinistro stradale sorge quando il veicolo vada completamente distrutto V F
6) La responsabilità penale connessa al sinistro stradale sorge anche in caso di omicidio colposo V F
7) La responsabilità penale connessa al sinistro stradale sorge nei confronti del proprietario del veicolo se il conducente non è stato identificato V F

23005

1) La responsabilità civile connessa al sinistro stradale obbliga il responsabile al risarcimento del danno V F
2) La responsabilità civile connessa al sinistro stradale è basata sul principio che ogni danno causato deve essere risarcito V F
3) La responsabilità civile connessa al sinistro stradale consiste nell'obbligo di risarcire i danni causati sia alle persone che alle cose V F
4) La responsabilità civile connessa al sinistro stradale grava sul proprietario e sul conducente del veicolo V F
5) La responsabilità civile connessa al sinistro stradale è esclusa in caso di morte del danneggiato V F
6) La responsabilità civile connessa al sinistro stradale è aggravata dalla mancata copertura assicurativa V F
7) La responsabilità civile connessa al sinistro stradale si limita al risarcimento dei danni alle sole cose V F
8) La responsabilità civile connessa al sinistro stradale è esclusa per danni di lieve entità V F
9) La responsabilità civile connessa al sinistro stradale è indipendente dalla responsabilità penale e dalla responsabilità amministrativa V F
10) La responsabilità civile connessa al sinistro stradale grava sull'impresa assicuratrice anche per danni superiori ai massimali V F

23006

1) L'assicurazione obbligatoria RCA copre i danni subiti da persone e/o cose che si trovano in aree pubbliche o aperte al pubblico V F
2) Il risarcimento diretto è escluso se nel sinistro è coinvolto un motociclo V F
3) Il risarcimento diretto nei sinistri stradali si applica se vi sono danni al veicolo e lesioni di lieve entità al conducente V F
4) L'assicurazione obbligatoria RCA copre i danni subiti dai terzi trasportati se il veicolo è autorizzato al trasporto di persone V F
5) La procedura di risarcimento diretto non è applicabile se vi sono più di due veicoli coinvolti V F
6) In caso di sinistro con danni al veicolo, la richiesta di risarcimento diretto deve essere obbligatoriamente corredata di fotografie V F
7) L'assicurazione obbligatoria copre i danni subiti solo da terzi trasportati sui taxi V F

23007

1) La responsabilità per danni connessi alla circolazione dei veicoli non è a carico del proprietario del veicolo se prova che la circolazione è avvenuta contro la sua volontà V F
2) La responsabilità per danni connessi alla circolazione dei veicoli è a carico del conducente del veicolo, se si tratta di responsabilità penale V F
3) La responsabilità per danni connessi alla circolazione dei veicoli è a carico del proprietario del veicolo, se si tratta di responsabilità penale V F
4) La responsabilità per danni connessi alla circolazione dei veicoli è a carico del conducente e del proprietario del veicolo, se si tratta di responsabilità civile V F
5) La responsabilità per danni connessi alla circolazione dei veicoli è a carico solo del conducente del veicolo se ci sono stati danni alle cose V F

23008

1) Quando l'assicurazione per la responsabilità civile auto è scaduta di validità si può utilizzare il veicolo solo sul territorio italiano V F
2) Quando l'assicurazione per la responsabilità civile auto è scaduta di validità, il veicolo deve essere sottoposto a collaudo tecnico prima di essere rimesso in circolazione V F
3) Quando l'assicurazione per la responsabilità civile auto è scaduta di validità si può incorrere nella confisca del veicolo V F
4) Quando l'assicurazione per la responsabilità civile auto è scaduta di validità è possibile lasciare il veicolo in sosta sulle strade pubbliche V F
5) Quando l'assicurazione per la responsabilità civile auto è scaduta di validità si incorre in una sanzione se si circola o si lascia in sosta il veicolo sulle strade pubbliche V F
6) Quando l'assicurazione per la responsabilità civile auto è scaduta di validità si può continuare a usare il veicolo solo per brevi tragitti V F
7) È vietato utilizzare il veicolo privo di copertura assicurativa sulle strade pubbliche V F
8) Quando l'assicurazione per la responsabilità civile auto è scaduta di validità è possibile continuare ad usare il veicolo, solo se si è disposti a pagare personalmente gli eventuali danni arrecati V F

23009

1) Il "fondo di garanzia per le vittime della strada" prevede il risarcimento dei danni arrecati alle persone da veicoli non identificati V F
2) Il "fondo di garanzia per le vittime della strada" è una convenzione facoltativa V F
3) Il "fondo di garanzia per le vittime della strada" è un premio per chi non ha provocato incidenti V F
4) Il "fondo di garanzia per le vittime della strada" garantisce un vitalizio al conducente infortunato V F
5) Il "fondo di garanzia per le vittime della strada" prevede il risarcimento dei danni arrecati alle persone da veicoli non coperti da assicurazione V F
6) Il "fondo di garanzia per le vittime della strada" risarcisce i danni arrecati dai conducenti minorenni V F

23010

1) Nel caso in cui il veicolo venga rubato in uno Stato estero, per poter attivare l'assicurazione bisogna ripetere la denuncia nello Stato italiano V F
2) Per poter stipulare una polizza assicurativa contro il rischio d'incendio occorre che il veicolo sia munito di apposito meccanismo staccabatteria automatico V F
3) Le polizze assicurative stipulate di solito per coprire i danni da furto, incendio, atti vandalici, eventi naturali o danni al proprio veicolo (polizza kasko) non sono obbligatorie V F
4) Nella polizza assicurativa contro il rischio di furto o incendio, il risarcimento dovuto non può essere superiore al valore che il veicolo aveva al momento in cui è stato rubato o ha preso fuoco V F

5) La polizza assicurativa contro il rischio di furto o incendio garantisce una rendita vitalizia al proprietario del veicolo, nel caso in cui venga rubato o prenda fuoco V F

6) Per poter stipulare una polizza assicurativa contro il rischio di furto, occorre che il veicolo sia dotato di antifurto V F

7) Le polizze assicurative contro il rischio d'incendio del veicolo coprono, normalmente, solo i danni causati da incendi dolosi (intenzionali) e non quelli provocati da incendi accidentali (casuali) V F

23011

1) I massimali della polizza di assicurazione R.C.A. (responsabilità civile auto) sono gli importi massimi che l'impresa assicuratrice si impegna a pagare, in caso di incidente V F

2) I massimali della polizza di assicurazione R.C.A. (responsabilità civile auto) possono essere aumentati, a scelta del cliente, pagando una maggiore somma di denaro (premio assicurativo) V F

3) I massimali della polizza di assicurazione R.C.A. (responsabilità civile auto) aumentano ogni anno V F

4) La cifra minima dei massimali della polizza di assicurazione R.C.A. (responsabilità civile auto) viene stabilita dalla legge V F

5) I massimali della polizza di assicurazione R.C.A. (responsabilità civile auto) sono le somme di denaro che l'impresa assicuratrice riscuote ogni anno dal proprio cliente V F

6) I massimali della polizza di assicurazione R.C.A. (responsabilità civile auto) vengono restituiti al cliente alla fine dell'anno, se non si causano incidenti V F

23012

1) Nell'assicurazione per la responsabilità civile auto (R.C.A.), il contratto con la formula "bonus malus" comporta una variazione annuale del premio di assicurazione, in base al numero di incidenti causati V F

2) La formula assicurativa "bonus malus" non si applica per i motocicli V F

3) Nell'assicurazione per la responsabilità civile auto (R.C.A.), il contratto con la formula "bonus malus" viene automaticamente annullato se si provocano più di due incidenti V F

4) Nell'assicurazione per la responsabilità civile auto (R.C.A.), il contratto con la formula "bonus malus" viene stabilito dal giudice V F

23013

1) L'assicurazione per la responsabilità civile auto (R.C.A.) copre anche la responsabilità penale in base al premio pagato V F

2) L'assicurazione per la responsabilità civile auto (R.C.A.) copre ogni danno causato, anche se superiore al massimale stabilito V F

3) L'assicurazione per la responsabilità civile auto (R.C.A.) copre anche le sanzioni amministrative pecuniarie, previste dal codice della strada V F

4) L'assicurazione per la responsabilità civile auto (R.C.A.) copre solo la responsabilità del conducente, ma non quella del proprietario del veicolo V F

5) L'assicurazione per la responsabilità civile auto (R.C.A.) è valida anche per gli incidenti avvenuti nei Paesi dell'Unione Europea V F

6) L'assicurazione per la responsabilità civile auto (R.C.A.) copre solo i danni arrecati alle persone, perché per i danni alle cose occorre un altro tipo di contratto V F

23014

1) Dopo la firma del contratto di assicurazione R.C.A. (responsabilità civile auto), l'impresa assicuratrice deve rilasciare al cliente il certificato di assicurazione V F

2) Il certificato di assicurazione obbligatoria deve essere sempre tenuto a bordo del veicolo V F

3) Dopo la firma del contratto di assicurazione R.C.A. (responsabilità civile auto), l'impresa assicuratrice deve rilasciare al cliente un manuale su come evitare incidenti V F

4) L'assicurazione per la responsabilità civile auto (R.C.A.) è obbligatoria per legge V F

5) Ogni anno l'impresa assicuratrice deve rilasciare al proprio cliente l'attestato di rischio V F

6) Dopo la firma del contratto di assicurazione R.C.A. (responsabilità civile auto), l'impresa assicuratrice deve rilasciare al cliente un libretto sulle nozioni di pronto soccorso V F

7) Dopo la firma del contratto di assicurazione R.C.A. (responsabilità civile auto), l'impresa assicuratrice deve rilasciare al cliente un elenco delle autocarrozzerie convenzionate, da contattare in caso d'incidente V F

8) In occasione del pagamento del premio annuale, l'impresa assicuratrice deve rilasciare al cliente il contrassegno di assicurazione, che va esposto sul parabrezza dell'autoveicolo V F

9) L'assicurazione per la responsabilità civile auto (R.C.A.), obbligatoria per legge, comprende il risarcimento dei danni provocati dal veicolo, purché guidato dal proprietario V F

Limitazione dei consumi, rispetto dell'ambiente e inquinamento

24001

1) Diminuendo opportunamente la velocità diminuisce il consumo di carburante V F
2) Gli apparecchi e i dispositivi che funzionano a corrente elettrica (radio, luci, lunotto termico, ecc.) fanno aumentare i consumi di carburante del veicolo V F
3) Collocare i bagagli sul tetto del veicolo comporta un maggior consumo di carburante V F
4) Per consumare meno carburante è opportuno tenere i finestrini chiusi, specie quando si viaggia ad alta velocità V F
5) Tenere aperto il tettuccio scorrevole del veicolo comporta un minor consumo di carburante V F
6) Per consumare meno carburante conviene scegliere, per quanto possibile, strade pianeggianti e più scorrevoli V F
7) Mantenendo il più possibile costante la velocità, si riduce il consumo di carburante V F
8) I veicoli ibridi (con due motori, a scoppio ed elettrico) inquinano di più perché azionati da due motori V F
9) Il consumo di carburante aumenta con l'aumentare del peso del veicolo V F
10) L'uso del climatizzatore comporta minor consumo di carburante V F
11) L'insufficiente pressione di gonfiaggio degli pneumatici comporta un maggior consumo di carburante V F
12) Per consumare meno carburante è opportuno collocare i bagagli sul tetto del veicolo V F
13) Per consumare meno carburante conviene accelerare e frenare energicamente V F

24002

1) Per evitare rumori fastidiosi, occorre chiudere con forza le portiere dell'autovettura, in modo da non doverle richiudere V F
2) L'inquinamento acustico aumenta se si usano in modo eccessivo i dispositivi di segnalazione acustica (clacson, trombe) V F
3) Per evitare rumori fastidiosi durante la guida non si deve frenare bruscamente, se non è strettamente necessario V F
4) Per evitare rumori fastidiosi durante la guida, occorre far controllare che il dispositivo silenziatore (marmitta) sia in buone condizioni di efficienza V F
5) Per evitare rumori fastidiosi durante le fermate dovute al traffico, occorre mantenere il motore acceso, accelerando ripetutamente V F
6) Per evitare rumori fastidiosi non bisogna accelerare inutilmente e ripetutamente se il veicolo è fermo V F
7) Per evitare rumori fastidiosi durante la guida, si deve usare il clacson solamente per motivi di sicurezza stradale (trasporto feriti o ammalati, pericolo immediato) V F
8) Per evitare rumori fastidiosi durante la guida, occorre sostituire il clacson con le luci ad intermittenza, ma solamente di notte V F

24003

1) Il rumore prodotto dai veicoli a motore si può diminuire con una guida corretta, che eviti brusche frenate o forti accelerazioni V F
2) Il rumore prodotto dai veicoli a motore aumenta man mano che si va rovinando il silenziatore (marmitta) V F
3) Il rumore prodotto dai veicoli a motore è causato solo dal motore V F

24004

1) Per diminuire il rumore emesso dai veicoli a motore è opportuno praticare dei fori nel dispositivo silenziatore (marmitta) V F

2) Per diminuire il rumore è necessario far sostituire la marmitta rovinata con una approvata per quel tipo di veicolo V F

3) Per diminuire il rumore emesso dai veicoli a motore si deve sostituire il tubo di scarico, usandone uno di diametro più piccolo V F

4) Per diminuire il rumore emesso dai veicoli a motore si deve suonare il clacson il meno possibile V F

5) Per diminuire il rumore prodotto dai veicoli a motore è necessario far controllare i freni se emettono rumore durante le frenate, sostituendoli se necessario V F

6) Il controllo dei freni che producono rumore, oltre ad aumentare la sicurezza può ridurre la rumorosità del veicolo V F

7) Per diminuire il rumore emesso dai veicoli a motore è necessario che il dispositivo silenziatore (marmitta) sia efficiente e di tipo approvato V F

8) Per diminuire il rumore non si deve accelerare quando il veicolo è fermo V F

9) Per diminuire il rumore emesso dai veicoli a motore basta eliminare la parte finale della marmitta V F

24005

1) Nelle curve percorse a forte velocità, lo strisciamento dei pneumatici aumenta la rumorosità del veicolo V F

2) I rimorchi vuoti, che sobbalzano eccessivamente, possono essere causa di rumore V F

24006

1) Per diminuire l'inquinamento provocato dai veicoli non bisogna accelerare bruscamente durante le partenze V F

2) Per diminuire l'inquinamento dell'aria provocato dai veicoli, bisogna controllare spesso la frizione e il differenziale V F

3) Per diminuire l'inquinamento, bisogna evitare di tenere inserita per troppo tempo una marcia bassa, se non è necessaria V F

4) Per diminuire l'inquinamento dell'aria provocato dai veicoli, bisogna controllare spesso gli organi di sospensione (ammortizzatori) V F

5) Per diminuire l'inquinamento dell'aria provocato dai veicoli, bisogna ridurre la pressione di gonfiaggio dei pneumatici V F

6) Per diminuire l'inquinamento dell'aria provocato dai veicoli con motore a scoppio, bisogna sostituire la marmitta catalitica quando la stessa è deteriorata o esausta V F

7) Per diminuire l'inquinamento dell'aria provocato dai veicoli, bisogna accelerare ripetutamente da fermo, per tenere caldo il motore e migliorarne il rendimento V F

8) Nei veicoli dotati di marmitta catalitica, l'inquinamento dell'aria è minore subito dopo l'accensione del motore, quando la temperatura è ancora bassa V F

24007

1) Adottando uno stile di guida che limiti i consumi di carburante, è possibile ridurre l'inquinamento dell'aria V F

2) L'inquinamento dell'aria può essere ridotto, controllando che il veicolo sia sempre nelle condizioni ottimali di consumo e rendimento V F

3) L'inquinamento atmosferico prodotto dai veicoli può essere ridotto, controllando che il filtro dell'aria non sia sporco o intasato V F

4) L'inquinamento dell'aria prodotto dai veicoli diminuisce se si lascia acceso il climatizzatore V F

5) L'inquinamento atmosferico prodotto dai veicoli scompare del tutto accelerando a fondo, perché l'alta temperatura fa consumare in fretta il carburante V F

6) L'inquinamento dell'aria prodotto dai veicoli può dipendere da un funzionamento irregolare del motore V F

7) L'inquinamento atmosferico è nullo nei veicoli che rispettano la normativa antinquinamento "Euro 0" V F

24008

1) L'inquinamento dell'aria prodotto dai veicoli è dovuto per la maggior parte ai gas di scarico, generati dalla combustione all'interno del motore V F
2) L'inquinamento dell'aria prodotto dai veicoli è maggiore se il fumo di scarico presenta colore scuro V F
3) L'inquinamento dell'aria prodotto dai veicoli fa aumentare lo smog, le piogge acide e l'effetto serra V F
4) L'inquinamento dell'aria prodotto dai veicoli può causare danni alle vie respiratorie e irritazione agli occhi V F
5) Una maggiore emissione di fumo dallo scarico è sintomo di maggior inquinamento causato dal motore V F
6) L'inquinamento dell'aria prodotto dai veicoli aumenta se gli iniettori sono difettosi V F
7) L'inquinamento atmosferico prodotto dai veicoli dipende principalmente dall'umidità presente nell'aria V F

24009

1) L'inquinamento dell'aria prodotto dai veicoli a motore può essere ridotto, evitando di usare il veicolo per brevi percorsi V F
2) L'inquinamento dell'aria prodotto dai veicoli a motore può diminuire se si circola sempre con marce basse V F
3) L'inquinamento dell'aria prodotto dai veicoli a motore può essere ridotto, scegliendo veicoli con alimentazione elettrica, a metano o GPL V F
4) Guidando un veicolo che emette troppi gas di scarico inquinanti si può essere puniti con una sanzione amministrativa e il ritiro della carta di circolazione V F
5) L'inquinamento dell'aria prodotto dai veicoli a motore può diminuire se si spegne il motore, in caso di arresto prolungato V F
6) L'inquinamento dell'aria prodotto dai veicoli a motore può diminuire se si sistemano i bagagli sul tetto dell'autovettura V F
7) L'inquinamento dell'aria prodotto dai veicoli a motore può diminuire se si accelera tenendo premuto il pedale della frizione V F
8) L'inquinamento dell'aria prodotto dai veicoli a motore può diminuire se si alleggerisce il peso del veicolo V F
9) L'inquinamento dell'aria prodotto dai veicoli a motore può diminuire se si accelera con il cambio in folle V F

24010

1) Per diminuire l'inquinamento dell'aria provocato dai gas di scarico del veicolo, bisogna sostituire periodicamente il filtro antipolline V F
2) Per diminuire l'inquinamento dell'aria non bisogna accelerare e frenare spesso durante la marcia del veicolo V F
3) Per diminuire l'inquinamento atmosferico provocato dai veicoli, bisogna far sostituire periodicamente il filtro dell'aria V F
4) Per diminuire l'inquinamento dell'aria provocato dai veicoli, bisogna far controllare il motore, se il fumo dello scarico risulta troppo scuro V F
5) Per diminuire l'inquinamento dell'aria provocato dai veicoli con motore diesel, bisogna far controllare periodicamente il sistema di alimentazione (pompa di iniezione ed iniettori) V F
6) Per diminuire l'inquinamento dell'aria provocato dai veicoli, bisogna dare un breve colpo di acceleratore, prima di abbassare la frizione per cambiare marcia V F
7) Per diminuire l'inquinamento atmosferico provocato dai veicoli, bisogna utilizzare il motore al massimo numero di giri V F
8) Per diminuire l'inquinamento dell'aria provocato dai veicoli, bisogna sostituire il filtro dell'olio ad ogni cambio di stagione V F

24011

1) Per risparmiare carburante e salvaguardare l'ambiente dall'inquinamento atmosferico, è consigliabile azionare il climatizzatore il meno possibile e soltanto quando serve effettivamente [V] [F]
2) Per salvaguardare l'ambiente dall'inquinamento atmosferico, bisogna premere più volte il pedale dell'acceleratore quando il veicolo è freddo [V] [F]
3) Per salvaguardare l'ambiente dall'inquinamento atmosferico, bisogna premere diverse volte e a fondo il pedale dell'acceleratore, affinché il veicolo raggiunga in fretta la temperatura di esercizio [V] [F]
4) Per salvaguardare l'ambiente dall'inquinamento atmosferico e acustico, quando si cambia marcia bisogna premere a fondo il pedale dell'acceleratore [V] [F]

24012

1) Per limitare i consumi di carburante, conviene chiudere i finestrini se si viaggia a velocità medio alte, perché le turbolenze all'interno dell'abitacolo possono frenare la marcia del veicolo [V] [F]
2) Viaggiare a forte velocità con il tettuccio del veicolo aperto comporta un aumento dei consumi di carburante [V] [F]
3) I veicoli che rispettano la normativa antinquinamento "Euro 4" emettono una quantità di gas inquinanti maggiore di quelli omologati secondo la normativa "Euro 0" [V] [F]
4) Viaggiare con uno spesso strato di neve sul tetto del veicolo, comporta un aumento dei consumi di carburante [V] [F]
5) In caso di arresto prolungato in galleria, per la formazione di una fila di veicoli, è dannoso per la salute azionare il comando del ricircolo dell'aria all'interno del veicolo [V] [F]
6) Per limitare i consumi di carburante non conviene fare uso del portapacchi, ma sistemare i bagagli all'interno del veicolo [V] [F]
7) Trainare un rimorchio non comporta un aumento dei consumi di carburante [V] [F]

24013

1) Guidando un veicolo a cui sono stati modificati il motore e la marmitta, si può incorrere in pesanti sanzioni amministrative [V] [F]
2) È consentito modificare liberamente il motore e la marmitta di un veicolo per diminuire l'inquinamento atmosferico [V] [F]

24014

1) È vietato scaricare nella fognatura il liquido antigelo del circuito di raffreddamento del veicolo, poiché potrebbe non essere biodegradabile [V] [F]
2) L'abbandono di una batteria per auto, sulla strada o sul terreno, può arrecare gravi danni all'ambiente e alle falde acquifere sottostanti [V] [F]
3) Se si acquista una batteria per auto si può consegnare quella esausta (usata) al rivenditore, che provvederà a ritirarla, senza ulteriori costi aggiuntivi [V] [F]
4) L'abbandono sul terreno di rifiuti pericolosi o tossici (olii, liquidi, residui di riparazioni o di sostituzioni) non viene sanzionato [V] [F]
5) Il proprietario di un veicolo che intende demolirlo o rottamarlo, deve consegnarlo ad un centro di raccolta per la messa in sicurezza (autodemolitore autorizzato) [V] [F]
6) Lo scarico dei residui organici e delle acque sporche delle autocaravan deve avvenire negli appositi impianti di smaltimento igienico-sanitari [V] [F]
7) Al momento dello smaltimento dell'olio del motore, bisogna evitare che venga a contatto con la pelle per un tempo prolungato [V] [F]
8) Per demolire o rottamare un veicolo, lo si deve consegnare esclusivamente al concessionario della casa costruttrice [V] [F]

24015

1)	È vietato immettersi sulle strade con le ruote del veicolo sporche di fango	V	F
2)	Su tutte le strade sono vietati gli avvisatori acustici (clacson, trombe)	V	F
3)	È vietato danneggiare le opere e gli impianti stradali	V	F
4)	È vietato sporcare la carreggiata depositando rifiuti	V	F
5)	Su tutte le strade è vietato il transito dei veicoli che superano 10 m di lunghezza	V	F
6)	È vietato gettare oggetti e rifiuti dai veicoli in movimento	V	F
7)	Su tutte le strade è vietato esercitarsi alla guida	V	F
8)	È vietato parcheggiare nelle zone residenziali	V	F

Elementi costitutivi del veicolo, manutenzione ed uso, stabilità e tenuta di strada, comportamenti e cautele di guida

25001

1) La forza aderente consente il movimento del veicolo V F
2) La forza aderente consente al veicolo di percorrere la traiettoria voluta V F
3) La forza aderente non si oppone allo slittamento causato dal vento laterale V F
4) La forza aderente si oppone allo slittamento verso l'esterno della curva V F
5) La forza aderente si oppone allo slittamento dello pneumatico sull'asfalto V F
6) La forza aderente, se eccessiva, comporta il surriscaldamento dei freni V F

25002

1) La forza aderente diminuisce se l'asfalto è bagnato V F
2) La forza aderente aumenta se l'asfalto è bagnato V F
3) La forza aderente aumenta se l'asfalto è coperto di foglie V F
4) La forza aderente aumenta se l'asfalto è rugoso V F
5) La forza aderente aumenta se l'asfalto è coperto di ghiaccio V F
6) La forza aderente aumenta se l'asfalto è coperto dal fango V F

25003

1) Se il coefficiente di aderenza diminuisce lo spazio di frenatura si riduce V F
2) Se il coefficiente di aderenza diminuisce le ruote motrici potrebbero pattinare V F
3) Se il coefficiente di aderenza è basso bisogna ridurre la velocità V F
4) Se il coefficiente di aderenza diminuisce lo spazio di frenatura aumenta V F
5) Se il coefficiente di aderenza è basso bisogna ridurre la velocità solo in curva V F

25004

1) Il coefficiente di aderenza basso favorisce lo slittamento in curva V F
2) Il coefficiente di aderenza basso diminuisce i consumi di carburante V F
3) Il coefficiente di aderenza basso rende pericolose le frenate brusche V F
4) Il coefficiente di aderenza basso aumenta lo spazio di frenatura V F
5) Il coefficiente di aderenza basso limita la velocità alla quale è possibile percorrere una curva in sicurezza V F
6) Il coefficiente di aderenza basso riduce lo spazio di frenatura V F
7) Il coefficiente di aderenza basso non condiziona la velocità del veicolo V F
8) Il coefficiente di aderenza basso riduce lo slittamento in curva V F

25005

1) Il conducente di un motociclo deve considerare che l'aderenza non dipende dal tipo di pavimentazione stradale V F
2) Chi conduce un motociclo deve considerare che l'aderenza diminuisce sulle rotaie specialmente in caso di pioggia V F
3) Chi conduce un motociclo deve considerare che l'aderenza diminuisce sulle strisce della segnaletica orizzontale in caso di pioggia V F

4) Chi conduce un motociclo deve considerare che l'aderenza diminuisce quando trasporta un passeggero V F

25006

1) La forza aderente aumenta se l'asfalto è coperto di ghiaccio V F
2) La forza aderente aumenta se l'asfalto è coperto dal fango V F
3) La forza aderente diminuisce se la strada è sporca di olio V F
4) La forza aderente risulta maggiore se l'asfalto è asciutto e pulito V F
5) La forza aderente non dipende dalla pressione dei pneumatici V F

25007

1) Quando il veicolo percorre una curva è assoggettato ad una forza che tende a spostarlo verso l'interno V F
2) Quando il veicolo percorre una curva, la velocità eccessiva può provocarne lo sbandamento V F
3) Quando il veicolo percorre una curva si deve aumentare la velocità per evitare lo slittamento V F
4) Quando il veicolo percorre una curva, la velocità eccessiva può provocarne il ribaltamento V F
5) Quando il veicolo percorre una curva è assoggettato ad una forza che tende a spostarlo verso l'esterno V F
6) Quando il veicolo percorre una curva si deve aumentare la velocità per evitare il ribaltamento V F

25008

1) Il ribaltamento in curva del veicolo è favorito da un carico posto in basso V F
2) Il ribaltamento in curva del veicolo è favorito da un raggio di curvatura della strada piccolo (curva stretta) V F
3) Il ribaltamento in curva del veicolo è favorito da una ampia distanza fra ruote dello stesso asse (carreggiata larga) V F
4) Il ribaltamento in curva del veicolo è favorito dal carico non stabilmente fissato V F
5) Il ribaltamento in curva del veicolo è favorito da una ridotta distanza fra ruote dello stesso asse (carreggiata stretta) V F
6) Il ribaltamento in curva del veicolo è favorito da un carico posto in alto V F
7) Il ribaltamento in curva del veicolo è favorito da un raggio di curvatura della strada ampio (curva larga) V F

25009

1) La forza ribaltante in curva aumenta all'aumentare della velocità V F
2) La forza ribaltante in curva diminuisce all'aumentare della velocità V F

25010

1) L'A.B.S. impedisce alle ruote di bloccarsi V F
2) L'A.B.S. consente di utilizzare la massima forza aderente, in frenata V F
3) L'A.B.S. è in grado di agire su tutte le ruote, intervenendo di volta in volta su quelle che stanno per bloccarsi durante la frenata V F
4) L'A.B.S. consente di correggere la traiettoria del veicolo anche durante una frenata di emergenza V F
5) L'A.B.S. favorisce il bloccaggio delle ruote V F
6) L'A.B.S. agisce anche quando gli pneumatici sono usurati V F
7) L'A.B.S. rende la frenata più sicura perché impedisce alle ruote di bloccarsi V F

8) L'A.B.S. impedisce di utilizzare la massima forza aderente , in frenata V F
9) L'A.B.S. agisce anche quando l'asfalto è bagnato V F
10) L'A.B.S. impedisce , durante la frenata , di modificare la traiettoria del veicolo V F
11) L'A.B.S. non agisce sulle ruote motrici V F
12) L'A.B.S. non si attiva se gli pneumatici sono usurati V F

25011

1) Si deve controllare periodicamente la pressione di gonfiaggio dei pneumatici, compresa quella della ruota di scorta V F
2) Se si misura la pressione di gonfiaggio degli pneumatici quando la gomma è calda, si ha una corretta lettura dei valori di pressione V F
3) Un'insufficiente pressione di gonfiaggio degli pneumatici fa aumentare l'attrito e anche i consumi di carburante V F
4) Prima di iniziare un lungo viaggio, è opportuno aumentare la pressione di gonfiaggio degli pneumatici V F
5) La corretta pressione di gonfiaggio degli pneumatici dipende dal carico del veicolo e dal numero dei passeggeri trasportati V F
6) Il sistema automatico di rilevamento della pressione di gonfiaggio dei pneumatici fa aumentare la sicurezza dei veicoli che ne sono dotati V F
7) La pressione di gonfiaggio dei pneumatici deve essere controllata quando la gomma è fredda V F
8) La pressione di gonfiaggio degli pneumatici va controllata dopo aver percorso alcuni chilometri, appena la gomma si è surriscaldata V F
9) La pressione di gonfiaggio degli pneumatici va stabilita in base al materiale con cui sono realizzati i cerchioni (acciaio, lega leggera ecc.) V F
10) La pressione di gonfiaggio degli pneumatici va adeguata alle condizioni di peso del veicolo V F
11) Nei veicoli con rimorchio, la pressione di gonfiaggio degli pneumatici del veicolo trainante deve essere uguale a quella degli pneumatici del rimorchio V F

25012

1) Gli pneumatici "tubeless", in caso di foratura, si sgonfiano lentamente V F
2) Lo spessore minimo del battistrada degli pneumatici di un motociclo deve essere di 1,0 millimetri V F
3) È consigliabile sostituire gli pneumatici dopo alcuni anni, anche se non sono consumati V F
4) Se in uno pneumatico del tipo "tubeless" si è conficcato un chiodo, è possibile, con le necessarie cautele, continuare a guidare, fermandosi quanto prima per riparare il danno V F
5) Lo spessore minimo del battistrada degli pneumatici di un autoveicolo deve essere di 1,6 millimetri V F
6) Gli pneumatici "tubeless" possono essere riparati solo con apposite bombolette contenenti uno speciale mastice, che chiudono il foro dall'interno V F
7) Se in uno pneumatico del tipo "tubeless" si è conficcato un chiodo, bisogna estrarlo subito, per evitare che il pneumatico possa esplodere V F
8) Gli pneumatici con camera d'aria, in caso di foratura, si sgonfiano lentamente V F
9) Gli pneumatici gonfiati con l'azoto devono essere tenuti a minore pressione rispetto a quelli con aria compressa V F

25013

1) Gli pneumatici chiodati vanno montati solo su due ruote dello stesso asse V F
2) È consigliabile che gli pneumatici invernali vengano montati su tutte le ruote V F

3) Gli organi della sospensione non si danneggiano se nei tratti di strada privi di neve si fa uso di pneumatici con catene V F

4) Gli pneumatici chiodati possono essere usati limitatamente ad un predeterminato periodo dell'anno V F

5) Chi fa uso di catene da neve non omologate è sanzionabile come se ne fosse sprovvisto V F

6) Nei veicoli a doppia trazione (cosiddetti 4x4), le catene da neve devono essere montate sulle ruote posteriori V F

7) I veicoli muniti di pneumatici invernali devono rispettare limiti di velocità massima inferiori a quelli ordinari V F

25014

1) Per sostituire una ruota, dopo aver sollevato il veicolo e inserito la ruota di scorta, bisogna stringere leggermente i bulloni a veicolo sollevato e completarne il bloccaggio solo dopo averlo abbassato V F

2) Per smontare una ruota bisogna fissare il martinetto (cric) il più lontano possibile dalla ruota da sostituire V F

3) Prima di procedere alla sostituzione di una ruota, bisogna azionare il freno di stazionamento e inserire la prima marcia o la retromarcia V F

4) L'applicazione del "ruotino" (ruota di scorta di ridotte dimensioni), consente di raggiungere la velocità di 120 km/h V F

5) Per la sostituzione di una ruota conviene stazionare il veicolo su un terreno orizzontale e stabile V F

6) Prima di sollevare il veicolo per la sostituzione di una ruota, è conveniente allentare leggermente i bulloni di fissaggio V F

7) Per smontare una ruota da sostituire bisogna togliere i bulloni, prima di sollevare il veicolo con il martinetto (cric) V F

8) Per smontare una ruota da sostituire bisogna fissare il martinetto (cric) in un punto qualsiasi del longherone del veicolo V F

9) In caso di foratura, prima di procedere alla sostituzione della ruota, è opportuno far scendere dal veicolo tutti i passeggeri, facendoli sistemare, per ragioni di sicurezza, fuori dalla carreggiata V F

10) Durante le operazioni di sostituzione di una ruota tramite il martinetto (cric), bisogna evitare di mettersi sotto il veicolo V F

11) Nei veicoli con il "ruotino" applicato (ruota di scorta di ridotte dimensioni) non è consentito trasportare passeggeri V F

25015

1) L'azione frenante esercitata dal motore è massima se si inserisce la prima marcia del cambio di velocità V F

2) L'uso prolungato e ripetuto dei freni, provocandone il surriscaldamento, comporta la diminuzione dell'efficienza frenante V F

3) Dopo il lavaggio del veicolo, è opportuno eseguire una prova di frenata V F

4) Percorrendo lunghe e ripide discese è necessario inserire una marcia bassa per evitare di surriscaldare i freni V F

5) Tutti i veicoli sono dotati del freno di stazionamento che si aziona con comando manuale V F

6) In caso di frenata di emergenza, con entrata in azione dell'ABS, bisogna immediatamente diminuire la pressione esercitata sul pedale del freno V F

7) In caso di frenata di emergenza, con entrata in azione dell'ABS, bisogna continuare a premere con forza il pedale, senza allentare la pressione V F

8) Il freno di stazionamento si utilizza durante la marcia, per frenare o arrestare il veicolo V F

9) Percorrendo lunghe e ripide discese è opportuno marciare con il cambio in folle per risparmiare carburante e freni V F

25016

1) In caso di principio d'incendio del veicolo, in mancanza di estintore, si può gettare sabbia o terra alla base delle fiamme V F
2) Dopo un incidente, se c'è un rischio d'incendio del veicolo è opportuno spegnere il quadro elettrico girando la chiave di accensione V F
3) Dopo un incidente, se c'è un principio d'incendio del veicolo occorre svuotarne immediatamente il serbatoio del carburante V F
4) Dopo un incidente, il rischio che scoppi un incendio è maggiore se il veicolo è dotato di interruttore inerziale, che blocca l'afflusso di carburante al motore V F
5) Dopo un incidente, se c'è un principio d'incendio del veicolo, in mancanza di estintore si può utilizzare una coperta bagnata per spegnere le fiamme V F
6) Dopo un incidente, se c'è un principio d'incendio del veicolo alimentato a GPL, occorre smontare subito il serbatoio contenente il carburante V F

25017

1) Durante la guida è consentito utilizzare il cellulare per comporre sms V F
2) I sistemi di navigazione satellitare presenti su alcuni veicoli devono essere programmati mentre il veicolo è in movimento V F
3) Il climatizzatore può essere utilmente impiegato anche nel periodo invernale, per sbrinare velocemente il parabrezza V F
4) I pannelli a messaggio variabile forniscono indicazioni di pericolo ma non possono avere valore prescrittivo (di obbligo, di divieto) V F
5) È sconsigliabile sistemare oggetti sotto il sedile del conducente per evitare che, scivolando durante la marcia, vadano ad intralciare i movimenti dell'autista V F
6) L'uso del telefono cellulare senza l'ausilio del "viva-voce" o dell'auricolare è vietato durante la guida V F
7) Quando si trasportano bambini è consigliabile inserire il dispositivo di sicurezza che impedisce l'apertura delle portiere dall'interno del veicolo V F
8) Quando la strada è bagnata, se il veicolo che mi precede solleva dell'acqua che mi sporca il parabrezza, devo sorpassarlo immediatamente V F

25018

1) Occorre verificare che nel serbatoio del dispositivo lavacristallo sia sempre presente liquido per detergere i vetri V F
2) Occorre verificare le spazzole del tergicristallo per sostituirle se sono consumate V F
3) La trasparenza e la pulizia dei vetri dei finestrini del veicolo garantiscono una migliore visibilità esterna V F
4) In caso di lesioni o rottura del vetro anteriore del veicolo, bisogna ripararlo con del nastro adesivo trasparente V F
5) Adesivi, ciondoli o altri oggetti applicati sui vetri del veicolo possono ridurre la visibilità del conducente V F
6) Se il parabrezza è coperto dalla polvere, bisogna utilizzare il dispositivo di disappannamento V F

25019

1) Per una maggiore sicurezza, bisogna utilizzare esclusivamente pneumatici delle dimensioni previste dall'omologazione del veicolo V F
2) Per garantire l'aderenza e la stabilità del veicolo, bisogna controllare solo la pressione di gonfiaggio degli pneumatici delle ruote motrici V F
3) Per una maggiore sicurezza, sulle ruote dello stesso asse bisogna utilizzare pneumatici uguali V F
4) Per migliorare il raffreddamento degli pneumatici, bisogna diminuire la pressione di gonfiaggio V F

5) Per una maggiore sicurezza, bisogna controllare le condizioni dei pneumatici anche sui lati, per prevenire improvvisi scoppi o sgonfiamenti [V] [F]

6) La pressione di gonfiaggio troppo bassa degli pneumatici ne provoca l'anomalo consumo ai bordi [V] [F]

7) Per garantire l'aderenza e la stabilità del veicolo, bisogna controllare che la pressione di gonfiaggio degli pneumatici sia quella consigliata dalla casa costruttrice [V] [F]

8) Non bisogna mai invertire la posizione degli pneumatici, per permettere loro di adattarsi meglio [V] [F]

9) La pressione di gonfiaggio troppo bassa degli pneumatici ne provoca l'anomalo consumo della parte centrale e dei bordi [V] [F]

25020

1) Il circuito frenante dei veicoli leggeri è di tipo a circuito sigillato, pertanto non è necessario un periodico controllo del livello del liquido idraulico [V] [F]

2) Il freno di stazionamento deve essere in grado di tenere bloccato il veicolo in sosta anche su strade in pendenza [V] [F]

3) In caso di frenata di emergenza, il conducente deve inserire rapidamente la retromarcia [V] [F]

4) Il freno di stazionamento deve essere utilizzato per bloccare il veicolo in sosta o per situazioni di emergenza [V] [F]

5) Il livello del liquido idraulico dei freni deve essere periodicamente controllato [V] [F]

6) Il freno di stazionamento non deve essere utilizzato per la frenatura di servizio [V] [F]

7) Il servofreno a depressione non può funzionare a motore spento [V] [F]

8) Negli impianti di frenatura, l'energia cinetica dell'autoveicolo viene trasformata in calore grazie all'attrito [V] [F]

9) Le parti dell'impianto frenante maggiormente sollecitate dalle alte temperature sono le guarnizioni di attrito [V] [F]

10) Il servofreno a depressione può funzionare anche a motore spento, purché sia inserita la chiave di accensione nel quadro [V] [F]

11) Il freno di stazionamento deve essere utilizzato per la frenatura di servizio quando si circola su strade a forte pendenza, in modo da ridurre il surriscaldamento degli elementi frenanti [V] [F]

12) Gli impianti di frenatura dei veicoli leggeri sono spesso dotati di servofreno [V] [F]

13) In caso di frenata di emergenza, il conducente deve contemporaneamente premere a fondo freno e frizione [V] [F]

25021

1) Una frenatura poco efficiente o squilibrata può essere causata dalla presenza di freni a disco sull'asse posteriore [V] [F]

2) Con freni squilibrati può avvenire che, in frenata, si blocchino soltanto le ruote di un lato [V] [F]

3) Una frenatura poco efficiente o squilibrata può essere causata dall'insufficiente lubrificazione dei tamburi o dei dischi [V] [F]

4) Una frenatura poco efficiente può essere causata da eccessive e ripetute frenate [V] [F]

5) Una frenatura poco efficiente può essere causata dall'eccessivo riscaldamento delle guarnizioni frenanti [V] [F]

6) Una frenatura poco efficiente o squilibrata può essere causata dal carico eccessivo o mal ripartito [V] [F]

7) Su discese molto ripide è bene viaggiare con il freno a mano inserito parzialmente [V] [F]

8) Una frenatura poco efficiente o squilibrata può essere causata dal consumo eccessivo dei meccanismi del freno di stazionamento [V] [F]

9) Una frenatura poco efficiente o squilibrata può essere causata dal consumo eccessivo delle guarnizioni frenanti [V] [F]

10) Con freni squilibrati si manifesta, in genere, un'usura irregolare e non omogenea dei battistrada [V] [F]

11) Una frenatura poco efficiente o squilibrata può essere causata dalla presenza del servosterzo su veicoli di piccola cilindrata V F
12) Una frenatura poco efficiente o squilibrata può essere causata dal consumo irregolare dei tamburi o dei dischi V F
13) Con freni squilibrati può avvenire che, in frenata, il veicolo sbandi, dirigendosi verso il lato della ruota che si blocca per prima V F
14) Una frenatura poco efficiente o squilibrata può essere causata dalla differente pressione di gonfiaggio dei pneumatici dello stesso asse V F
15) Una frenatura poco efficiente o squilibrata può essere causata dalla presenza d'aria o vapore nel circuito frenante idraulico V F
16) Una frenatura poco efficiente o squilibrata può essere causata da pneumatici invernali montati su tutte e quattro le ruote V F
17) Una frenatura poco efficiente o squilibrata può essere causata da pneumatici invernali utilizzati su strade non innevate V F
18) Una frenatura poco efficiente o squilibrata può essere causata dall'utilizzo di veicoli con alimentazione a metano su strade di montagna V F
19) Con freni squilibrati si manifesta in genere un surriscaldamento del liquido refrigerante del motore V F
20) Una frenatura poco efficiente o squilibrata può essere causata dall'eccessivo gioco del pedale della frizione V F
21) Il cambio delle pastiglie dei freni è un'operazione di manutenzione ordinaria che può essere svolta da qualunque conducente V F

25022

1) Le sospensioni di un veicolo a motore collaborano a rendere più confortevole e sicura la guida V F
2) Le sospensioni di un veicolo a motore servono a garantire un buon confort di marcia V F
3) Le sospensioni di un veicolo a motore servono a mantenere il veicolo fermo anche su strada in pendenza V F
4) Le sospensioni di un veicolo a motore sono in genere poste sulle ruote anteriori, ma non su quelle posteriori V F
5) Le sospensioni di un veicolo a motore servono a smorzare gli urti trasmessi dalle asperità del terreno V F
6) Le sospensioni di un veicolo a motore servono a garantire che le ruote rimangano aderenti al fondo stradale V F
7) Le sospensioni di un veicolo a motore sono poste tra il telaio e le ruote V F
8) Le sospensioni di un veicolo a motore servono a irrigidire il veicolo, in modo che il conducente percepisca chiaramente tutti i saltellamenti del veicolo dovuti ad irregolarità della strada V F
9) Le sospensioni di un veicolo a motore non entrano in funzione su strada rettilinea V F

25023

1) Il sovraccarico del veicolo può comportare la rottura delle sospensioni V F
2) Il sovraccarico del veicolo non comporta problemi per le sospensioni V F
3) Un veicolo con sospensioni inefficienti ha problemi di tenuta di strada V F
4) Le sospensioni possono diventare inefficienti per usura o per aver subito urti troppo forti V F
5) Il sovraccarico ripetuto del veicolo può comportare la rapida usura delle sospensioni V F
6) Il sovraccarico del veicolo comporta maggiori difficoltà di guida, mentre non comporta problemi per le sospensioni V F
7) Un veicolo con sospensioni inefficienti aumenta l'affaticamento alla guida del conducente V F
8) Le sospensioni non collaborano alla dirigibilità del veicolo, perché questa è assicurata unicamente dagli organi di direzione V F

9) Le sospensioni di un veicolo a motore sono realizzate in modo da non necessitare di verifiche e manutenzioni per tutta la durata della garanzia del veicolo V F
10) Un veicolo con sospensioni inefficienti può avere come conseguenza l'anomalo orientamento dei proiettori anabbaglianti V F
11) Le sospensioni del veicolo devono essere sostituite all'incirca ogni trentamila chilometri V F
12) Un veicolo con sospensioni inefficienti riduce il confort di marcia V F
13) Il sovraccarico del veicolo può comportare la temporanea inefficienza delle sospensioni V F
14) Se il veicolo è sovraccarico, per evitare problemi per le sospensioni è sufficiente aumentare la pressione dei pneumatici di un bar V F
15) Le sospensioni di un veicolo a motore, essendo realizzate con materiali elastici, non subiscono danni per gli urti subiti durante la marcia V F
16) Poiché le autovetture sono dotate di sospensioni su ogni ruota, la rottura di una sola delle quattro non comporta problemi per la guida V F

25024

1) Gli ammortizzatori servono, tra l'altro, a garantire la tenuta di strada del veicolo V F
2) Gli ammortizzatori collaborano alla tenuta di strada del veicolo V F
3) Gli ammortizzatori di un veicolo a motore servono a ridurre le oscillazioni delle sospensioni V F
4) Il sovraccarico del veicolo può rendere inefficienti gli ammortizzatori V F
5) Il sovraccarico non causa problemi agli ammortizzatori di un veicolo a motore se il conducente adotta uno stile di guida prudente V F
6) Se il veicolo è sovraccarico, per evitare problemi agli ammortizzatori è sufficiente aumentare la pressione dei pneumatici di mezzo bar V F
7) Il conducente può in ogni caso regolare la rigidità degli ammortizzatori V F
8) Il sovraccarico del veicolo può comportare un'usura precoce degli ammortizzatori V F
9) Gli ammortizzatori di un veicolo a motore non necessitano di verifiche e manutenzioni fino a quando dura la garanzia del veicolo V F
10) La rigidità degli ammortizzatori di un veicolo a motore può essere controllata dal proprietario del veicolo, senza ricorrere ad un'officina specializzata V F

25025

1) Gli ammortizzatori scarichi provocano un comportamento anomalo del veicolo in frenata V F
2) In un veicolo, gli ammortizzatori scarichi provocano un anomalo funzionamento del motore V F
3) In un veicolo a motore, gli ammortizzatori scarichi, abbassando l'altezza da terra del telaio, migliorano la tenuta di strada del veicolo, specie in curva V F
4) In un veicolo a motore, gli ammortizzatori scarichi aumentano il rischio di rottura delle molle delle sospensioni V F
5) Un veicolo a motore è dotato di sospensioni oppure di ammortizzatori, ma difficilmente di tutti e due V F
6) Gli ammortizzatori scarichi provocano un comportamento anomalo del veicolo, particolarmente in curva V F
7) In un veicolo a motore, gli ammortizzatori scarichi provocano un maggior consumo di lubrificante V F
8) In un veicolo a motore, gli ammortizzatori scarichi provocano una diminuzione del comfort di marcia dei passeggeri V F
9) In un veicolo a motore, gli ammortizzatori possono essere sostituiti con una sospensione rinforzata V F
10) In un veicolo a motore, gli ammortizzatori scarichi peggiorano la tenuta di strada V F

11) In un veicolo a motore, gli ammortizzatori scarichi provocano l'usura non uniforme del battistrada dei pneumatici V F

12) Gli ammortizzatori di un veicolo, se sono del tipo a circuito sigillato, non necessitano di manutenzione V F

25026

1) Eccessivi giochi allo sterzo rendono imprecisa la traiettoria del veicolo V F

2) In caso di foratura di un pneumatico, lo sterzo tira nella direzione della ruota forata V F

3) Il servosterzo idraulico non funziona se il motore è spento V F

4) La convergenza delle ruote ha influenza sulla precisione della sterzata V F

5) La rottura del servosterzo si manifesta con un'eccessiva facilità di manovra dello sterzo V F

6) Al fine di garantire la sicurezza della circolazione occorre verificare periodicamente l'assenza di giochi anomali allo sterzo V F

7) La "durezza" dello sterzo può essere indice di insufficiente pressione dei pneumatici V F

8) In caso di foratura di un pneumatico, lo sterzo tira nella direzione opposta a quella della ruota forata V F

9) Se lo sterzo vibra è bene far controllare la bilanciatura delle ruote anteriori V F

10) Il volante non può essere regolato in altezza V F

11) Il servosterzo aiuta a controllare la traiettoria del veicolo in caso di foratura di un pneumatico V F

12) La precisione della sterzata è influenzata dalla scarsa pressione dell'olio di lubrificazione V F

13) In caso di mal funzionamento del servosterzo, lo sterzo diventa "pesante" V F

14) Il volante deve essere impugnato nella sua parte bassa, con entrambe le mani sotto le razze V F

15) Il servosterzo migliora l'azione frenante del veicolo V F

16) La precisione della sterzata non è influenzata dalle cattive condizioni delle sospensioni e degli ammortizzatori V F

17) Se lo sterzo vibra si deve far controllare la bilanciatura delle ruote posteriori V F

18) La precisione della sterzata è influenzata dall'eccessiva temperatura del liquido di raffreddamento V F

25027

1) L'impianto di scarico dei veicoli elettrici necessita di manutenzione più frequente rispetto a quello dei veicoli con motore a scoppio V F

2) Fuori dei centri abitati, i veicoli possono circolare anche senza silenziatore V F

3) La sostituzione del tubo di scarico può essere fatta anche personalmente, senza rivolgersi ad un'officina autorizzata V F

4) L'impianto di scarico deve essere integralmente sostituito a ogni cambio di lubrificante V F

5) L'impianto di scarico ha lo scopo di convogliare i gas di scarico verso l'esterno dopo averne abbassato la temperatura V F

6) L'impianto di scarico ha lo scopo di ridurre la rumorosità del veicolo V F

7) La marmitta deteriorata aumenta l'inquinamento acustico prodotto dai veicoli a motore V F

8) Se il tubo di scarico del silenziatore si fora e non si intende sostituirlo a breve, lo si può riparare avvolgendolo con lana di vetro e nastro isolante V F

9) L'impianto di scarico ha lo scopo di convogliare i gas di scarico verso l'esterno dopo averne abbassato la pressione V F

10) La marmitta deteriorata deve essere sostituita con altra di tipo approvato per quel tipo di veicolo V F

11) L'impianto di scarico ha lo scopo di convogliare i gas di scarico verso l'esterno dopo averne abbassato la tossicità V F

12) È possibile modificare l'impianto di scarico, purché si autocertifichi che ciò non comporta aumenti del consumo di carburante V F

13) L'impianto di scarico ha lo scopo di ridurre l'inquinamento atmosferico causato dai gas di scarico del veicolo V F

14) La manomissione dell'impianto di scarico non comporta alcuna sanzione, purché si circoli solo nei centri urbani V F

25028

1) Nei veicoli a motore a due ruote, l'interruttore d'emergenza permette il blocco istantaneo delle ruote V F

2) Nei veicoli a motore a due ruote, l'interruttore d'emergenza ha la funzione di freno di stazionamento V F

3) Su un motociclo, per lo spegnimento del motore nelle situazioni ordinarie, è preferibile utilizzare la chiave di accensione anziché l'interruttore di emergenza V F

4) Nei veicoli a motore a due ruote, l'interruttore di emergenza, permette lo spegnimento del motore qualora ci si arresti su strade a forti pendenze avendo le mani occupate sulle leve di comando V F

5) Nei veicoli a motore a due ruote, l'interruttore di emergenza posto sul manubrio sostituisce il dispositivo di accensione a chiave V F

6) L'interruttore di emergenza di cui sono muniti i veicoli a motore a due ruote, se guasto, deve essere riparato al più presto V F

7) L'interruttore di emergenza posto sul cavalletto laterale, serve per spegnere il motore del motociclo sulle strade in pendenza V F

8) Nei veicoli a motore a due ruote, l'interruttore di emergenza permette lo spegnimento del motore senza staccare le mani dal manubrio V F

9) Per facilitare lo spegnimento del motore, i veicoli a motore a due ruote sono equipaggiati di un interruttore d'emergenza posto sulla pedivella del cambio V F

10) Per facilitare lo spegnimento del motore, i veicoli a motore a due ruote sono equipaggiati di un interruttore d'emergenza posto sul manubrio V F

11) Nei veicoli a motore a due ruote, per poter avviare il motore, è necessario che l'interruttore di emergenza posto sul manubrio sia posizionato su ON/Avviamento V F

12) Nei veicoli a motore a due ruote è possibile spegnere il motore anche tramite l'interruttore di emergenza posto sul manubrio V F

13) Per facilitare lo spegnimento del motore, i veicoli a motore a due ruote sono equipaggiati di un interruttore d'emergenza azionabile con la pressione del piede destro V F

14) Nei veicoli a motore a due ruote, l'interruttore d'emergenza è collegato con l'antifurto del veicolo V F

25029

1) Ai fini della sicurezza della circolazione, nei veicoli a motore a due ruote è opportuno verificare periodicamente l'usura della catena di trasmissione V F

2) La catena di trasmissione dei veicoli a motore a due ruote, se non lubrificata, può essere soggetta a rottura V F

3) Nei veicoli a motore a due ruote, la catena di trasmissione collega il pignone motore alla corona della ruota V F

4) Nei veicoli a motore a due ruote, la rottura della catena di trasmissione pregiudica la velocità di marcia, ma non la sicurezza V F

5) Nei veicoli a motore a due ruote, in caso di sostituzione della catena di trasmissione per usura, non è mai necessario sostituire anche il pignone motore e la corona della ruota V F

6) Nei veicoli a motore a due ruote non è necessario il periodico controllo della tensione della catena di trasmissione, perché la stessa è dotata di tenditore automatico V F

7) Nei veicoli a motore a due ruote, se la catena di trasmissione mostra segni di usura occorre sostituirla V F

8) Nei veicoli a motore a due ruote, se la catena di trasmissione mostra segni di usura occorre rinforzarla con filo di ferro di tipo idoneo [V] [F]

9) Ai fini della sicurezza, nei veicoli a motore a due ruote, è opportuno verificare periodicamente che la catena di trasmissione sia ben lubrificata [V] [F]

10) Nei veicoli a motore a due ruote, la catena di trasmissione deve essere pulita con detergente sgrassante, ma assolutamente non lubrificata per non far slittare il cambio [V] [F]

11) Nei veicoli a motore a due ruote, è opportuno verificare periodicamente la corretta tensione della catena di trasmissione [V] [F]

12) Nei veicoli a motore a due ruote, la rottura improvvisa della catena di trasmissione può causare il bloccaggio della ruota posteriore, con conseguente perdita del controllo del veicolo [V] [F]

13) Nei veicoli a motore a due ruote, la catena di trasmissione non necessita di lubrificazione perché è realizzata in acciaio autolubrificante [V] [F]

14) Nei veicoli a motore a due ruote, è possibile sostituire il pignone motore e la corona della ruota in modo da modificare il rapporto di trasmissione [V] [F]

25030

1) Sui motocicli, il livello del l'olio motore deve essere controllato con il motore in funzione al minimo e la moto sistemata sul cavalletto [V] [F]

2) Sui motocicli è necessario verificare periodicamente i livelli di olio motore e liquido freni [V] [F]

3) Sui veicoli a motore a due ruote, non vi sono liquidi di cui occorre fare un controllo dei livelli perché i serbatoi sono sigillati [V] [F]

4) I motocicli non sono dotati di serbatoio del liquido freni perché la frenatura è di tipo puramente meccanico [V] [F]

5) Sui motocicli, il livello del liquido freni si verifica controllando l'apposita vaschetta trasparente [V] [F]

6) Sui motocicli, il livello del lubrificante va controllato con il veicolo in piano e dopo aver spento il motore da alcuni minuti [V] [F]

7) Nei veicoli a motore a due ruote, il livello dell'olio deve essere controllato a veicolo perfettamente orizzontale, poggiato con le ruote a terra e non sul cavalletto [V] [F]

8) In alcuni motori di motocicli, il livello dell'olio motore può essere controllato da un'apposita finestrella posta sulla coppa motore [V] [F]

9) Sui motocicli raffreddati ad aria, il livello del liquido di raffreddamento può essere controllato da un'apposita finestrella posta tra le alettature del motore [V] [F]

Risposte ai quiz

00001
1) V
2) V
3) V
4) F
5) V
6) V
7) F
8) F
9) V
10) F
11) F
12) F
13) F
14) V
15) F
16) V
17) V
18) V
19) V
20) F
21) F
22) V
23) V
24) F
25) F
26) V
27) F
28) F
29) F
30) V
31) F
32) F
33) V
34) F
35) V
36) F
37) V
38) V
39) F
40) V
41) F
42) F
43) F
44) V
45) V
46) V
47) F
48) F
49) V
50) V
51) V
52) F
53) F
54) F

01001
1) F
2) V
3) V
4) F
5) V
6) V
7) F

01002
1) V
2) V
3) V
4) V
5) F
6) F
7) F
8) F

01003
1) F
2) V
3) V
4) V
5) V
6) F
7) F
8) F
9) F
10) V
11) F

01004
1) V
2) V
3) V
4) V
5) F
6) F
7) F
8) V
9) F
10) F

01005
1) V
2) V
3) V
4) F
5) F
6) F
7) V
8) F
9) F
10) V
11) F
12) F
13) F
14) V
15) V
16) F

01006
1) V
2) V
3) V
4) F
5) F
6) F
7) F
8) F
9) V
10) F
11) F
12) F
13) F
14) F
15) F
16) V
17) V
18) V
19) V
20) F
21) F

01007
1) V
2) V
3) V
4) F
5) V
6) F
7) F

01008
1) V
2) F
3) V
4) V
5) F
6) F
7) V
8) F
9) F

01009
1) V
2) V
3) V
4) F
5) V
6) F
7) F
8) V
9) F

01010
1) V
2) F
3) V
4) V
5) V
6) V
7) F
8) F
9) F
10) F
11) V
12) F

01011
1) F
2) F
3) V
4) F
5) V
6) V
7) V
8) F
9) V
10) V
11) F

01012
1) V
2) F
3) V
4) V
5) V
6) F
7) V
8) F
9) F
10) F

01013
1) F
2) F
3) V
4) V
5) V
6) V
7) F
8) F
9) V
10) V
11) V
12) F
13) V
14) F

01014
1) F
2) V
3) V
4) F
5) V
6) V
7) F
8) V
9) V
10) F
11) F

01015
1) F
2) V
3) F
4) V
5) V
6) V
7) F

01016
1) F
2) V
3) V
4) V
5) V
6) F
7) F
8) F
9) V
10) V
11) V
12) V
13) V
14) V
15) F
16) F
17) F
18) V
19) V
20) F

01017
1) F
2) V
3) V
4) V
5) V
6) F
7) F

01018
1) F
2) V
3) V
4) F
5) V
6) F

01019
1) F
2) V
3) V
4) V
5) F
6) F
7) F

01020
1) F
2) V
3) F
4) V
5) F
6) V
7) V
8) F

01021
1) V
2) V
3) V
4) F
5) F
6) F
7) F

01022
1) V
2) F
3) V
4) V
5) V
6) F
7) F
8) V
9) F
10) F
11) F

01023
1) F
2) V
3) F
4) V
5) V
6) V
7) V
8) F
9) F
10) F
11) F

01024
1) F
2) V
3) V
4) F
5) F
6) V
7) V
8) F

01025
1) V
2) V
3) V
4) F
5) F
6) F
7) V
8) F
9) V
10) F
11) F
12) V
13) V
14) F
15) F
16) F

01026
1) V
2) F
3) F
4) V
5) V
6) V
7) F
8) F
9) F
10) V
11) V
12) F
13) F
14) V
15) F

01027
1) V
2) F
3) V
4) V
5) F
6) F

01028
1) V
2) V
3) F
4) F
5) V
6) V
7) F
8) F
9) F

01029
1) F
2) V
3) V
4) V
5) F
6) F
7) V
8) V
9) V
10) V
11) V
12) V
13) F
14) V
15) F
16) F
17) F

01030
1) F
2) V
3) V
4) F

5) V
6) F
7) F
8) F
9) V
10) V
11) F

01031
1) F
2) V
3) V
4) V
5) F
6) V
7) F
8) F
9) F
10) V
11) F

01032
1) F
2) V
3) V
4) F
5) V
6) V
7) F
8) F
9) V
10) F
11) V
12) F
13) F
14) F

01033
1) F
2) V
3) V
4) F
5) V
6) V
7) F
8) F

01034
1) V
2) V
3) F
4) F
5) V
6) F
7) V
8) F
9) F

01035
1) V
2) V
3) F
4) F
5) F
6) V
7) F
8) V
9) F

01036
1) V
2) V
3) F
4) V
5) F
6) V
7) V
8) F

01037
1) V
2) V
3) F
4) F
5) V
6) F

01038
1) V
2) V
3) V
4) F
5) F
6) V
7) F
8) F

01039
1) V
2) F
3) V
4) V
5) V
6) V
7) V
8) F
9) V
10) F
11) V
12) V
13) V
14) F
15) V
16) F

01040
1) V
2) V
3) V
4) F
5) F
6) V
7) V
8) V
9) V
10) V
11) F
12) V
13) F
14) F
15) F

01041
1) V
2) V
3) F
4) F
5) V
6) V
7) V
8) F
9) F
10) F
11) F

01042
1) F
2) V
3) V
4) F
5) V
6) V
7) V
8) F
9) V
10) F
11) F

01043
1) V
2) F
3) F
4) V
5) V
6) V
7) F
8) F
9) V
10) V
11) V
12) F

01044
1) V
2) F
3) V
4) V
5) F
6) V
7) V
8) F
9) F
10) F
11) V
12) F

01045
1) F
2) V
3) F
4) V
5) V
6) V
7) V
8) F
9) F
10) V
11) F
12) F
13) V
14) F

01046
1) V
2) F
3) V
4) V
5) F
6) V
7) F
8) V
9) F

01047
1) F
2) V
3) V
4) V
5) F
6) F
7) V
8) F
9) V
10) F
11) V
12) F
13) F

01048
1) V
2) F
3) F
4) V
5) V
6) V
7) F

01049
1) F
2) V
3) F
4) F
5) V
6) V
7) V
8) V
9) F

01050
1) V
2) F
3) F
4) V
5) F
6) F
7) V
8) V
9) F
10) V
11) F

02001
1) V
2) V
3) V
4) V
5) V
6) F
7) V
8) F
9) F
10) F
11) F
12) V
13) V
14) F
15) F
16) F
17) F
18) V
19) F

02002
1) V
2) F
3) V
4) V
5) F
6) F
7) F
8) V
9) V
10) F

02003
1) F
2) V
3) V
4) V
5) F
6) V
7) V
8) F
9) F
10) F
11) V
12) F
13) F

02004
1) V
2) V
3) V
4) V
5) V
6) F
7) F
8) F
9) F
10) V
11) F

02005
1) F
2) V
3) F
4) V
5) V
6) F
7) V
8) F
9) F
10) V
11) F
12) F

02006
1) F
2) V
3) V
4) V
5) V
6) V
7) F
8) F
9) F

02007
1) V
2) F
3) V
4) V
5) V
6) F
7) F
8) V
9) F
10) F
11) V
12) F
13) F
14) F

02008
1) F
2) V
3) V
4) F
5) V
6) V
7) F
8) F
9) F
10) F
11) V
12) F

02009
1) F
2) V
3) F
4) F
5) F
6) V
7) V
8) V
9) V
10) F
11) V
12) F
13) F
14) V
15) F

02010
1) F
2) V
3) F
4) F
5) V
6) V
7) F
8) F
9) V
10) V
11) F

02011
1) F
2) V
3) F
4) V
5) V
6) V
7) F
8) V
9) F
10) F
11) V
12) V
13) F
14) V
15) F

02012
1) V
2) F
3) V
4) F
5) F
6) F
7) V
8) V
9) V
10) F
11) V
12) F

02013
1) V
2) F
3) F
4) V
5) F
6) V
7) F
8) V
9) V
10) V
11) F
12) F

02014
1) V
2) F
3) F
4) V
5) V
6) V
7) V
8) F
9) F
10) V
11) F
12) F

02015
1) F
2) F
3) V
4) V
5) V
6) F
7) F
8) V
9) F
10) F
11) V
12) F
13) F
14) V
15) V
16) V
17) V
18) F

02016
1) F
2) V
3) F
4) V
5) V
6) V
7) V
8) F
9) F

02017
1) V
2) V
3) F
4) V
5) F
6) F
7) V
8) F
9) V
10) V
11) V
12) F
13) F
14) F

02018
1) F
2) F
3) V
4) F
5) V
6) F
7) V
8) V
9) V
10) F

02019
1) V
2) V
3) F
4) V

5) V
6) F
7) F
8) F
9) F
10) V
11) V
12) F
13) F

02020

1) F
2) V
3) V
4) V
5) F
6) V
7) F
8) F
9) V
10) F
11) V
12) V
13) F
14) F

02021

1) V
2) V
3) F
4) V
5) V
6) V
7) V
8) F
9) F
10) F
11) F
12) F

02022

1) V
2) V
3) F
4) F
5) F
6) V
7) V
8) V
9) V
10) F
11) V
12) F
13) V
14) F

02023

1) V
2) V
3) F
4) F
5) V
6) V
7) F
8) V
9) F
10) F
11) V
12) F
13) F
14) F

02024

1) F
2) V
3) F
4) F
5) V
6) F
7) V
8) F
9) V
10) V
11) F

02025

1) V
2) F
3) F
4) F
5) V
6) F
7) V
8) F
9) V
10) F
11) V
12) F
13) F

02026

1) V
2) V
3) V
4) V
5) V
6) V
7) F
8) F
9) F
10) F
11) F
12) F

02027

1) V
2) V
3) F
4) F
5) V
6) F

02028

1) F
2) V
3) V
4) V
5) F
6) V
7) F
8) F
9) V
10) V
11) F
12) F
13) F

02029

1) V
2) F
3) F
4) V
5) V
6) V
7) V
8) F
9) F

02030

1) V
2) F
3) V
4) F
5) V
6) V
7) F
8) F

02031

1) F
2) F
3) V
4) V
5) V
6) F
7) F
8) F
9) V
10) V
11) F
12) V
13) V
14) V
15) F
16) F

02032

1) V
2) V
3) F
4) F
5) V
6) V
7) V
8) F
9) F
10) F
11) F
12) F
13) V
14) V
15) F

02033

1) V
2) F
3) V
4) F
5) V
6) F
7) V
8) F
9) V
10) V
11) F
12) F

02034

1) V
2) V
3) F
4) V
5) F
6) F
7) V
8) F
9) V
10) V
11) F
12) F

02035

1) V
2) V
3) F
4) V
5) V
6) V
7) F
8) F
9) V
10) F
11) F
12) F
13) F

02036

1) V
2) V
3) V
4) F
5) F
6) F
7) V
8) F
9) F
10) F
11) F

02037

1) V
2) F
3) V
4) V
5) F
6) V
7) V
8) F
9) F
10) V
11) V
12) F
13) F
14) F

02038

1) F
2) V
3) V
4) V
5) V
6) F
7) F

02039

1) V
2) F
3) V
4) F
5) V
6) F
7) V
8) F
9) V
10) F

02040

1) V
2) F
3) F
4) V
5) V
6) F
7) F
8) V
9) V
10) V
11) F
12) F

02041

1) V
2) V
3) V
4) F
5) V
6) V
7) F
8) F
9) V
10) F
11) V
12) F
13) F
14) F

02042

1) F
2) V
3) V
4) F
5) F
6) V
7) V
8) V
9) F
10) F
11) F
12) F
13) F
14) V
15) V
16) V
17) F

02043

1) F
2) V
3) V
4) V
5) V
6) V
7) V
8) F
9) F
10) V
11) F
12) F
13) F
14) V
15) F

02044

1) V
2) V
3) F
4) V
5) F
6) V
7) F
8) V
9) F
10) F

02045

1) V
2) F
3) V
4) V
5) V
6) F
7) F
8) F
9) V
10) F
11) F

02046

1) V
2) F
3) V
4) V
5) V
6) V
7) F
8) V
9) V
10) F
11) F
12) F
13) V
14) F

02047

1) F
2) V
3) F
4) V
5) F
6) V
7) F
8) V
9) V
10) F

02048

1) F
2) V
3) V
4) F
5) F
6) V
7) V
8) F
9) F
10) V
11) V
12) F

02049

1) V
2) F
3) V
4) V
5) F
6) F
7) V
8) F
9) V
10) F
11) V
12) F
13) V
14) F

02050

1) V
2) V
3) V
4) F
5) F
6) V
7) V
8) F
9) V
10) F
11) F
12) F

02051

1) V
2) F
3) V
4) F
5) V
6) F

02052

1) V
2) V
3) V
4) V
5) V
6) F
7) F
8) F
9) F
10) V
11) F

02053

1) V
2) V
3) F
4) F
5) V
6) V
7) F
8) F
9) V
10) V
11) F
12) F
13) F

02054

1) F
2) V
3) F
4) F
5) V
6) F
7) F
8) F
9) V
10) V
11) F
12) V
13) F
14) F

03001

1) V
2) F
3) V
4) F
5) V
6) V
7) F
8) V
9) V
10) F
11) V
12) V
13) V
14) F
15) F
16) F
17) F

03002

1) F
2) V
3) V
4) V
5) V
6) V
7) V
8) F
9) F

10) F — 11) F — 12) F — 13) F — 14) V — 15) F — 16) F

03003

1) V — 2) F — 3) V — 4) V — 5) F — 6) V — 7) F — 8) F — 9) V — 10) V — 11) F

03004

1) V — 2) V — 3) F — 4) F — 5) V — 6) V — 7) F — 8) F — 9) V — 10) V — 11) F — 12) F

03005

1) F — 2) V — 3) V — 4) V — 5) V — 6) F — 7) V — 8) F — 9) F — 10) V — 11) F — 12) F

03006

1) F — 2) F — 3) V — 4) V — 5) V — 6) F — 7) F — 8) F — 9) V — 10) V — 11) V — 12) F

03007

1) F — 2) V — 3) V — 4) F — 5) V — 6) V — 7) V — 8) F — 9) V — 10) F — 11) F — 12) F — 13) F

03008

1) V — 2) F — 3) F — 4) F — 5) F — 6) V — 7) V — 8) F — 9) V — 10) V — 11) V — 12) F

03009

1) V — 2) F — 3) V — 4) V — 5) F — 6) V — 7) V — 8) F — 9) F — 10) F — 11) F

03010

1) V — 2) F — 3) F — 4) V — 5) V — 6) V — 7) F — 8) F — 9) F — 10) F — 11) V — 12) V — 13) F — 14) V — 15) V — 16) F

03011

1) V — 2) F — 3) F — 4) F — 5) F — 6) V — 7) V — 8) V — 9) F — 10) V — 11) V — 12) F

03012

1) V — 2) F — 3) V — 4) F — 5) V — 6) V — 7) F — 8) V — 9) F — 10) F

03013

1) V — 2) F — 3) V — 4) V — 5) F — 6) F — 7) V — 8) V — 9) V — 10) V — 11) F — 12) F — 13) F

03014

1) F — 2) V — 3) V — 4) F — 5) V — 6) F — 7) F — 8) V — 9) V — 10) F — 11) F — 12) F — 13) F

03015

1) F — 2) F — 3) F — 4) V — 5) V — 6) F — 7) V — 8) F — 9) V — 10) V — 11) F

03016

1) V — 2) V — 3) V — 4) F — 5) V — 6) V — 7) F — 8) V — 9) F — 10) F — 11) F — 12) F

03017

1) F — 2) F — 3) V — 4) V — 5) V — 6) F — 7) V — 8) V — 9) F — 10) F — 11) V — 12) F

03018

1) F — 2) V — 3) F — 4) F — 5) V — 6) V — 7) V — 8) F — 9) F

03019

1) V — 2) V — 3) V — 4) F — 5) F — 6) V — 7) V — 8) F — 9) F — 10) F

03020

1) F — 2) V — 3) F — 4) F — 5) V — 6) V — 7) F — 8) V — 9) V — 10) F

03021

1) V — 2) V — 3) F — 4) F — 5) F — 6) V — 7) F — 8) V — 9) F — 10) F — 11) V — 12) V — 13) V — 14) F

03022

1) F — 2) V — 3) F — 4) V — 5) F — 6) F — 7) F

03023

1) F — 2) F — 3) F — 4) V — 5) V — 6) V — 7) V — 8) F

03024

1) V — 2) F — 3) V — 4) F — 5) F — 6) V — 7) V — 8) F — 9) F

03025

1) F — 2) V — 3) V — 4) V — 5) V — 6) F — 7) V — 8) V — 9) F — 10) F — 11) F — 12) F

03026

1) V — 2) V — 3) V — 4) F — 5) F — 6) V — 7) F — 8) V — 9) V — 10) F — 11) F

03027

1) V — 2) V — 3) F — 4) V — 5) F — 6) V — 7) V — 8) F — 9) F — 10) F — 11) F — 12) V — 13) F

03028

1) V — 2) F — 3) V — 4) V — 5) F — 6) V — 7) F — 8) F — 9) V — 10) F

03029

1) F — 2) V — 3) F — 4) V — 5) F — 6) V — 7) V — 8) F — 9) V — 10) F

03030

1) V — 2) V — 3) F — 4) F — 5) F — 6) V — 7) V — 8) F — 9) V — 10) F

03031

1) V — 2) V — 3) F — 4) V — 5) V — 6) V — 7) F — 8) F — 9) F — 10) V — 11) F — 12) F

03032

1) F — 2) F — 3) V — 4) F — 5) V — 6) V — 7) V — 8) F — 9) V — 10) V — 11) V — 12) F — 13) F — 14) F

03033

1) V — 2) F — 3) F — 4) V — 5) V — 6) F — 7) F — 8) V — 9) V — 10) F

03034

1) F — 2) V — 3) F — 4) V — 5) F — 6) V — 7) F — 8) F — 9) V — 10) V — 11) V — 12) V — 13) F — 14) F — 15) F

03035

1) V — 2) F — 3) V — 4) F — 5) V — 6) F — 7) F — 8) V — 9) V — 10) V — 11) V — 12) V — 13) F — 14) V — 15) F — 16) F

03036

1) F — 2) V — 3) F — 4) F — 5) V — 6) V — 7) F — 8) V — 9) V — 10) V — 11) V — 12) F

03037

1) V — 2) F — 3) F — 4) V — 5) F — 6) V — 7) F

03038

1) V — 2) V — 3) F — 4) V — 5) V — 6) V — 7) V — 8) F — 9) F — 10) F — 11) F — 12) F — 13) V — 14) F

03039

1) F — 2) F — 3) V — 4) V — 5) F — 6) V — 7) V — 8) V — 9) F — 10) F — 11) V — 12) V — 13) F — 14) V — 15) F

03040

1) F — 2) F — 3) F — 4) V — 5) V — 6) V — 7) F

03041

1) F — 2) V — 3) V — 4) V — 5) F — 6) F — 7) V

8) V
9) F
10) F

03042
1) V
2) F
3) V
4) F
5) V
6) F
7) V
8) F
9) F
10) F
11) F

03043
1) F
2) V
3) F
4) V
5) V
6) V
7) V
8) V
9) F
10) F
11) F

03044
1) V
2) F
3) V
4) F
5) V
6) V
7) F
8) F

03045
1) V
2) F
3) F
4) V
5) V
6) F
7) F
8) V
9) V
10) F
11) F

04001
1) F
2) V
3) V
4) V
5) V
6) F
7) V
8) V
9) F
10) F
11) F
12) F

04002
1) V
2) V
3) V
4) V
5) V
6) V
7) F
8) F
9) V
10) F
11) F
12) F
13) F
14) F
15) F
16) F
17) V
18) F
19) V
20) F
21) F

04003
1) V
2) F
3) V
4) V
5) V
6) V
7) F
8) V
9) F
10) F
11) F
12) V
13) F
14) V
15) F
16) F
17) F

04004
1) V
2) F
3) V
4) F
5) F
6) F
7) F

04005
1) V
2) F
3) V
4) V
5) F
6) V
7) F
8) V
9) V
10) F
11) F
12) F
13) V
14) V
15) F
16) F

04006
1) V
2) V
3) V
4) F
5) F
6) F
7) F
8) V
9) F

04007
1) V
2) V
3) F
4) V
5) F
6) F
7) V
8) V
9) V
10) F
11) V
12) F
13) F
14) V
15) F
16) V
17) F
18) F
19) F

04008
1) V
2) F
3) V
4) V
5) F
6) V
7) F
8) V
9) F
10) F

04009
1) F
2) V
3) V
4) F
5) V
6) V
7) F
8) V
9) V
10) V
11) F
12) F
13) F
14) F

04010
1) V
2) V
3) F
4) F
5) V
6) V
7) F
8) F
9) F
10) F
11) V
12) F
13) V
14) V
15) F

04011
1) V
2) F
3) V
4) V
5) F
6) F
7) V
8) F

04012
1) V
2) V
3) V
4) F
5) F
6) V
7) F
8) V
9) F
10) V
11) F
12) V
13) F

04013
1) V
2) V
3) F
4) F
5) F
6) V
7) V
8) F
9) F

04014
1) V
2) F
3) V
4) V
5) V
6) V
7) F
8) V
9) F
10) F
11) F
12) F

04015
1) F
2) V
3) V
4) F
5) F
6) F
7) F
8) V
9) F

04016
1) F
2) V
3) V
4) V
5) F
6) V
7) F
8) V
9) F
10) F
11) F

04017
1) V
2) F
3) F
4) F
5) V
6) V
7) F
8) V
9) F

04018
1) F
2) V
3) V
4) V
5) V
6) F
7) F
8) V
9) F

04019
1) V
2) F
3) V
4) V
5) F
6) F
7) F
8) V
9) V
10) F

04020
1) F
2) V
3) V
4) V
5) V
6) F
7) F
8) V
9) F
10) V
11) F

04021
1) V
2) F
3) V
4) V
5) F
6) F
7) V
8) F
9) F

04022
1) F
2) V
3) F
4) V
5) V
6) V
7) F
8) V
9) F
10) F

04023
1) F
2) V
3) V
4) F
5) F
6) F
7) V
8) V
9) V
10) F
11) V
12) F

04024
1) V
2) F
3) F
4) V
5) V
6) F
7) F
8) F
9) V
10) F
11) V
12) F
13) F

04025
1) F
2) V
3) F
4) F
5) V
6) V
7) V
8) F
9) F
10) V
11) F

04026
1) F
2) V
3) V
4) F
5) V
6) V
7) F
8) V
9) V
10) F
11) F

04027
1) F
2) V
3) V
4) V
5) F
6) F
7) F
8) V
9) F

04028
1) V
2) F
3) F
4) V
5) F
6) V
7) F

04029
1) V
2) F
3) F
4) F
5) V
6) F
7) V
8) V
9) F
10) F

04030
1) F
2) V
3) V
4) F
5) V
6) V
7) F
8) F
9) F

04031
1) V
2) V
3) V
4) V
5) F
6) F
7) V
8) F
9) F
10) F

04032
1) V
2) V
3) F
4) V
5) F
6) F
7) V
8) F
9) F

04033
1) F
2) V
3) F
4) V
5) F
6) V
7) V
8) F

04034
1) V
2) V
3) F
4) V
5) F
6) F
7) F

04035
1) V
2) V
3) V
4) F
5) V
6) F
7) F
8) V
9) F
10) F

04036
1) V
2) F
3) F
4) F
5) V
6) V
7) F

04037
1) V
2) V
3) V
4) V
5) F
6) F
7) F
8) F

04038
1) F
2) F
3) V
4) F
5) V
6) V
7) V
8) V
9) F
10) F

04039
1) V
2) V
3) F
4) V
5) V
6) V
7) F
8) F
9) F
10) F

04040
1) V
2) V
3) F
4) V
5) V
6) V
7) F
8) F
9) V
10) F
11) F
12) F

05001
1) F
2) F
3) V
4) V
5) F
6) V
7) V
8) F
9) F
10) F
11) V
12) V
13) V
14) V
15) F
16) F

05002
1) F
2) V
3) F
4) V
5) V
6) V
7) V
8) F
9) F

05003
1) F
2) F
3) V
4) V
5) V
6) V
7) F
8) V
9) V
10) F
11) F
12) F
13) V
14) F
15) F
16) V
17) V
18) F

05004
1) V
2) F
3) V
4) F
5) V
6) V
7) V
8) F
9) F
10) V
11) V
12) F
13) F

05005
1) V
2) V
3) V
4) F
5) V
6) F
7) F
8) V
9) F
10) F
11) F
12) F
13) V
14) F

05006
1) V
2) V
3) V
4) F
5) F
6) V
7) F
8) V
9) F
10) F
11) F

05007
1) V
2) V
3) V
4) V
5) V
6) F
7) V
8) F
9) F
10) F
11) F
12) V
13) F

05008
1) V
2) V
3) F
4) F
5) V
6) F
7) V
8) V
9) V
10) F
11) F
12) F

05009
1) V
2) F
3) F
4) F
5) V
6) V
7) V
8) F

05010
1) F
2) V
3) F
4) F
5) V
6) F
7) V
8) V
9) V
10) V
11) F
12) F
13) F

05011
1) V
2) V
3) F
4) V
5) F
6) V
7) F
8) F
9) F

05012
1) F
2) V
3) V
4) F
5) F
6) V
7) V
8) V
9) F
10) V
11) F
12) F
13) V
14) V
15) F

05013
1) F
2) V
3) V
4) V
5) V
6) V
7) F
8) F
9) F
10) V
11) F
12) F

05014
1) F
2) V
3) V
4) F
5) V
6) V
7) F
8) V
9) F
10) F
11) V
12) F

05015
1) F
2) F
3) V
4) F
5) F
6) V
7) F
8) V
9) V
10) V
11) V
12) F

05016
1) V
2) V
3) F
4) F
5) F
6) V
7) V
8) F
9) V
10) V
11) F
12) F

05017
1) V
2) F
3) V
4) F
5) V
6) F
7) V
8) F
9) V
10) V
11) F
12) F

05018
1) V
2) V
3) V
4) F
5) F
6) F
7) F
8) V
9) F
10) V
11) F
12) F

05019
1) F
2) V
3) F
4) V
5) F
6) V
7) F
8) F
9) F
10) V
11) F

05020
1) V
2) F
3) V
4) V
5) V
6) V
7) F
8) F
9) F

06001
1) F
2) F
3) V
4) V
5) V
6) V
7) V
8) F
9) V
10) F

06002
1) V
2) V
3) V
4) F
5) F
6) F
7) F

06003
1) F
2) V
3) F
4) V
5) V
6) F
7) V
8) V
9) F
10) F

06004
1) V
2) V
3) F
4) V
5) V
6) F
7) F

06005
1) F
2) F
3) V
4) V
5) V
6) V
7) F
8) F
9) V
10) F
11) V
12) V
13) F

06006
1) V
2) F
3) V
4) F
5) V
6) F

06007
1) V
2) V
3) F
4) F
5) F
6) V
7) F
8) V
9) F

06008
1) V
2) V
3) V
4) F
5) F
6) F
7) F
8) V
9) F

06009
1) F
2) F
3) V
4) V
5) F
6) V
7) V
8) F

06010
1) V
2) F
3) F
4) V
5) V
6) F
7) F
8) V
9) V
10) F
11) F

06011
1) V
2) F
3) F
4) V
5) V
6) F

06012
1) V
2) F
3) F
4) V
5) V
6) F

06013
1) V
2) V
3) F
4) V
5) V
6) F
7) V
8) F
9) V
10) F

06014
1) V
2) F
3) V
4) F
5) V
6) F

06015
1) V
2) V
3) F
4) F
5) V
6) F
7) V
8) F

06016
1) F
2) V
3) V
4) V
5) F
6) F
7) F

06017
1) V
2) F
3) V
4) V
5) V
6) V
7) V
8) F
9) F
10) F
11) F
12) F

06018
1) V
2) V
3) F
4) F
5) F
6) V
7) V
8) V
9) F

06019
1) V
2) V
3) V
4) F
5) F
6) F
7) V
8) V
9) F

06020
1) V
2) V
3) V
4) F
5) F
6) F
7) F

8) V
9) V
10) F

06021
1) F
2) F
3) V
4) V
5) F
6) V
7) F

06022
1) V
2) V
3) V
4) V
5) V
6) F
7) F

06023
1) V
2) F
3) F
4) V
5) V
6) V
7) F
8) V
9) F

06024
1) F
2) V
3) F
4) V
5) F
6) F

06025
1) F
2) V
3) F
4) V
5) V
6) F
7) V
8) V
9) V
10) F

06026
1) V
2) F
3) V
4) V
5) V
6) F
7) F
8) V
9) F
10) F
11) V
12) F

06027
1) F
2) V
3) V
4) V
5) V
6) F
7) F
8) V
9) F
10) F
11) F
12) F

06028
1) V
2) F
3) V
4) V
5) V
6) V
7) F
8) F
9) F

06029
1) V
2) V
3) V
4) F
5) F
6) V
7) F
8) F
9) F

06030
1) F
2) V
3) F
4) V
5) F
6) V
7) F

07001
1) F
2) V
3) F
4) V
5) V
6) F
7) F
8) V
9) V
10) F

07002
1) F
2) V
3) V
4) F
5) V
6) V
7) F
8) F
9) F
10) V
11) V
12) F

07003
1) V
2) V
3) V
4) V
5) F
6) F

07004
1) V
2) V
3) F
4) F
5) F
6) V
7) F
8) V
9) F
10) V
11) F

07005
1) V
2) V
3) V
4) F
5) F
6) V
7) F
8) F

07006
1) F
2) V
3) V
4) F
5) F
6) V
7) F
8) V
9) V
10) F

07007
1) F
2) V
3) F
4) V
5) F
6) F
7) V
8) F

07008
1) F
2) V
3) V
4) V
5) V
6) F
7) V
8) F

07009
1) F
2) V
3) V
4) V
5) V
6) F
7) V
8) F
9) F
10) V
11) F
12) V
13) V
14) F

07010
1) V
2) V
3) F
4) V
5) V
6) F
7) F
8) F

07011
1) F
2) V
3) V
4) F
5) F
6) F
7) V
8) F
9) F

07012
1) F
2) V
3) V
4) V
5) V
6) F
7) F
8) F
9) F

07013
1) V
2) F
3) V
4) V
5) V
6) V
7) F
8) F
9) F
10) V
11) V
12) F
13) F
14) F

07014
1) V
2) F
3) F
4) F
5) F
6) F
7) V
8) V
9) F

07015
1) V
2) V
3) F
4) F
5) V
6) V
7) F
8) F
9) F
10) F

07016
1) V
2) V
3) V
4) V
5) F
6) F
7) F
8) V
9) F
10) F
11) F

07017
1) V
2) V
3) F
4) V
5) F
6) F
7) V
8) F

07018
1) V
2) F
3) V
4) F
5) V
6) V
7) F
8) F
9) F
10) F
11) F
12) F
13) F
14) V
15) F

07019
1) V
2) V
3) F
4) V
5) F
6) F
7) F

07020
1) V
2) V
3) F
4) V
5) V
6) F
7) V
8) F
9) F
10) V
11) F

07021
1) V
2) V
3) F
4) V
5) F
6) F
7) V
8) F

07022
1) F
2) V
3) F
4) V
5) V
6) F
7) F
8) F

07023
1) F
2) V
3) V
4) V
5) F
6) F
7) V
8) V
9) F
10) F

07024
1) V
2) F
3) V
4) F
5) V
6) F
7) V
8) F

07025
1) F
2) F
3) V
4) F
5) F
6) F
7) V
8) F

07026
1) V
2) F
3) F
4) V
5) V
6) F
7) V
8) F

07027
1) V
2) V
3) V
4) F
5) F

08001
1) V
2) F
3) V
4) F
5) V
6) V
7) V
8) V
9) F
10) F
11) F
12) F

08002
1) V
2) V
3) V
4) F
5) F
6) V
7) F
8) F
9) V
10) F
11) F

08003
1) V
2) F
3) F
4) V
5) F
6) F
7) V
8) V
9) F
10) F

08004
1) F
2) V
3) V
4) F
5) V
6) V
7) F
8) F
9) F

08005
1) F
2) V
3) V
4) F
5) V
6) F
7) F
8) V
9) F

08006
1) F
2) V
3) F
4) V
5) F
6) V
7) V
8) F
9) F

08007
1) V
2) V
3) F
4) V
5) F
6) F
7) F
8) V
9) F

08008
1) V
2) V
3) F
4) F
5) V
6) F
7) F
8) F
9) V
10) F

08009
1) V
2) F
3) V
4) V
5) V
6) F
7) F
8) F
9) V
10) V
11) F

08010
1) V

2) F
3) V
4) F
5) V
6) F
7) V
8) F
9) F
10) F

08011
1) V
2) V
3) V
4) V
5) F
6) F
7) F
8) F
9) F
10) F

08012
1) V
2) F
3) F
4) F
5) F
6) V
7) F
8) V
9) V
10) V
11) F

08013
1) V
2) F
3) V
4) F
5) F
6) F
7) F
8) V
9) V
10) F
11) F

08014
1) V
2) V
3) V
4) F
5) F
6) V
7) F
8) F
9) V
10) V
11) F

08015
1) V
2) V
3) F
4) V
5) F
6) V
7) V
8) V
9) V
10) V
11) F
12) F
13) F
14) F

08016
1) F
2) F
3) V
4) V
5) F
6) V
7) F
8) V
9) V
10) F

08017
1) V
2) F
3) F
4) F
5) V
6) V
7) F
8) V
9) V
10) F

08018
1) V
2) F
3) V
4) V
5) F
6) V
7) V
8) F
9) F
10) V
11) F

08019
1) V
2) F
3) F
4) F
5) V
6) V
7) F
8) F
9) V
10) V
11) F

08020
1) V
2) F
3) V
4) V
5) F
6) V
7) V
8) F
9) F
10) F
11) F

08021
1) F
2) V
3) V
4) F
5) V
6) F
7) V
8) F

08022
1) V
2) V
3) F
4) F
5) V
6) F
7) F
8) V
9) V
10) F
11) F

08023
1) F
2) V
3) F
4) F
5) V
6) F
7) V
8) V
9) V
10) F

08024
1) V
2) F
3) F
4) V
5) V
6) V
7) F
8) V
9) F
10) F

08025
1) F
2) F
3) V
4) V
5) V
6) V
7) F
8) V
9) F
10) V
11) F
12) F

08026
1) V
2) F
3) F
4) V
5) V
6) F
7) V
8) F

08027
1) F
2) V
3) V
4) F
5) F
6) F
7) V
8) V
9) F
10) F

08028
1) F
2) V
3) V
4) F
5) V
6) F
7) F
8) V
9) V
10) F

08029
1) V
2) F
3) V
4) V
5) F
6) F
7) V
8) F

08030
1) F
2) V
3) V
4) F
5) F
6) F
7) V
8) F
9) V
10) F

08031
1) V
2) V
3) V
4) V
5) V
6) V
7) F
8) F
9) F
10) F
11) F

08032
1) V
2) V
3) F
4) F
5) V
6) F
7) F
8) V
9) F
10) F

08033
1) V
2) F
3) V
4) V
5) F
6) V
7) F
8) F

08034
1) V
2) V
3) F
4) F
5) F
6) V
7) F
8) F

08035
1) F
2) V
3) F
4) V
5) V
6) F
7) F

08036
1) F
2) F
3) V
4) V
5) V
6) F
7) F

08037
1) V
2) F
3) F
4) V
5) V
6) F
7) V
8) F
9) F

08038
1) V
2) F
3) V
4) V
5) V
6) F
7) V
8) F

08039
1) F
2) F
3) F
4) V
5) V
6) V
7) F

08040
1) F
2) V
3) F
4) F
5) F
6) F
7) V
8) V
9) F

08041
1) F
2) V
3) F
4) V
5) V
6) V
7) F
8) F
9) V
10) F

08042
1) F
2) V
3) V
4) V
5) V
6) V
7) F
8) F
9) F
10) F
11) F

08043
1) V
2) V
3) V
4) V
5) F
6) F
7) V
8) F
9) V
10) F

08044
1) V
2) F
3) V
4) V
5) V
6) V
7) F
8) F
9) F
10) F
11) F

08045
1) V
2) V
3) F
4) V
5) V
6) F
7) F

08046
1) V
2) V
3) F
4) V
5) F
6) V
7) F
8) V
9) F
10) F

08047
1) F
2) F
3) V
4) F
5) F
6) V
7) V
8) V
9) V
10) F

08048
1) V
2) F
3) F
4) V
5) F
6) V
7) V
8) F
9) V
10) F

08049
1) F
2) V
3) F
4) F
5) V
6) V
7) V
8) F
9) F
10) F

08050
1) F
2) V
3) F
4) V
5) F
6) V
7) V
8) V
9) F
10) F

08051
1) V
2) F
3) V
4) F
5) V
6) V
7) F
8) F
9) F

08052
1) V
2) F
3) V
4) V
5) F
6) F
7) V
8) F

08053
1) V
2) F
3) F
4) F
5) F
6) V
7) V
8) V
9) F
10) F

08054
1) V
2) V
3) V
4) V
5) F
6) V
7) F
8) F
9) F

08055
1) F
2) V
3) F

4) V
5) V
6) F
7) V
8) F
9) F
10) V
11) F

08056
1) F
2) V
3) V
4) V
5) F
6) F
7) F

08057
1) F
2) V
3) F
4) V
5) V
6) F
7) V
8) V
9) F
10) F

08058
1) F
2) V
3) V
4) F
5) V
6) F
7) F

08059
1) F
2) V
3) F
4) V
5) V
6) F
7) V
8) F
9) F

08060
1) V
2) F
3) V
4) V
5) F
6) F
7) V
8) F

08061
1) V
2) V
3) F
4) F
5) V
6) F
7) V
8) F
9) F

08062
1) V
2) F
3) V
4) F
5) V
6) F
7) F
8) V
9) F

08063
1) F
2) V
3) V
4) F
5) V
6) F
7) F

09001
1) V
2) V
3) F
4) F
5) F
6) V
7) F
8) F
9) V
10) F

09002
1) F
2) V
3) F
4) V
5) F
6) V
7) V
8) V
9) F
10) F

09003
1) F
2) F
3) V
4) V
5) F
6) F
7) V
8) V
9) V
10) F

09004
1) V
2) V
3) V
4) V
5) F
6) F
7) F
8) V
9) F
10) F

09005
1) F
2) V
3) V
4) V
5) F
6) V
7) F
8) F
9) F

09006
1) F
2) V
3) F
4) V
5) V
6) V
7) F
8) V
9) F

09007
1) V
2) V
3) F
4) V
5) V
6) V
7) F

09008
1) V
2) V
3) V
4) V
5) F
6) V
7) V
8) F
9) F
10) F

09009
1) F
2) F
3) V
4) F
5) F
6) V
7) F
8) V
9) V
10) V
11) F

09010
1) F
2) V
3) F
4) V
5) V
6) F
7) V
8) V
9) F

09011
1) F
2) V
3) F
4) F
5) V
6) F
7) V
8) V
9) F
10) F

09012
1) F
2) V
3) V
4) V
5) F
6) F
7) F
8) V
9) F

09013
1) V
2) F
3) V
4) F
5) F
6) F
7) F
8) V
9) V
10) F

09014
1) V
2) V
3) F
4) F
5) F
6) V
7) F
8) V
9) F
10) F

09015
1) F
2) F
3) V
4) V
5) F
6) F
7) V
8) F
9) V
10) V
11) F

09016

1) V
2) V
3) F
4) V
5) F
6) F
7) F
8) V
9) F
10) F

09017
1) F
2) F
3) V
4) V
5) V
6) V
7) F
8) F
9) F

09018
1) V
2) V
3) V
4) V
5) F
6) F
7) F
8) F

09019
1) V
2) V
3) F
4) V
5) V
6) F
7) F
8) F
9) F

10001
1) F
2) F
3) V
4) F
5) F
6) V
7) V
8) V
9) F

10002
1) V
2) V
3) F
4) F
5) V
6) F
7) F
8) V
9) V
10) F

10003
1) V
2) F
3) V
4) F
5) V
6) F
7) V
8) F
9) F

10004
1) V
2) V
3) F
4) F
5) V
6) V
7) V
8) F
9) F
10) V
11) F
12) F

10005
1) V
2) V
3) F
4) V
5) F
6) V
7) V
8) V
9) F
10) F
11) F
12) F

10006
1) V
2) V
3) F
4) V
5) V
6) F
7) F
8) V
9) F
10) V
11) F

10007
1) F
2) V
3) V
4) V
5) V
6) F
7) V
8) F
9) F
10) F
11) F

10008
1) F
2) V
3) F
4) V
5) V
6) V
7) F
8) V
9) V
10) F
11) F
12) F

10009
1) F
2) V
3) F
4) V
5) V
6) V
7) V
8) F
9) F
10) V
11) F
12) F

10010
1) V
2) F
3) F
4) V
5) F
6) F
7) V
8) V
9) F

10011
1) F
2) V
3) V
4) V
5) F
6) F
7) V
8) F
9) F
10) F

10012
1) V
2) V
3) F
4) V
5) F
6) F
7) V
8) V
9) F

10013
1) V
2) V
3) V
4) F
5) V
6) V
7) F
8) F
9) F
10) F
11) V
12) F

10014
1) F
2) V
3) V
4) F
5) V
6) F
7) V
8) F
9) F
10) F

10015
1) F
2) V
3) F
4) V
5) V
6) F
7) V
8) F
9) F
10) V
11) F

10016
1) F
2) V
3) F
4) F
5) V
6) V
7) F
8) V
9) V
10) F
11) F

10017
1) F
2) V
3) F
4) V
5) V
6) V
7) V
8) V
9) F
10) F
11) F
12) F

10018
1) F
2) V

3) F
4) V
5) V
6) V
7) V
8) F
9) V
10) F
11) F
12) F

10019
1) V
2) V
3) F
4) F
5) V
6) V
7) V
8) F
9) F
10) F
11) F
12) F

10020
1) F
2) V
3) V
4) V
5) V
6) F
7) V
8) F
9) F
10) F
11) F

10021
1) V
2) V
3) F
4) F
5) F
6) V
7) F

10022
1) V
2) V
3) V
4) F
5) F
6) V
7) V
8) F
9) V
10) F
11) V
12) F

10023
1) V
2) F
3) F
4) V
5) V
6) V
7) F
8) F

10024
1) V
2) F
3) F
4) V
5) F
6) V
7) F
8) V
9) F
10) F

10025
1) V
2) V
3) F
4) V
5) V
6) V
7) F
8) F
9) F

11001
1) V
2) V
3) V
4) V
5) V
6) F
7) V
8) V
9) V
10) V
11) V
12) V
13) F
14) V
15) F
16) F

11002
1) V
2) V
3) V
4) V
5) V
6) F
7) V
8) V
9) F
10) F
11) F
12) F
13) V
14) V
15) V
16) V
17) V
18) V
19) V
20) F
21) F
22) F
23) F
24) V
25) V
26) V
27) V
28) F
29) F
30) F

11003
1) F
2) F
3) F
4) V
5) V
6) V
7) V
8) F
9) V
10) V
11) F
12) F

11004
1) V
2) V
3) V
4) F
5) F
6) F
7) F
8) V
9) V
10) V
11) F
12) F
13) V
14) V
15) F
16) F
17) F
18) V
19) V
20) V
21) V
22) F
23) F
24) F
25) V
26) V
27) F
28) V
29) V

11005
1) V
2) F
3) V
4) V
5) V
6) V
7) V
8) F
9) F

11006
1) F
2) V
3) F
4) V
5) V
6) F
7) V
8) V
9) V
10) V
11) V
12) V
13) F
14) F
15) F
16) V
17) F
18) F

11007
1) V
2) V
3) F
4) F
5) F
6) F

11008
1) V
2) F
3) V
4) V
5) V
6) V
7) F

11009
1) V
2) V
3) V
4) V
5) V
6) V
7) V
8) V
9) F
10) F
11) V
12) F

11010
1) V
2) F
3) V
4) V
5) V
6) F
7) F
8) F
9) F

11011
1) V
2) F
3) V
4) V
5) F
6) V
7) F
8) F
9) F
10) F
11) V
12) V
13) F

11012
1) V
2) F
3) V
4) V
5) V
6) F
7) V
8) F

11013
1) V
2) V
3) V
4) F
5) V
6) F
7) F
8) F
9) F
10) V
11) V
12) F

11014
1) F
2) V
3) V
4) V
5) F
6) V
7) F

11015
1) F
2) F
3) V
4) V
5) V
6) F
7) F
8) V
9) V
10) F
11) V
12) F
13) F
14) V
15) F

11016
1) F
2) F
3) V
4) V
5) F
6) F

11017
1) V
2) F
3) F
4) V
5) V
6) V
7) F
8) V
9) V
10) V
11) F
12) V
13) V
14) F

11018
1) V
2) V
3) F
4) V
5) V
6) V
7) V
8) V
9) F
10) F
11) F
12) F
13) F
14) V
15) F
16) V
17) F
18) F
19) F
20) F

11019
1) V
2) F
3) V
4) V
5) V
6) F
7) F
8) F

11020
1) F
2) V
3) V
4) F
5) F
6) F

12001
1) F
2) V
3) V
4) V
5) V
6) V
7) V
8) V
9) V
10) V
11) V
12) V
13) F
14) V
15) V
16) F
17) F
18) V
19) F
20) F
21) F
22) F
23) V
24) F
25) F
26) F
27) F
28) F
29) F

12002
1) V
2) F
3) F
4) F
5) F
6) F
7) V
8) F
9) F

12003
1) V
2) F
3) F
4) V
5) F
6) F
7) F

12004
1) V
2) F
3) V
4) F
5) V
6) F

12005
1) F
2) F
3) V
4) V
5) V
6) V
7) F
8) F
9) V
10) F

12006
1) F
2) V
3) V
4) V
5) V
6) F

12007
1) V
2) F
3) V
4) V
5) F
6) F
7) V
8) F

12008
1) F
2) V
3) V
4) V
5) V
6) F

12009
1) V
2) F
3) F
4) V
5) V
6) V
7) F
8) V
9) F
10) F

12010
1) V
2) F
3) F
4) F
5) V
6) F
7) V
8) V
9) F

12011
1) V
2) V
3) V
4) F
5) F
6) V
7) F

12012
1) F
2) V
3) V
4) V
5) F
6) F
7) V

8) V
9) F
10) F

12013
1) F
2) V
3) V
4) F
5) V
6) V
7) F
8) F

12014
1) V
2) V
3) V
4) V
5) F

12015
1) F
2) F
3) V
4) F
5) F

13001
1) V
2) F
3) F
4) V
5) V
6) F
7) V
8) F
9) V
10) F

13002
1) F
2) V
3) V
4) V
5) V
6) F
7) V
8) F

13003
1) V
2) F
3) F
4) V
5) V
6) F
7) V
8) V
9) F
10) F

13004
1) F
2) V
3) F
4) V
5) V
6) V
7) V
8) F
9) F
10) V
11) F
12) F
13) V
14) F
15) F

13005
1) F
2) V
3) F
4) V
5) V
6) V
7) V
8) F
9) F
10) V
11) F

13006
1) V
2) F
3) F
4) V
5) V
6) V
7) F
8) V
9) F
10) V
11) F
12) F
13) F

13007
1) F
2) V
3) V
4) F
5) V
6) F

13008
1) V
2) F
3) V
4) F
5) F
6) V
7) V
8) F
9) F
10) V
11) V
12) F

13009
1) V
2) V
3) F
4) F
5) V
6) V
7) F
8) V
9) F

13010
1) F
2) V
3) F
4) F
5) V
6) F
7) V
8) V
9) V
10) F

13011
1) F
2) V
3) V
4) F
5) F
6) V
7) F

13012
1) F
2) V
3) V
4) F
5) V
6) F

13013
1) V
2) V
3) F
4) F
5) V
6) V
7) V
8) F
9) F
10) F

13014
1) V
2) V
3) F
4) F
5) V
6) F

13015
1) V
2) V
3) V
4) F
5) V
6) V
7) F
8) F

13016
1) F
2) F
3) V
4) V
5) F
6) V
7) V
8) F
9) F

13017
1) F
2) V
3) V
4) F
5) V
6) V
7) F
8) V
9) V
10) F
11) F
12) F

13018
1) F
2) F
3) F
4) F
5) V
6) F
7) V
8) F
9) F
10) F
11) V
12) V
13) V
14) F

13019
1) F
2) V
3) V
4) V
5) V
6) V
7) F
8) V
9) F
10) F
11) F

13020
1) F
2) V
3) V
4) V
5) V
6) F
7) F
8) F

13021
1) F
2) V
3) V
4) F
5) V
6) F

13022
1) F
2) V
3) V
4) V
5) F
6) F
7) V
8) V
9) F
10) V
11) F
12) F
13) F
14) F
15) V
16) F

13023
1) V
2) F
3) V
4) V
5) F
6) V
7) V
8) F
9) F
10) V
11) F

13024
1) V
2) V
3) F
4) V
5) V
6) V
7) F
8) V
9) F

13025
1) V
2) V
3) F
4) V
5) F
6) V
7) F
8) F
9) F
10) V
11) V
12) F

13026
1) V
2) F
3) V
4) V
5) V
6) V
7) F
8) V
9) F

13027
1) V
2) V
3) F
4) F
5) V
6) V
7) F

13028
1) F
2) V
3) F
4) V
5) V
6) V
7) F
8) V
9) F
10) F

13029
1) F
2) F
3) V
4) V
5) F
6) V
7) V
8) F

13030
1) V
2) V
3) F
4) V
5) F
6) V
7) V
8) V
9) F
10) F
11) V
12) F

13031
1) V
2) F
3) F
4) V
5) V
6) F

13032
1) V
2) F
3) V
4) V
5) V
6) F
7) F

13033
1) V
2) F
3) V
4) F
5) V
6) V
7) F

13034
1) F
2) V
3) V
4) V
5) V
6) F

13035
1) V
2) F
3) V
4) F
5) V
6) V
7) F

13036
1) V
2) F
3) V
4) V
5) V
6) F
7) V
8) F

13037
1) F
2) V
3) F

13038
1) F
2) V
3) F
4) F
5) V
6) V
7) V
8) F
9) F
10) F
11) V
12) V
13) V
14) V
15) F
16) F
17) F
18) V
19) V
20) V
21) F
22) F
23) V
24) F

13039
1) F
2) V
3) V
4) V
5) V
6) V
7) V
8) V
9) F
10) F
11) V
12) F
13) F
14) F
15) F
16) V
17) F

14001
1) V
2) V
3) F
4) F
5) V
6) F
7) V
8) F
9) F
10) V
11) F

14002
1) F
2) F
3) V
4) V
5) V
6) F
7) V
8) F
9) V
10) F

14003
1) V
2) V
3) V
4) V
5) F
6) F
7) V
8) F
9) F
10) F
11) V
12) F

14004
1) V
2) F
3) V
4) F
5) F
6) F

7) V
8) V
9) F

14005
1) V
2) V
3) V
4) F
5) V
6) F
7) V
8) F
9) F
10) F

14006
1) V
2) F
3) F
4) V
5) F
6) V
7) V
8) F

14007
1) V
2) F
3) F
4) V
5) V
6) F
7) V
8) F

14008
1) V
2) F
3) V
4) V
5) F
6) F
7) V
8) F
9) V
10) V
11) F
12) V
13) F

14009
1) V
2) F
3) V
4) V
5) F
6) V
7) V
8) F
9) F
10) F
11) F

14010
1) F
2) F
3) V
4) V
5) F
6) V
7) F
8) V
9) F

14011
1) V
2) V
3) V
4) F
5) V
6) F
7) F
8) V
9) F
10) F
11) V
12) V
13) F

14012
1) F
2) V
3) F
4) F
5) V
6) F
7) V
8) V
9) V
10) V
11) F
12) F

14013
1) V
2) V
3) F
4) V
5) F
6) F

14014
1) V
2) V
3) F
4) F
5) V
6) F

14015
1) V
2) V

14016
1) V
2) V
3) F
4) V
5) F
6) F
7) V
8) V
9) V
10) F
11) V
12) F

14017
1) F
2) F
3) V
4) F
5) V
6) V
7) V
8) V
9) F
10) V
11) F

14018
1) F
2) V
3) F
4) V
5) V
6) V
7) V
8) F
9) F
10) F
11) V
12) F

14019
1) V
2) F
3) V
4) F
5) V
6) F
7) F
8) F
9) V
10) V
11) F

14020
1) V
2) F
3) V
4) F
5) F
6) V
7) V
8) V
9) F
10) V
11) F
12) F

14021
1) F
2) V
3) V
4) V
5) V
6) F
7) V
8) F
9) F
10) F

14022
1) F
2) V
3) V
4) F
5) V
6) V
7) F
8) V
9) F
10) F
11) V
12) F

14023
1) V
2) V
3) F
4) V
5) F
6) V
7) F
8) F
9) F
10) F

14024
1) F
2) V
3) V
4) V
5) V
6) V
7) F
8) F
9) F
10) V
11) F

14025
1) V
2) V
3) F
4) V
5) V
6) F
7) F
8) V
9) F
10) F

14026
1) V
2) V
3) F
4) V
5) V
6) V
7) F
8) F
9) F
10) F

14027
1) F
2) V
3) V
4) V
5) F
6) F

14028
1) V
2) F
3) V
4) V
5) V
6) V
7) F
8) F
9) F

14029
1) F
2) V
3) V
4) V
5) F
6) V
7) F
8) V
9) F

14030
1) F
2) V
3) V
4) F
5) V
6) F
7) F

14031
1) V
2) V
3) V
4) F
5) F

14032
1) F
2) F
3) V
4) V
5) V
6) V
7) F

14033
1) V
2) V
3) V
4) F
5) F
6) F

14034
1) V
2) F
3) V
4) V
5) V
6) F
7) F
8) F

14035
1) V
2) F
3) V
4) F

14036
1) V
2) V
3) F
4) F

14037
1) V
2) V
3) F

14038
1) V
2) V
3) F
4) V
5) F

14039
1) F
2) V
3) V
4) V
5) F
6) F

14040
1) V
2) V
3) F
4) F
5) F

14041
1) V
2) V
3) F
4) F
5) V
6) V
7) F
8) F

14042
1) V
2) V
3) F
4) V
5) V
6) F
7) F
8) F

14043
1) F
2) V
3) V
4) V
5) F
6) F
7) F

14044
1) V
2) V
3) F
4) V
5) V
6) F
7) F
8) F

14045
1) V
2) F
3) V
4) V
5) F
6) V
7) F
8) F

14046
1) V
2) V
3) F
4) V
5) V
6) F
7) V
8) F
9) F

14047
1) F
2) V
3) V
4) V
5) F
6) F

14048
1) V
2) V
3) F
4) F
5) V
6) F
7) V
8) F

14049
1) F
2) V
3) V
4) F
5) V
6) V
7) F
8) F

15001
1) V
2) V
3) V
4) V
5) V
6) F
7) V
8) F
9) V
10) V
11) V
12) V
13) F

15002
1) V
2) V
3) F
4) V
5) F
6) V
7) V
8) V
9) V
10) F
11) V
12) F
13) F

15003
1) V
2) V
3) V
4) F
5) F
6) V
7) F
8) V
9) F
10) V
11) F

15004
1) V
2) F
3) V
4) V
5) V
6) V
7) F
8) V
9) V
10) V
11) V
12) V
13) V
14) V
15) F
16) V
17) F
18) F
19) V
20) F

21) V
22) F
23) F
24) F
25) V
26) V
27) V
28) V
29) V
30) V
31) F
32) V
33) V
34) V
35) V
36) F
37) F
38) F
39) V
40) F
41) V
42) F
43) F
44) F
45) F
46) V
47) V
48) V
49) V
50) F

15005
1) F
2) V
3) F
4) F
5) F
6) F
7) F
8) F
9) F
10) F
11) V
12) F

15006
1) V
2) F
3) V
4) F
5) V
6) F
7) F
8) V
9) V
10) F
11) F
12) F
13) F
14) F

15007
1) V
2) V
3) V
4) F
5) F
6) F
7) F
8) F
9) F
10) V
11) F
12) V
13) F
14) F
15) V
16) F
17) F
18) F

15008
1) V
2) V
3) V
4) F
5) F
6) F
7) F
8) V
9) F

15009
1) V
2) V
3) V
4) F
5) F
6) V
7) F
8) F
9) F

15010
1) V
2) F
3) V
4) V
5) V
6) V
7) V
8) F

16001
1) V
2) F
3) F
4) F
5) V
6) V
7) V
8) F

16002
1) V
2) F
3) V
4) V
5) V
6) F

16003
1) V
2) V
3) V
4) V
5) V
6) F
7) V
8) V
9) F
10) V
11) F
12) V
13) V
14) F

16004
1) F
2) V
3) V
4) V
5) F
6) V
7) F
8) F

16005
1) V
2) V
3) V
4) F
5) V
6) V
7) V
8) F
9) F

16006
1) V
2) V
3) V
4) V
5) F
6) F

16007
1) V
2) V
3) V
4) V
5) F
6) F
7) V
8) F
9) V
10) V
11) F
12) F

16008
1) V
2) V
3) F
4) V
5) V
6) F
7) V
8) F
9) F
10) F
11) F

16009
1) F
2) V
3) V
4) F
5) V
6) V
7) F
8) F
9) V
10) F

16010
1) V
2) V
3) V
4) F
5) V
6) F

16011
1) V
2) V
3) V
4) V
5) F
6) F

16012
1) F
2) V
3) V
4) V
5) V
6) F
7) V
8) V
9) F

16013
1) F
2) F
3) V
4) V
5) V
6) V
7) F
8) F

16014
1) F
2) F
3) V
4) F
5) V
6) V
7) V
8) V
9) F
10) V
11) F

16015
1) V
2) V
3) V
4) F
5) F
6) V
7) V
8) F
9) F

16016
1) V
2) F
3) F
4) F

16017
1) V
2) V
3) F
4) V
5) V
6) F
7) V
8) F

16018
1) F
2) V
3) F
4) V
5) V
6) V
7) V
8) F

16019
1) F
2) V
3) V
4) V
5) V
6) V
7) F
8) F

16020
1) V
2) F
3) V
4) V
5) F

16021
1) F
2) V
3) F
4) V
5) V
6) F
7) V
8) F
9) V
10) F

16022
1) F
2) F
3) V
4) V
5) F

16023
1) V
2) F
3) V
4) V
5) V
6) V
7) V
8) F
9) F
10) F

17001
1) V
2) F
3) V
4) V
5) F

17002
1) V
2) V
3) F
4) V
5) F

17003
1) V
2) F
3) V
4) F

17004
1) F
2) V
3) V
4) V
5) V
6) F
7) F

17005
1) V
2) F
3) F
4) V
5) V
6) F
7) V
8) V
9) F
10) F
11) V
12) F
13) V
14) V
15) F

17006
1) V
2) F
3) V
4) F

17007
1) F
2) V
3) V
4) V
5) V
6) F
7) F

17008
1) F
2) V
3) V
4) V
5) V
6) V
7) F
8) V
9) F
10) F
11) F
12) F

17009
1) V
2) V
3) F
4) V
5) V
6) F

17010
1) V
2) F
3) V
4) V
5) V
6) F
7) F
8) F

17011
1) V
2) F

17012
1) F
2) F
3) V
4) V
5) F
6) V
7) V
8) V
9) F

17013
1) V
2) V
3) F
4) V
5) V
6) V
7) F
8) F

17014
1) V
2) V
3) V
4) F
5) V
6) F
7) F

17015
1) F
2) F
3) V
4) F
5) F

17016
1) V
2) V
3) F
4) V
5) V
6) F
7) F

17017
1) V
2) V
3) F
4) V
5) V
6) V
7) F
8) F

17018
1) V
2) V
3) V
4) V
5) F
6) F

17019
1) V
2) V
3) V
4) V
5) V
6) F
7) F
8) V
9) F

17020
1) V
2) V
3) V
4) V
5) F
6) F
7) F

17021
1) V 2) V 3) V 4) F 5) F 6) F

17022
1) V 2) F 3) F 4) V 5) V 6) V 7) V 8) F 9) F

17023
1) V 2) V 3) V 4) V 5) F 6) F 7) V 8) V 9) F

17024
1) V 2) V 3) V 4) F 5) V 6) V 7) V 8) F 9) F

17025
1) F 2) V 3) V 4) V 5) F

17026
1) F 2) V 3) V 4) F 5) F

17027
1) V 2) V 3) F 4) F 5) V 6) F

17028
1) V 2) V 3) F

17029
1) V 2) F 3) V 4) F 5) V 6) V 7) F

17030
1) V 2) V 3) V 4) F 5) F 6) F

17031
1) F 2) F 3) F 4) F 5) F 6) F 7) F

17032
1) F 2) V 3) V 4) V 5) V 6) F 7) V 8) F 9) V 10) F 11) F

17033
1) V 2) V 3) V 4) F 5) V 6) V 7) F 8) V 9) F 10) V 11) F 12) F 13) V 14) F 15) F 16) V 17) F 18) V 19) F 20) F 21) V 22) F 23) F

17034
1) V 2) F 3) F 4) V 5) V 6) V 7) F 8) V 9) F

17035
1) V 2) V 3) V 4) F 5) F 6) V 7) V 8) F 9) V 10) F 11) F 12) V 13) F 14) F

17036
1) V 2) V 3) F 4) F

17037
1) V 2) V 3) F 4) V 5) F 6) F 7) F 8) V 9) V 10) F

17038
1) F 2) F 3) F 4) V 5) V 6) V 7) F 8) F 9) V 10) V 11) F 12) V 13) F 14) F 15) V 16) F 17) F 18) F 19) V 20) V 21) F 22) F 23) F 24) F 25) F 26) F

17039
1) V 2) V 3) V 4) F 5) V 6) V 7) F 8) V 9) F 10) V 11) V 12) F

17040
1) F 2) F 3) V 4) F 5) V 6) V 7) F 8) V 9) V 10) F

17041
1) V 2) V 3) V 4) F

18001
1) V 2) F 3) V 4) V 5) F 6) V 7) F 8) V 9) F

18002
1) V 2) V 3) V 4) F 5) F 6) V 7) F

18003
1) V 2) V 3) F

18004
1) V 2) F 3) F 4) V 5) V 6) V 7) V 8) F

18005
1) V 2) F 3) V 4) V 5) V 6) F 7) V 8) F

18006
1) V 2) V 3) F 4) F 5) V 6) V 7) F

18007
1) V 2) V 3) F 4) F

18008
1) V 2) V 3) F 4) F 5) V 6) F 7) V 8) F 9) V 10) F

18009
1) V 2) F 3) F 4) V 5) F 6) F

18010
1) V 2) F 3) F 4) F 5) V 6) F 7) F

18011
1) V 2) V 3) F 4) V 5) F 6) F

18012
1) V 2) V 3) F 4) F 5) V 6) V 7) F

18013
1) V 2) V 3) F 4) V 5) F 6) F 7) V 8) F 9) V 10) F 11) F 12) V 13) V 14) F

18014
1) V 2) V 3) V 4) F 5) F 6) F 7) V 8) F 9) V 10) F 11) F

18015
1) F 2) F 3) F 4) V 5) V 6) V 7) V 8) F

18016
1) F 2) V 3) F 4) V 5) F 6) V 7) F 8) V 9) F

18017
1) V 2) F 3) V 4) V 5) V 6) F 7) V 8) F

18018
1) F 2) F 3) V 4) V 5) V 6) F 7) F 8) V 9) V 10) F

18019
1) V 2) F 3) V 4) V 5) F 6) F 7) V 8) F

18020
1) F 2) V 3) V 4) V 5) F 6) F 7) V 8) V 9) F 10) F

18021
1) V 2) F 3) F 4) V 5) V 6) F 7) V 8) F 9) F 10) V 11) F

18022
1) V 2) F 3) V 4) F 5) V 6) F

19001
1) V 2) V 3) F 4) F

19002
1) V 2) V 3) F 4) F

19003
1) V 2) V 3) F 4) F

19004
1) F 2) F 3) V 4) V 5) V 6) F

19005
1) V 2) V 3) V 4) V 5) F 6) F 7) F

19006
1) V 2) V 3) V 4) V 5) F 6) V 7) V 8) F 9) F 10) F 11) V 12) F 13) F 14) V 15) V 16) F 17) F 18) V 19) F 20) F

19007
1) F 2) F 3) V 4) F 5) V 6) V 7) F 8) V 9) F 10) V 11) F 12) V 13) F

19008
1) V, 2) F, 3) V, 4) V, 5) F, 6) V, 7) F, 8) F, 9) V, 10) V, 11) F, 12) F, 13) V, 14) F

19009
1) V, 2) F, 3) V, 4) F, 5) V, 6) V, 7) F, 8) V, 9) V, 10) V, 11) V, 12) V, 13) F, 14) V, 15) V, 16) V, 17) F, 18) F, 19) V, 20) F, 21) V, 22) V, 23) V, 24) F, 25) V, 26) V, 27) F, 28) F, 29) F, 30) F, 31) F, 32) F, 33) V, 34) F

19010
1) V, 2) V, 3) V, 4) V, 5) F, 6) V, 7) F, 8) F, 9) V, 10) F, 11) F, 12) F

19011
1) F, 2) V, 3) V, 4) V, 5) F, 6) F, 7) F, 8) V, 9) F, 10) V, 11) F, 12) V, 13) V, 14) F

19012
1) V, 2) F, 3) F, 4) V, 5) V, 6) F

20001
1) V, 2) F, 3) F, 4) F, 5) V, 6) F, 7) V, 8) F

20002
1) V, 2) V, 3) V, 4) V, 5) F

20003
1) V, 2) V, 3) V, 4) V, 5) V, 6) F

20004
1) F, 2) F, 3) V, 4) V, 5) V, 6) V, 7) F, 8) V, 9) F, 10) V, 11) F, 12) F, 13) F

20005
1) V, 2) F, 3) V, 4) F, 5) F, 6) F, 7) V, 8) F, 9) V, 10) V, 11) V, 12) F

20006
1) V, 2) F, 3) V, 4) F, 5) V, 6) F, 7) F, 8) V, 9) V, 10) V, 11) F, 12) F, 13) F

20007
1) V, 2) F, 3) V, 4) V, 5) V, 6) V, 7) V, 8) V, 9) F, 10) F, 11) F, 12) F, 13) F, 14) F

20008
1) F, 2) V, 3) V, 4) F, 5) V, 6) F, 7) V, 8) V, 9) F, 10) F

20009
1) V, 2) V, 3) V, 4) V, 5) F, 6) F, 7) V, 8) V, 9) V, 10) V, 11) F, 12) F, 13) F, 14) F, 15) F, 16) F, 17) F, 18) V, 19) V, 20) F

20010
1) F, 2) F, 3) V, 4) V, 5) V, 6) F, 7) F, 8) V, 9) V, 10) F

20011
1) F, 2) V, 3) V, 4) V, 5) F, 6) V, 7) V, 8) F, 9) F, 10) F

20012
1) V, 2) V, 3) F, 4) V, 5) V, 6) V, 7) F, 8) V, 9) F, 10) F, 11) F, 12) F

20013
1) F, 2) F, 3) V, 4) F, 5) V, 6) V, 7) V, 8) V, 9) V, 10) F, 11) F, 12) V, 13) F, 14) F, 15) V, 16) F

20014
1) V, 2) F, 3) F, 4) V, 5) V, 6) V, 7) F, 8) F, 9) V, 10) F, 11) V, 12) F

20015
1) V, 2) F, 3) V, 4) F, 5) V, 6) V, 7) V, 8) F, 9) V, 10) F, 11) V, 12) F, 13) F, 14) V, 15) F, 16) V, 17) V, 18) V, 19) F, 20) F, 21) F, 22) F

20016
1) F, 2) F, 3) V, 4) V, 5) V, 6) V, 7) V, 8) V, 9) V, 10) F, 11) F, 12) F, 13) V, 14) F, 15) F, 16) F

20017
1) F, 2) F, 3) V, 4) F, 5) V, 6) V, 7) V, 8) V, 9) F, 10) V, 11) V, 12) F, 13) F, 14) V, 15) V, 16) F, 17) F, 18) F, 19) F, 20) F, 21) V, 22) F

20018
1) V, 2) V, 3) V, 4) F, 5) V, 6) F, 7) V, 8) F, 9) F, 10) V, 11) V, 12) F, 13) F, 14) V, 15) F, 16) V, 17) F, 18) F, 19) V, 20) F

21001
1) V, 2) V, 3) V, 4) V, 5) F, 6) F, 7) F, 8) V, 9) V, 10) F, 11) F, 12) F, 13) F

21002
1) V, 2) V, 3) V, 4) V, 5) F, 6) F, 7) F, 8) F, 9) V, 10) F

21003
1) V, 2) V, 3) F, 4) F, 5) F, 6) F, 7) V, 8) F, 9) F

21004
1) V, 2) V, 3) F, 4) V, 5) F, 6) V, 7) V, 8) F, 9) F

21005
1) V, 2) F, 3) F, 4) V, 5) V, 6) V, 7) V, 8) V, 9) F, 10) V, 11) F

21006
1) F, 2) V, 3) V, 4) V, 5) F, 6) V, 7) V, 8) V, 9) F, 10) V, 11) F, 12) F, 13) V, 14) F

21007
1) V, 2) F, 3) V, 4) F, 5) F, 6) F, 7) F, 8) F, 9) V, 10) F, 11) F, 12) V, 13) F, 14) F, 15) F, 16) F

21008
1) V, 2) V, 3) V, 4) V, 5) F

21009
1) V, 2) V, 3) F

21010
1) F, 2) V, 3) V, 4) V, 5) F

21011
1) F, 2) V, 3) V, 4) V, 5) V, 6) V, 7) F

21012
1) F, 2) F, 3) F, 4) V, 5) V, 6) F, 7) V, 8) V, 9) V, 10) F, 11) V, 12) V, 13) F, 14) F

21013
1) F, 2) V, 3) F, 4) V, 5) F, 6) V, 7) V, 8) V, 9) V, 10) F, 11) V, 12) V, 13) F, 14) F

22001
1) V, 2) F

22002
1) V, 2) F

3) V
4) F

22003
1) F
2) F
3) F
4) V
5) V
6) V
7) V
8) F

22004
1) V
2) V
3) F
4) V
5) F

22005
1) V
2) V
3) F

22006
1) V
2) V
3) F
4) V
5) F

22007
1) V
2) F
3) F
4) V
5) F
6) V
7) F
8) F

22008
1) V
2) V
3) V
4) F
5) V
6) F
7) F

22009
1) V
2) F
3) V
4) F
5) V
6) V
7) F
8) F

22010
1) F
2) V
3) F
4) V
5) V
6) V
7) F

22011
1) F
2) V
3) V
4) F
5) V
6) F
7) F

22012
1) V
2) V
3) F
4) V
5) V
6) V
7) F
8) F

22013
1) F
2) V
3) V
4) V
5) F
6) F
7) F

22014
1) F
2) V
3) V
4) V
5) F
6) F
7) V
8) F

22015
1) F
2) V
3) F
4) V
5) V
6) F

22016
1) V
2) V
3) V
4) F
5) F
6) F
7) V
8) F

22017
1) V
2) F
3) V
4) F
5) V
6) V
7) F

22018
1) V
2) F
3) F
4) V
5) F
6) V
7) F

22019
1) V
2) F
3) V
4) V
5) V
6) F
7) F
8) F

22020
1) V
2) V
3) F
4) V
5) V
6) F
7) F
8) V
9) F
10) F

22021
1) V
2) F
3) F
4) F
5) V
6) V
7) V
8) F

23001
1) F
2) V
3) V
4) V
5) V
6) F

23002
1) V
2) F
3) V
4) V
5) V
6) V
7) F
8) V
9) F
10) F

23003
1) F
2) F
3) V
4) V
5) V
6) F

23004
1) V
2) F
3) V
4) F
5) F
6) V
7) F

23005
1) V
2) V
3) V
4) V
5) F
6) F
7) F
8) F
9) V
10) F

23006
1) V
2) F
3) V
4) V
5) V
6) F
7) F

23007
1) V
2) V
3) F
4) V
5) F

23008
1) F
2) F
3) V
4) F
5) V
6) F
7) V
8) F

23009
1) V
2) F
3) F
4) F
5) V
6) F

23010
1) V
2) F
3) V
4) V
5) F
6) F
7) F

23011
1) V
2) V
3) F
4) V
5) F
6) F

23012
1) V
2) F
3) F
4) F

23013
1) F
2) F
3) F
4) F
5) V
6) F

23014
1) V
2) V
3) F
4) V
5) V
6) F
7) F
8) V
9) F

24001
1) V
2) V
3) V
4) V
5) F
6) V
7) V
8) F
9) V
10) F
11) V
12) F
13) F

24002
1) F
2) V
3) V
4) V
5) F
6) V
7) V
8) F

24003
1) V
2) V
3) F

24004
1) F
2) V
3) F
4) V
5) V
6) V
7) V
8) V
9) F

24005
1) V
2) V

24006
1) V
2) F
3) V
4) F
5) F
6) V
7) F
8) F

24007
1) V
2) V
3) V
4) F
5) F
6) V
7) F

24008
1) V
2) V
3) V
4) V
5) V
6) V
7) F

24009
1) V
2) F
3) V
4) V
5) V
6) F
7) F
8) V
9) F

24010
1) F
2) V
3) V
4) V
5) V
6) F
7) F
8) F

24011
1) V
2) F
3) F
4) F

24012
1) V
2) V
3) F
4) V
5) F
6) V
7) F

24013
1) V
2) F

24014
1) V
2) V
3) V
4) F
5) V
6) V
7) V
8) F

24015
1) V
2) F
3) V
4) V
5) F
6) V
7) F
8) F

25001
1) V
2) V
3) F
4) V
5) V
6) F

25002
1) V
2) F
3) F
4) V
5) F
6) F

25003
1) F
2) V
3) V
4) V
5) F

25004
1) V
2) F
3) V
4) V
5) V
6) F
7) F
8) F

25005
1) F
2) V
3) V
4) F

25006
1) F
2) F
3) V
4) V
5) F

25007
1) F
2) V
3) F
4) V
5) V
6) F

25008
1) F
2) V
3) F
4) V
5) V
6) V
7) F

25009
1) V
2) F

25010
1) V
2) V
3) V
4) V
5) F
6) V
7) V
8) F
9) V
10) F
11) F
12) F

25011
1) V
2) F
3) V
4) F
5) V
6) V
7) V
8) F
9) F
10) V
11) F

25012
1) F

2) V
3) V
4) V
5) V
6) F
7) F
8) F
9) F

25013

1) F
2) V
3) F
4) V
5) V
6) F
7) F

25014

1) V
2) F
3) V
4) F
5) V
6) V
7) F
8) F
9) V
10) V
11) F

25015

1) V
2) V
3) V
4) V
5) F
6) F
7) V
8) F
9) F

25016

1) V
2) V
3) F
4) F
5) V
6) F

25017

1) F
2) F
3) V
4) F
5) V
6) V
7) V
8) F

25018

1) V
2) V
3) V
4) F
5) V
6) F

25019

1) V
2) F
3) V
4) F
5) V
6) V
7) V
8) F
9) F

25020

1) F
2) V
3) F
4) V
5) V
6) V
7) V
8) V
9) V
10) F
11) F
12) V
13) F

25021

1) F
2) V
3) F
4) V
5) V
6) V
7) F
8) F
9) V
10) V
11) F
12) V
13) V
14) V
15) V
16) F
17) F
18) F
19) F
20) F
21) F

25022

1) V
2) V
3) F
4) F
5) V
6) V
7) V
8) F
9) F

25023

1) V
2) F
3) V
4) V
5) V
6) F
7) V
8) F
9) F
10) V
11) F
12) V
13) V
14) F
15) F
16) F

25024

1) V
2) V
3) V
4) V
5) F
6) F
7) F
8) V
9) F
10) F

25025

1) V
2) F
3) F
4) V
5) F
6) V
7) F
8) V
9) F
10) V
11) V
12) F

25026

1) V
2) V
3) V
4) V
5) F
6) V
7) V
8) F
9) V
10) F
11) V
12) F
13) V
14) F
15) F
16) F
17) F
18) F

25027

1) F
2) F
3) F
4) F
5) V
6) V
7) V
8) F
9) V
10) V
11) V
12) F
13) V
14) F

25028

1) F
2) F
3) V
4) V
5) F
6) V
7) F
8) V
9) F
10) V
11) V
12) V
13) F
14) F

25029

1) V
2) V
3) V
4) F
5) F
6) F
7) V
8) F
9) V
10) F
11) V
12) V
13) F
14) F

25030

1) F
2) V
3) F
4) F
5) V
6) V
7) V
8) V
9) F

SEGNALI - SIMBOLI - SCHEMI

SEGNALI DI PERICOLO

1

Figura II 1 Art. 85
STRADA DEFORMATA
Presegnala un tratto di strada in cattivo stato o con pavimentazione irregolare

2

Figura II 2 Art. 85
DOSSO
Presegnala una anomalia altimetrica convessa della strada

3

Figura II 3 Art. 85
CUNETTA
Presegnala una anomalia altimetrica concava della strada

4

Figura II 4 Art. 86
CURVA A DESTRA
Presegnala una curva pericolosa a destra, per caratteristiche planimetriche della strada o per insufficiente visibilità

5

Figura II 5 Art. 86
CURVA A SINISTRA
Presegnala una curva pericolosa a sinistra, per caratteristiche planimetriche della strada o per insufficiente visibilità

6

Figura II 6 Art. 86
DOPPIA CURVA, LA PRIMA A DESTRA
Presegnala una serie di curve pericolose di cui la prima a destra

7

Figura II 7 Art. 86
DOPPIA CURVA, LA PRIMA A SINISTRA
Presegnala una serie di curve pericolose di cui la prima a sinistra

8

Figura II 8 Art. 87
PASSAGGIO A LIVELLO CON BARRIERE
Presegnala un attraversamento ferroviario munito di barriere o semibarriere

9

Figura II 9 Art. 87
PASSAGGIO A LIVELLO SENZA BARRIERE
Presegnala un attraversamento ferroviario senza barriere

10

Figura II 10/a Art. 87
CROCE DI S. ANDREA
Segnala l'immediata vicinanza di un attraversamento ferroviario senza barriere ad 1 binario, ed indica l'obbligo di fermarsi in corrispondenza della striscia d'arresto

11

Figura II 10/b Art. 87
DOPPIA CROCE DI S. ANDREA
Segnala l'immediata vicinanza di un attraversamento ferroviario senza barriere a 2 o più binari, ed indica l'obbligo di fermarsi in corrispondenza della striscia d'arresto

13

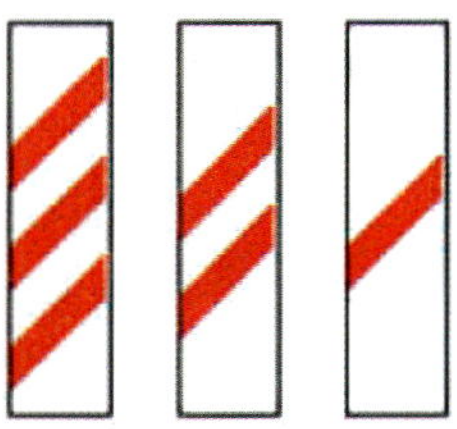

Figura II 11/a 11/b 11/c Art. 87
PANNELLO DISTANZIOMETRICO
Segnale supplementare 11/a a tre barre oblique rosse, posto sotto i segnali fig. II 8 e fig. II 9. 11/b con due barre oblique rosse, posto a 2/3 della distanza tra la linea ferroviaria ed il 1° pannello distanziometrico. 11/c con una barra obliqua rossa, posto a 1/3 della distanza tra la linea ferroviaria ed il 1° pannello distanziometrico

14

Figura II 12 Art. 88

ATTRAVERSAMENTO TRANVIARIO

Presegnala fuori e dentro i centri abitati, una linea tranviaria, non regolata da semafori, che interseca, interferisce o riduce la carreggiata stradale

15

Figura II 13 Art. 88

ATTRAVERSAMENTO PEDONALE

Presegnala un attraversamento pedonale contraddistinto da appositi segni sulla carreggiata, sulle strade extraurbane e su quelle urbane con limite di velocità superiore a quello stabilito dall'articolo 142, comma 1 del Codice

16

Figura II 14 Art. 88

ATTRAVERSAMENTO CICLABILE

Presegnala un attraversamento ciclabile contraddistinto da appositi segni sulla carreggiata, sulle strade extraurbane e su quelle urbane con limite di velocità superiore a quello stabilito dall'articolo 142, comma 1 del Codice

17

Figura II 15 Art. 89

DISCESA PERICOLOSA

Presegnala una discesa pericolosa in conseguenza di fattori locali particolarmente sfavorevoli. La pendenza è espressa in percentuale

18

Figura II 16 Art. 89

SALITA RIPIDA

Presegnala una salita ripida in conseguenza di fattori locali particolarmente sfavorevoli. La pendenza è espressa in percentuale

19

Figura II 17 Art. 90

STRETTOIA SIMMETRICA

Presegnala un restringimento pericoloso della carreggiata su ambedue i lati

20

Figura II 18 Art. 90

STRETTOIA ASIMMETRICA A SINISTRA

Presegnala un restringimento pericoloso della carreggiata posto su lato sinistro

21

Figura II 19 Art. 90

STRETTOIA ASIMMETRICA A DESTRA

Presegnala un restringimento pericoloso della carreggiata posto su lato destro

22

Figura II 20 Art. 91

PONTE MOBILE

Presegnala un ponte mobile comunque manovrabile

23

Figura II 21 Art. 92

BANCHINA PERICOLOSA

Presegnala un tratto di strada con banchina cedevole o non praticabile o una cunetta profonda

24

Figura II 22 Art. 93

STRADA SDRUCCIOLEVOLE

Presegnala un tratto di carreggiata che, in particolari condizioni, può presentare una superficie pericolosamente sdrucciolevole

25

Figura II 23 Art. 94

BAMBINI

Presegnala luoghi frequentati da bambini, come scuole, giardini pubblici, campi di gioco e simili

26

Figura II 24 Art. 95

ANIMALI DOMESTICI VAGANTI

Presegnala un tratto di strada con probabile presenza o attraversamento di animali domestici

27

Figura II 25 Art. 95

ANIMALI SELVATICI VAGANTI

Presegnala un tratto di strada con probabile presenza o attraversamento, anche improvviso, di animali selvatici

28

Figura II 26 Art. 96

DOPPIO SENSO DI CIRCOLAZIONE

Presegnala un tratto di strada con doppio senso di circolazione sulla stessa carreggiata, quando nel tratto precedente era a senso unico

29

Figura II 27 Art. 96

CIRCOLAZIONE ROTATORIA

Presegnala sulle strade extraurbane una intersezione regolata con circolazione rotatoria

30

Figura II 28 Art. 97

SBOCCO SU MOLO O SU ARGINE

Presegnala che la strada sbocca su un molo o su un argine di fiume o di canale, con pericolo di caduta in acqua

31

Figura II 29 Art. 98

MATERIALE INSTABILE SULLA STRADA

Presegnala la presenza sulla pavimentazione di ghiaia, pietrisco, graniglia o altro materiale instabile che può diminuire pericolosamente l'aderenza del veicolo o essere proiettato a distanza

32

Figura II 30/a Art. 98

CADUTA MASSI

Presegnala un tratto di strada ove esiste il pericolo, a seguito di caduta di pietre da sinistra, di presenza delle stesse sulla carreggiata

33

Figura II 30/b Art. 98

CADUTA MASSI

Presegnala un tratto di strada ove esiste il pericolo, a seguito di caduta di pietre da destra, di presenza delle stesse sulla carreggiata

34

Figura II 31/a Art. 98

SEMAFORO

Presegnala un impianto semaforico con disposizione delle lanterne in verticale

35

Figura II 31/b Art. 98

SEMAFORO

Presegnala un impianto semaforico con disposizione delle lanterne in orizzontale

36

Figura II 32 Art. 100

AEROMOBILI

Presegnala la possibilità di improvvisi forti rumori o abbagliamenti dovuti ad aeromobili a bassa quota

37

Figura II 33 Art. 101

FORTE VENTO LATERALE

Presegnala un tratto di strada soggetto a possibili forti raffiche di vento, come su viadotti, uscita di gallerie, fine trincee, e situazioni simili

38

Figura II 34 Art. 102

PERICOLO D'INCENDIO

Richiama l'attenzione sul pericolo di infiammabilità di zone boschive o la vicinanza di luoghi ad alto rischio di incendio contigui sulla strada

39

Figura II 35 Art. 103

ALTRI PERICOLI

Presegnala un pericolo diverso da quelli indicati negli altri segnali di pericolo. È obbligatorio un pannello integrativo modello II 6 recante un simbolo o una iscrizione che precisi la natura del pericolo

SEGNALI DI PRECEDENZA

40

Figura II 36 Art. 106

DARE PRECEDENZA

Indica l'obbligo di dare la precedenza ai veicoli che circolano nei due sensi sulla strada sulla quale ci si immette o che si va ad attraversare

41

Figura II 37 Art. 107

FERMARSI E DARE PRECEDENZA

Indica l'obbligo di fermarsi in corrispondenza della striscia trasversale di arresto e dare la precedenza prima di inoltrarsi nell'area della intersezione

42

Figura II 38 Art. 108

PREAVVISO DI DARE PRECEDENZA

Presegnala la successiva presenza di un segnale DARE PRECEDENZA, indicando anche la distanza dall'intersezione

43

Figura II 39 Art. 108

PREAVVISO DI FERMARSI E DARE PRECEDENZA

Presegnala la successiva presenza di un segnale FERMARSI E DARE PRECEDENZA (STOP), indicando anche la distanza dall'intersezione

44

Figura II 40 Art. 109

INTERSEZIONE CON PRECEDENZA A DESTRA

Presegnala una intersezione in cui vige la regola generale di dare la precedenza a destra

45

Figura II 41 Art. 110

DARE PRECEDENZA NEI SENSI UNICI ALTERNATI

Indica l'obbligo di dare la precedenza alla corrente di traffico proveniente in senso inverso, nelle strettoie nelle quali è stato istituito il senso unico alternato

46

Figura II 42 Art. 110

FINE DEL DIRITTO DI PRECEDENZA

Indica che la strada non gode più del diritto di precedenza

47

Figura II 43/a Art. 112

INTERSEZIONE CON DIRITTO DI PRECEDENZA

Presegnala un'intersezione nella quale il conducente ha la precedenza sui veicoli provenienti dalle strade subordinate

48

Figura II 43/b Art. 112

INTERSEZIONE A "T" CON DIRITTO DI PRECEDENZA

Presegnala un'intersezione a "T" con una strada subordinata che si immette dalla destra

49

Figura II 43/c Art. 112

INTERSEZIONE A "T" CON DIRITTO DI PRECEDENZA

Presegnala un'intersezione a "T" con una strada subordinata che si immette dalla sinistra

50

Figura II 43/d Art. 112

CONFLUENZA A DESTRA

Presegnala una immissione stradale con corsia di accelerazione posta sulla destra

51

Figura II 43/e Art. 112

CONFLUENZA A SINISTRA

Presegnala una immissione stradale con corsia di accelerazione posta sulla sinistra

52

Figura II 44 Art. 113

DIRITTO DI PRECEDENZA

Indica che il tratto di strada gode del diritto di precedenza

53

Figura II 45 Art. 114

DIRITTO DI PRECEDENZA NEI SENSI UNICI ALTERNATI

Indica che il conducente ha la precedenza di passaggio rispetto alla corrente di traffico proveniente in senso inverso nelle strettoie nelle quali è istituito il senso unico alternato

SEGNALI DI DIVIETO

54

Figura II 46 Art. 116

DIVIETO DI TRANSITO

Vieta di entrare in una strada sulla quale è vietata la circolazione nei due sensi

55

Figura II 47 Art. 116

SENSO VIETATO

Vieta di entrare in una strada accessibile invece dall'altra parte, in quanto senso unico

56

Figura II 48 Art. 116

DIVIETO DI SORPASSO

Vieta di sorpassare i veicoli a motore, eccetto i ciclomotori e i motocicli, anche se la manovra può compiersi entro la semicarreggiata con o senza striscia continua

57

Figura II 49 Art. 116

DISTANZIAMENTO MINIMO OBBLIGATORIO DI ... METRI

Vieta di seguire il veicolo che precede ad una distanza inferiore a quella indicata in metri sul segnale

58

Figura II 50 Art. 116

LIMITE MASSIMO DI VELOCITÀ ... km/h

Vieta di superare la velocità indicata in km/h, salvo limiti inferiori imposti a particolari categorie di veicoli

59

Figura II 51 Art. 116

DIVIETO DI SEGNALAZIONI ACUSTICHE

Vieta, salvo casi di pericolo immediato, l'uso di avvisatori acustici

60

Figura II 52 Art. 117

DIVIETO DI SORPASSO PER VEICOLI DI MASSA A PIENO CARICO SUPERIORE A 3,5 TONNELLATE

Vieta il sorpasso di veicoli a motore da parte di veicoli di massa a pieno carico superiore a 3,5 t, non adibiti al trasporto di persone

61

Figura II 53 Art. 117

TRANSITO VIETATO AI MEZZI A TRAZIONE ANIMALE

62

Figura II 54 Art. 117

TRANSITO VIETATO AI PEDONI

63

Figura II 55 Art. 117

TRANSITO VIETATO AI VELOCIPEDI

64

Figura II 56 Art. 117

TRANSITO VIETATO AI MOTOCICLI

65

Figura II 57 Art. 117

TRANSITO VIETATO AI VEICOLI A BRACCIA

66

Figura II 58 Art. 117

TRANSITO VIETATO A TUTTI GLI AUTOVEICOLI

Vieta il transito a tutti gli autoveicoli, compresi i motoveicoli a tre ruote e i quadricicli a motore

67

Figura II 59 Art. 117

TRANSITO VIETATO AGLI AUTOBUS

68

Figura II 60/a Art. 117

TRANSITO VIETATO AI VEICOLI DI MASSA A PIENO CARICO SUPERIORE A 3,5 TONNELLATE

Vieta il transito ai veicoli di massa a pieno carico superiore a 3,5 t non adibiti a trasporto di persone

69

Figura II 60/b Art. 117

TRANSITO VIETATO AI VEICOLI DI MASSA A PIENO CARICO SUPERIORE A ... TONNELLATE

Una cifra bianca entro il simbolo nero indica il valore massimo della massa a pieno carico dei veicoli ammessi al transito diverso da quello attribuito dalla Fig. II 60/a

70

Figura II 61 Art. 117

TRANSITO VIETATO AI VEICOLI A MOTORE TRAINANTI UN RIMORCHIO

71

Figura II 62 Art. 117

TRANSITO VIETATO ALLE MACCHINE AGRICOLE

72

Figura II 63 Art. 117

TRANSITO VIETATO AI VEICOLI CHE TRASPORTANO MERCI PERICOLOSE

73

Figura II 64/a Art. 117

TRANSITO VIETATO AI VEICOLI CHE TRASPORTANO ESPLOSIVI O PRODOTTI FACILMENTE INFIAMMABILI

74

Figura II 64/b Art. 117

TRANSITO VIETATO AI VEICOLI CHE TRASPORTANO PRODOTTI SUSCETTIBILI DI CONTAMINARE L'ACQUA

75

Figura II 65 Art. 118

TRANSITO VIETATO AI VEICOLI AVENTI LARGHEZZA SUPERIORE A ... METRI

76

Figura II 66 Art. 118

TRANSITO VIETATO AI VEICOLI AVENTI ALTEZZA SUPERIORE A ... METRI

77

Figura II 67 Art. 118

TRANSITO VIETATO AI VEICOLI O COMPLESSI DI VEICOLI AVENTI LUNGHEZZA SUPERIORE A ... METRI

78

Figura II 68 Art. 118

TRANSITO VIETATO AI VEICOLI AVENTI UNA MASSA SUPERIORE A ... TONNELLATE

79

Figura II 69 Art. 118

TRANSITO VIETATO AI VEICOLI AVENTI UNA MASSA PER ASSE SUPERIORE A ... TONNELLATE

80

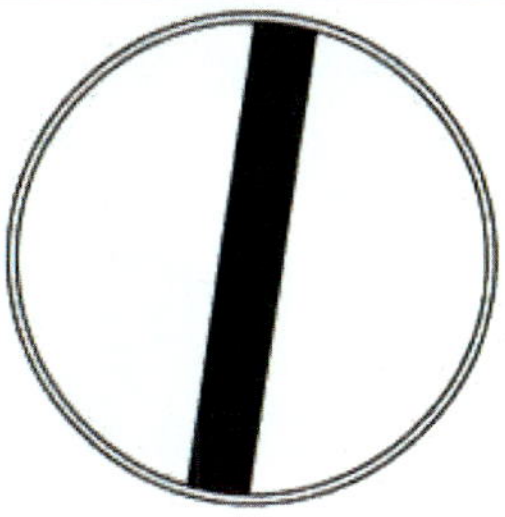

Figura II 70 Art. 119

VIA LIBERA

Indica la fine di tutte le prescrizioni precedentemente imposte

81

Figura II 71 Art. 119

FINE LIMITAZIONE DI VELOCITÀ

Indica il ripristino dei limiti generali di velocità vigenti in quel tipo di strada

82

Figura II 72 Art. 119

FINE DEL DIVIETO DI SORPASSO

Indica la fine del divieto di sorpasso per tutti i veicoli

83

Figura II 73 Art. 119

FINE DEL DIVIETO DI SORPASSO PER VEICOLI DI MASSA A PIENO CARICO SUPERIORE A 3,5 TONNELLATE

Indica la fine del divieto di sorpasso per i veicoli di massa a pieno carico superiore a 3,5 t, non adibiti a trasporto di persone

SEGNALI DI PARCHEGGIO

84

Figura II 74 Art. 120

DIVIETO DI SOSTA

Indica i luoghi dove la sosta è vietata. In assenza di iscrizioni integrative il divieto è permanente nelle 24 ore lungo le strade extraurbane e su quelle urbane vige dalle 8,00 alle 20,00

85

Figura II 75 Art. 120

DIVIETO DI FERMATA

Vieta la sosta e la fermata o comunque qualsiasi momentaneo arresto del veicolo. In assenza di iscrizioni integrative il divieto è permanente. È sempre disposta la rimozione coatta del veicolo

86

Figura II 76 Art. 120
PARCHEGGIO
Indica un'area organizzata e attrezzata per sostare a tempo indeterminato. Mediante pannelli integrativi sono eventualmente indicati con valore prescrittivo: limitazione di tempo, tariffe per la sosta a pagamento, schema della disposizione, categorie ammesse o escluse

89

Figura II 77/a Art. 120
PREAVVISO DI PARCHEGGIO
Mediante frecce opportunamente orientate indica la direzione verso aree o infrastrutture di parcheggio

90

Figura II 78 Art. 120
PASSO CARRABILE
Il segnale indica la zona per l'accesso dei veicoli alle proprietà laterali, in corrispondenza delle quali vige il divieto di sosta

91

Figura II 79/a Art. 120
SOSTA CONSENTITA A PARTICOLARI CATEGORIE
Sosta consentita ai veicoli al servizio di persone invalide munite dell'apposito contrassegno

92

Figura II 79/d Art. 120
REGOLAZIONE FLESSIBILE DELLA SOSTA IN CENTRO ABITATO
Esempio di segnale composito che consente la sosta in alcune ore, la vieta in altre

SEGNALI DI OBBLIGO

93

Figura II 80/a Art. 122
DIREZIONE OBBLIGATORIA DIRITTO

94

Figura II 80/b Art. 122
DIREZIONE OBBLIGATORIA A SINISTRA

95

Figura II 80/c Art. 122
DIREZIONE OBBLIGATORIA A DESTRA

96

Figura II 80/d Art. 122
PREAVVISO DI DIREZIONE OBBLIGATORIA A DESTRA

97

Figura II 80/e Art. 122
PREAVVISO DI DIREZIONE OBBLIGATORIA A SINISTRA

98

Figura II 81/a Art. 120
DIREZIONI CONSENTITE DESTRA E SINISTRA
Indica l'impossibilità o il divieto di proseguire diritto

99

Figura II 81/b Art. 120
DIREZIONI CONSENTITE DIRITTO E DESTRA
Indica l'impossibilità o il divieto di voltare a sinistra

100

FIGURA II 81/C ART. 120

DIREZIONI CONSENTITE DIRITTO E SINISTRA

Indica l'impossibilità o il divieto di voltare a destra

101

FIGURA II 82/A ART. 122

PASSAGGIO OBBLIGATORIO A SINISTRA

Obbliga il conducente a passare a sinistra di un ostacolo, un'isola, un salvagente, un cantiere stradale, uno spartitraffico ecc.

102

FIGURA II 82/B ART. 122

PASSAGGIO OBBLIGATORIO A DESTRA

Obbliga il conducente a passare a destra di un ostacolo, un'isola, un salvagente, un cantiere stradale, uno spartitraffico ecc.

103

FIGURA II 83 ART. 122

PASSAGGI CONSENTITI

Consente ai conducenti di passare sia a destra che a sinistra di un ostacolo, un'isola, un salvagente, un cantiere stradale, uno spartitraffico ecc.

104

FIGURA II 84 ART. 122

ROTATORIA

Indica la presenza di una intersezione, un'area, una piazza ecc. nella quale la circolazione è regolata da rotatoria secondo il senso indicato dalle frecce

105

FIGURA II 85 ART. 122

LIMITE MINIMO DI VELOCITÀ

Obbliga i veicoli a mantenere la velocità minima indicata e ne vieta il transito ove non siano in grado di osservare tale prescrizione

106

FIGURA II 86 ART. 122

FINE DEL LIMITE MINIMO DI VELOCITÀ

Indica la fine della prescrizione del segnale Fig. II 85

107

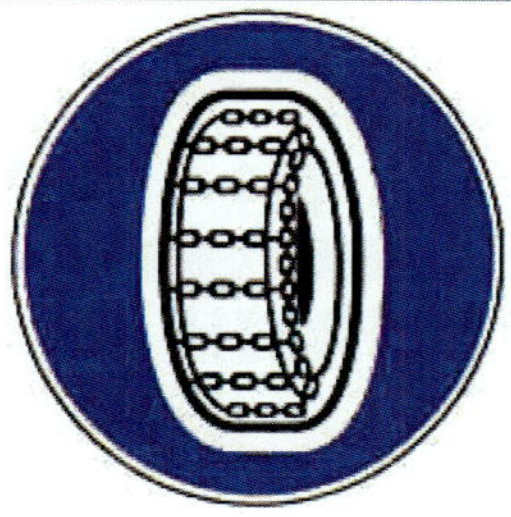

FIGURA II 87 ART. 122

CATENE PER NEVE OBBLIGATORIE

Obbliga a circolare, a partire dal punto di installazione del segnale, con catene da neve o con pneumatici da neve

108

FIGURA II 88 ART. 122

PERCORSO PEDONALE

Indica l'inizio di un percorso, un itinerario, un viale, un'area pedonale, riservati ai soli pedoni. Il segnale implica il divieto di transito per tutte le altre categorie di utenti della strada

109

FIGURA II 89 ART. 122

FINE DEL PERCORSO PEDONALE

Indica la fine di un percorso, un itinerario, un viale, un'area pedonale, riservati ai soli pedoni

110

FIGURA II 90 ART. 122

PISTA CICLABILE

Indica l'inizio, o il proseguimento, di una pista, una corsia, un percorso, un itinerario, riservato ai soli velocipedi

111

FIGURA II 91 ART. 122

FINE PISTA CICLABILE

Indica la fine di una pista, una corsia, un percorso, un itinerario, riservato ai soli velocipedi

112

Figura II 92/a Art. 122

PISTA CICLABILE CONTIGUA AL MARCIAPIEDE

Indica l'inizio, o il proseguimento, di una pista o corsia, riservata ai velocipedi contigua e parallela ad un marciapiede o comunque ad un percorso riservato ai pedoni. I simboli possono essere invertiti per indicare la reale disposizione della pista e del marciapiede

113

Figura II 92/b Art. 122

PERCORSO PEDONALE E CICLABILE

Indica l'inizio, o il proseguimento, di un percorso, un itinerario, o un viale, riservato promiscuamente ai pedoni ed ai velocipedi

114

Figura II 93/a Art. 122

FINE DELLA PISTA CICLABILE CONTIGUA AL MARCIAPIEDE

Indica la fine di una pista contigua al marciapiede

115

Figura II 93/b Art. 122

FINE DEL PERCORSO PEDONALE E CICLABILE

Indica la fine di una sede, percorso o itinerario riservato promiscuamente ai pedoni ed ai velocipedi

116

Figura II 94 Art. 122

PERCORSO RISERVATO AI QUADRUPEDI DA SOMA O DA SELLA

Indica l'inizio di una pista o di un passaggio particolare riservato ai soli quadrupedi da soma o da sella e vietato ai veicoli

117

Figura II 95 Art. 122

FINE DEL PERCORSO RISERVATO AI QUADRUPEDI DA SOMA O DA SELLA

Indica la fine di una pista o di un passaggio particolare riservato ai soli quadrupedi da soma o da sella e vietato ai veicoli

118

Figura II 96 Art. 123

ALT - DOGANA

Segnala un varco doganale presso la frontiera con Paese confinante non facente parte della Comunità Europea al quale è obbligatorio fermarsi

119

Figura II 98 Art. 123

ALT - POLIZIA

Indica l'obbligo di arresto ad un posto di blocco stradale istituito dagli organi di polizia

120

Figura II 99 Art. 123

ALT - STAZIONE

Presegnala l'obbligo di arresto presso accessi autostradali controllati, per operazioni di pedaggio

PANNELLI INTEGRATIVI

121

Figura II 1 Art. 83

DISTANZA

Indica la distanza espressa in metri o in chilometri, fra il segnale e l'inizio del punto pericoloso o il punto dal quale si applica la prescrizione

122

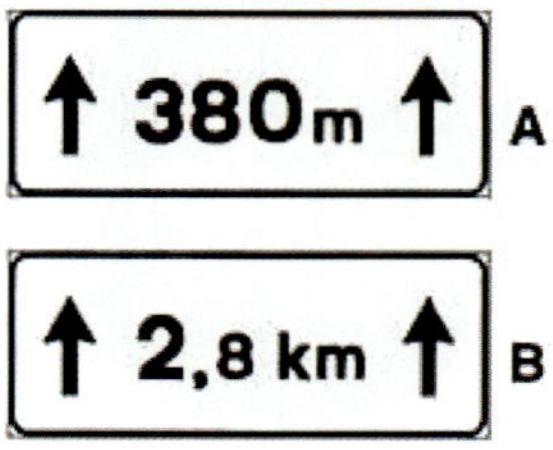

Figura II 2 Art. 83

ESTESA

Indica l'estesa, cioè la lunghezza espressa in metri o in chilometri, del tratto di strada pericoloso o nel quale si applica la prescrizione

123

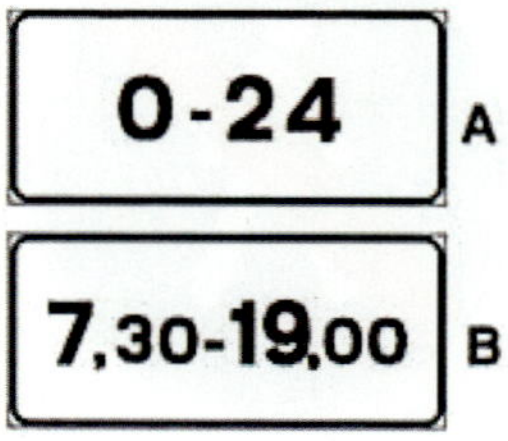

Figura II 3 Art. 83

VALIDITÀ

Indica il tempo di validità, cioè il giorno, l'ora o i minuti primi, mediante cifre o simboli, durante i quali vige la prescrizione

124

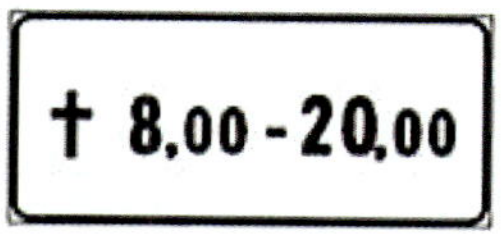

125

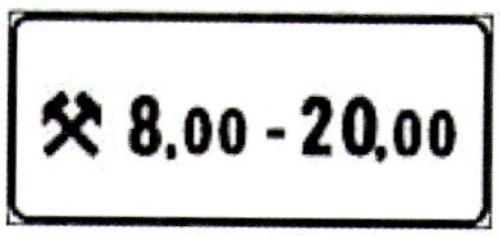

Figura II 3 Art. 83
VALIDITÀ
Indica il tempo di validità, cioè il giorno, l'ora o i minuti primi, mediante cifre o simboli, durante i quali vige la prescrizione

126

Figura II 4 Art. 83
LIMITAZIONE O ECCEZIONE
Indica la limitazione o eccezione alla categoria o categorie, di veicoli rappresentate dal simbolo, o dai simboli

127

Figura II 4 Art. 83
LIMITAZIONE O ECCEZIONE
Indica la limitazione o eccezione alla categoria o categorie, di veicoli rappresentate dal simbolo, o dai simboli

128

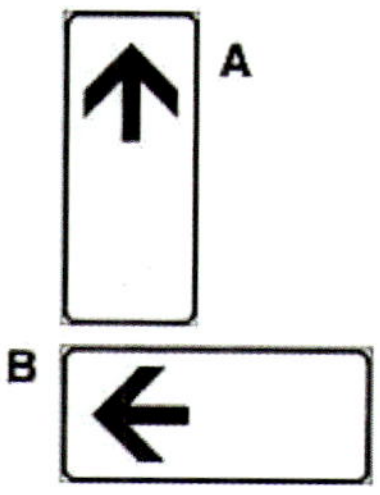

Figura II 5 Art. 83
INIZIO, CONTINUAZIONE, FINE
Indicano il punto di inizio di una prescrizione, di un pericolo o di una indicazione

129

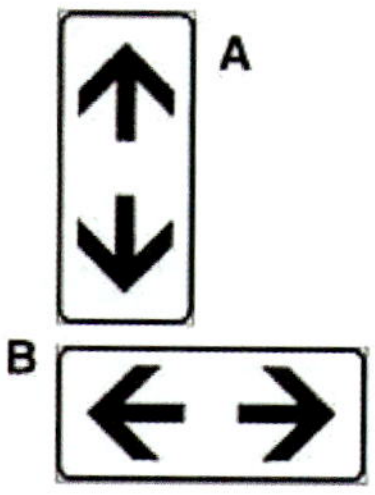

Figura II 5 Art. 83
INIZIO, CONTINUAZIONE, FINE
Indicano la continuazione di una prescrizione, di un pericolo o di una indicazione

130

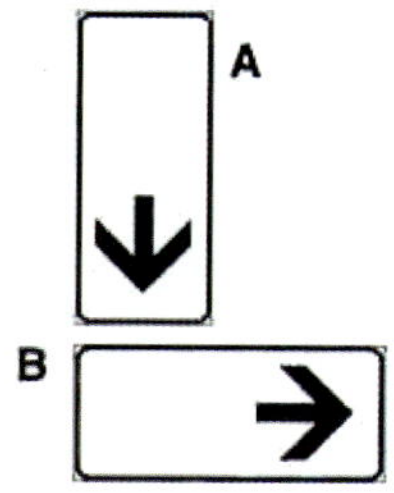

Figura II 5 Art. 83
INIZIO, CONTINUAZIONE, FINE
Indicano il punto di fine di una prescrizione, di un pericolo o di una indicazione

131

Figura II 6/a Art. 83
SEGNI ORIZZONTALI IN RIFACIMENTO
Indica la temporanea mancanza della segnaletica orizzontale, ovvero lavori di tracciamento in corso, sul tronco stradale della lunghezza indicata dal pannello integrativo modello II 2 abbinato

132

Figura II 6/b Art. 83
INCIDENTE
Indica l'ingombro della carreggiata da parte di veicoli in collisione

133

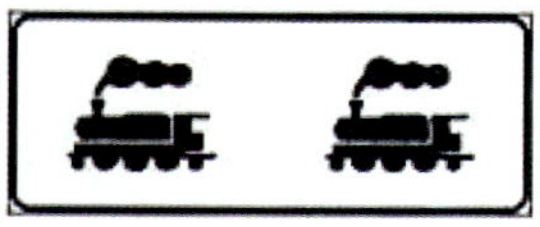

Figura II 6/c Art. 83
ATTRAVERSAMENTO DI BINARI
Indica la presenza di binari di manovra in corrispondenza di raccordi portuali, stabilimenti, scali merci ecc.

134

Figura II 6/d Art. 83
SGOMBRANEVE IN AZIONE
Indica la presenza di macchine sgombraneve al lavoro sulla strada

135

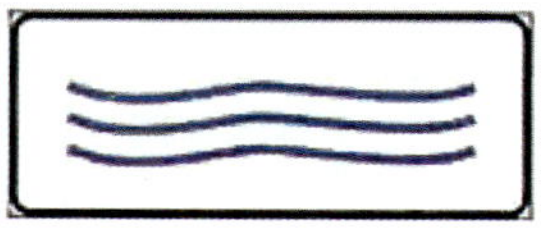

Figura II 6/e Art. 83
ZONA SOGGETTA AD ALLAGAMENTO
Indica un tratto di strada che, in particolari condizioni atmosferiche, può essere soggetto ad allagamento

136

Figura 6/f Art. 83
CODA
Indica la possibilità di incontrare traffico in lento movimento o fermo in colonna

137

Figura II 6/g Art. 83

MEZZI DI LAVORO IN AZIONE

Indica la presenza di macchine operatrici, pale meccaniche, escavatori, uscita autocarri ecc. che possono interferire con il traffico ordinario

138

Figura II 6/h Art. 83

STRADA SDRUCCIOLEVOLE PER GHIACCIO

Indica la possibilità di formazione di ghiaccio sulla pavimentazione in particolari condizioni atmosferiche

139

Figura II 6/i Art. 83

STRADA SDRUCCIOLEVOLE PER PIOGGIA

Indica un tratto di strada con pavimentazione pericolosamente sdrucciolevole in caso di pioggia

140

Figura II 6/l Art. 83

AUTOCARRI IN RALLENTAMENTO

Indica un tratto di strada con probabili autocarri in lento movimento. Nel caso di rallentamenti in tratti stradali in discesa la figura deve essere modificata invertendo la pendenza

141

Figura II 6/m Art. 83

ZONA RIMOZIONE COATTA

Indica che la sosta costituisce grave intralcio o pericolo e che il veicolo potrà essere rimosso e trasportato alla depositeria comunale

142

Figura II 6/o Art. 83

SEGNALE DI CORSIA

Indica la corsia cui il segnale sovrastante si riferisce

143

Figura II 6/p1 Art. 83

TORNANTE

Indica la vicinanza di una curva, a rango ridotto, di particolare pericolosità, ovvero una serie di tornanti, precisandone il numero

144

Figura II 6/p2 Art. 83

NUMERO DEL TORNANTE

Indica progressivamente il numero d'ordine del tornante

145

Figura II 6/q2 Art. 83

PULIZIA MECCANICA DELLA STRADA

Indica che nel tratto di strada vengono effettuate operazioni di pulizia della carreggiata. Questo pannello integrativo è abbinato al segnale di divieto di sosta e riporta anche giorni ed ore delle operazioni stesse

146

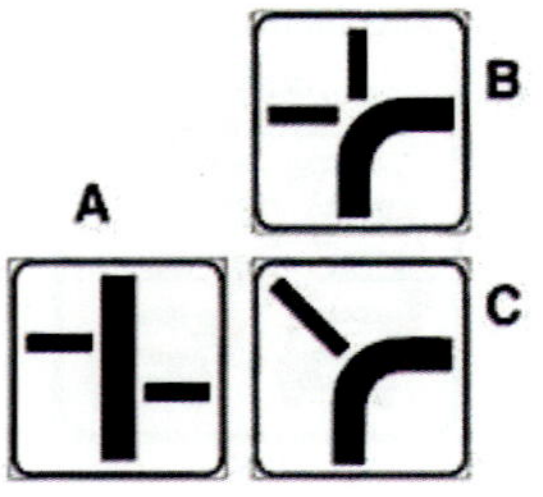

Figura II 7 Art. 83

ANDAMENTO DELLA STRADA PRINCIPALE

Esempi di schemi dell'intersezione distinguendone i tronchi principali a precedenza (spessore maggiore) da quelli subordinati (spessore minore). Questo pannello integrativo è istallato sotto ai segnali di precedenza

148

Figura II 8/a Art. 83

DIVIETO DI SOSTA TEMPORANEO

Esempio di segnale composito di divieto di sosta temporaneo con simbolo esplicativo

150

Figura II 8/c Art. 83

AVVISO DEVIAZIONE OBBLIGATORIA AUTOTRENO IN TRANSITO

Esempio di segnale composito che preavvisa la direzione obbligatoria per i veicoli di massa complessiva a pieno carico superiore a 3,5 t

151

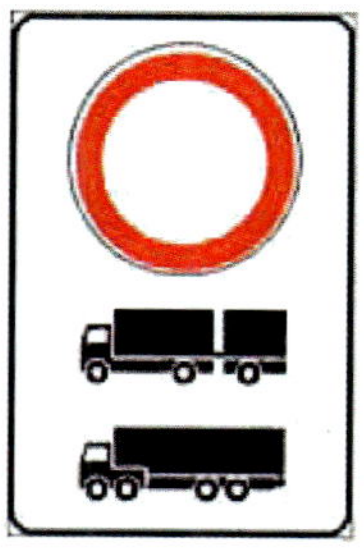

FIGURA II 8/D ART. 83

DIVIETO DI TRANSITO AUTOCARRI

Esempio di segnale composito che indica il divieto di transito per autotreni ed autoarticolati

152

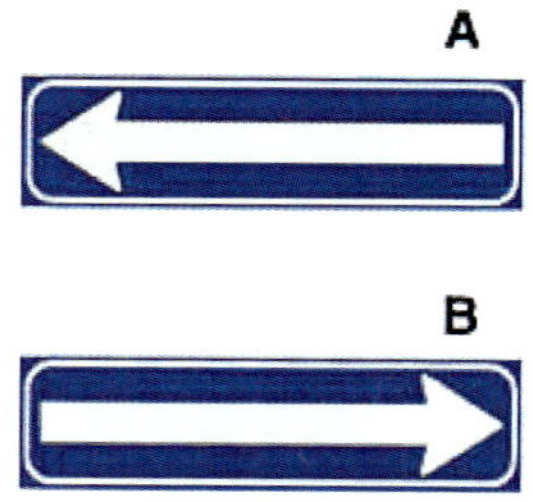

FIGURA II 348 ART. 135

SENSO UNICO PARALLELO

È installato parallelamente all'asse stradale per indicare che la strada è a senso unico. Può essere installato in combinazione col segnale "nome strada"

153

FIGURA II 349 ART. 135

SENSO UNICO FRONTALE

È installato frontalmente all'inizio di una strada per indicare che i conducenti possono utilizzarne l'intera larghezza

SEGNALI LUMINOSI

154

FIGURA II 449 ART. 159

LANTERNA SEMAFORICA VEICOLARE NORMALE

155

FIGURA II 450 ART. 160

LANTERNE SEMAFORICHE VEICOLARI DI CORSIA

156

FIGURA II 452 ART. 161

LANTERNE SEMAFORICHE PER I VEICOLI DI TRASPORTO PUBBLICO

157

FIGURA II 454 ART. 162

LANTERNE SEMAFORICHE PEDONALI

158

FIGURA II 456 ART. 163

LANTERNE SEMAFORICHE PER VELOCIPEDI

159

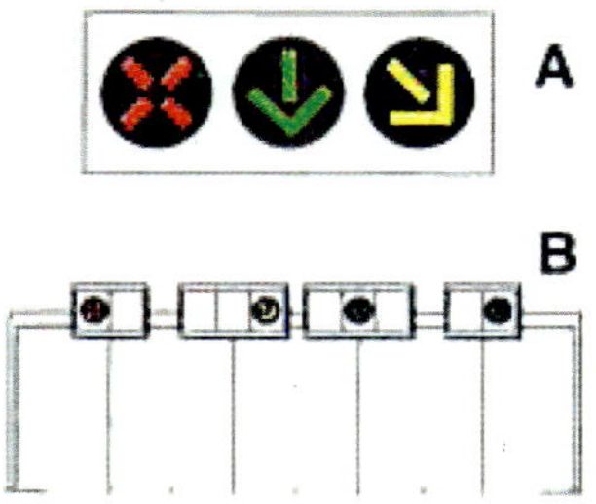

FIGURA II 458 ART. 164

LANTERNE SEMAFORICHE PER CORSIE REVERSIBILI

160

FIGURA II 460 ART. 165

LANTERNE SEMAFORICHE GIALLE LAMPEGGIANTI

161

FIGURA II 461 ART. 166

LANTERNE SEMAFORICHE SPECIALI

SEGNALI DI PREAVVISO

163

FIGURA II 97 ART. 123

CONFINE DI STATO TRA PAESI DELLA COMUNITÀ EUROPEA

Indica la frontiera di Stato con Paese confinante facente parte della Comunità Europea

166

FIGURA II 233 ART. 127
SEGNALE DI PREAVVISO DI INTERSEZIONE URBANA

167

FIGURA II 236 ART. 127
SEGNALE DI PREAVVISO DI INTERSEZIONI RAVVICINATE URBANE

168

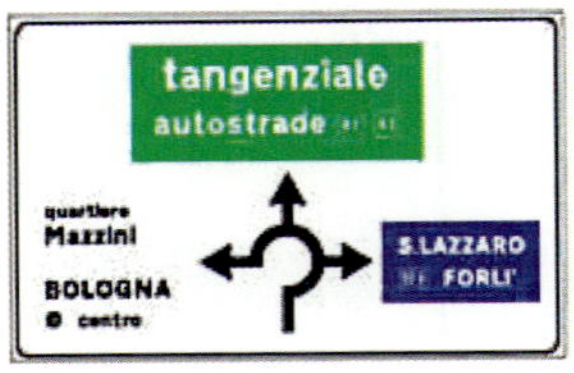

FIGURA II 238 ART. 127
SEGNALE DI PREAVVISO DI INTERSEZIONE URBANA ROTATORIA

169

FIGURA II 239 ART. 127
SEGNALE DI PREAVVISO DI INTERSEZIONE URBANA, CON DIVIETO DI TRANSITO PER UNA CATEGORIA DI VEICOLI SU UN RAMO DELL'INTERSEZIONE

170

FIGURA II 240 ART. 127
SEGNALE DI PREAVVISO DI INTERSEZIONE EXTRAURBANA CON PASSAGGIO A LIVELLO SU UN RAMO DELL'INTERSEZIONE

171

FIGURA II 243 ART. 127
SEGNALE DI PRESELEZIONE EXTRAURBANO

172

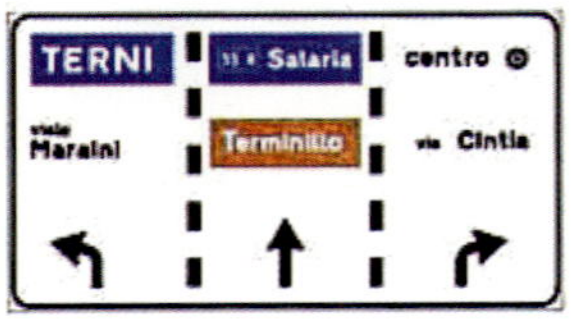

FIGURA II 244 ART. 127
SEGNALE DI PRESELEZIONE URBANO

173

FIGURA II 246 ART. 127
SEGNALE DI CORSIA CON PREAVVISO

174

FIGURA II 246 ART. 127
SEGNALE DI CORSIA CON PREAVVISO

182

FIGURA II 272 ART. 130
SEGNALE DI ITINERARIO EXTRAURBANO
Indica, prima di ogni uscita di autostrada, o strada extraurbana principale, le località urbane, turistiche o geografiche raggiungibili da quella uscita

183

FIGURA II 274 ART. 131
FINE CENTRO ABITATO

184

FIGURA II 285 ART. 132
SEGNALE DI CONFERMA AUTOSTRADALE
Indica le località prossime e/o lontane, con le relative distanze in km. Se impiegato sulla viabilità extraurbana il colore di fondo è blu

186

Figura II 320 Art. 135

AREA PEDONALE

Indica l'inizio di un'area interdetta alla circolazione dei veicoli. In un pannello integrativo possono essere indicate particolari limitazioni, deroghe ed eccezioni.

187

Figura II 322/a Art. 135

ZONA A TRAFFICO LIMITATO

Indica l'inizio dell'area in cui l'accesso e la circolazione sono limitati nel tempo e/o a particolari categorie di veicoli. In un pannello integrativo possono essere indicate particolari limitazioni, deroghe ed eccezioni

189

Figura II 330 Art. 135

TRANSITABILITÀ

Presegnala lo stato temporaneo della transitabilità invernale su strade di montagna, raccomanda pneumatici da neve o catene o li rende obbligatori

193

Figura II 330 Art. 135

TRANSITABILITÀ

Presegnala lo stato temporaneo della transitabilità invernale su strade di montagna, raccomanda pneumatici da neve o catene o li rende obbligatori

194

Figura II 345 Art. 135

INIZIO AUTOSTRADA (colore di fondo verde), INIZIO STRADA EXTRAURBANA PRINCIPALE (colore di fondo blu)

197

Figura II 352 Art. 135

LIMITI DI VELOCITÀ GENERALI

Il segnale indica i limiti di velocità generali massimi in vigore in Italia nei centri abitati, fuori dei centri abitati, sulle strade extraurbane principali e sulle autostrade

SEGNALI DI IDENTIFICAZIONE STRADA

199

Figura II 256 Art. 129

SEGNALE IDENTIFICAZIONE ITINERARIO INTERNAZIONALE

200

Figura II 257 Art. 129

SEGNALE IDENTIFICAZIONE AUTOSTRADA

201

Figura II 258 Art. 129

SEGNALE IDENTIFICAZIONE STRADA STATALE

203

Figura II 260 Art. 129

SEGNALE IDENTIFICAZIONE STRADA COMUNALE

206

Figura II 263 Art. 129

PROGRESSIVA DISTANZIOMETRICA AUTOSTRADALE

207

Figura II 273 Art. 131

INIZIO CENTRO ABITATO

210

FIGURA II 277 ART. 131
PRONTO SOCCORSO

214

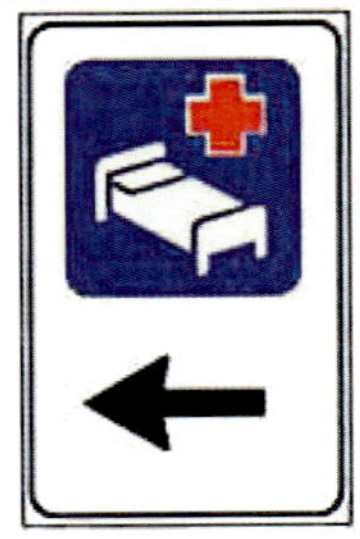

FIGURA II 282 ART. 131
OSPEDALE

216

FIGURA II 295 ART. 134
SEGNALE DI LOCALIZZAZIONE TERRITORIALE

217

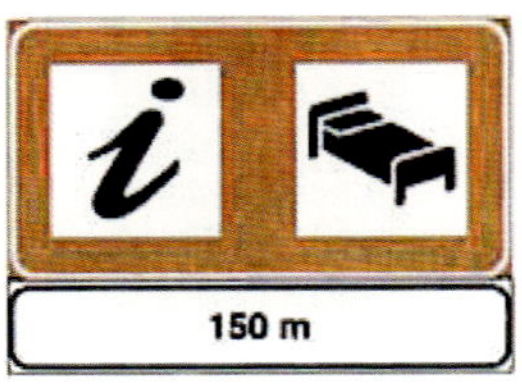

FIGURA II 298 ART. 134
PREAVVISO DI INFORMAZIONI TURISTICO ALBERGHIERE

SEGNALI UTILI PER LA GUIDA

218

FIGURA II 303 ART. 135
ATTRAVERSAMENTO PEDONALE
Localizza un attraversamento pedonale non regolato da semaforo e non in corrispondenza di intersezioni

219

FIGURA II 304 ART. 135
SCUOLABUS
Posto sul bordo del marciapiede indica la fermata di uno scuolabus. Posto all'esterno di un autobus segnala che esso è adibito al trasporto di bambini

220

FIGURA II 305 ART. 135
SOS
Localizza un dispositivo di chiamata stradale di soccorso o di assistenza

224

FIGURA II 309 ART. 135
STRADA SENZA USCITA
Posto all'inizio di una strada indica che la stessa è senza uscita per i veicoli

225

FIGURA II 311 ART. 135
PREAVVISO DI STRADA SENZA USCITA
È impiegato per segnalare l'intersezione con una strada senza uscita

226

FIGURA II 312 ART. 135
VELOCITÀ CONSIGLIATA
Indica la velocità che si consiglia di non superare in condizioni ottimali di traffico e meteorologiche. Fondo di colore blu sulla viabilità normale, verde sulle autostrade

228

FIGURA II 314 ART. 135
STRADA RISERVATA AI VEICOLI A MOTORE
Indica l'inizio di una strada, diversa dall'autostrada, riservata alla circolazione di veicoli a motore. Deve essere posto in corrispondenza di tutti gli accessi di tale strada. Il segnale sostituisce tutti i segnali di divieto riferiti ai veicoli senza motore

230

FIGURA II 316 ART. 135
GALLERIA
Indica l'inizio di una galleria e ricorda le norme da osservare nelle gallerie: accendere gli anabbaglianti, divieto di fermata e di sosta, divieto di invertire la marcia, spegnere il motore in caso di arresto prolungato per motivi di traffico

231

Figura II 317 Art. 135

PONTE

Indica l'inizio di un ponte, viadotto, cavalcavia, sovrapasso veicolare ecc. Denominazione del ponte, del corso d'acqua attraversato e lunghezza dell'opera (espressa in m) possono essere indicati mediante pannelli integrativi

236

Figura II 324 Art. 135

ATTRAVERSAMENTO CICLABILE

Localizza un attraversamento della carreggiata da parte di una pista ciclabile, contraddistinta da apposita segnaletica orizzontale

238

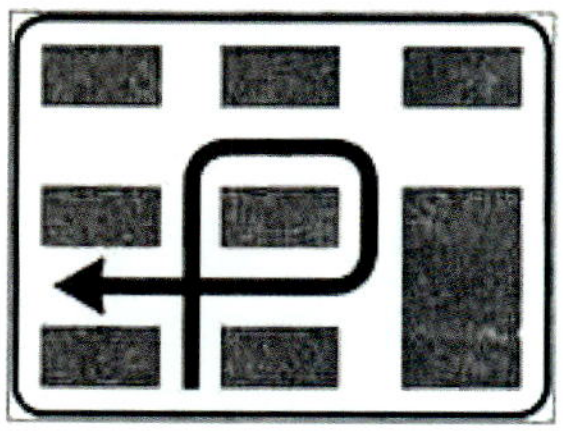

Figura II 326 Art. 135

SVOLTA A SINISTRA INDIRETTA

Preavvisa l'obbligatorietà di manovre alternative per svoltare a sinistra quando alla intersezione tale manovra non è consentita

239

Figura II 327 Art. 135

INVERSIONE DI MARCIA

Indica la presenza di un manufatto sotto o sovrappassante una strada a carreggiate separate, atto a consentire il ritorno nella direzione di provenienza. Fondo blu per la viabilità extraurbana, verde per le autostrade

240

Figura II 328 Art. 135

PIAZZOLA SU VIABILITÀ ORDINARIA

Indica l'esistenza di una piazzola a lato della carreggiata per effettuare una fermata

242

Figura II 337 Art. 135

USO CORSIE

Indica la corsia vietata ai veicoli di massa a pieno carico superiore a 3,5 t

243

Figura II 338 Art. 135

USO CORSIE

Indica le velocità minime obbligatorie in determinate corsie con l'obbligo da parte dei veicoli che non raggiungono le velocità indicate di spostarsi sulla o sulle corsie più a destra. Il colore di fondo dev'essere quello relativo alla viabilità su cui è installato

245

Figura II 340 Art. 135

USO CORSIE

Indica la o le corsie riservate al traffico normale e agli autobus dei servizi urbani di pubblico trasporto, precisandone il senso di percorrenza

247

Figura II 342 Art. 135

VARIAZIONE CORSIE DISPONIBILI

Indica un aumento da 1 a 2 corsie

248

Figura II 343 Art. 135

VARIAZIONE CORSIE DISPONIBILI

Indica la riduzione da 3 a 2 corsie

250

Figura II 350 Art. 135

PREAVVISO DEVIAZIONE CONSIGLIATA AUTOCARRI IN TRANSITO

Presegnala l'esistenza di un itinerario consigliato per i veicoli di trasporto di cose. Nel pannello sono indicate le categorie di veicoli cui è consigliata la deviazione

252

Figura II 354 Art. 136

ASSISTENZA MECCANICA

Indica un'officina sita lungo la viabilità extraurbana. Il colore di fondo del cartello è quello proprio della viabilità lungo la quale è installato

253

Figura II 355 Art. 136

TELEFONO

Indica un punto telefonico lungo la viabilità extraurbana. Il colore di fondo del cartello è quello proprio della viabilità lungo la quale è installato

254

Figura II 356 Art. 136

RIFORNIMENTO

Il colore di fondo del cartello è quello proprio della viabilità lungo la quale è installato

256

Figura II 357 Art. 136

FERMATA AUTOBUS

Indica i punti di fermata degli autoservizi di pubblico trasporto extraurbani, precisando, ove occorre, servizio, linee, destinazioni, orari, in apposito pannello integrativo

260

Figura II 363 Art. 136

CAMPEGGIO

Indica la vicinanza di una struttura ricettiva attrezzata ed autorizzata per tende, caravan e autocaravan

265

Figura II 368 Art. 136

PARCHEGGIO DI SCAMBIO CON LINEE AUTOBUS

Indica o avvia a un parcheggio di scambio ubicato vicino ad una fermata o un capolinea di servizi di pubblico trasporto

270

Figura II 373 Art. 136

AUTO AL SEGUITO

Posto in vicinanza delle grandi stazioni ferroviarie avvia al servizio di trasporto auto al seguito del viaggiatore

272

Figura II 375 Art. 136

TAXI

Indica l'ubicazione di un posteggio di autovetture in servizio pubblico

273

Figura II 377 Art. 136

AREA ATTREZZATA CON IMPIANTI DI SCARICO

Indica un'area attrezzata con impianti igienico-sanitari atti ad accogliere i residui organici e le acque chiare e luride raccolti negli impianti interni delle autocaravan, e altri veicoli dotati di tale impianto di raccolta. Il colore di fondo del cartello è quello della viabilità lungo la quale è installato

274

Figura II 378 Art. 136

POLIZIA STRADALE

Indica la sede più vicina di un posto, un comando, un ufficio di un organo di polizia. Il segnale è installato lungo la viabilità extraurbana in prossimità del centro abitato e precisa la località, indirizzo e numeri telefonici

275

Figura II 383 Art. 31

LAVORI

Presegnala lavori in corso o cantieri di lavoro o depositi temporanei o macchinari

276

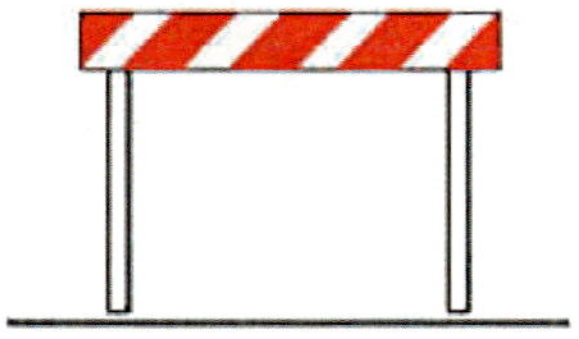

Figura II 392 Art. 32

BARRIERA NORMALE

Le barriere per la segnalazione e la delimitazione dei cantieri stradali sono a strisce oblique bianche e rosse rifrangenti e di notte e in altri casi di scarsa visibilità devono essere integrate da lanterne a luce rossa fissa. Lungo i lati longitudinali dei cantieri stradali le barriere sono obbligatorie nelle zone che presentano condizioni di pericolo per le persone al lavoro o per i veicoli in transito

278

Figura II 396 Art. 34

CONO

Il cono deve essere usato per delimitare ed evidenziare zone di lavoro di breve durata, per deviazioni ed incanalamenti temporanei, per indicare aree interessate da incidenti o per la separazione provvisoria di opposti sensi di marcia

279

Figura II 398 Art. 38

PASSAGGIO OBBLIGATORIO PER VEICOLI OPERATIVI

Segnale di cui devono essere dotati posteriormente i veicoli operativi, i macchinari ed i mezzi d'opera impiegati per lavori o manutenzione stradale fermi o in movimento. La freccia è orientata dal lato dove il veicolo deve essere superato

280

Figura II 399 Art. 39

PRESEGNALE DI CANTIERE MOBILE

È disposto sulla banchina o sulla corsia di emergenza e spostato in avanti in maniera coordinata all'avanzamento dei lavori

282

Figura II 405 Art. 43

PREAVVISO DI DEVIAZIONE

Esemplifica l'interruzione di una strada per lavori in corso indicando la deviazione necessaria e la sua lunghezza

283

Figura II 408 Art. 39

PREAVVISO DI DEVIAZIONE

Esemplifica una limitazione di transito lungo un tronco di strada, vietandolo ai veicoli aventi una massa totale superiore a 7 t ed indica l'itinerario alternativo percorribile da parte di tali veicoli

284

Figura II 409/b Art. 43

DIREZIONE AUTOCARRI OBBLIGATORIA

Segnale composito che segnala, in avvicinamento ad un cantiere stradale, la direzione obbligatoria per autotreni ed autoarticolati

285

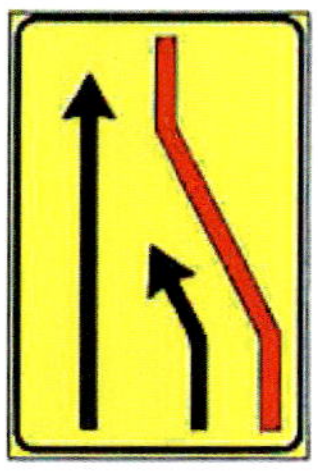

Figura II 411/a Art. 43

SEGNALE DI CORSIA CHIUSA (CHIUSURA CORSIA DI DESTRA)

Indica la riduzione da due ad una corsia di marcia per la presenza di una deviazione in corrispondenza di un cantiere stradale

288

Figura II 414 Art. 43

USO CORSIE DISPONIBILI

Indica l'uso delle corsie disponibili per le diverse categorie di veicoli

SEGNALI COMPLEMENTARI

289

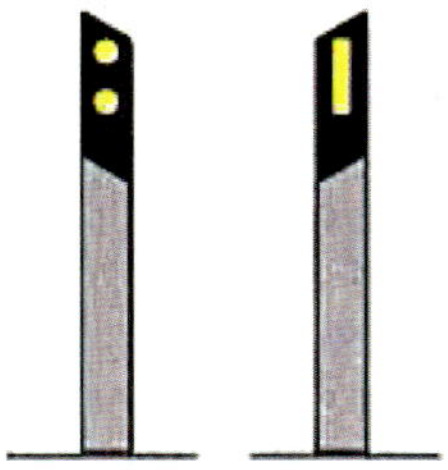

Figura II 463 Art. 173

DELINEATORI NORMALI DI MARGINE

290

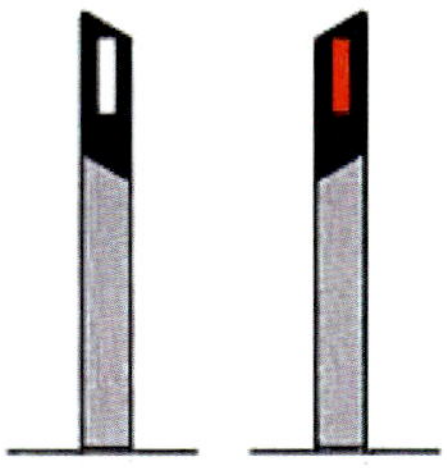

Figura II 463 Art. 173

DELINEATORI NORMALI DI MARGINE

291

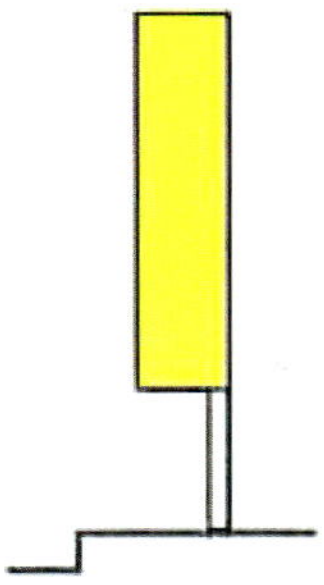

Figura II 464 Art. 174

DELINEATORI PER GALLERIE

292

Figura II 465 Art. 174

DELINEATORI PER STRADE DI MONTAGNA

293

Figura II 466 Art. 174

DELINEATORE DI CURVA STRETTA O DI TORNANTE

294

Figura II 467 Art. 174
DELINEATORE PER INTERSEZIONE A "T"

295

Figura II 468 Art. 174
DELINEATORI MODULARI DI CURVA

297

Figura II 404 Art. 42
SEMAFORO
Presegnala un impianto semaforico in presenza di un cantiere stradale. Il disco al centro deve essere a luce gialla lampeggiante

299

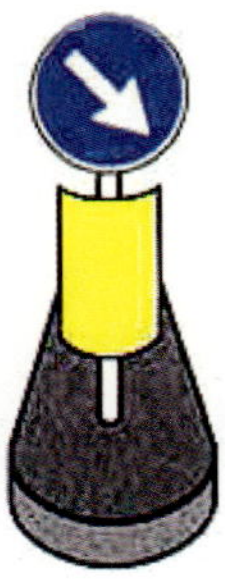

Figura II 472 Art. 177
DELINEATORE SPECIALE DI OSTACOLO

301

Figura IV 1 Art. 344
SEGNALI DI VELOCITÀ DA APPLICARE SUI VEICOLI

302

Figura V 3 Art. 361
PANNELLO PER CARICHI SPORGENTI

303

Art. 168 c. 3 del CdS
PANNELLO DA APPLICARE SUL VEICOLO
Pannello per veicolo che trasporta merci pericolose

304

Art. 151/1p del CdS
PANNELLO DA APPLICARE SUL VEICOLO
Pannello retroriflettente per autoveicolo per trasporto di cose di massa complessiva superiore a 3,5 t

305

Art. 151/1p del CdS
PANNELLO DA APPLICARE SUL VEICOLO
Pannello retroriflettente per rimorchio per trasporto di cose di massa complessiva superiore a 3,5 t

334

USCITA DI EMERGENZA
Pannello posto all'interno di una galleria. Indica la presenza di una via di fuga in caso di necessità

335

ESTINTORE
Pannello, posto all'interno di una galleria. Indica la presenza di un estintore

SEGNALI DEGLI AGENTI DI TRAFFICO

383

Art. 181 (Art. 43 del CdS)
SEGNALAZIONE DEGLI AGENTI DEL TRAFFICO
Indica di procedere secondo la direzione indicata (corrisponde al semaforo rosso)

384

Art. 181 (Art. 43 del CdS)

SEGNALAZIONE DEGLI AGENTI DEL TRAFFICO

Indica di procedere secondo la direzione indicata (corrisponde al semaforo verde)

385

Art. 181 (Art. 43 del CdS)

SEGNALAZIONE DEGLI AGENTI DEL TRAFFICO

Indica di procedere secondo la direzione indicata (corrisponde al semaforo verde + giallo)

386

Art. 181 (Art. 43 del CdS)

SEGNALAZIONE DEGLI AGENTI DEL TRAFFICO

Indica di procedere secondo la direzione indicata (corrisponde al semaforo rosso + freccia verde)

SEGNALI ORIZZONTALI

445

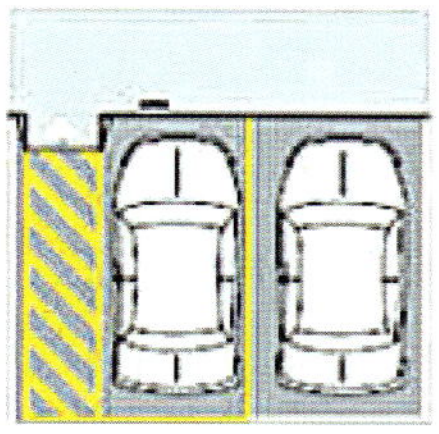

Figura II 445/a Art. 149

STALLI DI SOSTA RISERVATA AGLI INVALIDI

Caratteristiche e dimensioni minime di uno stallo di sosta riservato agli invalidi con spazio libero laterale (sinistro o destro)

501

Figura II 415 Art. 138

SEGNALETICA ORIZZONTALE

Striscia bianca longitudinale continua (non può essere oltrepassata)

502

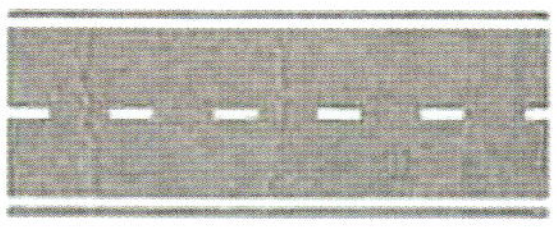

Figura II 415 Art. 138

SEGNALETICA ORIZZONTALE

Striscia bianca longitudinale discontinua (può essere oltrepassata)

505

Figura II 428 Art. 141

STRISCE DI MARGINE

Discontinua di colore bianco in corrispondenza di una strada con obbligo di dare precedenza

506

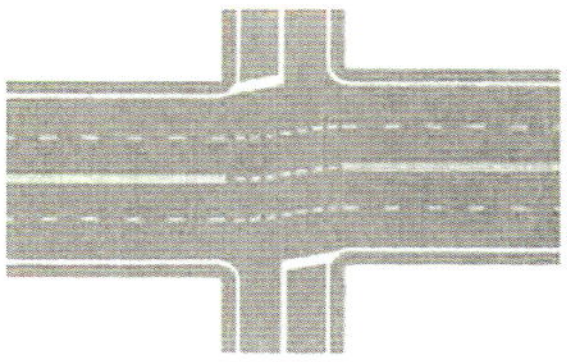

Figura II 431/b Art. 143

STRISCE DI GUIDA SULLE INTERSEZIONI

In prosecuzione sulla strada principale per guidare il traffico prioritario

509

Figura II 415 Art. 138

SEGNALETICA ORIZZONTALE

Doppia striscia bianca longitudinale continua al centro della carreggiata (non può essere oltrepassata)

511

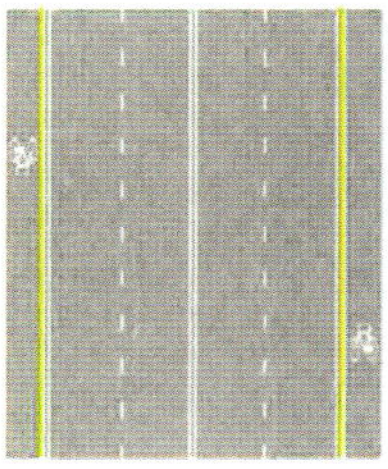

Figura II 427/b Art. 140

STRISCE CHE DELIMITANO PISTE CICLABILI

Sono delimitate da due strisce continue, una gialla e una bianca (all'interno della pista il simbolo della bicicletta)

512

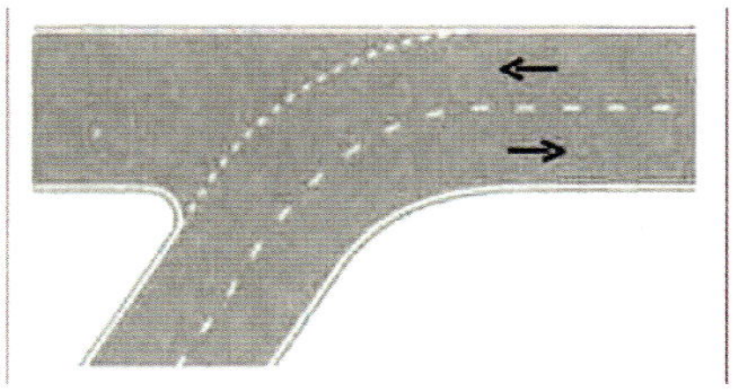

Figura II 428/a Art. 141

STRISCE DI MARGINE

Discontinua di colore bianco in corrispondenza di una strada con obbligo di dare precedenza

513

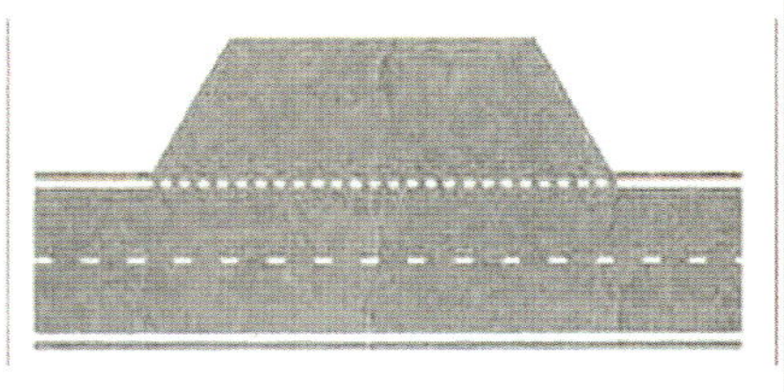

Figura II 428/c Art. 141

STRISCE DI MARGINE

Discontinua di colore bianco in corrispondenza di piazzole, zone di sosta, passi carrabili

515

Figura II 432/b Art. 144

STRISCIA TRASVERSALE DI ARRESTO

Tracciata nella posizione più avanzata possibile. Il simbolo STOP è maggiorato se la velocità è maggiore di 50 km/h

517

Figura II 434 Art. 145

ATTRAVERSAMENTO PEDONALE

Strisce bianche parallele all'asse stradale sulle quali i pedoni devono attraversare e sulle quali hanno la precedenza

528

Figura II 441/f Art. 148

ISCRIZIONE DI VELOCITÀ

Posto sulla pavimentazione su strade con velocità ≤ 50 km/h

531

Figura II 443 Art. 148

SIMBOLO DI PASSAGGIO A LIVELLO

Posto sulla pavimentazione in prossimità di un passaggio ferroviario a livello con o senza barriere o semibarriere

535

Figura II 474 Art. 179

DOSSI ARTIFICIALI

Dispositivi rallentatori. Possono essere adottati su strada ove vige il limite di velocità inferiore o uguale a 50 km/h

536

Figura II 416/b Art. 139

SEPARAZIONE DEI SENSI DI MARCIA

Strisce affiancate che possono essere valicate dalla parte della striscia discontinua con rientro, appena possibile, nella corsia di marcia

537

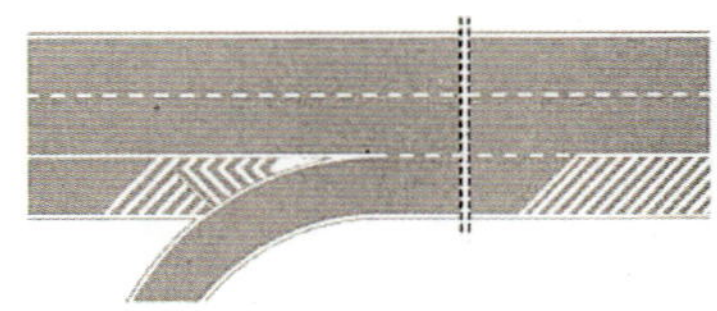

Figura II 428/b Art. 141

STRISCE DI MARGINE

Discontinua di colore bianco in corrispondenza di una corsia di accelerazione

543

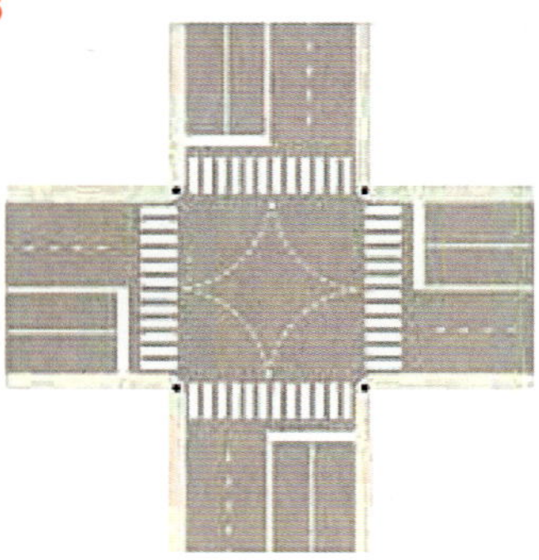

Figura II 431/a Art. 141

STRISCE DI GUIDA SULLE INTERSEZIONI

Guida i veicoli che effettuano manovre di svolta

545

Figura II 436 Art. 145

VISIBILITÀ ATTRAVERSAMENTI PEDONALI

Strisce gialle a zig-zag, con divieto di sosta dei veicoli, per migliorare la visibilità dell'attraversamento pedonale

546

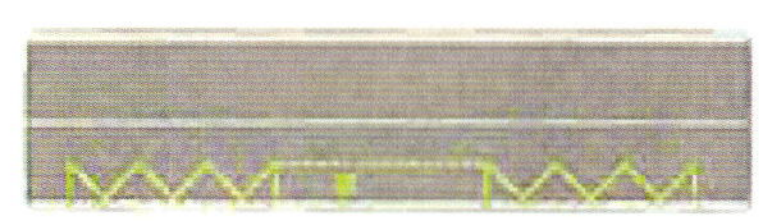

Figura II 447 Art. 151

DELIMITAZIONE FERMATA AUTOBUS

Zona per la fermata degli autobus in servizio pubblico di linea

547

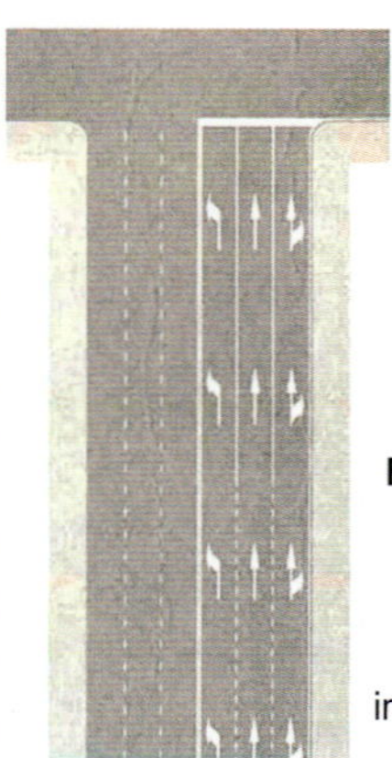

Figura II 440 Art. 147

FRECCE DIREZIONALI

Indicano le direzioni consentite. Diventano obbligatorie quando le strisce di corsia, inizialmente discontinue, diventano continue

550

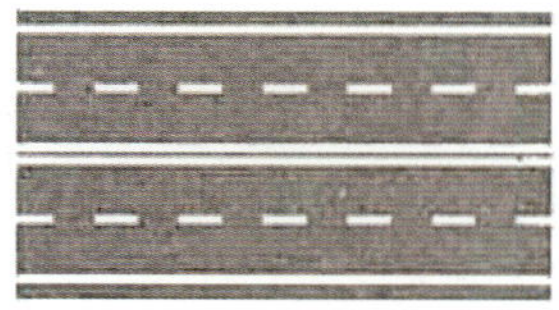

Figura II 415 Art. 138

SEGNALETICA ORIZZONTALE

Strada a doppio senso di circolazione e a due corsie per senso di marcia

552

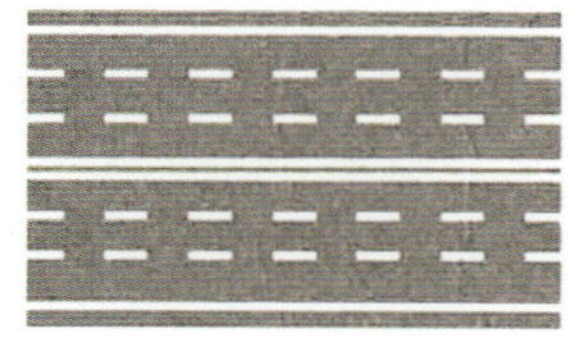

Figura II 415 Art. 138

SEGNALETICA ORIZZONTALE

Strada a doppio senso di circolazione e a tre corsie per senso di marcia

553

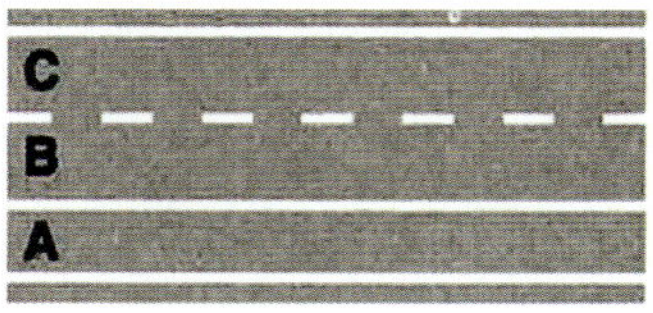

Figura II 415 Art. 138
SEGNALETICA ORIZZONTALE
Strada a senso unico di circolazione a due corsie di marcia (B e C) e corsia di emergenza (A)

554

Figura II 415 Art. 138
SEGNALETICA ORIZZONTALE
Strada a tre corsie, a doppio senso di circolazione. Quella centrale (B) si deve impegnare solo per il sorpasso

558

Figura II 415 Art. 138
SEGNALETICA ORIZZONTALE
Strada a due carreggiate separate, a doppio senso di circolazione. La corsia A è per la marcia normale e la B solo per il sorpasso

559

Figura II 415 Art. 138
SEGNALETICA ORIZZONTALE
Strada a due carreggiate separate, a doppio senso di circolazione. La corsia A è per la marcia normale, la B e la C per il sorpasso

562

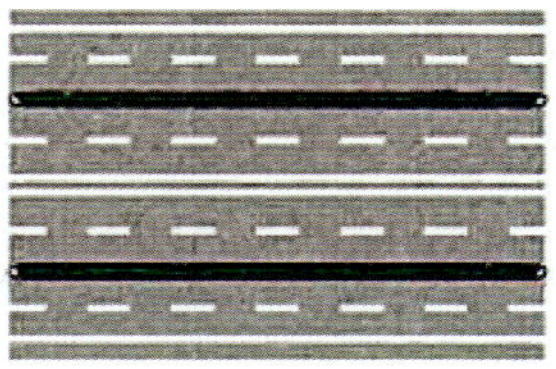

Figura II 415 Art. 138
SEGNALETICA ORIZZONTALE
Strada divisa in tre carreggiate separate (i veicoli devono, di norma, circolare sulla carreggiata di destra o su quella centrale)

563

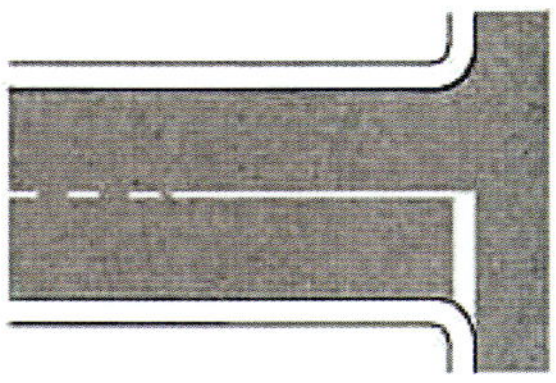

Art. 144 (Art. 40 del CdS)
SEGNALETICA ORIZZONTALE
Striscia trasversale continua (indica il punto in cui, occorrendo, bisogna arrestarsi ad un incrocio)

564

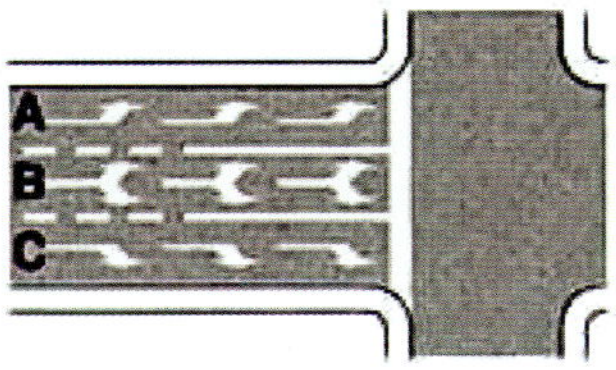

Art. 147 (Art. 40 del CdS)
FRECCE DIREZIONALI
Frecce direzionali obbligatorie: corsia A solo svolta a sinistra; corsia B svolta a destra o a sinistra; corsia C solo svolta a destra

565

Art. 147 (Art. 40 del CdS)
FRECCE DIREZIONALI
Frecce direzionali obbligatorie: corsia A solo svolta a sinistra; corsia B svolta a sinistra o diritto; corsia C svolta a destra o diritto

DISPOSITIVI DI COMANDO E SIMBOLI SUI COMANDI DEL VEICOLO

695

Art. 228 (Art. 72 del CdS)
DISPOSITIVI DI COMANDO DEL VEICOLO
Simbolo, a luce blu, di accensione dei proiettori abbaglianti (posto sul comando e sul dispositivo di segnalazione)

696

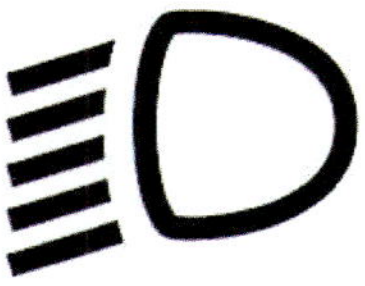

Art. 228 (Art. 72 del CdS)
DISPOSITIVI DI COMANDO DEL VEICOLO
Simbolo, a luce verde, di accensione dei proiettori anabbaglianti (posto sul comando e sul dispositivo di segnalazione)

697

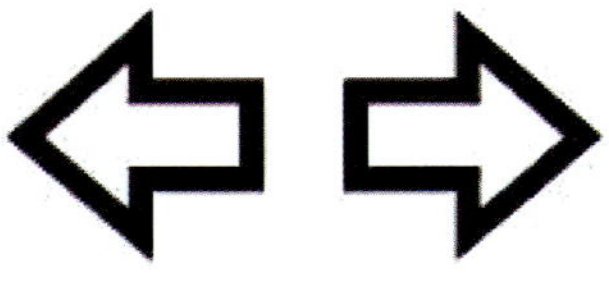

Art. 228 (Art. 72 del CdS)
SIMBOLI SUI DISPOSITIVI DI COMANDO
Simbolo, a luce verde, di accensione intermittente degli indicatori di direzione (posto sul comando e sul dispositivo di segnalazione)

698

Art. 228 (Art. 72 del CdS)
SIMBOLI SUI DISPOSITIVI DI COMANDO
Simbolo, a luce rossa, di accensione contemporanea di tutti gli indicatori di direzione (posto sul comando del dispositivo)

SITUAZIONI DI TRAFFICO